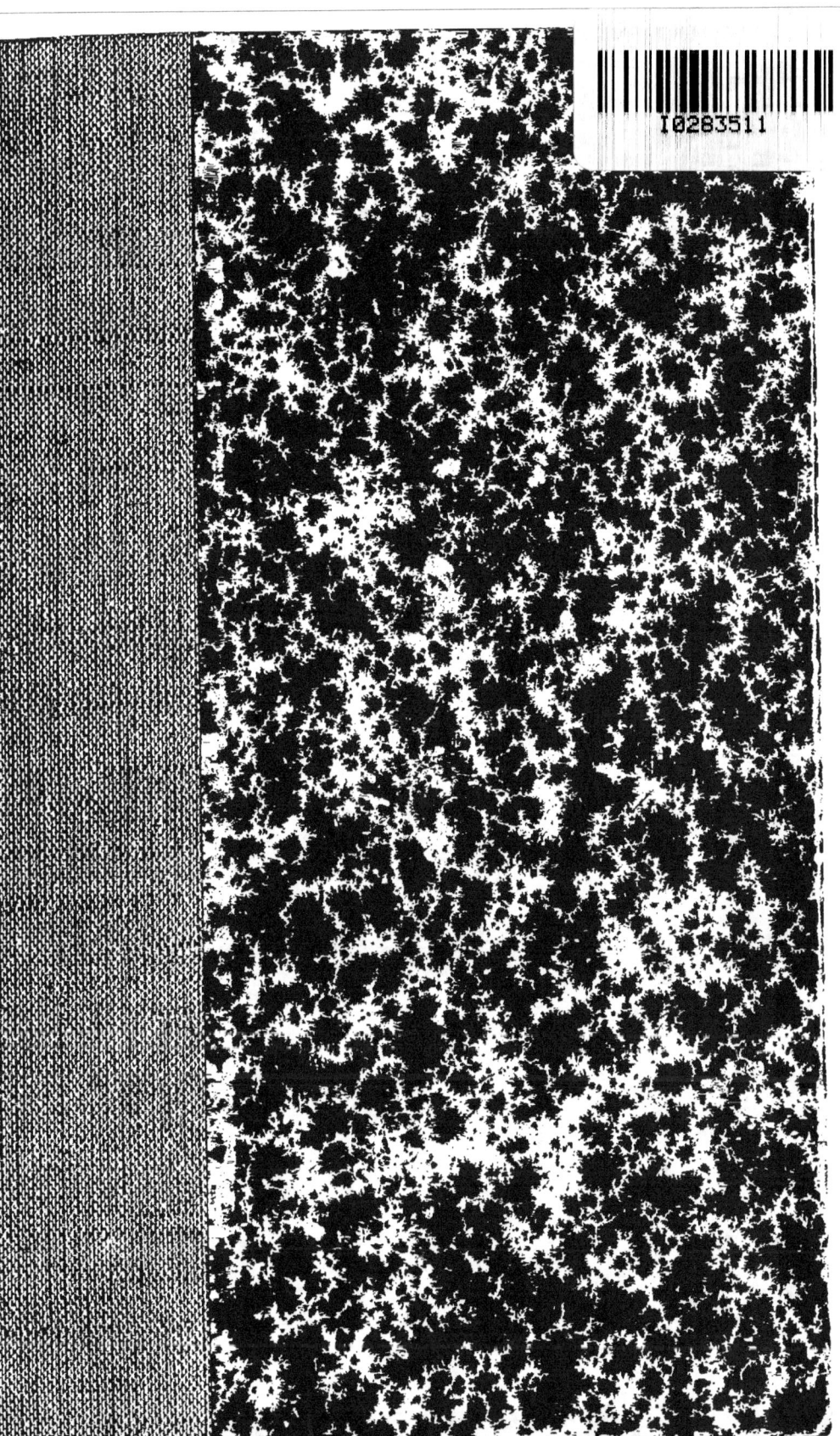

La Guerre de 1870-1871

LA MOBILISATION DE L'ARMÉE

MOUVEMENTS DES DÉPÔTS

(Armée active)

Du 15 Juillet 1870 au 1ᵉʳ Mars 1871

Par A. MARTINIEN

Des Archives historiques de la Guerre

PARIS
L. FOURNIER, IMPRIMEUR-ÉDITEUR MILITAIRE
264, BOULEVARD SAINT-GERMAIN, 264

1912

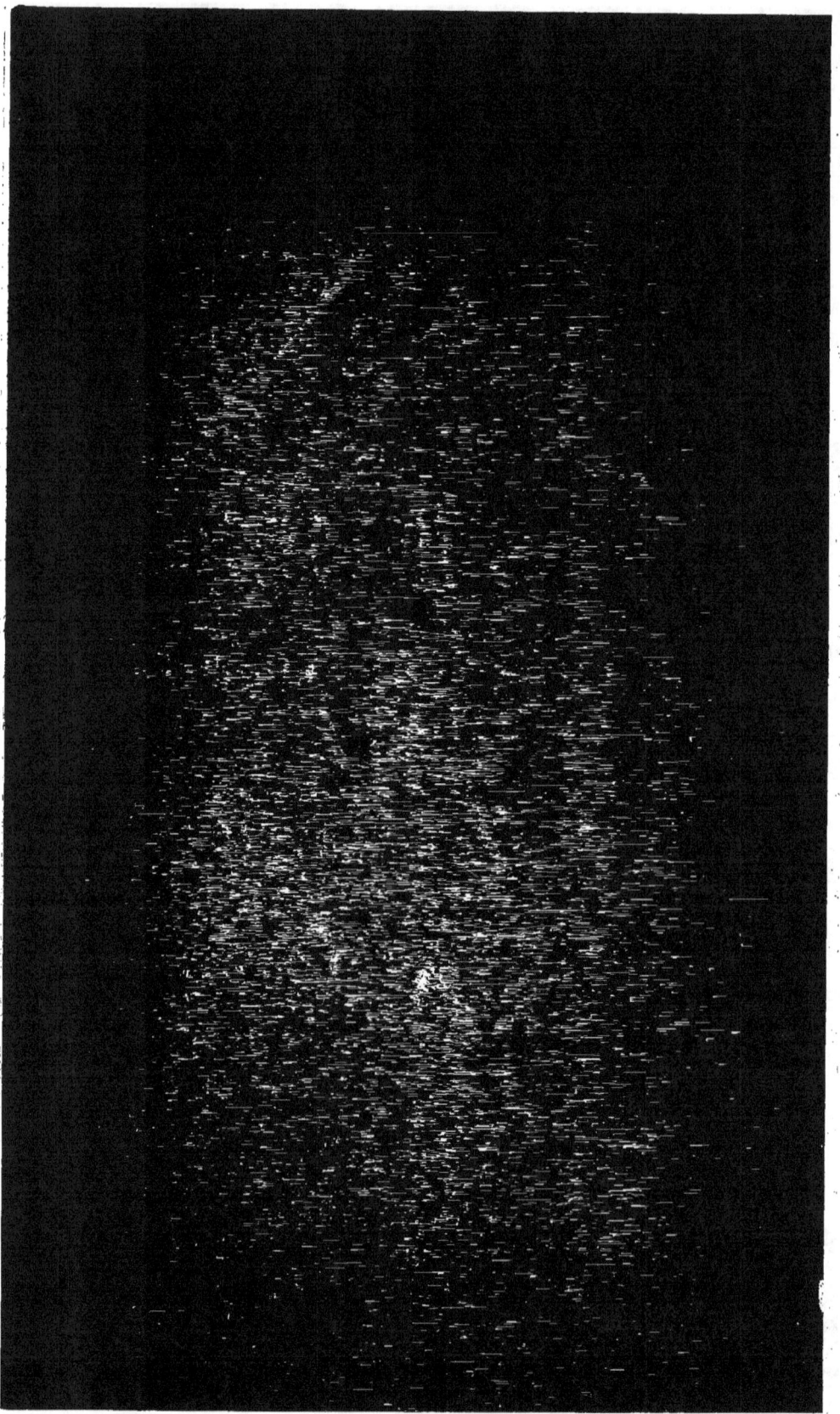

LA GUERRE DE 1870-1871

LA MOBILISATION DE L'ARMÉE

DU MÊME AUTEUR

Tableaux par corps et par bataille des officiers tués et blessés pendant les guerres du Premier Empire (1805-1815). — (Editeur, Henri-Charles Lavauzelle) ; — 1 fort volume in-8°. . . . . 20 »

Corps auxiliaires créés pendant la Guerre 1870-1871. — Première partie : Garde Nationale mobile. (Librairie, Edm. Dubois). Brochure. . . . » »

Corps auxiliaires créés pendant la Guerre 1870-1871. — Deuxième partie : Garde nationale mobilisée et corps francs. (Librairie Edm. Dubois). Brochure. . . . . » »

Les employés des postes pendant la guerre d'Espagne 1808-1814. (Librairie Edm. Dubois). — Brochure (épuisée). . . . . » »

Guerre de 1870-1871. — Etat nominatif par affaire et par corps des officiers tués et blessés dans la première partie de la campagne (du 25 juillet au 29 octobre). (Librairie militaire, R. Chapelot et Cie). . . . 5 »

Guerre de 1870-1871. — Etat nominatif par affaire et par corps des officiers tués et blessés dans la deuxième partie de la campagne (du 15 septembre 1870 au 12 février 1871). — Editeur Henri-Charles Lavauzelle. . . . . 8 »

Insurrection de la Commune de Paris. — Liste des officiers de l'armée de Versailles tués et blessés du 18 mars au 28 mai 1871. (Publication de la Plume et de l'Epée). . . . . » »

Les généraux polonais de 1812 à 1814. (Généraux au service de France et au service du Grand-Duché). — (Publication de la Sabretache) . . . » »

Etat nominatif des officiers tués ou blessés, en Algérie, au Maroc et en Tunisie de 1830 à 1908. (Librairie Protat, à Macon). 2 50

Tableaux par corps et par bataille des officiers tués et blessés pendant les guerres de l'Empire (1805-1815). — Supplément. . . . . 6 »

Liste des officiers généraux tués ou blessés sous le Premier Empire de 1805 à 1815. (Editeur Henri-Charles Lavauzelle). 1 50

EN PRÉPARATION

Etat nominatif, par campagne et par corps, des officiers tués et blessés de 1816 à 1870. (Cet ouvrage comprendra tous les officiers tués et blessés dans les insurrections ou émeutes.)

Chronologie des batailles, combats, sièges et affaires depuis 1805 jusqu'à nos jours.

Notice biographique des officiers généraux Italiens, Napolitains, Espagnols, Westphaliens, Bavarois, Saxons, Wurtembergeois, Hessois et Badois qui ont combattu dans les rangs de l'Armée Française de 1805 à 1815.

PUBLIÉ SOUS LA DIRECTION DE LA SECTION HISTORIQUE
DE L'ETAT-MAJOR DE L'ARMÉE

La Guerre de 1870-1871

LA MOBILISATION DE L'ARMÉE

MOUVEMENTS DES DÉPOTS

(Armée active)

Du 15 Juillet 1870 au 1ᵉʳ Mars 1871

Par A. MARTINIEN

Des Archives historiques de la Guerre

PARIS

L. FOURNIER, IMPRIMEUR-EDITEUR MILITAIRE

264, BOULEVARD SAINT-GERMAIN, 264

1911

AVANT-PROPOS

Dans cet ouvrage nous avons étudié, au point de vue des effectifs, de quelle manière s'est faite la mobilisation de l'armée active, du 15 juillet 1870, date de l'ordre de mise sur pied de guerre, jusqu'au 1er mars 1871, date de la fin des hostilités.

La formation et le départ des régiments, l'organisation, dans les dépôts, des bataillons, compagnies, escadrons, batteries, avec les effectifs en officiers, hommes et chevaux, au départ, les effectifs dans les dépôts, les effectifs de l'armée aux différentes époques de la campagne : telles sont les principales questions que nous avons eu à résoudre au cours du présent travail. Mais toutes se ramenaient en définitive à une seule, qui était d'établir les situations des mouvements dans les dépôts, donnant autant que possible, jour par jour, les effectifs dont l'armée s'était accrue et s'était alimentée en personnel pendant toute la durée de la guerre. Ce sont précisément ces situations que nous avons pris à tâche de rédiger, d'après un plan uniforme ainsi conçu : sous le titre de chaque régiment ou corps de troupe quelconque figurent les renseignements suivants : date à laquelle le corps a quitté le dépôt, lieu sur lequel il a été dirigé, emplacement du dépôt, nom de l'officier supérieur commandant le dépôt, date du départ et effectif de chaque détachement, corps dans lequel le détachement a été versé, varia'ons de l'effectif du dépôt, dates de la constitution ou de la réorganisation des unités formées dans le dépôt, avec les effectifs, les noms des officiers commandants et, pour la cavalerie et l'artillerie, les effectifs des chevaux.

A cette première partie, qui constitue le fond de notre travail, il nous a paru intéressant d'en ajouter une seconde qui est en quelque sorte comme la récapitulation et le résumé de la première et qui comprend : les effectifs de l'armée aux dates critiques de la campagne, le chiffre total des officiers et des hommes reçus, mois par mois, dans les dépôts, le chiffre total des officiers et des hommes ayant quitté les dépôts, et en outre, pour les corps de troupe de toutes armes, des renseignements concernant les unités d'ancienne formation entrées dans la composition des régiments et bataillons de marche.

Il est superflu d'insister sur l'étendue et la durée des recherches dont le présent travail est le résultat : nous croyons seulement utile de faire connaître que ces recherches ont porté de préférence sur la meilleure source et la plus abondante, celle des Archives historiques et administratives du Ministère de la guerre. Feuilles de journées, contrôles des officiers, correspondance et situations des divisions militaires, situations mensuelles des dépôts, dossiers de pensions, historiques des corps de troupes, et, comme imprimés, le *Journal militaire*, telles sont les principales collections ou séries que nous avons dépouillées pour établir sur les bases les plus solides ce travail de longue haleine et de longue patience que, grâce à nos fonctions aux Archives depuis vingt-sept ans, il nous a été permis de mener à bonne fin.

Nous espérons donc que cet ouvrage, qui réunit pour la première fois des renseignements jusqu'ici disséminés dans d'innombrables documents d'archives, deviendra un instrument de travail entre les mains de quiconque voudra étudier l'histoire de l'organisation de l'armée pendant la guerre de 1870-1871.

DOCUMENTS CONSULTÉS

Correspondance des armées (1870-1871).
Correspondance générale.
Feuilles de journées (3e-4e trimestres 1870-1er trimestre 1871).
Matricules des officiers.
Matricules des hommes.
Journaux de marche.
Historiques des corps de troupe.
Journal militaire (1870-1871; et supplément (Tours et Bordeaux).
Situations mensuelles des dépôts.
Situations des divisions militaires.
Situations des armées et des places.
Dossiers de pensions.
Dossiers des officiers.

PREMIÈRE PARTIE

Garde Impériale

CHAPITRE PREMIER

I. — CORPS DES CENT-GARDES

ESCADRON — DÉPOT

	Offic.	Troupe.	Chev.
15 juillet 1870. — Fiéron, capitaine-major, Paris.			
27 juillet. — Départ d'un détachement de Paris pour se rendre à Metz où il arrive le même jour.			
1er août. — Effectif du détachement au quartier Impérial à l'armée du Rhin. Colonel Verly.	4	71	81
1er août. — Effectif du dépôt à Paris et Sèvres. — (9 officiers, 104 hommes, 92 chevaux).			
1er septembre. — L'escadron à Paris. — (9 officiers, 103 hommes, 89 chevaux).			
2 septembre. — Le détachement de Sèvres rentre à Paris.			
12 septembre. — L'escadron mobilisé est versé au 2e régiment de marche de cuirassiers. Capitaine Schürr.	5	115	136
1er octobre. — Dépôt à Paris (caserne Bellechasse).			
5 octobre. — Le corps est dissous et ses éléments sont versés au 2e régiment de marche de cuirassiers à Paris (1).			

II. — GENDARMERIE D'ÉLITE

ESCADRON — DÉPOT

	Offic.	Troupe.	Chev.
15 juillet 1870. — Sébastien, chef d'escadron, Paris.			
25 juillet. — Départ d'un détachement de Paris pour rejoindre Metz où il est attaché au grand quartier impérial.			
1er août. — Effectif du détachement à l'armée du Rhin	1	31	32
1er août. — Le dépôt à Paris et dans les arrondissements de Compiègne, Fontainebleau, Saint-Germain et Rambouillet (5 officiers, 119 hommes, 78 chevaux).			

(1) 2e régiment de marche de cuirassiers, 1er escadron. Capitaine Schürr.

— 10 —

	Offic.	Troupe.	Chev.

Septembre. — Les gendarmes de l'arrondissement de Compiègne se replient sur Paris le 11, ceux de Fontainebleau le 13, ceux de Saint-Germain le 15 et ceux de la subdivision de Rambouillet le 18.

1er *octobre*. — Sébastien, chef d'escadron (4 officiers, 126 hommes, 82 chevaux). 1 126 82

6 octobre. — L'escadron est licencié et ses éléments servent à former à Paris un escadron du 2e régiment de gendarmerie à cheval.

CHAPITRE II

1. — INFANTERIE

1er RÉGIMENT DE GRENADIERS — DÉPOT

15 juillet. — Pottier, major, Paris (fort d'Issy).

21 juillet. — Le régiment quitte Paris pour se rendre à Nancy où il arrive le même jour (3 bataillons à 6 compagnies).

22 juillet. — Les 7es compagnies des 3 bataillons forment le dépôt.

29 juillet. — Départ de Paris d'un détachement pour rejoindre le régiment à Metz (130 hommes).

1er *août*. — Effectif de 3 bataillons de guerre 69 1800 33

1er *août*. — Effectif du dépôt : les 3 septièmes compagnies et la compagnie hors-rang (13 officiers, 297 hommes, 1 cheval).

1er *septembre*. — Le dépôt à l'Ecole militaire et la compagnie hors-rang aux Invalides (10 officiers, 521 hommes, 1 cheval). Major Pottier.

11 septembre. — Les 7es compagnies partent pour Saint-Denis, où elles sont versées au 28e régiment de marche (6 officiers, 433 hommes). Capitaines Verluyten, Mougeot et Jauge. . . . . 7 433 »

11 septembre. — La compagnie hors-rang occupe la caserne des Invalides, capitaine Quinemant (3 officiers, 166 hommes).

17 septembre. — Le major Pottier est nommé lieutenant-colonel pour commander le 29e régiment de marche.

1er *octobre*. — La compagnie hors-rang à l'Ecole militaire (3 officiers, 165 hommes).

	Offic.	Troupe.	Chev.

1er novembre. — Effectif du dépôt (3 officiers, 126 hommes) — 3 — 126 — »

1er novembre. — La compagnie hors-rang devient compagnie hors rang du 128e régiment d'infanterie de ligne.

2e RÉGIMENT DE GRENADIERS — DÉPOT

15 juillet 1870. — De Mesmay, major, Paris (fort d'Issy).

21 juillet. — Le régiment quitte Paris pour se rendre à Nancy où il arrive le même jour.

22 juillet. — Les 7es compagnies des 3 bataillons forment le dépôt.

29 juillet. — Départ d'un détachement pour rejoindre le régiment à Metz (150 hommes).

1er août. — Effectif des 3 bataillons de guerre 67   1819   31

1er août. — Effectif du dépôt (12 officiers, 279 hommes, 2 chevaux).

2 août. — Les 7es compagnies occupent les casernes de la Pépinière et de Penthièvre.

1er septembre. — Le dépôt à l'Ecole militaire et la compagnie hors-rang aux Invalides. Major de Mesmay (12 officiers, 472 hommes, 2 chevaux).

11 septembre. — Les compagnies de dépôt partent de l'Ecole militaire pour se rendre à Saint-Denis où elles doivent concourir à la formation du 28e régiment de marche. (9 officiers, 360 hommes). Capitaines Vitalis, Perrot et Rouil. 9   360   »

1er octobre. — Compagnie hors-rang à l'Ecole militaire (4 officiers, 126 hommes).

1er novembre. — Effectif du dépôt (3 officiers, 126 hommes). 3   126   »

1er novembre. — La compagnie hors-rang devient compagnie hors-rang du 105e régiment d'infanterie de ligne.

3e RÉGIMENT DE GRENADIERS — DÉPOT

15 juillet 1870. — Debernard de Seigneurens, major, Paris (fort d'Issy).

21 juillet. — Le régiment quitte Paris pour se rendre à Nancy où il arrive le même jour.

29 juillet. — Départ d'un détachement de 100 hommes pour rejoindre le régiment à Metz où il arrive le 30.

30 juillet. — Les 7es compagnies des 3 bataillons forment le dépôt.

1er août. — Effectif des 3 bataillons de guerre. 69   1735   33

1er août. — Effectif du dépôt : 3 compagnies et compagnie hors-rang (10 officiers, 378 hommes, 1 cheval).

	Offic.	Troupe.	Chev.

1ᵉʳ septembre. — Le dépôt à l'Ecole militaire et la compagnie hors-rang aux Invalides (10 officiers, 668 hommes, 1 cheval).

11 septembre. — Les 3 compagnies de dépôt (7ᵉˢ) quittent Paris pour Saint-Denis où elles concourent à la formation du 28ᵉ régiment de marche (6 officiers, 584 hommes) (1) . . . . 6 584 »

17 septembre. — Le major Debernard de Seigneurens est nommé lieutenant-colonel pour commander le 30ᵉ régiment de marche.

1ᵉʳ octobre. — Compagnie hors-rang aux Invalides. Capitaine Pujo (2 officiers, 148 hommes).

1ᵉʳ novembre. — Le dépôt ne comprend plus que la compagnie hors-rang (3 officiers, 123 hommes) . . . . 3 123 »

1ᵉʳ novembre. — La compagnie hors rang devient compagnie hors-rang du 106ᵉ régiment d'infanterie de ligne.

1ᵉʳ RÉGIMENT DE VOLTIGEURS — DÉPOT

15 juillet 1870. — Hocédé, major, Paris (fort La Briche).

20 juillet. — Le régiment quitte Paris pour se rendre à Nancy où il arrive le 21.

22 juillet. — Les 7ᵉˢ compagnies des 3 bataillons forment le dépôt.

29 juillet. — Départ de Paris d'un détachement pour Metz (50 hommes).

1ᵉʳ août. — Effectif des 3 bataillons de guerre 66 1671 21

1ᵉʳ août. — Effectif du dépôt (3 compagnies et compagnie hors-rang, 14 officiers, 432 hommes, 2 chevaux).

2 août. — La compagnie hors-rang quitte le fort de la Briche pour se rendre à la caserne des Invalides où elle arrive le même jour (2 officiers, 76 hommes).

1ᵉʳ septembre. — Le dépôt aux Invalides (7ᵉ compagnie du 1ᵉʳ bataillon); au Louvre (7ᵉˢ compagnies des 2ᵉ et 3ᵉ bataillons) — Compagnie hors-rang à l'Ecole militaire (8 officiers, 631 hommes, 1 cheval).

11 septembre. — Les 3 compagnies de dépôt quittent Paris pour se rendre à Saint-Denis où elles sont versées au 28ᵉ régiment de marche (4 officiers, 449 hommes) (2) . . 4 449 »

17 septembre. — Le major Hocédé est nommé lieutenant-colonel pour commander le 32ᵉ régiment de marche.

---

(1) Capitaines commandant les 7ᵉˢ compagnies Ruellan, Bonnel et lieutenant Lebesgue.

(2) Capitaines des 7ᵉˢ compagnies Brasseur, Fistié et Puech.

	Offic.	Troupe.	Chev.

1er octobre. — Compagnie hors-rang à l'Ecole militaire, capitaine Philippe (3 officiers, 147 hommes).
1er novembre. — Effectif du dépôt (3 officiers, 183 hommes)   3   183   »
1er novembre. — La compagnie hors-rang devient compagnie hors-rang du 107e régiment d'infanterie de ligne.

2e RÉGIMENT DE VOLTIGEURS — DÉPOT

15 juillet 1870. — Le Mains, major, Paris (fort d'Issy).
22 juillet. — Le régiment quitte Saint-Cloud pour se rendre à Nancy où il arrive le 23.
23 juillet. — Les 7es compagnies des 3 bataillons forment le dépôt.
29 juillet. — Départ d'un détachement de Saint-Cloud pour rejoindre le régiment à Metz (85 hommes).
1er août. — Effectif des 3 bataillons de guerre   68   1725   28
1er août. — Effectif du dépôt : 3 compagnies et compagnie hors-rang (12 officiers, 396 hommes, 1 cheval).
1er septembre. — Les 3 compagnies de dépôt au Louvre (10 officiers, 495 hommes, 1 cheval). — Compagnie hors-rang aux Invalides (1 officier, 107 hommes).
7 septembre. — Le major Le Mains est nommé lieutenant-colonel pour commander le 28e régiment de marche il est remplacé le même jour par le major en retraite Tessier.
11 septembre. — Les 3 compagnies de dépôt partent pour Saint-Denis où elles sont versées au 28e régiment de marche (6 officiers, 430 hommes) (1).   6   130   »
1er octobre. — Compagnie hors-rang à l'Ecole militaire (3 officiers, 130 hommes).
1er novembre. — Effectif du dépôt (2 officiers, 176 hommes)   2   176   »
1er novembre. — La compagnie hors-rang devient compagnie hors-rang du 108e régiment d'infanterie de ligne.

3e RÉGIMENT DE VOLTIGEURS — DÉPOT

15 juillet 1870. — Montaru, major, Paris (Courbevoie).
21 juillet. — Le régiment quitte Courbevoie pour se rendre à Nancy où il arrive le même jour.
22 juillet. — Les 7es compagnies des 3 bataillons forment le dépôt.

---

(1) Capitaines commandant les 7es compagnies Boutin, Lacroix et lieutenant Dupuy.

	Offic.	Troupe.	Chev.

23 juillet. — Les 3 compagnies de dépôt partent de Courbevoie pour se rendre à Saint-Cloud où elles sont chargées avec les 3 compagnies de dépôt du 2e régiment de voltigeurs d'assurer le service du Palais Impérial pendant le séjour de l'Empereur.

29 juillet. — Départ d'un détachement de Courbevoie pour se rendre à Metz (95 hommes).

1er août. — Effectif des 3 bataillons de guerre 67   1772   32

1er août. — Effectif du dépôt : 3 compagnies et compagnie hors-rang (13 officiers, 374 hommes, 2 chevaux).

27 août. — Le major Montaru est nommé lieutenant-colonel pour commander le 17e régiment de marche. Il est remplacé le même jour par le major Deffis.

1er septembre. — Les 3 compagnies de dépôt quittent Saint-Cloud pour se rendre à Paris (caserne du Louvre). — La compagnie hors-rang quitte Courbevoie pour se rendre à l'Ecole militaire. Trois compagnies de dépôt (6 officiers, 469 hommes). — Compagnie hors-rang (4 officiers, 78 hommes).

11 septembre. — Les compagnies de dépôt quittent le Louvre pour se rendre à Saint-Denis où elles sont versées au 28e régiment de marche (6 officiers, 460 hommes) (1). 6   460   »

1er octobre. — La compagnie hors-rang à l'Ecole militaire, capitaine Vignau (4 officiers, 103 hommes).

2 octobre. — Le major Deffis est nommé lieutenant-colonel pour commander le 37e régiment de marche de Paris.

1er novembre. — Effectif du dépôt (3 officiers, 109 hommes). 3   109   »

1er novembre. — La compagnie hors-rang devient compagnie hors-rang du 109e régiment d'infanterie de ligne.

4e RÉGIMENT DE VOLTIGEURS — DÉPOT

15 juillet 1870. — Mimerel, major, Versailles.

22 juillet. — Le régiment quitte Versailles pour se rendre à Nancy où il arrive le même jour.

23 juillet. — Les 7es compagnies des 3 bataillons forment le dépôt. Ces compagnies partent pour Saint-Cloud.

29 juillet. — Départ de Versailles d'un détachement pour rejoindre le régiment à Metz où il arrive le 30 (100 hommes).

1er août. — Effectif des 3 bataillons de guerre 65   1773   29

---

(1) Capitaines commandant les 7es compagnies Dupla, Gossin et Fournier.

	Offic.	Troupe.	Chev.

1ᵉʳ août. — Effectif du dépôt : 3 compagnies de dépôt et compagnie hors-rang (13 officiers, 285 hommes, 1 cheval).

6 août. — Départ des 3 compagnies de dépôt pour Paris (Louvre) venant de Saint-Cloud (9 officiers, 432 hommes).

7 août. — La compagnie hors-rang quitte Versailles pour se rendre à Paris (Ecole militaire).

1ᵉʳ septembre. — Les compagnies de dépôt au Louvre. La compagnie hors-rang à l'Ecole militaire (9 officiers, 476 hommes, 1 cheval).

11 septembre. — Départ des 3 compagnies de dépôt pour rejoindre à Saint-Denis le 28ᵉ régiment de marche où elles sont versées (6 officiers, 334 hommes) (1). 6   334   »

17 septembre. — Le major Mimerel est nommé lieutenant colonel. Il est remplacé par le capitaine Chassard, nommé major.

1ᵉʳ octobre. — Compagnie de dépôt hors-rang (2 officiers, 129 hommes).

1ᵉʳ novembre. — Effectif de la compagnie hors-rang (2 officiers, 111 hommes) 2   111   »

1ᵉʳ novembre. — La compagnie hors-rang devient compagnie hors rang du 110ᵉ régiment d'infanterie de ligne.

BATAILLON DE CHASSEURS A PIED — DÉPOT

15 juillet 1870. — Maison, capitaine-major, Paris (fort d'Issy).

21 juillet. — Le bataillon quitte Rueil pour se rendre à Nancy où il arrive le même jour.

22 juillet. — Les 9ᵉ et 10ᵉ compagnies forment à Rueil le dépôt.

29 juillet. — Départ de Rueil d'un détachement pour rejoindre le bataillon à Metz (50 hommes).

1ᵉʳ août. — Effectif du bataillon (8 compagnies à l'armée du Rhin) 28   780   9

1ᵉʳ août. — Effectif du dépôt : 9ᵉ, 10ᵉ compagnies et section hors-rang (7 officiers, 186 hommes).

1ᵉʳ septembre. — Les 2 compagnies de dépôt et la section hors-rang à Paris (8 officiers, 314 hommes).

Septembre. — Le capitaine Maison est remplacé par le capitaine Dreux, nommé capitaine-major.

11 septembre. — Les 9ᵉ et 10ᵉ compagnies quittent Paris pour se rendre à Saint-Denis où elles sont attachées au

---

(1) Capitaines commandant les 7ᵉˢ compagnies Duclaux, de Laverchère et lieutenant Gérardet.

	Offic.	Troupe.	Chev.

28ᵉ régiment de marche (4 officiers, 265 hommes) (1). . 4 265 »

1ᵉʳ octobre. — La section hors-rang à Paris (3 officiers, 64 hommes).

1ᵉʳ novembre. — Effectif du dépôt (2 officiers, 60 hommes).   2   60   »

1ᵉʳ novembre. — La section hors-rang devient compagnie hors-rang du 112ᵉ régiment d'infanterie de ligne.

RÉGIMENT DE ZOUAVES — DÉPÔT

15 juillet 1870. — Couderc de Fonlongue, major, Paris (fort d'Issy).

21 juillet. — Le régiment quitte Paris pour se rendre à Nancy où il arrive le même jour.

22 juillet. — Les 7ᵉˢ compagnies des 2 bataillons forment le dépôt.

29 juillet. — Départ de Paris d'un détachement pour rejoindre le bataillon à Metz où il arrive le 30 (90 hommes).

1ᵉʳ août. — Effectif des bataillons de guerre 46 1170 13

1ᵉʳ août. — Effectif du dépôt : 2 compagnies de dépôt et la compagnie hors-rang (8 officiers, 177 hommes, 1 cheval).

1ᵉʳ septembre. — Le dépôt au Louvre (5 officiers, 410 hommes, 1 cheval).

17 septembre. — Le major Couderc de Fonlongue est nommé lieutenant-colonel pour commander le 31ᵉ régiment de marche.

17 septembre. — Les 2 compagnies de dépôt sont attachées au 28ᵉ régiment de marche à Saint-Denis (3 officiers, 462 hommes). Capitaine d'Arnaud et lieutenant Fabre.   3   462   »

1ᵉʳ octobre. — La compagnie hors-rang à Paris, capitaine Marengo (2 officiers, 99 hommes).

1ᵉʳ novembre. — Effectif du dépôt : compagnie hors-rang (2 officiers, 97 hommes)   2   97   »

1ᵉʳ novembre. — La compagnie hors-rang devient compagnie hors-rang du 111ᵉ régiment de ligne.

II. — CAVALERIE

RÉGIMENT DE CARABINIERS — DÉPÔT

15 juillet 1870. — De Brécourt, major, Compiègne.

24 juillet. — Le régiment quitte Compiègne pour se rendre à Metz où il arrive le 25.

---

(1) Capitaines commandant les 9ᵉ et 10ᵉ compagnies de Golstein et Garnier.

	Offic.	Troupe.	Chev.

1er août. — Effectif des 1er, 2e, 3e, 5e et 6e escadrons de guerre 47 634 630

1er août. — Le dépôt quitte Compiègne pour se rendre à Saint-Germain (15 officiers, 245 hommes, 164 chevaux) où il arrive le 3.

20 août. — Le 4e escadron vient à l'Ecole militaire où il doit concourir à la formation d'un régiment de marche de la garde impériale. La formation de ce régiment ayant été suspendue, cet escadron reste à l'Ecole militaire

8 septembre. — Le dépôt quitte Saint-Germain pour se rendre à Lyon.

16 septembre. — Le 4e escadron est versé au 2e régiment de marche de cuirassiers, à Paris. Capitaine Vaufrait. . 5 111 121

18 septembre. — Le dépôt quitte Lyon pour se rendre à Orange.

28 septembre. — Le dépôt part de Lyon pour se rendre à Lunel.

29 octobre. — Le major de Brécourt est nommé lieutenant colonel pour commander le 5e régiment de marche de cuirassiers. Il est remplacé le même jour par le capitaine Javet, nommé major au corps.

29 octobre. — Formation du 7e escadron (1er de marche) qui part le même jour pour se rendre à Tours concourir à la formation du 5e régiment de marche de cuirassiers. Capitaine Braun. 6 115 112

26 novembre. — Formation d'un 1/2 escadron qui part le même jour pour concourir à la formation du 7e régiment de marche de cuirassiers. Capitaine Delsarte. 3 65 60

1er janvier 1871. — Formation d'un 1/2 escadron qui part le même jour pour concourir à la formation du 9e régiment de marche de cuirassiers 3 75 70

Ces deux détachements appartenaient au 8e escadron (2e de marche).

1er février. — Formation du 9e escadron (3e de marche). Départ d'un demi-escadron pour concourir à la formation du 11e régiment de marche de cuirassiers. 3 60 50

1er mars. — Le dépôt comprend : Un 1/2 escadron du 3e escadron de marche et le peloton hors-rang. (Effectif : 9 officiers, 272 hommes, 309 chevaux).

RÉGIMENT DE CUIRASSIERS — DÉPOT

	Offic.	Troupe.	Chev.

15 juillet 1870. — Bergeron, major, Saint-Germain.
22 juillet. — Le régiment quitte Saint-Germain pour se rendre à Nancy où il arrive le 23.
1er août. — Effectif des 1er, 2e, 3e, 4e et 6e escadrons de guerre 47   651   644
9 août. — Le 5e escadron quitte Saint-Germain pour se rendre à Paris où il arrive le même jour.
10 septembre. — Le dépôt part de Saint-Germain pour se rendre à Lyon où il arrive le 12.
12 septembre. — Le 5e escadron est versé au 2e régiment de marche de cuirassiers à Paris, capitaine Laville   8   130   110
17 septembre. — Le dépôt part de Lyon pour se rendre à Orange où il arrive le 18.
26 septembre. — Le dépôt quitte Orange pour se rendre à Perpignan où il arrive le 28.
1er novembre. — Formation du 7e escadron (1er de marche).
2 novembre. — Départ du 7e escadron (1er de marche), pour rejoindre à Tours le 5e régiment de marche de cuirassiers où il est versé. Capitaine Leclerc   5   121   121
25 novembre. — Le major Bergeron est nommé lieutenant-colonel pour commander le 7e régiment de marche de cuirassiers. Il est remplacé le même jour par le capitaine Braun, nommé major au corps.
27 novembre. — Formation du 8e escadron (2e de marche).
28 novembre. — Un demi-escadron du 8e est versé au 7e régiment de marche de cuirassiers à Château-Renault . .   2   67   60
3 janvier 1871. — Départ d'un demi-escadron du 8e (2e de marche) pour se rendre à Fougères où il est versé au 9e régiment de marche de cuirassiers. Lieutenant Courtois   3   75   73
4 janvier. — Formation du 9e escadron (3e de marche).
21 janvier. — Le major Piaud est nommé major au corps en remplacement du major Braun, qui permute avec lui.
2 février. — Départ d'un 1/2 escadron du 9e (3e de marche), pour se rendre à Angoulême, au 11e régiment de marche de cuirassiers où il est versé. Capitaine Acoquat.   3   60   50
20 février. — Départ d'un demi-escadron du 3e de marche pour se rendre au camp d'Arles (2 officiers, 90 hommes, 90 chevaux).
1er mars. — Le dépôt comprend : Le peloton hors-rang (Effectif : 5 officiers, 143 hommes, 131 chevaux).

RÉGIMENT DE DRAGONS DE L'IMPÉRATRICE — DÉPOT

	Offic.	Troupe.	Chev.
15 juillet 1870. — Leroy de Lanauze, major, Meaux.			
21 juillet. — Le régiment quitte Paris pour se rendre à Nancy où il arrive le 22.			
1er août. — Effectif des 2e, 3e, 4e, 5e et 6e escadrons de guerre.	47	680	645
1er août. — Effectif du dépôt (14 officiers, 251 hommes, 148 chevaux).			
1er août. — Le 1er escadron dépôt quitte Meaux pour se rendre à Paris où il arrive le 3 (6 officiers, 163 hommes, 143 chevaux). Le même jour le 1er escadron est dirigé sur Saint-Cloud où il doit tenir garnison.			
19 août. — L'escadron rentre à Paris.			
20 août. — Le 1er escadron est versé au régiment de marche de la Garde Impériale à Paris. Capitaine Vautier.	10	106	121
23 août. — Le dépôt (peloton hors-rang) quitte Meaux pour se rendre à Paris où il arrive le même jour (4 officiers, 150 hommes, 40 chevaux).			
10 septembre. — Le major Leroy de Lanauze est nommé lieutenant-colonel pour commander le 1er régiment de cavalerie mixte. Il est remplacé le même jour par le capitaine Dubuquoy, nommé major.			
11 septembre. — Le dépôt quitte Paris pour se rendre à Lyon où il arrive le 13.			
12 septembre. — La formation du régiment de marche de cavalerie de la garde ayant été suspendu, le 1er escadron passe au 1er régiment mixte de cavalerie à Paris. Capitaine Vautier.	10	106	121
16 septembre. — Le dépôt quitte Lyon pour se rendre à Montélimart où il arrive le 18.			
1er octobre. — Formation de l'escadron provisoire.			
12 octobre. — Formation du 7e escadron (1er de marche).			
26 octobre. — Le 7e escadron quitte Montélimart pour se rendre à Moulins concourir à la formation du 5e régiment mixte de cavalerie. Capitaine Pennet.	8	140	120
29 octobre. — Le major Dubuquoy passe chef d'escadrons au 6e régiment de marche de dragons.			
14 novembre. — Le capitaine Saleur est nommé major au corps.			
1er décembre. — Formation du 8e escadron (2e de marche).			
5 janvier 1871. — Une division du 8e escadron part pour rejoindre à Angers, le 8e régiment de marche de dragons. Capitaine.	2	60	51
16 janvier. — Une division du 8e escadron part pour rejoin-			

	Offic.	Troupe.	Chev.

dre à Asnières près de Bourges le 9ᵉ régiment de marche de dragons. Capitaine............. 2 79 60

1ᵉʳ mars. — Le dépôt comprend : l'escadron provisoire et le peloton hors-rang. Effectif (14 officiers, 275 hommes, 212 chevaux).

RÉGIMENT DE LANCIERS — DÉPOT

15 juillet 1870. — Martin, major, Meaux.

21, 22 et 23 juillet. — Départ du régiment de Paris pour se rendre à Nancy où il arrive les 22, 23 et 25.

1ᵉʳ août. — Effectif des 2ᵉ, 3ᵉ, 4ᵉ, 5ᵉ et 6ᵉ escadrons de guerre 48 642 647

1ᵉʳ août. — Le dépôt comprend à Meaux le 1ᵉʳ escadron et le peloton hors-rang. (Effectif : 15 officiers, 259 hommes, 141 chevaux).

1ᵉʳ août. — Le 1ᵉʳ escadron quitte Meaux pour se rendre à Paris (école militaire), où il arrive le 2 (5 officiers, 110 hommes, 87 chevaux).

20 août. — Le 1ᵉʳ escadron est versé au régiment de marche de la Garde Impériale en formation à Paris.

26 août. — Le dépôt quitte Meaux pour se rendre à Paris où il arrive le 27. Major Martin.

10 septembre. — Le 1ᵉʳ escadron entre dans la formation du 1ᵉʳ régiment mixte de cavalerie à Paris. Capitaine Terre............................. 10 126 121

12 septembre. — Le dépôt composé de l'escadron provisoire et du peloton hors-rang quitte Paris pour se rendre à Lyon (7 officiers, 246 hommes, 164 chevaux).

18 septembre. — Le dépôt quitte Lyon pour se rendre à Montélimart.

20 octobre. — Formation du 7ᵉ escadron (1ᵉʳ de marche).

26 octobre. — Départ du 7ᵉ escadron pour rejoindre à Moulins le 5ᵉ régiment mixte de cavalerie. Capitaine Raymond...................... 8 140 130

6 janvier 1871. — Formation du 8ᵉ escadron (2ᵉ de marche).

15 janvier. — Départ d'une division du 8ᵉ escadron pour rejoindre à Asnières près de Bourges le 9ᵉ régiment de marche de dragons. Capitaine Mélix.......... 2 79 65

1ᵉʳ février. — Reconstitution du 8ᵉ escadron.

1ᵉʳ mars 1871. — Le dépôt comprend : le 8ᵉ escadron, l'escadron provisoire et le peloton hors-rang. (Effectif : 8 officiers, 313 hommes, 194 chevaux).

RÉGIMENT DE CHASSEURS — DÉPOT

| | Offic. | Troupe. | Chev. |

15 juillet 1870. — Joly, major, Fontainebleau.
21 juillet. — Le régiment quitte Fontainebleau pour se rendre à Paris où il arrive le 22.
23 juillet. — Le régiment part de Paris pour se rendre à Nancy où il arrive le même jour.
1er août. — Effectif des 1er, 2e, 3e, 4e et 5e escadrons de guerre. 48 660 652
1er août. — Le dépôt quitte Fontainebleau pour se rendre à Paris où il arrive le 2 (6e escadron : 7 officiers, 104 hommes, 100 chevaux).
1er septembre. — Formation d'un détachement pour servir d'escorte au général Vinoy 2 80 80
8 septembre. — Le 6e escadron est versé à Paris, au 1er régiment mixte de cavalerie. Capitaine Roussel 8 118 121
12 septembre. — Le dépôt quitte Paris pour se rendre à Lyon où il arrive le 13.
16 septembre. — Le dépôt part de Lyon pour se rendre à Valence où il arrive le même jour.
1er octobre. — Formation de l'escadron provisoire. Capitaine Lanen (1).
1er mars 1871. — Le dépôt comprend : l'escadron provisoire et le peloton hors-rang. (Effectif : 11 officiers, 449 hommes, 294 chevaux).

RÉGIMENT DE GUIDES — DÉPOT

15 juillet 1870. — Grandin, major, Melun.
21 juillet. — Le régiment quitte Melun pour se rendre à Paris où il arrive le 22.
23 juillet. — Départ du régiment pour Nancy où il arrive le même jour.
1er août. — Effectif des 1er, 2e, 3e, 4e et 5e escadrons de guerre 49 658 641
1er août. — Le dépôt quitte Melun pour se rendre à Paris où il arrive le 2 (6e escadron : 7 officiers, 130 hommes, 156 chevaux).
10 septembre. — Le 6e escadron passe au 1er régiment mixte de cavalerie, à Paris, ce régiment avait été formé dans la seconde quinzaine d'août comme régiment de marche de cavalerie de la Garde Impériale. Capitaine Sauvin . . . 7 151 120
12 septembre. — Le dépôt quitte Paris pour se rendre à Lyon où il arrive le 13.

---

(1) Le dépôt n'a pas formé d'escadrons de marche.

	Offic.	Troupe.	Chev.

17 septembre. — Le dépôt part de Lyon pour se rendre à Valence où il arrive le même jour.

2 octobre. — Formation de l'escadron provisoire.

24 novembre. — Formation du 7e escadron (1er de marche).

25 novembre. — Le major Grandin passe au commandement en second comme chef d'escadrons au 3e régiment de marche de hussards.

26 novembre. — Le 7e escadron part pour rejoindre à Angers le 3e régiment de marche de hussards. Capitaine de Saint-Martin 5   145   120

1er decembre. — Le major Dufilhol est nommé major au corps.

1er mars 1871. — Le dépôt comprend : l'escadron provisoire et le peloton hors-rang. (Effectif : 5 officiers, 430 hommes, 306 chevaux).

III. — ARTILLERIE

RÉGIMENT MONTÉ — DÉPOT

15 juillet 1870. — Tricoche, major, Versailles.

16 juillet. - Création du cadre de dépôt. Capitaine Chastang.

21 juillet. — Départ de l'Ecole militaire de la 3e batterie pour se rendre à Nancy où elle arrive le 22. Capitaine Barjon.

21 juillet. — Départ de Versailles des 1re, 2e, 5e et 6e batteries pour Nancy où elles arrivent le 22. Capitaines Clairin, Belin, Pihan et Robert.

22 juillet. — La 4e batterie quitte l'Ecole militaire pour se rendre à Nancy où elle arrive le 23. Capitaine Malcor.

1er août. — Effectif des batteries à l'armée du Rhin 36   868   724

1er août. — Le dépôt compte le cadre de dépôt et le peloton hors-rang (6 officiers, 199 hommes, 81 chevaux) 6   199   81

21 août. — Création d'une batterie montée de marche n° 1.

28 août. — Départ de Versailles de la batterie montée n° 1.

30 août. — La batterie de marche n° 1 devient 11e batterie montée. Capitaine Pinel de Grandchamp à Paris (1). . . 3   100   88

1er septembre. — Un détachement part de Versailles pour se rendre au fort d'Issy . . . . »   107   »

7 septembre. — Le dépôt quitte Versailles pour se rendre à Bourges où il arrive le 9.

22 septembre. — Formation à Bourges de la 14e batterie montée.

---

(1) Cette batterie devient 3e batterie montée du 21e régiment d'artillerie le 1er novembre 1870.

	Offic.	Troupe.	Chev.

23 septembre. — Départ de la 14ᵉ batterie pour se rendre à Orléans où elle arrive le même jour. Capitaine Chastang. 4 132 97

27 septembre. — Le dépôt quitte Bourges pour se rendre à Toulouse où il arrive le 28.

1ᵉʳ novembre. — Le dépôt comprend le peloton hors-rang et le cadre de dépôt. Capitaine Doidon (2 officiers, 95 hommes, 5 chevaux).

20 décembre. — Le dépôt est licencié (2 officiers, 97 hommes, 2 chevaux).

RÉGIMENT A CHEVAL — DÉPOT

15 juillet 1870. — Poizat, major, Versailles.

16 juillet. — Création d'un cadre de dépôt. Capitaine Thiou.

21 juillet. — Départ des 1ʳᵉ et 2ᵉ batteries pour se rendre à Nancy où elles arrivent le 22. Capitaines Forqueray et Donop.

22 juillet. — Départ de Versailles des 3ᵉ, 4ᵉ, 5ᵉ et 6ᵉ batteries pour Nancy où elles arrivent le 23. Capitaines Meurdra, de Lanet, Delaroze et Gay.

1ᵉʳ août. — Effectif des batteries à l'armée du Rhin. . . . 39 886 1021

1ᵉʳ août. — Le dépôt comprend le cadre de dépôt et le peloton hors-rang (6 officiers, 183 hommes, 97 chevaux). . . 6 183 97

21 août. — Création d'une batterie de marche à cheval.

30 août. — La batterie de marche devient 11ᵉ batterie à cheval. Capitaine Mignon (1) 3 100 103

7 septembre. — Le dépôt quitte Versailles pour se rendre à Bourges où il arrive le 10.

29 septembre. — Départ de Bourges du dépôt pour se rendre à Toulouse où il arrive le même jour.

1ᵉʳ novembre. — Le dépôt comprend : le cadre de dépôt et le peloton hors-rang. Capitaine Ménard. (Effectif : 3 officiers, 133 hommes, 4 chevaux).

20 décembre. — Le dépôt est licencié à Toulouse. Capitaine Ménard. (Effectif : 2 officiers, 97 hommes, 2 chevaux).

ESCADRON DU TRAIN D'ARTILLERIE — DÉPOT

15 juillet 1870. — Guillemard, chef d'escadron, Versailles.

16 juillet. — Dédoublement des 2 compagnies et formation en 1ʳᵉ compagnie principale, 1ʳᵉ compagnie *bis*, 2ᵉ compagnie principale et 2ᵉ compagnie *bis*.

---

(1) Cette batterie prend part au siège de Paris et devient 3ᵉ batterie du 22ᵉ régiment d'artillerie le 1ᵉʳ novembre 1870.

	Offic.	Troupe.	Chev.

24 juillet. — La 1re compagnie principale fournit deux réserves divisionnaires.
    1re réserve divisionnaire. — Lieutenant Paris.
    2e réserve divisionnaire. — Lieutenant Junière.

25 juillet. — Départ des réserves divisionnaires de Versailles pour se rendre à Metz où elles arrivent le 28.

31 juillet. — Départ de Versailles de la 1re compagnie principale, capitaine Stahl, pour Metz où elle arrive le 1er août (3 officiers, 76 hommes, 133 chevaux).

1er août — La 1re compagnie *bis* quitte Versailles pour se rendre à l'armée du Rhin à Metz où elle arrive le 3, capitaine Lallement (2 officiers, 173 hommes, 274 chevaux).

1er août. — Effectif des 2 compagnies et des réserves divisionnaires à l'armée du Rhin 6   347   553

1er août. — Effectif du dépôt: 2e compagnie principale et 2e compagnie *bis* (6 officiers, 170 hommes, 304 chevaux).

5 août. — Départ de la 2e compagnie principale de Versailles pour se rendre à Metz où elle arrive le 6. Capitaine Castay 4   136   219

1er septembre. — La 2e compagnie *bis* formant dépôt à Versailles, capitaine Sirand (2 officiers, 34 hommes, 85 chevaux).

7 septembre. — La compagnie de dépôt (2e compagnie *bis*) quitte Versailles pour se rendre à Bourges où elle arrive le 10.

29 septembre. — La 2e compagnie *bis* quitte Bourges pour se rendre à Toulouse où elle arrive le même jour. Capitaine Sirand.

1er octobre — Effectif de la 2e compagnie *bis*. Capitaine Sirand (1 officier, 324 hommes, 100 chevaux).

1er janvier 1871. — Le dépôt est licencié, tout le personnel (hommes et chevaux) est versé dans divers régiments d'artillerie, à Toulouse.

ESCADRON DU TRAIN DES ÉQUIPAGES — DÉPOT

15 juillet 1870. — Penavaire, capitaine major, Paris.

22 juillet. — Départ des 2e, 3e et 4e compagnies de Versailles pour Nancy où elles arrivent le même jour. Capitaines Landre, Seryeys et Paulet.

1er août. — Effectif des compagnies à l'armée du Rhin . . 14   366   521

1er août. — Le dépôt comprend : les 1re, 5e, 6e compagnies et le peloton hors-rang. Capitaines Billiet, de Bonnefous

	Offic.	Troupe.	Chev.
de Caminel et Campagne (20 officiers, 211 hommes, 190 chevaux).			
2 août. — Départ de Paris pour Metz d'un détachement . .	»	30	60
17 août. — Le dépôt reçoit un détachement venant du 3ᵉ régiment stationné à Châteauroux	»	100	372
18 août. — La 5ᵉ compagnie est attachée au 13ᵉ corps d'armée. Capitaine de Bonnefous de Caminel	4	215	267
23 août. — Formation d'une compagnie de dépôt à Paris.			
5 septembre. — La 1ʳᵉ compagnie est attachée au 14ᵉ corps. Capitaine Delval	4	249	258
6 septembre. — La 6ᵉ compagnie est attachée aux 13ᵉ et 14ᵉ corps. Capitaine Campagne (1)	5	358	41
6 octobre. — Le capitaine Cauret est nommé pour commander la compagnie de dépôt.			
21 octobre. — Le dépôt comprend, à Paris, le peloton hors rang et la compagnie de dépôt, capitaine Penavaire. . .	18	602	695
1ᵉʳ novembre. — La 6ᵉ compagnie est attachée aux 13ᵉ et 14ᵉ corps. Capitaine Campagne.			
1ᵉʳ janvier 1871. - Le peloton hors-rang, capitaine Vianès (5 officiers, 92 hommes, 6 chevaux)	5	92	6
1ᵉʳ février. — Cadre de dépôt et peloton hors-rang, capitaine major Penavaire, commandant (18 officiers, 598 hommes, 691 chevaux).			
1ᵉʳ mars. — Le dépôt à Paris, 1ʳᵉ, 5ᵉ, 6ᵉ compagnies, cadre de dépôt et peloton hors-rang, capitaines Delval, de Bonnefous, Guibourdanche, Cauret (28 officiers, 1518 hommes, 701 chevaux).			

---

(1) 300 mulets.

DEUXIÈME PARTIE

Infanterie

CHAPITRE PREMIER

I. — INFANTERIE DE LIGNE

1er RÉGIMENT — DÉPÔT

	Offic.	Troupe.	Chev.
15 juillet 1870. — Cahart, major, Châlons-sur-Marne.			
20 juillet. — Le régiment quitte Sedan pour se rendre à Thionville où il arrive le 21.			
29 juillet. — Départ d'un détachement pour rejoindre à Thionville les bataillons de guerre. Lieutenant Marassé.	1	103	»
(1) *1er août.* — Effectif des 3 bataillons de guerre.	65	1743	29
5 août. — Départ d'un détachement pour rejoindre les bataillons de guerre	1	400	»
12 août. — Formation du 4e bataillon.			
14 août. — Le 4e bataillon comprenant les 1re, 2e, 3e et 4e compagnies quitte le dépôt pour se rendre au camp de Châlons. Commandant Blot	10	688	2
15 août. — Le 4e bataillon est versé au 1er régiment de marche.			
16 août. — Création des 5e et 6e compagnies du 4e bataillon.			
20 août. — Les 5e et 6e compagnies rejoignent au camp de Châlons le 4e bataillon	4	400	»
20 août. — Le dépôt composé des 8e compagnies, des 2e et 3e bataillons de la compagnie hors-rang, major Cahart, quitte Châlons pour se rendre à Orléans où il arrive le 21, à l'effectif de 4 officiers et de 405 hommes.			
3 septembre. — Départ de la 8e compagnie du 3e bataillon pour Paris, capitaine Le Milloch, cette compagnie est versée en octobre au 36e régiment de marche de Paris (136e).	3	220	»
6 septembre. — Formation des 1re et 2e compagnies provisoires. Ces deux compagnies sont cantonnées du 10 au 14 à Jargeau, elles rentrent à Orléans, le 15.			
19 septembre. — La compagnie hors-rang et le dépôt quittent Orléans pour se rendre à Périgueux.			

(1) Effectif du dépôt au 1er août (23 officiers, 1,065 hommes, 5 chevaux).

	Offic.	Troupe.	Chev.

25 septembre. — Les 1ʳᵉ et 2ᵉ compagnies provisoires partent sous les ordres du major pour se rendre dans la forêt d'Orléans. Ces deux compagnies assistent à l'affaire de Chevilly, le 26.

1ᵉʳ octobre. — Départ des 1ʳᵉ et 2ᵉ compagnies provisoires pour Périgueux où elles rejoignent le dépôt.

6 octobre. — Formation des 1ʳᵉ, 2ᵉ, 3ᵉ et 4ᵉ compagnies de dépôt.

12 octobre. — Départ de la 1ʳᵉ compagnie de dépôt pour le Mans, où elle est versée au 38ᵉ régiment de marche. Capitaine Varlet . . . . 3 216 »

21 octobre. — La 8ᵉ compagnie du 2ᵉ bataillon qui était à Orléans depuis le 14 septembre rejoint le 29ᵉ régiment de marche à Bourges où elle est versée. Capitaine Belliard . . . . 3 220 »

29 octobre. — Départ des 2ᵉ et 3ᵉ compagnies de dépôt pour rejoindre, au camp de Salbris, le 42ᵉ régiment de marche où elles sont versées. Capitaine Patey, sous-lieutenant Taclis. . . . . 4 425 »

1ᵉʳ novembre. — Formation de la 5ᵉ compagnie de dépôt.

2 novembre. - Départ d'un détachement de 110 hommes pour rejoindre à Antibes le dépôt du 96ᵉ de ligne en formation . . . . » 110 »

11 novembre. — Formation de la 6ᵉ compagnie de dépôt.

12 novembre. — Formation de la 7ᵉ compagnie de dépôt.

6 décembre. — Départ de la 4ᵉ compagnie de dépôt pour Clermont-Ferrand où elle est versée au 61ᵉ régiment de marche. Lieutenant Gambert. . . . . 2 215 »

13 décembre. — Le major Cahart est nommé lieutenant-colonel pour commander le 62ᵉ régiment de marche. Il est remplacé le même jour par le capitaine Jénot, nommé major au corps.

15 décembre. — Un détachement de 114 hommes est versé au dépôt du 57ᵉ de ligne.

28 décembre. — Départ d'un détachement de 200 hommes pour rejoindre le dépôt du 2ᵉ régiment du train d'artillerie.

31 décembre. — Départ de la 5ᵉ compagnie de dépôt pour Bordeaux où elle est versée au 75ᵉ régiment de marche. Lieutenant Jammes . . . . 2 220 »

10 janvier 1871. — Formation de la 8ᵉ compagnie de dépôt.

11 janvier. - Départ d'un détachement pour rejoindre le dépôt du 2ᵉ régiment du génie (40 hommes).

23 février. — Un détachement, sous-officiers et caporaux, est versé au dépôt du 6ᵉ de ligne (18 hommes).

— 28 —

	Offic.	Troupe.	Chev

26 février. — Départ de la 6ᵉ compagnie de dépôt pour Bordeaux où elle est versée au 92ᵉ régiment de marche. Capitaine Vivien . . . . 2 205 »

1ᵉʳ mars. — Le dépôt comprend : les 7ᵉ et 8ᵉ compagnies de dépôt, capitaines Bouchu et Puig; les 1ʳᵉ et 2ᵉ compagnies provisoires et la compagnie hors-rang. (Effectif : 16 officiers, 739 hommes, 1 cheval).

2ᵉ RÉGIMENT — DÉPOT

15 juillet 1870. — Zegowitz, major, Tulle.

16 juillet. — Le régiment quitte le camp de Châlons pour se rendre à Saint-Avold.

28 juillet. — Départ d'un détachement pour rejoindre les bataillons de guerre . . . . 1 300 »

(1) *1ᵉʳ août.* — Effectif des trois bataillons de guerre. . . 58 1730 33

2 août. — Départ du dépôt d'un détachement pour rejoindre à Saint-Avold les bataillons de guerre . . . . 1 201 »

12 août. — Formation du 4ᵉ bataillon (4 compagnies).

13 août. — Création des 5ᵉ et 6ᵉ compagnies du 4ᵉ bataillon.

15 août. — Le 4ᵉ bataillon quitte Tulle pour se rendre à Paris concourir à la formation du 5ᵉ régiment de marche d'infanterie. Commandant Reynaud 15 791 2

27 août. — Départ d'un détachement pour compléter le 4ᵉ bataillon à Paris . . . . 1 142 »

28 août. — La 8ᵉ compagnie du 2ᵉ bataillon quitte Tulle, pour se rendre à Paris, capitaine Capdecomme. Cette compagnie entre en octobre dans la formation du 36ᵉ de marche de Paris (136ᵉ) . . . . 3 216 »

11 septembre. — Formation des 1ʳᵉ et 2ᵉ compagnies provisoires.

18 septembre. — La 8ᵉ compagnie du 3ᵉ bataillon part pour Moulins où elle doit concourir à la formation du 30ᵉ régiment de marche. Capitaine Lecouflet . . . . . 3 216 »

1ᵉʳ octobre. — Formation des 1ʳᵉ, 2ᵉ, 3ᵉ, 4ᵉ compagnies de dépôt.

5 octobre. — Départ de la 1ʳᵉ compagnie de dépôt pour se rendre au Mans où elle doit concourir à la formation du 38ᵉ régiment de marche. Capitaine Gorincourt . . . . 2 216 »

24 octobre. — Formation de la 5ᵉ compagnie de dépôt.

31 octobre. — Départ des 2ᵉ et 3ᵉ compagnies se rendant à

---

(1) L'effectif du dépôt au 1ᵉʳ août. — (31 officiers, 1,121 hommes, 5 chevaux).

— 29 —

	Offic.	Troupe.	Chev.
Angers concourir à la formation du 48ᵉ régiment de marche. Capitaines Garry et Entz..........	6	400	»

4 novembre. — Formation des 6ᵉ et 7ᵉ compagnies de dépôt.

23 novembre. — Départ des 4ᵉ et 5ᵉ compagnies de dépôt pour se rendre à Clermont-Ferrand, concourir à la formation du 64ᵉ régiment de marche. Lieutenants Havard et Ducreux...............	6	100	»
23 novembre. — Départ de la 6ᵉ compagnie de dépôt pour se rendre au Mans où elle doit concourir à la formation du 59ᵉ régiment de marche. Lieutenant Métivier....	3	200	»
22 décembre. — Départ de la 7ᵉ compagnie de dépôt pour rejoindre le 75ᵉ régiment de marche à Bordeaux. Lieutenant Rollet...............	3	172	»
17 janvier 1871. — Un détachement quitte Tulle pour se rendre à Bordeaux où se forme le 85ᵉ régiment de marche. Lieutenant Valette..............	1	63	»

27 janvier. — Un détachement part pour rejoindre le 86ᵉ régiment de marche (ce détachement de 57 hommes n'ayant pas été incorporé a rejoint le dépôt à la fin de mars).

| *15 février.* — Un détachement quitte le dépôt pour se rendre à Bordeaux où il est incorporé au 90ᵉ régiment de marche............................ | » | 92 | » |

1ᵉʳ mars. — Le dépôt comprend les 1ʳᵉ, 2ᵉ compagnies provisoires, capitaines Lavigne et David, et la compagnie hors rang. (Effectif : 11 officiers, 359 hommes, 1 cheval) (1).

TROISIÈME RÉGIMENT — DÉPÔT (2)

15 juillet 1870. — Roux, major, Grenoble.

21 juillet. — Le régiment quitte Grenoble pour se rendre à Colmar où il arrive le 22.

---

(1) Le corps a reçu pendant la période de guerre 1870-1871, 3,142 hommes ; savoir :

Réserves des classes de 1863, 1864, 1865......... 375 hommes
2ᵉ portion des classes de 1866, 1867, 1868........ 493 —
Jeunes soldats de la classe de 1869............ 528 —
Jeunes soldats de la classe de 1870............ 478 —
Anciens militaires rappelés............... 850 —
Engagés volontaires, 418, dont 358 pour la durée de la guerre.

(2) Un groupe du régiment se retire sur Mézières le 1ᵉʳ septembre et forme un bataillon de marche (17 officiers, 1,069 hommes).

6 novembre 1870. — Le capitaine Algay est nommé chef de bataillon pour commander le bataillon de marche du 3ᵉ de ligne.

	Offic.	Troupe.	Chev.

1er août. — Effectif des 3 bataillons de guerre 66 1585 24

1er août. — Effectif du dépôt (23 officiers, 1314 hommes, 2 chevaux).

2 août. — Départ d'un détachement pour rejoindre les bataillons de guerre à Belfort. Capitaine Villard . . . . 2 400 »

5 août. — Départ d'un détachement pour rejoindre les bataillons de guerre. Sous-lieutenant Tailleur . . . . . 2 300 »

19 août. — Le 4e bataillon complètement organisé quitte Grenoble pour se rendre à Lyon. Commandant de La Monneraye 14 797 2

26 août. — Le 4e bataillon quitte Lyon pour se rendre à Paris où il doit concourir à la formation du 23e régiment de marche.

29 août. — Départ de la 8e compagnie du 2e bataillon. Capitaine Martin pour se rendre à Paris. Cette compagnie est versée en octobre au 39e régiment de marche de Paris (139e de ligne) . . . . 2 204 »

9 septembre. — Formation des 1re et 2e compagnies provisoires. Capitaines Jallon et Arnaudy.

18 septembre. — La 8e compagnie du 3e bataillon quitte Grenoble pour se rendre à Moulins où elle est versée au 30e régiment de marche. Capitaine Mary . . . . 2 273 »

5 octobre. — Formation de la 1re compagnie de dépôt.

6 octobre. — Formation de la 2e compagnie de dépôt.

---

2 décembre. — Formation à Mézières de 2 bataillons provisoires du 3e de ligne à 5 compagnies.

    1er BATAILLON. — Commandant Algay.
        1re compagnie. — Sous-lieutenant Adam.
        2e compagnie. — Lieutenant Givaudan.
        3e compagnie. — Capitaine Ferry.
        4e compagnie. — Capitaine Accary.
        5e compagnie. — Capitaine Veillon (1).
    2e BATAILLON. — Capitaine Josse (2).
        1re compagnie. — Lieutenant Jacottin.
        2e compagnie. — Sous-lieutenant Virolleau.
        3e compagnie. — Capitaine Loussert.
        4e compagnie. — Lieutenant Aper.
        5e compagnie. — Lieutenant Zwilling.
    Effectif des 2 bataillons (16 officiers, 1,100 hommes).

3 décembre. — Ces deux bataillons font partie de la colonne volante du Nord-Est.

12 janvier 1871. — Ces deux bataillons concourent à la formation du 73e régiment de marche à Masnières près de Cambrai.

---

(1) *7 janvier 1871*. — Le capitaine Veillon est nommé chef de bataillon.

(2) *12 janvier*. — Le capitaine Josse est nommé chef de bataillon.

— 31 —

	Offic.	Troupe.	Chev.

21 octobre. — Départ des 1re et 2e compagnies de dépôt pour rejoindre le 38e régiment de marche au Mans. Capitaine Blanc, sous-lieutenant Audran   3   411   »

21 octobre. — Formation de la 3e compagnie de dépôt.

27 octobre. — Formation de la 4e compagnie de dépôt.

1er novembre. — Départ de la 3e compagnie de dépôt pour rejoindre le 44e régiment de marche à Angoulême. Sous-lieutenant Cazaux   2   235   »

6 novembre. — Départ de la 4e compagnie de dépôt pour se rendre au Mans concourir à la formation du 46e régiment de marche. Sous-lieutenant Andrillon.   2   215   »

16 novembre. — Formation de la 5e compagnie de dépôt.

17 novembre. — Le major Roux est nommé lieutenant-colonel pour commander le 58e régiment de marche. Il est remplacé à la même date par le major Blanchard.

17 novembre. — Formation des 5e et 6e compagnies de dépôt.

22 novembre. — Formation de la 7e compagnie de dépôt.

22 novembre. — Départ d'un détachement pour Tours . . .   1   210   »

1er décembre. — Départ des 5e, 6e, 7e compagnies de dépôt pour Tours où elles doivent concourir à la formation du 58e régiment de marche. Sous-lieutenants Dubreuil de Saconnay, Halliot, Molliard.   6   640   »

2 décembre. — Formation de la 8e compagnie de dépôt.

15 décembre. — Formation de la 9e compagnie de dépôt.

21 décembre. — Départ de la 8e compagnie pour Angers où elle doit concourir à la formation du 62e régiment de marche. Sous-lieutenant Brot.   3   243   »

20 décembre. — Départ de la 9e compagnie de dépôt pour rejoindre le 42e régiment de marche. Sous-lieutenant Giraud (1).   2   202   »

28 décembre. — Formation de la 10e compagnie de dépôt.

6 janvier 1871. — Départ de la 10e compagnie de dépôt pour se rendre à Bordeaux où elle doit entrer dans la formation du 77e régiment de marche. sous-lieutenant Degua.   2   236   »

13 janvier. — Formation de la 11e compagnie de dépôt.

24 janvier. — Formation de la 12e compagnie de dépôt.

27 janvier. — Départ de la 11e compagnie de dépôt pour Bordeaux où elle doit concourir à la formation du 82e régiment de marche. Sous-lieutenant Milloy.   2   213   »

1er février. — Formation de la 13e compagnie de dépôt.

---

(1) La 9e compagnie de dépôt verse ses hommes au 42e de marche et le cadre retourne au dépôt le 27 décembre.

	Offic.	Troupe.	Chev.

11 février. — Départ de la 12ᵉ compagnie de dépôt pour Bordeaux où elle passe au 87ᵉ régiment de marche. Sous-lieutenant Clément. . . . . 3 148 »

21 février. — Départ de la 13ᵉ compagnie de dépôt pour Bordeaux où elle doit concourir à la formation du 90ᵉ régiment de marche. Sous-lieutenant Falle. . . . . . 3 127 »

23 février. — Formation des 14ᵉ et 15ᵉ compagnies de dépôt.

23 février. — Les 14ᵉ et 15ᵉ compagnies entrent dans la formation du 34ᵉ régiment de marche (*bis*) formé à Grenoble. Sous-lieutenant Viguié. . . . . 1 256 »

23 février. — Formation de la 16ᵉ compagnie de dépôt.

1ᵉʳ mars. — Le dépôt comprend la compagnie hors-rang, la 16ᵉ compagnie de dépôt et les 1ʳᵉ et 2ᵉ compagnies provisoires. (Effectif : 11 officiers, 395 hommes, 2 chevaux).

4ᵉ RÉGIMENT — DÉPOT

15 juillet 1870. — Deffis, major, Saint-Etienne.

21 juillet. — Le régiment part de Saint-Etienne pour se rendre au camp de Châlons où il arrive le 22.

(1) *1ᵉʳ août.* — Effectif des 3 bataillons de guerre 64 2075 29

4 août. — Départ d'un détachement pour rejoindre les bataillons de guerre. Lieutenant Marassé . . . . 1 200 »

5 août. — Départ d'un détachement pour le camp de Châlons . . . . 1 200 »

15 août. — Formation du 4ᵉ bataillon (1ʳᵉ, 2ᵉ, 3ᵉ, 4ᵉ compagnies) comprenant les 7ᵉˢ compagnies des 3 bataillons et la 8ᵉ compagnie du 1ᵉʳ bataillon.

19 août. — Formation des 5ᵉ et 6ᵉ compagnies du 4ᵉ bataillon.

20 août. — Le 4ᵉ bataillon est complètement formé à l'effectif de 13 officiers, 824 hommes, 1 cheval. Commandant Farges.

28 août. — La 8ᵉ compagnie du 2ᵉ bataillon part pour Paris. Capitaine Martin. En octobre cette compagnie est versée au 38ᵉ régiment de marche de Paris (138ᵉ) . . . . 3 214 »

1ᵉʳ septembre. — Le major Deffis est nommé major au 3ᵉ voltigeurs de la Garde. Il est remplacé le même jour par le capitaine Renard nommé major au corps.

6 septembre. — Formation des 1ʳᵉ et 2ᵉ compagnies provisoires.

---

(1) Effectif du dépôt au 1ᵉʳ août (24 officiers, 692 hommes, 2 chevaux).

	Offic.	Troupe.	Chev.

18 septembre. — Départ de la 8ᵉ compagnie du 3ᵉ bataillon pour rejoindre à Moulins le 30ᵉ régiment de marche. Capitaine Petitjean. . . . . 3 216 »

28 septembre. — Le 4ᵉ bataillon au complet quitte Saint-Etienne pour se rendre à Lyon d'où il est envoyé à Vierzon pour concourir à la formation du 34ᵉ régiment de marche. Commandant Farges. 16 1200 2

1ᵉʳ octobre. — Formation de la 1ʳᵉ compagnie de dépôt.

5 octobre. — Départ de la 1ʳᵉ compagnie de dépôt pour rejoindre au Mans le 38ᵉ régiment de marche où elle est versée. Capitaine de Carney. . . . . 3 216 »

8 octobre. — Formation des 2ᵉ, 3ᵉ et 4ᵉ compagnies de dépôt.

11 octobre. — Formation de la 5ᵉ compagnie de dépôt.

18 octobre. — Les 2ᵉ et 3ᵉ compagnies de dépôt sont détachées à Montbrison.

2 novembre. — Départ des 2ᵉ et 3ᵉ compagnies pour Lyon.

16 novembre. — La 2ᵉ compagnie de dépôt passe à Lyon au 37ᵉ régiment de marche. Lieutenant Seyvon. . . . . . 2 183 »

21 novembre. — Formation des 6ᵉ et 7ᵉ compagnies de dépôt.

21 novembre. — Départ des 3ᵉ et 4ᵉ compagnies de dépôt pour Bourges où elles sont versées au 65ᵉ régiment de marche. Sous-lieutenants Janier et Collot . . . . 4 334 »

24 décembre. — Formation de la 8ᵉ compagnie de dépôt.

25 décembre. — Départ de la 5ᵉ compagnie de dépôt pour Lyon où elle est versée au 32ᵉ régiment de marche. Sous-lieutenant Tardiveau. . . . . 1 169 »

30 décembre. — Départ de la 6ᵉ compagnie de dépôt pour rejoindre à Bordeaux le 77ᵉ régiment de marche. Sous-lieutenant Bonniquet. . . . . 2 193 »

31 décembre. — Formation de la 9ᵉ compagnie de dépôt.

5 janvier 1871. — Le major Renard rejoint le dépôt.

6 janvier. — Départ de la 7ᵉ compagnie de dépôt pour se rendre à Bordeaux où elle doit concourir à la formation du 78ᵉ régiment de marche, mais par suite de nouveaux ordres, les officiers seuls restent à ce corps. Les hommes sont ramenés à Nevers, et sous le titre de corps de Flanqueurs de l'armée régulière sont mis à la disposition du chef de bataillon Odoul. Capitaine Souviat. . . . . . . 2 166 »

17 janvier. — Départ de la 8ᵉ compagnie de dépôt pour Bordeaux, où elle est versée au 82ᵉ régiment de marche. Sous-lieutenant Jordhery. . . . . 2 210 »

21 janvier. — Formation de la 10ᵉ compagnie de dépôt.

24 janvier. — Départ des 9ᵉ et 10ᵉ compagnies de dépôt pour

	Offic.	Troupe.	Chev.

Bordeaux où elles sont versées au 87ᵉ régiment de marche. Sous-lieutenant Sibon et capitaine Diousidon . . . . 6 294 »

1ᵉʳ février. — Départ d'un détachement pour Bordeaux où il est versé au 89ᵉ régiment de marche. Sous-lieutenant Marquez. . . . . 2 102 »

4 février. — Départ d'un détachement pour Bordeaux où il est versé au 90ᵉ régiment de marche. Sous-lieutenant Moneta . . . . 2 103 »

1ᵉʳ mars 1871. — Le dépôt comprend les 1ʳᵉ et 2ᵉ compagnies provisoires. Capitaines Frédure et Fonteret, et la compagnie hors-rang. (Effectif : 23 officiers, 701 hommes).

5ᵉ RÉGIMENT — DÉPOT

15 juillet 1870. — Villain, major, Toulon.

22 juillet. — Départ du régiment de Toulon pour se rendre à Belfort où il arrive le 23.

1ᵉʳ août (1). — Effectif des 3 bataillons de guerre 66 2237 27

4 août. — Départ d'un détachement pour Belfort . . . . . 200 »

6 août. — Départ d'un détachement pour Belfort . . . . . 300 »

12 août. — Formation du 4ᵉ bataillon (4 compagnies).

15 août. — Création des 5ᵉ et 6ᵉ compagnies du 4ᵉ bataillon.

22 août. — Départ du 4ᵉ bataillon pour Paris. Commandant Delofire, ce bataillon passe au 21ᵉ régiment de marche. 14 981 2

29 août. — Départ de la 8ᵉ compagnie du 2ᵉ bataillon pour Paris. Capitaine Vanlerberghe, en octobre cette compagnie entre dans la formation du 34ᵉ régiment de marche de Paris (134ᵉ) . . . . 3 200 »

6 septembre. — Formation de 2 compagnies provisoires.

18 septembre. — Départ de la 8ᵉ compagnie du 3ᵉ bataillon pour rejoindre le 30ᵉ régiment de marche. Capitaine Masson . . . . 2 202 »

1ᵉʳ octobre. — Formation des 1ʳᵉ, 2ᵉ, 3ᵉ et 4ᵉ compagnies de dépôt.

10 octobre. — Départ de la 1ʳᵉ compagnie de dépôt pour rejoindre le 39ᵉ régiment de marche. Capitaine Chambeau . . . . 2 210 »

18 octobre. — Départ des 2ᵉ et 3ᵉ compagnies de dépôt pour rejoindre le 42ᵉ régiment de marche. Capitaines Dabadie et d'Huteau . . . . 6 432 »

1ᵉʳ novembre. — Formation des 5ᵉ et 6ᵉ compagnies de dépôt.

4 novembre. — Départ de la 4ᵉ compagnie de dépôt pour rejoindre le 59ᵉ régiment de marche. Capitaine Estève. 2 225 »

---

(1) Effectif du dépôt au 1ᵉʳ août (23 officiers, 992 hommes, 3 chevaux).

	Offic.	Troupe.	Chev.

14 novembre. — Le major Villain est nommé lieutenant-colonel pour commander le 56ᵉ régiment de marche, il est remplacé le même jour par M. le capitaine Déloy, nommé major au corps.

20 novembre. — Formation des 7ᵉ et 8ᵉ compagnies de dépôt.

1ᵉʳ décembre. — Départ des 5ᵉ et 6ᵉ compagnies de dépôt pour rejoindre le 62ᵉ régiment de marche. Capitaines Claudel et Godbillon. . . . . 4 441 »

8 décembre. — Départ de la 7ᵉ compagnie de dépôt pour rejoindre le 70ᵉ régiment de marche. Capitaine Dominique. . . . . 3 220 »

12 décembre. — Départ de la 8ᵉ compagnie de dépôt pour rejoindre le 71ᵉ régiment de marche. Capitaine Dauxin. 3 222 »

14 décembre. — Départ d'un détachement pour le Mans, où il est versé au 59ᵉ régiment de marche. Sous-lieutenant Cotte. . . . . 4 500 »

16 décembre. — Formation des 9ᵉ et 10ᵉ compagnies de dépôt.

14 janvier 1871. — Départ de la 9ᵉ compagnie de dépôt pour rejoindre le 82ᵉ régiment de marche. Capitaine Cruzel . . . . 3 147 »

25 janvier. — Départ de la 10ᵉ compagnie de dépôt pour rejoindre à Bordeaux le 87ᵉ régiment de marche. Lieutenant Monville. . . . . 3 147 »

26 janvier. — Formation de la 11ᵉ compagnie de dépôt.

1ᵉʳ mars 1871. — Le dépôt comprend la 11ᵉ compagnie de dépôt, capitaine Larrey, les 1ʳᵉ et 2ᵉ compagnies provisoires et la compagnie hors-rang. (Effectif : 13 officiers, 693 hommes, 1 cheval).

6ᵉ RÉGIMENT — DÉPOT

15 juillet 1870. — André, major, Mézières.

20 juillet. — Le régiment quitte Mézières et arrive à Thionville le même jour.

23 juillet. — Départ d'un détachement de 200 hommes pour rejoindre à Thionville les bataillons de guerre 1 200

27 juillet. — Départ d'un détachement de 300 hommes pour Thionville. 1 300

29 juillet. — Départ d'un détachement pour Thionville . . 1 400 »

1ᵉʳ août (1). — Effectif des 3 bataillons de guerre non compris le dernier détachement de 400 hommes 65 1764 25

---

(1) Effectif du dépôt au 1ᵉʳ août (20 officiers, 968 hommes, 3 chevaux).

	Offic.	Troupe.	Chev.

12 août. — Formation du 4ᵉ bataillon (4 compagnies).

13 août. — Le 4ᵉ bataillon quitte Mézières pour se rendre au camp de Châlons, commandant Gérard, il fait partie du 1ᵉʳ régiment de marche d'infanterie 13 918 2

15 août. — Organisation des 5ᵉ et 6ᵉ compagnies du 4ᵉ bataillon. Capitaine Thomas et lieutenant Gras.

26 août. — Départ des 5ᵉ et 6ᵉ compagnies du 4ᵉ bataillon. Ces deux compagnies allant rejoindre leur bataillon furent surprises par l'ennemi. Une section de la 5ᵉ compagnie après un combat où elle eut 7 tués et 10 blessés fut faite prisonnière à Chauvency (Meuse). L'autre section (lieutenant Serpette) poursuivie par l'ennemi gagna Montmédy. La 6ᵉ compagnie (lieutenant Gras) put rejoindre le 4ᵉ bataillon sous les murs de Sedan. Capitaine Thomas, lieutenant Gras . . . . 4 400 »

27 août. — Le major André est nommé lieutenant-colonel pour commander un régiment de marche. Ne pouvant rejoindre il reste à Mézières.

14 septembre — Le capitaine Lacourt prend le commandement du dépôt.

18 septembre. — La 8ᵉ compagnie du 3ᵉ bataillon quitte Mézières pour se rendre à Nevers où elle entre dans la formation du 33ᵉ régiment de marche. Capitaine Hoffer. 3 216 »

26 septembre. — Formation de la 1ʳᵉ compagnie provisoire. Capitaine Gourrier (2 officiers, 150 hommes) . . . . . 2 150 »

11 octobre. — Le capitaine Verlet-Hanus est nommé major au corps.

11 octobre. — La 8ᵉ compagnie du 2ᵉ bataillon à Mézières. Capitaine Ricciotti. . . . . 3 216 »

12 octobre. — Formation des 1ʳᵉ, 2ᵉ et 3ᵉ compagnies de dépôt. Capitaines Dubois, Thierry et Coez . . . . 9 600 »

5 décembre. — Formation de la 4ᵉ compagnie de dépôt. Capitaine Rottier . . . . 3 194 »

31 décembre. — La compagnie hors rang. Capitaine Lacourt. 2 95 »

1ᵉʳ janvier 1871. — Capitulation de Mézières. — Le dépôt comprenait à cette date la 8ᵉ compagnie du 2ᵉ bataillon, la 1ʳᵉ compagnie provisoires, les 4 compagnies de dépôt et la compagnie hors rang. Effectif (18 officiers, 1128 hommes).

1ᵉʳ février. — Réorganisation du dépôt à Périgueux. Major Béra.

2 février. — Formation de la compagnie hors rang. Capitaine Lacourt.

23 février. — Formation des 1ʳᵉ et 2ᵉ compagnies de dépôt.

23 février. — Le dépôt reçoit un détachement du 1ᵉʳ de ligne (18 hommes).

	Offic.	Troupe.	Chev.

28 février. — Formation de la 3ᵉ compagnie de dépôt.
1ᵉʳ mars 1871. — Le dépôt comprend la compagnie hors rang et les 3 compagnies de dépôt en formation. Effectif (17 officiers, 116 hommes). Capitaines Lacourt, Dubois, Jourdan et Germa.

7ᵉ RÉGIMENT — DÉPOT

15 juillet 1870. — Guerneaux, major. Troyes.
16 juillet. — Le régiment part de Paris pour se rendre à Metz où il arrive le 17.

	Offic.	Troupe.	Chev.
24 julilet. — Départ d'un détachement pour rejoindre les bataillons de guerre	1	129	»
(1) *1ᵉʳ août.* — Effectif des 3 bataillons de guerre	68	1471	11
4 août. — Départ d'un détachement pour rejoindre les bataillons de guerre	2	600	»

12 août. — Formation du 4ᵉ bataillon.

14 août. — Départ du 4ᵉ bataillon pour le camp de Châlons où il doit concourir à la formation du 1ᵉʳ régiment de marche. Commandant Lefranc de Laccary	21	1161	3

15 août. — Le dépôt comprenant les 8ᵉ compagnies des 2ᵉ et 3ᵉ bataillons et la compagnie hors rang quitte Troyes pour se rendre à Limoges.

29 août. — Départ de la 8ᵉ compagnie du 2ᵉ bataillon pour Paris. Capitaine Chassin de Kergommeaux	3	200	»

Cette compagnie passe en octobre au 38ᵉ régiment de marche de Paris (138ᵉ).

6 septembre. — Formation des 1ʳᵉ et 2ᵉ compagnies provisoires.

18 septembre. — La 8ᵉ compagnie du 3ᵉ bataillon part pour rejoindre le 29ᵉ régiment de marche à Bourges. Capitaine Gropillier	2	223	»

2 octobre. — Formation des 1ʳᵉ, 2ᵉ, 3ᵉ, 4ᵉ compagnies de dépôt.

16 octobre. — Départ de la 1ʳᵉ compagnie de dépôt pour rejoindre au Mans le 38ᵉ régiment de marche. Capitaine Saivet	3	200	»
26 octobre. — Départ des 2ᵉ et 3ᵉ compagnies de dépôt pour concourir à la formation du 39ᵉ régiment de marche. Sous-lieutenants Gaymay et Portal	4	432	»

29 octobre. — Formation des 5ᵉ, 6ᵉ, 7ᵉ compagnies de dépôt.
6 novembre. — Formation de la 8ᵉ compagnie de dépôt.
15 novembre. — Départ de la 4ᵉ compagnie de dépôt pour

---

(1) Effectif du dépôt au 1ᵉʳ août (24 officiers, 1,090 hommes, 2 chevaux).

	Offic.	Troupe.	Chev.

rejoindre le 48ᵉ régiment de marche à Angers. Lieutenant Donnet . . . . 3 216 »

16 novembre. — Formation de la 9ᵉ compagnie de dépôt.

19 novembre. — Départ de la 5ᵉ compagnie de dépôt pour rejoindre le 51ᵉ régiment de marche à Auxerre. Capitaine Duchemin . . . . 3 200 »

27 novembre. — Formation de la 10ᵉ compagnie de dépôt.

1ᵉʳ décembre. — Départ des 6ᵉ et 7ᵉ compagnies de dépôt, pour le Mans où elles doivent concourir à la formation du 59ᵉ régiment de marche. Lieutenant Brousse, sous-lieutenant Damiaux . . . . 4 400 »

9 décembre. — Départ des 8ᵉ et 9ᵉ compagnies de dépôt pour Bourges où elles entrent dans la formation du 65ᵉ régiment de marche. Sous-lieutenants Jolly et Hétier . . . . 4 400 »

17 décembre. — Départ de la 10ᵉ compagnie de dépôt (sans cadre), pour être versée au régiment étranger . . . . . » 200 »

17 décembre. — Réorganisation de la 10ᵉ compagnie de dépôt.

3 janvier 1871. — Départ du dépôt pour Brest où il arrive le 5.

6 janvier. — Départ de la 10ᵉ compagnie de dépôt pour Bordeaux où elle doit concourir à la formation du 77ᵉ régiment de marche. Sous-lieutenant Eloy . . . . 2 216 »

26 janvier. — Formation de la 11ᵉ compagnie de dépôt.

16 février. — Départ de la 11ᵉ compagnie de dépôt pour Bordeaux où elle doit concourir à la formation du 88ᵉ régiment de marche. Capitaine Jeudi . . . . 3 150 »

1ᵉʳ mars 1871. — Le dépôt comprend à cette date les 2 compagnies provisoires, capitaines Gropiller et Augustin, et la compagnie hors-rang. (Effectif : 13 officiers, 507 hommes, 1 cheval).

8ᵉ RÉGIMENT — DÉPOT

15 juillet 1870. — Desvaux de Lyf, major, Orléans.

16 juillet. — Le régiment quitte le camp de Châlons pour se rendre à Saint-Avold où il arrive le 17.

31 juillet. — Départ d'un détachement pour rejoindre le régiment à Saint-Avold . . . . 1 300 »

(1) *1ᵉʳ août.* — Effectif des 3 bataillons de guerre 67 1906 30

2 août. — Départ d'un détachement pour rejoindre les bataillons de guerre à Saint-Avold . . . . 1 400 »

4 août. — Départ d'un détachement pour Saint-Avold . . . 1 100 »

---

(1) Effectif du dépôt au 1ᵉʳ août (23 officiers, 773 hommes, 2 chevaux).

	Offic.	Troupe.	Chev.

10 août. — Formation du 4ᵉ bataillon (4 compagnies).

15 août. — Départ du 4ᵉ bataillon (4 compagnies) pour le camp de Châlons, le capitaine Labourdette commande le bataillon, le chef de bataillon n'ayant pas rejoint. Ce bataillon entre dans la formation du 2ᵉ régiment de marche. 13 625 1

16 août. — Formation des 5ᵉ et 6ᵉ compagnies du 4ᵉ bataillon.

29 août. — Départ de la 8ᵉ compagnie du 2ᵉ bataillon pour Paris, capitaine Ganzin. En octobre cette compagnie passe au 36ᵉ régiment de marche de Paris (136ᵉ) . . . . 2 200 »

4 septembre. — Formation des 1ʳᵉ et 2ᵉ compagnies provisoires.

19 septembre. — Départ de la 8ᵉ compagnie du 3ᵉ bataillon, capitaine Carrère, cette compagnie passe au 29ᵉ régiment de marche . . . . 3 200 »

19 septembre. — Le dépôt quitte Orléans pour se rendre à Périgueux où il arrive le 20. Les compagnies de dépôt (1ʳᵉ et 2ᵉ compagnies provisoires) ont voyagé en détachement pendant 6 jours d'Orléans à Blois et retour à Orléans et d'Orléans à Périgueux où elles sont arrivées le 30.

1ᵉʳ octobre. — Formation à Périgueux des 1ʳᵉ, 2ᵉ, 3ᵉ et 4ᵉ compagnies de dépôt.

14 octobre. — Départ de la 1ʳᵉ compagnie de dépôt pour rejoindre le 38ᵉ régiment de marche. Capitaine Conill. 2 217 »

18 octobre. — Les 5ᵉ et 6ᵉ compagnies du 4ᵉ bataillon partent pour rejoindre le 42ᵉ régiment de marche. Capitaines Schreiner et Girardot . . . . 2 433 »

27 octobre.. — Départ de la 2ᵉ compagnie de dépôt pour rejoindre le 42ᵉ régiment de marche. Lieutenant Durand. 2 218 »

27 octobre. — Les 5ᵉ et 6ᵉ compagnies de dépôt n'ont pas été formées, elles furent remplacées par les 5ᵉ et 6ᵉ compagnies du 4ᵉ bataillon.

28 octobre. — Formation de la 7ᵉ compagnie de dépôt.

31 octobre. — Formation de la 8ᵉ compagnie de dépôt.

15 novembre. — Les 3ᵉ et 4ᵉ compagnies de dépôt partent pour Bourges où elles concourent à la formation du 56ᵉ régiment de marche. Capitaines Flouvat et Ganzin. . 5 450 »

28 novembre. — Départ de la 7ᵉ compagnie de dépôt pour rejoindre le 61ᵉ régiment de marche à Clermont-Ferrand. Capitaine Michard. . . . . 3 196 »

29 novembre. — Le major Desvaux de Lyf est nommé lieutenant-colonel pour commander le 63 régiment de marche. Il est remplacé le même jour par le capitaine Fresney, nommé major au corps.

	Offic.	Troupe.	Chev.

24 décembre. — Départ d'un détachement pour rejoindre le 75ᵉ régiment de marche à Bordeaux. Sous-lieutenant Camper. . . . . 2 144 »

1ᵉʳ février 1871. — Le dépôt quitte Périgueux pour se rendre à Bordeaux où il arrive le 2.

1ᵉʳ mars 1871. — Le dépôt comprend la 8ᵉ compagnie de dépôt les 1ʳᵉ et 2ᵉ compagnies provisoires et la compagnie hors rang. (Effectif : 9 officiers, 592 hommes, 1 cheval). Capitaines Madur, Rouget, Vaquer et capitaine d'habillement Guin.

9ᵉ RÉGIMENT — DÉPOT

15 juillet 1870. — Fariau, major, Blois.

24 juillet. — Le régiment quitte Blois pour se rendre au camp de Châlons où il arrive le 25.

(1) *1ᵉʳ août.* — Effectif des 3 bataillons de guerre 66 1646 27

13 août. — Formation du 4ᵉ bataillon.

14 août. — Création des 5ᵉ et 6ᵉ compagnies du 4ᵉ bataillon.

14 août. — Départ d'un détachement pour le camp de Châlons où il arrive le 15. Ce détachement n'ayant pu rejoindre le régiment est attaché à la 2ᵉ division du 12ᵉ corps d'armée . . . . » 450 »

15 août. — Départ du 4ᵉ bataillon pour Paris, commandant Bayard. Ce bataillon passe au 5ᵉ régiment de marche. . 19 1200 2

28 août. — Départ de la 8ᵉ compagnie du 2ᵉ bataillon pour Paris, capitaine Comte. Cette compagnie entre en octobre dans la formation du 38ᵉ régiment de marche de Paris (138ᵉ). . . . . 2 217 »

2 septembre. — Formation des 1ʳᵉ et 2ᵉ compagnies provisoires. Capitaines Ricard et Tourgouillet.

18 septembre. — Départ de la 8ᵉ compagnie du 3ᵉ bataillon pour rejoindre le 29ᵉ régiment de marche. Capitaine Plombat. . . . . 2 216 »

18 septembre. — Le major Fariau, passe au commandement d'un bataillon.

21 septembre. — Le dépôt quitte Blois pour se rendre à Agen où il arrive le 23.

26 septembre. — Le chef de bataillon Rougon, du 20ᵉ de ligne est désigné pour prendre le commandement du dépôt.

1ᵉʳ octobre. — Formation des 1ʳᵉ et 2ᵉ compagnies de dépôt.

5 octobre. — Formation des 3ᵉ et 4ᵉ compagnies de dépôt.

13 octobre. — Départ de la 1ʳᵉ compagnie de dépôt pour

---

(1) Effectif du dépôt au 1ᵉʳ août (26 officiers, 1,047 hommes, 4 chevaux).

	Offic.	Troupe.	Chev.
rejoindre au Mans le 38e régiment de marche. Capitaine Dourlens	3	218	»
21 octobre. — Départ des 2e et 3e compagnies pour rejoindre le 42e régiment de marche à Bourges. Sous-lieutenants Mitteau et Pasquier	4	436	»
21 octobre. — Formation des 5e et 6e compagnies de dépôt.			
1er novembre. — Formation de la 7e compagnie de dépôt.			
14 novembre. — Départ des 4e et 5e compagnies de dépôt pour rejoindre le 56e régiment de marche. Sous-lieutenants Simon et Estève	4	434	»
15 novembre. — Formation de la 8e compagnie de dépôt.			
20 novembre. — Formation de la 9e compagnie de dépôt.			
27 novembre. — La 6e compagnie de dépôt part pour Clermont-Ferrand où elle est versée au 61e régiment de marche. Sous-lieutenant Dubrot	2	206	»
4 décembre. — Départ de la 7e compagnie de dépôt pour Tours où elle est versée au 64e régiment de marche. Sous-lieutenant Vergès	2	150	»
16 décembre. — Départ des 8e et 9e compagnies pour Cherbourg où elles sont versées au 71e régiment de marche. Sous-lieutenants Iratsoquy et Magin	4	307	»
24 décembre. — Départ d'un détachement pour rejoindre le 75e régiment de marche à Bordeaux. Sous-lieutenant Gillieron	1	71	»
26 janvier 1871. — Un détachement part pour Bordeaux où il est versé au 86e régiment de marche. Sous-lieutenant Lanxade	2	189	»
16 février. — Formation de la 10e compagnie de dépôt, elle part le même jour pour Bordeaux, où elle passe au 90e régiment de marche. Lieutenant Mitteau	2	116	»
1er mars 1871. — Le dépôt comprend les 2 compagnies provisoires et la compagnie hors rang. (Effectif : 9 officiers, 333 hommes, 2 chevaux). Capitaines Danton, Robert et capitaine d'habillement Chantelou.			

10e RÉGIMENT — DÉPOT

	Offic.	Troupe.	Chev.
15 juillet 1870. — Le Days, major. Limoges.			
22 juillet. — Le régiment part de Limoges pour se rendre au camp de Châlons où il arrive le 23.			
31 juillet. — Départ d'un détachement pour rejoindre les bataillons de guerre	1	500	»
(1) *1er août.* — Effectif des 3 bataillons de guerre	67	2009	32

---

(1) Effectif du dépôt au 1er août 1870 : 23 officiers, 811 hommes, 1 cheval).

— 42 —

	Offic.	Troupe.	Chev.
4 août. — Départ d'un détachement du dépôt pour rejoindre le régiment au camp de Châlons.	1	200	»
20 août. — Départ d'un détachement pour le camp de Châlons.	1	200	»
20 août. — Départ du 4e bataillon pour Paris (1re, 2e, 3e, 4e compagnies).			
20 août.—Formation des 5e et 6e compagnies du 4e bataillon.			
27 août. — Départ des 5e et 6e compagnies pour Paris où elles arrivent le 28, le 4e bataillon étant constitué entre dans la formation du 15e régiment de marche. Commandant Angamarre.	20	834	2
30 août. — La 8e compagnie du 2e bataillon part pour Paris, capitaine Lafforgue. En octobre cette compagnie passe au 36e régiment de marche de Paris (136e de ligne).	2	209	»
6 septembre. — Formation des 1re et 2e compagnies provisoires.			
19 septembre. — La 8e compagnie du 3e bataillon part pour Bourges où elle est versée au 29e régiment de marche d'infanterie. Capitaine Ferrandi.	2	217	»
27 septembre. — Le dépôt quitte Limoges pour se rendre à Langres (1re et 2e compagnies provisoires, compagnie hors-rang).			
1er octobre. — Formation à Langres des 1re, 2e, 3e et 4e compagnies de dépôt.			
13 octobre. — Départ de la 1re compagnie de dépôt qui passe au 39e régiment de marche. Capitaine Raibaldi.	3	177	»
13 octobre. — Le dépôt quitte Langres pour se rendre à Aix où il arrive le 16.			
13 octobre. — Les 2e et 3e compagnies de dépôt restent à Langres.			
2e compagnie, sous-lieutenant Chaumont.	1	72	»
3e compagnie, capitaine Landry.	1	69	»
4 décembre. — Départ de la 4e compagnie de dépôt pour rejoindre à Tours le 64e régiment de marche. Capitaine Devevey.	3	182	»
20 décembre. — Départ de la 5e compagnie de dépôt pour Bordeaux où elle est versée au 74e régiment de marche. Capitaine Prunget.	3	191	»
14 janvier 1871. — Départ de la 6e compagnie de dépôt pour rejoindre le 81e régiment de marche où elle est versée. Sous-lieutenant Darlis.	3	140	»
25 janvier. — Formation de la 7e compagnie de dépôt.			
26 janvier. — Départ de la 7e compagnie de dépôt pour rejoindre à Bordeaux le 87e régiment de marche. Sous-lieutenant Chériaux.	2	141	»

	Offic.	Troupe.	Chev.

16 février. — Départ d'un détachement pour Bordeaux où il est versé au 90e régiment de marche. Ce détachement est rentré au dépôt à Aix le 12 mars . . . . 1 160 »

20 février. — Formation des 8e et 9e compagnies de dépôt. Sous-lieutenants Foissin et Coulomb.

1er mars 1871. — Le dépôt comprend les 8e et 9e compagnies de dépôt, les 1re et 2e compagnies provisoires. Capitaine Pleignier, sous-lieutenant Faber et la compagnie hors rang. (Effectif : 11 officiers, 438 hommes, 1 cheval).

11e RÉGIMENT — DÉPOT

15 juillet 1870. — Grivel, major, Poitiers.

16 juillet. — Le régiment part de Lyon pour se rendre à Bitche où il arrive le 17.

18 juillet. — Départ d'un détachement pour rejoindre les bataillons de guerre à Sarreguemines . . . . 1 300 »

(1) *1er août*. — Effectif des 3 bataillons de guerre 63 1692 20

6 août. — Départ d'un détachement pour les bataillons de guerre, lieutenant Sauné, arrive à Metz le 8 . . . . . . 1 150 »

9 août. — Départ d'un détachement pour Metz, capitaine Rouxel. Ce détachement arrive à destination le 11 . . . 4 513 »

12 août. — Formation du 4e bataillon.

18 août. — Départ du 4e bataillon pour Paris où il doit concourir à la formation du 5e régiment de marche. Commandant Tardy 21 862 2

29 août. — Départ de la 8e compagnie du 3e bataillon pour Paris, capitaine Lachau. Cette compagnie entre en octobre dans la formation du 34e régiment de marche de Paris (134e) . . . . 2 225 »

6 septembre. — Formation des 1re et 2e compagnies provisoires.

18 septembre. — La 8e compagnie du 2e bataillon quitte le dépôt pour se rendre à Bourges où elle est versée au 29e régiment de marche. Capitaine Bonnet . . . . . . 1 219 »

1er octobre. — Formation des 1re et 2e compagnies de dépôt.

8 octobre. — Départ de la 1re compagnie de dépôt pour le Mans où elle est versée au 38e régiment de marche, lieutenant de Virien . . . . 3 216 »

11 octobre. — La 2e compagnie de dépôt part pour rejoindre à Saint-Brieuc le 36e régiment de marche. Capitaine de Clausade . . . . 1 214 »

---

(1) Effectif du dépôt au 1er août (22 officiers, 1,171 hommes, 3 chevaux).

	Offic.	Troupe.	Chev.
21 octobre. — Formation de la 3e compagnie de dépôt.			
1er novembre. — Formation de la 4e compagnie de dépôt.			
4 novembre. - Départ de la 3e compagnie de dépôt pour rejoindre à Angers le 48e régiment de marche. Capitaine Noël	2	205	»
23 novembre. — Départ de la 4e compagnie de dépôt pour le Mans où elle est versée au 59e régiment de marche. Capitaine Bourreau	2	207	»
23 novembre. — Formation de la 5e compagnie de dépôt.			
24 novembre. — Départ de la 5e compagnie pour rejoindre au Mans le 59e régiment de marche. Capitaine Dudon.	3	209	»
26 novembre. — Formation des 6e et 7e compagnies de dépôt.			
5 décembre. — Formation de la 8e compagnie de dépôt.			
8 décembre. — Départ des 6e et 7e compagnies de dépôt pour Tours où elles sont versées au 66e régiment de marche. Capitaines Le Bon et Barot	6	403	»
9 décembre. — Départ de la 8e compagnie de dépôt pour Tours où elle est versée au 66e régiment de marche. Sous-lieutenant Philippe	2	215	»
13 décembre. — Le dépôt quitte Poitiers pour se rendre à Orthez où il arrive le 16.			
1er janvier 1871. — Formation de la 9e compagnie de dépôt.			
10 janvier. — Départ de la 9e compagnie pour Bordeaux où elle est versée au 81e régiment de marche. Lieutenant Lefèvre.	3	195	»
16 janvier. — Formation de la 10e compagnie de dépôt.			
29 janvier. — Départ d'un détachement pour Bordeaux où il est versé au 86e régiment de marche.	»	50	»
1er mars 1871. — Le dépôt comprend la 10e compagnie de dépôt, les 1re et 2e compagnies provisoires et la compagnie hors-rang. (Effectif : 18 officiers, 390 hommes, 1 cheval). Capitaines Cuny, Mangiopani, Gravignard et capitaine d'habillement Tintillier.			

12e RÉGIMENT — DÉPOT

	Offic.	Troupe.	Chev.
15 juillet 1870. — Lymairac, major, Bourges.			
22 juillet. — Le régiment quitte Bourges pour se rendre au camp de Châlons où il arrive le 23.			
31 juillet. — Départ d'un détachement pour rejoindre les bataillons de guerre.	1	600	»
(1) *1er août*. — Effectif des 3 bataillons de guerre	69	2268	26

(1) Effectif du dépôt au 1er août (22 officiers, 358 hommes, 1 cheval).

	Offic.	Troupe.	Chev.

4 août. — Départ d'un détachement pour le camp de Châlons . . . . 1 200 »

7 août. — Le major Lymairac passe au commandement d'un bataillon par permutation avec le chef de bataillon Fougerousse, nommé major.

12 août. — Formation du 4e bataillon.

15 août. — Départ du 4e bataillon pour se rendre à Paris où il doit former le 6e régiment de marche. Commandant Noyez 18 929 2

29 août. — Départ de la 8e compagnie du 2e bataillon pour Paris, capitaine Malaspina. En octobre cette compagnie entre dans la formation du 39e régiment de marche de Paris (139e). 3 215 »

6 septembre. — Formation des 1re et 2e compagnies provisoires.

22 septembre. — Départ de la 8e compagnie du 3e bataillon pour rejoindre à Bourges le 29e régiment de marche. Capitaine Bossand . . . . 3 216 »

1er octobre. — Formation des 1re, 2e, 3e et 4e compagnies de dépôt.

5 octobre. — Départ de la 1re compagnie de dépôt pour rejoindre à Saint-Brieuc le 36e régiment de marche où elle est versée. Lieutenant Delmas. . . . . 1 216 »

6 octobre. — Départ de la 2e compagnie pour le Mans où elle est versée au 38e régiment de marche. Capitaine Carcenac . . . . 2 216 »

18 octobre. — Le dépôt quitte Bourges pour se rendre à Riom où il arrive le même jour.

22 octobre. — Les 2 compagnies provisoires quittent Bourges pour se rendre à Billom où elles arrivent le même jour.

27 octobre. — Le major Fougerousse est mis en non-activité, il est remplacé le même jour par le major Humblot.

29 octobre. — Départ de la 4e compagnie de dépôt pour rejoindre le 46e régiment de marche au Mans. Sous-lieutenant Adam. . . . . 2 216 »

6 novembre. — Formation des 5e, 6e, 7e et 8e compagnies de dépôt.

5 décembre. — Départ de la 5e compagnie de dépôt pour rejoindre à Cherbourg le 70e régiment de marche. Sous-lieutenant Amboïde. . . . . 2 215 »

13 décembre. — Départ de la 3e compagnie de dépôt de Bourges pour rejoindre le 71e régiment de marche à Cherbourg. Sous-lieutenant Coignerai . . . . 2 189 »

13 décembre. — La 7e compagnie de dépôt est envoyée à Clermont-Ferrand.

	Offic.	Troupe.	Chev.

20 décembre. — Départ d'un détachement pour Bordeaux où il est versé au 74e régiment de marche. Sous-lieutenant Mercier. ... 1 — 212 — »

21 décembre. — Départ d'un détachement pour rejoindre le régiment étranger ... » — 200 — »

1er janvier 1871. — La 7e compagnie de dépôt rentre à Riom.

15 janvier. — Le capitaine Chamault est nommé major au corps en remplacement de M. Humblot passé major au 1er régiment de zouaves.

28 janvier. — Départ d'un détachement pour rejoindre à Bordeaux le 85e régiment de marche. ... 2 — 212 — »

1er février. — Départ de la 6e compagnie de dépôt pour rejoindre à Bordeaux le 86e régiment de marche. Sous-lieutenant Garrigues. ... 2 — 150 — »

17 février. — Départ des 7e et 8e compagnies pour rejoindre à Bordeaux le 91e régiment de marche où elles sont versées. Sous-lieutenants Renault et Grenier. ... 4 — 370 — »

1er mars 1871. - Le dépôt comprend les 1re et 2e compagnies provisoires, la compagnie hors-rang. (Effectif : 10 officiers, 332 hommes, 1 cheval). Capitaine Parpais, sous-lieutenant Cognon et capitaine d'habillement Le Lerec.

13e RÉGIMENT — DÉPOT

15 juillet 1870. — Lemoing, major, Romans.

21 juillet. — Le régiment quitte Béthune pour se rendre à Thionville où il arrive le 22.

28 juillet. — Départ d'un détachement pour Thionville. ... 1 — 300 — »

(1) *1er août.* — Effectif des 3 bataillons de guerre. ... 66 — 1560 — 11

4 août. — Départ d'un détachement de Romans pour rejoindre le régiment à Thionville. ... 1 — 200 — »

15 août. — Formation du 4e bataillon.

16 août. — Création des 5e et 6e compagnies du 4e bataillon.

20 août. — Départ du 4e bataillon pour Paris, commandant Drappeau, ce bataillon passe au 23e régiment de marche. 18 — 800 — 2

29 août. — Départ de la 8e compagnie du 2e bataillon pour Paris, lieutenant Bazard. Cette compagnie concourt en octobre à la formation du 36e régiment de marche de Paris (136e). ... 3 — 200 — »

6 septembre. — Le major Lemoing passe au commandement d'un bataillon.

6 septembre. — Formation des 1re et 2e compagnies provisoires.

---

(1) Effectif du dépôt au 1er août (22 officiers, 1,171 hommes, 3 chevaux).

	Offic.	Troupe.	Chev.

12 septembre. — Le major en retraite Savoye est nommé major au corps.

20 septembre. — La 8e compagnie du 3e bataillon part pour rejoindre à Bourges le 30e régiment de marche. Capitaine Richard 3   216   »

28 septembre. — Départ du dépôt de Romans pour se rendre à Langres où il arrive le 29.

10 octobre. — Formation des 1re. 2e. 3e et 4e compagnies de dépôt. Les 1re et 2e compagnies de dépôt restent à Langres pendant toute la campagne. Capitaines Arnoux et Dubois 4   432   »

13 octobre. — La 4e compagnie de dépôt part pour rejoindre à Bourges, le 39e régiment de marche. Sous-lieutenant Sylvestre 2   216   »

13 octobre. — Le major Savoye quitte Langres pour se rendre à Pont-Saint-Esprit.

15 octobre. — Le dépôt quitte Langres pour se rendre à Pont-Saint-Esprit.

20 octobre. — Le capitaine Parnajon du 100e de ligne est nommé major au corps, en remplacement de M. Savoye, remis dans sa position de retraite.

27 octobre. — Formation à Pont-Saint-Esprit des 5e. 6e et 7e compagnies de dépôt.

15 novembre. — Départ de la 5e compagnie de dépôt pour rejoindre le 56e régiment de marche. Sous-lieutenant Turlotte. 2   216   »

24 novembre. — Départ de la 3e compagnie de dépôt pour le Mans où elle concourt à la formation du 59e régiment de marche. Sous-lieutenant Pépin 2   205   »

15 décembre. — Départ d'un détachement pour rejoindre le 47e régiment de marche où il est versé à l'armée de l'Est.   »   390   »

23 décembre. — Départ de la 6e compagnie de dépôt pour rejoindre le 75e régiment de marche. Sous-lieutenant Jordy 2   225   »

26 décembre. — Formation de la 8e compagnie de dépôt.

3 janvier 1871 — Départ de la 7e compagnie de dépôt pour Bordeaux où elle passe au 79e régiment de marche. Lieutenant Perrin 2   214   »

16 janvier. — Départ de la 8e compagnie de dépôt pour Bordeaux d'où elle entre dans la formation du 82e régiment de marche. Sous-lieutenant Schevalier 2   200   »

16 janvier. — Formation de la 9e compagnie de dépôt.

25 janvier. — Départ de la 9e compagnie pour Bordeaux où elle passe au 87e régiment de marche. Sous-lieutenant Barrière 2   130   »

— 48 —

	Offic.	Troupe.	Chev.

18 février. — Formation et départ de la 10ᵉ compagnie de dépôt pour concourir à Bordeaux à la formation du 91ᵉ régiment de marche. Capitaine Silvestre. — 2, 130, »

18 février. — Un détachement tiré des 2 compagnies provisoires part pour concourir à la formation du 91ᵉ régiment de marche. — », 70, »

1 mars 1871. — Le dépôt comprend les 2 compagnies provisoires, capitaines Carroy et Piot, et la compagnie hors-rang. (Effectif : 8 officiers, 518 hommes). Capitaine commandant la compagnie hors-rang Guyer.

14ᵉ RÉGIMENT — DÉPOT

15 juillet 1870. — De Boisdenemets, major, Angers.

23 juillet. — Le régiment quitte Angers pour se rendre au camp de Châlons où il arrive le 24.

29 juillet. — Départ d'un détachement pour le camp de Châlons. — 1, 300, »

1ᵉʳ août. — Effectif des 3 bataillons de guerre. — 62, 1919, 39

1ᵉʳ août. — Effectif du dépôt (21 officiers, 848 hommes, 3 chevaux).

5 août. — Départ d'un détachement pour le camp de Châlons. — 1, 200, »

14 août. — Formation du 4ᵉ bataillon.

16 août. — Création des 5ᵉ et 6ᵉ compagnies du 4ᵉ bataillon.

19 août. — Départ du 4ᵉ bataillon pour Paris, commandant Lourde-Laplace. Ce bataillon est versé au 15ᵉ régiment de marche. — 23, 803, 3

29 août. — Départ de la 8ᵉ compagnie du 2ᵉ bataillon pour Paris, capitaine Vigière. En octobre cette compagnie est versée au 39ᵉ régiment de marche de Paris (139ᵉ). — 3, 200, »

6 septembre. — Formation de 2 compagnies provisoires.

7 septembre. — Le major de Boisdenemets passe au commandement d'un bataillon. Il est remplacé par le major en retraite de Brettes.

18 septembre. — Départ de la 8ᵉ compagnie du 3ᵉ bataillon, capitaine Cabannes. Cette compagnie est versée au 29ᵉ régiment de marche. — 3, 219, »

1ᵉʳ octobre. — Formation des 1ʳᵉ, 2ᵉ, 3ᵉ et 4ᵉ compagnies de dépôt.

10 octobre. — Départ d'un détachement pour Nevers où il est versé au 38ᵉ régiment de ligne. — », 300, »

10 octobre. — Départ de la 1ʳᵉ compagnie de dépôt pour rejoindre le 38ᵉ régiment de marche. Capitaine Derny. — 1, 326, »

	Offic.	Troupe.	Chev.
11 octobre. — Départ de la 2ᵉ compagnie de dépôt pour rejoindre le 41ᵉ régiment de marche. Sous-lieutenant Méhul.	2	216	»
12 octobre. — Départ de la 3ᵉ compagnie de dépôt pour rejoindre le 43ᵉ régiment de marche. Sous-lieutenant Humbert.	2	216	»
12 octobre. — Départ de la 4ᵉ compagnie de dépôt pour l'armée de la Loire. Cette compagnie est versée dans différents corps. Sous-lieutenant Thomas	1	220	»
25 octobre. — Formation des 5ᵉ, 6ᵉ, 7ᵉ et 8ᵉ compagnies de dépôt.			
19 novembre. — Départ de la 5ᵉ compagnie de dépôt pour rejoindre le 38ᵉ régiment de marche. Capitaine Baduel.	2	216	»
7 décembre — Départ des 6ᵉ et 7ᵉ compagnies de dépôt pour Cherbourg où elles concourent à la formation du 70ᵉ régiment de marche. Capitaine Baillot, lieutenant Mestivier.	6	432	»
21 décembre. — La 8ᵉ compagnie de dépôt, capitaine Thomas, est envoyée à la colonne mobile qui opère dans les environs de Tours. Elle prend part au combat de Monnaie et est dispersée, ces hommes sont versés au 36ᵉ régiment de marche.	»	150	»
30 décembre. — Formation des 9ᵉ et 10ᵉ compagnies de dépôt.			
4 janvier 1871. — Départ de la 9ᵉ compagnie de dépôt pour Bordeaux où elle passe au 79ᵉ régiment de marche. Sous-lieutenant Guhn.	2	176	»
4 janvier. — Un détachement est envoyé à l'armée de la Loire. Sous-lieutenant Bouchard.	2	208	»
5 janvier. — Un détachement est versé au 2ᵉ régiment du train d'artillerie.	»	300	»
6 janvier. — Formation de la 11ᵉ compagnie de dépôt.			
19 janvier. — Un détachement formé de la 10ᵉ compagnie de dépôt, de 50 auxiliaires de la compagnie hors-rang, d'une compagnie formée d'un cadre du 14ᵉ et de soldats pris parmis les débandés et les fuyards. Ce détachement, sous les ordres du capitaine Futschter, forme une colonne mobile qui part d'Angers avec un effectif de plus de 200 hommes et qui prend part au combat de la Flèche le 21 janvier.	2	200	»
23 janvier. — Par mesure de précaution la compagnie hors-rang se rend à Beaucaire avec les magasins, puis rentre à Angers.			
29 janvier. — La 10ᵉ compagnie de dépôt part pour Bordeaux où elle est versée au 82ᵉ régiment de marche. Capitaine Futschter.	2	130	»

	Offic.	Troupe.	Chev.

8 février. — Formation de la 12ᵉ compagnie de dépôt.

25 février. — La 11ᵉ compagnie de dépôt quitte Angers pour Bordeaux où elle entre dans la formation du 90ᵉ régiment de marche. Lieutenant Trillon de la Rigotière.   2   130   »

1ᵉʳ mars 1871. — Le dépôt comprend la 12ᵉ compagnie de dépôt, les 1ʳᵉ et 2ᵉ compagnies provisoires et la compagnie hors-rang. (Effectif : 10 officiers, 365 hommes, 2 chevaux). Capitaines Salles, Rageau, commandant les 2 compagnies provisoires. Lieutenant Meurant, commandant la 12ᵉ compagnie de dépôt et le capitaine trésorier Jombert, commandant la compagnie hors-rang.

15ᵉ RÉGIMENT — DÉPOT

15 juillet 1870. — Denis, major, Laon.

20 juillet. — Le régiment quitte Soissons pour se rendre à Thionville où il arrive le même jour.

29 juillet. — Départ d'un détachement pour rejoindre à Thionville les bataillons de guerre. Lieutenant Nicolaï .   1   250   »

1ᵉʳ août (1). — Effectif des 3 bataillons de guerre   61   1779   31

4 août. — Départ d'un détachement pour rejoindre à Thionville les bataillons de guerre   1   200   »

12 août. — Formation à Laon du 4ᵉ bataillon.

14 août. — Création des 5ᵉ et 6ᵉ compagnies du 4ᵉ bataillon. Capitaines Mayaud et Bailly.

15 août. — Le 4ᵉ bataillon, commandant Galland, quitte Laon pour se rendre à Paris où il concourt à la formation du 6ᵉ régiment de marche   17   845   2

23 août. — Le dépôt comprenant les 8ᵉˢ compagnies des 2ᵉ et 3ᵉ bataillons, la compagnie hors-rang et les magasins quitte Laon pour se rendre à Soissons où il arrive le 24. Major Denis, commandant   11   1995   2

9 septembre. — Formation de la 1ʳᵉ compagnie provisoire. Capitaine Gondalier de Tugny.

5 octobre. — Formation des 2ᵉ, 3ᵉ et 4ᵉ compagnies provisoires. Capitaines Fleurent, Gillon et lieutenant Ferlet.

12 octobre. — Le 4ᵉ bataillon de marche d'infanterie qui devait être constitué à l'aide des 8ᵉˢ compagnies des 2ᵉ et 3ᵉ bataillons et des 1ʳᵉ, 2ᵉ, 3ᵉ et 4ᵉ compagnies provisoires sous le commandement du capitaine Fleurent, nommé chef de bataillon le même jour, n'a pas été formé en raison de la capitulation de la place.

---

(1) Effectif du dépôt au 1ᵉʳ août (21 officiers, 848 hommes, 3 chevaux).

	Offic.	Troupe.	Chev.

16 octobre. — Capitulation de Soissons. Le dépôt (8ᵉˢ compagnies des 2ᵉ et 3ᵉ bataillons, les 1ʳᵉ, 2ᵉ, 3ᵉ, 4ᵉ compagnies provisoires, compagnie hors-rang), prisonnier de guerre.

23 novembre. — Le dépôt est réorganisé à Bayonne avec une compagnie hors-rang et 2 compagnies provisoires. Major Pannetier.

23 novembre. — Formation de la 1ʳᵉ compagnie de dépôt.

11 décembre. — Formation de la 2ᵉ compagnie de dépôt.

21 décembre. — Départ d'un détachement pour rejoindre à l'armée de la Loire, le 39ᵉ régiment de marche. Capitaine Coffigneris. 1   226   »

5 janvier 1871. — Départ de la 1ʳᵉ compagnie de dépôt pour rejoindre à Bordeaux le 78ᵉ régiment de marche. Lieutenant Bertrandon. 2   202   »

16 février. — La 2ᵉ compagnie de dépôt quitte Bayonne pour rejoindre à Bordeaux le 90ᵉ régiment de marche. Lieutenant Leclercq. 3   200   »

18 février. — Formation de la 3ᵉ compagnie de dépôt.

24 février. — Départ d'un détachement pour rejoindre le dépôt du 2ᵉ régiment de chasseurs (15 hommes).

27 février. — Départ d'un détachement pour rejoindre le dépôt du 80ᵉ de ligne (80 hommes).

1ᵉʳ mars 1871. — Le dépôt comprend la 3ᵉ compagnie de dépôt, les 1ʳᵉ et 2ᵉ compagnies provisoires et la compagnie hors-rang. (Effectif : 12 officiers, 299 hommes). Capitaines Ricard, Ballet, Harcaut et capitaine d'habillement Millet.

16ᵉ RÉGIMENT — DÉPOT

15 juillet 1870. — Collio, major, le Puy.

16 juillet. — Le régiment se trouve dans la province de Constantine.

30 juillet. — Départ d'un détachement pour l'Algérie. Capitaine de Parceval 1   398   »

1ᵉʳ août (1). — Effectif des 3 bataillons de guerre 68   1767   20

3 août. — Un détachement quitte le dépôt pour se rendre en Algérie. 1   300   »

14 août. — Formation du 4ᵉ bataillon.

19 août. — Création des 5ᵉ et 6ᵉ compagnies du 4ᵉ bataillon.

20 août. — Départ du 4ᵉ bataillon pour Saint-Etienne. Le même jour le major Collio prend le commandement du

---

(1) Effectif du dépôt au 1ᵉʳ août (24 officiers, 1,208 hommes, 1 cheval).

	Offic.	Troupe.	Chev.

bataillon et est remplacé par le chef de bataillon Denis, dit Calobire, nommé major.

29 août. — Départ de la 8ᵉ compagnie du 2ᵉ bataillon pour Paris, capitaine de La Chapelle-Morton, en octobre cette compagnie est versée au 34ᵉ régiment de marche de Paris (134ᵉ). . . . . 3 200 »

1ᵉʳ septembre. — Le 4ᵉ bataillon quitte Saint-Etienne pour se rendre à Paris, commandant Collio. Il est incorporé au 19ᵉ régiment de marche. 16 800 2

18 septembre. — La 8ᵉ compagnie du 3ᵉ bataillon part pour concourir à la formation du 30ᵉ régiment de marche. Capitaine Fournier. . . . . 3 214 »

30 septembre. — Formation des 1ʳᵉ et 2ᵉ compagnies provisoires.

1ᵉʳ octobre. — Formation des 1ʳᵉ, 2ᵉ, 3ᵉ et 4ᵉ compagnies de dépôt.

2 octobre. — Les 3 bataillons de guerre quittent l'Algérie pour rentrer en France. 70 2476 19

5 octobre. — La 1ʳᵉ compagnie de dépôt part pour rejoindre le 38ᵉ régiment de marche. Capitaine Giordani. . . . . 3 216 »

16 octobre. — Départ d'un détachement pour rejoindre les bataillons de guerre. . . . . 1 484 »

25 octobre. — Formation de la 5ᵉ compagnie de dépôt.

18 novembre. — Formation de la 6ᵉ compagnie de dépôt.

18 novembre. — Départ de la 6ᵉ compagnie de dépôt pour rejoindre le 55ᵉ régiment de marche. Sous-lieutenant Manchin . . . . 2 216 »

6 décembre. — Formation des 7ᵉ et 8ᵉ compagnies de dépôt.

21 décembre — Un détachement passe au 74ᵉ régiment de marche. Jacquin, lieutenant . . . . 1 100 »

2 janvier 1871. – Départ d'un détachement pour rejoindre à Bordeaux le 77ᵉ régiment de marche. Capitaine Serais. 1 200 »

6 janvier. — Les 2ᵉ et 3ᵉ compagnies de dépôt partent pour Bordeaux où elles sont versées au 80ᵉ régiment de marche. Capitaine Robert de Saint-Vincent et sous-lieutenant d'Huteau. . . . . 4 432 »

17 janvier. — Départ de la 4ᵉ compagnie de dépôt pour rejoindre à Bordeaux le 86ᵉ régiment de marche. Capitaine Payerne. . . . . 3 216 »

18 janvier. — Départ d'un détachement pour Bordeaux où il est versé au 86ᵉ régiment de marche. . . . . . . 3 317 »

17 février. — La 7ᵉ compagnie de dépôt part pour Bordeaux où elle est incorporée au 91ᵉ régiment de marche. Capitaine Angevin. . . . . 3 130 »

— 53 —

1er mars 1871. — Le dépôt comprend les 5e et 8e compagnies de dépôt, les 1re, 2e compagnies provisoires et la compagnie hors-rang. (Effectif : 7 officiers, 363 hommes, 1 cheval). Capitaines Compant, Chevalier, sous-lieutenants Capelle, Bouvet et capitaine d'habillement Mallat.

17e RÉGIMENT — DÉPOT

	Offic.	Troupe.	Chev.
15 juillet 1870. — Sanguinetti, major, Foix.			
16 juillet. — Le régiment quitte Lyon pour se rendre à Bitche où il arrive le 17.			
29 juillet. — Départ d'un détachement pour Bitche.	1	300	»
1er août (1). — Effectif des 3 bataillons de guerre	66	1743	30
5 août. — Départ d'un détachement pour Sarreguemines.	1	250	»
11 août. — Départ d'un détachement pour Metz.	1	250	»
12 août. — Formation du 4e bataillon.			
15 août. — Création des 5e et 6e compagnies du 4e bataillon.			
24 août. — Le major Sanguinetti est nommé lieutenant-colonel pour commander le 24e régiment de marche. Il est remplacé par M. le capitaine Faye, nommé major au corps. Cet officier ne rejoint pas étant prisonnier de guerre.			
25 août. — Départ du 4e bataillon de Perpignan pour se rendre à Lyon, commandant Alexandre, ce bataillon entre dans la formation du 27e régiment de marche.	17	997	3
30 août. — La 8e compagnie du 3e bataillon part pour Paris, capitaine Collin. En octobre cette compagnie est versée au 36e régiment de marche de Paris (136e).	3	200	»
6 septembre. — Formation des 1re et 2e compagnies provisoires.			
10 septembre. — Le chef de bataillon Pariset, nommé major au corps, reçoit une autre destination.			
19 septembre. — Départ de la 8e compagnie du 2e bataillon, capitaine Albertini, pour Moulins où elle est versée au 30e régiment de marche	2	200	»
1er octobre. — Formation des 1re, 2e, 3e et 4e compagnies de dépôt.			
6 octobre. — Le chef de bataillon Codet est nommé major au corps.			
6 octobre. — Départ de la 1re compagnie de dépôt pour rejoindre le 38e régiment de marche où elle est versée. Capitaine Guiot	3	216	»

(1) Effectif du dépôt au 1er août (25 officiers, 1,264 hommes, 1 cheval).

	Offic.	Troupe.	Chev.
19 octobre. — Départ de la 2ᵉ compagnie de dépôt pour rejoindre le 43ᵉ régiment de marche. Lieutenant Sauvin.	2	216	»
20 octobre. — Départ de la 3ᵉ compagnie de dépôt pour rejoindre le 44ᵉ régiment de marche. Lieutenant François.	3	216	»
27 octobre. — Départ de la 4ᵉ compagnie de dépôt, lieutenant Ayantz. Cette compagnie est versée au 46ᵉ régiment de marche.	2	216	»
1ᵉʳ novembre. — Formation des 5ᵉ, 6ᵉ et 7ᵉ compagnies de dépôt.			
16 novembre. — Départ de la 5ᵉ compagnie de dépôt, qui passe au 58ᵉ régiment de marche. Sous-lieutenant Sicard.	2	216	»
6 décembre. — Départ de la 6ᵉ compagnie de dépôt pour Bourges où elle est versée au 65ᵉ régiment de marche. Sous-lieutenant Rochat.	2	216	»
15 décembre. — Départ d'un détachement pour l'armée de la Loire. Sous-lieutenant Sicard.	2	142	»
21 décembre. — Départ de la 7ᵉ compagnie de dépôt pour rejoindre à Bordeaux le 74ᵉ régiment de marche. Sous-lieutenant Auriol.	2	200	»
2 janvier 1871 — Formation de la 8ᵉ compagnie de dépôt.			
5 janvier. — La 8ᵉ compagnie de dépôt quitte Foix pour rejoindre à Bordeaux le 77ᵉ régiment de marche. Lieutenant Le Couëdic.	2	200	»
15 janvier. — Formation de la 9ᵉ compagnie de dépôt.			
16 janvier. — Départ de la 9ᵉ compagnie de dépôt pour Bordeaux où elle est versée au 78ᵉ régiment de marche. Sous-lieutenant Martineau.	2	136	»
20 janvier. — Formation de la 10ᵉ compagnie de dépôt pour Bordeaux où elle est versée au 82ᵉ régiment de marche. Sous-lieutenant Authier.	2	138	»
29 janvier. — Un détachement est versé au 13ᵉ régiment d'artillerie.		106	»
17 février. — Formation de la 11ᵉ compagnie de dépôt.			
20 février. — Départ de la 11ᵉ compagnie de dépôt pour rejoindre le 85ᵉ régiment de marche à Bordeaux. Sous-lieutenant Daudez.	3	146	»
20 février. — Formation et départ de la 12ᵉ compagnie de dépôt pour Bordeaux où elle est versée au 91ᵉ régiment de marche. Lieutenant de La Pena.	3	130	»

1ᵉʳ mars 1871. — Le dépôt comprend les 2 compagnies provisoires et la compagnie hors-rang. (Effectif : 20 officiers, 613 hommes). Capitaines Péguillau, Séré, et capitaine d'habillement Rozier, commandant la compagnie hors-rang.

18ᵉ RÉGIMENT — DÉPOT

	Offic.	Troupe.	Chev.

15 juillet 1870. — Larchey, major, Strasbourg.
21 juillet. — Le régiment quitte Strasbourg pour se rendre à Reichsboffen.
(1) *1ᵉʳ août.* — Effectif des 3 bataillons de guerre. 67   2328   29
6 août. — Formation du 4ᵉ bataillon (4 compagnies), commandant Derancourt, ce bataillon reste à Strasbourg.
7 août. — Le dépôt renfermé à Strasbourg comprend les 8ᵉˢ compagnies des 2ᵉ et 3ᵉ bataillons et la compagnie hors-rang.
    8ᵉ compagnie du 2ᵉ bataillon, capitaine Luya.
    8ᵉ compagnie du 3ᵉ bataillon, lieutenant Mégret.
    Compagnie hors-rang, capitaine Lefèvre.
8 août. — Le 4ᵉ bataillon et le dépôt prennent part à la défense de Strasbourg. Major Larchey. Effectif.   23   1229   2
28 septembre. — Capitulation de Strasbourg.
15 novembre. — Réorganisation du dépôt à Bayonne (décision ministérielle du 23 octobre). Porte, major (12 officiers, 639 hommes).
15 novembre. — Formation des 1ʳᵉ et 2ᵉ compagnies provisoires et de la compagnie hors-rang.
22 novembre. — Formation de la 1ʳᵉ compagnie de dépôt.
6 décembre. — Départ de la 1ʳᵉ compagnie de dépôt pour rejoindre le 64ᵉ régiment de marche où elle est versée. Capitaine Grosjean   3   216   »
6 décembre. — Formation de la 2ᵉ compagnie de dépôt.
15 décembre. — Départ de la 2ᵉ compagnie de dépôt pour Bordeaux où elle est versée au 78ᵉ régiment de marche. Capitaine Giacobbi.   2   119   »
20 décembre. — Départ d'un détachement pour le Mans. Sous-lieutenant Chardin.   1   100   »
3 janvier 1871. — Formation de la 3ᵉ compagnie de dépôt.
6 janvier. — Formation de la 3ᵉ compagnie provisoire.
25 janvier. — Le major Porte passe au commandement d'un bataillon du 86ᵉ régiment de marche. Il est remplacé au corps par le major Vidal, qui arrive le 2 février.
1ᵉʳ mars 1871. — Le dépôt comprend les 3 compagnies provisoires, capitaines Laporte, Savouret, Benoit, la 3ᵉ compagnie de dépôt, capitaine Racine et la compagnie hors-rang, capitaine d'habillement Aufavray. (Effectif : 15 officiers, 421 hommes, 1 cheval).

---

(1) Effectif du dépôt au 1ᵉʳ août (24 officiers, 821 hommes, 4 chevaux).

	Offic.	Troupe.	Chev.

11 mars. — Le dépôt quitte Bayonne pour se rendre au camp de Saint-Médard.

19ᵉ RÉGIMENT — DÉPOT

15 juillet 1870. — Guillain, major, Alençon.

16 juillet. — Le régiment quitte Paris pour se rendre à Metz. Il arrive dans cette place le 17.

30 juillet. — Départ d'un détachement pour rejoindre à Metz les bataillons de guerre. Capitaine Isnard . . . . . **3 500 »**

(1) *1ᵉʳ août.* — Effectif des 3 bataillons de guerre **66 1721 11**

5 août. — Départ d'un détachement pour Metz. . . . . . . **» 150 »**

12 août. — Formation du 4ᵉ bataillon.

14 août. — Départ du 4ᵉ bataillon pour Paris où il doit faire partie du 6ᵉ régiment de marche. Commandant Manceron. **18 818 1**

29 août. — Départ de la 8ᵉ compagnie du 2ᵉ bataillon pour Paris, capitaine Isnard. Cette compagnie passe en octobre au 34ᵉ régiment de marche de Paris (134ᵉ). . . . . . . **2 214 »**

6 septembre. — Formation des 1ʳᵉ et 2ᵉ compagnies provisoires.

18 septembre. — La 8ᵉ compagnie du 3ᵉ bataillon quitte Alençon pour rejoindre le 31ᵉ régiment de marche au Mans. Lieutenant Bacciochi . . . . **2 250 »**

20 septembre. — Départ d'un détachement pour le Havre sous les ordres du capitaine Dornat, ce détachement passe au 5ᵉ bataillon de marche le 30. . . . . **1 400 »**

21 septembre. — Le dépôt comprenant la compagnie hors-rang et les 2 compagnies provisoires quitte Alençon pour aller tenir garnison à Rennes.

1ᵉʳ octobre. — Formation des 1ʳᵉ, 2ᵉ, 3ᵉ, 4ᵉ compagnies de dépôt.

6 octobre. — Départ de la 1ʳᵉ compagnie de dépôt pour rejoindre le 36ᵉ de marche. Lieutenant Montjardet . . . **2 230 »**

7 octobre. — Le dépôt quitte Alençon pour se rendre à Laval où il arrive le même jour.

19 octobre. — Départ de la 2ᵉ compagnie de dépôt pour rejoindre à Tours le 43ᵉ régiment de marche. Capitaine Deschamps. . . . . **2 230 »**

28 octobre. — Formation des 5ᵉ et 6ᵉ compagnies de dépôt.

31 octobre. — Départ de la 3ᵉ compagnie de dépôt pour Angers où elle entre dans la formation du 48ᵉ régiment de marche. Lieutenant Rouot . . . . **1 230 »**

---

(1) Effectif du dépôt au 1ᵉʳ août (23 officiers, 1,023 hommes, 4 chevaux).

		Offic.	Troupe.	Chev.

1er novembre. — Formation de la 7e compagnie de dépôt.

16 novembre. — Départ de la 4e compagnie de dépôt pour rejoindre le 58e régiment de marche où elle est versée. Lieutenant Maré 2   216   »

17 novembre. — Formation de la 8e compagnie de dépôt.

22 novembre. — Création d'un bataillon de marche du 19e de ligne avec les 5e, 6e, 7e et 8e compagnies de dépôt. Ce bataillon part le même jour pour le camp d'Yvré-l'Evêque, où il passe à la 2e armée, 21e corps, division de Bretagne. Commandant, capitaine Cavaillé (1).

    5e compagnie de dépôt, capitaine Marquette,
    6e compagnie de dépôt, capitaine Marichal.
    7e compagnie de dépôt, capitaine Louveau.
    8e compagnie de dépôt, capitaine Fabre.

Effectif du bataillon de marche 19   1043   1

23 novembre. — Formation de la 9e compagnie de dépôt.

29 novembre. — Départ d'un détachement pour rejoindre à Conlie le bataillon de marche. . . . . »   50   »

14 décembre. — Départ d'un détachement pour rejoindre le 31e régiment de marche. Capitaine Jouan. 1   200   »

19 décembre. — Départ d'un détachement pour Bordeaux .   »   200   »

7 janvier 1871. — La 9e compagnie de dépôt part pour Bordeaux concourir à la formation du 80e régiment de marche. Capitaine Jouan. 2   171   »

17 janvier. — Départ du dépôt de Laval pour se rendre à Landerneau.

19 janvier. — Le major Delévieleuse est nommé lieutenant-colonel. Il est remplacé le même jour par le capitaine Jalabert, nommé major au corps.

30 janvier. — Départ d'un détachement pour Bordeaux où il est versé au 85e régiment de marche. Lieutenant Marabail. 1   150   »

1er mars 1871. — Le dépôt comprend les 1re et 2e compagnies provisoires et la compagnie hors-rang. (Effectif : 9 officiers, 439 hommes). Capitaines Lanvin, Bribes et capitaine d'habillement de Montigny.

---

(1) *30 décembre 1870.* — Formation au bataillon de marche du 19e de ligne de deux nouvelles compagnies de marche :

    5e compagnie (bis). — Capitaine Clérin.
    6e compagnie (bis). — Capitaine Giraud.

Ces deux compagnies deviennent 5e et 6e compagnies du bataillon de marche du 19e de ligne à la division Gougeard.

20ᵉ RÉGIMENT — DÉPÔT

	Offic.	Troupe.	Chev.

15 juillet 1870. — Barbier, major, Tours.

22 juillet. — Le régiment quitte Tours pour se rendre au camp de Châlons où il arrive le 23.

29 juillet. — Départ d'un détachement pour le camp de Châlons. . . . . 1 — 300 — »

(1) *1ᵉʳ août*. — Effectif des 3 bataillons de guerre. . . . . 63 — 1771 — 25

5 août. — Départ d'un détachement pour rejoindre les bataillons de guerre au camp de Châlons. . . . . . . » — 300 — »

14 août. — Formation du 4ᵉ bataillon.

15 août. — Création des 5ᵉ et 6ᵉ compagnies du 4ᵉ bataillon, le même jour le bataillon quitte Tours pour se rendre à Paris où il est incorporé au 7ᵉ régiment de marche. Commandant de Conchy. . . . . 21 — 898 — 3

29 août. — Départ de la 8ᵉ compagnie du 2ᵉ bataillon pour Paris, capitaine Lapierre. Cette compagnie est versée en octobre dans le 34ᵉ régiment de marche de Paris (134ᵉ). 3 — 219 — »

6 septembre. — Formation des 1ʳᵉ et 2ᵉ compagnies provisoires.

18 septembre. — Départ de la 8ᵉ compagnie du 3ᵉ bataillon pour Bourges où elle est versée au 29ᵉ régiment de marche. Capitaine Lavergne. . . . . 2 — 220 — »

24 septembre. — Le dépôt part de Tours pour se rendre à Digne où il devra arriver le 1ᵉʳ octobre. A Aix le dépôt se sépare de la 1ʳᵉ compagnie provisoire qui arrive à Toulon le 28 septembre (1 officier, 454 hommes).

5 octobre. — Formation de la 1ʳᵉ compagnie de dépôt et son départ le même jour pour rejoindre le 38ᵉ régiment de marche où elle est versée. Capitaine Orlanducci. . . . 3 — 219 — »

9 octobre. — Formation des 2ᵉ, 3ᵉ et 4ᵉ compagnies de dépôt.

11 octobre. — Départ de la 2ᵉ compagnie de dépôt pour former le 43ᵉ régiment de marche. Capitaine Jalabert. . 3 — 216 — »

22 octobre. — Formation de la 5ᵉ compagnie de dépôt.

23 octobre. — Départ de la 3ᵉ compagnie de dépôt pour rejoindre le 45ᵉ régiment de marche où elle est versée. Sous-lieutenant Grandgérard. . . . . 3 — 216 — »

24 octobre. — Formation de la 6ᵉ compagnie de dépôt.

1ᵉʳ novembre. — Départ de la 4ᵉ compagnie de dépôt, capitaine Froment. Cette compagnie est versée au 66ᵉ régiment de marche. . . . . 2 — 216 — »

---

(1) Effectif du dépôt au 1ᵉʳ août (21 officiers, 864 hommes, 3 chevaux).

	Offic.	Troupe.	Chev.

1er novembre. — La 5e compagnie de dépôt part pour être versée au 58e régiment de marche. Sous-lieutenant Lempérière . . . . 2 216 »

6 novembre. — Formation des 7e et 8e compagnies de dépôt.

7 novembre. — Départ de la 6e compagnie de dépôt pour rejoindre à Tours le 66e régiment de marche. Lieutenant Léonsi . . . . 3 216 »

21 novembre. — Formation des 9e et 10e compagnies de dépôt.

23 novembre. — Départ de la 7e compagnie de dépôt qui est versée au 70e régiment de marche. Lieutenant Grille . . 3 216 »

1er décembre. — Formation des 11e et 12e compagnies de dépôt.

12 décembre. — Départ de la 8e compagnie de dépôt qui est versée au 71e régiment de marche. Sous-lieutenant Boulin . . . . 3 286 »

17 décembre. — Départ d'un détachement pour se rendre à Bourges . . . . » 308 »

24 décembre. — Départ d'un détachement pour se rendre à Bordeaux, sous-lieutenant Rhodes. Ce détachement passe au 88e régiment de marche . . . . 1 166 »

1er janvier 1871. — Départ de la 9e compagnie de dépôt pour Bordeaux où elle est versée au 75e régiment de marche. Capitaine Burot . . . . 3 219 »

25 janvier. — Départ de la 10e compagnie de dépôt pour rejoindre Bordeaux où elle est versée au 86e régiment de marche. Lieutenant Theynet . . . . 2 130 »

8 février. — Formation des 13e et 14e compagnies de dépôt.

15 février. — Formation d'une colonne mobile opérant dans le département contre les Garibaldiens licenciés (4 officiers, 131 hommes).

16 février. — Départ de la 11e compagnie de dépôt pour Bordeaux où elle est versée au 89e régiment de marche. Lieutenant Lérambert . . . . 3 130 »

24 février. — Le capitaine Gignoux est nommé major au corps.

1er mars 1871. — Le dépôt comprend les 12e, 13e, 14e compagnies de dépôt, les 1re et 2e compagnies provisoires et la compagnie hors-rang. (Effectif : 16 officiers, 538 hommes, 2 chevaux).

21e RÉGIMENT — DÉPOT

15 juillet 1870. — Malteau, major, Annecy.

22 juillet. — Départ du régiment pour se rendre à l'armée, il arrive à Colmar le 23.

	Offic.	Troupe.	Chev.

(1) *1er août*. — Effectif des 3 bataillons de guerre. 62   1585   42

4 août. — Départ d'un détachement pour rejoindre à Belfort les bataillons de guerre. 1   300   »

6 août. — Départ d'un second détachement pour rejoindre à Belfort le régiment. 1   100   »

12 août. — Formation du 4e bataillon.

14 août. — Création des 5e et 6e compagnies du 4e bataillon.

16 août. — Le 4e bataillon quitte Annecy pour se rendre à Lyon où il arrive le même jour.

17 août. — Départ d'un détachement du dépôt pour rejoindre au camp de Châlons les bataillons de guerre. Ce détachement arrive le 18 sous les ordres du capitaine Sohm. 2   700   »

20 août. — Le 4e bataillon quitte Lyon pour se rendre à Paris où il arrive le même jour. Commandant Conti. . . 20   800   5

21 août. — Le 4e bataillon sert à constituer le 23e régiment de marche à Paris.

30 août. — Départ de la 8e compagnie du 2e bataillon pour Paris, lieutenant Zankel. En octobre cette compagnie passe au 39e régiment de marche de Paris (139e) 3   200   »

6 septembre. — Formation des 1re et 2e compagnies provisoires.

19 septembre. — Départ de la 8e compagnie du 3e bataillon pour Moulins où elle entre dans la formation du 30e régiment de marche. Capitaine Petitjean. 1   200   »

3 octobre. — Formation de 4 compagnies de dépôt.

7 octobre. — Départ des 1re et 2e compagnies de dépôt pour le Mans où elles sont versées au 38e régiment de marche. Capitaine Santi et lieutenant Valadier. 2   341   »

21 octobre. — Départ de la 3e compagnie de dépôt pour rejoindre à Angoulême le 44e régiment de marche. Sous-lieutenant Masson. 1   176   »

6 novembre. — Formation des 5e, 6e et 7e compagnies de dépôt.

18 novembre. — Départ des 4e et 5e compagnies de dépôt pour rejoindre à Tours le 58e régiment de marche où elles sont versées. Capitaine Brassine et lieutenant Mercié. 6   375   »

26 novembre. — Formation de la 8e compagnie de dépôt.

3 décembre. — Départ des 6e et 7e compagnies de dépôt pour Angers où elles sont versées au 62e régiment de marche. Sous-lieutenants Braillon et Galleux. 2   384   »

---

(1) Effectif du dépôt au 1er août (20 officiers, 1,258 hommes, 3 chevaux).

	Offic.	Troupe.	Chev.

8 décembre. — Formation des 9e et 10e compagnies de dépôt.
16 décembre. — Départ d'un détachement pour Bourges où il est versé au régiment étranger. Lieutenant Rigal . . . 1 200 »
30 décembre. — Départ de la 8e compagnie de dépôt pour Bordeaux où elle est versée au 77e régiment de marche. Sous-lieutenant Rigal. . . . . 2 215 »
6 janvier 1871. — Départ de la 9e compagnie pour Bordeaux où elle est versée au 82e régiment de marche. Lieutenant Costa. . . . . 2 211 »
30 janvier. — Le major Malteau est nommé lieutenant-colonel. Il est remplacé le 31 par le capitaine Jean, nommé major au corps.
31 janvier. — Formation de la 11e compagnie de dépôt.
31 janvier. — Départ de la 10e compagnie pour Bordeaux où elle est versée au 89e régiment de marche. Sous-lieutenant Durin. 2 130 »
19 février. — Départ de la 11e compagnie de dépôt pour Grenoble où elle est versée au 34e régiment (*bis*) de marche. Sous-lieutenant Hurtut. . . . . 2 130 »
1er mars 1871. — Le dépôt comprend les 1re et 2e compagnies provisoires, la compagnie hors rang. (Effectif : 26 officiers, 433 hommes, 2 chevaux). Capitaines Nicol, Lieppe et capitaine d'habillement Duverger.

22e RÉGIMENT — DÉPOT

15 juillet 1870. — Vincent, major, Perpignan.
(1) *1er août*. — Effectif des 3 bataillons de guerre 66 2418 24
8 août. — Le régiment quitte Perpignan pour se rendre à Paris où il arrive le 10.
10 août. — Formation du 4e bataillon.
16 août. — Création des 5e et 6e compagnies du 4e bataillon.
17 août. — Le 4e bataillon reste à Perpignan, commandant Laverny (20 officiers, 897 hommes, 2 chevaux).
29 août. — Départ de la 8e compagnie du 3e bataillon pour Paris, capitaine Bec. Cette compagnie passe en octobre au 39e régiment de marche de Paris (139e). . . . . . . 3 200 »
11 septembre. — Formation des 1re et 2e compagnies provisoires.
18 septembre. — Départ de la 8e compagnie du 2e bataillon pour Moulins où elle est versée au 30e régiment de marche. Capitaine Ferlin. . . . . 3 219 »

---

(1) Effectif du dépôt au 1er août (21 officiers, 340 hommes, 1 cheval).

	Offic.	Troupe.	Chev.

25 septembre. — Le 4ᵉ bataillon quitte Perpignan pour se rendre à Toulon.

1ᵉʳ octobre. — Formation des 1ʳᵉ, 2ᵉ, 3ᵉ et 4ᵉ compagnies de dépôt.

2 octobre. — Le 4ᵉ bataillon s'embarque à Toulon pour Alger. 21 1117 2

6 octobre. — Le capitaine Chancenotte est nommé major au corps.

6 octobre. — La 1ʳᵉ compagnie de dépôt, capitaine Canteloube de Marmiés, quitte Perpignan pour rejoindre au Mans le 38ᵉ régiment de marche. . . . . 3 216 »

19 octobre. — Départ de la 2ᵉ compagnie de dépôt, capitaine Beaugé, pour rejoindre à Tours le 43ᵉ régiment de marche. . . . . 3 217 »

23 octobre. — Départ de la 3ᵉ compagnie de dépôt, capitaine Lasbasses, pour le Mans où elle est versée au 46ᵉ régiment de marche. . . . . 3 216 »

29 octobre. — Départ de la 4ᵉ compagnie de dépôt, capitaine Brouillet, pour rejoindre au Mans le 46ᵉ régiment de marche. . . . . 3 216 »

29 octobre. — Formation des 5ᵉ, 6ᵉ et 7ᵉ compagnies de dépôt.

6 novembre. — Formation de la 8ᵉ compagnie de dépôt.

18 novembre. — Le 4ᵉ bataillon s'embarque à Alger pour Toulon où il débarque le 21.

21 novembre. — Le 4ᵉ bataillon est dirigé sur Gien.

1ᵉʳ décembre. — Le 4ᵉ bataillon, commandant Laverny est versé au 53ᵉ régiment de marche. 17 843 3

6 décembre. — Départ de la 5ᵉ compagnie de dépôt pour rejoindre à Tours le 66ᵉ régiment de marche. Sous-lieutenant Souriac. . . . . 3 223 »

6 décembre. — Départ de la 6ᵉ compagnie de dépôt pour Bordeaux où elle est versée au 74ᵉ régiment de marche. Sous-lieutenant Dupeyrou. . . . . 2 220 »

11 décembre. — Formation des 9ᵉ et 10ᵉ compagnies de dépôt.

19 décembre. — Départ d'un détachement pour compléter le 42ᵉ régiment de marche à l'armée de l'Est. . . . . » 342 »

21 décembre. — La 8ᵉ compagnie de dépôt quitte Perpignan pour rejoindre à Bordeaux le 78ᵉ régiment de marche où elle est versée. Sous-lieutenant Argiot. . . . . 3 154 »

21 décembre. — Départ d'un détachement pour Bordeaux où il est versé au 75ᵉ régiment de marche. . . . . . . » 100 »

15 janvier 1871. — La 7ᵉ compagnie de dépôt part pour rejoindre à Bordeaux le 82ᵉ régiment de marche. Capitaine Dussutour. . . . . 3 154 »

	Offic.	Troupe.	Chev.

23 janvier. — Départ de la 9e compagnie de dépôt pour Bordeaux où elle est versée au 86e régiment de marche. Sous-lieutenant Richard. 3   151   »

17 février. — Départ de la 10e compagnie de dépôt pour Bordeaux où elle est versée au 90e régiment de marche. Lieutenant Bernelle. 3   151   »

1er mars. — Formation de la 11e compagnie de dépôt.

1er mars. — Le dépôt comprend la 11e compagnie de dépôt, les 2 compagnies provisoires et la compagnie hors-rang. (Effectif : 12 officiers, 524 hommes). Capitaines Molard, Dagas, Regnault et capitaine d'habillement Arlabosse.

23e RÉGIMENT — DÉPOT

15 juillet 1870. — Savariau, major. Dijon.

16 juillet. — Le régiment quitte le camp de Châlons pour se rendre à Forbach où il arrive le 17.

20 juillet. — Départ d'un détachement pour rejoindre les bataillons de guerre. Lieutenant Lesage. 1   600   »

29 juillet. — Départ d'un détachement pour rejoindre les bataillons de guerre. 1   150   »

(1) *1er août.* — Effectif des 3 bataillons de guerre. 65   2248   37

12 août. — Formation du 4e bataillon.

15 août. — Formation des 5e et 6e compagnies du 4e bataillon.

16 août. — Départ du 4e bataillon pour Paris, commandant Pagès. Ce bataillon concourt à la formation du 7e régiment de marche. 22   803   2

29 août. — Départ de la 8e compagnie du 2e bataillon pour Paris, capitaine Sémonin. Cette compagnie est versée en octobre dans le 38e régiment de marche de Paris (138e). 2   190   »

6 septembre. — Formation des 1re et 2e compagnies provisoires.

19 septembre. — Départ de la 8e compagnie du 3e bataillon pour rejoindre le 32e régiment de marche. Sous-lieutenant Gormond. 2   216   »

3 octobre. — Formation des 1re, 2e, 3e et 4e compagnies de dépôt.

5 octobre. — Départ de la 1re compagnie de dépôt pour rejoindre le 38e régiment de marche. Capitaine Cunche. 3   178   »

5 octobre. — Formation de la 3e compagnie de dépôt.

---

(1) Effectif du dépôt au 1er août (26 officiers, 1,250 hommes, 4 chevaux.

	Offic.	Troupe.	Chev.

8 octobre. — La 2ᵉ compagnie de dépôt part pour rejoindre le 36ᵉ régiment de marche. Capitaine Pimpaneau. . . .   3   168   »

11 octobre. — Départ de la 3ᵉ compagnie de dépôt pour rejoindre le 62ᵉ régiment de marche. Sous-lieutenant Rolland.   1   162   »

11 octobre. — Formation de la 6ᵉ compagnie de dépôt.

22 octobre. — Le dépôt quitte Dijon pour se rendre à Toulon.

14 novembre. — Formation de la 7ᵉ compagnie de dépôt.

21 novembre. — Formation des 8ᵉ, 9ᵉ, 10ᵉ, 11ᵉ, 12ᵉ, 13ᵉ compagnies de dépôt.

22 novembre. — Départ de la 4ᵉ compagnie de dépôt pour rejoindre le 59ᵉ régiment de marche. Capitaine Tiffon. .   3   180   »

4 décembre. — Départ des 5ᵉ et 6ᵉ compagnies de dépôt pour rejoindre le 64ᵉ régiment de marche. Capitaines Miette et Marignac.   6   368   »

5 décembre. — Départ d'un détachement pour compléter le 92ᵉ régiment de ligne. . . . .   »   500   »

9 décembre. — Départ de la 7ᵉ compagnie de dépôt pour rejoindre à Cherbourg le 70ᵉ régiment de marche. Sous-lieutenant Führer.   2   209   »

12 décembre. — Départ de la 8ᵉ compagnie de dépôt pour rejoindre le 71ᵉ régiment de marche. Capitaine Martin.   2   183   »

19 décembre. — Départ de la 9ᵉ compagnie de dépôt pour rejoindre le 74ᵉ régiment de marche. Lieutenant Minot.   3   206   »

4 janvier 1871. — Départ de la 10ᵉ compagnie de dépôt pour rejoindre le 79ᵉ régiment de marche à Bordeaux. Lieutenant Schaëffer.   3   205   »

14 janvier. — Départ de la 11ᵉ compagnie de dépôt pour rejoindre le 82ᵉ régiment de marche. Sous-lieutenant de Saint-Sulpice.   3   150   »

25 janvier. — Départ de la 12ᵉ compagnie de dépôt pour rejoindre le 87ᵉ régiment de marche. Lieutenant Thierry.   3   151   »

1ᵉʳ mars 1871. — Le dépôt comprend la 13ᵉ compagnie de dépôt, les 1ʳᵉ et 2ᵉ compagnies provisoires et la compagnie hors-rang. (Effectif : 11 officiers, 549 hommes). Capitaines Duplan, Pierre, Cornuel et capitaine d'habillement Thiesselin.

24ᵉ RÉGIMENT — DÉPOT

15 juillet 1870. — Aynés, major, Cambrai.

17 juillet. — Départ du régiment du camp de Châlons pour se rendre à Saint-Avold où il arrive le 17.

28 juillet. — Départ d'un détachement pour rejoindre le régiment à Saint-Avold. Capitaine Vannetelle   1   600   »

	Offic.	Troupe.	Chev.

(1) *1er août*. — Effectif des 3 bataillons de guerre 63 2319 21

4 août. — Départ d'un détachement pour rejoindre les bataillons de guerre à Metz. . . . .   » 300 »

12 août. — Formation du 4e bataillon à 4 compagnies.

13 août. — Le 4e bataillon quitte Cambrai pour se rendre au camp de Châlons, commandant Orsini. Ce bataillon entre dans la formation du 2e régiment de marche. . . 13 525 2

15 août. — Formation des 5e et 6e compagnies du 4e bataillon.

28 août. — Départ de la 8e compagnie du 2e bataillon pour Paris, lieutenant Frésul. En octobre, cette compagnie est versée au 34e régiment de marche de Paris (134e). . 2 210 »

6 septembre. — Formation des 1re et 2e compagnies provisoires, sous-lieutenant Goret (1re compagnie), capitaine Astré (2e compagnie).

18 septembre. — Départ de la 8e compagnie du 3e bataillon pour rejoindre le 31e régiment de marche où elle est versée. Capitaine Chovet. . . . . 3 220 »

1er octobre. — Formation des 1re, 2e, 3e et 4e compagnies de dépôt.

11 octobre. — Les 4 compagnies de dépôt sont envoyées de Cambrai à Saint-Quentin, où elles restent jusqu'au 15.

20 octobre. — Départ de la 1re compagnie de dépôt pour Bourges où elle est versée au 39e régiment de marche. Sous-lieutenant Bacqué. . . . . 2 255 »

8 novembre. — Le major Aynès est nommé lieutenant-colonel.

14 novembre. — Formation des 5e, 6e, 7e, 8e et 9e compagnies de dépôt.

15 novembre. — Le capitaine Foubert est nommé major au corps.

15 au 20 novembre. — Formation des 1re et 2e bataillons de marche du 24e de ligne.

1er BATAILLON. — Commandant Taillandier.

2e compagnie de dépôt, capitaine Isard.
3e compagnie de dépôt, capitaine Danos.
4e compagnie de dépôt, lieutenant Latour d'Affaure.
5e compagnie de dépôt (ex-1re compagnie provisoire), capitaine Astré.
6e compagnie de dépôt (ex-2e compagnie provisoire), capitaine Mariguet.

---

(1) Effectif du dépôt au 1er août (25 officiers, 358 hommes, 3 chevaux).

	Offic.	Troupe.	Chev.

2ᵉ BATAILLON. — Commandant Martin.
    7ᵉ compagnie de dépôt, capitaine Bosch.
    8ᵉ compagnie de dépôt, lieutenant Etienne.
    9ᵉ compagnie de dépôt, lieutenant Hentz.
    10ᵉ compagnie de dépôt, capitaine Thierry.
    11ᵉ compagnie de dépôt, lieutenant Echement.

Effectif des 2 bataillons de marche. 32 1501 1

24 novembre. — Les 2 bataillons partent de Cambrai pour se rendre à Longueau (Somme).

20 décembre. — Le major Foubert est remplacé par le capitaine Majory, nommé major au corps.

25 décembre. — Formation du 3ᵉ bataillon de marche du 24ᵉ de ligne. Commandant Morlet.
    12ᵉ compagnie de dépôt, capitaine Duon.
    13ᵉ compagnie de dépôt, capitaine Dabrin.
    14ᵉ compagnie de dépôt, capitaine Kœnig.
    15ᵉ compagnie de dépôt, capitaine Badenhuyer.
    (1) 10ᵉ compagnie de dépôt du 91ᵉ de ligne, lieutenant Tesson.

27 décembre. — Le dépôt reçoit la 10ᵉ compagnie de dépôt du 91ᵉ de ligne pour compléter son 3ᵉ bataillon de marche à 5 compagnies.

Effectif du 3ᵉ bataillon de marche. 15 758 1

29 décembre. — Le dépôt quitte Cambrai pour se rendre à Condé.

1ᵉʳ janvier 1871. — Le 3ᵉ bataillon de marche quitte Cambrai pour faire partie d'une colonne mobile.

17 janvier. — Création à Condé du 4ᵉ bataillon de marche du 24ᵉ de ligne. Commandant Thierry.
    17ᵉ compagnie de dépôt, capitaine Gorel.
    18ᵉ compagnie de dépôt, capitaine Rivals.
    19ᵉ compagnie de dépôt, capitaine Monnot.
    20ᵉ compagnie de dépôt, capitaine Bergez.
    21ᵉ compagnie de dépôt, lieutenant Sinsailliez.

Effectif du bataillon de marche. 11 771 2

26 janvier. — Le 3ᵉ bataillon de marche presque entièrement détruit à Saint-Quentin (19 janvier 1871). Les débris sont versés dans les 1ᵉʳ et 2ᵉ bataillons de marche.

27 janvier. — Le dépôt envoie un détachement au 2 premiers bataillons de marche. . . . . » 1000 »

13 février. — Le 4ᵉ bataillon de marche quitte Condé pour se rendre à Lille.

---

(1) Cette compagnie prend le n° 16 des compagnies de dépôt du 24ᵉ de ligne.

	Offic.	Troupe.	Chev.

21 février. — Formation des 22e et 23e compagnies de dépôt devant concourir à la formation d'un 5e bataillon de marche.

22e compagnie de dépôt, capitaine Imbard.
23e compagnie de dépôt, capitaine Mangin.

26 février. — Le 4e bataillon de marche passe à Lille au 73e régiment de marche.

1er mars 1871. — Le dépôt comprend les 5e et 6e compagnies du 4e bataillon, les 22e et 23e compagnies de dépôt et la compagnie hors-rang. (Effectif : 14 officiers, 846 hommes.)

25e RÉGIMENT — DÉPÔT

	Offic.	Troupe.	Chev.
15 juillet 1870. — Jouneau, major, Vannes.			
20 juillet. — Le régiment quitte Lorient pour se rendre à Paris où il arrive le 21.			
31 juillet. — Départ d'un détachement pour rejoindre à Paris les bataillons de guerre.	»	100	»
(1) *1er août.* — Effectif des 3 bataillons de guerre.	67	1844	28
6 août. — Départ d'un détachement de Vannes pour se rendre à Paris où il arrive le 7.	»	100	»
15 août. — Formation du 4e bataillon.			
16 août. — Formation des 5e et 6e compagnies du 4e bataillon.			
16 août. — Départ pour Paris du 4e bataillon où il doit entrer dans la formation du 7e régiment de marche. Commandant Terraire.	23	800	2
29 août. — Départ de la 8e compagnie du 2e bataillon pour Paris, capitaine Paulet. Cette compagnie entre dans la formation du 34e régiment de marche de Paris (134e).	2	183	»
6 septembre. — Formation de 2 compagnies provisoires.			
18 septembre. — Départ de la 8e compagnie du 3e bataillon pour rejoindre au Mans le 31e régiment de marche. Sous-lieutenant Villiers.	2	218	»
3 octobre. — Formation des 1re et 2e compagnies de dépôt.			
6 octobre. — Départ de la 1re compagnie de dépôt pour rejoindre le 37e régiment de marche où elle est versée. Capitaine Foucher.	3	216	»
7 octobre. — Formation des 3e et 4e compagnies de dépôt.			

---

(1) Effectif du dépôt au 1er août : 26 officiers, 1.096 hommes, 2 chevaux.

	Offic.	Troupe.	Chev.

8 octobre. — La 2ᵉ compagnie de dépôt part pour rejoindre le 38ᵉ régiment de marche où elle verse ses hommes et le cadre retourne au dépôt. . . . . » 200 »

11 octobre. — Départ de la 3ᵉ compagnie de dépôt pour rejoindre le 36ᵉ régiment de marche où elle est versée. Lieutenant de Biré. . . . . 2 216 »

11 octobre. — La 4ᵉ compagnie part du dépôt pour se rendre à Port-Louis où elle reste jusqu'au 4 décembre.

31 octobre. — La 2ᵉ compagnie de dépôt (reconstituée) part pour rejoindre le 48ᵉ régiment de marche. Lieutenant Duhamel . . . . 3 216 »

31 octobre. — Formation de la 5ᵉ compagnie de dépôt.

6 novembre. — Formation des 6ᵉ et 7ᵉ compagnies de dépôt.

23 novembre. — Départ des 5ᵉ et 6ᵉ compagnies de dépôt pour le camp de Conlie, capitaine Sallé. Ces deux compagnies formant corps.

    5ᵉ compagnie de dépôt, lieutenant Després.
    6ᵉ compagnie de dépôt, lieutenant Ervé.
    Effectif des 2 compagnies. . . . . 6 438 »

3 décembre. — La 7ᵉ compagnie part pour Angers où elle est versée au 64ᵉ régiment de marche, capitaine Noël. . 3 216 »

4 décembre. — La 1ʳᵉ compagnie provisoire tient garnison à Auray depuis le 16 novembre (2 officiers, 155 hommes).

5 décembre. — Le major Jouneau est nommé lieutenant-colonel, il est remplacé par le capitaine Monin, nommé major au corps le même jour.

20 décembre. — La 4ᵉ compagnie de dépôt part pour Bordeaux où elle est versée au 74ᵉ régiment de marche. Capitaine Reynaud. . . . . 3 206 »

21 décembre. — La 2ᵉ compagnie provisoire tient garnison à Port-Louis depuis le 5 du mois (3 officiers, 274 hommes).

1ᵉʳ janvier 1871. — Formation de la 8ᵉ compagnie de dépôt.

20 janvier. — Départ d'un détachement pour Bordeaux où il est versé au 88ᵉ régiment de marche. Lieutenant Renard. . . . . 1 89 »

31 janvier. — Départ de la 8ᵉ compagnie de dépôt pour Bordeaux où elle est versée au 88ᵉ régiment de marche. Capitaine Chasseing. . . . . 3 190 »

1ᵉʳ mars 1871. — Le dépôt comprend les 1ʳᵉ et 2ᵉ compagnies provisoires, la compagnie hors-rang. (Effectif : Auray, 1 officier, 116 hommes ; Port-Louis, 2 officiers, 132 hommes ; Vannes, 9 officiers, 330 hommes. Total 12 officiers, 588 hommes.)

26ᵉ RÉGIMENT — DÉPOT

	Offic.	Troupe.	Chev.

15 juillet 1870. — Chevallier, major, Cherbourg.

19 juillet. — Le régiment quitte Cherbourg pour se rendre à Paris où il arrive le 20.

28 juillet. — Départ d'un détachement pour Paris. 1   300   »

(1) *1ᵉʳ août.* — Effectif des 3 bataillons de guerre. 66   1881   26

15 août. — Formation du 4ᵉ bataillon.

16 août. — Création des 5ᵉ et 6ᵉ compagnies du 4ᵉ bataillon.

21 août. — Départ du 4ᵉ bataillon (6 compagnies), pour Paris, commandant Gravis. Ce bataillon passe au 15ᵉ régiment de marche. 18   608   2

26 août. — Départ d'un détachement pour Paris où il est versé au 4ᵉ bataillon. . . . . »   200   »

31 août. — Départ de la 8ᵉ compagnie du 2ᵉ bataillon pour Paris, capitaine Deltour. Cette compagnie est versée au 38ᵉ régiment de marche de Paris (138ᵉ). 2   200   »

11 septembre. — Formation des 1ʳᵉ et 2ᵉ compagnies provisoires. Capitaines Barafort et Bodot.

18 septembre. — Départ de la 8ᵉ compagnie du 3ᵉ bataillon pour se rendre à Tours où elle est incorporée au 31ᵉ régiment de marche. Capitaine Guyard. 1   214   »

1ᵉʳ octobre. — Formation de 4 compagnies de dépôt (2).

3 octobre. — Le major Chevalier passe au commandement d'un bataillon, il est remplacé le même jour par le capitaine Séveno, nommé major.

7 octobre. — Départ des 1ʳᵉ et 2ᵉ compagnies de dépôt pour se rendre à Bordeaux, capitaines Siruguet et Barafort. La 1ʳᵉ compagnie est incorporée au 37ᵉ régiment de marche, et le cadre de la 2ᵉ compagnie rejoint le dépôt après avoir versé ses hommes au 16ᵉ régiment de ligne. . . . 2   132   »

13 octobre. — Départ des 3ᵉ et 4ᵉ compagnies de dépôt pour rejoindre le 51ᵉ régiment de marche où elles sont incorporées. Sous-lieutenants Gérard et Couillard. 2   438   »

14 octobre. — La 2ᵉ compagnie de dépôt est reconstituée avec les mêmes cadres.

20 octobre. — Le major Séveno passe au commandement d'un bataillon, il est remplacé le même jour par le capitaine Bolelli, nommé major.

---

(1) Effectif du dépôt au 1ᵉʳ août (24 officiers, 859 hommes, 3 chevaux).

(2) Création de 4 compagnies de dépôt (sous les numéros 3, 4, 5, 6), les 2 compagnies (8ᵉ du 2ᵉ et 8ᵉ du 3ᵉ bataillon) ayant été considérées comme 1ʳᵉ et 2ᵉ compagnies de dépôt.

	Offic.	Troupe.	Chev.

21 octobre. — Création des 5e, 6e, 7e et 8e compagnies de dépôt.

22 novembre. — Départ de Cherbourg des 2e, 5e et 6e compagnies de dépôt pour Alençon. Sous le commandement du capitaine Barafort de la 2e compagnie, capitaines Rogeron (5e) et Klepper (6e), ces compagnies quittent Alençon le 23 novembre pour se rendre au camp de Pontlieu, formant bataillon de marche du 26e de ligne. 8   600   »

28 novembre. — Formation des 9e et 10e compagnies de dépôt.

4 décembre. — Départ de la 7e compagnie de dépôt pour rejoindre le 64e régiment de marche. Capitaine Marbach.   1   197   »

15 décembre. — Départ de la 8e compagnie de dépôt pour Bordeaux, capitaine Huillet. Cette compagnie reçoit l'ordre de verser ses hommes au 36e de ligne et de rentrer avec son cadre au dépôt le 30 décembre. 1   216   »

21 décembre. — Départ de la 9e compagnie de dépôt, lieutenant Battistelli, pour rejoindre à Bordeaux le 75e régiment de marche. 2   203   »

26 décembre. — Formation de la 11e compagnie de dépôt.

3 janvier 1871. — Départ de la 10e compagnie de dépôt pour le 79e régiment de marche où elle est incorporée. Sous-lieutenant Livet. 2   216   »

26 janvier. — Départ de la 8e compagnie de dépôt reconstituée et de la 11e compagnie de dépôt, capitaine Huillet et lieutenant Hauser. Ces deux compagnies sont incorporées au 89e régiment de marche à Bordeaux. 4   368   »

15 février. — Départ d'un détachement pour rejoindre à Bordeaux le 90e régiment de marche. . . . . »   180   »

1er mars 1871. — Le dépôt comprend les 2 compagnies provisoires et la compagnie hors-rang. (Effectif : 15 officiers, 722 hommes.)

27e RÉGIMENT — DÉPOT

15 juillet 1870. — Farenc, major, Bourg.

16 juillet. — Le régiment quitte Lyon pour se rendre à Bitche où il arrive le 17.

28 juillet. — Départ d'un détachement pour rejoindre Sarreguemines. 1   200   »

(1) *1er août*. — Effectif des 3 bataillons de guerre. 65   1753   29

---

(1) Effectif du dépôt au 1er août (25 officiers, 1,119 hommes, 2 chevaux).

	Offic.	Troupe.	Chev.

4 août. — Départ d'un détachement de Bourg pour rejoindre les bataillons de guerre à Bitche où il arrive le 5. Lieutenant Nazariès (ce détachement est resté à Bitche). ... **1　150　»**

6 août. — Départ d'un détachement pour se rendre à Metz, où il arrive le 8. Sous-lieutenant Houdaille. ... **1　300　»**

8 août. — Départ d'un détachement pour se rendre à Metz, où il arrive le 11. Lieutenant Cottin ... **1　250　»**

Les deux détachements ci-dessus ont été faits prisonniers à Metz.

12 août. — Formation du 4ᵉ bataillon.

15 août. — Création des 5ᵉ et 6ᵉ compagnies du 4ᵉ bataillon.

21 août. — Départ du 4ᵉ bataillon pour Paris, commandant Cholleton. Ce bataillon passe au 19ᵉ régiment de marche. **21　798　2**

29 août. — La 8ᵉ compagnie du 2ᵉ bataillon est dirigée sur Paris, capitaine Nier, cette compagnie est versée en octobre au 39ᵉ régiment de marche de Paris (139ᵉ). ... **3　200　»**

12 septembre. — Formation des 1ʳᵉ et 2ᵉ compagnies provisoires.

19 septembre. — Départ de la 8ᵉ compagnie du 3ᵉ bataillon, pour Limoges où elle est versée au 32ᵉ régiment de marche. Lieutenant Bertrand. ... **3　219　»**

6 octobre. — Formation des 1ʳᵉ, 2ᵉ, 3ᵉ et 4ᵉ compagnies de dépôt.

6 octobre. — Départ de la 1ʳᵉ compagnie de dépôt pour Bordeaux où elle est versée au 37ᵉ régiment de marche. Capitaine Jeandet. ... **1　219　»**

9 octobre. — Le major Farenc est mis en non-activité pour J.-T. Le même jour il est remplacé par le capitaine Greiner, nommé major au corps.

24 octobre. — Formation d'une 5ᵉ compagnie de dépôt.

31 octobre. — Les 2ᵉ, 3ᵉ, 4ᵉ et 5ᵉ compagnies de dépôt sont dirigées sur le camp de Chagny où elles doivent être versées au 55ᵉ régiment de marche. Lieutenants Boyer, Griolet, Franchesquin et sous-lieutenant Villard. ... **10　891　»**

    Ce détachement arrivé à Chagny y reste quelques jours, de là il se rend à Gien où il est attaché au 18ᵉ corps ; de Gien il est dirigé sur Montargis d'où il part pour escorter un convoi de munitions à Bellegarde. Le lieutenant qui commande ce détachement se dirige sur Tours, où ce détachement passe à la 3ᵉ division du 18ᵉ corps ; à peine arrivé à Fages-aux-Loges, où il devait s'arrêter, que l'ordre lui est donné d'aller occuper le pont de Jarjau, au moment du départ précipité, les hommes étant dispersés, le détachement ne se met en

	Offic.	Troupe.	Chev.

route qu'avec 200 hommes qui passent plus tard au 65e régiment de marche (formant une seule compagnie). Lieutenant Griolet . . . . 1 — 200 — »

6 novembre. — Création de 4 compagnies de dépôt qui prennent les numéros 6, 7, 8 et 9.

14 novembre. — Le dépôt quitte Bourg pour se rendre à Antibes où il arrive le 14.

17 novembre. — Les 6e, 7e, 8e et 9e compagnies de dépôt laissées à Bourg partent de cette ville pour se rendre à Lyon.

26 novembre. — Ces 4 compagnies passent au 60e régiment de marche. Lieutenant Lafon, sous-lieutenants André, Darmand et Desplaces . . . . 7 — 475 — »

1er décembre. — Formation des 10e, 11e, 12e et 13e compagnies de dépôt. Ces compagnies sont constituées à l'effectif de 126 hommes par compagnie.

1er janvier 1871. — Le détachement resté à Bitche composé de 1 officier et 141 hommes de troupe passe au 54e régiment de marche.

8 janvier. — Départ d'un détachement de 100 hommes pour Toulon. Il quitte cette ville pour se rendre à Bordeaux où il est versé au 81e régiment de marche. Sous-lieutenant Herbin . . . . 1 — 100 — »

15 janvier. — Départ des 10e et 11e compagnies de dépôt pour Bordeaux où elles sont versées au 82e régiment de marche. Lieutenants Parot et Kergariou. . . . . . . 4 — 300 — »

24 janvier. — Départ des 12e et 13e compagnies de dépôt pour rejoindre à Bordeaux le 88e régiment de marche. Capitaine Wambergue et sous-lieutenant Dannequin . . 4 — 250 — »

26 janvier. — Un détachement destiné au 1er régiment du train d'artillerie part d'Antibes pour rejoindre ledit régiment à Niort. . . . . » — 43 — »

26 janvier. — Une demi compagnie composée de 74 hommes sous les ordres du sous-lieutenant Besson se rend à Toulon.

29 janvier. — Création des 14e et 15e compagnies de dépôt.

1er mars 1871. — Le dépôt comprend les 14e et 15e compagnies de dépôt, les 1re et 2e compagnies provisoires et la compagnie hors-rang. (Effectif : 20 officiers, 426 hommes, 1 cheval).

14 mars. — Une fraction du détachement parti le 31 octobre de Bourg pour Chagny rentre au dépôt à Antibes, 168 hommes.

28ᵉ RÉGIMENT. — DÉPOT

	Offic.	Troupe.	Chev.

15 juillet 1870. — Barilles, major, Nantes.

19 juillet. — Départ du régiment de Nantes pour Paris où il arrive le 20.

28 juillet. — Départ d'un détachement pour rejoindre les bataillons de guerre à Paris . . . . 1 500 »

(1) *1ᵉʳ août.* — Effectif des 3 bataillons de guerre 16 2033 35

6 août. — Départ d'un détachement pour Paris. . . . . . 1 300 »

16 août. — Formation du 4ᵉ bataillon.

18 août. — Formation des 5ᵉ et 6ᵉ compagnies du 4ᵉ bataillon.

18 août. — Départ du 4ᵉ bataillon pour Paris où il doit entrer dans la formation du 13ᵉ régiment de marche. Commandant Boulanger 11 797 2

25 août. — Départ d'un détachement pour Paris. . . . . » 80 »

30 août. — Départ de la 8ᵉ compagnie du 3ᵉ bataillon pour Paris, lieutenant Delapierregrose, en octobre cette compagnie entre dans la formation du 36ᵉ régiment de marche de Paris (136ᵉ). . . . . 2 215 »

10 septembre. — Création de 2 compagnies provisoires.

19 septembre. — Départ de la 8ᵉ compagnie du 2ᵉ bataillon pour se rendre à Bourges où elle doit concourir à la formation du 29ᵉ régiment de marche. Capitaine Dupas . . 2 215 »

1ᵉʳ octobre. — Formation de 4 compagnies de dépôt.

6 octobre — Départ de la 1ʳᵉ compagnie de dépôt pour Bordeaux où elle est versée au 37ᵉ régiment de marche. Lieutenant Main. 2 215 »

7 octobre. — Départ de la 2ᵉ compagnie de dépôt pour Orléans où elle est versée au 36ᵉ régiment de marche. Lieutenant Viot . . . . 2 200 »

12 octobre. — Départ de la 3ᵉ compagnie de dépôt pour rejoindre le 36ᵉ régiment de marche. Sous-lieutenant Bournel. . . . . 1 220 »

15 octobre. — Formation de la 5ᵉ compagnie de dépôt.

18 octobre. — Le major Barilles étant passé au commandement d'un bataillon du 29ᵉ régiment de marche est remplacé par le capitaine Mus. nommé major au corps.

26 octobre. — Départ de la 4ᵉ compagnie de dépôt pour le Mans où elle est versée au 46ᵉ régiment de marche. Capitaine Charmetant . . . . 3 215 »

---

(1) Effectif du dépôt au 1ᵉʳ août (26 officiers, 862 hommes, 5 chevaux).
Classement des compagnies au dépôt. — 1ʳᵉ, 2ᵉ, 3ᵉ, 4ᵉ compagnies de dépôt. 1ʳᵉ, 2ᵉ, 3ᵉ, 4ᵉ, 5ᵉ, 6ᵉ compagnies *bis* et 1ʳᵉ et 2ᵉ compagnies *ter*.

— 74 —

	Offic.	Troupe.	Chev.

16 novembre. — Création des 6ᵉ et 7ᵉ compagnies de dépôt.

22 novembre. — La 5ᵉ compagnie de dépôt part pour rejoindre au Mans le 59ᵉ de marche. Capitaine Boudin. . 2 225 »

3 décembre. — Formation de la 8ᵉ compagnie de dépôt.

13 décembre. — Formation de la 9ᵉ compagnie de dépôt.

13 décembre. — Départ de la 6ᵉ compagnie de dépôt pour rejoindre à Cherbourg le 70ᵉ régiment de marche. Lieutenant Sage. 2 225 »

15 décembre. — Départ d'un détachement pour rejoindre le 36ᵉ régiment de marche où il est versé. . . . . 2 230 »

21 décembre. — Un détachement est envoyé à Bordeaux où il est versé au 75ᵉ régiment de marche. . . . . » 50 »

9 janvier 1871. — Départ d'un détachement pour rejoindre à Bordeaux le 80ᵉ régiment de marche. . . . . . . » 100 »

16 janvier. — Création de la 10ᵉ compagnie de dépôt.

16 janvier. — Départ d'un détachement pour Bordeaux où il est versé au 85ᵉ régiment de marche. Sous-lieutenant Marula . . . . 1 154 »

17 février. — Création des 11ᵉ et 12ᵉ compagnies de dépôt. Elles partent le même jour pour Bordeaux où elles sont versées au 91ᵉ régiment de marche. Capitaine Moulard, lieutenant Perdreau . . . . 5 330 »

21 février. — Départ d'un détachement pour Rennes où il est versé au 15ᵉ régiment d'artillerie. . . . . » 150 »

1ᵉʳ mars 1871. — Le dépôt comprend les 7ᵉ, 8ᵉ, 9ᵉ, 10ᵉ compagnies de dépôt, les 1ʳᵉ et 2ᵉ compagnies provisoires, la compagnie hors-rang. (Effectif : 17 officiers, 733 hommes).

29ᵉ RÉGIMENT — DÉPOT

15 juillet 1870. — Laussu, major, Paris.

16 juillet. — Le dépôt occupe le fort de Nogent.

16 juillet. — Le régiment quitte Paris pour se rendre à Metz où il arrive le 17.

25 juillet. — Départ d'un détachement pour Metz . . . . . 1 296 »

1ᵉʳ août (1). — Effectif des 3 bataillons de guerre 68 2356 17

1ᵉʳ août. — Départ d'un détachement pour Metz . . . . . 1 311 »

4 août. — Départ d'un détachement pour Metz . . . . . 1 106 »

8 août. — Formation du 4ᵉ bataillon qui se trouve constitué comme il suit : 7ᵉˢ compagnies des 3 bataillons et 8ᵉ compagnie du 1ᵉʳ bataillon. Commandant Rouillé.

---

(1) Effectif du dépôt au 1ᵉʳ août (27 officiers, 413 hommes, 2 chevaux).

	Offic.	Troupe.	Chev.

17 août. — Organisation des 5e et 6e compagnies du 4e bataillon.

18 août. — Le 4e bataillon passe au 8e régiment de marche.   21   842   2

24 août. — Le dépôt quitte le fort de Nogent pour aller occuper le pavillon d'octroi près de la porte de Vincennes.

2 septembre. — Les 8es compagnies des 2e et 3e bataillons. — Ces 2 compagnies se rendent au fort de Nogent.

11 septembre. — La compagnie hors-rang et les magasins vont occuper la caserne de la Nouvelle-France.

16 septembre. — Les 8es compagnies des 2e et 3e bataillons quittent le fort de Nogent pour se rendre à Bourges concourir à la formation du 29e régiment de marche. Lieutenant Jasinski et capitaine Biargues   5   400   »

16 septembre. — Formation des 1re et 2e compagnies provisoires. Capitaines Losiewski et Chapuis.

2 octobre. — Départ d'un détachement pour le 35e régiment de ligne. . . . .   »   350   »

2 octobre. — Départ d'un détachement pour le 42e régiment de ligne. . . . .   »   375   »

12 octobre. — Départ d'un détachement pour le 8e régiment de marche. . . . .   »   97   »

13 octobre — Départ d'un détachement pour le 42e régiment de ligne. . . . .   »   109   »

19 octobre. — Départ d'un détachement pour le 35e régiment de ligne. . . . .   »   250   »

19 octobre. — Départ d'un détachement pour le 67e régiment de ligne. . . . .   »   107   »

24 octobre. — Départ d'un détachement pour le 86e régiment de ligne. . . . .   »   112   »

3 novembre. — Départ d'un détachement pour le 134e régiment de ligne. . . . .   »   120   »

12 novembre. — Départ d'un détachement pour la 1re division du 14e corps d'armée . . . .   »   101   »

12 novembre. — Départ d'un détachement pour le 35e régiment de ligne. . . . .   »   101   »

17 novembre. — Départ d'un détachement pour le 110e régiment de ligne. . . . .   »   101   »

20 novembre. — Départ d'un détachement pour le 119e régiment de ligne. . . . .   »   171   »

20 novembre. — Départ d'un détachement pour le 120e régiment de ligne. . . . .   »   55   »

24 novembre. — Départ d'un détachement pour le 123e régiment de ligne. . . . .   »   101   »

24 novembre. — Départ d'un détachement pour le 134e régiment de ligne. . . . .   »   181   »

	Offic.	Troupe.	Chev.
27 novembre. — Départ d'un détachement pour le 136ᵉ régiment de ligne.	»	139	»
1ᵉʳ décembre. — Major Laussu. (Effectif : 12 officiers, 1075 hommes, 1 cheval).	12	1075	1
15 décembre. — Départ d'un détachement pour le 109ᵉ régiment de ligne.	»	404	»
16 décembre. — Départ d'un détachement pour le 110ᵉ régiment de ligne.	»	222	»
17 janvier 1871. — Départ de deux détachements pour rejoindre les 111ᵉ et 112ᵉ régiments de ligne.	»	617	»
1ᵉʳ février. — Départ d'un détachement pour rejoindre le 113ᵉ régiment d'infanterie de ligne.	»	277	»

1ᵉʳ mars 1871. — Major Laussu, 1ʳᵉ, 2ᵉ compagnies provisoires, compagnie hors-rang. (Effectif : 13 officiers, 727 hommes, 1 cheval).

30ᵉ RÉGIMENT — DÉPOT

15 juillet 1870. — Maffre-Lacan, major, Montauban.

16 juillet. — Le régiment part de Lyon pour se rendre à Bitche où il arrive le 17.

	Offic.	Troupe.	Chev.
30 juillet. — Départ d'un détachement du dépôt pour rejoindre les bataillons de guerre à Bitche. Capitaine Dultier.	1	500	»
1ᵉʳ août (1). — Effectif des 3 bataillons de guerre.	64	1547	28
4 août. — Départ d'un détachement pour rejoindre à Bitche les bataillons de guerre. Capitaine Ehrmann (2).	3	500	»
11 août. — Départ d'un détachement pour compléter le régiment à Metz. Sous-lieutenant Cottin.	4	307	»
14 août. — Départ d'un détachement pour Metz. Lieutenant Sarrazin.	4	194	»

14 août. — Formation du 4ᵉ bataillon.

15 août. — Création des 5ᵉ et 6ᵉ compagnies du 4ᵉ bataillon.

	Offic.	Troupe.	Chev.
16 août. — Le 4ᵉ bataillon quitte Montauban pour se rendre à Lyon. Commandant Pécoud.	18	860	2

19 août. — Le détachement parti de Montauban le 30 juillet sous les ordres du capitaine Dultier rejoint entre Vitry et Châlons les bataillons de guerre.

	Offic.	Troupe.	Chev.
29 août. — Départ de la 8ᵉ compagnie du 2ᵉ bataillon pour Paris. Capitaine Arnaud. Cette compagnie entre en octobre dans la formation du 36ᵉ régiment de marche de Paris (136ᵉ).	3	200	»

---

(1) Effectif du dépôt au 1ᵉʳ août (24 officiers, 1,373 hommes, 5 chevaux).

(2) Ce détachement n'ayant pu rejoindre le régiment se retire sur Metz où il concourut à la formation d'un bataillon.

— 77 —

	Offic.	Troupe.	Chev.

1er septembre. — Le 4e bataillon quitte Lyon pour se rendre à Paris où il doit concourir à la formation du 24e régiment de marche.

11 septembre. — Formation de 2 compagnies provisoires.

18 septembre. — Départ de la 8e compagnie du 3e bataillon pour se rendre à Nevers concourir à la formation du 32e régiment de marche. Lieutenant de La Porte de la Thébaudière . . . . 2 216 »

3 octobre. — Formation de 4 compagnies de dépôt.

4 octobre. — Le major Maffre-Lacan passe au commandement d'un bataillon dans un régiment de marche (32e).

4 octobre. — M. Douce, capitaine au 55e de ligne, est nommé major, en remplacement de M. Maffre-Lacan.

9 octobre. — Départ de la 1re compagnie de dépôt pour rejoindre à Bordeaux le 37e régiment de marche, où elle est versée. Capitaine Baret . . . . 2 196 »

26 octobre. — Formation de la 5e compagnie de dépôt.

28 octobre. — Départ des 2e et 3e compagnies de dépôt pour rejoindre le 42e régiment de marche où elles sont versées. Capitaine Guéry, lieutenant Boé . . . . 5 392 »

30 octobre. — Formation de la 6e compagnie de dépôt.

1er novembre. — Formation de la 7e compagnie de dépôt.

6 novembre. — Départ de la 4e compagnie de dépôt pour rejoindre à Auxerre le 51e régiment de marche. Sous-lieutenant Brandière . . . . 2 219 »

9 novembre. — Formation de la 8e compagnie de dépôt.

13 novembre. — Départ de la 5e compagnie de dépôt pour rejoindre au Mans le 46e régiment de marche. Sous-lieutenant Clu . . . . 2 221 »

16 novembre. — Formation de la 9e compagnie de dépôt.

3 décembre. — Départ de la 6e compagnie de dépôt pour se rendre à Angers où elle est versée au 62e régiment de marche. Sous-lieutenant Berrete . . . . 2 215 »

6 décembre. — Formation de la 10e compagnie de dépôt.

20 décembre. — Départ d'un détachement pour rejoindre le 47e régiment de marche . . . . 2 226 »

22 décembre. — Départ d'un détachement pour Bordeaux où il est versé au 74e régiment de marche. Sous-lieutenant Soulier . . . . 1 110 »

12 janvier 1871. — Départ de la 7e compagnie de dépôt pour rejoindre le 79e régiment de marche. Lieutenant Monprofit . . . . 3 182 »

16 janvier. — Départ de la 8e compagnie de dépôt pour

	Offic.	Troupe.	Chev.

Bordeaux où elle est versée au 81ᵉ régiment de marche. Lieutenant Chaniet. — 3, 189, »

21 janvier. — Formation de la 11ᵉ compagnie de dépôt.

24 janvier. — Départ de la 9ᵉ compagnie de dépôt pour rejoindre le 86ᵉ régiment de marche en formation à Bordeaux. Sous-lieutenant Barthélemy — 2, 146, »

28 janvier. — Départ de la 10ᵉ compagnie de dépôt pour rejoindre le 88ᵉ régiment de marche à Bordeaux. Sous-lieutenant Labarthe — 3, 146, »

13 février. — Départ de la 11ᵉ compagnie de dépôt pour rejoindre le 90ᵉ régiment de marche à Bordeaux. Capitaine Lacroix — 3, 146, »

16 février. — Départ d'un détachement pour Bordeaux où il est versé au 90ᵉ régiment de marche. Sous-lieutenant Morizot — 2, 78, »

1ᵉʳ mars 1871. — Le dépôt comprend les 1ʳᵉ et 2ᵉ compagnies provisoires et la compagnie hors-rang. (Effectif : 30 officiers, 414 hommes).

31ᵉ RÉGIMENT — DÉPOT

15 juillet 1870. — Vitré, major, Bordeaux.

23 juillet. — Le régiment quitte Bordeaux pour se rendre au camp de Châlons où il arrive le 24.

1ᵉʳ août (1). — Effectif des 3 bataillons de guerre — 66, 2417, 40

4 août. — Départ d'un détachement pour rejoindre les bataillons de guerre au camp de Châlons. — 1, 200, »

14 août. — Formation du 4ᵉ bataillon au camp de Saint-Médard.

17 août. — Formation des 5ᵉ et 6ᵉ compagnies du 4ᵉ bataillon.

17 août. — Départ du 4ᵉ bataillon pour Lyon, commandant Bidot. Ce bataillon quitte Lyon le 1ᵉʳ septembre pour se rendre à Paris où il doit entrer dans la formation du 24ᵉ régiment de marche — 18, 913, 3

30 août. — Départ de la 8ᵉ compagnie du 2ᵉ bataillon pour Paris, capitaine Senot. Cette compagnie passe en octobre au 38ᵉ régiment de marche de Paris (138ᵉ) — 2, 200, »

9 septembre. — Formation des 1ʳᵉ et 2ᵉ compagnies provisoires.

18 septembre. — La 8ᵉ compagnie du 3ᵉ bataillon part pour Limoges concourir à la formation du 32ᵉ régiment de marche. Capitaine Guérin — 1, 201, »

---

(1) Effectif du dépôt au 1ᵉʳ août : 24 officiers, 737 hommes, 3 chevaux.

	Offic.	Troupe.	Chev.
1er octobre. — Formation de 4 compagnies de dépôt.			
6 octobre. — M. Tardif, capitaine au 85e de ligne, est nommé major, en remplacement de M. Vitre, passé au commandement d'un bataillon (32e régiment de marche).			
6 octobre. — La 1re compagnie de dépôt passe au 37e régiment de marche en formation à Bordeaux. Capitaine Tollin....................	4	210	»
10 octobre. — Départ de la 2e compagnie de dépôt pour rejoindre le 36e régiment de marche à Saint-Brieuc. Capitaine Mauny................	4	210	»
17 octobre. — Départ de la 3e compagnie de dépôt pour rejoindre le 41e régiment de marche à Tours. Capitaine Bompart.................	4	210	»
28 octobre. — Formation des 5e et 6e compagnies de dépôt.			
29 octobre. — Formation de la 7e compagnie de dépôt.			
31 octobre. — Départ de la 4e compagnie de dépôt pour Tours où elle est versée au 45e régiment de marche. Capitaine Vincent...................	4	210	»
6 novembre. — Le dépôt quitte Bordeaux pour se rendre à l'Ile de Ré où il arrive le 8.			
26 novembre. — Formation de la 8e compagnie de dépôt.			
15 décembre. — Départ de la 8e compagnie de dépôt pour Cherbourg où elle est versée au 71e régiment de marche. Sous-lieutenant Eychenne.............	2	200	»
18 décembre. — Formation de la 9e compagnie de dépôt.			
2 janvier 1871. — Départ d'un détachement pour Bordeaux où il est versé au 77e régiment de marche. Sous-lieutenant Reynaud.................	1	100	»
11 janvier. — Départ de Saint-Martin de Ré, des 5e, 6e, 7e compagnies de dépôt pour Bordeaux où ces compagnies sont versées au 81e régiment de marche. Capitaine Lambert, lieutenant Mengin et sous-lieutenant Ygrec....	5	372	»
1er février. — Un détachement à Blaye (1 officier, 48 hommes).			
1er mars 1871. — Le dépôt comprend la 9e compagnie de dépôt (lieutenant Bajollet), les 1re et 2e compagnies provisoires et la compagnie hors-rang. (Effectif : 19 officiers, 574 hommes).			

32e RÉGIMENT — DÉPÔT

	Offic.	Troupe.	Chev.
15 juillet 1870. — Chaulan, major, Saint-Maixent.			
16 juillet. — Le régiment quitte le camp de Châlons pour se rendre à Saint-Avold où il arrive le 17.			
28 juillet. — Départ d'un détachement pour Saint-Avold..	»	200	»

	Offic.	Troupe.	Chev.
1er août (1). — Effectif des 3 bataillons de guerre	67	1729	11
4 août. — Départ d'un détachement pour Metz	1	200	»
12 août. — Formation du 4e bataillon.			
16 août. — Organisation des 5e et 6e compagnies du 4e bataillon.			
18 août. — Départ du 4e bataillon pour Paris, commandant Besson. Ce bataillon passe au 13e régiment de marche	13	802	2
29 août. — Départ de la 8e compagnie du 2e bataillon pour Paris, capitaine Devaux. Cette compagnie passe en octobre au 38e régiment de marche de Paris (138e).	3	200	»
6 septembre. — Formation des 1re et 2e compagnies provisoires.			
18 septembre. — Départ de la 8e compagnie du 3e bataillon pour rejoindre le 33e régiment de marche. Capitaine Armand.	3	216	»
20 septembre. — Le major Chaulan est nommé lieutenant-colonel pour commander un régiment de marche.			
28 septembre. — Le capitaine Samson est nommé major.			
6 octobre. — Formation des 1re, 2e, 3e et 4e compagnies de dépôt.			
6 octobre. — Départ de la 1re compagnie de dépôt pour Bordeaux où elle est versée au 37e régiment de marche. Sous-lieutenant Hamentien	1	198	»
6 octobre. — Départ de la 2e compagnie de dépôt pour rejoindre au Mans le 46e régiment de marche. Sous-lieutenant Drevon	1	201	»
13 octobre. — Départ de la 3e compagnie de dépôt pour rejoindre le 36e régiment de marche à Saint-Brieuc. Sous-lieutenant Thébault.	1	193	»
6 novembre. — Formation des 5e, 6e, 7e compagnies de dépôt.			
7 novembre. — Départ de la 4e compagnie de dépôt pour Auxerre où elle est versée au 51e régiment de marche. Sous-lieutenant Failly	1	194	»
16 novembre. — Départ de la 5e compagnie de dépôt pour Bourges où elle est versée au 56e régiment de marche. Sous-lieutenant Simandy.	3	189	»
20 novembre. — Départ de la 6e compagnie de dépôt pour rejoindre le 39e de marche où elle verse ses hommes et le cadre retourne au dépôt. Sous-lieutenant Audiard	»	200	»
7 décembre. — Formation de la 8e compagnie de dépôt.			

(1) Effectif du dépôt au 1er août (24 officiers, 1,105 hommes, 1 cheval).
Classement des compagnies au dépôt. — 1re, 2e, 3e, 4e compagnies provisoires, 3e, 4e, 5e, 6e, 7e, 8e compagnies *bis*.

	Offic.	Troupe.	Chev.
18 décembre. — Départ d'un détachement pour Bordeaux.	»	200	»
21 décembre. — La 6ᵉ compagnie de dépôt est reconstituée et part le même jour pour concourir à la formation du 74ᵉ de marche. Sous-lieutenant Riberprey.	2	209	»
27 décembre. — Départ d'un détachement pour Bordeaux, lieutenant de Perthuis. Ce détachement est versé au 85ᵉ régiment de marche.	»	157	»
2 janvier 1871. — Formation de la 9ᵉ compagnie de dépôt.			
26 janvier. — Départ de la 8ᵉ compagnie de dépôt pour Bordeaux où elle est versée au 87ᵉ régiment de marche. Sous-lieutenant Commeau.	2	170	»
20 février. — Départ de la 9ᵉ compagnie de dépôt pour Bordeaux où elle est versée au 92ᵉ régiment de marche. Lieutenant Vincent.	3	189	»
1ᵉʳ mars 1871. — Le dépôt comprend la 7ᵉ compagnie de dépôt, les 1ʳᵉ et 2ᵉ compagnies provisoires et la compagnie hors-rang. (Effectif : 12 officiers, 376 hommes, 1 cheval.)			

33ᵉ RÉGIMENT — DÉPOT

	Offic.	Troupe.	Chev.
15 juillet 1870. — Marchand, major, Arras.			
20 juillet. — Le régiment quitte Arras pour se rendre à Thionville où il arrive le 21.			
23 juillet. — Départ d'un détachement pour rejoindre le régiment à Bouzonville où il arrive le 26. Effectif : 175 hommes.	»	175	»
29 juillet. — Départ d'un détachement de 400 hommes pour rejoindre les bataillons de guerre au camp de Coume où il arrive le 1ᵉʳ août.	1	400	»
(1) *1ᵉʳ août*. — Effectif des 3 bataillons de guerre.	66	2374	44
9 août. — Création du 4ᵉ bataillon (4 compagnies).			
14 août. — Le 4ᵉ bataillon quitte Arras pour se rendre au camp de Châlons où il est versé au 2ᵉ régiment de marche d'infanterie. Le commandant Côte prend le commandement de ce bataillon.	15	918	4
16 août. — Création des 5ᵉ et 6ᵉ compagnies du 4ᵉ bataillon. Capitaines Audibert et Bourdon.			
29 août. — Départ de la 8ᵉ compagnie du 2ᵉ bataillon pour Paris, capitaine Lombard, en octobre cette compagnie passe au 34ᵉ régiment de marche de Paris (134ᵉ).	2	200	»
6 septembre. — Formation des 1ʳᵉ et 2ᵉ compagnies provisoires. Capitaines Lespine et Sarazin.			

---

(1) Effectif du dépôt au 1ᵉʳ août (23 officiers, 680 hommes, 3 chevaux).

— 82 —

	Offic.	Troupe.	Chev.

16 septembre. — La 8ᵉ compagnie du 3ᵉ bataillon quitte Arras pour se rendre au Mans où elle est versée au 31ᵉ régiment de marche. Capitaine Chevallier   2   219   »

5 octobre. — La 6ᵉ compagnie du 4ᵉ bataillon part pour concourir à la formation du 37ᵉ régiment de marche. Capitaine Bourdon.   2   212   »

6 octobre. — Formation des 1ʳᵉ et 2ᵉ compagnies de dépôt.

17 octobre. — Formation de la 3ᵉ compagnie de dépôt.

1ᵉʳ novembre. — Formation de la 4ᵉ compagnie de dépôt.

15 novembre. — Formation à Arras du 1ᵉʳ bataillon de marche du 33ᵉ de ligne. Commandant Zédé.

    1ʳᵉ compagnie de dépôt. Lieutenant Dumas.
    2ᵉ compagnie de dépôt. Capitaine Petit.
    3ᵉ compagnie de dépôt. Capitaine Labrié.
    4ᵉ compagnie de dépôt. Lieutenant Sicre.
    5ᵉ compagnie du 4ᵉ bataillon. Capitaine Audibert.

    Effectif du 1ᵉʳ bataillon de marche   15   773   2

16 novembre. — Le dépôt reçoit un détachement du 65ᵉ de ligne . . . .   »   251   »

24 novembre. — Le 1ᵉʳ bataillon de marche quitte Arras pour faire partie de l'armée du Nord et se rendre à Longeau (Somme).

1ᵉʳ décembre. — Formation des 7ᵉ, 8ᵉ et 9ᵉ compagnies de dépôt. — Les 5ᵉ et 6ᵉ compagnies du 4ᵉ bataillon ayant pris les numéros 5 et 6 de dépôt.

1ᵉʳ décembre. — Le 1ᵉʳ bataillon rentre au dépôt à Arras.

11 décembre. — Le 1ᵉʳ bataillon de marche quitte le dépôt pour se rendre à l'armée du nord à Péronne où il concourt le 12 à la formation du 67ᵉ régiment de marche d'infanterie.

20 décembre. — Le major marchand est nommé lieutenant-colonel. Il est remplacé le même jour par le capitaine Leclaire, nommé major.

20 décembre. — Formation de la 10ᵉ compagnie de dépôt.

27 décembre. — Passage au dépôt du 33ᵉ d'une compagnie toute constituée du 91ᵉ de ligne. Cette compagnie doit contribuer à la formation d'un 2ᵉ bataillon de marche. Elle prend le n° 11.

28 décembre. — Formation du 2ᵉ bataillon de marche du 33ᵉ de ligne. Commandant Lambert (1).

---

(1) Le capitaine Lambert commanda provisoirement le bataillon jusqu'à sa nomination au grade de chef de bataillon (4 janvier 1871). Il a été remplacé le 9 janvier 1871 par le lieutenant Couvril, nommé capitaine.

	Offic.	Troupe.	Chev.

7ᵉ compagnie de dépôt. Lieutenant Couvril (1).
8ᵉ compagnie de dépôt. Capitaine Lambert.
9ᵉ compagnie de dépôt. Capitaine Bourger.
10ᵉ compagnie de dépôt. Lieutenant Didier.
11ᵉ compagnie de dépôt (ex compagnie du 91ᵉ). Lieutenant Alépée.

	Offic.	Troupe.	Chev.
Effectif du 2ᵉ bataillon de marche	16	836	1

30 décembre. — Le dépôt quitte Arras pour aller tenir garnison à Dunkerque (9 officiers, 469 hommes).
5 janvier 1871. — Le major Leclaire prend le commandement d'un bataillon. Il est remplacé par le capitaine Fournier nommé major le même jour.
9 janvier. — Départ d'un détachement de Dunkerque pour rejoindre le 1ᵉʳ bataillon de marche . . . . » 120 »
15 janvier. — Départ d'un détachement pour rejoindre le 1ᵉʳ bataillon de marche (ce détachement prend part à la bataille de Saint-Quentin). . . . . » 80 »
21 janvier. — Formation d'une 3ᵉ compagnie provisoire qui devient 12ᵉ compagnie de dépôt.
3 février. — Le dépôt envoie un détachement au 1ᵉʳ bataillon de marche. . . . . » 115 »
11 février. — Départ d'un détachement pour rejoindre le 1ᵉʳ bataillon de marche . . . . » 130 »
1ᵉʳ mars 1871. — Le dépôt comprend la 12ᵉ compagnie de dépôt, les 1ʳᵉ et 2ᵉ compagnies provisoires et la compagnie hors-rang. (Effectif : 17 officiers, 427 hommes.)
6 mars. — Le dépôt quitte Dunkerque pour se rendre à Arras.

34ᵉ RÉGIMENT — DÉPOT

15 juillet 1870. — Panier des Touches, major, Mirande.
30 juillet. — Départ d'un détachement pour rejoindre le régiment à Bayonne . . . . 1 700 »
1ᵉʳ août (2). — Effectif des 3 bataillons de guerre 66 1932 33
5 août. — Départ d'un détachement de Mirande pour rejoindre à Bayonne les bataillons de guerre . . . . . . 1 316 »
7 août. — Le régiment quitte Bayonne pour se rendre à Paris où il arrive le 8.
12 août. — Formation du 4ᵉ bataillon.

---

(1) *En janvier.* — Le capitaine Brelot remplace le lieutenant Couvril à la 1ʳᵉ compagnie.
(2) Effectif du dépôt au 1ᵉʳ août (21 officiers, 517 hommes, 2 chevaux).

— 84 —

	Offic.	Troupe.	Chev.

13 août. — Départ du 4e bataillon (4 compagnies) pour Bayonne.
14 août. — Création au dépôt des 5e et 6e compagnies du 4e bataillon.
15 août. — Départ des 5e et 6e compagnies du 4e bataillon pour Bayonne.
17 août. — Le 4e bataillon quitte Bayonne pour se rendre à Lyon. Commandant Bonnecaze 16 717 2
18 août. — Le 4e bataillon entre dans la formation du 24e régiment de marche.
27 août. — Le major Panier des Touches est nommé lieutenant-colonel pour commander le 16e régiment de marche à Paris, il est remplacé le même jour par le capitaine Gaveau, nommé major au corps.
30 août. — Départ de la 8e compagnie du 2e bataillon pour Paris, capitaine Dubois de Saint-Vincent. En octobre cette compagnie passe au 36e régiment de marche de Paris (136e) . . . . 2 200 »
17 septembre. — Formation de la 1re compagnie provisoire.
18 septembre. — Départ de la 8e compagnie du 3e bataillon, lieutenant Villedieu, pour se rendre à Limoges et passer au 32e régiment de marche . . . . 2 216 »
26 septembre. — Formation de la 2e compagnie provisoire.
7 octobre. — Formation de la 1re compagnie de dépôt.
7 octobre. — Départ de la 1re compagnie pour Bordeaux où elle passe au 37e régiment de marche. Lieutenant Maire . 1 216 »
12 octobre. — M. le major Gaveau étant placé hors-cadre à la même date M. le capitaine Pannier, du 21e de ligne, est nommé major au corps.
16 octobre. — Formation de la 2e compagnie de dépôt.
16 octobre. — Formation des 3e et 4e compagnies de dépôt.
21 octobre. — Départ de la 2e compagnie de dépôt pour rejoindre à Tours le 43e régiment de marche où elle est versée. Sous-lieutenant Bonavita . . . . 1 216 »
23 octobre. — Départ de la 3e compagnie de dépôt pour Bourges où elle est versée au 44e régiment de marche. Sous-lieutenant Domet de Mont . . . . 1 216 »
24 octobre. — Départ de la 4e compagnie de dépôt pour rejoindre le 44e régiment de marche à Bourges. Sous-lieutenant Panier des Touches . . . . 3 216 »
1er novembre. — Formation des 5e, 6e, 7e et 8e compagnies de dépôt.
17 novembre. — Départ de la 5e compagnie de dépôt pour rejoindre le 56e régiment de marche. Capitaine Toucas. . 3 219 »
24 novembre. — Départ de la 6e compagnie de dépôt pour

	Offic.	Troupe.	Chev.

Clermont-Ferrand où elle est versée au 61ᵉ régiment de marche. Sous-lieutenant Roy . . . . 2 216 »

6 décembre. — Départ de la 7ᵉ compagnie de dépôt pour Tours où elle est versée au 64ᵉ régiment de marche. Capitaine Vidalé . . . . 3 216 »

11 décembre. — Formation de la 9ᵉ compagnie de dépôt.

3 janvier 1871. — Départ de la 8ᵉ compagnie de dépôt pour rejoindre à Bordeaux le 78ᵉ régiment de marche. Sous-lieutenant Laffont-Bernard . . . . 2 216 »

4 janvier. — Départ d'un détachement pour Bordeaux où il est versé au 78ᵉ régiment de marche . . . . » 122 »

18 janvier. — Départ de la 9ᵉ compagnie de dépôt pour rejoindre à Bordeaux le 85ᵉ régiment de marche. Lieutenant Baratte puis capitaine Cazes . . . . 3 212 »

18 janvier. — Formation de la 10ᵉ compagnie de dépôt.

25 février. — Départ d'un détachement pour Bordeaux. Ce détachement est versé au 91ᵉ régiment de marche . . . 4 165 »

1ᵉʳ mars 1871. — Le dépôt comprend la 10ᵉ compagnie de dépôt, les 1ʳᵉ et 2ᵉ compagnies provisoires et la compagnie hors-rang. (Effectif : 18 officiers, 470 hommes.)

35ᵉ RÉGIMENT — DÉPOT

15 juillet 1870. — Mathieu de Fossey, major. Tarbes.

1ᵉʳ août (1). — Effectif des bataillons de guerre 67 1653 27

4 août. — Le régiment s'embarque à Civita Vecchia et débarque à Marseille le 6. Il prend le chemin de fer pour Lyon où il arrive le 7.

8 août. — Départ d'un détachement pour rejoindre à Lyon les bataillons de guerre. Lieutenant Thirion . . . . . . 1 595 »

14 août. — Formation du 4ᵉ bataillon.

15 août. — Organisation des 5ᵉ et 6ᵉ compagnies du 4ᵉ bataillon.

16 août. — Départ du 4ᵉ bataillon pour Paris, commandant Rabot-Desportes. Ce bataillon passe au 16ᵉ régiment de marche 18 800 2

18 août. — Départ du régiment de Lyon pour se rendre à Paris, où il arrive le 19.

18 août. — Départ d'un détachement pour Paris . . . . . 1 250 »

29 août. — Départ de la 8ᵉ compagnie du 2ᵉ bataillon pour Paris, capitaine Odeyé. En octobre cette compagnie est versée au 36ᵉ régiment de marche de Paris (136ᵉ) . . . 3 200 »

---

(1) Effectif du dépôt au 1ᵉʳ août 24 officiers, 1,164 hommes, 1 cheval).

— 86 —

	Offic.	Troupe.	Chev.

6 septembre. — Formation des 1re et 2e compagnies provisoires. Capitaine Péré.

18 septembre. — Départ de la 8e compagnie du 3e bataillon pour rejoindre le 32e régiment de marche. Capitaine Kientzler 2   203   »

9 octobre. – Formation des 1re, 2e, 3e et 4e compagnies de dépôt.

13 octobre. — Départ de la 1re compagnie de dépôt pour rejoindre le 39e régiment de marche à Bourges. Lieutenant Drouet d'Erlon 2   215   »

21 octobre. — Le major Mathieu de Fossey passe au commandement d'un bataillon de marche. Il est remplacé le même jour par le chef de bataillon Bouisset.

21 octobre. — Départ de la 2e compagnie de dépôt pour rejoindre à Tours le 43e régiment de marche. Lieutenant Dinguirard-Duclos. 2   216   »

27 octobre. — Départ de la 3e compagnie de dépôt pour rejoindre à Tours le 45e régiment de marche. Capitaine Chati. 2   216   »

28 octobre. — Formation des 5e et 6e compagnies de dépôt.

4 novembre. — Départ de la 4e compagnie de dépôt pour Auxerre où elle est versée au 51e régiment de marche. Capitaine Labarthe. 2   216   »

7 novembre. — Formation de la 7e compagnie de dépôt.

10 novembre. — Le major Bouisset passe au commandement d'un bataillon de marche, il est remplacé le 13 par le major Vaquet, venant du 8e de ligne.

17 novembre. — Départ de la 5e compagnie de dépôt pour Bourges où elle est versée au 56e régiment de marche. Capitaine Gabriel 2   216   »

24 novembre. — Départ de la 6e compagnie de dépôt pour rejoindre à Clermont-Ferrand le 61e régiment de marche. Sous-lieutenant Bach. 2   216   »

1er décembre. — Formation de la 8e compagnie de dépôt.

6 décembre. — Départ de la 7e compagnie de dépôt pour rejoindre le 64e régiment de marche à Tours. Lieutenant Carlin. 3   216   »

11 décembre. — Formation de la 9e compagnie de dépôt.

3 janvier 1871. — Départ de la 8e compagnie pour rejoindre le 78e régiment de marche à Bordeaux. Lieutenant Rheims. 3   216   »

25 janvier. — Départ de la 9e compagnie de dépôt pour rejoindre à Bordeaux le 86e régiment de marche. Sous-lieutenant Magendie 1   223   »

25 janvier. — Formation de la 10e compagnie de dépôt.

20 février. — Départ de la 10e compagnie de dépôt pour

	Offic.	Troupe.	Chev.

Bordeaux où elle est versée au 91e régiment de marche. Lieutenant Magendie................ 3 200 »

21 février. — Formation des 11e et 12e compagnies de dépôt.

1er mars 1871. — Le dépôt comprend la 11e et 12e compagnies de dépôt, les 1re et 2e compagnies provisoires et la compagnie hors-rang. (Effectif : 11 officiers, 330 hommes.)

36e RÉGIMENT — DÉPOT

15 juillet 1870. — Thomassin, major, Salon.

20 juillet. — Départ du régiment de Marseille pour se rendre à Strasbourg où il arrive le 27.

29 juillet. — Un détachement part du dépôt pour rejoindre les bataillons de guerre. Capitaine Récamier...... 2 550 »

1er août (1). — Effectif des bataillons de guerre...... 67 1508 11

4 août. — Départ d'un détachement pour les bataillons de guerre................ 1 200 »

6 août. — Le 4e bataillon en formation à Marseille.

14 août. — Le 4e bataillon complètement organisé tient garnison à Marseille. Commandant Routtier. (Effectif : 15 officiers, 1162 hommes, 2 chevaux).

14 août. — Départ d'un détachement pour rejoindre les bataillons de guerre au camp de Châlons. Capitaine Ansaldo 1 500 »

29 août. — La 8e compagnie du 2e bataillon part pour Paris, capitaine Leborgne, cette compagnie passe en octobre au 39e régiment de marche de Paris (139e)......... 3 200 »

11 septembre. — Formation de 2 compagnies provisoires.

18 septembre. — La 8e compagnie du 3e bataillon part pour Limoges constituer le 32e régiment de marche. Capitaine Constant................ 3 217 »

1er octobre. — Le 4e bataillon part de Marseille pour se rendre à Limoges.

6 octobre. — Formation de 4 compagnies de dépôt.

9 octobre. — Le 4e bataillon, commandant Routtier, quitte Limoges pour se rendre à Vierzon où il passe au 34e régiment de marche le 1er novembre......... 15 1152 2

14 octobre. — Départ de la 1re compagnie de dépôt pour rejoindre le 42e régiment de marche au camp de Salbris. Capitaine Schanté................ 3 216 »

14 octobre. — Départ de la 2e compagnie de dépôt pour rejoindre le 42e régiment de marche. Capitaine Trotcau. 2 216 »

---

(1) Effectif du dépôt au 1er août (24 officiers, 1,289 hommes, 4 chevaux).

	Offic.	Troupe.	Chev.

18 octobre. — La 3ᵉ compagnie part pour rejoindre les 1ʳᵉ et 2ᵉ compagnies de dépôt au 42ᵉ régiment de marche. Capitaine Tharaud . . . . 2 216 »

21 octobre. — Formation de la 5ᵉ compagnie de dépôt.

27 octobre. — Formation de la 6ᵉ compagnie de dépôt.

3 novembre. — Départ de la 4ᵉ compagnie de dépôt pour rejoindre à Tours le 43ᵉ régiment de marche. Sous-lieutenant Pestel. . . . . 3 219 »

27 novembre. — Départ de la 5ᵉ compagnie de dépôt pour concourir à la formation du 61ᵉ régiment de marche à Clermont-Ferrand. Capitaine Henry . . . . 3 219 »

1ᵉʳ décembre. — Départ de la 6ᵉ compagnie de dépôt pour Angers où elle est versée au 62ᵉ régiment de marche. Lieutenant Martinet . . . . 2 200 »

4 décembre. — Formation des 7ᵉ et 8ᵉ compagnies de dépôt.

9 décembre. — Départ de la 7ᵉ compagnie de dépôt pour rejoindre le 70ᵉ régiment de marche à Cherbourg. Lieutenant Delmas. . . . . 2 200 »

14 décembre. — Départ d'un détachement pour être versé dans les régiments de marche de l'armée de la Loire au Mans. Lieutenant Martin . . . . 3 250 »

1ᵉʳ janvier 1871. — Départ d'un détachement pour Bordeaux où il est versé au 80ᵉ régiment de marche . . . . » 50 »

29 janvier. — Formation de la 9ᵉ compagnie de dépôt qui part le même jour pour Bordeaux où elle est versée au 89ᵉ régiment de marche. Sous-lieutenant Desmolins . . 4 130 »

15 février. — Départ de la 8ᵉ compagnie pour Bordeaux où elle est versée au 92ᵉ régiment de marche. Capitaine Bonfils. . . . . 4 130 »

1ᵉʳ mars 1871. — Le dépôt comprend les 1ʳᵉ et 2ᵉ compagnies provisoires, capitaines en retraite Hugues et Barnier, la compagnie hors-rang. (Effectif : 15 officiers, 485 hommes, 4 chevaux) (1).

37ᵉ RÉGIMENT — DÉPOT

15 juillet 1870. — Courtot, major, Villefranche-sur-Mer.

22 juillet. — Le régiment quitte Nice pour se rendre à Belfort où il arrive le 23.

---

(1) Un détachement de 3 officiers et 67 hommes à Mézières le 1ᵉʳ septembre 1870, — capitaine Terrier, formé en compagnie provisoire. — La compagnie prisonnière le 2 janvier 1871.

		Offic.	Troupe.	Chev.
(1) *1er août*. — Effectif des 3 bataillons de guerre.		66	1680	44
4 août. — Départ d'un détachement de Villefranche pour se rendre à Belfort.		»	200	»
6 août. — Départ d'un détachement pour Belfort.		»	100	»
13 août. — Formation du 4e bataillon.				
15 août. — Organisation des 5e et 6e compagnies du 4e bataillon.				
16 août. — Départ du 4e bataillon pour Paris, commandant Leclaire. Ce bataillon est versé au 21e régiment de marche.		20	713	2
29 août. — Départ de la 8e compagnie du 2e bataillon pour Paris, capitaine Fourneau. En octobre, cette compagnie est versée au 36e régiment de marche de Paris (136e).		3	200	»
6 septembre. — Formation des 1re et 2e compagnies provisoires.				
18 septembre. — Départ de la 8e compagnie du 3e bataillon pour rejoindre le 32e régiment de marche. Capitaine Ramakers.		3	219	»
30 septembre. — Le major Courtot est nommé lieutenant-colonel pour commander un régiment de marche. Il est remplacé le même jour par le capitaine Mastranchard, nommé major au corps.				
1er octobre. — Formation des 1re, 2e, 3e et 4e compagnies de dépôt.				
16 octobre. — Départ de la 1re compagnie de dépôt qui est versée le 31 octobre au 43e régiment de marche. Capitaine Beltante.		3	219	»
17 octobre. — Départ de la 2e compagnie de dépôt qui est versée le 16 octobre au 40e régiment de marche. Capitaine Christophe.		3	219	»
31 octobre — Départ des 3e et 4e compagnies pour rejoindre le 45e régiment de marche à Tours. Capitaines Sabatié et Grosjean.		6	438	»
1er novembre. — Formation des 5e, 6e, 7e et 8e compagnies de dépôt.				
23 novembre. — Départ des 5e et 6e compagnies de dépôt pour rejoindre le 59e régiment de marche au Mans où elles sont versées. Lieutenants Chabert et Clément.		6	438	»
9 décembre. — Départ des 7e et 8e compagnies de dépôt pour rejoindre le 70e régiment de marche à Cherbourg. Capitaines Hays et Santolini.		6	438	»

(1) Effectif du dépôt au 1er août : 22 officiers, 709 hommes, 2 chevaux.
Classement des compagnies au dépôt. — 1re, 2e, 3e, 4e compagnies de dépôt.
— 1re, 2e, 3e, 4e, 5e, 6e compagnies. Série A. — 1re, 2e compagnies Série B.

	Offic.	Troupe.	Chev.

17 décembre. — Formation de la 9ᵉ compagnie de dépôt.

21 décembre. — Départ de la 9ᵉ compagnie de dépôt pour Bourges où elle est versée au 74ᵉ régiment de marche. Capitaine Petit. . . . . 3 216 »

2 janvier 1871. — Formation des 10ᵉ, 11ᵉ et 12ᵉ compagnies de dépôt.

5 janvier. — Départ d'un détachement pour Bordeaux où il est versé au 77ᵉ régiment de marche. Sous-lieutenant Martin. . . . . 1 136 »

20 janvier. — Départ de la 10ᵉ compagnie de dépôt pour se rendre à Bordeaux où elle est versée au 80ᵉ régiment de marche. Capitaine Tesson. . . . . 2 125 »

1ᵉʳ mars 1871. — Le dépôt comprend les 11ᵉ et 12ᵉ compagnies de dépôt, capitaines Mouton et Pelleng, les 1ʳᵉ et 2ᵉ compagnies provisoires et la compagnie hors-rang. (Effectif : 24 officiers, 522 hommes, 2 chevaux.)

38ᵉ RÉGIMENT — DÉPOT

15 juillet 1870. — Suchel, major, Issoudun.

28 juillet. — Départ d'un détachement pour rejoindre les bataillons de guerre en Algérie. . . . . 1 400 »

(1) *1ᵉʳ août.* — Effectif des 3 bataillons de guerre. 70 1904 15

14 août. — Formation du 4ᵉ bataillon.

16 août. — Création des 5ᵉ et 6ᵉ compagnies du 4ᵉ bataillon.

16 août. — Départ du 4ᵉ bataillon pour Paris, commandant Séc. Ce bataillon est incorporé au 16ᵉ régiment de marche. 23 825 2

29 août. — Départ de la 8ᵉ compagnie du 2ᵉ bataillon pour Paris, capitaine Taboureau. Cette compagnie est versée en octobre au 37ᵉ régiment de marche de Paris (137ᵉ). . 3 200 »

6 septembre. — Formation des 1ʳᵉ et 2ᵉ compagnies provisoires.

18 septembre. — La 8ᵉ compagnie du 3ᵉ bataillon quitte Issoudun pour se rendre à Bourges où se forme le 29ᵉ régiment de marche. Capitaine Goublet. . . . . . . 3 218 »

7 octobre. — Formation des 1ʳᵉ, 2ᵉ, 3ᵉ et 4ᵉ compagnies de dépôt.

8 octobre. — Départ de la 1ʳᵉ compagnie de dépôt pour rejoindre Orléans où doit se former le 36ᵉ régiment de marche. Capitaine Malard. . . . . 3 200 »

---

(1) Effectif du dépôt au 1ᵉʳ août (23 officiers, 1,227 hommes, 1 cheval).

	Offic.	Troupe.	Chev.

8 octobre. — Départ de la 3ᵉ compagnie de dépôt pour rejoindre à Bordeaux le 37ᵉ régiment de marche. Capitaine Safflet. . . . . 3 200 »

16 octobre. — Formation des 5ᵉ et 6ᵉ compagnies de dépôt.

24 novembre. — Départ de la 4ᵉ compagnie de dépôt pour Clermont-Ferrand où elle est versée au 61ᵉ régiment de marche. Lieutenant Kermerchon de Kérautem. . . . . 2 203 »

26 novembre. — Départ de la 2ᵉ compagnie de dépôt pour rejoindre le 61ᵉ régiment de marche à Clermont-Ferrand. Capitaine Bigeon. . . . . 2 203 »

11 décembre — Le dépôt quitte Issoudun pour se rendre à Limoges.

18 décembre. — Départ des 5ᵉ et 6ᵉ compagnies de dépôt pour se rendre à Cherbourg où elles sont versées au 71ᵉ régiment de marche. Capitaine Orsetti et lieutenant Bernard. 5 391 »

6 janvier 1871. — Formation de la 7ᵉ compagnie de dépôt.

7 janvier. — Départ de la 7ᵉ compagnie de dépôt pour Bordeaux où elle est versée au 79ᵉ régiment de marche. Capitaine Rouf. . . . . 3 195 »

13 janvier. — Le major Suchel est nommé lieutenant-colonel pour commander un régiment de marche.

15 janvier. — Le chef de bataillon Auvigne est nommé major au corps.

15 janvier. — Départ d'un détachement pour rejoindre les bataillons de guerre à Besançon. . . . . 1 88 »

29 janvier — Départ d'un détachement pour rejoindre le 86ᵉ régiment de marche à Bordeaux . . . . » 29 »

29 janvier. — Départ d'un détachement pour Bordeaux où il est versé au 88ᵉ régiment de marche. Sous-lieutenant Cabas. 1 140 »

16 février. — Un détachement formé à Bordeaux des subsistants du régiment (3 officiers, 90 hommes) retourne au dépôt le 7 mars.

1ᵉʳ mars 1871. — Le dépôt comprend les 2 compagnies provisoires et la compagnie hors-rang. (Effectif : 20 officiers, 469 hommes.)

39ᵉ RÉGIMENT — DÉPÔT

15 juillet 1870. — Mesny, major; Albi.

31 juillet. — Un détachement quitte le dépôt pour rejoindre à Constantine les bataillons actifs . . . . 1 495 »

	Offic.	Troupe.	Chev.

(1) *1er août*. — Effectif des 3 bataillons de guerre. 68 1953 11
12 août. — Formation du 4e bataillon.
13 août. — Départ d'un détachement pour rejoindre les bataillons de guerre à Constantine . . . . 1 502 »
15 août. — Création des 5e et 6e compagnies du 4e bataillon.
21 août. — Le 4e bataillon quitte Albi pour se rendre à Lyon et de là à Paris, où il concourt à la formation du 16e régiment de marche. Commandant Geoffroy 14 802 2
29 août. — Départ de la 8e compagnie du 2e bataillon pour Paris où elle est versée au 36e régiment de marche de Paris (136e). Capitaine Blumendahl . . . . 3 200 »
10 septembre. — Formation des 1re et 2e compagnies provisoires.
18 septembre. — Départ de la 8e compagnie du 3e bataillon pour se rendre à Limoges où elle est versée au 32e régiment de marche. Capitaine Ancelle . . . . 3 200 »
28 septembre. — Le major Mesny est nommé lieutenant colonel pour commander un régiment de marche. Il est remplacé le même jour par le capitaine Cornet, nommé major au corps.
2 octobre. — Formation de la 1re compagnie de dépôt.
4 octobre. — Formation des 2e, 3e, 4e compagnies de dépôt.
9 octobre. — Départ d'un détachement pour rejoindre à Salbris (Loir-et-Cher) les bataillons actifs. . . . . . 1 696 »
9 octobre. — Départ de la 1re compagnie de dépôt pour rejoindre à Bordeaux le 37e régiment de marche. Sous-lieutenant Benite . . . . 1 217 »
27 octobre. — Formation de la 5e compagnie de dépôt.
29 octobre. — Départ de la 2e compagnie de dépôt pour se rendre à Angers où elle est versée au 48e régiment de marche. Sous-lieutenant Masson . . . . 1 215 »
19 novembre. — Départ de la 3e compagnie pour rejoindre à Tours le 58e régiment de marche. Capitaine Monsarrat. 2 215 »
1er décembre. — Formation des 6e et 7e compagnies de dépôt.
4 décembre. — Départ des 4e, 5e, 6e, 7e compagnies pour Tours où elles sont versées au 64e régiment de marche. Capitaine Joyeux, lieutenants Berjouan, Cocardas et Hector . . . . 8 800 »
3 janvier 1871. — Formation de la 8e compagnie de dépôt.
4 janvier. — Départ de la 8e compagnie pour rejoindre à

---

(1) Effectif du dépôt au 1er août 22 officiers, 848 hommes, 1 cheval.

	Offic.	Troupe.	Chev.

Bordeaux le 78ᵉ régiment de marche. Sous-lieutenant Lobrichon . . . . 2 200 »

21 janvier. — Formation de la 9ᵉ compagnie de dépôt.

22 janvier. — Départ de la 9ᵉ compagnie de dépôt pour Bordeaux où elle est versée au 85ᵉ régiment de marche. Sous lieutenant Dubourg . . . . 2 200 »

15 février. — Formation des 10ᵉ et 11ᵉ compagnies de dépôt.

16 février. — Départ des 10ᵉ et 11ᵉ compagnies de dépôt pour Bordeaux, sans indication d'emploi. Ces deux compagnies quittent Bordeaux pour rejoindre le dépôt le 7 mars. Capitaine Boissière-Laroche (6 officiers, 260 hommes) . . . . 6 260 »

1ᵉʳ mars 1871. — Le dépôt comprend les 1ʳᵉ et 2ᵉ compagnies provisoires et la compagnie hors-rang. (Effectif : 10 officiers, 373 hommes.)

40ᵉ RÉGIMENT — DÉPOT

15 juillet 1870. — Castaigne, major, Givet.

16 juillet. — Départ du régiment du camp de Châlons pour se rendre à Saint-Avold où il arrive le 17.

28 juillet. — Départ d'un détachement pour Saint-Avold. . 1 300 »

(1) *1ᵉʳ août*. — Effectif des 3 bataillons de guerre 65 1579 29

4 août. — Départ d'un détachement pour Metz . . . . . . 1 400 »

12 août. — Formation du 4ᵉ bataillon.

14 août. — Création des 5ᵉ et 6ᵉ compagnies du 4ᵉ bataillon.

15 août. — Départ du 4ᵉ bataillon pour le camp de Châlons, capitaine Guillemain, commandant. Ce bataillon entre dans la formation du 3ᵉ régiment de marche 19 1037 2

17 septembre. — Formation des 1ʳᵉ et 2ᵉ compagnies provisoires. Capitaines Louis et Collet.

1ᵉʳ octobre. — Départ de la 8ᵉ compagnie du 3ᵉ bataillon pour rejoindre le 33ᵉ régiment de marche à Nevers où elle est versée. Capitaine Cristau . . . . 3 216 »

11 octobre. — Formation des 1ʳᵉ et 2ᵉ compagnies de dépôt.

2 décembre. — Formation de la 3ᵉ compagnie de dépôt.

2 décembre. — Formation d'un bataillon de marche pour l'armée du Nord. Commandé par le major Castaigne.

3 décembre. — Le bataillon de marche quitte Givet pour se rendre à Lille (4 compagnies).

    8ᵉ compagnie du 2ᵉ bataillon. Lieutenant de Vaulx d'Achy.

---

(1) Effectif du dépôt au 1ᵉʳ août 25 officiers, 1,217 hommes, 3 chevaux.

	Offic.	Troupe.	Chev.

1ʳᵉ compagnie de dépôt, capitaine Sorel.
2ᵉ compagnie de dépôt, capitaine Maréchal.
3ᵉ compagnie de dépôt, capitaine Cacarrié. 16   850   2

11 janvier 1871. — Formation de la 4ᵉ compagnie de dépôt.
12 janvier. — Le bataillon de marche passe à Lille au 73ᵉ régiment de marche d'infanterie. Le commandant Josse prend le commandement du bataillon.
3 février. — Le major Castaigne est nommé lieutenant-colonel, il est remplacé par le capitaine Archidet nommé major.
22 février. — Formation des 5ᵉ, 6ᵉ et 7ᵉ compagnies de dépôt.
22 février. — Création d'un 2ᵉ bataillon de marche à 4 compagnies (4ᵉ, 5ᵉ, 6ᵉ, 7ᵉ compagnies de dépôt). Sous les ordres du major Archidet.

4ᵉ compagnie de dépôt, capitaine Bosch.
5ᵉ compagnie de dépôt, lieutenant Durin.
6ᵉ compagnie de dépôt, sous-lieutenant Soulier.
7ᵉ compagnie de dépôt, sous-lieutenant Doron.
Le bataillon reste cantonné à Vireux du 22 février au 8 mars. Effectif   9   600   1

1ᵉʳ mars 1871. — Le dépôt comprend les 1ʳᵉ et 2ᵉ compagnies provisoires et la compagnie hors-rang. (Effectif : 6 officiers, 284 hommes).

41ᵉ RÉGIMENT — DÉPOT

15 juillet 1870. — Stahl, major, Evreux.
16 juillet. — Le régiment quitte Paris pour se rendre à Metz où il arrive le 17.
27 juillet. — Départ d'un détachement pour rejoindre le régiment à Boulay. Sous-lieutenant de Franclieu   1   150   »
(1) *1ᵉʳ août.* — Effectif des 3 bataillons de guerre 69 1643 18
1ᵉʳ août. — Départ d'un détachement pour Saint-Avold. Lieutenant Malignon.   1   400   »
9 août. — Formation du 4ᵉ bataillon.
10 août. — Départ d'un détachement du dépôt pour rejoindre à Metz (Pont-à-Chaussy) le régiment. Lieutenant Huchet.   1   150   »
11 août. — Départ d'un détachement pour Metz, lieutenant Riols. Ce détachement arrive à Borny le 14.   1   150   »

---

(1) Effectif du dépôt au 1ᵉʳ août (24 officiers, 1,273 hommes, 3 chevaux).
Classement des compagnies au dépôt. — 1ᵉʳ, 2ᵉ, 3ᵉ, 4ᵉ, 5ᵉ, 6ᵉ compagnies, 1ʳᵉ, 2ᵉ, 3ᵉ, 4ᵉ, 5ᵉ et 6ᵉ compagnies du 6ᵉ bataillon.

	Offic.	Troupe.	Chev.

15 août. — Création au dépôt des 5ᵉ et 6ᵉ compagnies du 4ᵉ bataillon.

16 août. — Départ du 4ᵉ bataillon pour Paris (4 compagnies), commandant Trubert. Ce bataillon est versé au 8ᵉ régiment de marche.

23 août. — Départ des 5ᵉ et 6ᵉ compagnies du 4ᵉ bataillon pour Paris. Le bataillon est complet à l'effectif de. . . . **12 787 2**

28 août. — Départ de la 8ᵉ compagnie du 2ᵉ bataillon pour Paris, capitaine Delpech. Cette compagnie passe en octobre au 35ᵉ régiment de marche de Paris (135ᵉ) . . . **3 219 »**

6 septembre. — Formation des 1ʳᵉ et 2ᵉ compagnies provisoires. Capitaine Monnier.

19 septembre. — Départ de la 8ᵉ compagnie du 3ᵉ bataillon pour rejoindre au Mans le 31ᵉ régiment de marche où elle est versée. Capitaine Cazagnaire. . . . . **3 217 »**

20 septembre. — Un détachement quitte Evreux pour se rendre à Rouen où il arrive le 21. Ce détachement sert à constituer le 2ᵉ bataillon de marche . . . . **3 600 »**

21 septembre. — Le chef de bataillon Barbey est nommé major au corps en remplacement du major Stahl, décédé le 16 septembre.

23 septembre. — Le dépôt quitte Rennes pour se rendre à Landerneau où il arrive le même jour.

1ᵉʳ octobre. — Formation des 1ʳᵉ, 2ᵉ, 3ᵉ et 4ᵉ compagnies de dépôt.

30 octobre. — Départ des 1ʳᵉ et 2ᵉ compagnies de dépôt pour rejoindre à Angers le 48ᵉ régiment de marche. Capitaines Mariotte et Gasnier. . . . . **4 363 »**

1ᵉʳ novembre. — Formation des 5ᵉ, 6ᵉ, 7ᵉ et 8ᵉ compagnies de dépôt.

10 novembre. — Départ de la 3ᵉ compagnie de dépôt pour rejoindre à Rochefort le 52ᵉ régiment de marche. Capitaine Lamic. . . . . **3 193 »**

22 novembre. — Formation d'un bataillon de marche, dit bataillon du 41ᵉ de ligne.
    Commandant capitaine Lévy.
        4ᵉ compagnie de dépôt, capitaine Lévy.
        5ᵉ compagnie de dépôt, capitaine André.
        6ᵉ compagnie de dépôt, lieutenant Viguier.
        Effectif . . . . **8 657 »**
    Les 4ᵉ et 5ᵉ compagnies sont dirigées le 22 novembre sur Alençon, et la 6ᵉ compagnie le 23 novembre sur Conlie.

1ᵉʳ décembre. — Formation des 9ᵉ et 10ᵉ compagnies de dépôt.

	Offic.	Troupe.	Chev.

21 décembre. — Départ d'un détachement pour Bordeaux . » 50 »

21 décembre. — Départ de la 7e compagnie de dépôt pour Bordeaux où elle est versée au 75e régiment de marche. Capitaine Bréauté . . . . 3 219 »

2 janvier 1871. — Formation de la 11e compagnie de dépôt.

7 janvier. — Départ des 8e et 9e compagnies de dépôt pour Bordeaux où elles sont versées au 80e régiment de marche. Capitaines Champion et Picard . . . . 6 362 »

27 janvier. — Départ d'un détachement pour Bordeaux où il est versé au 88e régiment de marche. . . . . 1 53 »

16 février. — Départ d'un détachement pour Bordeaux où il est versé au 91e régiment de marche. . . . . 1 51 »

1er mars 1871. — Le dépôt comprend les 10e et 11e compagnies de dépôt, les 1re et 2e compagnies provisoires et la compagnie hors-rang. (Effectif : 13 officiers, 362 hommes). La 12e compagnie de dépôt en formation.

42e RÉGIMENT — DÉPOT

15 juillet 1870. — Baille, major, Agen.

(1)*1er août.* — Le régiment au corps d'occupation d'Italie à Viterbe. 3 bataillons (Effectif : 68 officiers, 1641 hommes, 31 chevaux).

6 août. — Le régiment est réuni à Civita-Vecchia et s'embarque pour Marseille.

8 août. — Le régiment débarque à Marseille et campe au Prado.

9 août. — Départ du régiment pour Lyon où il arrive le même jour (camp de Sathonay).

9 août. — Arrivé au camp de Sathonay d'un détachement venant du dépôt sous les ordres du commandant de Parades. 4 574 1

12 août. — Formation du 4e bataillon (4 compagnies).

16 août. — Création des 5e et 6e compagnies du 4e bataillon à Agen.

19 août. — Le régiment quitte Lyon pour se rendre à Paris où il arrive le même jour. Effectif du régiment. 72 2159 55

19 août. — Le 4e bataillon (6 compagnies) quitte Agen pour se rendre à Paris où il arrive le 20. Commandant Vallet de Lubriat. 17 800 2

22 août. — Le 4e bataillon entre dans la formation du 17e régiment de marche d'infanterie.

---

(1) Effectif du dépôt au 1er août (23 officiers, 882 hommes, 2 chevaux).

	Off.	Troupe.	Chev.

29 août. — Départ de la 8ᵉ compagnie du 3ᵉ bataillon pour Paris, capitaine Llopis. En octobre cette compagnie passe au 39ᵉ régiment de marche de Paris (139ᵉ) . . . . 3 — 198 — »

9 septembre. — Formation des 1ʳᵉ et 2ᵉ compagnies provisoires.

18 septembre. — La 8ᵉ compagnie du 2ᵉ bataillon part pour rejoindre le 30ᵉ régiment de marche. Capitaine Sarrau . 3 — 226 — »

29 septembre. — Le dépôt quitte Agen pour se rendre à Perpignan où il arrive le 30.

1ᵉʳ octobre. — Formation des 1ʳᵉ et 2ᵉ compagnies de dépôt.

4 octobre. — La 1ʳᵉ compagnie provisoire quitte Perpignan pour se rendre à Montlouis, elle revient à Perpignan le 24.

6 octobre. — Formation des 3ᵉ et 4ᵉ compagnies de dépôt.

8 octobre. — Le major Baille est nommé lieutenant-colonel pour commander le 38ᵉ régiment de marche, il est remplacé le même jour par le capitaine Erard, nommé major.

19 octobre. — Départ de la 1ʳᵉ compagnie de dépôt pour rejoindre à Bourges le 44ᵉ régiment de marche. Capitaine Bru. . . . . 2 — 216 — »

1ᵉʳ novembre. — Départ de la 3ᵉ compagnie de dépôt pour rejoindre le 44ᵉ régiment de marche où elle est versée. Capitaine Gréco. . . . . 2 — 216 — »

3 novembre. — Formation des 5ᵉ et 6ᵉ compagnies de dépôt.

3 novembre. — Départ de la 2ᵉ compagnie de dépôt pour rejoindre à Angers le 48ᵉ régiment de marche. Capitaine Journé. . . . . 3 — 216 — »

10 novembre. — Départ de la 4ᵉ compagnie de dépôt pour rejoindre à Rochefort le 52ᵉ régiment de marche. Sous-lieutenant Rogeon . . . . 2 — 216 — »

16 novembre. — Formation des 7ᵉ et 8ᵉ compagnies de dépôt.

5 décembre. — Départ des 5ᵉ et 6ᵉ compagnies pour rejoindre à Tours le 66ᵉ régiment de marche où elles sont versées. Capitaine Guillaume et Rivière, lieutenant . . . . . . 5 — 400 — »

15 décembre. — Départ d'un détachement pour l'armée de la Loire. Sous-lieutenant Leclerc. . . . . 1 — 150 — »

15 décembre. — Départ d'un détachement pour le Mans. . . » — 200 — »

15 décembre. — Mort du major Erard, il est remplacé le 17 par le chef de bataillon Padroni, nommé major.

20 décembre. — Départ de la 7ᵉ compagnie pour Bordeaux où elle est versée au 74ᵉ régiment de marche. Lieutenant de Bonnay-Debreuille. . . . . 3 — 200 — »

1ᵉʳ janvier 1871. — Formation de la 9ᵉ compagnie de dépôt.

	Offic.	Troupe.	Chev.

2 janvier. — Départ de la 8⁰ compagnie de dépôt pour Bordeaux où elle est versée au 77⁰ régiment de marche. Sous-lieutenant Désarnauds 2   200   »

8 janvier. — Départ de la 9⁰ compagnie de dépôt pour Montlouis où elle reste jusqu'au 14 mars. Capitaine Lemoine (3 officiers, 169 hommes).

21 janvier. — Formation de la 10⁰ compagnie de dépôt.

23 janvier. — Départ de la 10⁰ compagnie de dépôt pour Bordeaux où elle est versée au 86⁰ régiment de marche. Sous-lieutenant Jougla 1   130   »

26 janvier. — Formation de la 11⁰ compagnie de dépôt.

16 février. — Départ de la 11⁰ compagnie de dépôt pour rejoindre à Bordeaux le 90⁰ régiment de marche. Capitaine Luccioni 3   143   »

16 février. — Formation de la 12⁰ compagnie de dépôt. Lieutenant Marty, à Montlouis (3 officiers, 157 hommes).

1ᵉʳ mars 1871. — Le dépôt comprend les 1ʳᵉ et 2⁰ compagnies provisoires et la compagnie hors-rang. (Effectif : 6 officiers, 363 hommes.)

43⁰ RÉGIMENT — DÉPOT

15 juillet 1870. — Fradin de Linière, major, Amiens.

20 juillet. — Le régiment quitte Amiens pour se rendre à Thionville où il arrive le même jour.

29 juillet. — Départ d'un détachement du dépôt pour Thionville . . . . »   150   »

(1) *1ᵉʳ août*. — Effectif des 3 bataillons de guerre 68   1778   13

4 août. — Départ d'un détachement pour Metz . . . . . . »   100   »

12 août. — Formation du 4⁰ bataillon.

15 août. — Création des 5⁰ et 6⁰ compagnies du 4⁰ bataillon. Le même jour le 4⁰ bataillon quitte Amiens pour se rendre à Paris, commandant Cerf. Ce bataillon passe au 8⁰ régiment de marche formé à Paris 19   918   2

29 août. — La 8⁰ compagnie du 2⁰ bataillon part pour Paris, capitaine Barbusse. En octobre cette compagnie est versée au 34⁰ régiment de marche de Paris (134⁰) . . . 2   214   »

6 septembre. — Formation des 1ʳᵉ et 2⁰ compagnies provisoires. Capitaine Gaucher et lieutenant Marotte.

12 septembre. — Le dépôt quitte Amiens pour se rendre à Péronne.

18 septembre. — Départ de la 8⁰ compagnie du 3⁰ bataillon

---

(1) Effectif du dépôt au 1ᵉʳ août (23 officiers, 977 hommes, 2 chevaux).

	Offic.	Troupe.	Chev.

pour le Mans où elle est versée au 31ᵉ régiment de marche. Lieutenant Marotte . . . . 1 217 »

6 octobre. — Formation des 1ʳᵉ, 2ᵉ, 3ᵉ et 4ᵉ compagnies de dépôt.

16 octobre. — Départ de la 1ʳᵉ compagnie de dépôt pour Bourges où elle est versée au 39ᵉ régiment de marche. Sous-lieutenant Cadet. . . . . 2 218 »

30 octobre. — Formation des 5ᵉ et 6ᵉ compagnies de dépôt.

21 novembre. — Création du 1ᵉʳ bataillon de marche du 43ᵉ de ligne. Commandant Roslin.

    2ᵉ compagnie de dépôt, capitaine Jallu.
    3ᵉ compagnie de dépôt, capitaine Dancla.
    4ᵉ compagnie de dépôt, capitaine Walhem.
    5ᵉ compagnie de dépôt, lieutenant Pincherelle.
    6ᵉ compagnie de dépôt, lieutenant Leroy.
    Effectif du 1ᵉʳ bataillon de marche. 13 746 1

22 novembre. — Formation des 7ᵉ, 8ᵉ, 9ᵉ, 10ᵉ, 11ᵉ et 12ᵉ compagnies de dépôt.

24 novembre. — Formation du 2ᵉ bataillon de marche du 43ᵉ de ligne. Commandant Perrier.

    7ᵉ compagnie de dépôt, capitaine de Brouard.
    8ᵉ compagnie de dépôt, lieutenant de Granès.
    9ᵉ compagnie de dépôt, sous-lieutenant Outhier.
    10ᵉ compagnie de dépôt, sous-lieutenant Lelièvre.
    11ᵉ compagnie de dépôt, capitaine Peltey.
    Effectif du 2ᵉ bataillon de marche 12 750 1

3 décembre. — Le dépôt quitte Péronne pour se rendre à Béthune, laissant un détachement de 150 hommes sous les ordres du lieutenant Leroy. Ce détachement prend part à la défense de Péronne et capitule le 11 janvier 1871. . . . . 2 146 »

10 décembre. — Les 2 bataillons de marche du 43ᵉ de ligne forment le 69ᵉ régiment de marche.

21 décembre. — Le major Fradin de Linière est nommé lieutenant-colonel pour commander le 67ᵉ régiment de marche. Il est remplacé le 26 par le capitaine Hohmann, nommé major.

31 décembre. — Le dépôt quitte Béthune pour se rendre à Dunkerque.

21 janvier 1871. — Formation de la 13ᵉ compagnie de dépôt.

1ᵉʳ mars. — Le dépôt comprend les 12ᵉ et 13ᵉ compagnies de dépôt, les 1ʳᵉ et 2ᵉ compagnies provisoires et la compagnie hors-rang. (Effectif : 19 officiers, 297 hommes, 2 chevaux.)

44ᵉ RÉGIMENT — DÉPOT

	Offic.	Troupe.	Chev.

15 juillet 1870. — Drouet, major, Metz.

28 juillet. — La 7ᵉ compagnie du 1ᵉʳ bataillon et la 8ᵉ compagnie du 2ᵉ bataillon quittent Metz pour se rendre à Longwy où elles doivent tenir garnison, capitaine Morel. Ces deux compagnies prennent les numéros 1 et 2 du 4ᵉ bataillon en août. 6   110   »

    (1) 4ᵉ bataillon, 1ʳᵉ compagnie, capitaine Morel.
    4ᵉ bataillon, 2ᵉ compagnie, lieutenant Falot.

29 juillet. — Le régiment quitte Metz pour se rendre à la frontière (4ᵉ division, 3ᵉ corps).

1ᵉʳ août. — Effectif des 3 bataillons de guerre 65 2340 29

1ᵉʳ août. — Effectif du dépôt (24 officiers, 322 hommes, 3 chevaux).

9 août. — Formation du 4ᵉ bataillon (4 compagnies).

9 août. — Départ des 3ᵉ et 4ᵉ compagnies du 4ᵉ bataillon pour Thionville où elles doivent tenir garnison. Commandant Bernardy de Sigoyer.

    (2) 4ᵉ bataillon, 3ᵉ compagnie, capitaine Mignucci.
    4ᵉ bataillon, 4ᵉ compagnie, capitaine Merlin 7   350   1

26 août. — Création à Metz des 5ᵉ et 6ᵉ compagnies du 4ᵉ bataillon.

    4ᵉ bataillon, 5ᵉ compagnie, capitaine Foissy.
    4ᵉ bataillon, 6ᵉ compagnie, capitaine Babe. 6   432   »

27 août. — Les 5ᵉ et 6ᵉ compagnies du 4ᵉ bataillon sont versées au 1ᵉʳ bataillon de Metz.

1ᵉʳ septembre. — Le dépôt comprend les 8ᵉˢ compagnies des 1ᵉʳ et 3ᵉ bataillons et la compagnie hors-rang. (Effectif : 12 officiers, 449 hommes, 1 cheval.). 12 449   1

    8ᵉ compagnie, 1ᵉʳ bataillon, capitaine Caseaux.
    8ᵉ compagnie, 3ᵉ bataillon, capitaine Roussel.

29 octobre. — Capitulation de Metz. Le dépôt prisonnier de guerre.

13 décembre. — Réorganisation du dépôt à Angoulême. Dircksen, major.

13 décembre. — Formation des 1ʳᵉ et 2ᵉ compagnies provisoires. Capitaines Barthélémy et Couthaud.

16 décembre. — Formation de la compagnie hors-rang.

16 décembre. — Le dépôt reçoit un détachement venant du 82ᵉ régiment de ligne (300 hommes).

---

(1) Les compagnies de Longwy. — Prisonnières le 25 janvier 1871.
(2) Les compagnies de Thionville. — Prisonnières le 24 novembre 1870.

	Offic.	Troupe.	Chev.
26 janvier 1871. — Départ d'un détachement pour rejoindre à Bordeaux le 85ᵉ régiment de marche.	»	43	»
31 janvier. — Départ d'un détachement pour rejoindre le 88ᵉ régiment de marche. Lieutenant Labatut.	1	85	»
16 février. — Départ d'un détachement pour rejoindre le 90ᵉ régiment de marche à Bordeaux. Lieutenant de Louez.	1	45	»

1ᵉʳ mars 1871. — Le dépôt comprend à cette date les 1ʳᵉ et 2ᵉ compagnies provisoires et la compagnie hors-rang. (Effectif : 9 officiers, 148 hommes, 1 cheval.)

45ᵉ RÉGIMENT — DÉPOT

15 juillet 1870. — Bazelis, major, Huningue.
20 juillet. — Le régiment quitte Belfort pour se rendre à Strasbourg où il arrive le 24.

29 juillet. - Départ d'un détachement pour rejoindre les bataillons de guerre à Strasbourg, sous-lieutenant Homps. Ce détachement n'ayant pu rejoindre le régiment resta dans la place et fut fait prisonnier de guerre le 28 septembre 1870.	1	100	»

31 juillet. — Les 7ᵉ compagnies des 1ᵉʳ, 2ᵉ, 3ᵉ bataillons et la 8ᵉ compagnie du 1ᵉʳ bataillon quittent Huningue pour se rendre à Belfort.

(1) *1ᵉʳ août*. — Effectif des 3 bataillons de guerre.	66	1971	34

9 août. — Le dépôt composé des 8ᵉˢ compagnies des 2ᵉ et 3ᵉ bataillons et de la compagnie hors-rang quittent Huningue pour se rendre à Belfort.

10 août. — Départ d'un détachement pour le camp de Châlons.	»	100	»

12 août. — Formation du 4ᵉ bataillon.
15 août. — Création des 5ᵉ et 6ᵉ compagnies du 4ᵉ bataillon.

16 août. — Le 4ᵉ bataillon définitivement constitué à 6 compagnies, commandant Gély. Ce bataillon est désigné pour faire partie de la garnison de Belfort.	11	1206	4

6 septembre. — Formation au dépôt des 1ʳᵉ et 2ᵉ compagnies provisoires.

17 septembre. — La 8ᵉ compagnie du 3ᵉ bataillon part de Belfort pour se rendre à Nevers où elle est incorporée au 33ᵉ régiment de marche. Capitaine Paravicini.	1	200	»

1ᵉʳ octobre. — Création des 1ʳᵉ, 2ᵉ, 3ᵉ et 4ᵉ compagnies de dépôt.

---

(1) Effectif du dépôt au 1ᵉʳ août (25 officiers, 880 hommes, 4 chevaux).

		Offic.	Troupe.	Chev.

10 octobre. — Le major Bazelis est nommé lieutenant-colonel pour commander un régiment de marche. Il est remplacé le même jour par le capitaine Allié nommé major au corps.

10 octobre. — Formation de la 5ᵉ compagnie de dépôt.

10 octobre. — Formation du 3ᵉ bataillon de marche dit bataillon du 45ᵉ régiment d'infanterie de ligne. Commandant Hermann.

    8ᵉ compagnie du 2ᵉ bataillon, capitaine Privat.
    1ʳᵉ compagnie de dépôt, capitaine Hoecker.
    2ᵉ compagnie de dépôt, capitaine Henri.
    3ᵉ compagnie de dépôt, capitaine Obert.
    4ᵉ compagnie de dépôt, capitaine Huet.
    5ᵉ compagnie de dépôt, capitaine Langrand.

Effectif du bataillon de marche. 21   850   2

15 octobre. — Formation des 6ᵉ, 7ᵉ, 8ᵉ et 9ᵉ compagnies de dépôt. Capitaines Guerrieri, Parravicini, Déchaux et Cimetière.

16 octobre. — Le 4ᵉ bataillon est versé au 35ᵉ régiment de marche à Belfort.

30 janvier 1871. — Le capitaine Perrin est nommé chef de bataillon pour commander le 3ᵉ bataillon de marche en remplacement du commandant Hermann, mis en non-activité pour infirmité.

18 février. — Évacuation de la place de Belfort.

1ᵉʳ mars 1871. — Le dépôt est à Champagnolle et se compose des 6ᵉ, 7ᵉ, 8ᵉ et 9ᵉ compagnies de dépôt et de la compagnie hors-rang. (Effectif : 17 officiers, 630 hommes, 2 chevaux.)

46ᵉ RÉGIMENT — DÉPOT

15 juillet 1870. — Pittié, major, Rodez.

16 juillet. — Le régiment part de Lyon pour se rendre à Bitche où il arrive le 17.

30 juillet. — Départ d'un détachement pour rejoindre les bataillons de guerre . . . . »   350   »

(1) *1ᵉʳ août*. — Effectif des trois bataillons de guerre. . . . 66   1556   10

3 août. — Départ d'un détachement pour rejoindre les bataillons de guerre. Lieutenant Bablon. 1   350   »

    Ce détachement qui était parti de Rodez le 3 août et qui était arrivé à Forbach le 6 au matin reçut l'ordre de se retirer sur Metz.

---

(1) Effectif du dépôt au 1ᵉʳ août (24 officiers, 1,146 hommes, 1 cheval).

	Offic.	Troupe.	Chev.

9 août. — M. Donnève, chef de bataillon au 24ᵉ de ligne, est nommé major au corps en remplacement du major Pittié passé au commandement d'un bataillon

14 août. — Formation du 4ᵉ bataillon.

17 août. — Formation des 5ᵉ et 6ᵉ compagnies du 4ᵉ bataillon.

21 août. — Départ du 4ᵉ bataillon pour Paris où il doit concourir à la formation du 17ᵉ régiment de marche. Commandant Fauvin... **21 951 2**

29 août. — Départ de la 8ᵉ compagnie du 2ᵉ bataillon pour se rendre à Paris. Capitaine Matuszewitz... **3 201 »**

En octobre cette compagnie entre dans la formation du 34ᵉ régiment de marche de Paris (134ᵉ).

6 septembre. — Formation des 1ʳᵉ et 2ᵉ compagnies provisoires.

18 septembre. — Départ de la 8ᵉ compagnie du 3ᵉ bataillon pour Nevers où elle est versée au 33ᵉ régiment de marche. Capitaine Bretegnier... **2 218 »**

2 octobre. — Formation des 1ʳᵉ, 2ᵉ, 3ᵉ et 4ᵉ compagnies de dépôt.

6 octobre. — Départ de la 1ʳᵉ compagnie de dépôt pour rejoindre à Bordeaux le 37ᵉ régiment de marche. Capitaine Demestre... **2 219 »**

16 octobre. — Départ des 2ᵉ et 3ᵉ compagnies de dépôt pour rejoindre à Tours le 41ᵉ régiment de marche. Capitaines Rouchard et Métral... **6 430 »**

19 octobre. — Formation de la 5ᵉ compagnie de dépôt.

24 octobre. — Départ de la 4ᵉ compagnie pour rejoindre le 41ᵉ régiment de marche où elle est versée. Lieutenant Giboudeaux... **3 224 »**

26 octobre. — Formation de la 6ᵉ compagnie de dépôt.

6 novembre. — Départ de la 5ᵉ compagnie de dépôt pour rejoindre à Auxerre le 51ᵉ régiment de marche. Sous-lieutenant Chauvin... **2 200 »**

14 novembre. — Formation de la 7ᵉ compagnie de dépôt.

14 novembre. — Départ de la 6ᵉ compagnie pour rejoindre le 56ᵉ régiment de marche où elle est versée. Sous-lieutenant Nègre... **2 151 »**

25 novembre. — Formation de la 8ᵉ compagnie de dépôt.

1ᵉʳ décembre. — Départ de la 7ᵉ compagnie de dépôt pour rejoindre le 62ᵉ régiment de marche. Sous-lieutenant Sapène... **1 200 »**

6 décembre. — Départ de la 8ᵉ compagnie de dépôt pour rejoindre le 66ᵉ régiment de marche à Tours. Sous-lieutenant Mondoloni... **1 200 »**

	Offic.	Troupe.	Chev.

6 décembre. — Formation des 9ᵉ et 10ᵉ compagnies de dépôt.
14 décembre. — Départ des 9ᵉ et 10ᵉ compagnies de dépôt.
    Ces deux compagnies ont été adjointes au 1ᵉʳ régiment de marche de zouaves, le 21 décembre, où elles formèrent les 7ᵉˢ compagnies des 2ᵉ et 3ᵉ bataillons. Sous-lieutenants Conte et Micas. 2   440   »
    Les 9ᵉ et 10ᵉ compagnies rentrent au dépôt à Rodez en mars 1871. Capitaines Eynard et Poirier.
21 décembre. — Départ d'un détachement pour Bordeaux où il est versé au 74ᵉ régiment de marche. Sous-lieutenant Conte. 1   96   »
3 janvier 1871. — Départ d'un détachement pour Bordeaux où il est versé au 79ᵉ régiment de marche. Sous-lieutenant Jeannin. 1   70   »
16 janvier. — Départ d'un détachement pour Bordeaux où il est versé au 82ᵉ régiment de marche. Sous-lieutenant Patron. 2   130   »
16 janvier. — Formation de la 11ᵉ compagnie de dépôt.
16 février. — Départ d'un détachement pour Bordeaux où il doit concourir à la formation du 90ᵉ régiment de marche. Sous-lieutenant Bert. 2   150   »
    Ce détachement n'ayant pas été incorporé a séjourné au camp de Saint-Médard du 26 février au 9 mars; puis a rejoint le dépôt.
1ᵉʳ mars 1871. — Le dépôt comprend la 11ᵉ compagnie de dépôt, les 1ʳᵉ et 2ᵉ compagnies provisoires et la compagnie hors-rang. (Effectif : 14 officiers, 654 hommes, 3 chevaux.)

47ᵉ RÉGIMENT — DÉPOT

15 juillet 1870. — Berthiaux, major, Chambéry.
22 juillet. — Le régiment quitte Chambéry pour se rendre à Colmar où il arrive le 23.
29 juillet. — Départ d'un détachement pour se rendre à Colmar. 1   250   »
(1) *1ᵉʳ août.* — Effectif des 3 bataillons de guerre. 66   1766   41
12 août. — Formation du 4ᵉ bataillon.
15 août. — Création des 5ᵉ et 6ᵉ compagnies du 4ᵉ bataillon.
16 août. — Départ d'un détachement pour rejoindre les

---

(1) Effectif du dépôt au 1ᵉʳ août (25 officiers, 1,155 hommes, 3 chevaux).
Un détachement du régiment à Mézières venant de Beaumont. — Capitaine Muxart. — 182 hommes.

	Offic.	Troupe.	Chev.
bataillons de guerre au camp de Châlons. Capitaine Charonnet	2	1107	»

16 août. — Départ du 4ᵉ bataillon pour Lyon.

22 août. — Le 4ᵉ bataillon quitte Lyon pour se rendre à Paris, commandant Bottereau-Roussel-Bonneterre. Ce bataillon entre dans la formation du 25ᵉ régiment de marche. . .   13   518   2

28 août. — Départ de la 8ᵉ compagnie du 2ᵉ bataillon pour Paris, sous-lieutenant Durand. Cette compagnie est versée en octobre au 39ᵉ régiment de marche de Paris (139ᵉ) . .   2   200   »

6 septembre. — Formation des 1ʳᵉ et 2ᵉ compagnies provisoires.

18 septembre. — Départ de la 8ᵉ compagnie du 3ᵉ bataillon pour Nevers où elle est versée au 33ᵉ régiment de marche. Capitaine Rolet qui est remplacé le même jour par le capitaine Grillet.   2   200   »

2 octobre. — Formation des 1ʳᵉ, 2ᵉ, 3ᵉ et 4ᵉ compagnies de dépôt.

11 octobre. — Départ de la 1ʳᵉ compagnie de dépôt pour rejoindre à Bourges le 39ᵉ régiment de marche. Capitaine Rolet   3   216   »

26 octobre. — Départ de la 2ᵉ compagnie de dépôt pour le Mans où elle est versée au 46ᵉ régiment de marche. Lieutenant Nortet   2   222   »

4 novembre. - Formation des 5ᵉ et 6ᵉ compagnies de dépôt.

9 novembre. — Formation de la 7ᵉ compagnie de dépôt.

15 novembre. — Départ de la 3ᵉ compagnie de dépôt pour rejoindre à Tours le 58ᵉ régiment de marche. Lieutenant Jaoul   3   219   »

30 novembre. — Départ de la 4ᵉ compagnie de dépôt pour Angers où elle est versée au 62ᵉ régiment de marche. Capitaine Tisserand   3   219   »

15 décembre. — Départ de la 5ᵉ compagnie pour Bourges où on l'incorpore au 4ᵉ régiment de marche de zouaves. Capitaine Tournès.   3   222   »

Cette compagnie rentre au dépôt le 1ᵉʳ février 1871, au lieu de passer en Suisse.

29 décembre. — La 6ᵉ compagnie de dépôt part pour Bordeaux où elle est versée au 77ᵉ régiment de marche. Lieutenant Désaubliaux   3   212   »

16 janvier 1871. — Formation de la 8ᵉ compagnie de dépôt.

21 janvier. — Formation de la 9ᵉ compagnie de dépôt.

24 janvier. — Départ de la 7ᵉ compagnie de dépôt pour Bordeaux où elle est versée au 87ᵉ régiment de marche. Sous-lieutenant Bosselut, puis lieutenant Blain   3   130   »

31 janvier. — Départ de la 8ᵉ compagnie pour rejoindre

	Offic.	Troupe.	Chev.

à Bordeaux le 89ᵉ régiment de marche. Sous-lieutenant Roy de la Chaize   3   130   »

13 février. — Formation des 10ᵉ et 11ᵉ compagnies de dépôt.

14 février. — Départ de la 11ᵉ compagnie de dépôt pour Montmeillan où elle reste jusqu'au 9 mars.

19 février. — Départ de la 9ᵉ compagnie de dépôt pour Grenoble où elle est versée au 34ᵉ régiment de marche (*bis*). Capitaine Odoul   1   130   »

23 février. — Départ de la 10ᵉ compagnie de dépôt pour rejoindre à Grenoble le 34ᵉ régiment de marche (*bis*). Sous-lieutenant Marien   1   130   »

1ᵉʳ mars 1871. — Le dépôt comprend la 11ᵉ compagnie de dépôt, les 1ʳᵉ et 2ᵉ compagnies provisoires et la compagnie hors-rang. (Effectif : 17 officiers, 459 hommes, 4 chevaux.)

48ᵉ RÉGIMENT — DÉPOT

15 juillet 1870. — Robert, major, Marseille.

22 juillet. — Le régiment quitte Marseille pour se rendre à Strasbourg où il arrive le 30.

29 juillet. — Départ d'un détachement pour rejoindre les bataillons de guerre à Strasbourg   1   350   »

(1) *1ᵉʳ août.* — Effectif des 3 bataillons de guerre   63   1631   11

4 août. — Départ d'un détachement pour Strasbourg . . .   2   200   »

5 août. — Arrivent à Haguenau les deux détachements partis les 29 juillet et 4 août (3 officiers, 550 hommes).

5 août. — Un détachement part du dépôt pour rejoindre le régiment. Par erreur ce détachement est dirigé sur Metz. Il reste dans cette place jusqu'à la capitulation. Sous-lieutenant Fournier   1   156   »

10 août. — Formation du 4ᵉ bataillon.

15 août. — Création des 5ᵉ et 6ᵉ compagnies du 4ᵉ bataillon.

16 août. — Départ du 4ᵉ bataillon pour Lyon.

16 août. — Départ d'un détachement pour le camp de Châlons où il arrive le 18. Capitaine Blancher   1   300   »

17 août. — Départ du 4ᵉ bataillon de Lyon pour se rendre à Paris, commandant Laffon. Ce bataillon passe au 25ᵉ régiment de marche   12   535   »

29 août. — Départ de la 8ᵉ compagnie du 2ᵉ bataillon pour se rendre à Paris où elle passe en octobre au 39ᵉ régiment de marche de Paris (139ᵉ). Capitaine Met   3   201   »

---

(1) Effectif du dépôt au 1ᵉʳ août (25 officiers, 1,221 hommes, 3 chevaux).

	Offic.	Troupe.	Chev.

6 septembre. — Formation des 1re et 2e compagnies provisoires. Capitaines en retraite Fouque et Ventre.

18 septembre. — La 8e compagnie du 3e bataillon quitte Marseille pour se rendre à Nevers où elle est versée au 33e régiment de marche. Capitaine Garnier. 3   218   »

21 septembre. — Le major Robert passe au commandement d'un bataillon de marche. Il est remplacé par le chef de bataillon en retraite Faurès, nommé major au corps.

3 octobre. — Formation des 1re, 2e, 3e et 4e compagnies de dépôt.

12 octobre. — Départ de la 1re compagnie de dépôt pour rejoindre à Bordeaux le 37e régiment de marche où elle est versée. Capitaine Deleuze 3   197   »

21 octobre. — Formation des 5e, 6e et 7e compagnies de dépôt.

26 octobre. — Départ de la 2e compagnie de dépôt pour rejoindre au Mans le 46e régiment de marche. Capitaine Simonin 3   216   »

1er novembre. — Formation de la 8e compagnie de dépôt.

11 novembre. — Départ de la 3e compagnie de dépôt pour Bourges où elle est versée au 65e régiment de marche. Capitaine Etienne 3   207   »

12 décembre. — Départ de la 4e compagnie de dépôt pour rejoindre à Cherbourg le 71e régiment de marche. Capitaine Villiers 3   210   »

12 décembre. — Départ de la 5e compagnie de dépôt pour rejoindre à Bordeaux le 78e régiment de marche. Lieutenant Lognon 3   148   »

13 décembre. — Les 6e, 7e et 8e compagnies de dépôt sont cantonnées à Marignane près de Marseille.

16 décembre. — Départ d'un détachement pour l'armée de l'Est. Ce détachement est versé au régiment étranger à Saint-Florent . . . . »   400   »

20 décembre, — Un détachement part pour Bordeaux où il est versé au 77e régiment de marche . . . . »   20   »

27 décembre. — Départ d'un détachement pour Bordeaux .   »   22   »

11 janvier 1871. — Départ d'un détachement pour Bordeaux où il est versé au 86e régiment de marche. 2   129   »

12 janvier. — Formation de la 9e compagnie de dépôt.

26 janvier. — Départ des 6e, 7e et 8e compagnies de dépôt pour rejoindre le 87e régiment de marche à Bordeaux. Capitaines Poncet, Cartier d'Aure et lieutenant Rénucci.   8   632   »

1er février. — Formation des 10e et 11e compagnies de dépôt.

16 février. — Départ de la 9e compagnie de dépôt pour

	Offic.	Troupe.	Chev.

rejoindre à Bordeaux le 92ᵉ régiment de marche. Lieutenant Fournié   3   130   »

1ᵉʳ mars 1871. — Le dépôt comprend les 10ᵉ et 11ᵉ compagnies de dépôt, les 1ʳᵉ et 2ᵉ compagnies provisoires et la compagnie hors-rang. (Effectif : 7 officiers, 386 hommes, 1 cheval.)

49ᵉ RÉGIMENT — DÉPOT

15 juillet 1870. — Millot (G.-J.), major, Angoulême.

16 juillet. — Départ du régiment de Lyon pour se rendre à Bitche où il arrive le 17.

28 juillet. — Départ d'un détachement pour rejoindre les bataillons de guerre. Ce détachement arrive à Bitche le 29. Lieutenant Montrefet   1   300   »

1ᵉʳ août (1). — Effectif des 3 bataillons de guerre   66   1765   11

4 août. — Départ d'un détachement pour rejoindre les bataillons de guerre à Sarreguemines. Sous-lieutenant Broc   1   400   »

9 août. — Départ d'un détachement pour Metz. Capitaine Greiner (2)   2   152   »

14 août. — Formation du 4ᵉ bataillon.

16 août. — Formation des 5ᵉ et 6ᵉ compagnies du 4ᵉ bataillon.

16 août. — Départ du 4ᵉ bataillon pour Lyon, il repart le 17 pour Paris où il entre dans la formation du 25ᵉ régiment de marche. Commandant de Poulpiquet de Brescanval .   21   823   2

21 août. — Le régiment au camp de Châlons reçoit un détachement du 97ᵉ régiment de ligne (191 hommes).

29 août. — Départ de la 8ᵉ compagnie du 3ᵉ bataillon pour Paris, capitaine Couvez. Cette compagnie est comprise dans la formation du 36ᵉ régiment de marche de Paris (136ᵉ).   3   219   »

8 septembre. — Formation de 2 compagnies provisoires.

18 septembre. — Départ de la 8ᵉ compagnie du 2ᵉ bataillon pour Nevers où elle entre dans la formation du 33ᵉ régiment de marche. Capitaine Quéroy   3   219   »

1ᵉʳ octobre. — Formation de 4 compagnies de dépôt.

6 octobre. — M. le major Millot passe au commandement du 6ᵉ bataillon de marche. Il est remplacé le même jour par le capitaine trésorier Guichard, venant du 30ᵉ de ligne, nommé major.

---

(1) Effectif du dépôt au 1ᵉʳ août (24 officiers, 971 hommes, 3 chevaux).

(2) Ce détachement n'a pas rejoint le régiment ayant suivi le mouvement de la brigade Lepasset sur Metz.

	Offic.	Troupe.	Chev.

13 octobre. — Départ de la 1re compagnie de dépôt pour Bordeaux où elle entre dans la formation du 37e régiment de marche. Capitaine Martin 3   201   »

14 octobre. — Départ de la 3e compagnie de dépôt pour Bourges, elle passe le 1er novembre au 44e régiment de marche. Capitaine de Roffignac 4   163   »

16 octobre. — Départ de la 2e compagnie de dépôt qui passe au 46e régiment de marche au camp de Pontlieu. Capitaine Lagnel. 3   202   »

18 octobre. — Formation des 5e et 6e compagnies de dépôt.

1er novembre. — Départ de la 4e compagnie de dépôt pour Auxerre où elle doit former le 51e régiment de marche. Capitaine Gelormini 3   201   »

20 novembre. — Formation des 7e et 8e compagnies de dépôt.

4 décembre. — Départ des 5e et 6e compagnies de dépôt pour rejoindre le 65e régiment de marche à Bourges. Capitaine de Verdilhac, lieutenant Sacrot 4   401   »

5 décembre. — Formation de la 9e compagnie de dépôt.

6 décembre. — Départ des 7e et 8e compagnies de dépôt pour Guéret (6 officiers, 400 hommes).

14 janvier 1871. — M. le major Guichard est nommé lieutenant-colonel pour commander le 75e régiment de marche. Il est remplacé par M. le chef de bataillon Astima, du 79e régiment de marche, nommé major.

28 janvier. — Un détachement part pour concourir à la formation du 85e régiment de marche. Lieutenant Sentenac. 3   106   »

1er février. — Départ d'un détachement pour rejoindre le 88e régiment de marche. Sous-lieutenant Guillonnet. . . 2   323   »

21 février. — Départ de la 9e compagnie de dépôt pour rejoindre le 90e régiment de marche à Bordeaux. Lieutenant Soubiès. 2   143   »

21 février. — Départ d'un détachement pour rejoindre le 90e régiment de marche à Bordeaux 2   85   »

1er mars. — Le dépôt comprend la compagnie hors-rang et les 2 compagnies provisoires. (Effectif : 13 officiers, 417 hommes, 2 chevaux).

50e RÉGIMENT — DÉPOT

15 juillet 1870. — Koch, major, Langres.

20 juillet. — Le régiment quitte Langres pour se rendre à Belfort où il arrive le 24.

25 juillet. — Départ d'un détachement pour rejoindre les bataillons de guerre. Sous-lieutenant Paris. 1   240   »

30 juillet. — Départ d'un détachement pour rejoindre les bataillons actifs. Lieutenant Masgana 1   300   »

	Offic.	Troupe.	Chev.

1er août (1). — Effectif des 3 bataillons de guerre 66 1910 24

1er août (2). — Départ d'un détachement pour rejoindre les bataillons actifs. Sous-lieutenant Jennenin. . . . . . . 1 200 »

1er août. — Le major Koch prend le commandement d'un bataillon par permutation avec le chef de bataillon Besnier, nommé major.

2 août. — Formation du 4e bataillon.

15 août. — Départ d'un détachement pour rejoindre le régiment au camp de Châlons. Sous-lieutenant Beaujois. . . 1 700 »

19 août. — Création des 5e et 6e compagnies du 4e bataillon.

20 août. — Le 4e bataillon définitivement constitué reste dans la place de Langres. Commandant Koch 15 981 2

26 août. — Départ de la 4e compagnie du 4e bataillon, capitaine Masse. Cette compagnie fut dirigée sur Paris où elle arriva le 29. Par suite d'un mal entendu, cette compagnie fut dirigée sur Besançon et revint ensuite à Langres où elle arriva le 5 septembre.

7 septembre. — Formation des 1re et 2e compagnies provisoires. Capitaines en retraite Noll et Lafrique.

18 septembre. — Départ de la 8e compagnie du 2e bataillon pour Nevers où elle est versée au 33e régiment de marche. Capitaine Galloni d'Istria. . . . . 4 194 »

9 octobre. — Formation des 1re, 2e, 3e et 4e compagnies de dépôt.

11 octobre. — Formation à Langres d'une section hors-rang.

12 octobre. — La 8e compagnie du 3e bataillon quitte Langres pour se rendre à Bourges concourir à la formation du 39e régiment de marche. Capitaine Pasquier. . . . . . . 1 194 »

14 octobre. — Départ de la compagnie hors-rang et du dépôt pour Mende (Lozère).

28 octobre. — Formation à Langres d'un bataillon de marche du 50e régiment de ligne. Commandant Bonnet.

    1re compagnie provisoire, capitaine Noll.
    2e compagnie provisoire, capitaine Lafrique.
    1re compagnie de dépôt, capitaine Paris.
    2e compagnie de dépôt, capitaine Bôle.
    3e compagnie de dépôt, capitaine Doublat.
    4e compagnie de dépôt, capitaine Magdelaine.

    Effectif du bataillon de marche 15 650 2

---

(1) Effectif du dépôt au 1er août (20 officiers, 882 hommes, 2 chevaux).

(2) Un détachement à Strasbourg. — Lieutenant Louvet (154 hommes). Ce détachement a été versé le 21 août, au régiment de marche d'infanterie formé à Strasbourg.

	Offic.	Troupe.	Chev.

6 novembre. — Formation à Mende de la 1re compagnie (*bis*) de dépôt.

1er janvier 1871. — Départ de la 1re compagnie (*bis*) de dépôt pour Bordeaux où elle est versée au 75e régiment de marche. Lieutenant Dubreuil. . . . . 2 211 »

1er janvier. — Formation à Langres de la 2e compagnie (*bis*) de dépôt. Lieutenant Louvet.

5 janvier. — Départ de Mende d'un détachement pour Bordeaux où il est versé au 80e régiment de marche. Lieutenant Bellanger. . . . . 1 53 »

17 janvier. — Départ de Mende d'un détachement pour rejoindre le 85e régiment de marche. Sous-lieutenant Guillet. . . . . 1 52 »

25 janvier. — Formation à Langres des 3e, 4e, 5e et 6e compagnies provisoires.

27 janvier. — Départ de Mende d'un détachement pour rejoindre à Bordeaux le 89e régiment de marche . . . . » 31 »

5 février. — Formation à Langres des 7e et 8e compagnies provisoires.

6 février. — Formation d'un 2e bataillon de marche à Langres (2e bataillon de marche du 50e de ligne). Commandant. . . . .

    3e compagnie provisoire, lieutenant Vidal.
    4e compagnie provisoire, lieutenant Coppey.
    5e compagnie provisoire, lieutenant Savalle.
    6e compagnie provisoire, lieutenant Epiard.
    7e compagnie provisoire, sous-lieutenant Gillot.
    8e compagnie provisoire, sous-lieutenant Lacroix.
Effectif du bataillon de marche 11 600 1

16 février. — Départ de Mende d'un détachement pour Bordeaux où il est versé au 91e régiment de marche. Sous-lieutenant de Sales de Banières . . . . 2 88 »

21 février. — Formation de la 3e compagnie (*bis*) de dépôt. Capitaine Béthune.

1er mars 1871. — Le dépôt comprend à Langres la section hors-rang, à Mende les 2e et 3e compagnies (*bis*) de dépôt et la compagnie hors-rang. (Effectif : 7 officiers, 163 hommes.)

51e RÉGIMENT — DÉPOT

15 juillet 1870. — Hecquet, major, Dreux.

16 juillet. — Départ du régiment de Paris pour se rendre à Metz où il arrive le 17.

	Offic.	Troupe.	Chev.

31 juillet. — Départ d'un détachement pour rejoindre à Metz les bataillons de guerre. Lieutenant Grethner . . . . . 1 — 500 — »

1er août (1). — Effectif des 3 bataillons de guerre. . . . . 66 — 1913 — 10

1er août. — Le major Hecquet passe au commandement du 4e bataillon du 87e de ligne par permutation avec le chef de bataillon Louet, nommé major au corps.

2 août. — Départ de Dreux d'un détachement pour rejoindre les bataillons actifs à Metz. Lieutenant de Pointis . . . . 1 — 352 — »

12 août. — Formation du 4e bataillon à 4 compagnies.

17 août. — Création des 5e et 6e compagnies du 4e bataillon.

22 août. — Le 4e bataillon complètement organisé quitte Dreux pour se rendre à Paris où il passe au 9e régiment de marche. Commandant Bénédetti . . . . 20 — 1047 — 3

29 août. — Départ de la 8e compagnie du 2e bataillon pour Paris, capitaine Grethner. Cette compagnie est versée en octobre au 36e régiment de marche (136e). . . . . . . 3 — 200 — »

11 septembre. — Formation des 1re et 2e compagnies provisoires.

15 septembre. — Départ de la 8e compagnie du 3e bataillon pour le Mans où elle est versée au 31e régiment de marche. Capitaine Simon . . . . 3 — 212 — »

17 septembre. — Départ du dépôt pour se rendre à la Rochelle et de là à Saintes où il arrive le 19.

8 octobre. — Formation des 1re, 2e, 3e et 4e compagnies de dépôt.

12 octobre. — Départ de la 1re compagnie de dépôt pour Bourges où elle est versée au 39e régiment de marche. Capitaine Carlhian. . . . . 3 — 216 — »

14 octobre. — Départ des 2e, 3e, 4e compagnies de dépôt pour Tours où elles sont versées au 41e régiment de marche. Capitaine Humblot, sous-lieutenants Bierson et Matty. . 6 — 630 — »

1er novembre. — Formation des 5e, 6e, 7e et 8e compagnies de dépôt.

8 novembre. — Départ de la 5e compagnie de dépôt pour rejoindre le 48 régiment de marche à Angers. Sous-lieutenant Folière . . . . 2 — 216 — »

23 novembre. — Départ des 6e et 7e compagnies pour Jonzac.

17 décembre. — Création à Saintes d'une compagnie formant détachement qui part le même jour pour rejoindre à Périgueux le dépôt du 57e régiment d'infanterie . . . . » — 200 — »

19 décembre. — Le dépôt quitte Saintes pour se rendre à Bayonne où il arrive le 28.

---

(1) Effectif du dépôt au 1er août (27 officiers, 766 hommes, 2 chevaux).

	Offic.	Troupe.	Chev.

26 décembre. — Les 6ᵉ et 7ᵉ compagnies de dépôt partent de Jonzac pour se rendre à Bayonne.

28 décembre. — La 7ᵉ compagnie de dépôt quitte Bayonne pour se rendre à Pau.

29 décembre — La 8ᵉ compagnie de dépôt, sous-lieutenant Vidal, est versée au dépôt du 80ᵉ de ligne   1   200   »

6 janvier 1871. — Départ de la 6ᵉ compagnie de dépôt pour Bordeaux où elle est versée au 77ᵉ régiment de marche. Capitaine Carbonneill   3   216   »

14 janvier. — Départ de la 7ᵉ compagnie de dépôt pour Bordeaux où elle est versée au 81ᵉ régiment de marche. Capitaine Seignan de Serre.   3   130   »

16 janvier. — Formation de la 9ᵉ compagnie de dépôt.

22 janvier. — Le major Louet passe au commandement d'un bataillon du 86ᵉ régiment de marche.

23 janvier. — Le chef de bataillon Mordacq est nommé major au corps.

30 janvier. — Départ d'un détachement pour Bordeaux. Ce détachement est versé au 86ᵉ régiment de marche. . . .   »   50   »

30 janvier. — Départ de la 9ᵉ compagnie de dépôt pour Bordeaux où elle est versée au 89ᵉ régiment de marche. Lieutenant Etienne   2   130   »

1ᵉʳ février. — Formation de la 10ᵉ compagnie de dépôt.

1ᵉʳ mars 1871. — Le dépôt comprend la 10ᵉ compagnie de dépôt, les 1ʳᵉ et 2ᵉ compagnies provisoires et la compagnie hors-rang. (Effectif : 15 officiers, 505 hommes.)

52ᵉ RÉGIMENT — DÉPOT

15 juillet 1870. — Quenot, major, Narbonne.

21 juillet. — Le régiment quitte Perpignan pour se rendre à Lyon où il arrive le 22.

29 juillet. — Un détachement part pour rejoindre les bataillons de guerre à Lyon.   1   200   »

(1) *1ᵉʳ août*. — Effectif des 3 bataillons de guerre   66   1632   60

15 août. — Formation du 4ᵉ bataillon.

17 août. — Formation des 5ᵉ et 6ᵉ compagnies du 4ᵉ bataillon.

28 août. — Le 4ᵉ bataillon part de Narbonne pour se rendre à Lyon. Commandant Paris   11   998   2

29 août. — Départ de la 8ᵉ compagnie du 2ᵉ bataillon pour

---

(1) Effectif du dépôt au 1ᵉʳ août (22 officiers, 1,218 hommes, 1 cheval).

	Offic.	Troupe.	Chev.

Paris, lieutenant Eynard. Cette compagnie entre dans la formation du 39ᵉ régiment de marche de Paris (139ᵉ). . . 3 202 »

29 août. — Le 4ᵉ bataillon passe au 27ᵉ régiment de marche à Lyon.

13 septembre. — Formation de 2 compagnies provisoires.

17 septembre. — Départ de la 8ᵉ compagnie du 3ᵉ bataillon pour rejoindre à Nevers le 33ᵉ régiment de marche. Lieutenant Charière, puis capitaine Dumesnil . . . . 3 220 »

21 septembre. — M. le major Quenot passe au 2ᵉ zouaves de marche comme chef de bataillon.

5 octobre. — Formation des 1ʳᵉ, 2ᵉ, 3ᵉ compagnies de dépôt.

5 octobre. — Départ de la 1ʳᵉ compagnie de dépôt pour rejoindre le 37ᵉ régiment de marche. Capitaine Guillaume. . . . . 3 206 »

11 octobre. — Formation de la 4ᵉ compagnie de dépôt.

11 octobre. — M. le capitaine trésorier Collignon, du 39ᵉ de ligne, est nommé major au corps.

27 octobre. — Départ des 2ᵉ et 3ᵉ compagnies de dépôt pour le Mans où elles sont versées au 46ᵉ régiment de marche. Capitaines Schaerer et Richert. . . . . 6 427 »

1ᵉʳ novembre. — Formation des 5ᵉ, 6ᵉ et 7ᵉ compagnies de dépôt.

7 novembre. — Départ de la 4ᵉ compagnie de dépôt pour rejoindre à Auxerre le 51ᵉ régiment de marche. Sous-lieutenant Caillol. . . . . 2 216 »

16 novembre. — Formation de la 8ᵉ compagnie de dépôt.

23 novembre. — Départ de la 5ᵉ compagnie pour Tours où elle est versée au 58ᵉ régiment de marche. Sous-lieutenant Vaudel. . . . . 2 211 »

3 décembre. — Formation des 9ᵉ et 10ᵉ compagnies de dépôt. La 10ᵉ compagnie n'a été définitivement formée que le 9.

9 décembre. — Départ de la 6ᵉ compagnie de dépôt pour Tours où elle est versée au 66ᵉ régiment de marche. Sous-lieutenant Toché. . . . . 2 209 »

15 décembre. — Départ d'un détachement pour rejoindre le 43ᵉ régiment de marche à l'armée de la Loire, sous la conduite du lieutenant Forestier. . . . . 1 320 »

21 décembre. — Départ de la 7ᵉ compagnie de dépôt pour Bordeaux où elle est versée au 74ᵉ régiment de marche. Sous lieutenant Forestier. . . . . 2 219 »

2 janvier 1871. — Départ de la 8ᵉ compagnie de dépôt pour Bordeaux où elle est versée au 78ᵉ régiment de marche. Sous-lieutenant Chappé. . . . . 2 211 »

15 janvier. — Départ de la 9ᵉ compagnie de dépôt pour

	Offic.	Troupe.	Chev.

Bordeaux où elle est versée au 82º régiment de marche. Sous-lieutenant Croisier. . . . . 2 130 »

19 janvier. — Départ de la 10º compagnie de dépôt pour Bordeaux où elle passe au 85º régiment de marche. Sous-lieutenant Guéry. . . . . 2 136 »

20 janvier. — Formation de la 11º compagnie de dépôt.

29 janvier. — Départ de la 11º compagnie de dépôt pour rejoindre à Bordeaux le 89º régiment de marche. Sous-lieutenant Antz. 2 144 »

1ᵉʳ février. — Départ d'un détachement pour Bordeaux où il est versé au 86º régiment de marche. . . . . » 50 »

1ᵉʳ mars 1871. — Le dépôt comprend les 1ʳᵉ et 2º compagnies provisoires et la compagnie hors-rang. (Effectif : 16 officiers, 745 hommes.)

53º RÉGIMENT — DÉPOT

15 juillet 1870. — Bertrand, major, Gap.

24 juillet. — Départ du régiment de Briançon pour se rendre à Belfort où il arrive le 31.

(1) *1ᵉʳ août.* — Effectif des 3 bataillons de guerre 66 1636 11

15 août. — Formation du 4º bataillon à Gap.

16 août. — Formation des 5º et 6º compagnies du 4º bataillon.

28 août. — Le 4º bataillon part de Gap pour se rendre à Lyon où il arrive le 29. Commandant Murville. 21 913 2

29 août. — Départ de la 8º compagnie du 2º bataillon pour Paris, capitaine Caussanel. En octobre la compagnie entre dans la formation du 36º régiment de marche de Paris (136º). . . . . 3 202 »

6 septembre. — Formation de 2 compagnies provisoires.

11 septembre. — Le 4º bataillon passe au 27º régiment de marche.

18 septembre. — Départ de la 8º compagnie du 3º bataillon pour se rendre à Nevers où elle entre dans la formation du 33º régiment de marche. Capitaine Vitali. . . . . . 3 216 »

1ᵉʳ octobre. — Formation des 1ʳᵉ, 2º, 3º, 4º compagnies de dépôt.

5 octobre. — Départ de la 1ʳᵉ compagnie de dépôt pour rejoindre le 37º régiment de marche à Bordeaux. Sous-lieutenant Duhamel. . . . . 2 216 »

21 octobre. — Départ de la 2º compagnie de dépôt pour

---

(1) Effectif du dépôt au 1ᵉʳ août (24 officiers, 1,160 hommes, 2 chevaux).

	Offic.	Troupe.	Chev.

rejoindre à Bourges le 44ᵉ régiment de marche. Lieutenant Thomasset.................... 1 216 »

28 octobre. — Départ de la 3ᵉ compagnie de dépôt pour le Mans où elle est versée au 46ᵉ régiment de marche. Sous-lieutenant Puharré.................... 2 216 »

1ᵉʳ novembre. — Formation des 5ᵉ et 6ᵉ compagnies de dépôt.

17 novembre. — Départ de la 4ᵉ compagnie de dépôt pour Tours où elle est versée au 58ᵉ régiment de marche. Sous-lieutenant Riboit.................... 3 216 »

22 novembre. — Départ d'un détachement pour Tours... » 200 »

24 novembre. — Le major Bertrand passe au commandement d'un bataillon de marche. Il est remplacé le même jour par le capitaine Chaucoulon nommé major au corps.

4 décembre. — Départ de la 5ᵉ compagnie de dépôt pour rejoindre le 64ᵉ régiment de marche à Tours. Capitaine Descoubès.................... 2 200 »

4 décembre. — Départ de la 6ᵉ compagnie de dépôt pour Cherbourg où elle est versée au 71ᵉ régiment de marche. Sous-lieutenant Baudier.................... 2 200 »

6 décembre. — Formation de la 7ᵉ compagnie de dépôt.

13 décembre. — Départ de la 7ᵉ compagnie de dépôt.

20 décembre. — La 7ᵉ compagnie de dépôt est placée au 1ᵉʳ régiment de marche de zouaves et devient 7ᵉ compagnie du 1ᵉʳ bataillon. Cette compagnie a toujours été administrée au titre du 53ᵉ de ligne. Elle était au fort de Salins au 1ᵉʳ mars 1871, s'y étant réfugiée pendant la retraite de l'armée de l'Est. Capitaine Milard...... 3 201 »

19 décembre. — Formation de la 8ᵉ compagnie de dépôt.

31 décembre. — Formation de la 9ᵉ compagnie de dépôt.

1ᵉʳ janvier 1871. — Départ de la 8ᵉ compagnie de dépôt pour Bordeaux où elle est versée au 80ᵉ régiment de marche. Sous-lieutenant Blanqué.................... 3 200 »

16 janvier. — Formation de la 10ᵉ compagnie de dépôt.

23 janvier. — Départ de la 9ᵉ compagnie de dépôt pour Bordeaux où elle est versée au 89ᵉ régiment de marche. Lieutenant Vollet.................... 1 200 »

1ᵉʳ février. — Départ de la 10ᵉ compagnie de dépôt pour Bordeaux où elle est versée au 90ᵉ régiment de marche. Lieutenant Breton.................... 3 130 »

3 février. — Formation de la 11ᵉ compagnie de dépôt.

21 février. — Départ de la 11ᵉ compagnie de dépôt pour Grenoble où elle est versée au 34ᵉ régiment de marche (*bis*). Lieutenant Godard.................... 3 130 »

	Offic.	Troupe.	Chev.

22 février. — Formation des 12e et 13e compagnies de dépôt.

1er mars 1871. — Le dépôt comprend les 12e et 13e compagnies de dépôt, les 1re et 2e compagnies provisoires et la compagnie hors-rang. (Effectif : 16 officiers, 511 hommes.)

54e RÉGIMENT — DÉPOT

15 juillet 1870. — Passant, major, Napoléon-Vendée.

20 juillet. — Le régiment quitte Condé pour se rendre à Thionville où il arrive le 21.

	Offic.	Troupe.	Chev.
28 juillet. — Départ d'un détachement pour rejoindre les bataillons de guerre à Thionville	1	163	»
29 juillet. — Départ d'un détachement pour Thionville	1	300	»
(1) *1er août.* — Effectif des 3 bataillons de guerre	67	1970	10
4 août. — Départ d'un détachement pour Thionville	1	100	»
11 août. — Départ d'un détachement pour les bataillons de guerre à Metz	1	328	»

14 août. — Formation du 4e bataillon.

16 août. — Création des 5e et 6e compagnies du 4e bataillon.

16 août. — Départ du 4e bataillon pour Paris	13	555	2

24 août. — Un détachement part pour Paris compléter le 4e bataillon. Le même jour le bataillon, commandant de Féraudy, entre dans la formation du 9e régiment de marche.

29 août. — La 8e compagnie du 3e bataillon part pour Paris. En octobre cette compagnie entre dans la formation du 34e régiment de marche de Paris (134e). Capitaine Mazoyer	3	201	»

6 septembre. — Formation des 1re et 2e compagnies provisoires. Capitaines en retraite Barreux et Lafargue.

18 septembre. — Départ de la 8e compagnie du 2e bataillon pour rejoindre le 31e régiment de marche au Mans. Capitaine Maniort	4	215	»

18 septembre. — M. le major Passant passe au commandement d'un bataillon du 31e régiment de marche.

1er octobre. — Formation de 4 compagnies de dépôt.

11 octobre. — Départ de la 1re compagnie de dépôt pour Bordeaux où elle doit entrer dans la formation du 37e régiment de marche. Lieutenant Dourneau	2	216	»

18 octobre. — M. le capitaine trésorier Bertrand est nommé major au corps.

---

(1) Effectif du dépôt au 1er août (22 officiers, 1,081 hommes, 4 chevaux).

— 118 —

	Offic.	Troupe.	Chev.

1er novembre. — Formation des 5e et 6e compagnies de dépôt.

22 novembre. — Départ de la 2e compagnie de dépôt pour rejoindre au Mans le 59e régiment de marche. Capitaine Lagorce. 3 197 »

12 décembre. — Départ de la 3e compagnie de dépôt pour Cherbourg où elle passe le 18 au 70e régiment de marche. Lieutenant Henry. . . . . 2 189 »

18 décembre. — Départ d'un détachement pour Bordeaux. . 2 200 »

18 décembre. — Départ d'un détachement pour Bordeaux. Ayant reçu contre-ordre ce détachement fut dirigé sur le Mans. . . . . » 349 »

21 décembre. — Formation des 7e et 8e compagnies de dépôt.

21 décembre. — Départ de la 6e compagnie de dépôt pour Bordeaux où elle entre dans la formation du 77e régiment de marche. Lieutenant Meizié. . . . . 2 219 »

1er janvier 1871. — Départ de la 4e compagnie de dépôt pour Bordeaux où elle entre dans la formation du 75e régiment de marche. Lieutenant Haas. . . . . 2 190 »

4 janvier. — Départ d'un détachement pour rejoindre le 79e régiment de marche à Bordeaux. Lieutenant de Roger de Saint-Julien. . . . . 1 61 »

8 janvier. — Départ d'un détachement pour le 80e régiment de marche à Bordeaux. . . . . » 100 »

26 janvier. — Départ d'un détachement pour le 86e régiment de marche à Bordeaux. . . . . » 51 »

29 janvier. — Départ d'un détachement pour rejoindre à Bordeaux le 88e régiment de marche. Lieutenant Havard. 1 200 »

13 février. — Départ d'un détachement pour rejoindre le 90e régiment de marche à Bordeaux. . . . . 1 60 »

18 février. — Départ d'un détachement pour rejoindre le 90e régiment de marche à Bordeaux. . . . . 3 70 »

28 février. — Départ de la 7e compagnie de dépôt pour rejoindre le 92e régiment de marche à Bordeaux. Lieutenant Gabriel. . . . . 2 198 »

1er mars. — Le dépôt comprend les 5e et 8e compagnies de dépôt, les 1re et 2e compagnies provisoires et la compagnie hors-rang. (Effectif : 11 officiers, 370 hommes.)

55e RÉGIMENT — DÉPOT

15 juillet 1870. — Valessie, major, Montluçon.

16 juillet. — Départ du régiment du camp de Châlons pour se rendre à Saint-Avold où il arrive le 17.

	Offic.	Troupe.	Chev.
28 juillet. — Départ d'un détachement pour rejoindre les bataillons de guerre, lieutenant Garric. Ce détachement arrive à Metz le 2 août.	1	500	»
(1) *1er août.* — Effectif des 3 bataillons de guerre.	67	2127	27
5 août. — Départ d'un détachement sous les ordres du capitaine Isnardon pour rejoindre à Metz les bataillons de guerre le 12 août.	1	488	»
14 août. — Formation du 4e bataillon.			
16 août. — Formation des 5e et 6e compagnies du 4e bataillon.			
19 août. — Départ du 4e bataillon pour Paris, sous les ordres du capitaine Isnardon. Ce bataillon entre dans la formation du 14e régiment de marche.	12	1250	2
29 août. — Départ de la 8e compagnie du 2e bataillon pour Paris, capitaine Gastine. En octobre cette compagnie passe au 35e régiment de marche de Paris (135e).	2	250	»
10 septembre. — Formation de 2 compagnies provisoires. Capitaines Durand et Racine.			
18 septembre. — Départ de la 8e compagnie du 3e bataillon pour Bourges où elle est versée au 29e régiment de marche. Capitaine Sicard.	4	215	»
6 octobre. — Formation de la 1re compagnie de dépôt.			
7 octobre. — Formation de la 2e compagnie de dépôt.			
10 octobre. — Départ de la 1re compagnie de dépôt pour rejoindre à Saint-Brieuc le 36e régiment de marche. Lieutenant Clanet.	2	216	»
11 octobre. — Formation des 3e et 4e compagnies de dépôt.			
16 octobre. — Départ de la 2e compagnie de dépôt pour rejoindre au camp de Salbris le 42e régiment de marche. Capitaine Chapuis.	3	216	»
26 octobre. — Formation des 5e, 6e, 7e et 8e compagnies de dépôt.			
31 octobre. — Départ des 3e, 4e et 5e compagnies de dépôt pour le camp de Salbris où elles sont versées au 42e régiment de marche. Sous-lieutenants Sylvestre, Roque et capitaine Conard.	7	650	»
31 octobre. — Départ de la 7e compagnie de dépôt pour rejoindre le 48e régiment de marche à Angers. Sous-lieutenant Bloëm.	3	216	»
10 novembre. — Départ des 6e et 8e compagnies pour rejoindre le 52e régiment de marche à Rochefort. Capitaine Chapuis et sous-lieutenant Cayrol.	5	432	»

---

(1) Effectif du dépôt au 1er août (21 officiers, 576 hommes, 1 cheval).

	Offic.	Troupe.	Chev.

6 décembre. — Formation de la 9e compagnie de dépôt.

15 décembre. — Départ de la 9e compagnie de dépôt pour rejoindre à Bordeaux le 79e régiment de marche. Capitaine Ricard 3   220   »

1er janvier 1871. — Formation de la 10e compagnie de dépôt.

5 janvier. — Départ de la 10e compagnie de dépôt pour rejoindre à Bordeaux le 85e régiment de marche. Sous-lieutenant Capon 2   173   »

11 janvier. — Le major Valessie est nommé lieutenant-colonel pour commander le 64e régiment de marche.

12 janvier. — Le capitaine Féraud est nommé major au corps. Le 25 janvier il passe chef de bataillon au 85e régiment de marche. Il est remplacé le même jour par le major Dommanget qui était chef de bataillon au 58e de ligne.

28 janvier. — Formation de la 11e compagnie de dépôt.

15 février. — Départ de la 11e compagnie de dépôt pour Bordeaux où elle est versée au 90e régiment de marche. Sous-lieutenant Barthès 4   219   »

20 février. — Un détachement est dirigé sur Rennes pour être versé au 15e régiment d'artillerie . . . . »   100   »

1er mars 1871. — Le dépôt comprend les 1re et 2e compagnies provisoires et la compagnie hors-rang. (Effectif : 13 officiers, 397 hommes.)

56e RÉGIMENT — DÉPOT

15 juillet 1870. — De Brême, major, Nîmes.

23 juillet. — Le régiment part de Nîmes pour se rendre à Strasbourg où il arrive le 25.

29 juillet. — Départ d'un détachement pour rejoindre les bataillons de guerre à Strasbourg . . . . »   300   »

(1) *1er août* — Effectif des 3 bataillons de guerre 61   1778   26

4 août. — Départ d'un détachement pour Strasbourg. Capitaine Laidet. 1   256   »

6 août. — Départ d'un détachement pour Strasbourg. Lieutenant Moser 3   228   »

Ces deux détachements ayant été maintenus à Strasbourg sont incorporés au régiment de marche de Strasbourg le 16 août.

---

(1) Effectif du dépôt au 1er août (22 officiers, 1,083 hommes, 3 chevaux).

	Offic.	Troupe.	Chev.

11 août. — Départ d'un détachement qui rejoint le régiment à Lunéville . . . . » 72 »
14 août. — Formation du 4e bataillon.
20 août. — Formation des 5e et 6e compagnies du 4e bataillon.
24 août. — Départ du 4e bataillon pour Paris où il passe au 21e régiment de marche. Commandant Bernard. 18 693 2
29 août. — Départ de la 8e compagnie du 3e bataillon pour Paris, capitaine Pinoul. Cette compagnie passe en octobre au 38e de marche de Paris (138e). . . . . 3 200 »
6 septembre. — Formation de 2 compagnies provisoires.
19 septembre. — La 8e compagnie du 2e bataillon quitte Nîmes pour se rendre à Nevers où se forme le 33e régiment de marche. Capitaine Adam puis le capitaine Tournayre . . . . 2 216 »
... septembre. — Le 3e bataillon et la 1re compagnie du 2e bataillon échappés de Sedan revinrent à Nîmes en passant par Paris sous la conduite du capitaine Canonge, c'étaient les seuls éléments actifs, capables de reprendre la campagne, ils furent réorganisés et formèrent le 6e bataillon de marche.
30 septembre. — Départ de M. le major de Brême pour prendre le commandement d'un bataillon.
1er octobre. — Formation des 4 compagnies de dépôt.
4 octobre. — M. le capitaine Montagne du 31e de ligne est nommé major au corps.
12 octobre. — Départ de la 1re compagnie de dépôt pour rejoindre à Tours le 41e régiment de marche. Capitaine Bellile . . . . 3 216 »
26 octobre. — Départ des 2e, 3e et 4e compagnies de dépôt pour rejoindre le 45e régiment de marche à Tours. Capitaines Vintéjoux, Salat et Desbaines. . . . . 9 650 »
1er novembre. — Formation des 5e, 6e, 7e et 8e compagnies de dépôt.
15 novembre. — Départ du 6e bataillon de marche. Commandant Millot.
    1re compagnie, capitaine Béguin.
    2e compagnie, capitaine Angot.
    3e compagnie, capitaine Boyer.
    4e compagnie, lieutenant Etienne.
    5e compagnie, lieutenant Sisung.
    6e compagnie, lieutenant Carnoy.
    Effectif du bataillon de marche 15 933 2
21 novembre. — Ce bataillon est versé au 53e régiment de marche dont il devient le 1er bataillon.

	Offic.	Troupe.	Chev.

6 décembre. — Départ de la 5e compagnie de dépôt pour rejoindre le 66e régiment de marche à Tours. Sous-lieutenant Koll . . . . 2 216 »

14 décembre. — Départ d'un détachement pour rejoindre le 52e régiment de marche derrière la Loire. Lieutenant Fischer. . . . . 1 360 »

1er janvier 1871 — Départ de la 8e compagnie de dépôt pour Bordeaux où elle est versée au 77e régiment de marche. Capitaine Laidet. . . . . 3 176 »

10 janvier. — Départ d'un détachement pour rejoindre à Bordeaux le 81e régiment de marche. Sous-lieutenant de Cauvigny . . . . 1 29 »

27 janvier. — Départ des 6e et 7e compagnies pour Bordeaux où elles sont versées au 87e régiment de marche. Sous-lieutenants Courtié et Chartron . . . . 4 260 »

1er février. — Formation de la 9e compagnie de dépôt. Capitaine Fischer.

1er mars 1871. — Le dépôt comprend la 9e compagnie de dépôt, les 1re et 2e compagnies provisoires et la compagnie hors-rang. (Effectif : 15 officiers, 442 hommes.)

57e RÉGIMENT — DÉPOT

15 juillet 1870. — Breugnot, major, Verdun.

20 juillet. — Le régiment quitte Verdun pour se rendre à Thionville où il arrive le 22.

21 juillet. — La 7e compagnie du 3e bataillon quitte Verdun pour se rendre à Montmédy. Capitaine Balat . . . . . 1 100 »

28 juillet. — Départ d'un détachement pour rejoindre à Thionville les bataillons de guerre. Capitaine Bryon . . 1 200 »

30 juillet. — Départ d'un détachement pour rejoindre à Thionville les bataillons de guerre. . . . . 1 218 »

(1) *1er août.* — Effectif des 3 bataillons de guerre. 65 1614 31

2 août. — Le régiment reçoit à Bouzonville les deux détachements partis les 28 et 30 juillet, ce qui porte à cette date l'effectif du régiment à 66 officiers et 2032 hommes de troupe

12 août. — Formation du 4e bataillon avec les 7es compagnies des 1er, 2e, 3e bataillons et la 8e compagnie du 1er bataillon.

12 août. — Départ d'un détachement pour Metz. Sous-lieutenant Froidefond . . . . 1 300 »

---

(1) Effectif du dépôt au 1er août (24 officiers, 1,182 hommes, 1 cheval).

	Offic.	Troupe.	Chev.

16 août. — Création des 5e et 6e compagnies du 4e bataillon.

18 août. — Le 4e bataillon est définitivement constitué à 5 compagnies, la 3e compagnie du bataillon étant à Montmédy. Commandant Deny (16 officiers, 514 hommes, 2 chevaux). 16 514 2

24 août. — Le 4e bataillon et le dépôt prennent part à la défense de Verdun du 24 août au 8 novembre jour de la capitulation.

8 novembre. — Capitulation de Verdun.

8 novembre. — Le dépôt comprenait les 8e compagnies des 2e et 3e bataillons. Capitaines Lepoidevin et Torrasmorelle, et la compagnie hors-rang. (Effectif : 15 officiers, 510 hommes, 2 chevaux.)

10 décembre. — Le dépôt est reconstitué à Périgueux, major Poupon.

10 décembre. — Le dépôt reçoit un détachement du 87e de ligne (1 officier, 432 hommes).

11 décembre. — Le dépôt reçoit du 1er de ligne (200 hommes), du 51e de ligne (200 hommes), du 81e de ligne (200 hommes), et des détachements des 31e, 54e et 88e de ligne.

17 décembre. — Formation de la 1re compagnie de dépôt.

29 décembre. — Formation de la 2e compagnie de dépôt.

29 décembre. — Formation des 3e et 4e compagnies de dépôt.

26 janvier 1871. — Formation de la 1re compagnie provisoire.

16 février. — Formation de la 2e compagnie provisoire.

21 février. — Départ des 1re et 2e compagnies de dépôt pour rejoindre à Bordeaux le 92e régiment de marche. Lieutenant Favre et sous lieutenant Duhart . . . . . . 4 442 »

1er mars 1871. — Le dépôt comprend les 3e et 4e compagnies de dépôt, les 1re et 2e compagnies provisoires et la compagnie hors-rang. (Effectif : 10 officiers, 819 hommes.)

58e RÉGIMENT — DÉPOT

15 juillet 1870. — Lecorbeiller, major, Pau.

1er août (1). — Effectif des 3 bataillons de guerre. 67 2462 28

Du 1er au 7 août. — Le dépôt verse ses détachements aux bataillons de guerre avant le départ du régiment pour Paris.

---

(1) Effectif du dépôt au 1er août (24 officiers, 600 hommes, 4 chevaux).

— 124 —

	Offic.	Troupe.	Chev.

8 août. — Départ du régiment de Pau pour se rendre à Paris où il arrive les 10, 12 et 14.

12 août. — Formation du 4ᵉ bataillon.

16 août. — Création des 5ᵉ et 6ᵉ compagnies du 4ᵉ bataillon.

26 août. — Le 4ᵉ bataillon quitte Pau pour se rendre à Paris où il arrive le 28. Le commandant Dommanget n'ayant pas rejoint le capitaine Viel, commande le bataillon . . 18 862 1

28 août. — Le 4ᵉ bataillon entre dans la formation du 19ᵉ régiment de marche.

30 août. — Départ de la 8ᵉ compagnie du 2ᵉ bataillon pour Paris, capitaine Tournier. En octobre cette compagnie passe au 36ᵉ régiment de marche de Paris (136ᵉ) . . . . 3 200 »

9 septembre. — Formation de 2 compagnies provisoires.

20 septembre. — Départ de la 8ᵉ compagnie du 3ᵉ bataillon pour Nevers, capitaine Clément. Cette compagnie concourt à la formation du 33ᵉ régiment de marche . . . . 3 219 »

4 octobre. — Formation de 4 compagnies de dépôt.

14 octobre. — Départ de la 1ʳᵉ compagnie de dépôt pour Bourges où elle est versée au 39ᵉ régiment de marche. Capitaine Achili. . . . . 1 218 »

22 octobre. — Départ de la 2ᵉ compagnie de dépôt pour rejoindre à Tours le 45ᵉ régiment de marche. Capitaine Criton. . . . . 3 211 »

26 octobre. — Formation de la 5ᵉ compagnie de dépôt.

28 octobre. — Départ des 3ᵉ et 4ᵉ compagnies de dépôt pour rejoindre le 45ᵉ régiment de marche. Capitaine de Lombarès et Donnat, lieutenant. . . . . 3 435 »

6 novembre. — Formation de la 6ᵉ compagnie de dépôt.

12 novembre. — Départ de la 5ᵉ compagnie de dépôt pour rejoindre le 52ᵉ régiment de marche à Rochefort. Sous-lieutenant Candeil. . . . . 2 220 »

14 novembre. — Départ de la 6ᵉ compagnie de dépôt pour rejoindre à Clermont-Ferrand le 61ᵉ régiment de marche. Sous-lieutenant Govillot . . . . 2 221 »

26 novembre. — Formation de la 7ᵉ compagnie de dépôt.

1ᵉʳ décembre. — Formation de la 8ᵉ compagnie de dépôt.

2 décembre. — Départ d'un détachement de Pau pour se rendre à Bagnères-de-Bigorre où il est versé au dépôt du 80ᵉ de ligne (98 hommes). . . . . » 98 »

6 décembre. — Départ de la 7ᵉ compagnie pour rejoindre à Tours le 64ᵉ régiment de marche. Capitaine Talobre. . . 2 220 »

6 décembre — Le major Lecorbeiller est nommé lieutenant-colonel pour commander le 66ᵉ régiment de marche. Il est remplacé le même jour par le capitaine Coste, nommé major au corps.

	Offic.	Troupe.	Chev.

18 décembre. — Formation de la 9e compagnie de dépôt.
20 décembre. — Départ d'un détachement pour le Mans. Sous-lieutenant Pourille . . . . 1 230 »
3 janvier 1871. — Départ de la 8e compagnie pour Bordeaux où elle est versée au 78e régiment de marche. Lieutenant Chichet. . . . . 2 221 »
25 janvier. — Départ de la 9e compagnie de dépôt pour Bordeaux où elle est versée au 86e régiment de marche. Sous-lieutenant Roser . . . . 2 221 »
11 février. — Formation de la 10e compagnie de dépôt. Sous-lieutenant Labarthe (3 officiers, 151 hommes).
1er mars 1871. — Le dépôt comprend la 10e compagnie de dépôt, les 1re et 2e compagnies provisoires, capitaines Wolff et Rapet, la compagnie hors-rang. (Effectif : 14 officiers, 384 hommes.)

59e RÉGIMENT — DÉPOT

15 juillet 1870. — Chesneau, major, fort de Charenton.
16 juillet. — Le régiment quitte Paris pour se rendre à Metz où il arrive le 17.
29 juillet. — Départ d'un détachement pour rejoindre les bataillons de guerre . . . . 1 150 »
1er août (1). — Effectif des 3 bataillons de guerre 64 1919 11
4 août. — Départ d'un détachement pour Metz . . . . . . 1 200 »
12 août. — Formation du 4e bataillon.
13 août. — Création des 5e et 6e compagnies du 4e bataillon.
14 août. — Le 4e bataillon définitivement constitué est versé au 9e régiment de marche. Commandant Aubry. . 20 793 3
15 septembre. — Départ des 8es compagnies des 2e et 3e bataillons pour rejoindre à Bourges le 29e régiment de marche où elles sont versées. Lieutenants Clovis et Moussard . . 4 432 »
16 septembre. — Formation des 1re et 2e compagnies provisoires. La 1re au fort de Charenton et la 2e à la caserne de Reuilly.
1er octobre. — La compagnie hors-rang occupe la caserne de la Nouvelle-France.
1er novembre. — Le dépôt fourni des détachements aux différents régiments de l'armée de Paris (412 hommes) . 2 412 »
1er décembre. — Major Chesneau. (Effectif : 10 officiers, 1024 hommes, 1 cheval.) 10 1024 1

---

(1) Effectif du dépôt au 1er août (25 officiers, 931 hommes, 5 chevaux).

	Offic.	Troupe.	Chev.

1er janvier 1871. — Le dépôt occupe les mêmes emplacements. (Effectif : 8 officiers, 1059 hommes, 1 cheval.)

1er mars 1871. — Major Chesneau, 1re, 2e compagnies provisoires, compagnie hors-rang. (Effectif : 7 officiers, 832 hommes, 1 cheval.)

60e RÉGIMENT — DÉPOT

15 juillet 1870. — Morel, major, Nancy.

18 juillet. — Le régiment quitte Nancy pour Metz où il arrive le 19.

	Offic.	Troupe.	Chev.
29 juillet. — Un détachement part pour Metz	1	150	»
1er août (1). — Effectif des bataillons de guerre	65	1516	27

1er août. — Formation du 4e bataillon à Nancy (4 compagnies).

1er août. — La 8e compagnie du 2e bataillon. Capitaine Raison, à Marsal.

	Offic.	Troupe.	Chev.
5 août. — Le 4e bataillon étant désigné pour faire partie de la garnison de Metz quitte Nancy pour se rendre dans cette place. Commandant Cottin.	10	813	1
7 août. — La 8e compagnie du 3e bataillon, la compagnie hors-rang, sous les ordres du major Morel, partent de Nancy pour rejoindre à Marsal la 8e compagnie du 2e bataillon. Ces trois compagnies forment la garnison de Marsal. (Capitaines des 8es, Raison et Heurre)	8	273	1

9 août. — Le capitaine trésorier quitte Nancy avec les enfants de troupe pour se rendre à Châlons. Dans cette place il reçoit l'ordre de se diriger sur Toul où il arrive le 11.

12 août. — Départ des magasins du régiment de Nancy pour Châlons ; ils arrivent le 13, repartent le 14 pour le camp de Châlons. Ils reviennent sur Châlons le 16 ; enfin ils sont dirigés sur Blois où ils arrivent le 22. Dans cette place le dépôt reçoit tous les isolés appartenant au corps. Capitaine d'habillement Mau.

16 septembre. — Formation à Blois des 1re et 2e compagnies provisoires.

21 septembre. — Le détachement de Blois reçoit l'ordre de se rendre à Agen où il arrive le 22.

	Offic.	Troupe.	Chev.
5 octobre. — Un détachement est versé au dépôt du 9e de ligne à Agen.	2	83	»

22 octobre. — Le détachement d'Agen reçoit l'ordre de se rendre à Alais (Gard) où il arrive le 23.

---

(1) Effectif du dépôt au 1er août (22 officiers, 1,101 hommes, 3 chevaux).

— 127 —

	Offic.	Troupe.	Chev.

24 octobre. — Réorganisation du dépôt et de la compagnie hors-rang, à Alais (Gard).

24 octobre. — Le capitaine Maniel du 92e de ligne est nommé major au corps.

23 novembre. — Formation de la 1re compagnie de dépôt.

2 décembre. — Départ de la 1re compagnie de dépôt pour rejoindre le 62e régiment de marche. Sous-lieutenant Maillès . . . . 3 170 »

5 janvier 1871. — Départ d'un détachement pour rejoindre le 79e régiment de marche où il est versé . . . . 1 75 »

16 janvier. — Départ d'un détachement pour rejoindre le 81e régiment de marche . . . . 1 30 »

22 janvier. — Départ d'un détachement pour rejoindre le 87e régiment de marche . . . . » 22 »

17 février. — Départ d'un détachement pour rejoindre le 90e régiment de marche. Sous-lieutenant Laugier. . . . 1 46 »

18 février. — Formation de la 2e compagnie de dépôt.

21 février. — Départ de la 2e compagnie de dépôt pour rejoindre à Bordeaux le 92e régiment de marche. Lieutenant Henry . . . . 2 130 »

1er mars 1871. — Le dépôt comprend les 2 compagnies provisoires et la compagnie hors-rang. (Effectif : 10 officiers, 240 hommes, 1 cheval.)

61e RÉGIMENT — DÉPOT

15 juillet 1870. — Jobey, major, Aurillac.

16 juillet. — Le régiment part de Lyon pour se rendre à Bitche où il arrive le 17.

29 juillet. — Départ d'un détachement pour rejoindre à Bitche les bataillons de guerre . . . . 350 »

1er août (1). — Effectif des 3 bataillons de guerre 67 1601 11

12 août. — Formation du 4e bataillon.

16 août. — Création des 5e et 6e compagnies du 4e bataillon.

16 août. — Départ du 4e bataillon pour Lyon et de là pour Paris où il arrive le 20, commandant Lainé. Ce bataillon entre le 1er septembre dans la formation du 25e régiment de marche. 18 800 3

29 août. — Départ de la 8e compagnie du 2e bataillon (capitaine Laurent) pour Paris ou en octobre elle entre dans la formation du 38e régiment de marche de Paris (138e) . 3 200 »

---

(1) Effectif du dépôt au 1er août (24 officiers, 1,163 hommes, 3 chevaux).

		Offic.	Troupe.	Chev.

6 septembre. — Création de 2 compagnies provisoires. Capitaines Touatre et Paviot.

18 septembre. — Départ de la 8e compagnie du 3e bataillon pour Bourges où elle entre dans la formation du 29e régiment de marche. Capitaine Denoue . . . . 2 219 »

1er octobre. — Formation de 4 compagnies de dépôt.

11 octobre. — Départ de la 2e compagnie de dépôt pour rejoindre à Bourges le 39e régiment de marche où elle est versée. Capitaine Eynard . . . . 3 214 »

19 octobre. — Départ de la 1re compagnie de dépôt pour Tours où elle est versée au 43e régiment de marche. Capitaine Raby. . . . . 3 215 »

19 octobre. — Soir. — Départ de la 3e compagnie de dépôt pour rejoindre la 1re compagnie au 43e régiment de marche. Lieutenant Reveilhac. . . . . 2 210 »

25 octobre. — Formation des 5e, 6e et 7e compagnies de dépôt.

16 novembre. — Le major Jobey est nommé lieutenant-colonel pour commander le 40e régiment de marche. Il est remplacé le même jour par le capitaine Puech, nommé major au corps.

20 novembre. — Départ des 4e et 5e compagnies de dépôt pour rejoindre à Clermont-Ferrand le 55e régiment de marche. Sous-lieutenants Grosse et Descharmes . . . . 4 440 »

6 décembre. — Formation des 8e et 9e compagnies de dépôt.

9 décembre. — Départ des 6e et 7e compagnies de dépôt pour Cherbourg où elles sont versées au 70e régiment de marche. Capitaines Maïsse et Bretelle . . . . 6 441 »

20 décembre. — Départ d'un détachement pour Bordeaux où il est versé au 74e régiment de marche. Capitaine Bouvagnat. . . . . 1 100 »

4 janvier 1871. — Départ de la 8e compagnie de dépôt pour Bordeaux où elle est versée au 79e régiment de marche. Lieutenant Rullet . . . . 2 220 »

17 janvier. — Départ d'un détachement pour Bordeaux où il est versé au 85e régiment de marche. Sous-lieutenant Valat . . . . 1 103 »

26 janvier. — Départ de la 9e compagnie de dépôt pour Bordeaux où elle est versée au 89e régiment de marche. Capitaine Hennequin. . . . . 3 130 »

17 février. — Formation des 10e et 11e compagnies de dépôt.

17 février. — Départ de ces deux compagnies pour Bordeaux où elles sont versées au 91e régiment de marche. Sous-lieutenants Descharmes et Dalbin. . . . . 2 221 »

1er mars 1871. — Le dépôt comprend les 1re et 2e compa-

	Offic.	Troupe.	Chev.

gnies provisoires et la compagnie hors-rang. (Effectif : 14 officiers, 311 hommes.)

62ᵉ RÉGIMENT — DÉPOT

15 juillet 1870. — Dauriac, major, Beauvais.

16 juillet. — Départ du régiment de Paris pour se rendre à Metz où il arrive le 17.

29 juillet. — Départ d'un détachement pour rejoindre les bataillons de guerre à Metz.	1	300	»
(1) *1ᵉʳ août.* — Effectif des 3 bataillons de guerre.	66	1706	10
3 août. — Départ d'un détachement pour les bataillons de guerre. Capitaine Cuinat.	2	636	»

10 août. — Formation du 4ᵉ bataillon.

12 août. — Le 4ᵉ bataillon quitte Beauvais pour se rendre au camp de Châlons (4 compagnies). Commandant Falconetti.

15 août. — Le 4ᵉ bataillon passe au 3ᵉ régiment de marche d'infanterie	12	850	3

26 août. — Création au dépôt des 5ᵉ et 6ᵉ compagnies du 4ᵉ bataillon.

29 août. — Départ de la 8ᵉ compagnie du 2ᵉ bataillon pour se rendre à Paris, capitaine Barbey. Cette compagnie concourt à la formation en octobre du 38ᵉ régiment de marche de Paris (138ᵉ).	3	205	»

5 septembre. — Le dépôt quitte Beauvais pour se rendre au Havre.

17 septembre. — Départ de la 8ᵉ compagnie du 3ᵉ bataillon pour se rendre au Mans où elle entre dans la formation du 31ᵉ régiment de marche. Lieutenant Teutsch.	3	216	»
22 septembre. — Le dépôt quitte le Havre pour se rendre à Rennes. La 5ᵉ compagnie du 4ᵉ bataillon, capitaine Gignoux, reste au Havre et entre dans la formation du 5ᵉ bataillon de marche (76ᵉ régiment de marche).	5	390	»

23 septembre. — Formation à Rennes de 2 compagnies provisoires. Capitaine Gény et lieutenant Leplé.

1ᵉʳ octobre. — Formation à Rennes des 1ʳᵉ, 2ᵉ, 3ᵉ et 4ᵉ compagnies de dépôt.

4 octobre. — Le dépôt quitte Rennes pour se rendre à Lorient.

10 octobre. — Départ de la 1ʳᵉ compagnie de dépôt pour se rendre à Saint Brieuc, sous-lieutenant Drouot. Cette compagnie est versée au 36ᵉ régiment de marche.	1	217	»

---

(1) Effectif du dépôt au 1ᵉʳ août (29 officiers, 1,000 hommes, 2 chevaux).

	Offic.	Troupe.	Chev.

21 octobre. — La 3ᵉ compagnie de dépôt quitte Lorient pour se rendre à Belle-Isle où elle reste jusqu'au 6 décembre jour de sa rentrée à Lorient.

15 octobre. — Départ d'un détachement pour rejoindre le 29ᵉ régiment de marche à l'armée de la Loire. . . . . » 340 »

31 octobre. — Départ de la 6ᵉ compagnie du 4ᵉ bataillon pour Angers où elle est versée au 48ᵉ régiment de marche. Lieutenant Prieur, remplacé par le capitaine Sauvage. . . . . 3 181 »

13 novembre. — Formation de la 5ᵉ compagnie de dépôt.

23 novembre. — Départ des 2ᵉ, 4ᵉ et 5ᵉ compagnies de dépôt pour le camp de Conlie sous les ordres du capitaine Germain, capitaines commandant les compagnies Germain, d'Alphonse, Emile. Formation du bataillon de marche du 62ᵉ de ligne. 7 660 »

24 novembre. — Formation de la 6ᵉ compagnie de dépôt qui est envoyée à Belle-Isle le même jour et rentre à Lorient le 5 décembre.

24 novembre. — Formation de la 7ᵉ compagnie de dépôt.

29 novembre. — M. le major Dauriac est nommé lieutenant-colonel au 61ᵉ régiment de marche. Il est remplacé le même jour par M. le capitaine Denoue, nommé major au corps.

6 décembre. — Les 2 compagnies provisoires vont tenir garnison à Belle-Isle où elles restent jusqu'au 1ᵉʳ mars 1871.

20 décembre. — Un détachement part pour Bordeaux où il est versé au 86ᵉ régiment de marche. Capitaine Chauvet. 1 98 »

21 décembre. — Un détachement part pour être versée au 39ᵉ régiment de marche . . . . » 305 »

26 décembre. — Un détachement part pour Bordeaux où il est versé au 74ᵉ régiment de marche. . . . . » 95 »

1ᵉʳ janvier 1871. — Formation de la 8ᵉ compagnie de dépôt.

27 janvier. — Départ d'un détachement pour Bordeaux, capitaine Sager. Ce détachement passe au 88ᵉ régiment de marche le 16 février. . . . . 3 116 »

1ᵉʳ mars. — Le dépôt comprend les 1ʳᵉ et 2ᵉ compagnies provisoires à Belle-Isle, les 3ᵉ, 6ᵉ, 7ᵉ, 8ᵉ compagnies de dépôt et la compagnie hors-rang à Lorient. (Effectif : 18 officiers, 504 hommes.)

63ᵉ RÉGIMENT — DÉPOT

15 juillet 1870. — Huot de Frasnoy, major, Epinal.

16 juillet. — Le régiment quitte le camp de Châlons pour se rendre à Saint-Avold où il arrive le 17.

— 131 —

	Offic.	Troupe.	Chev.
28 juillet. — Départ d'un détachement pour rejoindre à Saint-Avold les bataillons de guerre.	1	400	»
(1) *1er août.* — Effectif des 3 bataillons de guerre.	65	1991	26
4 août. — Départ d'un détachement pour Metz.	1	250	»
4 août. — Formation du 4e bataillon (4 compagnies), commandant Darbour. Ce bataillon quitte Epinal pour se rendre à Phalsbourg où il doit tenir garnison.	12	700	2
10 août. — Le dépôt constitué à 4 compagnies quitte Epinal pour se rendre à Toul, sous les ordres du major.	10	500	1
10 août. — Les magasins et ateliers sont dirigés sur Châlons.			
25 août. — Les magasins sont dirigés de Châlons sur Blois où ils arrivent le 31.			
23 septembre. — Le dépôt (4 compagnies). Prisonnier à la capitulation de Toul.			
11 décembre. — Le 4e bataillon est prisonnier de guerre à la capitulation de Phalsbourg.			
Fin septembre. — Formation d'un petit dépôt à Agen (2 officiers, 168 hommes).			
6 octobre. — Formation à Cette du nouveau dépôt. Major Bouchard nommé le même jour.			
6 octobre. — Formation des 1re et 2e compagnies provisoires et de la compagnie hors-rang.			
12 octobre. — Formation de la 1re compagnie de dépôt.			
20 novembre. — Départ de la 1re compagnie de dépôt pour le Mans où elle est versée au 59e régiment de marche. Capitaine Paissot.	3	170	»
2 décembre. — Formation de la 2e compagnie de dépôt.			
25 décembre. — Départ de la 2e compagnie de dépôt pour Bordeaux où elle est versée au 75e régiment de marche. Capitaine	3	170	»
24 janvier 1871. — Départ d'un détachement pour rejoindre le 87e régiment de marche à Bordeaux.	»	25	»
25 janvier. — Formation de la 3e compagnie de dépôt.			
15 février. — Départ d'un détachement pour Bordeaux où il est versé au 90e régiment de marche. Sous-lieutenant Godet.	2	53	»
20 février. — Départ de la 3e compagnie de dépôt pour Bordeaux.	2	219	»
1er mars 1871. — Le dépôt comprend les 1re et 2e compagnies provisoires et la compagnie hors-rang. (Effectif : 7 officiers, 219 hommes.)			

(1) Effectif du dépôt au 1er août 26 officiers, 737 hommes, 1 cheval).

64ᵉ RÉGIMENT — DÉPOT

	Offic.	Troupe.	Chev.

15 juillet 1870. — Delpech, major, Calais.

21 juillet. — Le régiment quitte Calais pour se rendre à Thionville où il arrive le 22.

28 juillet. — Départ d'un détachement pour Thionville . . . . 1 — 300 — »

(1) *1ᵉʳ août.* — Effectif des 3 bataillons de guerre. . . . . 67 — 1819 — 28

4 août. — Départ d'un détachement pour Metz . . . . . . 1 — 200 — »

11 août. — Formation du 4ᵉ bataillon à 4 compagnies.

12 août. — Le 4ᵉ bataillon quitte Calais pour se rendre au camp de Châlons, commandant Moch. Ce bataillon passe au 3ᵉ régiment de marche. . . . . 15 — 824 — 5

16 août. — Formation des 5ᵉ et 6ᵉ compagnies du 4ᵉ bataillon.

29 août. — Départ de la 8ᵉ compagnie du 2ᵉ bataillon pour Paris, capitaine Rémy. Cette compagnie est versée en octobre au 35ᵉ régiment de marche de Paris (135ᵉ). . . . 3 — 287 — »

6 septembre. — Formation des 1ʳᵉ et 2ᵉ compagnies provisoires. Lieutenant Legrand et capitaine Thorel.

17 septembre — Départ de la 8ᵉ compagnie du 3ᵉ bataillon pour se rendre à Tours où elle est versée au 31ᵉ régiment de marche. Capitaine Portel. . . . . 3 — 236 — »

1ᵉʳ octobre. — Formation des 1ʳᵉ, 2ᵉ, 3ᵉ et 4ᵉ compagnies de dépôt.

7 octobre. — Départ de la 1ʳᵉ compagnie de dépôt pour rejoindre le 36ᵉ régiment de marche. Capitaine Priat. . . 2 — 220 — »

19 octobre. — Départ des 2ᵉ et 3ᵉ compagnies de dépôt pour rejoindre à Tours le 41ᵉ régiment de marche où elles sont versées. Capitaines Desprels, lieutenant Scheer . . 4 — 425 — »

30 octobre. — Formation des 5ᵉ, 6ᵉ, 7ᵉ et 8ᵉ compagnies.

31 octobre. — Formation de la 9ᵉ compagnie de dépôt.

6 novembre. — Formation du 1ᵉʳ bataillon de marche du 64ᵉ de ligne. Commandant Latreille.

> 4ᵉ compagnie de dépôt, lieutenant Le Tarouilly.
> 5ᵉ compagnie de dépôt, lieutenant Marguet.
> 6ᵉ compagnie de dépôt, capitaine Deprez.
> 7ᵉ compagnie de dépôt, capitaine Laurens.
> 8ᵉ compagnie de dépôt, lieutenant Blanchon.

Effectif du bataillon de marche . . . . 11 — 750 — 2

15 novembre. — Le major Delpech est nommé lieutenant-colonel pour commander un régiment de marche. Il est

---

(1) Effectif du dépôt au 1ᵉʳ août (23 officiers, 854 hommes, 4 chevaux).

	Offic.	Troupe.	Chev.

remplacé le même jour par le capitaine Foubert, nommé major au corps.

2 décembre. — Le 1er bataillon de marche du 64e de ligne est versé au 68e régiment de marche.

19 décembre. Formation des 10e, 11e, 12e et 13e compagnies de dépôt.

2 janvier 1871. — Organisation d'un 2e bataillon de marche du 64e de ligne. Commandant Régnier.

    9e compagnie de dépôt, capitaine Bonnet.
    10e compagnie de dépôt, capitaine de Courbon.
    11e compagnie de dépôt, capitaine Pauline.
    12e compagnie de dépôt, capitaine Gisclon.
    13e compagnie de dépôt, capitaine Desroziers.

Effectif du bataillon de marche 15   879   1

20 février. — Ce bataillon est versé au 72e régiment de marche.

1er mars 1871. — Le dépôt comprend les 1re et 2e compagnies provisoires et la compagnie hors-rang. (Effectif : 10 officiers, 420 hommes, 1 cheval.)

65e RÉGIMENT — DÉPOT

15 juillet 1870. — Simonin, major, Valenciennes.

21 juillet. — Le régiment quitte Valenciennes pour se rendre à Thionville où il arrive le même jour.

30 juillet. — Départ d'un détachement pour Thionville . . 1   400   »

(1) *1er août.* — Effectif des 3 bataillons de guerre 66   1637   40

4 août. — Départ d'un détachement pour Thionville. . . . 1   200   »

12 août. — Formation du 4e bataillon.

13 août. — Départ du 4e bataillon pour le camp de Châlons (4 compagnies), commandant Depas-Larat. Ce bataillon entre dans la formation du 4e régiment de marche . . . 16   696   2

16 août. — Formation des 5e et 6e compagnies du 4e bataillon.

28 août. — Départ de la 5e compagnie du 4e bataillon pour Paris, capitaine Galopin. En octobre cette compagnie passe au 35e régiment de marche de Paris (135e) 3   216   »

18 septembre. — Départ de la 6e compagnie du 4e bataillon pour se rendre à Nevers où elle est versée au 33e régiment de marche. Capitaine Delage 2   218   »

1er octobre. — Formation de la 1re compagnie de dépôt.

2 octobre. — Formation de la 2e compagnie de dépôt.

---

(1) Effectif du dépôt au 1er août (19 officiers, 1,473 hommes, 1 cheval).

	Offic.	Troupe.	Chev.

11 octobre. — Départ de la 1re compagnie de dépôt pour rejoindre le 39e régiment de marche où elle est versée. Lieutenant Beaugrand . . . . 2 220 »

11 octobre. — Formation des 3e et 4e compagnies de dépôt.

12 octobre. — Les 8es compagnies des 2e et 3e bataillons restent jusqu'à la fin de la campagne au dépôt.

30 octobre. — Formation des 1re et 2e compagnies provisoires.

6 novembre. — Formation du 1er bataillon de marche du 65e de ligne. Commandant Enduran.

    1re compagnie provisoire, capitaine Malafosse.
    2e compagnie provisoire, capitaine Estrabeau.
    2e compagnie de dépôt, capitaine Jamain.
    3e compagnie de dépôt, lieutenant Aubert.
    4e compagnie de dépôt, lieutenant Chevalier.
    Effectif du 1er bataillon de marche du 65e de ligne . . . 15 750 2

22 novembre. — Départ du 1er bataillon de marche pour faire partie de l'armée du nord où il est versé au 67e régiment de marche.

15 décembre. — Formation des 5e, 6e, 7e, 8e et 9e compagnies de dépôt.

27 novembre. — Formation du 2e bataillon de marche du 65e de ligne. Commandant Tamisey.

    5e compagnie de dépôt, capitaine Schwaebel.
    6e compagnie de dépôt, lieutenant Lieutard.
    7e compagnie de dépôt, lieutenant Tongas.
    8e compagnie de dépôt, lieutenant Marion.
    9e compagnie de dépôt, lieutenant Bompard.
    Effectif du 2e bataillon de marche du 65e de ligne. . . 16 750 1

11 janvier 1871. — Départ d'un détachement pour rejoindre le 1er bataillon de marche . . . . » 130 »

18 janvier. — Départ d'un détachement pour rejoindre le 1er bataillon de marche. . . . . » 205 »

28 janvier. — Le 1er bataillon est réuni au 2e et forme à Saint-Omer le 65e régiment (*bis*) de marche. Lieutenant-colonel Jacob.

11 février. — Formation d'une 10e compagnie de dépôt.

17 février. — Départ d'un détachement pour rejoindre à Saint-Omer le 65e régiment (*bis*) de marche. . . . . . . » 469 »

1er mars 1871. — Le dépôt comprend la 10e compagnie de dépôt, les 8es compagnies des 2e et 3e bataillons. Capitaines Dufour et Morache et la compagnie hors-rang. (Effectif : 13 officiers, 864 hommes, 2 chevaux.)

66ᵉ RÉGIMENT — DÉPOT

	Offic.	Troupe.	Chev.

15 juillet 1870. — Jamais, major, Privas.

16 juillet. — Le régiment part du camp de Châlons pour se rendre à Saint-Avold où il arrive le 17.

29 juillet. — Départ d'un détachement pour rejoindre les bataillons de guerre à Saint-Avold. Capitaine Jadelot. . 1 500 »

(1) *1ᵉʳ août.* — Effectif des 3 bataillons de guerre. 66 1001 9

5 août. — Un détachement part pour Metz. Sous-lieutenant Dillon . . . . 1 250 »

6 août. — Un détachement part pour rejoindre les bataillons de guerre à Metz. Lieutenant Delord . . . . 1 118 »

12 août. — Formation du 4ᵉ bataillon.

14 août. — Le 4ᵉ bataillon (4 compagnies) part pour se rendre à Valence. Commandant Neltner 16 803 3

15 août. — Le 4ᵉ bataillon quitte Valence pour se rendre à Paris où il arrive le 16.

16 août. — Organisation à Privas des 5ᵉ et 6ᵉ compagnies du 4ᵉ bataillon.

26 août. — Départ des 5ᵉ et 6ᵉ compagnies pour Paris où elles rejoignent le 4ᵉ bataillon qui est définitivement constitué à 6 compagnies. 22 1150 4

27 août. — Le 4ᵉ bataillon passe au 26ᵉ régiment de marche d'infanterie en formation à Paris.

29 août. — Départ de la 8ᵉ compagnie du 2ᵉ bataillon pour Paris, capitaine Cointin. En octobre cette compagnie passe au 37ᵉ régiment de marche de Paris (137ᵉ). . . . . 3 200 »

6 septembre. — Formation de 2 compagnies provisoires.

7 septembre. — M. le major Jamais est nommé au commandement d'un bataillon. Il est remplacé par M. le major en retraite Gibert.

18 septembre. — Départ de la 8ᵉ compagnie du 3ᵉ bataillon pour entrer à Limoges dans la formation du 32ᵉ régiment de marche. Lieutenant Collain. . . . . 2 216 »

6 octobre. — Formation des 1ʳᵉ, 2ᵉ, 3ᵉ et 4ᵉ compagnies de dépôt.

11 octobre. — Départ de la 1ʳᵉ compagnie de dépôt pour Bourges où elle est versée au 39ᵉ régiment de marche. Sous-lieutenant Bergon. . . . . 2 216 »

20 octobre. — Départ des 3ᵉ et 4ᵉ compagnies de dépôt pour rejoindre le 37ᵉ régiment de marche à Lyon. Sous-lieutenants Laperche et Côte-Colisson. . . . . 2 432 »

---

(1) Effectif du dépôt au 1ᵉʳ août (22 officiers, 1,312 hommes, 4 chevaux).

	Offic.	Troupe.	Chev.

21 octobre. — Départ de la 2ᵉ compagnie de dépôt pour Bourges où elle est versée au 44ᵉ régiment de marche. Sous-lieutenant Bellemet.

28 octobre. — Formation des 5ᵉ, 6ᵉ, 7ᵉ et 8ᵉ compagnies de dépôt.

1ᵉʳ novembre. — Départ des 5ᵉ, 6ᵉ et 7ᵉ compagnies de dépôt pour rejoindre à Lyon le 57ᵉ régiment de marche. Sous-lieutenants Rouchaud, Peyroutilles et Monteil. . . . . 3 678 »

5 décembre. — Départ de la 8ᵉ compagnie de dépôt pour rejoindre à Bourges le 65ᵉ régiment de marche. Lieutenant Vénereau. . . . . 2 216 »

22 décembre. — Départ d'un détachement pour rejoindre à Bordeaux le 77ᵉ régiment de marche. Sous-lieutenant Picon. . . . . 1 62 »

11 janvier 1871. — Formation de la 9ᵉ compagnie de dépôt.

16 janvier. — Formation de la 10ᵉ compagnie de dépôt.

25 janvier. — Départ des 9ᵉ et 10ᵉ compagnies de dépôt pour Bordeaux où elles sont versées au 89ᵉ régiment de marche. Capitaines de Balestrier et Cristofini . . . . 6 261 »

12 février. — Formation de la 11ᵉ compagnie de dépôt.

16 février. — Départ de la 11ᵉ compagnie de dépôt pour rejoindre à Bordeaux le 92ᵉ régiment de marche. Sous-lieutenant Manon . . . . 6 130 »

1ᵉʳ mars 1871. — Le dépôt comprend les 1ʳᵉ et 2ᵉ compagnies provisoires, capitaine Pouget, et la compagnie hors rang. (Effectif : 12 officiers, 288 hommes.)

67ᵉ RÉGIMENT — DÉPOT

15 juillet 1870. — Renaud, major, Nevers.

16 juillet. — Départ du régiment du camp de Châlons pour Saint-Avold où il arrive le 17.

30 juillet. — Un détachement quitte le dépôt pour rejoindre les bataillons de guerre à Saint-Avold . . . . 1 200 »

(1) *1ᵉʳ août.* — Effectif des 3 bataillons de guerre 62 2320 27

4 août. — Un détachement part pour rejoindre les bataillons de guerre à Metz . . . . 1 400 »

7 août. — Le major Renaud passe au commandement d'un bataillon par permutation avec le chef de bataillon Méry, nommé major.

14 août. — Formation du 4ᵉ bataillon.

16 août. — Création des 5ᵉ et 6ᵉ compagnies du 4ᵉ bataillon.

---

(1) Effectif du dépôt au 1ᵉʳ août (22 officiers, 399 hommes, 4 chevaux).

	Offic.	Troupe.	Chev.

17 août. — Départ du 4ᵉ bataillon pour Paris, commandant Renaud. Le même jour ce bataillon passe au 14ᵉ régiment de marche. 16 800 2

29 août. — Départ de la 8ᵉ compagnie du 2ᵉ bataillon pour Paris, capitaine Dommanget. En octobre cette compagnie passe au 39ᵉ régiment de marche de Paris (139ᵉ). . 2 200 »

10 septembre. — Formation de 2 compagnies provisoires. Capitaines Delachau et Groc.

18 septembre. — Départ de la 8ᵉ compagnie du 3ᵉ bataillon pour Nevers où elle est versée au 33ᵉ régiment de marche. Capitaine Tavelet . . . . 3 216 »

6 octobre. — Formation des 1ʳᵉ, 2ᵉ, 3ᵉ et 4ᵉ compagnies de dépôt.

6 octobre. — Départ de la 1ʳᵉ compagnie de dépôt pour Saint-Brieuc où elle est versée au 36ᵉ régiment de marche. Capitaine Cavedasca. . . . . 3 216 »

26 octobre. — Départ de la 3ᵉ compagnie de dépôt pour rejoindre à Tours le 45ᵉ régiment de marche. Lieutenant Bariod. . . . . 2 216 »

29 octobre. — Le major Méry passe au commandement d'un bataillon de marche. Il est remplacé le même jour par le capitaine Truchot, nommé major au corps.

1ᵉʳ novembre. — Formation des 5ᵉ, 6ᵉ et 7ᵉ compagnies de dépôt.

7 novembre. — Départ de la 4ᵉ compagnie de dépôt pour rejoindre le 52ᵉ régiment de marche à Rochefort. Sous-lieutenant Chavantou . . . . 2 216 »

14 novembre. — Départ de la 5ᵉ compagnie de dépôt pour Clermont-Ferrand où elle est versée au 55ᵉ régiment de marche. Sous-lieutenant Delacour . . . . 2 216 »

17 novembre. — Formation des 8ᵉ et 9ᵉ compagnies de dépôt.

26 novembre. — Formation de la 10ᵉ compagnie de dépôt.

28 novembre. — Départ des 6ᵉ et 7ᵉ compagnies de dépôt pour Clermont-Ferrand où elles sont versées au 61ᵉ régiment de marche. Sous lieutenants Guesnon et Godinot. 1 402 »

1ᵉʳ décembre. — Départ des 8ᵉ et 9ᵉ compagnies pour rejoindre le 55ᵉ régiment de marche. Sous-lieutenants de Laître et Lavèvre . . . . 4 324 »

6 décembre. — Formation de la 11ᵉ compagnie de dépôt.

8 décembre. — Formation de la 12ᵉ compagnie de dépôt.

15 décembre. — Le dépôt quitte Nevers pour se rendre à Clermont-Ferrand où il arrive le 17. Part pour Nîmes le 20 où il arrive le 22.

15 décembre. — La 10ᵉ compagnie de dépôt restée à Nevers

	Offic.	Troupe.	Chev.

opère dans le département de l'Yonne jusqu'au 3 février 1871, au camp de Varennes jusqu'au 27, à Nevers jusqu'au 14 mars, jour où elle rejoint le dépôt à Nîmes. Sous-lieutenant d'Irrisson . . . . 2 219 »

16 décembre. — Départ des 11e et 12e compagnies de dépôt pour rejoindre à Cherbourg le 71e régiment de marche. Sous-lieutenants Lombardeau et de Sigalas. . . . . . 4 440 »

28 décembre. — Formation de la 13e compagnie de dépôt.

11 janvier 1871. — Départ de la 13e compagnie de dépôt pour rejoindre à Bordeaux le 81e régiment de marche. Capitaine Coince. 2 217 »

21 janvier. — Formation de la 14e compagnie de dépôt.

25 janvier. — Départ de la 14e compagnie pour rejoindre à Bordeaux le 87e régiment de marche. Capitaine Salom. 2 130 »

1er février. — Formation de la 15e compagnie de dépôt.

16 février. — Départ de la 15e compagnie de dépôt pour Bordeaux où elle est versée au 90e régiment de marche. Lieutenant Grandin. . . . . 2 119 »

1er mars 1871. — Le dépôt comprend les 1re et 2e compagnies provisoires, la compagnie hors-rang. (Effectif : 16 officiers, 598 hommes.)

68e RÉGIMENT — DÉPOT

15 juillet 1870. — Lemoine, major, Guéret.

16 juillet. — Départ du régiment de Lyon pour se rendre à Bitche où il arrive le 17.

31 juillet. — Départ d'un détachement pour rejoindre les bataillons de guerre. Lieutenant Lemaître. . . . . . . 1 300 »

(1) *1er août.* — Effectif des 3 bataillons de guerre 68 1978 28

2 août. — Départ d'un détachement pour rejoindre les bataillons de guerre. Sous-lieutenant Rondonneau. . . 1 203 »

4 août. — Un détachement part pour rejoindre les bataillons de guerre. Sous-lieutenant Renaudin. . . . . . . 1 203 »

Ces deux derniers détachements suivent le mouvement de retraite de la brigade Lapasset et se retirent sur Metz.

4 août. — M. le major Lemoine passe au commandement d'un bataillon. Il est remplacé par le capitaine Calvet, du 100e de ligne, nommé major au corps le même jour.

7 août. — Départ d'un détachement pour le camp de Châlons où il arrive le 11. . . . . 1 100 »

14 août. — Formation du 4e bataillon (4 compagnies).

---

(1) Effectif du dépôt au 1er août (22 officiers, 706 hommes, 4 chevaux).

	Offic.	Troupe.	Chev.

20 août. — Création des 5ᵉ et 6ᵉ compagnies du 4ᵉ bataillon. Le même jour les 4 premières compagnies partent pour Paris.

25 août. — Les 5ᵉ et 6ᵉ compagnies partent pour Paris.

26 août. — Le 4ᵉ bataillon complètement formé, commandant Passé, entre le même jour dans la formation du 17ᵉ régiment de marche 15 954 1

29 août. — La 8ᵉ compagnie du 2ᵉ bataillon part pour Paris, capitaine Lamorlette. Cette compagnie passe en octobre au 35ᵉ régiment de marche de Paris (135ᵉ). . . 2 201 »

17 septembre. — Formation de 2 compagnies provisoires.

18 septembre. — Départ de la 8ᵉ compagnie du 3ᵉ bataillon pour se rendre à Nevers où elle doit entrer dans la formation du 33ᵉ régiment de marche. Capitaine Chicard . 2 219 »

6 octobre. — Formation de 4 compagnies de dépôt.

7 octobre. — Départ de la 1ʳᵉ compagnie de dépôt pour rejoindre le 36ᵉ régiment de marche. Capitaine Renout. 2 178 »

26 octobre. — Formation de la 5ᵉ compagnie de dépôt.

24 novembre. — Départ des 2ᵉ et 3ᵉ compagnies de dépôt pour rejoindre à Clermont-Ferrand le 61ᵉ régiment de marche. Capitaines Schleininger et Huché de Cintré. . 6 400 »

3 décembre. — Formation des 6ᵉ et 7ᵉ compagnies de dépôt.

5 décembre. — Départ des 4ᵉ et 5ᵉ compagnies de dépôt pour rejoindre le 65ᵉ régiment de marche à Bourges. Capitaines Vallet et Gachen . . . . 6 400 »

17 décembre. — Départ d'un détachement pour Bourges où il est versé au régiment étranger . . . . » 400 »

16 janvier 1871. — Départ d'un détachement pour Bordeaux où il est versé au 85ᵉ régiment de marche. Capitaine Vallois . . . . 1 52 »

27 janvier. — Départ d'un détachement pour Bordeaux où il est versé au 88ᵉ régiment de marche. Lieutenant Sauzède . . . . 1 25 »

15 février. — Départ d'un détachement pour Bordeaux, lieutenant Godard. Ce détachement n'ayant concouru à aucune formation rentre au dépôt à Guéret en mars . . . 8 110 »

16 février. — Formation de la 8ᵉ compagnie de dépôt. Cette compagnie part le même jour pour se rendre au camp de Saint-Médard, capitaine Louis (6 officiers, 91 hommes). Elle rentre au dépôt le 8 mars.

1ᵉʳ mars 1871. — Le dépôt comprend les 6ᵉ et 7ᵉ compagnies de dépôt, capitaines Vallois et Couthaud, les 1ʳᵉ et 2ᵉ compagnies provisoires et la compagnie hors-rang. (Effectif : 16 officiers, 271 hommes).

69ᵉ RÉGIMENT — DÉPOT

	Offic.	Troupe.	Chev.
15 juillet 1870. — Allard, major, Laval.			
16 juillet. — Départ du régiment de Paris pour se rendre à Metz, où il arrive le 17.			
29 juillet. — Départ d'un détachement pour rejoindre les bataillons de guerre à Metz.	1	400	»
(1) *1ᵉʳ août.* — Effectif des 3 bataillons de guerre.	63	1691	»
4 août. — Départ d'un détachement pour Metz.	1	150	»
10 août. — Formation du 4ᵉ bataillon.			
13 août. — Création des 5ᵉ et 6ᵉ compagnies du 4ᵉ bataillon.			
14 août. — Départ pour Paris du 4ᵉ bataillon qui passe le 16 au 10ᵉ régiment de marche. Commandant Allard.	15	907	3
16 août. — M. le chef de bataillon Jougla permute avec M. le major Allard.			
29 août. — Départ de la 8ᵉ compagnie du 2ᵉ bataillon pour Paris, capitaine Puig. Cette compagnie passe en octobre au 35ᵉ régiment de marche de Paris (135ᵉ).	3	195	»
3 septembre. — Formation de 2 compagnies provisoires.			
16 septembre. — La 8ᵉ compagnie du 3ᵉ bataillon quitte le dépôt pour se rendre au Mans où elle est incorporée au 31ᵉ régiment de marche. Capitaine Jau.	2	219	»
4 octobre. — Formation de 4 compagnies de dépôt, 7 octobre. Le dépôt part de Laval pour se rendre à Lyon.			
5 octobre. — Départ de la 1ʳᵉ compagnie de dépôt pour rejoindre le 38ᵉ régiment de marche. Sous-lieutenant Maury.	2	200	»
8 octobre. — Départ des 2ᵉ, 3ᵉ et 4ᵉ compagnies de dépôt pour rejoindre le 49ᵉ régiment de marche à Auxonne. Sous-lieutenants Strugen, Godin et Charcot.	4	600	»
25 octobre. — Création des 5ᵉ, 6ᵉ et 7ᵉ compagnies. Elles partent le même jour pour concourir à la formation du 57ᵉ régiment de marche. Capitaine Schuby, sous-lieutenants Hemmelin et Eynard.	4	600	»
1ᵉʳ novembre. — M. le major Jougla est mis en non-activité et remplacé par M. le major Guillaume de Priel.			
7 novembre. — Le dépôt quitte Lyon pour se rendre à Marseille.			
7 novembre. — Départ d'un détachement de Marseille pour se rendre à Antibes où il est incorporé au dépôt du 96ᵉ de ligne (450 hommes).	»	450	»

---

(1) Effectif du dépôt au 1ᵉʳ août (23 officiers, 1,160 hommes 4 chevaux).

— 141 —

	Offic.	Troupe.	Chev.

8 novembre. — Formation des 8ᵉ et 9ᵉ compagnies de dépôt.
1ᵉʳ décembre. — Départ des 8ᵉ et 9ᵉ compagnies de dépôt pour rejoindre le 62ᵉ régiment de marche. Sous-lieutenants Roquebrune et Constantin.   4   100   »
8 décembre. — Départ d'un détachement pour Gien . . . .   »   153   »
11 décembre. — Départ d'un détachement pour Gien . . .   »   65   ».
16 décembre. — Départ d'un détachement pour Bourges où il doit rejoindre le régiment étranger à Saint-Florent. .   »   160   »
20 janvier 1871. — Départ d'un détachement pour rejoindre à Bordeaux le 80ᵉ régiment de marche. . . . .   »   22   »
21 janvier - Départ d'un détachement pour rejoindre à Bordeaux le 81ᵉ régiment de marche. Sous-lieutenant Monier.   1   50   »
1ᵉʳ février. — Départ d'un détachement pour rejoindre le 86ᵉ régiment de marche. Lieutenant d'Hostingue   1   100   »
16 février. — Départ d'un détachement pour rejoindre le 88ᵉ régiment de marche. . . . .   »   152   »
21 février. — Départ de la 10ᵉ compagnie de dépôt pour Bordeaux où elle doit concourir à la formation du 92ᵉ régiment de marche. Sous-lieutenant Colas   2   172   »
1ᵉʳ mars 1871. — Le dépôt comprend la 11ᵉ compagnie de dépôt, les 1ʳᵉ et 2ᵉ compagnies provisoires, la compagnie hors-rang. (Effectif : 14 officiers, 340 hommes.)

70ᵉ RÉGIMENT — DÉPOT

15 juillet 1870. — Thomas, major, Saint-Brieuc.
20 juillet. — Départ du régiment de Brest pour se rendre à Paris où il arrive le 21.
29 juillet. — Départ d'un détachement pour rejoindre les bataillons de guerre à Paris. Arrivé le 2 août.   1   600   »
(1) *1ᵉʳ août.* — Effectif des 3 bataillons de guerre   66   2347   24
12 août. — Formation du 4ᵉ bataillon.
15 août. — Création des 5ᵉ et 6ᵉ compagnies du 4ᵉ bataillon.
16 août. — Départ du 4ᵉ bataillon pour Paris, commandant Roblastre. Ce bataillon entre dans la formation du 10ᵉ régiment de marche.   14   822   2
29 août. — Départ de la 8ᵉ compagnie du 2ᵉ bataillon pour Paris, capitaine Jozin. Cette compagnie passe en octobre au 38ᵉ régiment de marche de Paris (138ᵉ)   3   221   »
8 septembre. — Formation de 2 compagnies provisoires.
18 septembre. — Départ de la 8ᵉ compagnie du 3ᵉ bataillon

---

(1) Effectif du dépôt au 1ᵉʳ août (23 officiers, 508 hommes, 1 cheval).

	Offic.	Troupe.	Chev.

pour le Mans où se forme le 31ᵉ régiment de marche. Lieutenant Lods . . . . 1 | 224 | »

2 octobre. — Formation de 4 compagnies de dépôt.

5 octobre. — Départ de la 1ʳᵉ compagnie de dépôt pour le 38ᵉ régiment de marche. Capitaine Vignon . . . . 1 | 214 | ».

7 octobre. — Le dépôt quitte Saint-Brieuc pour se rendre à Lyon où il arrive le 10.

12 octobre. — Formation de la 5ᵉ compagnie de dépôt.

25 octobre. — Départ des 2ᵉ, 3ᵉ, 4ᵉ et 5ᵉ compagnies de dépôt pour rejoindre le 49ᵉ régiment de marche à Auxonne. Capitaine Juggery, sous-lieutenants Goujon, Mercèdre et Darmault . . . . 9 | 800 | »

27 octobre. — Formation des 6ᵉ et 7ᵉ compagnies de dépôt.

2 novembre. — Formation des 8ᵉ et 9ᵉ compagnies de dépôt.

6 novembre. — Départ d'un détachement de 250 hommes pour rejoindre à Antibes le dépôt du 96ᵉ de ligne en formation dans cette place . . . . » | 250 | »

20 novembre. — La 6ᵉ compagnie de dépôt passe au 57ᵉ régiment de marche à Lyon. Sous-lieutenant Leboulanger . 3 | 200 | »

7 décembre. — Le dépôt quitte Lyon pour se rendre à Marseille.

16 décembre. — Départ d'un détachement pour Bourges où il est versé au régiment étranger . . . . » | 200 | »

17 décembre. — Le major Marignac prend le commandement du dépôt.

19 décembre. — Formation de la 10ᵉ compagnie de dépôt.

20 décembre. — Formation des 11ᵉ et 12ᵉ compagnies de dépôt.

20 décembre. — Départ de la 7ᵉ compagnie de dépôt pour rejoindre le 71ᵉ régiment de marche en formation à Cherbourg. Capitaine Bordeaux . . . . 3 | 200 | »

28 décembre. — Départ de la 8ᵉ compagnie de dépôt pour Bordeaux où elle passe au 78ᵉ régiment de marche. Capitaine Lelong . . . . 3 | 200 | »

28 décembre. — Départ de la 10ᵉ compagnie, sous-lieutenant Heyraud. Cette compagnie reste jusqu'au 1ᵉʳ mars 1871 à Avignon (1 officier, 200 hommes) . . . . 1 | 200 | »

20 janvier 1871. — Départ d'un détachement pour rejoindre le 81ᵉ régiment de marche. Lieutenant Duchiron . . . 1 | 54 | »

21 janvier. — Départ d'un détachement pour Bordeaux. Ce détachement est versé au 86ᵉ régiment de marche . . . » | 70 | »

29 janvier. — Départ d'un détachement pour Bordeaux. Ce détachement passe au 88ᵉ régiment de marche, sous-lieutenant Bonneton . . . . 1 | 75 | »

16 février. — Départ de la 9ᵉ compagnie de dépôt pour

	Offic.	Troupe.	Chev.

rejoindre le 92ᵉ régiment de marche. Sous-lieutenant Hallenbronnen . . . . 1 100 »

1ᵉʳ mars 1871. — Le dépôt comprend les 11ᵉ et 12ᵉ compagnies de dépôt, les 2 compagnies provisoires et la compagnie hors-rang. (Effectif : 12 officiers, 405 hommes.)

71ᵉ RÉGIMENT — DÉPOT

15 juillet 1870. — Berbain, major, au Mans.

16 juillet. — Le régiment quitte Paris pour se rendre à Metz où il arrive le 17.

28 juillet. — Départ d'un détachement pour Paris. . . . . 3 542 »

(1) *1ᵉʳ août.* — Effectif des 3 bataillons de guerre. 66 2149 21

4 août. — Départ d'un détachement pour Metz. . . . . . 1 300 »

15 août. — Formation et départ du 4ᵉ bataillon (4 compagnies) pour Paris, commandant Cristiani de Ravaran. Ce bataillon passe au 10ᵉ régiment de marche. 18 977 2

16 août. — Création des 5ᵉ et 6ᵉ compagnies du 4ᵉ bataillon.

22 août. — Départ des 5ᵉ et 6ᵉ compagnies pour rejoindre à Paris le 4ᵉ bataillon . . . . 6 350 »

29 août. — La 8ᵉ compagnie du 2ᵉ bataillon quitte le Mans pour se rendre à Paris, capitaine Martelli. Cette compagnie passe en octobre dans la formation du 38ᵉ régiment de marche de Paris (138ᵉ). . . . . 3 219 »

14 septembre. — Formation de 2 compagnies provisoires.

19 septembre. — La 8ᵉ compagnie du 3ᵉ bataillon quitte le dépôt pour se rendre à Bourges où elle entre dans la formation du 29ᵉ régiment de marche. Capitaine Monmayeur. . . . . 2 219 »

23 septembre. — Le dépôt quitte le Mans pour se rendre à Lyon où il arrive le 26.

1ᵉʳ octobre. — Formation des 1ʳᵉ, 2ᵉ, 3ᵉ et 4ᵉ compagnies de dépôt.

12 octobre. — Départ de la 1ʳᵉ compagnie de dépôt pour rejoindre le 39ᵉ régiment de marche à Bourges. Capitaine Gigon. . . . . 2 195 »

21 octobre. — Formation de la 5ᵉ compagnie de dépôt.

24 octobre. — Départ des 2ᵉ, 3ᵉ et 4ᵉ compagnies de dépôt pour se rendre à Pesmes sur l'Oignon (Haute-Saône). Capitaine Mortier. . . . . 6 557 »

30 octobre. — Les 2ᵉ, 3ᵉ et 4ᵉ compagnies prennent part au

---

(1) Effectif du dépôt au 1ᵉʳ août 25 officiers, 699 hommes, 2 chevaux.

	Offic.	Troupe.	Chev.

combat de Dijon. Après cette affaire elles sont dirigées sur Lyon où elles arrivent le 1ᵉʳ novembre.

1ᵉʳ novembre. — Formation de la 6ᵉ compagnie de dépôt.

2 novembre. — Départ du dépôt de Lyon pour se rendre à Toulon où il arrive le 3.

16 novembre. — Départ de la 5ᵉ compagnie de dépôt pour Clermont-Ferrand, où elle est versée au 55ᵉ régiment de marche. Sous-lieutenant Laléchère 2   216   »

16 novembre. — Formation de la 7ᵉ compagnie de dépôt.

16 novembre. — Les 2ᵉ, 3ᵉ et 4ᵉ compagnies de dépôt restées à Lyon sont versées au 60ᵉ régiment de marche. Capitaine Mortier, sous-lieutenants Olive et Thiémonge.

6 décembre. — Départ de la 6ᵉ compagnie de dépôt pour rejoindre à Lyon le 57ᵉ régiment de marche. Lieutenant Reynaud. 2   216   »

7 décembre. — Départ de la 7ᵉ compagnie de dépôt pour Bourges où elle est versée au 65ᵉ régiment de marche. Lieutenant Robert. 2   219   »

8 décembre. — Départ du dépôt de Toulon pour se rendre à Hyères.

8 décembre. — Formation de la 8ᵉ compagnie de dépôt.

10 décembre. — Départ de la 8ᵉ compagnie de dépôt pour Cherbourg où elle est versée au 70ᵉ régiment de marche. Lieutenant Haberer. 2   219   »

14 décembre — Départ d'un détachement pour Bourges où il est versé au régiment étranger. Lieutenant Carreau. . 2   209   »

6 janvier 1871. — Départ d'un détachement pour Bordeaux où il est versé au 80ᵉ régiment de marche. Sous-lieutenant Parrin de Sémainville. 2   70   »

25 janvier. — Départ d'un détachement pour Bordeaux où il est versé au 88ᵉ régiment de marche. Sous-lieutenant Didon. 3   80   »

1ᵉʳ mars 1871. — Le dépôt comprend les 1ʳᵉ et 2ᵉ compagnies provisoires et la compagnie hors-rang. (Effectif : 13 officiers, 471 hommes, 1 cheval.)

72ᵉ RÉGIMENT — DÉPOT

15 juillet 1870. — Pichon, major, Toulouse.

31 juillet. — Le régiment quitte Toulouse pour se rendre à Lyon où il arrive le 1ᵉʳ août, quitte cette place le 10 et arrive à Belfort le 11.

1ᵉʳ août (1). — Effectif des 3 bataillons de guerre. 72   2538   21

---

(1) Effectif du dépôt au 1ᵉʳ août (18 officiers, 575 hommes, 1 cheval).

	Offic.	Troupe.	Chev.

14 août. — Formation du 4e bataillon.
16 août. — Création des 5e et 6e compagnies du 4e bataillon.
22 août. — M. Pichon, major est mis hors-cadres, il est remplacé par M. Laur, major en retraite.
23 août. — Départ du 4e bataillon pour Paris, commandant Aillery. Ce bataillon passe au 22e régiment de marche. .   12   819   2
30 août. — Départ de la 8e compagnie du 2e bataillon pour Paris, capitaine Camin. Cette compagnie entre en octobre dans la formation du 38e régiment de marche de Paris (138e).   3   219   »
11 septembre. — Création de 2 compagnies provisoires.
19 septembre. — Départ de la 8e compagnie du 3e bataillon pour Nevers où elle est versée au 33e régiment de marche. Capitaine Bessières de la Jonquière   3   200   »
25 septembre. — Le dépôt quitte Toulouse pour se rendre à Perpignan où il arrive le 26.
1er octobre. — Formation des 1re, 2e, 3e et 4e compagnies de dépôt.
11 octobre. — Départ de la 1re compagnie de dépôt pour Bourges où elle est versée au 39e régiment de marche. Capitaine Sombret.   3   216   »
29 octobre. — Formation de la 5e compagnie de dépôt.
31 octobre. — Départ des 2e, 3e, 4e compagnies de dépôt pour Angers où elles sont versées au 48e régiment de marche. Capitaine David, lieutenants Schmitt et Eynard.   9   663   »
7 novembre. — Formation des 6e, 7e et 8e compagnies de dépôt.
7 novembre. — Départ de la 5e compagnie de dépôt pour Auxerre où elle est versée au 51e régiment de marche. Capitaine Corcellet.   3   221   »
8 novembre. — La 6e compagnie de dépôt se rend de Perpignan à Villefranche pour y tenir garnison.
8 novembre. — Les 7e et 8e compagnies de dépôt quittent Perpignan pour se rendre à Montlouis pour y tenir garnison.
3 décembre. — La 6e compagnie rentre de Villefranche à Perpignan, une section de la 8e compagnie de dépôt venant de Montlouis remplace la 6e compagnie de dépôt à Villefranche.
6 décembre. — La 6e compagnie de dépôt part pour Tours où elle est versée au 66e régiment de marche. Capitaine Solatges.   3   221   »
7 décembre. — Les 7e et 8e compagnies de dépôt se rendent de Villefranche et Montlouis à Perpignan.
15 décembre. — Départ d'un détachement pour le Mans où

— 146 —

	Offic.	Troupe.	Chev.
il est versé au 39e régiment de marche. Lieutenant Couriaud.	2	214	»
21 décembre. — Départ d'un détachement pour Bordeaux où il est versé au 75e régiment de marche.	»	106	»

1er janvier 1871. — Formation de la 9e compagnie de dépôt.

9 janvier. — Départ de la 7e compagnie de dépôt pour Bordeaux où elle est versée au 81e régiment de marche. Lieutenant Borel. 3   221   »

23 janvier. — Départ de la 8e compagnie de dépôt pour Bordeaux où elle est versée au 86e régiment de marche. Sous-lieutenant Coronnat. 2   151   »

1er mars 1871. — Le dépôt comprend la 9e compagnie de dépôt, les 1re, 2e compagnies provisoires et la compagnie hors-rang. (Effectif : 15 officiers, 384 hommes, 5 chevaux.)

73e RÉGIMENT — DÉPOT

15 juillet 1870. — Reboulet, major, Mâcon.

16 juillet. — Le régiment est en rassemblement à Thionville.

21 juillet. — Un détachement part pour rejoindre les bataillons de guerre (ce détachement n'a pas rejoint) à Paris .   »   86   »

1er août (1). — Effectif des 3 bataillons de guerre.   68   1569   9

10 août. — Départ d'un détachement pour rejoindre les bataillons de guerre à Metz. 1   792   »

14 août. — Formation du 4e bataillon.

16 août. — Formation des 5e et 6e compagnies du 4e bataillon.

20 août. — Départ du 4e bataillon pour Paris, commandant Thoni de Reinach. Ce bataillon entre dans la formation du 20e régiment de marche. 21   804   2

28 août. — Départ de la 8e compagnie du 2e bataillon pour Paris, capitaine Bonifas. Cette compagnie passe en octobre au 35e régiment de marche de Paris (135e) 3   200   »

13 septembre. — Formation de 2 compagnies provisoires.

18 septembre. — Départ de M. le major Reboulet qui passe au commandement d'un bataillon de marche.

18 septembre. — La 8e compagnie du 3e bataillon quitte le dépôt pour se rendre à Moulins concourir à la formation du 30e régiment de marche. Capitaine Capdeville 4   220   »

25 septembre. — M. Malis, chef de bataillon en retraite prend le commandement du dépôt.

---

(1) Effectif du dépôt au 1er août 23 officiers, 1,230 hommes, 2 chevaux).

	Offic.	Troupe.	Chev.

9 octobre. — Formation de 4 compagnies de dépôt.

10 octobre. — Départ de la 1re compagnie de dépôt pour rejoindre à Bourges le 39e régiment de marche. Lieutenant Nicolot . . . . 2 220 »

23 octobre. — Départ de la 2e compagnie de dépôt pour Bourges où elle est versée au 44e régiment de marche. Capitaine Imbert . . . . 2 225 »

29 octobre. — Formation des 5e et 6e compagnies de dépôt.

31 octobre. — Le dépôt quitte Mâcon pour se rendre à Toulon où il arrive le 2.

1er novembre. — Les 1re et 2e compagnies provisoires quittent Mâcon pour se rendre à Toulon où elles arrivent le 2.

1er novembre. — Départ de la 3e compagnie de dépôt pour rejoindre le 55e régiment de marche. Sous-lieutenant Coitteux, puis lieutenant Walter . . . . 5 216 »

21 novembre. — Formation de la 7e compagnie de dépôt.

14 décembre. — Départ d'un détachement pour le Mans où il est versé au 37e régiment de marche. Lieutenant Davesne . . . . 4 400 »

4 janvier 1871. — Départ d'un détachement pour Bordeaux où il est versé au 79e régiment de marche. Sous-lieutenant Perrin . . . . 1 160 »

25 janvier. — Départ de la 4e compagnie de dépôt pour Bordeaux où elle est versée au 86e régiment de marche. Sous-lieutenant Lévêque . . . . 2 150 »

26 janvier. — Départ de la 5e compagnie de dépôt pour Bordeaux où elle est versée au 88e régiment de marche. Lieutenant Davesne . . . . 3 152 »

1er février. — Formation des 8e et 9e compagnies de dépôt.

24 février. — Le capitaine Cour est nommé major au corps.

1er mars 1871. — Le dépôt comprend les 6e, 7e, 8e et 9e compagnies de dépôt, 1re, 2e compagnies provisoires et la compagnie hors-rang. (Effectif : 16 officiers, 506 hommes.)

74e RÉGIMENT — DÉPOT

15 juillet 1870. — Jourdain, major, Neuf-Brisach.

20 juillet. — Le régiment quitte Neuf-Brisach pour se rendre à Strasbourg où il arrive le 22.

1er août (1). — Effectif des 3 bataillons de guerre 70 1770 26

1er août. — Départ d'un détachement pour rejoindre à Strasbourg les bataillons de guerre . . . .   300 »

---

(1) Effectif du dépôt au 1er août (15 officiers, 947 hommes, 2 chevaux).

	Offic.	Troupe.	Chev.

7 août. — Départ d'un détachement pour rejoindre le régiment, sous-lieutenant Mollard. Ce détachement n'ayant pu rallier le corps dut se retirer sur Strasbourg où il fut compris dans un régiment de marche en formation dans cette place . . . . 1 150 »

12 août. — Formation du 4e bataillon.

16 août. — Création des 5e et 6e compagnies du 4e bataillon.

17 août. — Le 4e bataillon est définitivement constitué. Commandant Valet (2).

    1re compagnie, capitaine Castelli.
    2e compagnie, capitaine Robardet.
    3e compagnie, capitaine Labussière.
    4e compagnie, capitaine Royet.
    5e compagnie, capitaine Cardinal.
    6e compagnie, capitaine Vandenberg.

Effectif 9 648 1

24 août. — Le major est nommé lieutenant-colonel pour commander un régiment de marche, il est remplacé le même jour par le capitaine Salgues, nommé major.

1er septembre. — Le dépôt comprend les 8es compagnies des 2e et 3e bataillons. Capitaines Pasqualini et Baillié. Effectif. 17 578 2

12 septembre. — Formation des 1re et 2e compagnies provisoires. Lieutenants Blévec et Puig.

15 septembre. — Le chef de bataillon Valet n'ayant pas rejoint, le major Salgues prend le commandement du 4e bataillon et du dépôt.

10 novembre 1870. — Capitulation de Neuf-Brisach. Le 4e bataillon (6 compagnies), le dépôt (4 compagnies) et la compagnie hors-rang, capitaine Beaufond, sont prisonniers de guerre.

13 décembre 1870. — Reconstitution du dépôt à Montélimart par un détachement de 300 hommes venant du 93e de ligne et un détachement du 6e chasseurs à cheval de 400 hommes. Major Franck.

13 décembre. — Formation des 1re et 2e compagnies de dépôt (dites provisoires).

1er janvier 1871. — Formation de la compagnie hors-rang et de la 3e compagnie de dépôt.

30 janvier. — Départ de la 3e compagnie de dépôt pour rejoindre le 89e régiment de marche. Lieutenant Rivoire. 3 145 »

1er février. — Formation de la 4e compagnie de dépôt.

7 février. — Départ de la 4e compagnie de dépôt pour Bor-

---

(1) Le chef de bataillon Valet n'a pas rejoint.

	Offic.	Troupe.	Chev.

deaux où elle est versée au 90e régiment de marche.
Lieutenant Bonnieu 2   145   »

20 février. — Formation et départ de la 5e compagnie de dépôt pour Bordeaux où elle passe au 91e régiment de marche. Capitaine Thomas 4   147   »

1er mars 1871. — Le dépôt comprend les 2 compagnies provisoires et la compagnie hors-rang. (Effectif : 15 officiers, 646 hommes.)

75e RÉGIMENT — DÉPÔT

15 juillet 1870. — Renault, major, Lille.

22 juillet. — Le régiment quitte Lille pour se rendre à Soissons où il arrive le même jour.

29 juillet. — Départ d'un détachement pour rejoindre à Soissons les bataillons de guerre 1   200   »

1er août (1). — Effectif des 3 bataillons de guerre 68   1770   26

4 août. — Départ d'un détachement pour le camp de Châlons. 1   350   »

12 août. — Formation du 4e bataillon.

14 août. — Création des 5e et 6e compagnies du 4e bataillon et départ de ce bataillon pour Paris où il entre dans la formation du 11e régiment de marche. Commandant Graval d'Hauteville. 18   810   2

29 août. — Départ de la 8e compagnie du 2e bataillon pour Paris, capitaine Anceaux. En octobre cette compagnie est versée au 35e régiment de marche de Paris (135e) . . 3   200   »

12 septembre. — Formation des 1re et 2e compagnies provisoires. 1re, sous-lieutenant Didier ; 2e, capitaine Briqué.

18 septembre. — Départ de la 8e compagnie du 3e bataillon pour se rendre au Mans où elle est versée au 31e régiment de marche. Lieutenant Alibaud 3   197   »

6 octobre. — Formation des 1re, 2e et 3e compagnies de dépôt.

20 octobre. — Départ de la 1re compagnie de dépôt pour rejoindre le 40e régiment de marche où elle est versée. Lieutenant Bétolaud 2   216   »

29 octobre. — Formation des 4e et 5e compagnies de dépôt.

1er novembre. — Formation de la 6e compagnie de dépôt.

9 novembre. — Formation du 1er bataillon de marche du 75e de ligne. Commandant Aynès.

    2e compagnie de dépôt, capitaine Comoy.
    3e compagnie de dépôt, capitaine Vanghel.

---

(1) Effectif du dépôt au 1er août (22 officiers, 1.140 hommes, 1 cheval).

	Offic.	Troupe.	Chev.

    4ᵉ compagnie de dépôt, capitaine Degoutin.
    5ᵉ compagnie de dépôt, capitaine Amos.
    6ᵉ compagnie de dépôt, capitaine Didio.
  Effectif du 1ᵉʳ bataillon de marche. 15 800 1

19 novembre. — Formation du 2ᵉ bataillon de marche du 75ᵉ de ligne. Commandant Tramont.
    7ᵉ compagnie de dépôt, capitaine Lebœuf.
    8ᵉ compagnie de dépôt, lieutenant Roux.
    9ᵉ compagnie de dépôt, capitaine Reynaud.
    10ᵉ compagnie de dépôt, capitaine Frémiot.
    11ᵉ compagnie de dépôt, capitaine Patry.
  Effectif du 2ᵉ bataillon de marche 15 800 1

29 novembre. — Création d'un 3ᵉ bataillon de marche. Formation des 12ᵉ et 13ᵉ compagnies de dépôt.

21 décembre. — Formation de la 14ᵉ compagnie de dépôt.

28 décembre. — Formation des 15ᵉ et 16ᵉ compagnies de dépôt, à cette date le 3ᵉ bataillon de marche est définitivement constitué. Commandant Borsary.
    12ᵉ compagnie de dépôt, lieutenant Cavillan.
    13ᵉ compagnie de dépôt, capitaine Grégoire.
    14ᵉ compagnie de dépôt, lieutenant Florens.
    15ᵉ compagnie de dépôt, capitaine Camiade.
    16ᵉ compagnie de dépôt, lieutenant Leduc.
  Effectif du 3ᵉ bataillon de marche (1) 14 700 1

31 décembre. — Les 1ᵉʳ et 2ᵉ bataillons de marche du 75ᵉ de ligne deviennent 1ᵉʳ et 2ᵉ bataillons du 67ᵉ régiment de marche.

11 janvier 1871. — Formation des 17ᵉ et 18ᵉ compagnies de dépôt. Capitaine Labayville et lieutenant Roche.

23 janvier. — Départ des 2ᵉ et 3ᵉ compagnies (13ᵉ, 14ᵉ) du 3ᵉ bataillon pour aller tenir garnison à Landrecies.

23 janvier. — Les 1ʳᵉ, 4ᵉ et 5ᵉ compagnies (12ᵉ, 15ᵉ et 16ᵉ) du 3ᵉ bataillon partent de Lille pour se rendre à Bouchain où elles restent jusqu'au 23 mars.

30 janvier. — Formation de la 19ᵉ compagnie de dépôt. Capitaine Rogissart.

10 février. — Formation de la 20ᵉ compagnie de dépôt.

10 février. — Constitution d'un 4ᵉ bataillon de marche du 75ᵉ de ligne au moyen des 17ᵉ, 18ᵉ, 19ᵉ et 20ᵉ compagnies de dépôt. Commandant, capitaine Bécherel.
    17ᵉ compagnie de dépôt, capitaine Labayville.
    18ᵉ compagnie de dépôt, lieutenant Roche.

---

(1) 3ᵉ bataillon de marche dit bataillon de Montmédy.

	Offic.	Troupe.	Chev.

19ᵉ compagnie de dépôt, capitaine Rogissart.
20ᵉ compagnie de dépôt, lieutenant Fernandez.

Effectif du 4ᵉ bataillon de marche.	13	696	»

Ce bataillon est désigné comme bataillon de garnison à Lille.

1ᵉʳ mars 1871. — Le dépôt comprend les 1ʳᵉ, 2ᵉ compagnies provisoires et la compagnie hors-rang. (Effectif : 10 officiers, 545 hommes.)

76ᵉ RÉGIMENT — DÉPOT

15 juillet 1870. — Cadet, major, Avignon.

16 juillet. — Le régiment quitte le camp de Châlons pour se rendre à Saint-Avold où il arrive le 17.

29 juillet. — Départ d'un détachement pour rejoindre les bataillons de guerre à Saint-Avold où il arrive le 30. Lieutenant Lapierre	1	300	»
(1) 1ᵉʳ août. — Effectif des 3 bataillons de guerre	66	1599	22
4 août. — Départ d'un détachement pour Metz, capitaine Lafond. Ce détachement arrive le 6.	1	300	»

15 août. — Formation du 4ᵉ bataillon.

16 août. — Formation des 5ᵉ et 6ᵉ compagnies de dépôt.

23 août. — Le 4ᵉ bataillon quitte Marseille pour se rendre à Paris, commandant Ardoin. Ce bataillon passe au 22ᵉ régiment de marche.	15	808	2
29 août. — La 8ᵉ compagnie du 2ᵉ bataillon quitte Avignon pour se rendre à Paris, capitaine Delabrousse. Cette compagnie est versée en octobre au 39ᵉ régiment de marche de Paris (139ᵉ).	3	200	»

6 septembre. — Formation de 2 compagnies provisoires.

18 septembre. — La 8ᵉ compagnie du 3ᵉ bataillon part pour rejoindre à Moulins le 30ᵉ régiment de marche. Capitaine Guédan.	3	216	»

22 septembre. — Le major Cadet passe au commandement d'un bataillon de marche du 2ᵉ régiment de zouaves. Le même jour le chef de bataillon Beynet prend le commandement du dépôt.

25 septembre. — Le dépôt quitte Avignon pour se rendre à Navarreins où il arrive le 27.

6 octobre. — Formation des 1ʳᵉ, 2ᵉ, 3ᵉ et 4ᵉ compagnies de dépôt.

15 octobre. — Départ de la 1ʳᵉ compagnie de dépôt pour

---

(1) Effectif du dépôt au 1ᵉʳ août (24 officiers, 1,271 hommes, 2 chevaux).

	Offic.	Troupe.	Chev.
Bourges où elle est versée au 40ᵉ régiment de marche. Sous-lieutenant Egloff	2	216	»
27 octobre. — Départ de la 2ᵉ compagnie de dépôt pour rejoindre le 45ᵉ régiment de marche à Tours. Capitaine Maréchal	3	216	»
1ᵉʳ novembre. — Formation des 5ᵉ et 6ᵉ compagnies de dépôt.			
3 novembre. — Départ de la 3ᵉ compagnie de dépôt pour rejoindre à Tours le 43ᵉ régiment de marche. Sous-lieutenant Mauclaire.	2	216	»
11 novembre. — Départ de la 4ᵉ compagnie de dépôt pour Rochefort où elle est versée au 52ᵉ régiment de marche. Sous-lieutenant Petit.	2	215	»
16 novembre. — Formation de la 7ᵉ compagnie de dépôt.			
24 novembre. — Départ de la 5ᵉ compagnie de dépôt pour Clermont-Ferrand où elle est versée au 61ᵉ régiment de marche. Sous-lieutenant Racine	2	216	»
1ᵉʳ décembre. — Formation de la 8ᵉ compagnie de dépôt.			
1ᵉʳ décembre. — Départ de la 6ᵉ compagnie de dépôt pour rejoindre le 62ᵉ régiment de marche à Angers. Capitaine Bellin	3	216	»
2 décembre. — Départ d'un détachement pour Bagnères-de-Bigorre où il est versé au dépôt du 80ᵉ régiment d'infanterie de ligne.			
5 décembre. — Départ de la 7ᵉ compagnie de dépôt pour rejoindre le 64ᵉ régiment de marche à Tours. Capitaine Godefroy	3	215	»
14 décembre. — Départ d'un détachement pour le Mans où il arrive le 18. Sous-lieutenant Malick (1).	1	160	»
2 janvier 1871. — Départ de la 8ᵉ compagnie de dépôt pour rejoindre le 78ᵉ régiment de marche à Bordeaux. Sous-lieutenant Soleil.	2	175	»
4 janvier. — Formation de la 9ᵉ compagnie de dépôt.			
24 janvier. — Départ de la 9ᵉ compagnie de dépôt pour Bordeaux où elle est versée au 86ᵉ régiment de marche. Lieutenant Bouillot.	2	130	»
1ᵉʳ mars 1871. — Le dépôt comprend les 1ʳᵉ, 2ᵉ compagnies provisoires et la compagnie hors-rang. (Effectif : 16 officiers, 310 hommes.)			

77ᵉ RÉGIMENT — DÉPOT

15 juillet 1870. — Duval, major, Bayonne.

---

(1) Détachement versé au 43ᵉ régiment de marche.

— 153 —

	Offic.	Troupe.	Chev.
16 juillet. — Départ du régiment du camp de Châlons pour Saint-Avold où il arrive le 17.			
29 juillet. — Départ d'un détachement pour Saint-Avold.	1	200	»
(1) *1er août*. — Effectif des 3 bataillons de guerre	67	1660	32
5 août. — Départ d'un détachement pour rejoindre les bataillons de guerre	1	300	»
8 août. — Départ d'un détachement pour Metz où il arrive le 10	1	160	»
14 août. — Formation du 4e bataillon.			
16 août. — Création des 5e et 6e compagnies du 4e bataillon.			
18 août. — Le 4e bataillon définitivement organisé reste comme garnison à Bayonne.			
30 août. — La 8e compagnie du 3e bataillon quitte Bayonne pour se rendre à Paris, capitaine Rouhette de Montfarraud. Cette compagnie passe en octobre au 38e régiment de marche de Paris (138e)	3	200	»
8 septembre. — Formation de 2 compagnies provisoires.			
20 septembre. — Départ de la 8e compagnie du 2e bataillon pour rejoindre le 29e régiment de marche à Bourges. Capitaine Armand	1	215	»
28 septembre. — Départ du 4e bataillon pour rejoindre le 34e régiment de marche qui se forme à Bourges. Commandant Saupique	13	1084	2
4 octobre. — Formation des 1re, 2e, 3e et 4e compagnies de dépôt.			
15 octobre. — Départ de la 1re compagnie de dépôt pour rejoindre le 40e régiment de marche à Bourges. Capitaine Emery	3	216	»
21 octobre. — Départ de la 2e compagnie de dépôt pour rejoindre à Tours le 43e régiment de marche où elle est versée. Sous-lieutenant Keller	2	216	»
26 octobre. — Formation des 5e, 6e et 7e compagnies de dépôt.			
27 octobre. — Départ de la 3e compagnie de dépôt pour Tours où elle est versée au 43e régiment de marche. Capitaine Cherbonnier	3	216	»
4 novembre. — Départ de la 4e compagnie de dépôt pour rejoindre à Tours le 43e régiment de marche. Lieutenant Dervaux	2	216	»
17 novembre. — Départ de la 5e compagnie de dépôt pour rejoindre à Bourges le 56e régiment de marche. Capitaine Drago	2	216	»
24 novembre. — Départ de la 6e compagnie de dépôt pour			

(1) Effectif du dépôt au 1er août 23 officiers, 996 hommes, 1 cheval.

	Offic.	Troupe.	Chev.

rejoindre le 61ᵉ régiment de marche à Clermont-Ferrand. Sous-lieutenant Astier . . . . 2 216 »

29 novembre. — Formation de la 8ᵉ compagnie de dépôt.

2 décembre. - Formation d'un détachement qui est dirigé le même jour sur Bagnères-de-Bigorre pour reconstituer le dépôt du 80ᵉ régiment d'infanterie de ligne . . . . . . 101 »

6 décembre. — Départ de la 7ᵉ compagnie pour Tours où elle est versée au 64ᵉ régiment de marche. Lieutenant Bérard. 2 215 »

9 décembre. — Création de la 9ᵉ compagnie de dépôt.

29 décembre. — Le major Duval passe au commandement du 12ᵉ bataillon de marche. Il est remplacé par le capitaine Lespès nommé major le 27.

30 décembre. — Départ d'un détachement pour l'armée de la Loire au Mans. Sous-lieutenant Marant . . . . 1 232 »

3 janvier 1871. — Départ de la 8ᵉ compagnie de dépôt pour Bordeaux où elle est versée au 78ᵉ régiment de marche. Lieutenant Hervelin . . . . 2 216 »

19 janvier. — Départ de la 9ᵉ compagnie de dépôt pour rejoindre à Bordeaux le 85ᵉ régiment de marche. Sous-lieutenant Gillet. . . . . 2 168 »

19 janvier — Formation de la 10ᵉ compagnie de dépôt.

20 janvier. — Départ d'un détachement pour rejoindre le 86ᵉ régiment de marche où il est versé . . . . » 50 »

19 février. - Départ de la 10ᵉ compagnie de dépôt pour Bordeaux où elle est versée au 91ᵉ régiment de marche. Sous-lieutenant Désirat. . . . . 3 200 »

20 février. — Formation de la 11ᵉ compagnie de dépôt.

1ᵉʳ mars 1871. — Le dépôt comprend la 11ᵉ compagnie de dépôt, les 1ʳᵉ et 2ᵉ compagnies provisoires et la compagnie hors-rang. (Effectif : 16 officiers, 430 hommes). Un détachement de 1 officier et 52 hommes, à Saint Jean-Pied-de-Port, et un détachement au fort Socoa, 14 hommes.

78ᵉ RÉGIMENT — DÉPOT

15 juillet 1870. — Delépault, major, Besançon.

19 juillet. — Le régiment quitte Besançon pour se rendre à Belfort où il arrive le 21. Il part de Belfort le 28 pour arriver à Strasbourg le même jour.

28 juillet. — Départ de Besançon d'un détachement pour Strasbourg. Ce détachement rejoint les bataillons de guerre à Haguenau . . . . 1 200 »

(1) *1ᵉʳ août.* — Effectif des 3 bataillons de guerre 65 1614 26

(1) Effectif du dépôt au 1ᵉʳ août (24 officiers, 1,110 hommes, 1 cheval).

	Offic.	Trompe.	Chev.
3 août. — Départ d'un détachement qui rejoint les bataillons de guerre à Haguenau	1	300	»
6 août. — Un détachement part de Besançon pour rejoindre les bataillons de guerre. Ce détachement n'ayant pu rejoindre fut arrêté à Strasbourg où il prit part à la défense de cette place. Capitaine Chateau	1	340	»
10 août. — Formation du 4e bataillon.			
18 août. — Création des 5e et 6e compagnies du 4e bataillon.			
20 août. — Départ d'un détachement pour le camp de Châlons où il arrive le 25	5	180	»
21 août. — Le 4e bataillon définitivement constitué reste à Besançon comme garnison. Commandant de Bernard de Seigneurens	11	986	2
29 août. — Départ de la 1re compagnie du 4e bataillon pour Paris, capitaine de Séré. A son arrivée à Paris cette compagnie reçoit l'ordre de retourner à Besançon (2 officiers, 214 hommes).			
6 septembre. — Formation des 1re et 2e compagnies provisoires.			
18 septembre. — La 8e compagnie part de Besançon pour se rendre à Limoges où elle versée au 32e régiment de marche. Capitaine Mancel	2	215	»
4 octobre. — Formation des 1re, 2e, 3e et 4e compagnies de dépôt.			
10 octobre. — Départ des 5e et 6e compagnies du 4e bataillon pour rejoindre à Bourges le 40e régiment de marche. Capitaines Bruneaud et Fenêtre	6	432	»
15 octobre. — Les 3e et 4e compagnies de dépôt deviennent 5e et 6e compagnies du 4e bataillon. Lieutenant Crespel et sous-lieutenant Demaneville.			
25 octobre. — Formation de la 5e compagnie de dépôt.			
1er novembre. — Le 4e bataillon est versé au 47e régiment de marche. Commandant de Bernard de Seigneurens.			
9 novembre. — Formation des 6e et 7e compagnies de dépôt.			
17 novembre. — Le dépôt quitte Besançon pour se rendre à Nice et de là aux îles Sainte-Marguerite, 6e, 7e compagnies de dépôt, 1re et 2e compagnies provisoires et compagnie hors-rang (11 officiers, 332 hommes, 1 cheval).			
20 novembre. — Formation des 8e, 9e et 10e compagnies de dépôt à Besançon.			
1er décembre. — Formation à Besançon d'un bataillon de marche du 78e de ligne. Commandant Cartillier.			

    8e compagnie du 3e bataillon, capitaine Saint-Ellier,
    1re compagnie de dépôt, capitaine Chateau,

	Offic.	Troupe.	Chev.

2e compagnie de dépôt, capitaine Matignon,
5e compagnie de dépôt, lieutenant Méry.
8e compagnie de dépôt, capitaine Couturier,
9e compagnie de dépôt, capitaine Vidal.
(Effectif : 19 officiers, 966 hommes, 2 chevaux.)

16 décembre. — Ce bataillon passe au 63e régiment de marche dont il devient le 1er bataillon............ 18 1134 3

20 décembre. — Formation de la 10e compagnie de dépôt à Sainte-Marguerite.

15 janvier 1871. — Départ de la 10e compagnie de dépôt pour rejoindre le 85e régiment de marche. Lieutenant Florentin................ 3 185 »

16 février. — Départ d'un détachement pour Bordeaux où il est versé au 89e régiment de marche......... » 50 »

20 février. — Départ d'un détachement pour Bordeaux où il est versé au 92e régiment de marche. Lieutenant Baduel................ 1 67 »

1er mars 1871. — Le dépôt comprend les 6e et 7e compagnies de dépôt, les 1re et 2e compagnies provisoires et la compagnie hors-rang. (Effectif : 15 officiers, 426 hommes, 1 cheval.)

79e RÉGIMENT. — DÉPOT

15 juillet 1870. — Rénier, major, Ajaccio.

25 juillet. — Arrive à Ajaccio un détachement de recrues de la classe 1869 (531 hommes).

29 juillet. — Débarque à Ajaccio un détachement de 425 hommes venant de la réserve et de la 2e portion du contingent.

(1) *1er août.* — Effectif des 3 bataillons de guerre (68 officiers, 2,170 hommes, 34 chevaux).

9 août. — Le régiment s'embarque à Bastia, débarque à Toulon le 12, part pour Paris le 13 où il arrive le 14.

18 août. — Le régiment quitte Paris pour se rendre au camp de Châlons où il arrive le même jour...... 64 2670 37

6 septembre. — Formation au dépôt des 1re et 2e compagnies provisoires.

18 septembre. — La 8e compagnie du 3e bataillon s'embarque pour Marseille où elle arrive le 20. Cette compagnie passe au 32e régiment de marche. Capitaine Ruinet... 3 216 »

30 septembre. — Le 4e bataillon s'embarque à Ajaccio et débarque à Oran le 4 octobre. Commandant Godin... 19 992 2

(1) Effectif du dépôt au 1er août (21 officiers, 675 hommes, 2 chevaux).

		Offic.	Trou₍e.	Chev.

11 octobre. — La 8ᵉ compagnie du 2ᵉ bataillon s'embarque pour Marseille, débarque le 13, elle reçoit l'ordre de rejoindre le 40ᵉ régiment de marche à Bourges. Capitaine Pierrot. . . . . 4 216 »

12 octobre. — Formation de 4 compagnies de dépôt.

28 octobre. — La 2ᵉ compagnie provisoire part pour tenir garnison à Bastia où elle reste jusqu'au 16 mars 1871, jour de son licenciement. Capitaine Fabiani (2 officiers, 157 hommes).

26 octobre — M. le major Rénier passe au commandement d'un bataillon.

31 octobre. — M. le commandant Rénier est nommé lieutenant-colonel pour commander le 46ᵉ régiment de marche.

26 octobre. — M. le capitaine Mathieu, du 28ᵉ de ligne, est nommé major en remplacement de M. le major Rénier.

15 novembre. — Embarquement des 1ʳᵉ et 2ᵉ compagnies de dépôt pour Marseille d'où elles sont dirigées sur Clermont-Ferrand pour concourir à la formation du 55ᵉ régiment de marche. Capitaines Boissière et Reculey . . . 4 431 »

6 décembre. — La 3ᵉ compagnie de dépôt s'embarque pour Marseille d'où elle part pour rejoindre le 66ᵉ régiment de marche à Tours. Capitaine de la Grandière. . . . . . . 3 219 »

La 4ᵉ compagnie de dépôt reste à Ajaccio depuis sa formation jusqu'au 1ᵉʳ avril 1871. Capitaine Rouzaud.

11 janvier 1871. — Un détachement s'embarque pour rejoindre à Bordeaux le 81ᵉ régiment de marche . . . . » 79 »

21 février. — Embarquement d'un détachement pour Marseille d'où il doit se rendre à Bordeaux concourir à la formation du 91ᵉ régiment de marche. Lieutenant Didier. . . . . 1 145 »

1ᵉʳ mars. — Le dépôt comprend à Ajaccio et à Bastia la 4ᵉ compagnie de dépôt, les 1ʳᵉ et 2ᵉ compagnies provisoires et la compagnie hors-rang. (Effectif : 19 officiers, 360 hommes.)

80ᵉ RÉGIMENT — DÉPOT

15 juillet 1870. — De Turckheim, major, Bar-le-Duc.

26 juillet. — Départ d'un détachement pour rejoindre les bataillons actifs à Metz . . . . » 150 »

27 juillet. — Départ d'un détachement pour rejoindre les bataillons de guerre à Metz. . . . . » 400 »

29 juillet. — Départ d'un détachement pour Metz. . . . . » 300 »

30 juillet. — Le régiment quitte Metz pour se rendre à Boulay où il arrive le même jour.

	Offic.	Troupe.	Chev.

(1) *1er août*. — Effectif des 3 bataillons de guerre. 66 2363 13

6 août. — Formation du 4e bataillon (4 compagnies).

7 août. — Départ du 4e bataillon de Bar-le-Duc pour se rendre à Verdun où il doit tenir garnison. Commandant Richard-Molard. 21 526 2

9 août. — Le dépôt comprenant les 8es compagnies des 2e et 3e bataillons quittent ainsi que la compagnie hors-rang Bar-le-Duc pour se rendre à Verdun.

15 août. — Création des 5e et 6e compagnies du 4e bataillon.

16 août. — Composition du 4e bataillon :
Chef de bataillon, Richard-Molard.
    1re compagnie, capitaine Dumontier.
    2e compagnie, capitaine Colomb.
    3e compagnie, capitaine Erard.
    4e compagnie, capitaine Fourcade.
    5e compagnie, capitaine Marchal (2).
    6e compagnie, capitaine Dupont (2).

9 novembre. — Capitulation de Verdun. Le 4e bataillon et le dépôt sont prisonniers de guerre.

9 novembre. — Jour de la capitulation de la place le dépôt comprenait les 8es compagnies des 2e et 3e bataillons, capitaines Boucheseiche et Despech, et la compagnie hors-rang. (Effectif : 16 officiers, 610 hommes, 1 cheval.). 16 610 1

1er décembre 1870. — Décret qui crée un nouveau dépôt du 80e de ligne avec des détachements des 51e, 58e, 76e et 77e de ligne.

16 décembre. — Le capitaine Laffont est nommé major au corps.

17 décembre. — Formation de la 1re compagnie provisoire. Capitaine Baysse (formée d'un détachement du 58e de ligne de 98 hommes venu de Pau).

19 décembre. — Formation du dépôt et de la compagnie hors-rang à Bagnères-de-Bigorre.

19 décembre. — Formation de la 2e compagnie provisoire. Capitaine Lugan (formée d'un détachement de 101 hommes du 77e de ligne venu de Bayonne).

28 décembre. — Formation de la 1re compagnie de dépôt, sous-lieutenant Vidal. (Cette compagnie entière venue du 51e de ligne). 1 officier, 221 hommes.

5 janvier 1871. — Départ de la 1re compagnie de dépôt pour rejoindre à Bordeaux le 79e régiment de marche. Capitaine Kuntz. 2 219 »

---

    (1) Effectif du dépôt au 1er août (24 officiers, 486 hommes, 3 chevaux).
    (2) N'a pas rejoint.

	Offic.	Troupe.	Chev.
25 *janvier*. — Départ d'un détachement pour rejoindre à Bordeaux le 85e régiment de marche.	1	200	»
1er *février*. — Formation de la 2e compagnie de dépôt.			
19 *février*. — Départ de la 2e compagnie de dépôt pour Bordeaux où elle est versée au 90e régiment de marche. Lieutenant Lohé.	2	147	»
1er *mars 1871*. — Le dépôt comprend les 1re et 2e compagnies provisoires et la compagnie hors-rang. (Effectif : 16 officiers, 172 hommes, 1 cheval.)			

81e RÉGIMENT — DÉPÔT

	Offic.	Troupe.	Chev.
15 *juillet 1870*. — Laurens, major, Fontainebleau.			
16 *juillet*. Le régiment quitte Paris pour se rendre à Metz où il arrive le 17.			
28 *juillet*. — Un détachement part pour rejoindre les bataillons de guerre à Metz.	1	300	»
(1) 1er *août*. — Effectif des 3 bataillons de guerre.	67	1774	11
9 *août*. — Départ d'un détachement pour Metz.	1	300	»
12 *août*. — Départ d'un détachement pour Metz où il arrive le 14. Sous-lieutenant Bordier.	1	200	»
12 *août*. — Formation du 4e bataillon.			
14 *août*. — Création des 5e et 6e compagnies du 4e bataillon.			
14 *août*. — Le 4e bataillon quitte Fontainebleau pour se rendre à Paris. Commandant Delon.	16	890	3
15 *août*. — Le 4e bataillon concourt à la formation du 11e régiment de marche d'infanterie.			
25 *août*. — Le dépôt quitte Fontainebleau pour se rendre à Limoges où il arrive le 26.			
4 *septembre*. — La 8e compagnie du 2e bataillon quitte Limoges pour se rendre à Paris, capitaine Guillot. Cette compagnie passe en octobre au 38e régiment de marche de Paris (138e).	3	200	»
6 *septembre*. — Formation de 2 compagnies provisoires.			
17 *septembre*. — Départ de la 8e compagnie du 3e bataillon, lieutenant Sacreste. Cette compagnie passe au 32e régiment de marche.	3	217	»
6 *octobre*. — Formation de la 1re compagnie de dépôt.			
8 *octobre*. — La 1re compagnie de dépôt part pour rejoindre le 36e régiment de marche. Sous-lieutenant Noël.	2	227	»
14 *octobre*. — Formation des 2e et 3e compagnies de dépôt.			
26 *octobre*. — Départ de la 2e compagnie de dépôt pour rejoindre le 46e régiment de marche. Capitaine Souvrain.	3	317	2

(1) Effectif du dépôt au 1er août (24 officiers, 885 hommes, 2 chevaux).

	Offic.	Troupe.	Chev.

1er novembre. — Formation de la 4e compagnie de dépôt.
6 novembre. — Formation de la 5e compagnie de dépôt.
21 novembre. — Formation de la 6e compagnie de dépôt.
25 novembre. — Départ des 3e et 4e compagnies de dépôt pour rejoindre le 39e régiment de marche. Capitaines Thollon et Boué. .... 6 437 »
15 décembre. — Départ d'un détachement de 200 hommes pour se rendre à Périgueux où il est versé au dépôt du 57e de ligne. .... » 200 »
20 décembre. — Départ des 5e et 6e compagnies de dépôt pour rejoindre le 74e régiment de marche à Bordeaux. Capitaines Ferry et Quintal. .... 6 400 »
21 décembre. — M. le major Laurens est nommé au commandement du 12e bataillon de marche. Il est remplacé le même jour par M. le capitaine Grille, nommé major au corps.
18 janvier 1871. — Un détachement part du dépôt pour rejoindre le 85e régiment de marche. Lieutenant Colin. 1 77 »
29 janvier. — Un détachement rejoint le 86e régiment de marche. .... » 76 »
16 février. — Un détachement part pour rejoindre le 90e régiment de marche. Ce détachement n'ayant pas été incorporé a rejoint le dépôt le 7 mars. (1 officiers, 78 hommes).
1er mars. — Le dépôt comprend les 1re et 2e compagnies provisoires, capitaines Hevé et Mourget, et la compagnie hors-rang. (Effectif : 15 officiers, 385 hommes, 1 cheval.)

82e RÉGIMENT — DÉPOT

15 juillet 1870. — Graziani, major, La Rochelle.
22 juillet. — Le régiment quitte La Rochelle pour se rendre à Lyon où il arrive le 23.
29 juillet. — Départ d'un détachement du dépôt pour Lyon. 1 300 »
1er août (1). — Effectif des 3 bataillons de guerre 66 1730 28
4 août. — Départ d'un détachement pour Lyon. 1 250 »
10 août. — Départ d'un détachement pour rejoindre le camp de Châlons où il arrive le 12. .... 1 526 »
10 août. — Le régiment quitte Lyon pour se rendre à Belfort où il arrive le 11.
12 août. — Formation du 4e bataillon.
15 août. — Création des 5e et 6e compagnies du 4e bataillon.

---

(1) Effectif du dépôt au 1er août (25 officiers, 1,086 hommes, 2 chevaux).

— 161 —

	Offic.	Troupe.	Chev.

19 août. — Le 4ᵉ bataillon quitte La Rochelle pour se rendre à Paris où il arrive le 20, commandant Dupont. Ce bataillon entre dans la formation du 18ᵉ régiment de marche. — 21 — 805 — 4

29 août. — Départ de la 8ᵉ compagnie du 2ᵉ bataillon pour Paris, capitaine Tissot. En octobre cette compagnie passe au 37ᵉ régiment de marche de Paris (137ᵉ) . . . . . . — 2 — 200 — »

6 septembre. — Formation de 2 compagnies provisoires.

17 septembre. — La 8ᵉ compagnie du 3ᵉ bataillon, capitaine Cognès, quitte La Rochelle pour se rendre à Limoges concourir à la formation du 32ᵉ régiment de marche . . — 1 — 236 — »

21 septembre. — M. Graziani, major, part pour prendre le commandement d'un bataillon.

1ᵉʳ octobre. — Formation de 4 compagnies de dépôt.

10 octobre. — Départ de la 1ʳᵉ compagnie de dépôt pour rejoindre le 40ᵉ régiment de marche. Capitaine Mourgues de Carrère. . . . . — 2 — 236 — »

15 octobre. — M. le commandant en retraite Curet est nommé major au corps.

19 octobre. — Départ des 2ᵉ, 3ᵉ et 4ᵉ compagnies de dépôt pour rejoindre à Tours le 41ᵉ régiment de marche. Lieutenant Ernest, sous-lieutenants Decalonne, Piane. . . . — 6 — 712 — »

25 octobre. — Formation des 5ᵉ et 6ᵉ compagnies de dépôt.

15 novembre. — Départ de la 5ᵉ compagnie de dépôt pour rejoindre le 56ᵉ régiment de marche à Bourges. Sous-lieutenant Gardeur . . . . — 2 — 221 — »

16 novembre. — Formation des 7ᵉ, 8ᵉ et 9ᵉ compagnies de dépôt.

3 décembre. — Départ des 6ᵉ, 7ᵉ et 8ᵉ compagnies de dépôt pour rejoindre le 65ᵉ régiment de marche à Bourges. Sous-lieutenant Gasse, Brown et Launay. . . . . . . — 6 — 560 — »

16 décembre. — Départ de la 9ᵉ compagnie de dépôt pour rejoindre à Cherbourg le 71ᵉ régiment de marche. Lieutenant Roussel.

16 décembre. — Départ d'un détachement pour rejoindre le dépôt du 44ᵉ de ligne à Angoulême . . . . — 1 — 300 — »

16 décembre. — Formation de la 10ᵉ compagnie de dépôt.

31 décembre. — Départ de la 10ᵉ compagnie de dépôt pour rejoindre à Bordeaux le 75ᵉ régiment de marche. Sous-lieutenant Arnould. . . . . — 2 — 200 — »

4 janvier 1871. — Départ pour Bordeaux d'un détachement pour rejoindre le 77ᵉ régiment de marche. Sous-lieutenant Amiotte . . . . — 1 — 50 — »

10 janvier. — Départ d'un détachement pour Bordeaux où il doit être versé au 80ᵉ régiment de marche . . . . . . — » — 53 — »

	Offic.	Troupe.	Chev.

20 janvier. — Départ d'un détachement pour Bordeaux où il est versé au 82ᵉ régiment de marche .... » 50 »

1ᵉʳ mars 1871. — Formation des 11ᵉ et 12ᵉ compagnies de dépôt.

1ᵉʳ mars. — Le dépôt comprend les 11ᵉ, 12ᵉ compagnies de dépôt, 1ʳᵉ, 2ᵉ compagnies provisoires et la compagnie hors-rang. (Effectif : 10 officiers, 521 hommes.)

83ᵉ RÉGIMENT — DÉPOT

15 juillet 1870. — Marié, major, Clermont-Ferrand.

20 juillet. — Départ du régiment de Clermont-Ferrand pour se rendre à Lyon où il arrive le même jour.

1ᵉʳ août (1). — Effectif des 3 bataillons de guerre 64 1750 26

2 août. — Départ d'un détachement pour Lyon ...... 1 500 »

10 août. — Départ du régiment de Lyon pour se rendre à Belfort où il arrive le 11.

12 août. — Formation du 4ᵉ bataillon.

15 août. — Création des 5ᵉ et 6ᵉ compagnies du 4ᵉ bataillon.

20 août. — Départ du 4ᵉ bataillon pour Paris, commandant Donnio. Ce bataillon passe au 20ᵉ régiment de marche. . 12 800 2

29 août. — Départ de la 8ᵉ compagnie du 2ᵉ bataillon pour Paris, capitaine Bouté. Cette compagnie passe en octobre au 35ᵉ régiment de marche de Paris (135ᵉ) .... 3 200 »

6 septembre. — Formation de 2 compagnies provisoires.

22 septembre. — Départ de la 8ᵉ compagnie du 3ᵉ bataillon, capitaine Clovis. Cette compagnie passe au 29ᵉ régiment de marche à Bourges. .... 3 206 »

1ᵉʳ octobre. — Formation de 4 compagnies de dépôt.

7 octobre. — Départ de la 1ʳᵉ compagnie de dépôt pour rejoindre le 36ᵉ régiment de marche. Capitaine Lépaulle. 3 161 »

16 octobre. — Formation des 5ᵉ et 6ᵉ compagnies de dépôt.

18 octobre. — Départ des 2ᵉ, 3ᵉ et 4ᵉ compagnies de dépôt pour rejoindre le 41ᵉ régiment de marche. Capitaines Defrain, Rivière, Martin .... 9 542 »

31 octobre. — Départ de la 5ᵉ compagnie de dépôt pour rejoindre au Mans le 46ᵉ régiment de marche. Capitaine Burger .... 2 216 »

10 novembre. — Formation des 7ᵉ et 8ᵉ compagnies de dépôt.

17 novembre. — Départ des 6ᵉ et 7ᵉ compagnies de dépôt pour rejoindre le 58ᵉ régiment de marche. Sous-lieutenants Boiteux et Michel. .... 4 432 »

---

(1) Effectif du dépôt au 1ᵉʳ août (24 officiers, 1,155 hommes, 1 cheval).

	Offic.	Troupe.	Chev.

6 décembre. — Formation de la 9e compagnie de dépôt.

13 décembre. — Départ de la 8e compagnie de dépôt pour rejoindre le 70e régiment de marche à Cherbourg. Lieutenant Bontz 2   215   »

5 janvier 1871. — Départ d'un détachement pour Bordeaux.   2   320   »

6 janvier. — Départ de la 9e compagnie de dépôt pour rejoindre le 80e régiment de marche. Lieutenant Montpellier 2   340   »

12 janvier. — M. le major Marié est nommé lieutenant-colonel au 81e régiment de marche.

14 janvier. — M. le capitaine Mila est nommé major au corps.

15 janvier. — Départ d'un détachement pour rejoindre à Bordeaux le 87e régiment de marche. Lieutenant Ferrand.   1   149   »

16 février. — Organisation d'une 10e compagnie de dépôt.

17 février. — Départ de la 10e compagnie de dépôt pour rejoindre à Bordeaux le 92e régiment de marche. Capitaine Larcher 3   156   »

1er mars 1871. — Le dépôt comprend les 2 compagnies provisoires, capitaines Barot et Fournier, et la compagnie hors-rang. (Effectif : 15 officiers, 471 hommes, 1 cheval.)

84e RÉGIMENT — DÉPOT

15 juillet 1870. — Fischer, major, Lons-le-Saunier.

29 juillet. — Départ d'un détachement pour rejoindre à Phalsbourg les bataillons de guerre   2   150   »

1er août (1). — Effectif des 3 bataillons de guerre   66   1753   46

2 août. — Le régiment part de Phalsbourg pour se rendre à Bitche.

2 août. — Départ d'un détachement de Lons-le-Saunier pour rejoindre le régiment à Sarreguemines.   1   250   »

10 août. — Formation au dépôt du 4e bataillon.

15 août. — Création des 5e et 6e compagnies du 4e bataillon.

16 août. — Le 4e bataillon au complet quitte Lons-le-Saunier pour se rendre à Belfort où il doit tenir garnison. Commandant Chapelot 17   883   3

29 août. — La 8e compagnie du 2e bataillon quitte le dépôt pour se rendre à Paris (3 officiers, 200 hommes).

3 septembre. — La 8e compagnie du 2e bataillon reçoit l'ordre de rejoindre son dépôt où elle arrive le 5. Capitaine N... lieutenant Pernot 3   200   »

(1) Effectif du dépôt au 1er août 25 officiers, 1,004 hommes, 2 chevaux).

— 164 —

| | Offic. | Troupe. | Chev. |

14 septembre. — Formation des 1re et 2e compagnies provisoires. Capitaines Monier et Mairet.

18 septembre. — La 8e compagnie du 2e bataillon quitte Lons-le-Saunier pour rejoindre à Limoges le 32e régiment de marche où elle est versée. Lieutenant Pernot. . . 3   219   »

4 octobre. — La 8e compagnie du 3e bataillon est dédoublée et forme la 8e compagnie principale et la 8e compagnie (*bis*).

4 octobre. — Formation des 1re, 2e, 3e et 4e compagnies de dépôt.

15 octobre. — Le 4e bataillon entre à Belfort dans la formation du 35e régiment de marche.

1er novembre. — Le major Fischer est nommé lieutenant-colonel pour commander un régiment de marche.

10 novembre. — Le dépôt quitte Lons-le-Saunier pour se rendre à Montpellier.

12 novembre. — Le capitaine Nollet est envoyé au dépôt comme major.

15 novembre. — Formation des 5e et 6e compagnies de dépôt.

1er décembre. — La 5e compagnie de dépôt part pour rejoindre à Angers le 62e régiment de marche où elle est versée. Sous-lieutenant Coquet 2   165   »

5 décembre. — Formation de la 7e compagnie de dépôt, sous-lieutenant Grandmontagne (2 officiers, 169 hommes.) Cette compagnie n'a pas quitté Montpellier.

18 décembre. — Formation à Besançon d'un bataillon de marche avec les compagnies restées dans cette place. Commandant Gaillard.

    8e compagnie du 3e bataillon, capitaine Chargros.
    1re compagnie de dépôt, capitaine Leclerc.
    2e compagnie de dépôt, capitaine Perny.
    3e compagnie de dépôt, capitaine Masmejan.
    4e compagnie de dépôt, capitaine Dupuis.
    8e compagnie de dépôt (ex 8e compagnie *bis*). Capitaine Mairet.

Ce bataillon est versé le même jour à Besançon au 63e régiment de marche dont il devient le 3e bataillon . 19   1267   3

1er janvier 1871. — Un détachement part pour Aniane, sous les ordres du sous-lieutenant Tiersonnier (1 officier, 50 hommes) 1   50   »

9 janvier. — La 6e compagnie de dépôt se rend au camp de Montpellier. Capitaine Maguin (1 officier, 200 hommes).

15 janvier. — Départ d'un détachement pour Bordeaux où il est versé au 81e régiment de marche. Sous-lieutenant Lobedez. 1   50   »

1ᵉʳ février. — Formation des 9ᵉ et 10ᵉ compagnies de dépôt.
1ᵉʳ mars 1871. — Le dépôt comprend les 6ᵉ, 7ᵉ, 9ᵉ et 10ᵉ compagnies de dépôt, les 1ʳᵉ et 2ᵉ compagnies provisoires et la compagnie hors-rang. (Effectif : 20 officiers, 869 hommes.)

85ᵉ RÉGIMENT — DÉPOT

	Offic.	Troupe.	Chev.
15 juillet 1870. — Brennetuit, major, Gray.			
15 juillet. — Le régiment est en garnison à Metz.			
29 juillet. — Départ de Gray d'un détachement pour rejoindre à Metz les bataillons de guerre. Capitaine Maillard .	1	300	»
(1) *1ᵉʳ août*. — Effectif des 3 bataillons de guerre.	67	1704	10
4 août. — Départ d'un détachement du dépôt pour rejoindre à Metz le régiment. Sous-lieutenant Riniéri	1	200	»
15 août. — Formation du 4ᵉ bataillon (4 compagnies). Commandant Durochat.			
17 août. — Création des 5ᵉ et 6ᵉ compagnies du 4ᵉ bataillon. Capitaines Lallemand et Baraille.			
17 août. — Le 4ᵉ bataillon part de Gray pour Belfort il ne se compose que de 4 compagnies mais reçoit plus tard deux cadres de compagnies (5ᵉ, 6ᵉ) qui rejoignent le 24 septembre, les hommes sont pris dans les autres compagnies.			
29 août. — La 8ᵉ compagnie du 2ᵉ bataillon part pour Paris où elle reste deux jours ; elle est ensuite envoyée à Besançon et de là rentre à Gray où elle arrive le 5 septembre. Sous-lieutenant Faure.			
3 septembre. — Formation de la 1ʳᵉ compagnie provisoire qui devient plus tard 1ʳᵉ compagnie du 5ᵉ bataillon (2ᵉ) du 85ᵉ régiment *bis*.			
12 septembre. — Le 4ᵉ bataillon quitte Belfort pour opérer dans les Vosges. Commandant Durochat	14	825	2
18 septembre. — La 8ᵉ compagnie du 3ᵉ bataillon quitte le dépôt pour se rendre à Limoges où elle est versée au 32ᵉ régiment de marche. Capitaine Maillard	2	211	»
7 octobre. — La 8ᵉ compagnie du 2ᵉ bataillon et la 1ʳᵉ compagnie provisoire partent de Gray pour les Vosges sous les ordres du capitaine Tardif ; elles arrivent à Bruyères où, sur l'ordre du général Cambriels, elles se dédoublent pour former un bataillon à 4 compagnies. Le bataillon étant formé se rend à Besançon.	8	800	1

---

(1) Effectif du dépôt au 1ᵉʳ août (22 officiers, 963 hommes, 2 chevaux).

	Offic.	Troupe.	Chev.

11 octobre. — Le dépôt quitte Gray pour se rendre à Besançon.

12 octobre. — Formation à Besançon des 2e, 3e, 4e, 5e, 6e, 7e et 8e compagnies de dépôt.

12 octobre. — Le 4e bataillon rentre à Besançon.

1er novembre. — Formation d'un régiment de marche sous le numéro de 85e régiment *bis*, qui devient le 14 novembre 50e régiment de marche.

1er novembre. — Composition des deux bataillons du 85e régiment *bis*.

    4e bataillon du 85e de ligne, commandant Durochat.
        1re compagnie (4e bataillon), lieutenant Richalet.
        2e compagnie (4e bataillon), capitaine Fontaine.
        3e compagnie (4e bataillon), capitaine Descourvières.
        4e compagnie (4e bataillon), capitaine Grévillot.
        5e compagnie (4e bataillon), capitaine Bourceaux.
    5e bataillon du 85e de ligne, commandant Gandon.
        1re compagnie (1re compagnie provisoire), lieutenant Viguier.
        2e compagnie (2e compagnie provisoire), lieutenant Thomas.
        3e compagnie (8e compagnie du 2e bataillon), lieutenant Lirhantz.
        4e compagnie (1re compagnie de dépôt), lieutenant Buyck.
        5e compagnie (6e compagnie, 4e bataillon), capitaine Morrin.

1er novembre. — Effectif des deux bataillons 33   1805   8

17 novembre. — Départ du dépôt pour se rendre à Villefranche-sur-Mer.

1er décembre. — Formation au dépôt de deux nouvelles compagnies provisoires.

6 décembre. — Formation de la 9e compagnie de dépôt.

10 décembre. — Les 2e, 3e, 4e, 5e, 6e et 7e compagnies de dépôt restées à Besançon après le départ du dépôt pour Villefranche-sur-Mer, forment un bataillon de marche, commandant Balmitgère. Ce bataillon entre dans la formation du 63e régiment de marche.

    Bataillon de marche du 85e de ligne, commandant Balmitgère.
        2e compagnie de dépôt (1re compagnie), capitaine Icart.
        3e compagnie de dépôt (2e compagnie), capitaine Watrin.

	Offic.	Troupe.	Chev.

4ᵉ compagnie de dépôt (3ᵉ compagnie), capitaine de Grille.

5ᵉ compagnie de dépôt (4ᵉ compagnie), capitaine Méry.

6ᵉ compagnie de dépôt (5ᵉ compagnie), capitaine Genton.

7ᵉ compagnie de dépôt (6ᵉ compagnie), capitaine Tiquet.

11 décembre. — Effectif du bataillon de marche. 20 691 2

1ᵉʳ janvier 1871. — Départ d'un détachement pour rejoindre l'armée de l'Est. Sous-lieutenant Larmann. . . . . . . 1 95 »

20 janvier. — Formation à Nice de la 10ᵉ compagnie de dépôt. Capitaine Barbé. . . . . 3 146 »

21 janvier. — Formation de la 11ᵉ compagnie de dépôt, sous-lieutenant Odobez. Cette compagnie quitte Villefranche-sur-Mer pour se rendre à Toulon où elle arrive le même jour. 2 150 »

24 janvier. — Départ de la 8ᵉ compagnie pour Bordeaux où elle doit concourir à la formation du 87ᵉ régiment de marche. Lieutenant Praby. . . . . 2 147 »

17 février. — Formation à Nice de la 12ᵉ compagnie de dépôt, capitaine Faure . . . . 2 150 »

1ᵉʳ mars 1871. — Le dépôt comprend les 9ᵉ, 10ᵉ, 11ᵉ, 12ᵉ compagnies de dépôt à Nice, Toulon et Villefranche, les 1ʳᵉ et 2ᵉ compagnies provisoires, capitaines Merle et Corne et la compagnie hors-rang. (Effectif : 22 officiers, 933 hommes, 2 chevaux.)

86ᵉ RÉGIMENT — DÉPOT

15 juillet 1870. — Buffenoir, major, Saint-Malo.

16 juillet. — Le régiment quitte Lyon pour se rendre à Bitche où il arrive le 17.

28 juillet. — Départ d'un détachement pour rejoindre les bataillons de guerre à Sarreguemines. . . . . 1 500 »

(1) *1ᵉʳ août.* — Effectif des bataillons de guerre 71 2048 27

4 août. — Départ d'un détachement pour Sarreguemines. Lieutenant Daigny. . . . . 1 200 »

5 août. — Départ d'un détachement pour Sarreguemines, capitaine Dis. Ces deux détachements n'ayant pu rejoindre les bataillons de guerre se retirèrent sur Metz.

11 août. — Formation du 4ᵉ bataillon.

---

(1) Effectif du dépôt au 1ᵉʳ août (23 officiers, 771 hommes, 1 cheval).

	Offic.	Troupe.	Chev.

14 août. — Création des 5ᵉ et 6ᵉ compagnies du 4ᵉ bataillon, le même jour le 4ᵉ bataillon quitte Saint-Malo pour se rendre à Paris sous le commandement du capitaine adjudant major Faure-Biguet, le commandant Soviche n'ayant pas rejoint. 17   800   1

16 août. — Le 4ᵉ bataillon passe au 11ᵉ régiment de marche.

29 août. — Départ de la 8ᵉ compagnie du 2ᵉ bataillon pour Paris, capitaine de Trémaudan. En octobre cette compagnie passe au 37ᵉ régiment de marche de Paris (137ᵉ) . . 3   200   »

18 septembre. — Départ de la 8ᵉ compagnie du 3ᵉ bataillon pour faire partie du 31ᵉ régiment de marche. Capitaine Sabatier 3   216   »

18 septembre. — Formation de 2 compagnies provisoires. Capitaines Dupont et Rougeau.

6 octobre. — Formation de 4 compagnies de dépôt.

1ᵉʳ novembre. — La 1ʳᵉ compagnie de dépôt part pour rejoindre le 48ᵉ régiment de marche. Capitaine de Geyer d'Ort,

1ᵉʳ novembre. — Formation de la 5ᵉ compagnie de dépôt.

11 novembre. — Les 2ᵉ, 3ᵉ et 4ᵉ compagnies de dépôt partent pour rejoindre le 52ᵉ régiment de marche à Rochefort. Capitaines Houlès, Rouède, lieutenant Sarzacq. 7   600   »

20 novembre. — Formation de la 6ᵉ compagnie de dépôt.

24 novembre. — Départ de la 6ᵉ compagnie de dépôt pour rejoindre la division Gougeard, armée de Bretagne. Cette compagnie forme bataillon mixte avec des compagnies du 25ᵉ de ligne. Capitaine Médurio 2   200   »

4 décembre. — Départ de la 5ᵉ compagnie de dépôt pour rejoindre le 64ᵉ régiment de marche. Capitaine Depassio. 2   216   »

4 décembre. — Formation de la 7ᵉ compagnie de dépôt.

20 décembre. — Départ de la 7ᵉ compagnie de dépôt pour rejoindre le 75ᵉ régiment de marche. Capitaine Costedoat. 2   216   »

5 janvier 1871. — Formation de la 8ᵉ compagnie de dépôt. Cette compagnie part le même jour pour rejoindre le 80ᵉ régiment de marche. Capitaine Salis. 2   216   »

17 janvier. — Formation de la 9ᵉ compagnie de dépôt. Cette compagnie part le même jour pour rejoindre à Bordeaux le 85ᵉ régiment de marche. Capitaine Jammes. 2   216   »

17 janvier. — Départ d'un détachement pour rejoindre le 80ᵉ régiment de marche à Bordeaux. Sous-lieutenant Peltier 1   50   »

26 janvier. — Formation et départ de la 10ᵉ compagnie de dépôt pour rejoindre le 88ᵉ régiment de marche à Bordeaux. Capitaine Petinay. 2   156   »

	Offic.	Troupe.	Chev.

15 février. — Départ d'un détachement pour rejoindre le 91e régiment de marche à Bordeaux. Sous-lieutenant Roland . . . . 2 126 »

1er mars 1871. — Le dépôt comprend les 2 compagnies provisoires et la compagnie hors-rang. (Effectif : 12 officiers, 337 hommes.)

87e RÉGIMENT — DÉPOT

15 juillet 1870. — Dauvais, major, Montpellier.

24 juillet. — Départ du régiment pour Strasbourg où il arrive le 27.

(1) *août.* — Effectif des 3 bataillons de guerre 66 2054 12

4 août. — Départ d'un détachement pour Strasbourg. Ce détachement rejoint le camp de Châlons le 14 . . . . . » 250 »

14 août. — Formation du 4e bataillon.

18 août. — Création des 5e et 6e compagnies du 4e bataillon.

22 août. — Départ du 4e bataillon (4 compagnies) pour Paris.

25 août. — Départ des 5e et 6e compagnies du 4e bataillon pour Paris. A cette date le bataillon est complété et passe le même jour au 20e régiment de marche. Commandant Hecquet 18 800 2

29 août. — Départ de la 8e compagnie du 2e bataillon pour Paris, capitaine Vaissière. Cette compagnie passe en octobre au 35e régiment de marche de Paris (135e) . . . 3 200 »

6 septembre. — Formation de 2 compagnies provisoires. Capitaines en retraite Guillot et Désécoté.

19 septembre. — Départ de la 8e compagnie du 3e bataillon pour rejoindre le 32e régiment de marche. Sous-lieutenant Joanès . . . . 2 218 »

6 octobre. — Formation de 4 compagnies de dépôt.

12 octobre. — Départ de la 1re compagnie de dépôt pour rejoindre le 40e régiment de marche. Capitaine Marey-Monge . . . . 3 207 »

27 octobre. — Départ de la 2e compagnie de dépôt pour rejoindre le 45e régiment de marche. Capitaine Criton . 3 215 »

30 octobre. — Formation de la 5e compagnie de dépôt.

5 novembre. — Départ de la 3e compagnie de dépôt pour concourir à la formation du 51e régiment de marche. Sous-lieutenant Stéfani . . . . 2 216 »

6 novembre. — Formation de la 6e compagnie de dépôt.

---

(1) Effectif du dépôt au 1er août (25 officiers, 768 hommes, 3 chevaux).

	Offic.	Troupe.	Chev.

16 novembre. — Départ de la 4ᵉ compagnie de dépôt pour rejoindre le 58ᵉ régiment de marche. Sous-lieutenant Poitier. . . . . 2 164 »

22 novembre. — Départ de la 5ᵉ compagnie de dépôt pour rejoindre le 59ᵉ régiment de marche. Sous-lieutenant Fabry. . . . . 2 169 »

6 décembre. — Départ de la 6ᵉ compagnie de dépôt pour rejoindre le 66ᵉ régiment de marche. Sous-lieutenant Favreaux. . . . . 2 127 »

14 décembre. — Départ d'un détachement pour rejoindre à Périgueux le dépôt du 57ᵉ de ligne où il est versé (1 officier, 432 hommes). . . . . 1 432 »

15 janvier 1871 — Départ d'un détachement pour rejoindre le 82ᵉ régiment de marche . . . . 1 50 »

25 février. — Mort du major, M. Dauvais.

1ᵉʳ mars 1871. — Le dépôt comprend les 2 compagnies provisoires et la compagnie hors-rang. (Effectif : 8 officiers, 532 hommes, 2 chevaux.)

88ᵉ RÉGIMENT — DÉPOT

15 juillet 1870. — Fischer, major, Cahors.

16 juillet. — Le régiment quitte Lyon pour se rendre à Bitche où il arrive le 17.

29 juillet. — Départ d'un détachement pour Bitche. . . . 1 350 »

(1) *1ᵉʳ août.* — Effectif des 3 bataillons de guerre 67 1711 11

3 août. — Départ d'un détachement pour rejoindre les bataillons de guerre. Sous-lieutenant Doucet . . . . . 1 368 »

8 août. — Départ d'un détachement pour rejoindre les bataillons de guerre. Capitaine Prendergast. . . . . . 1 353 »

8 août. — Le major Fischer est autorisé à permuter avec le commandant Escarfail.

15 août. — Formation du 4ᵉ bataillon.

16 août. — Création au dépôt des 5ᵉ et 6ᵉ compagnies du 4ᵉ bataillon.

21 août. — Arrive au dépôt un détachement du 97ᵉ de ligne. . . . . » 159 »

22 août. — Départ du 4ᵉ bataillon pour Paris, commandant Coutelle. Ce bataillon concourt à la formation du 18ᵉ régiment de marche 19 800 2

28 août. — La 8ᵉ compagnie du 2ᵉ bataillon part pour Paris,

---

(1) Effectif du dépôt au 1ᵉʳ août (24 officiers, 1,457 hommes, 1 cheval).

	Offic.	Troupe.	Chev.

sous-lieutenant Combes. En octobre cette compagnie est versée au 39ᵉ régiment de marche de Paris (139ᵉ). . . .   **3**   **250**   »

6 septembre. — Formation des 1ʳᵉ et 2ᵉ compagnies provisoires.

30 septembre. — Départ de la 8ᵉ compagnie du 3ᵉ bataillon pour rejoindre à Moulins le 30ᵉ régiment de marche où elle est versée. Capitaine Grosjean. . . . .   **1**   **216**   »

30 septembre. — M. le chef de bataillon en retraite Barutel est nommé major au corps en remplacement de M. Escarfail fait prisonnier de guerre.

1ᵉʳ octobre. — Formation de 4 compagnies de dépôt.

12 octobre. — Départ de la 1ʳᵉ compagnie de dépôt pour rejoindre le 40ᵉ régiment de marche. Lieutenant Chauvet. . . . .   **2**   **216**   »

21 octobre. — Départ des 2ᵉ, 3ᵉ et 4ᵉ compagnies de dépôt pour rejoindre le 44ᵉ régiment de marche, capitaine Meyer. Sous-lieutenants Rateau, Rozeau. . . . .   **8**   **642**   »

25 octobre. — Formation des 5ᵉ et 6ᵉ compagnies de dépôt.

6 novembre. — Départ de la 5ᵉ compagnie de dépôt pour rejoindre le 51ᵉ régiment de marche. Capitaine Hubert.   **3**   **218**   »

15 novembre. — Formation des 7ᵉ, 8ᵉ et 9ᵉ compagnies de dépôt.

1ᵉʳ décembre. — Départ des 6ᵉ et 7ᵉ compagnies de dépôt pour rejoindre le 62ᵉ régiment de marche, capitaine Lebouc. Sous-lieutenant Tonnelier . . . .   **4**   **438**   »

6 décembre. — Formation des 10ᵉ et 11ᵉ compagnies de dépôt.

10 décembre. — Un détachement part sous la conduite de M. le sous-lieutenant Cros pour rejoindre le dépôt du 57ᵉ de ligne en formation à Périgueux. . . . .   **1**   **432**   »

16 décembre. — Formation de la 12ᵉ compagnie de dépôt.

20 décembre. — Départ des 8ᵉ, 9ᵉ, 10ᵉ et 11ᵉ compagnies de dépôt pour rejoindre le 66ᵉ régiment de marche à Tours. Capitaine Werhille, sous-lieutenants Faure, Paul, Gouzil et Laporte. . . . .   **8**   **831**   »

22 décembre. — Départ de la 12ᵉ compagnie de dépôt pour rejoindre le 79ᵉ régiment de marche. Lieutenant Pissonnet de Bellefond.   **2**   **220**   »

24 décembre. — Départ d'un détachement pour se rendre à Bordeaux. Sous-lieutenant Vorense. . . . .   **1**   **70**   »

2 janvier 1871. — Formation de la 13ᵉ compagnie de dépôt.

3 janvier. — Départ de la 13ᵉ compagnie de dépôt pour se rendre à Bordeaux. Sous-lieutenant Cros. . . . .   **1**   **177**   »

5 janvier. — Départ d'un détachement pour Bordeaux. Ce détachement est versé le 20 janvier au 85ᵉ régiment de marche. . . . .   »   **44**   »

	Offic.	Troupe.	Chev.

29 janvier. — Départ d'un détachement pour Bordeaux. Sous-lieutenant Stoffel. . . . . 2 80 »

4 février. — Départ d'un détachement pour rejoindre à Laval le 40ᵉ régiment de marche. . . . . » 50 »

16 février. — Départ d'un détachement pour rejoindre le 90ᵉ régiment de marche. Capitaine Grosjean. . . . . 1 105 »

1ᵉʳ mars 1871. — Le dépôt comprend les 2 compagnies provisoires et la compagnie hors-rang. (Effectif : 12 officiers, 404 hommes.)

89ᵉ RÉGIMENT — DÉPOT

15 juillet 1870. — De Priel, major, Draguignan.

27 juillet. — Départ du régiment d'Antibes pour Belfort où il arrive le 29.

29 juillet. — Un détachement part pour rejoindre les bataillons de guerre à Belfort. . . . . 1 300 »

(1) *1ᵉʳ août.* — Effectif des 3 bataillons de guerre 68 1818 32

4 août. — Départ d'un détachement pour Belfort. . . . . 1 250 »

5 août. — Départ d'un détachement pour Belfort. Ce détachement rejoint le corps à Mulhouse le 6. . . . . 1 500 »

12 août. — Formation du 4ᵉ bataillon.

16 août. — Création des 5ᵉ et 6ᵉ compagnies du 4ᵉ bataillon.

21 août. — Le 4ᵉ bataillon quitte Marseille pour se rendre à Paris où il doit concourir à la formation du 26ᵉ régiment de marche. Commandant Boniface-Méda 18 894 2

1ᵉʳ septembre. — Départ de la 8ᵉ compagnie du 2ᵉ bataillon pour Paris, capitaine Rochat. Cette compagnie entre dans la formation du 39ᵉ régiment de marche de Paris (139ᵉ). . . . . 2 219 »

6 septembre. — Formation de 2 compagnies provisoires.

18 septembre. — La 8ᵉ compagnie du 3ᵉ bataillon part pour Bourges où elle entre dans la formation du 30ᵉ régiment de marche. Lieutenant Jonio. . . . . 3 219 »

1ᵉʳ octobre. — Formation de 4 compagnies de dépôt.

11 octobre. — Départ de la 1ʳᵉ compagnie de dépôt pour rejoindre à Bourges le 40ᵉ régiment de marche. Capitaine Bassaget . . . . 3 216 »

26 octobre. — Départ des 2ᵉ et 3ᵉ compagnies de dépôt pour rejoindre le 45ᵉ régiment de marche à Tours. Capitaine Gerbaux, lieutenant Bourgmester. . . . . 6 432 »

7 novembre. — M. le major Guillaume de Priel passe au 69ᵉ de ligne.

---

(1) Effectif du dépôt au 1ᵉʳ août (23 officiers, 1.211 hommes, 2 chevaux).

	Offic.	Troupe.	Chev.

8 novembre. — Départ de la 4ᵉ compagnie de dépôt pour rejoindre à Rochefort le 52ᵉ régiment de marche. Sous-lieutenant Curelle. 3   218   »

9 novembre. — Formation des 5ᵉ, 6ᵉ et 7ᵉ compagnies de dépôt.

19 novembre. — Départ de la 5ᵉ compagnie de dépôt pour rejoindre le 58ᵉ régiment de marche. Capitaine Wolff. 3   218   »

24 novembre. — M. le capitaine Benoît est nommé major au corps.

9 décembre. — Les 6ᵉ et 7ᵉ compagnies de dépôt partent pour concourir à la formation du 70ᵉ régiment de marche à Cherbourg. Lieutenant Escandre, sous-lieutenant Chabrier. 4   116   »

12 décembre. — Formation de la 8ᵉ compagnie de dépôt.

14 décembre. — Départ d'un détachement pour le Mans. (Armée de la Loire). . . . . »   289   »

20 décembre. — Départ d'un détachement pour Bordeaux. Ce détachement est versé au 88ᵉ régiment de marche. Sous-lieutenant Schuster. 1   50   »

29 décembre. — Départ d'un détachement pour rejoindre au Mans le 40ᵉ régiment de marche où il sert à compléter le 3ᵉ bataillon de ce régiment à 6 compagnies. Sous-lieutenant Blanc. 1   425   »

15 février. — Départ de la 8ᵉ compagnie de dépôt pour rejoindre à Bordeaux le 89ᵉ régiment de marche. Sous-lieutenant Roussin 2   150   »

1ᵉʳ mars 1871. — Le dépôt comprend les 1ʳᵉ et 2ᵉ compagnies provisoires, capitaines Texier, Tanneron et Ménard, compagnie hors-rang. (Effectif : 15 officiers, 629 hommes, 1 cheval.)

90ᵉ RÉGIMENT — DÉPOT

15 juillet 1870 — Gueytat, major, Saint-Germain-en-Laye.

16 juillet. — Le régiment quitte Paris pour se rendre à Metz où il arrive le 17.

29 juillet. — Départ d'un détachement pour rejoindre à Metz les bataillons de guerre. Lieutenant Champion. . . 1   250   »

(1) *1ᵉʳ août.* — Effectif des 3 bataillons de guerre. 66   1956   11

4 août. — Départ d'un détachement pour Metz. Sous-lieutenant Gros. 1   150   »

10 août. — Formation du 4ᵉ bataillon.

---

(1) Effectif du dépôt au 1ᵉʳ août (25 officiers, 1,114 hommes, 3 chevaux).

	Offic.	Troupe.	Chev.

14 août. — Le 4ᵉ bataillon (4 compagnies) quitte le dépôt pour se rendre à Paris.

15 août. — Création des 5ᵉ et 6ᵉ compagnies du 4ᵉ bataillon qui partent le même jour pour rejoindre à Paris le 4ᵉ bataillon.

16 août. — Le 4ᵉ bataillon formé à 6 compagnies, commandant Rogé, passe le même jour au 12ᵉ régiment de marche.   16   943   2

31 août. — Départ de la 8ᵉ compagnie du 2ᵉ bataillon, capitaine Gumery, pour se rendre à Saint-Cloud. En octobre cette compagnie passe au 38ᵉ régiment de marche de Paris (138ᵉ)   2   260   »

6 septembre. — Formation de 2 compagnies provisoires. Capitaines en retraite Nègre et Janselme.

14 septembre. — Départ du dépôt pour se rendre au Mans où il arrive le 22.

22 septembre. — La 8ᵉ compagnie du 3ᵉ bataillon, capitaine Foussat, part pour se rendre à Tours faire partie du 29ᵉ régiment de marche.   3   216   »

22 septembre. — Départ du dépôt pour Lyon où il arrive le 23.

28 septembre. — Formation des 1ʳᵉ, 2ᵉ, 3ᵉ, 4ᵉ et 5ᵉ compagnies de dépôt.

18 octobre. — Départ de la 4ᵉ compagnie de dépôt pour rejoindre le 40ᵉ régiment de marche. Lieutenant Sehou.   2   330   »

23 octobre. — Départ des 1ʳᵉ, 2ᵉ, 3ᵉ et 5ᵉ compagnies de dépôt. Ces compagnies furent dirigées sur Dijon pour former le 49ᵉ régiment de marche. Sous-lieutenants Langlois, Damingue, Bartolini et Maquaire.   9   1010   »

Ces compagnies prirent part au combat de Dijon le 30 octobre ; après la retraite, elles furent définitivement comprises : 1ʳᵉ et 2ᵉ dans le 55ᵉ régiment de marche, et les 3ᵉ et 5ᵉ dans le 60ᵉ régiment de marche.

28 octobre. — Formation des 6ᵉ et 7ᵉ compagnies de dépôt.

31 octobre. — M. le major Gueytat est nommé lieutenant-colonel pour commander un régiment de marche.

2 novembre. — Départ du dépôt pour Toulon où il arrive le 3.

2 novembre. — Les 6ᵉ, 7ᵉ compagnies de dépôt et la 2ᵉ compagnie provisoire qui prit le nº 8, complétées chacune à 260 hommes, restèrent à Lyon et furent comprises dans la formation du 57ᵉ régiment de marche. Capitaine Petit, lieutenants Lepeintre et Ageau.   5   780   »

4 novembre. — Un détachement part pour aller occuper l'Ile de Porquerolles. Lieutenant O'Meyer (80 hommes).

8 novembre. — M. le major Jacquin rejoint le corps.

	Offic.	Troupe.	Chev.

12 novembre. — Formation d'une nouvelle 2ᵉ compagnie provisoire pour remplacer celle qui a été laissée à Lyon. Capitaine Pointurier.

18 novembre. — Formation de la 9ᵉ compagnie de dépôt.

1ᵉʳ décembre. — Départ de la 9ᵉ compagnie de dépôt pour rejoindre le 62ᵉ régiment de marche. Lieutenant Maschetti . . . . 3 279 »

4 décembre. — Formation de la 10ᵉ compagnie de dépôt.

14 décembre. — Départ d'un détachement pour se rendre au Mans où il est versé au 46ᵉ régiment de marche . . . . . » 80 »

13 janvier 1871. — Départ de la 10ᵉ compagnie de dépôt pour Bordeaux où elle concourt à la formation du 81ᵉ régiment de marche. Capitaine O'Meyer . . . . 3 150 »

26 janvier. — Départ d'un détachement pour le 89ᵉ régiment de marche . . . . » 81 »

3 février. — Départ d'un détachement pour rejoindre le 40ᵉ régiment de marche. Sous-lieutenant Roger . . . . 1 77 »

4 février.—Un détachement est envoyé à Nice (50 hommes).

27 février. — Un détachement de 50 hommes fait partie d'une colonne dirigée de Toulon dans le département des Basses-Alpes où les Garibaldiens licenciés commettaient des excès. Ce détachement rentre le 11 mars à Toulon.

1ᵉʳ mars 1871. — Le dépôt comprend les 2 compagnies provisoires et la compagnie hors-rang. (Effectif : 10 officiers, 422 hommes.)

16 mars. — Licenciement des 2 compagnies provisoires.

91ᵉ RÉGIMENT — DÉPÔT

15 juillet 1870. — Godefroy, major, Lille.

22 juillet. — Le régiment quitte Lille pour se rendre à Soissons où il arrive le même jour. Part de Soissons le 31 pour le camp de Châlons où il arrive le 1ᵉʳ août.

31 juillet. — Départ d'un détachement pour Soissons . . . 1 200 »

1ᵉʳ août (1). — Effectif des 3 bataillons de guerre 66 1800 36

4 août. — Départ pour le camp de Châlons d'un détachement . . . . 1 200 »

10 août. — Formation du 4ᵉ bataillon à 4 compagnies.

12 août. — Départ du 4ᵉ bataillon pour le camp de Châlons, commandant Vidal. Ce bataillon arrive au camp le 13 et le 17 il passe au 4ᵉ régiment de marche 12 564 2

---

(1) Effectif du dépôt au 1ᵉʳ août (23 officiers, 1,063 hommes, 3 chevaux).

	Offic.	Troupe.	Chev.

21 août. — Création des 5ᵉ et 6ᵉ compagnies du 4ᵉ bataillon. Ces deux compagnies restent à Lille au dépôt.

29 août. — Départ de la 8ᵉ compagnie du 2ᵉ bataillon pour Paris, capitaine Damplat. Cette compagnie est versée en octobre au 35ᵉ régiment de marche de Paris (135ᵉ). . 3   203   »

6 septembre. — Formation des 1ʳᵉ et 2ᵉ compagnies provisoires. Capitaines Bourotte et Garouste.

18 septembre. — Départ de la 8ᵉ compagnie du 3ᵉ bataillon pour concourir à la formation du 33ᵉ régiment de marche à Nevers. Capitaine Démaré. 3   225   »

5 octobre. — Formation des 1ʳᵉ, 2ᵉ, 3ᵉ et 4ᵉ compagnies de dépôt.

9 octobre. — Formation de la 5ᵉ compagnie de dépôt.

21 octobre. — Départ de la 1ʳᵉ compagnie de dépôt pour rejoindre le 40ᵉ régiment de marche. Capitaine Bourzès. 3   200   »

31 octobre. — Le major Godefroy est nommé lieutenant-colonel. Il est remplacé par le capitaine Vaton, nommé major le même jour.

6 novembre. — Formation à Lille du 1ᵉʳ bataillon de marche du 91ᵉ de ligne. Commandant Cottin.

    2ᵉ compagnie de dépôt, capitaine Martin (P.).
    3ᵉ compagnie de dépôt, capitaine Philippot.
    4ᵉ compagnie de dépôt, capitaine Endurau.
    5ᵉ compagnie du 4ᵉ bataillon, lieutenant Oudard.
    6ᵉ compagnie du 4ᵉ bataillon, capitaine Martin (J.-E.).

Effectif du bataillon à sa formation 15   721   2

21 novembre. — Formation des 6ᵉ, 7ᵉ, 8ᵉ, 9ᵉ, 10ᵉ compagnies de dépôt.

24 novembre. — Formation du 2ᵉ bataillon de marche du 91ᵉ de ligne. Commandant Frémiot.

    5ᵉ compagnie de dépôt, lieutenant de Charry.
    6ᵉ compagnie de dépôt, capitaine Soulier.
    7ᵉ compagnie de dépôt, lieutenant Mianney.
    8ᵉ compagnie de dépôt, capitaine Colombier.
    9ᵉ compagnie de dépôt, capitaine Capbert.

Effectif du bataillon à sa formation 15   1264   2

4 décembre. — Formation des 11ᵉ et 12ᵉ compagnies de dépôt.

9 décembre. — Le major Vaton passe comme chef de bataillon au commandement du 18ᵉ bataillon de marche de chasseurs à pied.

12 décembre. — Le major Verdet est nommé major au corps.

20 décembre. — Les 2 bataillons de marche du 91ᵉ de ligne passent au 72ᵉ régiment de marche.

27 décembre. — La 10ᵉ compagnie de dépôt passe au 24ᵉ de

	Offic.	Troupe.	Chev.

ligne, lieutenant Tasson. Le même jour la 11e compagnie de dépôt est versée au 33e de ligne. Lieutenant Alepée. . . 3 157 »

28 décembre. — Départ d'un détachement pour Bordeaux, ce détachement est versé au 75e régiment de marche. . . . » 50 »

6 janvier 1871. — Formation des 13e et 14e compagnies de dépôt. Capitaines Déthise et Helleboid.

9 janvier. — Départ d'un détachement pour rejoindre les bataillons du 91e de ligne. . . . . » 120 »

14 janvier. — Départ d'un détachement pour rejoindre les bataillons de guerre . . . . » 70 »

15 janvier. — Un détachement du dépôt est versé au 80e régiment de marche à Bordeaux. . . . . » 50 »

28 janvier. — Le capitaine Talandier est nommé major au corps en remplacement du major Verdet.

28 janvier. — Départ d'un détachement pour rejoindre les bataillons de guerre du 91e de ligne. . . . . » 190 »

12 février. — Formation de la 15e compagnie de dépôt.

1er mars. — Le dépôt comprend les 12e, 13e, 14e et 15e compagnies de dépôt, les 1re et 2e compagnies provisoires et la compagnie hors-rang. (Effectif : 18 officiers, 1352 hommes, 2 chevaux.)

92e RÉGIMENT — DÉPOT

15 juillet 1870. — Grémion, major, Digne.

1er août (1). — Effectif des 3 bataillons de guerre en Algérie. 67 1726 15

3 août. — Départ d'un détachement du dépôt pour rejoindre en Algérie les bataillons de guerre . . . . 385 »

7 août. — Le 4e bataillon en formation à Marseille.

15 août. — Création des 5e et 6e compagnies du 4e bataillon. Capitaine Debar et lieutenant Douette.

16 août. — Le 4e bataillon complètement organisé reste à Marseille. Commandant Ragiot.

    1re compagnie, capitaine Blanc.
    2e compagnie, capitaine Maréchal.
    3e compagnie, capitaine Veil.
    4e compagnie, capitaine Habert.
    5e compagnie, capitaine Debar.
    6e compagnie, lieutenant Douette.
Effectif du 4e bataillon 20 1119 4

6 septembre. — Formation à Digne des 1re et 2e compagnies provisoires.

---

(1) Effectif du dépôt au 1er août (18 officiers, 1,122 hommes, 2 chevaux).

		Offic.	Troupe.	Chev.

17 septembre. — Départ de la 8e compagnie du 3e bataillon pour rejoindre le 30e régiment de marche. Capitaine Calamand. 2   215   »

24 septembre. — Le 4e bataillon s'embarque à Marseille pour l'Algérie (province de Constantine). Commandant Ragiot. 20   1041   4

27 septembre. — Le dépôt quitte Digne pour se rendre à Marseille où il arrive le 29.

1er octobre. — Formation des 1re, 2e, 3e et 4e compagnies de dépôt.

25 octobre. — Départ de la 8e compagnie du 2e bataillon et de la 1re compagnie de dépôt pour rejoindre le 43e régiment de marche. Capitaines Pastre et Maux. 6   430   »

26 octobre. — Départ de la 2e compagnie de dépôt pour rejoindre le 46e régiment de marche. Lieutenant Guimard. 2   218   »

30 octobre. — Formation des 5e et 6e compagnies de dépôt.

1er novembre. — Départ des 3e et 4e compagnies de dépôt pour rejoindre à Clermont-Ferrand le 55e régiment de marche où elles sont versées. Capitaines Langrand et Gérard . . 6   432   »

16 novembre. — Formation des 7e et 8e compagnies de dépôt.

28 novembre. — Le 4e bataillon qui occupait dans la province de Constantine les places de Constantine, Batna, Sétif, Bou-Saada et de Aïn-el-Bey, reçoit l'ordre de rentrer en France.

29 novembre. — Le 4e bataillon s'embarque à Bougie et débarque à Toulon le 2 décembre. Il est dirigé sur Nevers où se forme le 53e régiment de marche dont il devient le 2e bataillon. Commandant Ragiot 16   1038   2

1er décembre. — Le régiment (1er, 2e, 3e bataillons) s'embarque à Mers-el-Kebir, débarque à Toulon le 4, d'où il part le 6 ; arrive à Marseille le même jour, le 9 il est à Nevers et le 18 à Gien où il entre dans la formation du 18e corps (1re armée) 56   2284   16

17 décembre. — Départ d'un détachement pour rejoindre le régiment à Bourges . . . . »   210   »

24 décembre. — La 5e compagnie de dépôt part pour Bordeaux où elle est versée au 77e régiment de marche. Lieutenant Bonnaure. 3   217   »

31 décembre. — Un détachement part de Marseille pour se rendre à Bordeaux où il est versé au 80e régiment de marche.   50   »

8 janvier 1871. — M. le major Grémion est nommé lieutenant-colonel pour commander le 80e régiment de marche. Il est remplacé par M. le capitaine Verdale, nommé major.

15 janvier. — Départ d'un détachement pour Bordeaux où il est versé au 81e régiment de marche. . . . . »   50   »

	Offic.	Troupe.	Chev.

17 janvier. — Départ d'un détachement pour Bordeaux où il est versé au 82ᵉ régiment de marche. Lieutenant Berthod . . . . 1 115 »

28 janvier. — Départ d'un détachement pour rejoindre le 86ᵉ régiment de marche à Bordeaux. . . . . » 50 »

15 février. — Départ des 6ᵉ et 8ᵉ compagnies de dépôt pour rejoindre à Bordeaux le 92ᵉ régiment de marche. Capitaines Chandelot et Peigné . . . . 6 319 »

1ᵉʳ mars 1871. — Le dépôt comprend la 7ᵉ compagnie de dépôt, les 1ʳᵉ et 2ᵉ compagnies provisoires et la compagnie hors-rang. (Effectif : 10 officiers, 612 hommes, 1 cheval.)

93ᵉ RÉGIMENT — DÉPOT

15 juillet 1870. — Guiberteau, major, Caen.

23 juillet. — Départ du régiment de Caen pour se rendre à Soissons le même jour.

31 juillet. — Le régiment quitte Soissons pour se rendre au camp de Châlons où il arrive le 1ᵉʳ août.

1ᵉʳ août (1). — Effectif des 3 bataillons de guerre. 67 1424 37

4 août. — Un détachement part pour rejoindre le camp de Châlons. . . . . 1 420 »

8 août. — Départ d'un détachement pour le camp de Châlons. Lieutenant Bebert. . . . . 2 250 »

12 août. — Départ d'un détachement pour Metz où il arrive le 14. Sous-lieutenant Deschaux. . . . . 1 650 »

12 août. — Formation du 4ᵉ bataillon.

15 août. — Création des 5ᵉ et 6ᵉ compagnies du 4ᵉ bataillon. Le même jour le 4ᵉ bataillon est dirigé sur Paris, commandant Mercier de Sainte-Croix, où il passe au 12ᵉ régiment de marche. 13 823 3

29 août. — Départ de la 8ᵉ compagnie du 2ᵉ bataillon, pour Paris, capitaine Maillot. En octobre cette compagnie passe au 35ᵉ régiment de marche de Paris (135ᵉ) . . . . 2 200 »

6 septembre. — Formation des 1ʳᵉ et 2ᵉ compagnies provisoires.

18 septembre. — Départ de la 8ᵉ compagnie du 3ᵉ bataillon, lieutenant Deschaux, pour rejoindre le 31ᵉ régiment de marche au Mans. 2 200 »

24 septembre. — Départ d'un détachement pour le Havre. Capitaine Hernot, sous-lieutenant Bienvenu . . . . . . 4 400 »

---

(1) Effectif du dépôt au 1ᵉʳ août (21 officiers, 1,564 hommes, 3 chevaux).

	Offic.	Troupe.	Chev.

25 septembre. — Départ d'un détachement pour Rouen. Sous-lieutenant Buteri . . . . 1 260 »

25 septembre. — Le dépôt quitte Caen pour se rendre à Saint-Etienne.

3 octobre. — Les deux détachements partis du dépôt les 24 et 25 septembre forment deux compagnies qui deviennent à Rouen les 3e et 4e compagnies du 2e bataillon de marche.

11 octobre. — Formation des 1re, 2e, 3e et 4e compagnies de dépôt.

16 octobre. — Départ de la 1re compagnie de dépôt pour rejoindre le 40e régiment de marche. Sous-lieutenant Morucci. . . . . 2 216 »

20 octobre. — Formation des 5e et 6e compagnies de dépôt.

16 novembre. — Départ des 2e, 3e, 4e et 5e compagnies de dépôt pour rejoindre le 60e régiment de marche à Lyon. Sous-lieutenants Sordes, Vinot, Nicod, Christophe . . . 8 836 »

18 novembre. — Formation des 7e, 8e, 9e et 10e compagnies de dépôt.

7 décembre. — Départ de la 6e compagnie de dépôt pour rejoindre le 63e régiment de marche. Capitaine Rigal. . 2 207 »

12 décembre. — Départ d'un détachement pour Montélimart où doit se reconstituer le dépôt du 74e de ligne . . . . . » 300 »

25 décembre. — Départ de la 7e compagnie de dépôt pour Lyon où elle est versée au 32e régiment de marche. Sous-lieutenant Cordenot . . . . 2 202 »

11 janvier 1871. — Départ de la 8e compagnie de dépôt pour rejoindre le 81e régiment de marche. Sous-lieutenant Ligon . . . . 2 199 »

28 janvier. — Départ d'un détachement de la 9e compagnie pour Bordeaux. Lieutenant Fressinet de Bellanger . . . 1 74 »

20 février. — Départ d'un détachement pour rejoindre le 91e régiment de marche . . . . » 65 »

22 février. — Formation des 11e et 12e compagnies de dépôt.

1er mars 1871. — Le dépôt comprend les 9e, 10e, 11e et 12e compagnies de dépôt, les 1re et 2e compagnies provisoires et la compagnie hors-rang. (Effectif : 11 officiers, 443 hommes. 1 cheval).

94e RÉGIMENT — DÉPOT

15 juillet 1870. — Lecerf, major, Rouen.

22 juillet. — Départ du régiment de Rouen pour se rendre à Soissons où il arrive le même jour. Il part de Soissons le 31 pour le camp de Châlons où il arrive le 1er août.

	Offic.	Troupe.	Chev.
(1) *1er août*. — Effectif des 3 bataillons de guerre	66	1792	12

2 août. — Départ d'un détachement pour le camp de Châlons. Lieutenant Echinard . . . . 1 400 »

6 août. — Départ d'un détachement pour le camp de Châlons. Sous-lieutenant Jean . . . . 1 100 »

12 août. — Formation du 4e bataillon.

13 août. — Départ du 4e bataillon (4 compagnies) pour le camp de Châlons, commandant, capitaine Hesselat. Le bataillon passe au 4e régiment de marche . . . . 14 997 »

23 août. — Formation des 5e et 6e compagnies du 4e bataillon.

24 août. — M. le major Lecerf est nommé lieutenant-colonel pour commander le 26e régiment de marche. Il est remplacé par le capitaine Saint-Clair, nommé major.

30 août. — Départ de la 8e compagnie du 2e bataillon pour Paris, capitaine Lemaire. En octobre cette compagnie passe au 39e régiment de marche de Paris (139e) . . . . 3 207 »

16 septembre. — Départ de la 8e compagnie du 3e bataillon pour rejoindre le 31e régiment de marche. Lieutenant Colin . . . . 2 235 »

21 septembre. — Formation de 2 compagnies provisoires. Capitaines Rousselet et Loigerot.

21 septembre. — Le dépôt quitte Rouen pour se rendre à Rennes où il arrive le 23. Les 5e et 6e compagnies du 4e bataillon restent à Rouen. Capitaine Boulay, sous-lieutenant Hamel.

21 septembre. — M. le major Saint-Clair ayant reçu une autre destination est remplacé au corps par M. le major en retraite Chambon.

22 septembre. — Les 5e et 6e compagnies du 4e bataillon passent au 2e bataillon de marche où elles forment les 5e et 6e compagnies . . . . 4 429 »

1er octobre. — Formation à Rennes des 1re, 2e, 3e et 4e compagnies de dépôt.

3 octobre. — Départ du dépôt de Rennes pour se rendre à Brest où il arrive le même jour.

31 octobre. — Départ de la 1re compagnie de dépôt, pour rejoindre le 48e régiment de marche. Capitaine Chapuis. 2 219 »

4 novembre. — Formation de la 5e compagnie de dépôt.

22 novembre. — Départ des 2e et 3e compagnies de dépôt pour se rendre au camp de Conlie, capitaines Pessé et Perron. Ces compagnies arrivent à Conlie le 23. . . . . 8 323 »

---

(1) Effectif du dépôt au 1er août (24 officiers, 1,041 hommes, 1 cheval).

	Offic.	Troupe.	Chev.

23 novembre. — Départ de la 4e compagnie de dépôt pour le camp de Conlie. Capitaine Payot . . . . 2 144 »

24 novembre. — Les 2e, 3e et 4e compagnies réunies forment un bataillon de marche (dit du 94e), sous les ordres du capitaine Pessé.

24 novembre. — Formation des 6e, 7e et 8e compagnies de dépôt. Capitaines Jean, Payreau.

21 décembre. — Départ d'un détachement pour Bordeaux . 1 108 »

17 janvier 1871. — Départ d'un détachement pour Bordeaux où il passe au 85e régiment de marche. Lieutenant Jean . 1 56 »

27 janvier. — Départ d'un détachement pour rejoindre le 89e régiment de marche. Lieutenant Crochon. . . . . . 1 122 »

1er mars 1871. — Le dépôt comprend les 5e, 6e, 7e et 8e compagnies de dépôt, les 1re et 2e compagnies provisoires et la compagnie hors-rang. (Effectif : 14 officiers, 475 hommes.)

95e RÉGIMENT — DÉPOT

15 juillet 1870. — Barbe, major, Auxerre.

16 juillet. — Le régiment quitte Paris pour se rendre à Metz où il arrive le 17.

(1) *1er août.* — Effectif des 3 bataillons de guerre. 67 2259 10

4 août. — Départ d'un détachement pour rejoindre à Metz les bataillons de guerre. . . . . 1 300 »

6 août. — Départ d'un détachement pour Metz . . . . . . 2 400 »

12 août. — Formation du 4e bataillon.

15 août. — Création des 5e et 6e compagnies du 4e bataillon.

16 août. — Le 4e bataillon quitte Auxerre pour se rendre à Paris, commandant Augier de la Jallet. Ce bataillon est versé au 12e régiment de marche 11 800 2

25 août. — M. le major Barbe est nommé lieutenant-colonel pour commander un régiment de marche. Il est remplacé le même jour par M. le capitaine Clément, nommé major.

29 août. — Départ de la 8e compagnie du 2e bataillon pour se rendre à Paris, capitaine Verbois. Cette compagnie passe en octobre au 38e régiment de marche de Paris (138e). . . . . 2 218 »

6 septembre. — Formation de 2 compagnies provisoires. Capitaines en retraite Flaive, Denoirjean.

18 septembre. — Départ de la 8e compagnie du 3e bataillon, capitaine Collavet. Cette compagnie doit rejoindre à Vierzon le 32e régiment de marche . . . . 3 209 »

---

(1) Effectif du dépôt au 1er août (25 officiers, 506 hommes, 2 chevaux).

	Offic.	Troupe.	Chev.

1er octobre. — Formation des 1re, 2e, 3e et 4e compagnies de dépôt.

20 octobre. — Départ de la 1re compagnie de dépôt pour rejoindre le 36e régiment de marche. Sous-lieutenant Moll . . . . 1 | 218 | »

31 octobre. — Départ de la 2e compagnie de dépôt pour rejoindre le 45e régiment de marche. Sous-lieutenant Dupas. . . . . 2 | 218 | »

1er novembre. — Formation des 5e et 6e compagnies de dépôt.

2 novembre. — Les 3e, 4e, 5e et 6e compagnies entrent à Auxerre dans la formation du 51e de marche. Commandant Saussac, sous-lieutenants Agasse, Larrède, Lohier et Haumont . . . . 5 | 881 | »

3 novembre. — Le dépôt quitte Auxerre sous les ordres du major Vincent-Duportal pour se rendre à Marseille où il arrive le 7.

15 novembre. — Formation des 7e, 8e et 9e compagnies de dépôt. Capitaines Gueit, Agasse, Vathaire.

16 décembre. — Départ d'un détachement pour Bourges, sous-lieutenant Lagut. Ce détachement est versé au 3e régiment de marche de zouaves . . . . 1 | 566 | »

3 janvier 1871. — Un détachement part pour Bordeaux sous-lieutenant Chosson. Ce détachement est versé au 77e régiment de marche . . . . 1 | 106 | »

4 janvier. — Un détachement part pour Bordeaux où il est versé au 79e régiment de marche. Sous-lieutenant Ruellet. 1 | 100 | »

16 janvier. — Départ d'un détachement pour Bordeaux où il est versé au 81e régiment de marche. Sous-lieutenant Jorlin . . . . 1 | 44 | »

20 janvier. — Départ d'un détachement pour rejoindre à Bordeaux le 90e régiment de marche. Sous-lieutenant Guyon . . . . 1 | 76 | »

16 février. — Départ d'un détachement pour Bordeaux où il est versé au 92e régiment de marche. Sous-lieutenant Lagut. . . . . 1 | 100 | »

16 février. — Un détachement part pour faire colonne dans le département à la recherche des réfractaires (2 officiers, 100 hommes.)

1er mars 1871. — Le dépôt comprend les 7e, 8e et 9e compagnies de dépôt, les 1re et 2e compagnies provisoires et la compagnie hors rang. (Effectif : 14 officiers, 497 hommes, 1 cheval.)

96ᵉ RÉGIMENT — DÉPOT

	Offic.	Troupe	Chev.

15 juillet 1870. — Guillaume, major, Strasbourg.

26 juillet. — Le régiment quitte Strasbourg pour se rendre à Haguenau où il arrive le 27.

26 juillet. — Organisation du 4ᵉ bataillon. Commandant Voutey.

26 juillet. — Départ de la 1ʳᵉ compagnie du 4ᵉ bataillon de Strasbourg pour se rendre à la Petite-Pierre où elle arrive le 28, capitaine Mouton. La 1ʳᵉ section reste dans cette place et la 2ᵉ section occupe Lichtenberg. Sous-lieutenant Archer . . . . 2 100 »

28 juillet. — Départ du 4ᵉ bataillon (2ᵉ, 3ᵉ, et 4ᵉ compagnies) pour se rendre à Phalsbourg.

29 juillet. — Départ d'un détachement pour rejoindre à Niederbronn les bataillons de guerre . . . . 1 150 »

(1) *1ᵉʳ août.* - Effectif des 3 bataillons de guerre 66 2414 14

4 août. — Le 4ᵉ bataillon quitte Phalsbourg pour se rendre à Strasbourg où il arrive le 5. Commandant Voutey.

11 août. - Effectif du 4ᵉ bataillon des 8ᵉ compagnies des 2ᵉ et 3ᵉ bataillons et de la compagnie hors-rang, major Guillaume. 22 940 3

20 août. — Un détachement passe au 87ᵉ régiment de ligne. » 180 »

28 septembre 1870. — Le 4ᵉ bataillon et le dépôt sont prisonniers de guerre par suite de la capitulation de Strasbourg.

1ᵉʳ novembre 1870. — Reconstitution à Antibes du dépôt du 96ᵉ régiment de ligne. Guillaume, major.

1ᵉʳ novembre. — Le dépôt reçoit un détachement du 1ᵉʳ zouaves (140 hommes).

1ᵉʳ novembre. — Formation de la compagnie hors-rang, des 1ʳᵉ et 2ᵉ compagnies provisoires et 1ʳᵉ, 2ᵉ, 3ᵉ et 4ᵉ compagnies de dépôt (2).

    1ʳᵉ compagnie provisoire, capitaine Ducoroy.
    2ᵉ compagnie provisoire, capitaine Daubiau-Delisle.
    1ʳᵉ compagnie de dépôt (formée avec des hommes venant des 1ᵉʳ et 69ᵉ de ligne). capitaine Mouton.
    2ᵉ compagnie de dépôt (formée avec des hommes venant du 69ᵉ de ligne), capitaine Moynet.

---

(1) Effectif du dépôt au 1ᵉʳ août (22 officiers, 508 hommes, 3 chevaux).

(2) Le 27 novembre le dépôt reçoit deux détachements. — 1° 450 hommes venant du 69ᵉ de ligne ; 2° 250 hommes venant du 70ᵉ de ligne.

	Offic.	Troupe.	Chev.

3ᵉ compagnie de dépôt (formée avec des hommes venant des 69ᵉ, 70ᵉ de ligne et 1ᵉʳ zouaves), capitaine Dupuis.

4ᵉ compagnie de dépôt (formée avec des hommes venant du 1ᵉʳ zouaves et du 70ᵉ de ligne), capitaine Cyprien-Pellenq.

10 novembre. — Le dépôt reçoit un détachement d'engagés volontaires venant de divers régiments (110 hommes).

27 novembre. — Le dépôt reçoit 450 hommes venant du 69ᵉ de ligne et 250 hommes envoyés par le 70ᵉ de ligne.

15 janvier 1871. — Départ de la 1ʳᵉ compagnie de dépôt pour rejoindre le 82ᵉ régiment de marche à Bordeaux. Capitaine Moynet, puis lieutenant Franchet . . . . 2 150 »

17 janvier. — Le major Guillaume est mis en non activité.

17 janvier. — Formation de la 5ᵉ compagnie de dépôt qui le même jour part pour tenir garnison à Toulon où elle rejoint la 4ᵉ compagnie.

24 janvier. — Départ des 2ᵉ et 3ᵉ compagnies de dépôt pour rejoindre à Bordeaux le 88ᵉ régiment de marche. Lieutenant Redon, sous-lieutenant Collomp . . . . 4 300 »

25 janvier. — La 4ᵉ compagnie quitte Toulon pour se rendre à Antibes. Capitaine Bertrand.

12 février. — Le capitaine Dupuis est nommé major au corps.

1ᵉʳ mars 1871. — Le dépôt comprend la 4ᵉ compagnie de dépôt, les 1ʳᵉ et 2ᵉ compagnies provisoires et la compagnie hors-rang. (Effectif : 16 officiers, 310 hommes.)

13 mars. — Le dépôt quitte Antibes pour se rendre au camp de Cavalaire. Là, il organise la compagnie hors-rang et 4 compagnies mobilisables et provisoires, 1ʳᵉ et 4ᵉ compagnies mobilisables, 2ᵉ et 3ᵉ compagnies provisoires. Les 2 compagnies mobilisables furent versées les 12 et 14 avril au 36ᵉ régiment de marche devant Paris. Capitaines Carlu et Moynet (6 officiers, 200 hommes.)

97ᵉ RÉGIMENT — DÉPOT

15 juillet 1870. — Isnard de Sainte-Lorette, major, Quimper.

16 juillet. — Le régiment part de Lyon pour se rendre à Bitche où il arrive le 17.

31 juillet. — Départ d'un détachement pour rejoindre les bataillons de guerre à Sarreguemines . . . . 1 200 »

	Offic.	Troupe.	Chev.

(1) *1er août*. — Effectif des 3 bataillons de guerre 69 2037 27

2 août. — Départ d'un détachement pour rejoindre les bataillons de guerre à Sarreguemines . . . . 1 300 »

12 août. — Formation du 4e bataillon.

15 août. — Un détachement quitte Quimper pour rejoindre les bataillons de guerre au camp de Châlons. Le régiment s'étant retiré sur Metz, ce détachement fut réparti entre le 49e et 88e régiment de ligne. . . . . 1 378 »

21 août. — Le 4e bataillon quitte Quimper. Commandant Cajard, pour se rendre à Paris où il est compris dans la formation du 18e régiment de marche 13 328 2

24 août. — Formation des 5e et 6e compagnies du 4e bataillon. Ces deux compagnies partent le même jour pour Paris. . . . . 5 460 »

29 août. — La 8e compagnie du 2e bataillon part pour Paris, lieutenant Champy. En octobre cette compagnie est versée au 35e régiment de marche de Paris (135e) . . . . . . 3 201 »

6 septembre. — Formation des 1re et 2e compagnies provisoires. Capitaines Weil et Bridey.

18 septembre. — La 8e compagnie du 3e bataillon part pour rejoindre le 31e régiment de marche. Capitaine Boucher. 2 219 »

1er octobre. — Formation des 1re, 2e, 3e et 4e compagnies de dépôt.

7 octobre. — Départ de la 1re compagnie de dépôt pour rejoindre le 37e régiment de marche. Capitaine Noyer. . 2 216 »

8 octobre. — Départ de la 2e compagnie de dépôt pour rejoindre le 41e régiment de marche. Lieutenant Jacquey. 2 215 »

1er novembre. — Formation des 5e et 6e compagnies de dépôt.

22 novembre. — La 3e compagnie de dépôt part pour rejoindre le 59e régiment de marche. Capitaine Muguet. . . . 2 211 »

23 novembre. — Les 4e, 5e et 6e compagnies de dépôt quittent Quimper pour se rendre au camp de Conlie. Capitaines Darmoise, Brécheteau et Le Guyadère. . . . . 4 564 »

Ces 3 compagnies forment un bataillon de marche (dit bataillon du 97e de ligne). Capitaine-commandant Darmoise.

24 novembre. — M. le capitaine Hurtel du 2e zouaves est nommé major au corps en remplacement de M. Isnard de Sainte Lorette, mis hors-cadre.

21 décembre — Départ d'un détachement pour rejoindre le 76e régiment de marche au Havre. . . . . » 50 »

---

(1) Effectif du dépôt au 1er août (24 officiers, 868 hommes, 1 cheval).

		Offic.	Troupe.	Chev.

1er janvier 1871. — Formation au camp d'Yvré-l'Evêque d'une 4e compagnie (*bis*), qui devient la 4e compagnie du bataillon de marche. Capitaine Nourrigat . . . . 2 210 »

23 janvier. — Formation de la 7e compagnie de dépôt. Cette compagnie envoie le même jour un détachement pour former le 75e régiment de marche à Bordeaux . . . . . 1 100 »

27 janvier. — Départ d'un détachement pour rejoindre le 88e régiment de marche. Capitaine Meissonnier. . . . . 2 71 »

11 février. — Départ d'un détachement pour Bordeaux . . » 112 »

12 février. — Formation de la 8e compagnie de dépôt.

1er mars 1871. — Le dépôt comprend la 7e et 8e compagnies de dépôt, les 1re et 2e compagnies provisoires et la compagnie hors-rang. (Effectif : 6 officiers, 363 hommes.)

98e RÉGIMENT — DÉPOT

15 juillet 1870. — Marty, major, Lyon.

21 juillet. — Le régiment quitte Dunkerque pour se rendre à Thionville où il arrive le 22.

31 juillet. — Départ d'un détachement pour Thionville . . 2 300 »

(1) *1er août.* — Effectif des 3 bataillons de guerre. 64 1729 31

1er août. — Départ d'un détachement pour Thionville où il arrive le 3. . . . . 1 500 »

12 août. — Formation du 4e bataillon.

16 août. — Création des 5e et 6e compagnies du 4e bataillon.

30 août. — Le 4e bataillon quitte Lyon pour se rendre à Paris, commandant Oliveau-Outhier. Ce bataillon concourt à la formation du 26e régiment de marche 19 800 3

30 août. — Départ de la 8e compagnie du 2e bataillon pour se rendre à Paris, capitaine Hervot. Cette compagnie passe en octobre au 39e régiment de marche de Paris (139e). 3 200 »

6 septembre. — Formation de 2 compagnies provisoires. Capitaines en retraite Durupt et Iscart.

18 septembre. — Départ de la 8e compagnie du 3e bataillon pour rejoindre le 30e régiment de marche à Moulins. Capitaine Déprez. . . . . 3 200 »

20 septembre. — Le dépôt quitte Lyon pour se rendre à Romans où il arrive le même jour.

1er octobre. — Formation des 1re, 2e, 3e et 4e compagnies de dépôt.

24 octobre. — Départ de la 1re compagnie de dépôt pour se

---

(1) Effectif du dépôt au 1er août (23 officiers, 1,147 hommes, 1 cheval).

	Offic.	Troupe.	Chev.

rendre à Angoulême où elle entre dans la formation du 44e régiment de marche. Capitaine Rippert. . . . . 3 216 »

1er novembre. — Départ des 2e, 3e et 4e compagnies de dépôt pour Lyon où elles rentrent dans la formation du 57e régiment de marche. Capitaines Chevalier, Wertz et lieutenant Boissière . . . . 9 655 »

2 novembre. — Formation des 5e, 6e, 7e, 8e compagnies de dépôt.

17 novembre. — Départ des 5e, 6e, 7e, 8e compagnies de dépôt pour rejoindre le 60e régiment de marche. Lieutenant Aubry, sous-lieutenants Beylet, Sirdet et Prost. . . 8 862 »

20 novembre. — Formation de la 9e compagnie de dépôt.

5 décembre. — Départ de la 9e compagnie de dépôt pour rejoindre le 65e régiment de marche. Sous-lieutenant Flenner. . . . . 2 180 »

20 décembre. — Départ d'un détachement pour Bordeaux. » 50 »

1er janvier 1871. — Formation des 10e et 11e compagnies de dépôt.

9 janvier. — Départ d'un détachement pour Bordeaux où il passe au 75e régiment de marche. . . . . » 56 »

25 janvier. — La 10e compagnie de dépôt part pour Bordeaux où elle est versée au 89e régiment de marche. Capitaine Dampeine. . . . . 3 147 »

25 janvier. — Départ d'un détachement pour Bordeaux. Sous-lieutenant Combedalma. . . . . 1 50 »

30 janvier. — Départ d'un détachement pour rejoindre le 80e régiment de marche. Sous-lieutenant Guillaume. . . 1 95 »

20 février. — Départ de la 11e compagnie de dépôt pour se rendre à Bordeaux où elle entre au 91e régiment de marche. Capitaine Aubry . . . . 3 130 »

1er mars 1871. — Le dépôt comprend les 2 compagnies provisoires et la compagnie hors-rang. (Effectif : 9 officiers, 309 hommes.)

99e RÉGIMENT — DÉPOT

15 juillet 1870. — Dupuy de Podio, major, Aix.

22 juillet. — Départ du régiment d'Aix pour se rendre à Belfort où il arrive le 23.

29 juillet. — Départ d'un détachement pour rejoindre les bataillons de guerre à Belfort. . . . . 1 250 »

(1) *1er août*. — Effectif des 3 bataillons de guerre. 66 1807 10

---

(1) Effectif du dépôt au 1er août (22 officiers, 930 hommes, 3 chevaux).

— 189 —

	Offic.	Troupe.	Chev.

12 août. — Formation du 4e bataillon.
15 août. — Création des 5e et 6e compagnies du 4e bataillon.
26 août. — Le 4e bataillon quitte Aix pour se rendre à Toulon.
24 août. — Le major Dupuy de Podio, nommé lieutenant-colonel pour commander un régiment de marche, est remplacé par le capitaine Faveris du 44e qui ne rejoint pas. Le capitaine d'habillement commande le dépôt.
28 août. — Départ du 4e bataillon pour se rendre à Paris, commandant Roy-Roux. Ce bataillon est versé au 22e régiment de marche. 12 842 2
31 août. — Départ de la 8e compagnie du 2e bataillon pour Paris, capitaine Gelin. En octobre cette compagnie passe au 35e régiment de marche de Paris (135e). . . . . . 2 200 »
6 septembre. — Formation des 1re et 2e compagnies provisoires. Capitaines en retraite Bouchy et Fleurot.
18 septembre. — Départ de la 8e compagnie du 2e bataillon pour rejoindre le 30e régiment de marche. Capitaine Lochet . . . . 3 221 »
1er octobre. — Formation des 1re, 2e, 3e et 4e compagnies de dépôt.
14 octobre. — Le capitaine Coste, du 44e régiment de ligne, est nommé major au corps.
21 octobre. — Départ des 1re, 2e et 3e compagnies de dépôt pour rejoindre le 44e régiment de marche. Capitaines Lecoq, Tarras, Belcour. . . . . 9 648 »
26 octobre. — Départ de la 4e compagnie de dépôt pour rejoindre le 46e régiment de marche. Capitaine Faure. . 3 215 »
1er novembre. — Formation de la 5e compagnie de dépôt.
8 novembre. — Formation de la 6e compagnie de dépôt.
14 novembre. — Départ de la 5e compagnie de dépôt pour rejoindre le 56e régiment de marche. Lieutenant Gaudin. 2 220 »
30 novembre. — Formation de la 7e compagnie de dépôt.
8 décembre. — Formation de la 8e compagnie de dépôt.
16 décembre. — Un détachement est dirigé sur Bourges pour l'armée de l'Est. . . . . » 200 »
23 décembre. — Départ d'un détachement pour rejoindre à Bordeaux le 75e régiment de marche. . . . . » 100 »
26 décembre. — Formation de la 9e compagnie de dépôt.
29 décembre. — Départ d'un détachement pour rejoindre à Bordeaux le 80e régiment de marche. . . . . » 75 »
23 janvier 1871. — Départ de la 6e compagnie de dépôt pour rejoindre à Bordeaux le 86e régiment de marche. Capitaine Dupond . . . . 3 130 »
24 janvier. — Formation de la 10e compagnie de dépôt.

	Offic.	Troupe.	Chev.

Cette compagnie est envoyée le même jour au camp des Alpines (2 officiers, 110 hommes). . . . . 2 110 »

31 janvier. — Départ des 7e et 8e compagnies pour se rendre à Bordeaux. Ces 2 compagnies ne furent pas versées dans des régiments de marche et revinrent dans les premiers jours de mars à Aix (7 officiers, 300 hommes).

1er mars 1871. — Le dépôt comprend la 9e compagnie de dépôt, les 1re et 2e compagnies provisoires et la compagnie hors-rang. (Effectif : 13 officiers, 642 hommes.)

100e RÉGIMENT — DÉPOT

15 juillet 1870. — Audouard, major, Périgueux.

22 juillet. — Le régiment quitte Périgueux pour se rendre au camp de Châlons où il arrive le 24.

31 juillet. — Départ d'un détachement pour le camp de Châlons. . . . . 1 150 »

(1) *1er août.* — Effectif des 3 bataillons de guerre. 65 1989 32

4 août. — Départ d'un détachement pour le camp de Châlons. . . . . 1 300 »

14 août. — Formation du 4e bataillon.

15 août. — Organisation des 5e et 6e compagnies du 4e bataillon.

19 août. — Départ du 4e bataillon pour Paris, commandant Swiney. Ce bataillon passe au 14e régiment de marche. . 20 1074 2

30 août. — Départ de la 8e compagnie du 2e bataillon pour Paris, capitaine Gavalda. En octobre cette compagnie passe au 37e régiment de marche de Paris (137e) . . . . 3 200 »

7 septembre. — Formation des 1re et 2e compagnies provisoires.

19 septembre. — Départ de la 8e compagnie du 3e bataillon pour rejoindre à Bourges le 30e régiment de marche. Lieutenant Follioy. . . . . 3 229 »

19 septembre. — Le major Audouard passe au commandement du bataillon de marche.

3 octobre. — Le major Abraham prend le commandement du dépôt.

7 octobre. — Formation des 1re, 2e, 3e et 4e compagnies de dépôt.

19 octobre. — Départ de la 1re compagnie de dépôt pour rejoindre le 43e régiment à Angers. Sous-lieutenant Arnaud. . . . . 2 216 »

---

(1) Effectif du dépôt au 1er août (27 officiers, 943 hommes, 3 chevaux).

	Offic.	Troupe.	Chev

21 octobre. — Départ de la 2ᵉ compagnie de dépôt pour Blois où elle passe au 42ᵉ régiment de marche. Sous-lieutenant Lavergne. . . . . 2 — 216 — »

22 octobre. — Formation de la 5ᵉ compagnie de dépôt.

8 novembre. — Formation de la 6ᵉ compagnie de dépôt.

13 novembre. — Départ de la 3ᵉ compagnie de dépôt pour La Rochelle, sous-lieutenant Capin. Cette compagnie passe au 52ᵉ régiment de marche . . . . 2 — 218 — »

28 novembre. — Départ de la 4ᵉ compagnie de dépôt pour rejoindre le 61ᵉ régiment de marche . . . . 2 — 219 — »

24 décembre. — Départ de la 5ᵉ compagnie de dépôt pour rejoindre à Bordeaux le 75ᵉ régiment de marche. Sous-lieutenant Joumard. . . . . 2 — 221 — »

31 décembre. — Un détachement occupe l'abbaye d'Eysses. Capitaine Duhamel (1 officier, 150 hommes).

21 février 1871. — Départ de la 6ᵉ compagnie de dépôt pour rejoindre le 92ᵉ régiment de marche. Lieutenant Mazoyer. . . . . 2 — 221 — »

1ᵉʳ mars. — Le dépôt comprend les 7ᵉ et 8ᵉ compagnies de dépôt formées à la date du 1ᵉʳ mars, les 1ʳᵉ et 2ᵉ compagnies provisoires et la compagnie hors-rang. (Effectif : 20 officiers, 704 hommes, 1 cheval.)

II. — CHASSEURS A PIED

1ᵉʳ BATAILLON — DÉPOT

15 juillet 1870. — Latreille, capitaine-major, Saint-Omer.

22 juillet. — Le bataillon quitte Saint-Omer pour se rendre à Strasbourg où il arrive le 24.

31 juillet. — Départ d'un détachement pour rejoindre le bataillon à Strasbourg. . . . . 1 — 100 — »

(1) *1ᵉʳ août.* — Effectif du bataillon de guerre . . . . . . 23 — 708 — 13

14 août. — Départ de la 7ᵉ compagnie pour le camp de Châlons où elle arrive le 15. Capitaine Laberte. . . . . 3 — 150 — »

6 septembre. — Formation de la compagnie provisoire. Capitaine Gagin.

6 octobre. — Formation des 1ʳᵉ et 2ᵉ compagnies de dépôt.

6 octobre — La 1ʳᵉ compagnie de dépôt est versée au 2ᵉ bataillon de marche de chasseurs. Capitaine Arcelin. . 3 — 319 — »

16 novembre. — Formation des 3ᵉ, 4ᵉ, 5ᵉ et 6ᵉ compagnies de dépôt.

---

(1) Effectif du dépôt au 1ᵉʳ août (9 officiers, 385 hommes).

	Offic.	Troupe.	Chev.

16 novembre. — Formation à Saint-Omer d'un bataillon de marche de chasseurs dont les éléments sont pris au dépôt du 1ᵉʳ bataillon. Ce bataillon prend le n° 18 dans l'arme des chasseurs à pied. Commandant Jan.

    2ᵉ compagnie de dépôt, capitaine Edighoffen.
    3ᵉ compagnie de dépôt, capitaine Chevreux.
    4ᵉ compagnie de dépôt, capitaine Millon.
    5ᵉ compagnie de dépôt, capitaine Wasmer.
    6ᵉ compagnie de dépôt, capitaine Jan.

Effectif du bataillon	16	833	1

27 novembre. — Latreille, capitaine-major, nommé chef de bataillon.

28 novembre. — Le capitaine Gagin est nommé capitaine-major au corps.

1ᵉʳ décembre. — Formation de la 7ᵉ compagnie de dépôt. Capitaine Burlin.

16 décembre. — Départ de la 7ᵉ compagnie de dépôt pour rejoindre à l'armée le 18ᵉ bataillon de marche de chasseurs. Capitaine Burlin. . . . . 3 150 »

11 janvier 1871. — Le dépôt verse au 26ᵉ bataillon de marche de chasseurs en formation à Saint-Omer un détachement. . . . . » 326 »

15 janvier 1871. — Départ d'un détachement pour rejoindre le 18ᵉ bataillon de marche de chasseurs. Ce détachement est fait prisonnier de guerre le 19 à la bataille de Saint-Quentin . . . . » 150 »

1ᵉʳ mars 1871. — Le dépôt comprend la 8ᵉ compagnie, la compagnie provisoire et la section hors-rang.

    8ᵉ compagnie, capitaine Paquin.
    Compagnie provisoire, capitaine de Prudhomme.
    (Effectif : 10 officiers, 387 hommes.)

2ᵉ BATAILLON — DÉPOT

15 juillet 1870. — D'Augustin, capitaine-major, Douai.

20 juillet. — Le bataillon quitte Douai pour se rendre à Thionville où il arrive le même jour.

29 juillet. — Départ d'un détachement pour rejoindre le bataillon à Thionville. . . . . » 75 »

(1) *1ᵉʳ août.* — Effectif du bataillon de guerre. 22 760 8

16 août. — Départ de la 7ᵉ compagnie pour se rendre au camp de Châlons. Capitaine Fay. . . . . 2 150 »

---

(2) Effectif du dépôt au 1ᵉʳ août (9 officiers, 312 hommes).

	Offic.	Troupe.	Chev.

6 septembre. — Formation de la compagnie provisoire. Capitaine Audié.

1er octobre. — Formation de la 1re compagnie de dépôt.

2 octobre. — La 1re compagnie de dépôt est versée au 2e bataillon de marche de chasseurs. Capitaine Barneaud . .   3   317   »

9 octobre. — Départ de la 8e compagnie pour rejoindre à Tours le 7e bataillon de marche de chasseurs à pied. Capitaine Cornu...............................   3   317   »

26 octobre. — Formation des 2e, 3e, 4e, 5e et 6e compagnies de dépôt.

14 novembre. — Formation d'un bataillon de marche de chasseurs à pied avec des éléments pris au dépôt du 2e bataillon. Ce bataillon prend le numéro 19 dans l'arme des chasseurs à pied.

    Commandant Giovanninelli.

    2e compagnie de dépôt, capitaine de Négrier.

    3e compagnie de dépôt, capitaine Bourelly.

    4e compagnie de dépôt, capitaine Thomas.

    5e compagnie de dépôt, capitaine Carbonel de Canisy.

    6e compagnie de dépôt, capitaine Crépel.

    Effectif du bataillon   20   1108   2

22 novembre. — Formation des 7e et 8e compagnies de dépôt.

3 décembre. — Formation des 9e et 10e compagnies de dépôt.

6 décembre. — Le dépôt reçoit la 3e compagnie de dépôt du 6e bataillon de chasseurs qui prend au dépôt du 2e bataillon le n° 11.

21 décembre. — Formation d'un nouveau bataillon de marche de chasseurs à pied, au dépôt du bataillon. Il devient 24e bataillon de marche de chasseurs.

    Commandant de Négrier.

    7e compagnie de dépôt, capitaine Laurent.

    8e compagnie de dépôt, capitaine Grandjean.

    9e compagnie de dépôt, capitaine Avrial.

    10e compagnie de dépôt, capitaine Joxe.

    11e compagnie de dépôt (ex 3e compagnie de dépôt du 6e), capitaine Bourrion.

23 décembre. — Le dépôt reçoit un détachement pour compléter le 24e bataillon de marche de chasseurs. Ce détachement vient du dépôt du 20e bataillon. . . . .   »   350   »

    Effectif du bataillon.   13   881   1

23 décembre. — Le capitaine-major d'Augustin est nommé chef de bataillon. Il est remplacé le même jour par le capitaine Crépel, nommé capitaine-major.

6 janvier 1871. — Formation de la 12e compagnie de dépôt. Capitaine Groth.

	Offic.	Troupe.	Chev.

16 février. — Formation de la 13e compagnie de dépôt. Capitaine Thomas.

1er mars 1871. — Le dépôt comprend les 12e et 13e compagnies de dépôt, la compagnie provisoire, capitaine Audié et la section hors-rang. (Effectif : 16 officiers, 461 hommes.)

3e BATAILLON — DÉPOT

15 juillet 1870. — Dubois, capitaine-major, Grenoble.

16 juillet. — Le bataillon quitte le camp de Châlons pour se rendre à Saint-Avold.

	Offic.	Troupe.	Chev.
31 juillet. — Départ d'un détachement pour rejoindre le bataillon à Saint-Avold. Sous-lieutenant Roeder.	1	350	»
(1)*1er août.* — Effectif du bataillon de guerre.	21	469	2
24 août. — Départ de la 7e compagnie pour Paris. Capitaine de Battisti.	3	176	»
6 septembre. — Formation de la compagnie provisoire.			
21 septembre. — Départ de la 8e compagnie pour se rendre à Bourges. Capitaine Morin.	3	323	»
1er octobre. — Formation de la 1re compagnie de dépôt.			
2 octobre. — Départ de la 1re compagnie de dépôt pour Saint-Etienne, capitaine Korneprobst. Cette compagnie est versée au 1er bataillon de marche de chasseurs.	2	316	»
3 octobre. — Formation de la 2e compagnie de dépôt.			
5 octobre. — Départ de la 2e compagnie de dépôt pour Orléans, capitaine Mercier. Cette compagnie est versée le 21 à Laval au 8e bataillon de marche de chasseurs.	2	315	»
14 octobre. — La 8e compagnie est versée au 4e bataillon de marche de chasseurs à Argent.			
19 octobre. — Formation des 3e et 4e compagnies de dépôt.			
8 novembre. — Départ de la 3e compagnie de dépôt pour rejoindre Chagny où elle est versée au 9e bataillon de marche de chasseurs. Sous-lieutenant Denis.	2	317	»
25 novembre. — Départ de la 4e compagnie de dépôt pour rejoindre Blois ; elle est arrêtée en route et dirigée sur Avignon où elle est versée au 10e bataillon de marche de chasseurs. Capitaine de Monard.	3	316	»
1er décembre. — Formation des 5e et 6e compagnies de dépôt.			
15 décembre. — Départ de la 5e compagnie de dépôt pour rejoindre à Angoulême le 23e bataillon de marche de chasseurs. Lieutenant Pillot.	3	311	»

---

(1) Effectif du dépôt au 1er août (10 officiers, 661 hommes).

	Offic.	Troupe.	Chev.

1er janvier 1871. — Dubois, capitaine-major, est nommé chef de bataillon pour commander le 7e bataillon *bis* de chasseurs. Il est remplacé le même jour par le capitaine Roger, nommé capitaine-major.

3 janvier. — Formation des 7e et 8e compagnies de dépôt.

24 janvier. — Départ des 7e et 8e compagnies de dépôt pour Rochefort où elles sont versées au 29e bataillon de marche de chasseurs. Lieutenants Banny et Voidey 5   294   »

29 janvier. — Formation de la 9e compagnie de dépôt.

1er février. — Départ de la 9e compagnie de dépôt pour Bordeaux ; elle est versée au 30e bataillon de marche de chasseurs le 15. Lieutenant Ortlieb 2   130   »

15 février. — Formation des 10e, 11e et 12e compagnies de dépôt. Elles sont versées au 6e bataillon *bis* de chasseurs à pied le 26. Lieutenant Forestier, sous-lieutenants Gabet et Combes (3 officiers, 390 hommes).

1er mars 1871. — Le dépôt comprend la compagnie provisoire et la section hors-rang. (Effectif : 13 officiers, 484 hommes.)

4e BATAILLON — DÉPÔT

15 juillet 1870. — Huguet, capitaine-major, Chambéry.

17 juillet. — Le bataillon quitte Lyon pour se rendre à Bitche où il arrive le 18.

31 juillet. — Départ d'un détachement pour rejoindre à Bitche le bataillon. 1   200   »

(1) **1er août** — Effectif du bataillon de guerre 22   518   10

24 août. — Départ de la 8e compagnie pour Paris. Capitaine Garrier 3   169   »

6 septembre. — Formation de la compagnie provisoire. Capitaine Bordenave.

30 septembre. — Formation de la 1re compagnie de dépôt.

1er octobre. — Départ de la 7e compagnie et de la 1re compagnie de dépôt pour Bourges où elles sont versées au 5e bataillon de marche de chasseurs le 6 octobre. Capitaines Antonini et Vidal 3   640   »

1er octobre. — Formation de la 2e compagnie de dépôt.

7 octobre. — Départ d'un détachement pour Bourges. . . . »   102   »

13 octobre. — Départ d'un détachement pour Saint-Etienne. »   100   »

24 octobre. — Formation de la 3e compagnie de dépôt.

2 novembre. — Formation de la 4e compagnie de dépôt.

2 novembre. — Le capitaine-major Huguet passe au com-

---

(1) Effectif du dépôt au 1er août (10 officiers, 545 hommes).

	Offic.	Troupe.	Chev.

mandement d'une compagnie, il est remplacé par le capitaine Bailly.

16 novembre. — Départ de la 3º compagnie de dépôt pour rejoindre le 9º bataillon de marche de chasseurs à Chagny. Lieutenant Frenoy . . . . 3 308 »

26 novembre. — Formation de la 5º compagnie de dépôt.

29 novembre. — Départ de la 2º compagnie de dépôt pour Tours où elle est versée au 16º bataillon de marche de chasseurs. Capitaine Montagnon . . . . 3 321 »

8 décembre. — Départ de la 4º compagnie de dépôt pour rejoindre le 22º bataillon de marche de chasseurs à Cherbourg. Capitaine Huguet . . . . 2 334 »

30 décembre. — Départ de la 5º compagnie de dépôt pour rejoindre à Toulouse le 7º bataillon *bis* de marche de chasseurs. Capitaine Hoffmann . . . . 3 273 »

31 décembre. — Le capitaine-major Bailly est nommé chef de bataillon pour commander le 25º bataillon de marche de chasseurs.

1ᵉʳ janvier 1871. — Formation de la 6º compagnie de dépôt.

22 janvier. — Formation de la 7º compagnie de dépôt.

31 janvier. — Départ de la 6º compagnie de dépôt pour Rochefort où elle est versée au 30º bataillon de marche de chasseurs. Lieutenant Chapaux . . . . 2 130 »

11 février. — Formation de la 8º compagnie de dépôt.

21 février. — Les 7º et 8º compagnies de dépôt sont versées au 4º bataillon *bis* de chasseurs. Capitaine Huot et lieutenant Gaudelette (2 officiers, 300 hommes).

24 février. — Formation de la 9º compagnie de dépôt. Capitaine Mariani.

1ᵉʳ mars 1871. — Le dépôt comprend la 9º compagnie de dépôt, la compagnie provisoire et la section hors-rang. (Effectif : 14 officiers, 225 hommes.)

5º BATAILLON — DÉPOT

15 juillet 1870. — Tarrillon, capitaine major, Rennes.

22 juillet. — Le bataillon quitte Rennes pour se rendre à Thionville.

31 juillet. — Départ d'un détachement pour rejoindre le bataillon à Thionville . . . . 1 100 »

(1) *1ᵉʳ août* Effectif du bataillon de guerre 23 584 10

---

(1) Effectif du dépôt au 1ᵉʳ août (6 officiers, 432 hommes).

	Offic.	Troupe.	Chev.

4 août. — Départ d'un détachement pour Thionville . . .   » 100 »

17 août. — Départ de la 7e compagnie pour Paris. Capitaine Cézerac. . . . .   3 169 »

9 septembre. — Formation de la compagnie provisoire. Capitaine Bouton.

26 septembre. — Formation des 1re et 2e compagnies de dépôt.

30 septembre. — Départ de la 8e compagnie et de la 1re compagnie de dépôt pour Vierzon où elles sont versées au 6e bataillon de marche de chasseurs. Capitaines Renaud et Perrin-Machoux. . . . .   6 600 »

13 octobre. — La 2e compagnie de dépôt est versée à Rennes au 3e bataillon de marche de chasseurs. Sous-lieutenant Mollard. . . . .   2 350 »

14 octobre. — Formation des 3e et 4e compagnies de dépôt. Ces deux compagnies restent à Rennes.

29 octobre. — Le capitaine major Tarillon est nommé chef de bataillon pour commander le 10e bataillon de marche de chasseurs.

2 novembre. — Le capitaine Chamereau est nommé capitaine major.

8 novembre. — Formation des 5e, 6e, 7e et 8e compagnies de dépôt.

8 novembre. — Formation d'un bataillon de marche de chasseurs au dépôt du 5e bataillon. Ce bataillon prend le n° 11 dans l'arme.
    Commandant Fouineau.
       5e compagnie de dépôt, capitaine Saglio.
       6e compagnie de dépôt, capitaine Dumont.
       7e compagnie de dépôt, capitaine Boudot.
       8e compagnie de dépôt, capitaine Grapin.
    Effectif du bataillon. 13 1338 1

11 novembre. — Formation des 9e, 10e, 11e et 12e compagnies de dépôt.

11 novembre. — Formation d'un deuxième bataillon de marche de chasseurs au dépôt du 5e bataillon. Ce bataillon prend le n° 12 dans l'arme.
    Commandant de Villeneuve.
       9e compagnie de dépôt, lieutenant Chastagnier.
       10e compagnie de dépôt, lieutenant Robert.
       11e compagnie de dépôt, lieutenant de Mussy,
       12e compagnie de dépôt, lieutenant Hiraux.
    Effectif du bataillon. 15 964 4

16 novembre. — Départ du 11e bataillon de marche de chasseurs.

	Offic.	Troupe.	Chev.

19 novembre. — Formation des 13ᵉ et 14ᵉ compagnies de dépôt.

19 novembre. — Départ du 12ᵉ bataillon de marche de chasseurs.

20 novembre. — Les 13ᵉ et 14ᵉ compagnies de dépôt sont versées au 13ᵉ bataillon de marche de chasseurs en formation à Rennes. Capitaine Dieu, lieutenant Marché . . . 8 360 »

21 novembre. — La 4ᵉ compagnie de dépôt est dissoute.

29 novembre. — Formation de la 15ᵉ compagnie de dépôt qui part le même jour pour Lyon où elle entre dans la formation du 21ᵉ bataillon de marche de chasseurs. Capitaine Brisset . . . . 3 216 »

19 janvier 1871. — Formation des 16ᵉ et 17ᵉ compagnies de dépôt. Ces deux compagnies partent le même jour pour Rochefort où elles sont versées au 27ᵉ bataillon de marche de chasseurs. Capitaine Olmy, lieutenant Sebire. . 6 . 350 »

1ᵉʳ mars 1871. — Le dépôt comprend la 3ᵉ compagnie de dépôt, la compagnie provisoire et la section hors-rang. (Effectif : 11 officiers, 281 hommes.)

6ᵉ BATAILLON — DÉPOT

15 juillet 1870. — Boschis, capitaine major, Arles.

28 et 31 juillet. — Le bataillon s'embarque à Civita-Vecchia pour se rendre à Marseille, d'où il part les 31 juillet et 2 août pour Belfort où il arrive les 2 et 4 août.

31 juillet. — Départ d'un détachement pour Belfort. . . . 1 175 »

(1) *1ᵉʳ août.* — Effectif du bataillon de guerre. 23 702 6

22 août. — Départ de la 7ᵉ compagnie pour Paris. Capitaine Munch . . . . 3 153 »

9 septembre. — Formation de la compagnie provisoire. Capitaine Plaffin.

30 septembre. — Le capitaine major Boschis est nommé chef de bataillon pour commander le 2ᵉ bataillon de marche de chasseurs à Douai. Il est remplacé le même jour par le capitaine en retraite Coursot, nommé capitaine major.

10 octobre. — Départ de la 8ᵉ compagnie pour rejoindre à Saint-Etienne le 1ᵉʳ bataillon de marche de chasseurs où elle est versée. Capitaine Leureau. . . . . 3 300 »

10 octobre. — Formation des 1ʳᵉ et 2ᵉ compagnies de dépôt.

18 octobre. — Départ d'un détachement pour rejoindre le

---

(1) Effectif du dépôt au 1ᵉʳ août (8 officiers, 329 hommes).

— 199 —

	Offic.	Troupe.	Chev.

8ᵉ bataillon de marche à Laval. Ce détachement comprenait la 1ʳᵉ compagnie de dépôt. Lieutenant Lacroisade . 3 200 »

20 octobre. — Départ de la 2ᵉ compagnie de dépôt pour rejoindre à Rochefort le 9ᵉ bataillon de marche de chasseurs. Capitaine Grassin.. . . . . 3 322 »

25 octobre. — Formation des 3ᵉ et 4ᵉ compagnies de dépôt.

12 novembre. — Départ de la 3ᵉ compagnie de dépôt pour Rennes. Cette compagnie quitte Rennes pour se rendre à l'armée du Nord où elle est versée au dépôt du 2ᵉ bataillon de chasseurs à Douai. Capitaine Bourrion . . . . . 3 285 »

1ᵉʳ décembre. — Formation de la 5ᵉ compagnie de dépôt.

9 décembre. — Départ de la 4ᵉ compagnie de dépôt pour Cherbourg où elle est versée au 22ᵉ bataillon de marche de chasseurs. Capitaine Sécheras. . . . . 3 215 »

17 décembre. — Départ de la 5ᵉ compagnie de dépôt pour Lyon où elle est versée au 21ᵉ bataillon de marche de chasseurs. Lieutenant Boulet.. . . . . 2 254 »

20 décembre. — Départ d'un détachement pour Lyon. . . » 50 »

12 janvier 1871 — Formation de la 6ᵉ compagnie de dépôt.

18 janvier. — Départ d'un détachement pour Bordeaux. Sous-lieutenant Marchal. . . . . 1 74 »

22 janvier. — Départ de la 6ᵉ compagnie de dépôt pour rejoindre à Rochefort le 28ᵉ bataillon de marche de chasseurs. Lieutenant Boudet. . . . . 3 207 »

16 février. — Formation de la 7ᵉ compagnie de dépôt. Elle part le même jour pour rejoindre Rochefort où elle est versée au 28ᵉ bataillon de marche de chasseurs. Lieutenant Ravel. . . . . 3 191 »

1ᵉʳ mars 1871. — Le dépôt comprend la compagnie provisoire et la section hors-rang. (Effectif : 6 officiers, 326 hommes.)

7ᵉ BATAILLON — DÉPOT

15 juillet 1870. — Parpais, capitaine major, Vincennes.

17 juillet. — Le bataillon quitte Paris pour se rendre à Metz où il arrive le 18.

28 juillet. — Départ d'un détachement pour rejoindre le bataillon à Metz. . . . . » 187 »

30 juillet. — Départ d'un détachement pour Metz. . . . » 187 »

(1) *1ᵉʳ août*. — Effectif du bataillon de guerre. 24 840 9

15 août. — La 7ᵉ compagnie est détachée au 13ᵉ corps. . 2 168 »

6 septembre. — Formation d'une compagnie provisoire.

---

(1) Effectif du dépôt au 1ᵉʳ août (8 officiers, 273 hommes).

	Offic.	Troupe.	Chev.
6 septembre. — Formation de 3 compagnies de dépôt.			
11 septembre. — Le capitaine Morin est nommé capitaine major en remplacement du capitaine major Parpais.			
14 octobre. — La 8e compagnie et les 1re, 2e et 3e compagnies de dépôt sont versées au 37e régiment de marche de Paris (137e). Capitaines Uffler, Bugnet, Sengel et Forget..................................	16	671	»
21 octobre. — Le dépôt verse un détachement au 8e bataillon........................	»	43	»
21 octobre. — Le dépôt verse un détachement au 15e bataillon........................	»	42	»
25 octobre. — Le dépôt verse un détachement au 6e bataillon.	»	68	»
25 octobre. — Il est versé un détachement à la compagnie du 9e bataillon à Paris............	»	48	»
4 novembre. — Le dépôt verse au 11e d'artillerie.....	»	117	»
4 novembre. — Le dépôt verse au 139e de ligne......	»	150	»
23 novembre. — La 7e compagnie est versée au 21e bataillon de chasseurs à pied à Paris. Capitaine Schultz.....	3	200	»
27 novembre. — Le capitaine major Morin est nommé chef de bataillon. Il est remplacé le même jour par le capitaine Dugla, nommé capitaine major.			
24 novembre. — Formation des 4e et 5e compagnies de dépôt.			
27 décembre. — Les 4e et 5e compagnies sont versées au 23e bataillon de chasseurs. Capitaines Arnould et Ignard..	6	425	»
1er mars 1871. — Le dépôt comprend la compagnie provisoire et la section hors-rang. (Effectif : 6 officiers, 320 hommes.)			

8e BATAILLON — DÉPOT

	Offic.	Troupe.	Chev.
15 juillet 1870. — Pierre, capitaine major, Toulouse.			
21 juillet. — Le bataillon quitte Toulouse pour se rendre à Strasbourg.			
29 juillet. — Départ d'un détachement pour rejoindre le bataillon à Strasbourg...............	1	100	»
(1) *1er août.* — Effectif du bataillon de guerre......	22	786	6
4 août. — Départ d'un détachement pour Strasbourg. Ce détachement rejoint les débris du bataillon à Saverne le 7................................	1	100	»
16 août. — Départ d'un détachement pour rejoindre le bataillon au camp de Châlons............	1	150	»

---

(1) Effectif du dépôt au 1er août (9 officiers, 363 hommes).

	Offic.	Troupe.	Chev.

16 août. — Départ de la 7ᵉ compagnie pour Paris où elle est versée au 13ᵉ corps. Capitaine Brun   3   169   »

6 septembre. — Formation de la compagnie provisoire. Capitaine Rossi.

21 septembre. — Départ de la 8ᵉ compagnie pour Orléans. Cette compagnie est versée au 4ᵉ bataillon de marche de chasseurs à Argent (Cher) le 18 octobre. Capitaine Morin.   3   322   »

30 septembre. — D'Arbo, capitaine major, est nommé chef de bataillon pour commander le 6ᵉ bataillon de marche de chasseurs.

1ᵉʳ octobre. — Formation des 1ʳᵉ et 2ᵉ compagnies de dépôt.

6 octobre. — Départ de la 1ʳᵉ compagnie de dépôt pour Tours où elle est versée au 7ᵉ bataillon de marche de chasseurs. Capitaine Bouisset   3   300   »

26 octobre. — Départ de la 2ᵉ compagnie de dépôt pour rejoindre à Avignon le 10ᵉ bataillon de marche de chasseurs. Capitaine Pierre   3   250   »

1ᵉʳ novembre. — Formation des 3ᵉ et 4ᵉ compagnies de dépôt.

21 novembre. — Départ d'un détachement pour rejoindre le 13ᵉ bataillon de marche de chasseurs à Rennes. Lieutenant George   2   230   »

25 novembre. — Le lieutenant Patay est nommé capitaine major.

30 novembre. — Départ des 3ᵉ et 4ᵉ compagnies de dépôt pour rejoindre à Tours le 16ᵉ bataillon de marche de chasseurs. Capitaines Patay et Ficher   6   600   »

5 décembre. — Le lieutenant Deunier est nommé capitaine major.

15 décembre. — Formation des 5ᵉ et 6ᵉ compagnies de dépôt.

19 décembre. — Départ des 5ᵉ et 6ᵉ compagnies de dépôt pour rejoindre à Angoulême le 23ᵉ bataillon de marche de chasseurs. Sous-lieutenant Tristani et lieutenant Gonichon   4   612   »

20 décembre. — Formation de la 7ᵉ compagnie de dépôt.

23 décembre. — Départ de la 7ᵉ compagnie de dépôt pour rejoindre à Lyon le 21ᵉ bataillon de marche de chasseurs. Capitaine Maxence-Baudry   3   250   »

1ᵉʳ janvier 1871. — Formation des 8ᵉ et 9ᵉ compagnies de dépôt.

6 janvier. — Les 8ᵉ et 9ᵉ compagnies sont versées à Toulouse au 7ᵉ bataillon *bis* de chasseurs. Capitaines de Lagranville et Stocker   6   500   »

22 janvier. — Formation des 10ᵉ et 11ᵉ compagnies de dépôt.

	Offic.	Troupe.	Chev.

29 janvier. — Départ des 10e et 11e compagnies de dépôt pour rejoindre à Rochefort le 27e bataillon de marche de chasseurs. Capitaine Gilardoni et sous-lieutenant Marétheux 5   450   »

1er mars 1871. — Le dépôt comprend la compagnie provisoire et la section hors-rang. (Effectif : 20 officiers, 691 hommes.)

9e BATAILLON — DÉPOT

15 juillet 1870. — Cour, capitaine major, Grenoble.

17 juillet. — Le bataillon quitte Sétif pour se rendre à Bougie.

22 juillet. — Le bataillon s'embarque pour Marseille où il arrive le 25 (20 officiers, 620 hommes, 27 chevaux).

26 juillet. — Le bataillon quitte Marseille pour se rendre au camp de Châlons où il arrive le 28.

(1) *1er août.* — Effectif du bataillon de guerre 23   669   6

2 août. — Départ d'un détachement pour rejoindre le bataillon au camp de Châlons 1   150   »

22 août. — La 7e compagnie quitte Grenoble pour se rendre à Paris. Capitaine Prévost 3   157   »

6 septembre. — Formation de la compagnie provisoire.

1er octobre. — Départ de la 8e compagnie pour Orléans, capitaine Olry. Cette compagnie est versée le 18 octobre à Argent au 4e bataillon de marche de chasseurs 3   317   »

2 octobre. — Formation des 1re et 2e compagnies de dépôt.

6 octobre. — Départ pour Orléans des 1re et 2e compagnies de dépôt. Ces deux compagnies sont versées le 21 octobre à Laval au 8e bataillon de marche de chasseurs. Capitaine Coste et sous-lieutenant Chambault 3   630   »

1er novembre. — Formation d'une 2e compagnie provisoire.

2 novembre. — Formation des 3e et 4e compagnies de dépôt.

8 novembre. — Départ de la 3e compagnie de dépôt pour rejoindre à Chagny le 9e bataillon de marche de chasseurs. Sous-lieutenant Balle 2   315   »

24 novembre. — Départ de la 4e compagnie de dépôt pour rejoindre à Avignon le 10e bataillon de marche de chasseurs. Sous-lieutenant Laberge 2   293   »

10 décembre. — Formation de la 5e compagnie de dépôt.

15 décembre. — Départ de la 5e compagnie de dépôt pour rejoindre à Angoulême le 23e bataillon de marche de chasseurs. Sous-lieutenant Rival 2   304   »

---

(1) Effectif du dépôt au 1er août (8 officiers, 502 hommes).

	Offic.	Troupe.	Chev.

30 décembre. — Formation de la 6ᵉ compagnie de dépôt.

31 décembre. — Départ de la 6ᵉ compagnie de dépôt pour se rendre à Lyon où se forme le 21ᵉ bataillon de marche de chasseurs. Sous-lieutenant Bellet . . . . 2 324 »

1ᵉʳ janvier 1871. — Formation des 7ᵉ et 8ᵉ compagnies de dépôt.

24 janvier. — Départ des 7ᵉ et 8ᵉ compagnies de dépôt pour Rochefort où elles sont versées au 29ᵉ bataillon de marche de chasseurs. Lieutenants Jullien et Penant . . . 5 286 »

1ᵉʳ février. — Formation des 9ᵉ et 10ᵉ compagnies de dépôt.

1ᵉʳ février. — Départ de la 9ᵉ compagnie de dépôt pour Rochefort où elle est versée au 30ᵉ bataillon de marche de chasseurs. Capitaine Echemann . . . . 3 130 »

13 février. — Départ de la 10ᵉ compagnie de dépôt pour être versée au 4ᵉ bataillon *bis* de marche de chasseurs. Lieutenant Venier. . . . . 1 130 »

15 février. — Formation des 11ᵉ, 12ᵉ, 13ᵉ et 14ᵉ compagnies de dépôt.

16 février. — La 11ᵉ compagnie de dépôt est versée au 6ᵉ bataillon *bis* de marche de chasseurs. Sous-lieutenant Gustin. . . . . 1 130 »

1ᵉʳ mars 1871. — Le dépôt comprend les 12ᵉ, 13ᵉ et 14ᵉ compagnies de dépôt, les 1ʳᵉ et 2ᵉ compagnies provisoires et la section hors-rang. (Effectif : 8 officiers, 367 hommes.)

4 mars. — Les 12ᵉ et 13ᵉ compagnies de dépôt sont versées au 12ᵉ bataillon *bis* de marche de chasseurs, à Grenoble. La 14ᵉ compagnie de dépôt ne reçoit aucune affectation. Lieutenant Thomazeau.

10ᵉ BATAILLON — DÉPOT

15 juillet 1870. — Ropert, capitaine major, Strasbourg.

16 juillet. — Le bataillon quitte le camp de Châlons pour se rendre à Saint-Avold où il arrive le 17.

31 juillet. — Départ d'un détachement de Strasbourg pour se rendre à Saint-Avold où il rejoint le bataillon de guerre (350 hommes) . . . . » 350 »

1ᵉʳ août. — Effectif du bataillon de guerre . . . . 23 842 »

1ᵉʳ août. — Le dépôt comprend les 7ᵉ, 8ᵉ compagnies et la section hors-rang. (Effectif : 9 officiers, 262 hommes.)

1ᵉʳ septembre. — Le dépôt renfermé à Strasbourg prend part à la défense de cette place.

    7ᵉ compagnie, capitaine Bosquette.
    8ᵉ compagnie, capitaine Saphores.

	Offic.	Troupe.	Chev.
28 septembre. — Capitulation de Strasbourg. Le dépôt, comprenant les 7ᵉ, 8ᵉ compagnies et la section hors-rang (effectif : 10 officiers, 348 hommes), est prisonnier de guerre	10	348	»

18 décembre. — Réorganisation du dépôt à Lorient. Ropert, capitaine major.
2 janvier. — Création de la compagnie provisoire. Lieutenant de Sarrazin.
1ᵉʳ mars 1871. — Le dépôt comprend la compagnie provisoire et la section hors-rang. (Effectif : 5 officiers, 65 hommes.)

11ᵉ BATAILLON — DÉPOT

15 juillet 1870. — Honnorat, capitaine major, Metz.
29 juillet. — Le bataillon quitte Metz pour se rendre à Boulay où il arrive le même jour.

	Offic.	Troupe.	Chev.
1ᵉʳ août. — Effectif du bataillon de guerre	22	837	10

1ᵉʳ août. — Le dépôt comprend les 7ᵉ et 8ᵉ compagnies et la section hors-rang. (Effectif : 10 officiers, 259 hommes.)
    7ᵉ compagnie, capitaine Ballivet.
    8ᵉ compagnie, capitaine Gouel.
1ᵉʳ septembre. — Le dépôt prend part à la défense de Metz.

	Offic.	Troupe.	Chev.
11 septembre. — Effectif du dépôt.	10	419	»

28 octobre. — Le dépôt comprend les 7ᵉ et 8ᵉ compagnies et la section hors-rang (10 officiers, 228 hommes).
29 octobre. — Capitulation de Metz. Le dépôt est prisonnier de guerre.
18 décembre. — Réorganisation du dépôt à Brest.
19 décembre. — Formation de la section hors-rang (3 officiers, 25 hommes).
1ᵉʳ mars 1871. — Le dépôt comprend la section hors-rang. (Effectif : 6 officiers, 32 hommes.)

12ᵉ BATAILLON — DÉPOT

15 juillet 1870. — Savoye, capitaine major, Auxonne.
16 juillet. — Départ du bataillon du camp de Châlons pour se rendre à Forbach où il arrive le 17.

	Offic.	Troupe.	Chev.
31 juillet. — Départ d'Auxonne d'un détachement pour rejoindre le bataillon à Saint-Avold		100	»
(1) *1ᵉʳ août.* — Effectif du bataillon de guerre	23	589	10
4 août. — Départ d'un détachement pour Metz		200	»

---

(1) Effectif du dépôt au 1ᵉʳ août (8 officiers, 561 hommes).

	Offic.	Troupe.	Chev.

26 août. — Départ de la 7ᵉ compagnie pour Paris, capitaine Lalier. Cette compagnie est versée en novembre au 22ᵉ bataillon de chasseurs, formation de Paris . . . . . . 3 200 »

9 septembre. — Formation de la compagnie provisoire.

23 septembre. — La 8ᵉ compagnie quitte le dépôt pour se rendre à Vierzon où elle est versée au 6ᵉ bataillon de marche de chasseurs. Capitaine Casal . . . . 2 324 »

4 octobre. — Formation des 1ʳᵉ, 2ᵉ, 3ᵉ et 4ᵉ compagnies de dépôt.

23 octobre. — Le dépôt (compagnie provisoire et section hors-rang) quitte Auxonne pour se rendre à Grenoble où il arrive le 24.

25 octobre. — Le dépôt quitte Grenoble pour se rendre à Briançon.

21 novembre. — Les 1ʳᵉ, 2ᵉ, 3ᵉ et 4ᵉ compagnies de dépôt restées à Auxonne au départ du dépôt sont versées au 14ᵉ bataillon de marche de chasseurs.

    1ʳᵉ compagnie, sous-lieutenant Jean.
    2ᵉ compagnie, lieutenant Simon.
    3ᵉ compagnie, sous-lieutenant Troche.
    4ᵉ compagnie, lieutenant Surleau.

    Effectif . . . . 4 1070 »

21 novembre. — Formation à Briançon des 5ᵉ et 6ᵉ compagnies de dépôt.

20 décembre. — Départ de la 5ᵉ compagnie de dépôt pour Toulouse où elle est versée au 7ᵉ bataillon *bis* de marche de chasseurs. Sous-lieutenant Choquet . . . . 2 268 »

3 janvier 1871. — La 6ᵉ compagnie de dépôt quitte Briançon pour se rendre à Rochefort. En arrivant dans cette place la compagnie est dédoublée et forme la 6ᵉ compagnie et la 6ᵉ compagnie *bis*, elles sont le 30 janvier versées au 27ᵉ bataillon de marche de chasseurs. Sous-lieutenants Calloud et Fournas . . . . 2 300 »

24 janvier. — Formation des 7ᵉ, 8ᵉ et 9ᵉ compagnies de dépôt.

31 janvier. — Départ de la 7ᵉ compagnie de dépôt pour rejoindre à Rochefort le 30ᵉ bataillon de marche de chasseurs. Sous-lieutenant Arnaud . . . . 2 130 »

14 février. — Départ des 8ᵉ et 9ᵉ compagnies de dépôt pour Voiron (Isère) où elles sont versées au 4ᵉ bataillon *bis* de marche de chasseurs. Sous-lieutenants Frontier et Bligaud . . . . 2 260 »

19 février. — Formation des 10ᵉ et 11ᵉ compagnies de dépôt.

22 février. — Départ des 10ᵉ et 11ᵉ compagnies de dépôt

	Offic.	Troupe.	Chev.

pour Grenoble où elles sont versées au 12ᵉ bataillon *bis* de marche de chasseurs. Sous-lieutenants Roussin et Huet . . . . 2 · 258 · »

1ᵉʳ mars 1871. — Le dépôt comprend la compagnie provisoire et la section hors-rang. (Effectif : 6 officiers, 166 hommes.)

13ᵉ BATAILLON — DÉPOT

15 juillet 1870. — Darras, capitaine-major, Strasbourg.

26 juillet. — Le bataillon quitte Strasbourg pour se rendre à Haguenau.

31 juillet. — Départ d'un détachement pour rejoindre le bataillon . . . . · 200 · »

1ᵉʳ août (1). — Effectif du bataillon de guerre. . . . . . . 24 · 975 · 10

1ᵉʳ septembre. — Le dépôt prend part à la défense de Strasbourg. Il occupe la citadelle, 7ᵉ et 8ᵉ compagnies et section hors-rang. Capitaines Bourguignon et Gaday. (Effectif : 6 officiers, 205 hommes). . . . . 6 · 205 · »

28 septembre. — Capitulation de Strasbourg.

20 décembre. — Le dépôt fut reconstitué par décret du 20 dudit. Ce décret prescrivait l'organisation dans la 16ᵉ division militaire de 3 dépôts de bataillons de chasseurs à pied destinés à remplacer ceux des 10ᵉ, 11ᵉ et 13ᵉ bataillons, prisonniers de guerre par suite des capitulations de Strasbourg et de Metz.

12 février 1871. — Le dépôt du 13ᵉ bataillon est formé à Brest. Compagnie provisoire et section hors-rang (8 officiers, 146 hommes).

12 février. — Départ du dépôt pour Cherbourg où il arrive le 14, il campe au camp de Sartorsville.

21 février. — Formation de la 1ʳᵉ compagnie de dépôt. Lieutenant Pech (3 officiers, 142 hommes).

1ᵉʳ mars 1871. — Le dépôt comprend la compagnie provisoire, la 1ʳᵉ compagnie de dépôt et la section hors-rang. (Effectif : 8 officiers, 246 hommes.)

14ᵉ BATAILLON — DÉPOT

15 juillet 1870. — Moulard, capitaine major, Auxonne.

17 juillet. — Le bataillon quitte Lyon pour se rendre à Bitche où il arrive le 18.

1ᵉʳ août (2). — Effectif du bataillon de guerre. . . . . . . 21 · 754 · 15

---

(1) Effectif du dépôt au 1ᵉʳ août (8 officiers, 149 hommes).
(2) Effectif du dépôt au 1ᵉʳ août (11 officiers, 313 hommes).

	Offic.	Troupe.	Chev.

2 août. — Un détachement quitte Auxonne pour se rendre à Sarreguemines où il arrive le 5. Dans la nuit du 6 au 7, il est dirigé sur Metz où il arrive le 11 et reste à la disposition du commandant de la place. Le 27 août, ce détachement rejoint la 2ᵉ compagnie du bataillon à Montigny dans laquelle il est incorporé. Lieutenant d'Aigny . . . 1 198 »

30 août. — Départ de la 7ᵉ compagnie d'Auxonne pour se rendre à Paris. En novembre cette compagnie est versée au 22ᵉ bataillon de chasseurs. Capitaine Perrin. . . . . 3 268 ».

6 septembre. — Formation de la compagnie provisoire. Capitaine Vacquier.

10 septembre. — Départ de la 8ᵉ compagnie pour Vierzon où elle est versée au 6ᵉ bataillon de marche de chasseurs. Capitaine Bertrand. . . . . 3 324 »

1ᵉʳ octobre. — Formation des 1ʳᵉ et 2ᵉ compagnies de dépôt.

19 octobre. — Le dépôt quitte Auxonne avec le dépôt du 12ᵉ bataillon dont la situation est identique. Il n'emmène que la compagnie provisoire et la section hors-rang pour se rendre à Lyon et de Lyon à Grenoble puis à Embrun où il arrive le 20 novembre.

20 octobre. — Formation à Auxonne des 3ᵉ et 4ᵉ compagnies de dépôt par le dédoublement des 1ʳᵉ et 2ᵉ compagnies de dépôt. La 1ʳᵉ compagnie la 3ᵉ compagnie, et la 2ᵉ compagnie la 4ᵉ compagnie.

21 novembre. — Les 1ʳᵉ, 2ᵉ, 3ᵉ et 4ᵉ compagnies de dépôt à Auxonne forment le 14ᵉ bataillon de marche de chasseurs.

    1ʳᵉ compagnie de dépôt, capitaine Planet.
    2ᵉ compagnie de dépôt, sous-lieutenant Gavard.
    3ᵉ compagnie de dépôt, sous-lieutenant Bravy.
    4ᵉ compagnie de dépôt, sous-lieutenant Dupuis.
    Effectif . . . . 8 1027 »

1ᵉʳ janvier 1871. — Le 14ᵉ bataillon de marche de chasseurs se dédouble et les compagnies du 14ᵉ bataillon forment le 25ᵉ bataillon de marche de chasseurs.

2 janvier. — Formation à Embrun des 5ᵉ, 6ᵉ et 7ᵉ compagnies de dépôt.

23 janvier. — Départ des 5ᵉ et 7ᵉ compagnies de dépôt pour Rochefort où elles sont versées au 29ᵉ bataillon de marche de chasseurs. Lieutenant Germain et sous-lieutenant Pillot de Colligny, qui est remplacé le même jour par le sous-lieutenant Besle. . . . . 4 260 »

31 janvier. — Départ de la 6ᵉ compagnie de dépôt pour rejoindre le 30ᵉ bataillon de marche de chasseurs à Rochefort. Sous-lieutenant Pillot de Colligny. . . . . . 2 130 »

1ᵉʳ février. — Formation des 8ᵉ, 9ᵉ et 10ᵉ compagnies de dépôt.

	Offic.	Troupe.	Chev.

21 février. — Départ des 8ᵉ et 9ᵉ compagnies de dépôt pour Grenoble où elles sont versées au 6ᵉ bataillon *bis* de marche de chasseurs. Sous-lieutenants Lévy et Chevrier 4   245   »

25 février. — Formation de la 11ᵉ compagnie de dépôt.

1ᵉʳ mars 1871. — Départ de la 10ᵉ compagnie pour Grenoble où elle est versée le 4 au 12ᵉ bataillon *bis* de marche de chasseurs. Lieutenant Atesse 2   130   »

1ᵉʳ mars 1871. — Le dépôt comprend la 11ᵉ compagnie, lieutenant Jolly ; la compagnie provisoire, capitaine Vaquier, et la section hors-rang. (Effectif : 5 officiers, 178 hommes.)

15ᵉ BATAILLON — DÉPÔT

15 juillet 1870. — Eblinger, capitaine major, Vincennes.

18 juillet. — Départ de Paris du bataillon pour se rendre à Metz où il arrive le 19.

1ᵉʳ août (1). — Effectif du bataillon de guerre. 23   657   9

2 août. — Départ d'un détachement pour rejoindre le bataillon à Metz. Sous-lieutenant Caen. 1   120   »

6 août. — Départ d'un détachement pour rejoindre le bataillon à Gueuviller le 7. Capitaine Luc 1   120   »

15 août. — La 8ᵉ compagnie est attachée au 13ᵉ corps et le 23 novembre elle est versée au 21ᵉ bataillon de chasseurs à Paris. Capitaine Voyot 3   169   »

11 septembre. — Formation de la compagnie provisoire.

1ᵉʳ octobre. — Formation des 1ʳᵉ, 2ᵉ et 3ᵉ compagnies de dépôt.

2 octobre. — La 7ᵉ compagnie et les 1ʳᵉ, 2ᵉ et 3ᵉ compagnies de dépôt sont versées au 37ᵉ régiment de marche de Paris (137ᵉ). Capitaines Luc, Renaudin, Lesgourgues et Jeanselme. 9   820   »

22 octobre. — Le capitaine major Eblinger est mis en N. A. pour l. T. Il est remplacé le même jour par le capitaine Rigail, nommé capitaine major.

20 décembre. — Formation des 4ᵉ et 5ᵉ compagnies de dépôt.

22 décembre. — Les 4ᵉ et 5ᵉ compagnies de dépôt sont versées au 23ᵉ bataillon de chasseurs à Vincennes. Capitaines Michel et Haillecourt. 6   450   »

1ᵉʳ mars 1871. — Le dépôt comprend la compagnie provisoire et la section hors-rang. (Effectif : 7 officiers, 196 hommes.)

---

(1) Effectif du dépôt au 1ᵉʳ août (9 officiers, 485 hommes).

16ᵉ BATAILLON — DÉPOT

	Offic.	Troupe.	Chev.

15 juillet 1870. — Chamard-Boudet, capitaine major, Besançon.

19 juillet. — Départ du bataillon de Besançon pour se rendre à Strasbourg où il arrive le 22.

29 juillet. — Départ d'un détachement du dépôt pour rejoindre le bataillon à Strasbourg 1   160   »

1ᵉʳ août (1). — Effectif du bataillon de guerre. 20   581   7

2 août. — Départ d'un détachement de réservistes pour Wissembourg où il devait rejoindre le bataillon. Ce détachement prend part au combat de Wissembourg le 4. Lieutenant Albaret. 1   180   »

4 août. — Départ d'un détachement pour Strasbourg, capitaine Bompy. Ce détachement n'ayant pu rejoindre le bataillon prit part à la défense de Strasbourg 1   90   »

6 septembre. — Formation de la 1ʳᵉ compagnie provisoire.

27 septembre. — Formation de la 2ᵉ compagnie provisoire (1ʳᵉ de dépôt).

28 septembre. — Départ de la 8ᵉ compagnie et de la 2ᵉ compagnie provisoire (1ᵉʳ dépôt) pour Bourges où elles sont versées au 5ᵉ bataillon de marche de chasseurs. Capitaines de Boissieu et Gathe-César 6   467   »

30 septembre. — Le capitaine Chamard-Boudet est nommé chef de bataillon pour commander le 5ᵉ bataillon de marche de chasseurs.

30 septembre. — Formation de la 3ᵉ compagnie provisoire (2ᵉ de dépôt).

4 octobre. — Départ de la 7ᵉ compagnie pour Rennes où elle est versée au 3ᵉ bataillon de marche de chasseurs. Capitaine Sicco 2   322   »

8 octobre. — Le capitaine Diehl est nommé capitaine major.

10 octobre. — Formation de la 4ᵉ compagnie provisoire (3ᵉ de dépôt).

20 octobre. — Un détachement de la force de 2 compagnies tiré des 1ʳᵉ et 3ᵉ compagnies, sous les ordres du capitaine Mansion, est commandé de grand garde pendant plusieurs jours à Châtillon-le-Duc et Auxon-Dessous. Ce détachement prend part au combat de Cussey et de Châtillon le 22.

23 octobre. — Ce détachement rentre à Besançon.

---

(1) Effectif du dépôt au 1ᵉʳ août (9 officiers, 520 hommes).

	Offic.	Troupe.	Chev.

11 novembre. — Formation des 5e, 6e, 7e, 8e compagnies provisoires (4e, 5e, 6e, 7e de dépôt). L'effectif du dépôt s'élevait à cette date à 1,900 hommes.

15 novembre. — Formation de la 2e compagnie provisoire *bis*.

15 novembre. — Formation au dépôt d'un bataillon qui prend le n° 15 dans les bataillons de marche. Commandant Huguet.

    1re compagnie provisoire, capitaine Papillard.
    2e compagnie provisoire *bis*, capitaine Charny.
    3e compagnie provisoire, capitaine Mansion.
    4e compagnie provisoire, capitaine Schreck.
    5e compagnie provisoire, capitaine Giovannoni.
    6e compagnie provisoire, capitaine Sarda.

Effectif du bataillon 17   1340   2

16 novembre. — Le dépôt comprenant les 7e et 8e compagnies provisoires quittent Besançon pour se rendre à Perpignan où elles arrivent le 17.

20 décembre. — Formation à Besançon des 7e et 8e compagnies provisoires *bis* pour compléter le bataillon de marche à 8 compagnies. Capitaine Morin et lieutenant Derouet.

4 janvier 1871. — Le 15e bataillon de marche quitte Besançon pour faire partie de l'armée de l'Est, la 8e compagnie de ce bataillon reste à Besançon.

10 janvier. — Départ de la 7e compagnie provisoire pour rejoindre à Bourges le 7e bataillon *bis* de marche de chasseurs. Capitaine Dauch. 3   200   »

17 janvier. — Formation des 9e et 10e compagnies provisoires (8e et 9e de dépôt).

19 janvier. — Départ des 8e et 9e compagnies provisoires pour à rejoindre Rochefort le 28e bataillon de marche de chasseurs où elles sont versées. Capitaines Lochert et Lebiet 6   422   »

20 janvier. — Départ d'un détachement pour Villefranche. 1   35   »

21 janvier. — Départ de la 10e compagnie provisoire pour Collioure où elle doit tenir garnison.

14 février. — La 10e compagnie quitte Collioure pour aller occuper le camp d'Arles.

1er mars 1871. — Le dépôt comprend la compagnie provisoire et la section hors-rang. (Effectif : 7 officiers, 246 hommes.)

17e BATAILLON — DÉPÔT

	Offic.	Troupe.	Chev.

15 juillet 1870. — Ganot, capitaine major, Douai.
21 juillet. — Le bataillon quitte Saint-Denis pour se rendre à Mulhouse où il arrive le 22.
29 juillet. — Départ de Douai d'un détachement pour rejoindre le bataillon à Colmar . . . . 1 200 »
(*1*) *1er août*. — Effectif du bataillon de guerre 22 542 2
2 août. — Départ d'un détachement pour rejoindre le bataillon à Belfort. Ce détachement n'ayant pu rejoindre se retire sur Metz le 7 . . . . » 52 »
16 août. — Départ de la 7e compagnie pour le camp de Châlons où elle arrive le 19. Capitaine Lecorbeiller. . . 3 150 »
6 septembre. — Formation de la compagnie provisoire. Capitaine Demilly.
2 octobre. — La 8e compagnie est versée à Douai au 2e bataillon de marche de chasseurs. Capitaine Ducoté . . . . . 3 301 »
2 octobre. — Formation de la 1re compagnie de dépôt.
11 octobre. — Départ de la 1re compagnie de dépôt pour rejoindre à Tours le 7e bataillon de marche de chasseurs. Capitaine Demarle . . . . 3 322 »
13 octobre. — Formation des 2e, 3e, 4e, 5e et 6e compagnies de dépôt.
15 novembre. — Formation au dépôt d'un bataillon de marche de chasseurs qui prend le n° 17.
    Commandant Moynier.
    2e compagnie de dépôt, capitaine Surloppe.
    3e compagnie de dépôt, capitaine de Poussargues.
    4e compagnie de dépôt, capitaine Danflous.
    5e compagnie de dépôt, capitaine Bailleux.
    6e compagnie de dépôt, lieutenant Braun.
    Effectif du bataillon 17 801 1
25 novembre. — Formation des 7e et 8e compagnies de dépôt. Capitaine Chambisseur et lieutenant Liotard.
15 février 1871. — Formation de la 9e compagnie de dépôt.
1er mars 1871. — Le dépôt comprend les 7e, 8e et 9e compagnies de dépôt, la compagnie provisoire et la section hors-rang. (Effectif : 8 officiers, 380 hommes.)

18e BATAILLON — DÉPÔT

15 juillet 1870. — Dyonnet, capitaine major, Vincennes.
16 juillet. — Le bataillon quitte Paris pour se rendre à Metz où il arrive le 17.

---

(1) Effectif du dépôt au 1er août (9 officiers, 387 hommes).

	Offic.	Troupe.	Chev.

29 juillet. — Départ d'un détachement pour rejoindre le bataillon à Saint-Avold. Lieutenant Pemjean . . . . . 2 400 »

(1) *1er août.* — Effectif du bataillon de guerre 23 815 9

23 août. — La 7e compagnie passe au 13e corps, capitaine Palach. Cette compagnie fait partie de l'arrière-garde dans la retraite du 13e corps de Mézières à Paris . . . . 3 219 »

7 septembre. — Formation de la compagnie provisoire.

2 octobre. — Formation des 1re et 2e compagnies de dépôt.

5 octobre. — Le dépôt verse des détachements de 50 hommes aux 5e, 7e, 8e, 15e bataillons de chasseurs . . . . » 200 »

6 octobre. — Le capitaine major Dyonnet est nommé chef de bataillon au 36e régiment de marche. Il est remplacé le même jour par le lieutenant Bouyer, nommé capitaine major.

7 octobre. — Formation de la 3e compagnie de dépôt.

14 octobre. — La 8e compagnie et les 1re, 2e, 3e compagnies de dépôt sont versées au 37e régiment de marche de Paris. Capitaines Caron, Lassère, Faroux et Manhès. . . 11 648 »

21 octobre. — Le dépôt verse un détachement aux 14e et 19e bataillons de chasseurs . . . . » 30 »

4 novembre. — Un détachement passe au 11e d'artillerie. . » 81 »

22 novembre. — La 7e compagnie est versée au 21e bataillon de chasseurs à Saint-Denis.

24 novembre. — Un détachement passe au 106e régiment d'infanterie . . . . » 100 »

28 novembre. — Un détachement passe au 21e bataillon de chasseurs. » 50 »

1er décembre. — Formation des 4e et 5e compagnies de dépôt.

1er janvier 1871. — Les 4e et 5e compagnies de dépôt sont versées au 23e bataillon de chasseurs à Vincennes. Capitaines Vannier et Mattéï . . . . 6 450 »

1er mars 1871. — Le dépôt comprend la compagnie provisoire et la section hors-rang. (Effectif : 6 officiers, 223 hommes.)

19e BATAILLON — DÉPOT

15 juillet 1870. — Labrune, capitaine major, Toulouse.

17 juillet. — Départ du bataillon de Toulouse pour se rendre à Lyon où il arrive le 18. Repart le 19 de cette ville pour se rendre à Strasbourg où il arrive le 20.

---

(1) Effectif du dépôt au 1er août (9 officiers, 285 hommes).

— 213 —

	Offic.	Troupe.	Chev.

29 juillet. — Départ de Toulouse d'un détachement pour se rendre à Strasbourg . . . . 1 200 »

(1) *1er août.* — Effectif du bataillon de guerre 21 772 10

20 août. — La 8e compagnie part pour Paris, où elle fait partie du 13e corps. Capitaine Dugla . . . . 3 169 »

11 septembre. — Formation de la compagnie provisoire. Capitaine Belleville.

30 septembre. — Le capitaine major Labrune est nommé chef de bataillon pour commander le 3e bataillon de marche de chasseurs.

1er octobre. — Formation des 1re et 2e compagnies de dépôt.

5 octobre. — Le lieutenant Rosset est nommé capitaine major.

16 octobre. — Départ de la 7e compagnie pour rejoindre à Argent le 4e bataillon de marche de chasseurs. Capitaine Lallement . . . . 2 322 »

17 octobre. — Départ de la 1re compagnie de dépôt pour rejoindre à Tours le 7e bataillon de marche de chasseurs. Capitaine Campion . . . . 3 322 »

6 novembre. — Formation de la 3e compagnie de dépôt.

24 novembre. — Départ de la 2e compagnie de dépôt pour Rennes, où elle est versée au 13e bataillon de chasseurs de marche. La compagnie envoyée au camp de Conlie fut le 27 novembre dédoublée et forme la 2e compagnie et la 2e compagnie *bis*. Capitaines Hermitte et Henry . . . . 3 297 »

27 novembre. — Départ de la 3e compagnie de dépôt pour rejoindre à Tours le 16e bataillon de marche de chasseurs. Capitaine Rosset . . . . 3 167 »

27 novembre. — Le capitaine Thomas est nommé capitaine major.

1er décembre. — Formation des 4e et 5e compagnies de dépôt.

10 décembre. — Départ des 4e et 5e compagnies de dépôt pour rejoindre à Cherbourg le 22e bataillon de marche de chasseurs. Capitaine Mérens et sous-lieutenant Klein. 5 617 »

26 décembre. — Formation des 6e et 7e compagnies de dépôt.

28 décembre. — Départ des 6e et 7e compagnies pour rejoindre le 3e bataillon de marche de chasseurs où elles sont versées. Capitaines Vigy et Graëff . . . . 4 334 »

31 décembre. — Départ d'un détachement pour compléter les compagnies du bataillon au 3e bataillon de marche de chasseurs . . . . » 100 »

---

(1) Effectif du dépôt au 1er août (10 officiers, 377 hommes).

	Offic.	Troupe.	Chev.

1er janvier 1871. — Formation d'une 2ᵉ compagnie provisoire.

5 janvier. — Départ d'un détachement pour rejoindre le 8ᵉ bataillon de marche de chasseurs. . . . .   » 60 »

11 janvier. — Formation des 8ᵉ et 9ᵉ compagnies de dépôt.

19 janvier. — Départ des 8ᵉ et 9ᵉ compagnies de dépôt pour rejoindre à Rochefort le 28ᵉ bataillon de marche de chasseurs. Capitaine Camus, sous-lieutenant Liochon . . . .   3 216 »

1er mars 1871. — Le dépôt comprend les 2 compagnies provisoires et la section hors-rang. (Effectif : 16 officiers, 623 hommes.)

20ᵉ BATAILLON — DÉPOT

15 juillet 1870. — Doucet, capitaine major, Boulogne.

20 juillet. — Le bataillon quitte Boulogne pour se rendre à Thionville où il arrive le 21.

(1) *1er août.* — Effectif du bataillon de guerre 24 893 6

4 août. — Départ d'un détachement pour Thionville . . .   1 350 »

17 août. — La 7ᵉ compagnie quitte Boulogne pour se rendre au camp de Châlons où elle doit faire partie du 12ᵉ corps. Capitaine Rodde . . . .   3 171 »

6 septembre. — Formation de la compagnie provisoire. Capitaine Giraud.

3 octobre. — Départ de la 8ᵉ compagnie pour rejoindre à Rennes le 3ᵉ bataillon de marche de chasseurs. Capitaine Derrien . . . .   3 395 »

4 octobre. — Formation des 1ʳᵉ et 2ᵉ compagnies de dépôt.

6 octobre. — La 1ʳᵉ compagnie de dépôt quitte Boulogne pour se rendre à Orléans où elle est versée au 8ᵉ bataillon de marche de chasseurs. Capitaine Fouineau. . . . . .   3 278 »

1er novembre. — Formation des 3ᵉ, 4ᵉ, 5ᵉ et 6ᵉ compagnies de dépôt.

23 novembre. — Création d'un bataillon de marche de chasseurs au dépôt. Ce bataillon prend le n° 20.
    Commandant Hecquet.
      2ᵉ compagnie de dépôt, capitaine Parent.
      3ᵉ compagnie de dépôt, capitaine Roy.
      4ᵉ compagnie de dépôt, lieutenant Rousset.
      5ᵉ compagnie de dépôt, capitaine Carrère.
      6ᵉ compagnie de dépôt, lieutenant Ambrosini.
Effectif du bataillon 14 845 2

---

(1) Effectif du dépôt au 1ᵉʳ août (8 officiers, 211 hommes).

	Offic.	Troupe.	Chev

20 décembre. — Le dépôt envoie à Douai un détachement pour former le 24ᵉ bataillon de marche de chasseurs à Douai. Lieutenant Laurent. . . . . 1 350 »

1ᵉʳ janvier 1871. — Formation des 7ᵉ et 8ᵉ compagnies de dépôt.

11 janvier. — Départ d'un détachement pour concourir à la formation du 26ᵉ bataillon de marche à Saint-Omer. Capitaine Lacombe. 5 358 »

1ᵉʳ mars 1871. — Le dépôt comprend les 7ᵉ et 8ᵉ compagnies de dépôt, la compagnie provisoire et la section hors-rang. (Effectif : 13 officiers, 628 hommes.)

III. — RÉGIMENTS DE ZOUAVES

1ᵉʳ RÉGIMENT — DÉPOT

15 juillet 1870. — Sabattier, major, Coléah.

16, 18, 19 et 21 juillet. — Le régiment s'embarque à Alger pour faire partie du 1ᵉʳ corps de l'armée du Rhin en rassemblement à Strasbourg.

25 juillet. — Le régiment est réuni à Strasbourg.

1ᵉʳ août. — Effectif des 3 bataillons de guerre. 68 2271 31

1ᵉʳ août. — Le dépôt se compose des 7ᵉ, 8ᵉ et 9ᵉ compagnies des 1ᵉʳ, 2ᵉ et 3ᵉ bataillons à Coléah (28 officiers, 924 hommes, 6 chevaux.)

13 août. — Départ de Coléah d'un détachement pour rejoindre le régiment au camp de Châlons où il arrive le 20. . 1 378 »

27 août. — Départ d'un détachement de Coléah pour la France. Ce détachement est dirigé sur Saint-Cloud. Capitaine de Podenas. . . . . 1 580 »

1ᵉʳ septembre. — Le dépôt comprend les 7ᵉ, 8ᵉ et 9ᵉ compagnies des 3 bataillons. (Effectif : 29 officiers, 4,781 hommes, 6 chevaux.)

9 septembre. — Départ d'un détachement de Coléah pour la France. Ce détachement est dirigé sur Saint-Cloud. Sous-lieutenant Bizy. . . . . 2 421 »

13 septembre. — Départ d'un détachement de Coléah pour la France.
    7ᵉ compagnie du 3ᵉ bataillon, capitaine Letellier.
    8ᵉ compagnie du 3ᵉ bataillon, capitaine Coustau.
    8ᵉ compagnie du 1ᵉʳ bataillon, capitaine Ghesquière. 9 3100 »

16 septembre. — Départ de la 9ᵉ compagnie du 1ᵉʳ bataillon de Coléah pour se rendre à Antibes. Capitaine Sebire. . 3 102 »

	Offic.	Troupe.	Chev.

19 septembre. — La 7e compagnie du 1er bataillon part pour la France. Capitaine Soulery.......... 2   260   »

20 septembre. — La 9e compagnie du 1er bataillon forme à Antibes le dépôt du 1er régiment de zouaves, en France.

21 septembre. — Les 4 compagnies de dépôt (7e et 8e du 1er bataillon, 7e et 8e du 3e bataillon) servent à former à Antibes le 1er régiment de marche de zouaves à 3 bataillons de 6 compagnies.......... 64   3500   20

Formation de 14 compagnies de marche.

    1re compagnie de marche, capitaine Sappey.
    2e compagnie de marche, capitaine Brochier.
    3e compagnie de marche, capitaine Maréchal.
    4e compagnie de marche, capitaine Delaville.
    5e compagnie de marche, capitaine Didier.
    6e compagnie de marche, capitaine Mennetrier.
    7e compagnie de marche, capitaine d'Ormescheville.
    8e compagnie de marche, capitaine Sage.
    9e compagnie de marche, capitaine Poupon.
    10e compagnie de marche, capitaine Lavetta.
    11e compagnie de marche, capitaine Fontebride.
    12e compagnie de marche, capitaine Verguet.
    13e compagnie de marche, capitaine Varigault.
    14e compagnie de marche, capitaine de Blair.

21 septembre. — La 7e compagnie du 2e bataillon part pour tenir garnison à Aumale (3 officiers, 541 hommes). La 8e compagnie part de Coléah pour se rendre à Fort-Napoléon (3 officiers, 500 hommes).

1er octobre. — Le dépôt à Coléah (15 officiers, 1,924 hommes, 4 chevaux).

2 novembre. — Le petit dépôt à Antibes passe au dépôt du 96e de ligne (140 hommes).......... »   140   »

10 novembre. — Formation à Coléah d'un bataillon de marche à 6 compagnies au moyen des 7e et 8e compagnies du 2e bataillon.

    1re compagnie (7e du 2e bataillon), capitaine Coustau.
    2e compagnie (15e compagnie de marche), capitaine Grébus.
    3e compagnie (8e compagnie du 2e bataillon), capitaine Sebire.
    4e compagnie (16e compagnie de marche), capitaine Péteil.
    5e compagnie (17e compagnie de marche), capitaine Parent.

	Offic.	Troupe.	Chev.

6ᵉ compagnie (18ᵉ compagnie de marche), capitaine Bergougnon (C.)

Effectif du bataillon de marche . . . . 12 1011 »

29 novembre. — Le major Sabattier est nommé lieutenant-colonel pour commander un régiment de marche. Il est remplacé le même jour par le capitaine Bastidon, nommé major.

30 novembre. — Le bataillon de marche s'embarque à Alger pour Toulon où il débarque le 4 décembre.

1ᵉʳ décembre. — 9ᵉ compagnie du 1ᵉʳ bataillon à Antibes. Capitaine Herbelin (6 officiers, 107 hommes).

9ᵉˢ compagnies des 2ᵉ et 3ᵉ bataillons à Coléah, compagnie hors-rang (8 officiers, 788 hommes, 3 chevaux).

2 décembre. — Le bataillon de marche devient 1ᵉʳ bataillon du 4ᵉ régiment de marche de zouaves.

22 décembre. — Création d'une 1ʳᵉ compagnie provisoire à Coléah. Capitaine Bérot.

23 décembre. — Création à Nevers d'un petit dépôt.

6 janvier 1871. — Départ de Nice d'un détachement pour Nevers où il arrive le 8. Ce détachement repart le même jour pour Besançon. Lieutenant Guesset. . . . . 1 480 »

9 janvier 1871. — Départ d'un détachement d'Antibes pour rejoindre le 1ᵉʳ régiment de marche. . . . . 1 83 »

20 janvier. — Création d'une 2ᵉ compagnie provisoire à Coléah. Capitaine Mégret.

30 janvier. — Création des 3ᵉ et 4ᵉ compagnies provisoires. Capitaines Usunier et Jayez.

30 janvier. — Formation d'un bataillon de marche de zouaves pour l'Algérie (1ʳᵉ, 2ᵉ, 3ᵉ et 4ᵉ compagnies provisoires).

Effectif du bataillon (12 officiers, 700 hommes).

1ᵉʳ février. — Création à Coléah d'une compagnie de marche qui prend le nº 19 (3 officiers, 378 hommes).

13 février. — Le major Bastidon prend le commandement du bataillon provisoire de marche qui part en expédition dans la province de Constantine (9 officiers, 673 hommes, 1 cheval).

13 février. — Le major Humblot est nommé major au corps.

1ᵉʳ mars 1871. — Le dépôt comprend : à Coléah les 9ᵉ compagnies des 2ᵉ et 3ᵉ bataillons, la 19ᵉ compagnie de marche, la compagnie provisoire et la compagnie hors-rang (14 officiers, 1,499 hommes, 5 chevaux) ; à Antibes la 9ᵉ compagnie du 1ᵉʳ bataillon (3 officiers, 189 hommes) ; à Nevers le petit dépôt (3 officiers, 415 hommes).

2ᵉ RÉGIMENT — DÉPOT

	Offic.	Troupe.	Chev.

15 juillet 1870. — Brémens, major, Oran.

19 au 24 juillet. — Le régiment s'embarque à Oran pour Marseille où il arrive du 22 au 27.

29 juillet. — Le régiment est tout entier à Strasbourg.

1ᵉʳ août — Effectif des 3 bataillons de guerre 66 2235 25

1ᵉʳ août. — Les 7ᵉ, 8ᵉ et 9ᵉ compagnies des 3 bataillons et la compagnie hors-rang au dépôt (30 officiers, 1,149 hommes, 15 chevaux.)

20 août. — Départ d'un détachement pour rejoindre les bataillons de guerre au camp de Châlons. Ce détachement arrive le 23 à Cormontreuil près de Reims . . . . 1 200 »

2 septembre. — Départ d'un détachement pour France, il est dirigé sur Saint-Cloud. Lieutenant Sondée . . . . . 1 389 »

7 septembre. — Départ d'un détachement pour France où il est dirigé sur Saint-Cloud. Capitaine Ballue . . . . . . 3 200 »

8 septembre. — Le dépôt comprend les 7ᵉ, 8ᵉ et 9ᵉ compagnies des 3 bataillons et la compagnie hors-rang. (Effectif : 25 officiers, 5,088 hommes, 6 chevaux).

10 septembre. — Départ d'un détachement d'Oran pour se rendre à Avignon.

    7ᵉ compagnie du 1ᵉʳ bataillon, capitaine Bouchard.
    8ᵉ compagnie du 1ᵉʳ bataillon, capitaine Buchillot.
    7ᵉ compagnie du 2ᵉ bataillon, capitaine Genty.
    8ᵉ compagnie du 3ᵉ bataillon, capitaine Bournel . . 14 4283 »

16 septembre. — La 9ᵉ compagnie du 1ᵉʳ bataillon part d'Oran pour se rendre à Avignon où elle doit former le petit dépôt du régiment. Capitaine Labrut. . . . . . . 2 152 »

25 septembre. — Les 4 compagnies (7ᵉ et 8ᵉ du 1ᵉʳ bataillon, 7ᵉ du 2ᵉ bataillon, 8ᵉ du 3ᵉ bataillon) servent à former à Avignon le 2ᵉ régiment de marche de zouaves à 3 bataillons de 6 compagnies. Création au petit dépôt de 14 compagnies de marche. 62 3500 26

    1ʳᵉ compagnie de marche, capitaine Carrignon.
    2ᵉ compagnie de marche, capitaine Huguet.
    3ᵉ compagnie de marche, capitaine Pierre.
    4ᵉ compagnie de marche, capitaine Audouard.
    5ᵉ compagnie de marche, capitaine Abadie.
    6ᵉ compagnie de marche, capitaine Cervoni.
    7ᵉ compagnie de marche, capitaine Manquat.
    8ᵉ compagnie de marche, capitaine Serre.
    9ᵉ compagnie de marche, capitaine Traissac.
    10ᵉ compagnie de marche, capitaine Dubuche.

11ᵉ compagnie de marche, capitaine Franquart.
12ᵉ compagnie de marche, lieutenant Laporte.
13ᵉ compagnie de marche, capitaine Roze.
14ᵉ compagnie de marche, capitaine Aladu.

1ᵉʳ octobre. — Départ de la 8ᵉ compagnie du 2ᵉ bataillon pour tenir garnison à Lalla-Marghnia (1 officier, 211 hommes). Départ de la 7ᵉ compagnie du 3ᵉ bataillon pour Nemours (1 officier, 217 hommes), 9ᵉ compagnie des 2ᵉ et 3ᵉ bataillons et compagnie hors-rang à Oran (14 officiers, 2,162 hommes).

9 novembre. — Le major Brémens est nommé lieutenant colonel pour commander le 53ᵉ régiment de marche. Il est remplacé le même jour par le major Bouchard, nommé au corps.

23 novembre. — Formation à Oran des 1ʳᵉ, 2ᵉ, 3ᵉ, 4ᵉ, 5ᵉ, 6ᵉ et 7ᵉ compagnies de dépôt (15ᵉ, 16ᵉ, 17ᵉ, 18ᵉ, 19ᵉ, 20ᵉ, 21ᵉ, compagnies de marche).

27 et 29 novembre. — Départ d'Oran pour rejoindre l'armée de la Loire de détachements qui doivent concourir à la formation du 4ᵉ régiment de marche de zouaves. Ces détachements comprennent les unités suivantes :

    8ᵉ compagnie du 2ᵉ bataillon, capitaine Jougla.
    7ᵉ compagnie du 3ᵉ bataillon, capitaine Pierre.
    15ᵉ compagnie de marche, capitaine Bourgougnon (M.)
    16ᵉ compagnie de marche, capitaine Duroux.
    17ᵉ compagnie de marche, capitaine Magne.
    18ᵉ compagnie de marche, capitaine Pinhède.
    19ᵉ compagnie de marche, capitaine Villeneuve.
    20ᵉ compagnie de marche, capitaine Duron.
    21ᵉ compagnie de marche, capitaine Chaffault.

	Offic.	Troupe.	Chev.
Effectif des détachements au départ d'Oran.	24	1600	»
17 décembre. — Départ d'un détachement pour Bourges rejoindre le 2ᵉ régiment de marche de zouaves.	1	295	»
31 décembre. — Départ d'un détachement pour Bourges.	»	100	»

1ᵉʳ janvier 1871. — Formation de 3 compagnies de marche (22ᵉ, 23ᵉ, 24ᵉ compagnies).

1ᵉʳ janvier. — Formation de la compagnie provisoire.

15 janvier. — Formation d'une 10ᵉ compagnie au dépôt (10ᵉ compagnie du 2ᵉ bataillon).

20 janvier. — Les 22ᵉ, 23ᵉ et 24ᵉ compagnies de marche sont envoyées à Sebdou.

1ᵉʳ février. — Formation d'une 10ᵉ compagnie au 3ᵉ bataillon.

1ᵉʳ mars. 1871. — Le dépôt comprend : à Avignon la 9ᵉ compagnie du 1ᵉʳ bataillon (3 officiers, 607 hommes) ; à Oran les 9e et 10e compagnies des 2e et 3e bataillons, la compagnie provisoire et la compagnie hors-rang. (Effectif : 21 officiers, 1,569 hommes, 4 chevaux.)

3e RÉGIMENT — DÉPÔT

	Off.	Troupe.	Chev.
15 juillet 1870. — Trinité, major, Philippeville.			
21 juillet. — Le régiment s'embarque à Philippeville pour se rendre à Strasbourg où il arrive le 27.			
1er août. — Effectif des 3 bataillons de guerre.	68	2397	32
1er août. — Le dépôt comprend les 7e et 8e compagnies des 3 bataillons à Constantine, les 9e compagnies des 3 bataillons et la compagnie hors-rang à Philippeville. (Effectif : 29 officiers, 1,023 hommes, 10 chevaux.)			
12 août. — Départ de Philippeville d'un détachement pour rejoindre les bataillons de guerre au camp de Châlons, lieutenant Lebourg. Ce détachement arrive au camp le 16	5	250	»
26 août. — Départ d'un détachement pour rejoindre les bataillons de guerre. Ce détachement arrive à Sedan le 31. Lieutenant Dumont.	1	350	»
1er septembre. — L'effectif du dépôt était de 23 officiers, 3,155 hommes, 14 chevaux.			
11 septembre. — Départ d'un détachement de Philippeville pour se rendre à Montpellier.	2	1804	1
13 septembre. — Départ d'un détachement pour Montpellier	7	1800	2
14 septembre. — Départ de la 9e compagnie du 1re bataillon pour Montpellier où elle doit former le petit dépôt du 3e régiment de zouaves. Capitaine Boucher	5	100	»
Les 2 détachements dirigés sur Montpellier les 11 et 14 septembre comprenaient les 7e et 8e compagnies du 1er bataillon, la 7e compagnie du 2e bataillon et la 7e compagnie du 3e bataillon, ces éléments servent à constituer un régiment de marche de zouaves (3e), à 3 bataillons de 6 compagnies.	61	3500	27

20 septembre. — Formation au petit dépôt de 14 compagnies
    1re compagnie de marche, capitaine Chevalier.
    2e compagnie de marche, capitaine Desanglois.
    3e compagnie de marche, capitaine Heurteux.
    4e compagnie de marche, capitaine Mélix.
    5e compagnie de marche, capitaine Marie.
    6e compagnie de marche, capitaine Larguiller.
    7e compagnie de marche, capitaine Jamin.
    8e compagnie de marche, capitaine Darmagnac.

                                                                    Offic. Troupe. Chev.

    9ᵉ compagnie de marche, capitaine Paris.
    10ᵉ compagnie de marche, capitaine Cardot.
    11ᵉ compagnie de marche, capitaine Tesselin.
    12ᵉ compagnie de marche, lieutenant Espinadel.
    13ᵉ compagnie de marche, lieutenant Paulez.
    14ᵉ compagnie de marche, lieutenant Taccoen.

31 octobre. — Le major Trinité est nommé lieutenant colonel. Il est remplacé le même jour par le major Huot de Fresnoy.

21 novembre. — La 8ᵉ compagnie du 2ᵉ bataillon (capitaine Penot), la 8ᵉ compagnie du 3ᵉ bataillon (capitaine Boerner), et une compagnie de nouvelle formation (15ᵉ compagnie de marche, capitaine Hanoteau), sont désignées pour faire partie du 4ᵉ régiment de marche de zouaves. Ces compagnies s'embarquent à Bône, le 7 décembre. . . .   9   432   »

1ᵉʳ décembre. — Le capitaine Brande est nommé major en remplacement de M. Huot de Fresnoy mis hors cadres.

26 décembre. — Formation à Philippeville de la 10ᵉ compagnie du 1ᵉʳ bataillon.

1ᵉʳ janvier 1871. — Formation de la compagnie provisoire. Capitaine Auzias.

13 janvier. — Création de la 11ᵉ compagnie du 1ᵉʳ bataillon.

16 janvier. — Formation de la 1ʳᵉ compagnie de marche (16ᵉ).

22 janvier. — Formation des 10ᵉˢ compagnies des 2ᵉ et 3ᵉ bataillons. Capitaine Taccoen et lieutenant Reychbuch.

27 janvier. — Formation des 11ᵉˢ compagnies des 2ᵉ et 3ᵉ bataillons. Capitaines Jamin et Blancq.

28 janvier. — Formation des 1ʳᵉ et 2ᵉ compagnies de marche. Sous lieutenants Chanlaire et Maturier. Ces deux compagnies quittent Philippeville pour se rendre à Bône où elles doivent faire partie de la colonne de Soukaras, sous les ordres du général Pouget (7 officiers, 777 hommes, 1 cheval).

14 février. — Formation d'une 3ᵉ compagnie de marche (18ᵉ), qui part le même jour pour Constantine. Sous-lieutenant Martin.

21 février. — Formation à Montpellier, au petit dépôt du régiment, de 2 compagnies de marche (19ᵉ et 20ᵉ) devant concourir à Grenoble à la formation d'un bataillon de marche du 4ᵉ régiment de marche de zouaves. Départ de ces deux compagnies pour Chambéry. Capitaines Tesselin et d'Armagnac   6   300   »

1ᵉʳ mars 1871. — Le dépôt comprend : à Montpellier, la 9ᵉ compagnie du 1ᵉʳ bataillon, capitaine Boucher (2 officiers, 137 hommes) ; à Philippeville, les 10ᵉ et 11ᵉ compagnies des 1ᵉʳ, 2ᵉ, 3ᵉ bataillons, la compagnie provisoire et la compagnie hors-rang (7 officiers, 1,211 hommes, 3 chevaux); à Constantine, la 3ᵉ compagnie de marche (4 officiers, 141 hommes).

IV. — INFANTERIE LÉGÈRE D'AFRIQUE

1ᵉʳ BATAILLON

15 juillet 1870. — Marchand, capitaine major, Mascara.
1ᵉʳ août. — Effectif du bataillon (19 officiers, 732 hommes, 6 chevaux.)
1ᵉʳ septembre. — Emplacement du bataillon à Mascara (11 officiers, 160 hommes, 3 chevaux); à Oran (1 officier, 15 hommes); à Géryville, (10 officiers, 604 hommes, 2 chevaux.)
24 octobre. — L'état-major, les 1ʳᵉ, 2ᵉ et 3ᵉ compagnies quittent Géryville prennent en passant à Sfisifa la 5ᵉ compagnie et arrivent à Mascara le 1ᵉʳ novembre.
1ᵉʳ novembre. — Les 1ʳᵉ et 2ᵉ compagnies sont désignées pour s'embarquer pour France et reçoivent des autres compagnies tous les hommes disponibles afin d'arriver à compléter leur effectif à 250 hommes.
5 novembre. — Départ des 1ʳᵉ et 2ᵉ compagnies pour Oran où elles s'embarquent pour France le 18 au soir, elles débarquent à Toulon le 21 et partent le même jour pour Gien (Loiret) où elles arrivent le 23.
    Capitaine Kottbaur, commandant les 2 compagnies.
    1ʳᵉ compagnie, capitaine Dupeyron.
    2ᵉ compagnie, capitaine Brignon.

	Offic.	Troupe.	Chev.
Effectif	7	488	2

1ᵉʳ décembre. — Le dépôt à Mascara (13 officiers, 117 hommes, 3 chevaux.)
1ᵉʳ mars 1871. — Le dépôt comprend les 3ᵉ, 4ᵉ et 5ᵉ compagnies, la section hors-rang. (Effectif : 12 officiers, 253 hommes, 5 chevaux.)

2ᵉ BATAILLON

15 juillet 1870. — D'Acheux, capitaine major, Médéah.
1ᵉʳ août. — Effectif du bataillon (18 officiers, 865 hommes, 6 chevaux.)
1ᵉʳ septembre. — Emplacement Médéah (7 officiers, 317 hommes, 4 chevaux); Boghar (1 officier, 59 hommes);

	Offic.	Troupe.	Chev.

Djelfa (1 officier, 90 hommes); Laghouat (10 officiers, 358 hommes, 1 cheval).

1er novembre. — Les 1re et 4e compagnies sont désignées pour s'embarquer pour France où elles doivent faire partie d'un régiment de marche d'infanterie légère d'Afrique.

    1re compagnie, capitaine Serraz.
    2e compagnie, capitaine Balme.
    Effectif 6   500   »

22 novembre. — Départ des 2 compagnies pour France.

26 novembre. — Le dépôt comprend en Algérie les 2e, 3e et 5e compagnies, la section hors-rang (13 officiers, 396 hommes, 4 chevaux).

19 décembre. — Le capitaine major d'Archeux est nommé chef de bataillon, commandant le 3e bataillon d'infanterie légère. Il est remplacé le même jour par le capitaine Davan.

1er mars. — Le bataillon et le dépôt occupent les emplacements suivants : état-major et 2e compagnie, Médéah (8 officiers, 184 hommes); 3e compagnie, Djelfa (2 officiers, 127 hommes); 5e compagnie, Laghouat (2 officiers, 195 hommes).

3e BATAILLON

15 juillet 1870. — Pronnier, capitaine major, Batna.

1er août. — Effectif du bataillon (19 officiers, 610 hommes, 6 chevaux).

1er septembre. — Emplacement du bataillon : Batna (16 officiers, 445 hommes, 5 chevaux) ; 3e compagnie, Biskra (5 officiers, 234 hommes).

20 octobre. — Les 1re et 2e compagnies sont désignées pour s'embarquer pour France. Commandant Grateaud.

    1re compagnie, capitaine Rose.
    2e compagnie, capitaine Renard.
    Effectif. 6   524   2

21 octobre. — Les 2 compagnies quittent Batna, s'embarquent à Philippeville le 28, débarquent à Toulon le 29 et arrivent le 30 à Bourges.

1er novembre. — Etat-major : 3e, 5e compagnies à Batna (11 officiers, 132 hommes, 2 chevaux) ; 4e compagnie à Biskra (3 officiers, 125 hommes).

1er mars 1871. — Le dépôt comprend les 3e, 4e et 5e compagnies. (Effectif : 16 officiers, 258 hommes, 4 chevaux.)

V. — COMPAGNIES DE DISCIPLINE
1re COMPAGNIE DE FUSILIERS

                                                  Offic. Troupe. Chev.

15 juillet 1870. — Martelli, capitaine, Orléansville.
1er août. — Effectif : 3 officiers, 196 hommes.
1er septembre. — Emplacement : Orléansville (2 officiers, 160 hommes) ; Ténès (14 hommes) ; Teniet-el-Had (1 officier, 21 hommes.)
1er décembre. — Un détachement est désigné pour faire partie d'un bataillon de marche de discipline qui doit se constituer à Notre-Dame-Doë près de Tours le 8 décembre.
6 décembre. — Le détachement s'embarque à Alger et débarque le 10 à Marseille 2   113   »
    4e compagnie du bataillon de marche.
    Capitaine Martelli.
1er janvier 1871. — En Algérie : Orléanville (3 officiers, 103 hommes).
1er mars. — La compagnie occupe le même emplacement. (Effectif : 2 officiers, 65 hommes).

2e COMPAGNIE DE FUSILIERS

15 juillet 1870. — Passa, capitaine, Aumale.
1er août. — Effectif : 3 officiers, 201 hommes.
1er septembre. — Emplacement : Aumale (3 officiers, 155 hommes) ; Oued-Bakir (18 hommes); Bordj-Bouira (13 hommes) ; Tala-Rama (15 hommes).
1er décembre. — Un détachement est désigné pour faire partie de la 4e compagnie de marche du bataillon de discipline à l'armée de la Loire.
6 décembre. — Ce détachement s'embarque à Alger pour Marseille où il arrive le 10. Lieutenant Engel 2   150   »
1er janvier 1871. — En Algérie, Aumale (1 officier, 50 hommes) ; à Beni-Mensour (38 hommes).
1er mars. — La compagnie occupe le même emplacement. (Effectif : 1 officier, 97 hommes).

3e COMPAGNIE DE FUSILIERS

15 juillet 1870. — Chamault, capitaine, Arzew.
1er août. — Effectif : 3 officiers, 219 hommes.
1er septembre. — Emplacement : Arzew (2 officiers, 84 hommes) ; Oran (1 officier, 73 hommes) ; L'Habra (17 hommes) ; Tlélat (45 hommes.)

	Offic.	Troupe.	Chev.

1er octobre. — La compagnie est à Tiaret.
27 novembre. — Formation d'un détachement pour constituer la 1re compagnie de marche du bataillon de discipline.
1er décembre. — Le détachement s'embarque à Oran et débarque le 5, à Toulon.

1re COMPAGNIE DU BATAILLON DE MARCHE

Capitaine Ségard	3	150	»

1er janvier 1871. — En Algérie, à Tiaret (1 officier, 63 hommes).
1er mars. — La compagnie occupe le même emplacement. (Effectif : 1 officier, 60 hommes.)

4e COMPAGNIE DE FUSILIERS

15 juillet 1870. — Ségard, capitaine, Sebdou et Nemours.
1er août. — Effectif (3 officiers, 183 hommes).
1er septembre. — Emplacement : Sebdou et Nemours.
27 novembre. — Formation d'un détachement pour constituer la 2e compagnie du bataillon de discipline.
1er décembre. — Le détachement s'embarque à Oran et débarque à Toulon le 5.

2e COMPAGNIE DE BATAILLON DE MARCHE

Capitaine Vincentelli	3	150	»

1er janvier 1871. — En Algérie : à Sebdou (76 hommes).
1er mars. — La compagnie occupe le même emplacement. (Effectif : 1 officier, 50 hommes.)

5e COMPAGNIE DE FUSILIERS

15 juillet 1870. — Parès, capitaine, Bône.
1er août. — Effectif : 3 officiers, 243 hommes.
1er septembre. — Emplacement : Bône (2 officiers, 184 hommes) ; Takouch (1 officier, 59 hommes).
27 novembre. — Organisation d'un détachement qui doit concourir à la formation de la 3e compagnie du bataillon de marche de discipline.
1er décembre. — La 3e compagnie de marche s'embarque à Oran et débarque le 5 à Toulon.

3e COMPAGNIE DU BATAILLON DE MARCHE

Capitaine Breton	2	115	»

1er janvier 1871. — En Algérie : à Bône (1 officier, 30 hommes).

1er mars. — La compagnie occupe le même emplacement. (Effectif : 1 officier, 30 hommes.)

Offic. Troupe. Chev.

1re COMPAGNIE DE PIONNIERS

15 juillet 1870. — Pierron, capitaine, Bougie.
1er août. — Effectif : 2 officiers, 118 hommes.
1er septembre. — Emplacement : Bougie (2 officiers, 91 hommes) ; Ticklat (27 hommes).
27 novembre. — Formation d'un détachement qui doit concourir à l'organisation de la 3e compagnie de marche du bataillon de discipline.
1er décembre. — Le détachement s'embarque à Oran et débarque le 5 à Toulon . . . . » 78 »
1er janvier 1871. — En Algérie : à Bougie (1 officier, 32 hommes).
1er mars. — La compagnie occupe le même emplacement. (Effectif : 1 officier, 38 hommes.)

2e COMPAGNIE DE PIONNIERS

15 juillet 1870. — Doussau, capitaine, Boghar.
1er août. — Effectif : 2 officiers, 69 hommes.
1er septembre. — Emplacement : Alger (1 officier, 3 hommes) ; Boghar (1 officier, 58 hommes).
27 novembre. — Formation d'un détachement qui doit concourir à l'organisation de la 4e compagnie de marche du bataillon de discipline.
6 décembre. — Le détachement s'embarque à Alger et débarque le 10 à Marseille . . . . » 20 »
1er janvier 1871. — En Algérie : Boghar (2 officiers, 29 hommes).
1er mars. — La compagnie occupe le même emplacement. (Effectif : 2 officiers, 33 hommes.)

CHAPITRE II

I. — RÉGIMENT ÉTRANGER. — DÉPOT.

15 juillet 1870. — de Mallaret, major, Mascara.
1er août. — Effectif du régiment et du dépôt en Algérie (116 officiers, 2,438 hommes, 39 chevaux).
27 août. — Le dépôt reçoit un détachement d'engagés de 315 hommes.

	Offic.	Troupe.	Chev.

31 août. — Le dépôt reçoit un détachement venant de France qui débarque à Oran (200 hommes).

1er septembre. — Le régiment et le dépôt occupent les emplacements suivants : Etat-major, 8e compagnie du 1er bataillon et 4e bataillon à Mascara; 1er bataillon 7 compagnies à El-Hacahïba; 2e bataillon à Tiaret; 7 compagnies, 4e compagnie à Frendah ; 3e bataillon 8 compagnies à Saïda. Dépôt et section de discipline à Mascara.

18 septembre. — Décision portant formation d'un régiment de marche étranger à 2 bataillons (1er et 2e bataillons) portés à 1,000 hommes, en écartant les soldats de nationalité allemande. Ce régiment sera commandé par le colonel.

7 octobre. — Formation du régiment de marche à Oran.

8 octobre. — Le régiment embarqué à Oran débarque à Toulon le 11 (2 bataillons, 16 compagnies). Effectif. . .   60   1457   18

19 octobre. — Le 5e bataillon étranger formé à Tours rejoint le régiment de marche et forme le 3e bataillon   21   1153   10

25 octobre. — Création d'un petit dépôt à Bourges (3 officiers, 77 hommes).

1er novembre. — Effectif des 3e et 4e bataillons en Algérie. Dépôt et compagnie hors-rang (48 officiers, 2,209 hommes, 18 chevaux).

15 décembre. — Le major de Mallaret est nommé lieutenant colonel au corps. Il est remplacé le même jour par le capitaine Michaud, nommé major.

1er janvier 1871. — Effectif du corps en Algérie (49 officiers, 2,554 hommes, 14 chevaux).

1er mars 1871. — Emplacement et effectif des 3e, 4e bataillons, dépôt et petits dépôts. Etat-major et dépôt à Mascara. Détachements à Géryville, Sfisifa, Frendah, Saïda, Magenta. Petits dépôts à Cahors (56 officiers, 2,552 hommes, 13 chevaux).

II. — TIRAILLEURS ALGÉRIENS

1er RÉGIMENT — DÉPOT

15 juillet 1870. — Béhague, major, Blidah.

Les 16 et 20 juillet. — Le régiment qui ne comprend que le 3e et 4e bataillons s'embarque à Alger pour l'armée du Rhin. A Marseille il reçoit l'ordre de se rendre à Brumath où il arrive le 24 ; il y est rejoint par le 2e bataillon venant de Paris.

1er août — Effectif des 3 bataillons de guerre   96   2230   29

	Offic.	Troupe.	Chev.

1er août. — Effectif du dépôt et du 1er bataillon en Algérie (44 officiers, 986 hommes, 25 chevaux).

27 août. — Départ d'un détachement pour France qui arrive à Saint-Cloud, le 6 septembre. Sous-lieutenant Morinière. 1   364   »

10 septembre. — Départ de Blidah d'un détachement pour Saint-Cloud où il arrive le 14. . . . .   »   200   »

15 septembre. — Les deux détachements ci-dessus entrent dans la formation du bataillon de marche de tirailleurs algériens.

20 septembre. — Formation à Blidah de 2 compagnies de marche.

1er octobre. — Départ d'Alger pour Nevers des 1re et 2e compagnies de marche. Capitaines Boussenard et de Lansac.   10   400   »

8 octobre. — Le major Béhague est nommé lieutenant-colonel. Il est remplacé le même jour par le capitaine Barthélemy, nommé major au corps.

10 octobre. — Formation de deux nouvelles compagnies de marche (3e et 4e).

10 octobre. — Départ de Blidah des 3e et 4e compagnies de marche pour rejoindre le régiment de marche et servir à la formation du 3e bataillon.

1re compagnie (3e de marche) capitaine Constant . .   2   200   »
2e compagnie (4e de marche) capitaine Boscary. . .   3   200   »

Formant les 2 premières compagnies du 3e bataillon.

17 novembre. — Départ d'un détachement pour rejoindre le régiment à Gien.   6   300   »

26 novembre. — Les 3e et 4e compagnies de marche rejoignent le régiment.

27 novembre. — Le 1er bataillon occupe les emplacements suivants : 1re compagnie Laghouat (5 officiers, 197 hommes); 2e compagnie Aumale (3 officiers, 83 hommes); 3e compagnie Milianah (4 officiers, 144 hommes); 4e compagnie Ténès (3 officiers, 86 hommes); 5e compagnie Fort Napoléon (2 officiers, 101 hommes); 6e compagnie Dellys (3 officiers, 88 hommes); 7e compagnie Blidah (7 officiers, 188 hommes); détachement à Cherchell (51 hommes).

2e bataillon : 7e compagnie à Blidah (4 officiers, 132 hommes); un détachement à Teniet-el-Haad (1 officier, 94 hommes).

3e bataillon : 7e compagnie à Blidah (3 officiers, 87 hommes); un détachement à Médéah (1 officier, 66 hommes); un détachement à Tenès (48 hommes).

4e bataillon : 7e compagnie à Blidah (6 officiers, 107

	Offic.	Troupe.	Chev.

hommes); un détachement à Orléansville (1 officier, 161 hommes).

Section hors-rang à Blidah (6 officiers, 19 hommes, 5 chevaux).

Effectif en Algérie (48 officiers, 1,652 hommes, 18 chevaux).

29 janvier 1871. — Le major Barthélémy passe au commandement d'un bataillon. Il est remplacé le même jour par le major Sériziat qui avait été nommé major le 26.

29 janvier. — Formation à Blidah des 1re, 2e, 3e, 4e, 5e et 6e compagnies du 4e bataillon.

1re compagnie, capitaine de la Moussaye.
2e compagnie, capitaine Murati.
3e compagnie, capitaine Lévy.
4e compagnie, capitaine Dhombres.
5e compagnie, capitaine Massoni,
6e compagnie, capitaine Daroux, n'était que lieutenant.

Ce bataillon qui devait constituer le 1er bataillon du 2e régiment de marche de tirailleurs en formation à Perpignan, s'étant embarqué à Alger le 31 janvier pour se rendre à destination, reçut contre-ordre et dut débarquer le 2 février et se tenir à la disposition du gouverneur.

Effectif du bataillon : 31 officiers, 934 hommes .... 31 934 »

1er mars 1871. — Les éléments du régiment en Algérie sont : 1er bataillon 7 compagnies ; 2e bataillon 7e compagnie ; 3e bataillon 7e compagnie ; 4e bataillon 7e compagnie et section hors-rang. (Effectif : 67 officiers, 2,552 hommes, 11 chevaux.)

2e RÉGIMENT — DÉPOT

15 juillet 1870. — Destenay, major, Mostaganem.

Les 21 et 23 juillet. — Le régiment s'embarque à Oran pour rejoindre l'armée du Rhin. Il arrive les 26 et 28 à Strasbourg.

1er août. — Effectif des 3 bataillons de guerre 97 2329 31

1er août. — Effectif du dépôt et du 4e bataillon en Algérie (47 officiers, 883 hommes, 33 chevaux).

4 août. — Départ d'un détachement pour le camp de Châlons où il arrive le 14. Commandant Canale ...... 4 185 »

17 août. — Départ d'un détachement pour rejoindre les bataillons de guerre, capitaine Bournin. Ce détachement arrive à Reims le 22 .... 1 103 »

— 230 —

	Offic.	Troupe.	Chev.

21 août. — Départ d'un détachement pour Paris où il arrive le 29. Capitaine Comte. . . . . 4 105 »

Ce détachement et les évadés de Sedan servent à former les 1re et 2e compagnies du 2e bataillon du régiment de marche à Saint-Cloud . . . . 4 105 »

1er octobre. — Départ d'Oran de 2 compagnies (1re et 2e compagnies du 4e bataillon, capitaine Testarode). Arrivées à Gien, le 15 . . . . 11 395 »

    1re compagnie, capitaine Kermarquer.
    2e compagnie, capitaine Mille.
    Ce détachement comprenait 123 tirailleurs français.

2 octobre. — Le 4e bataillon (3e, 4e, 5e et 6e compagnies) à Mostaganem (9 officiers, 479 hommes). — Les 7es compagnies des 1er, 2e, 3e et 4e bataillons (14 officiers, 523 hommes). Dépôt (4 officiers et 16 hommes).

14 octobre. — Il est créée à Mostaganem 2 nouvelles compagnies au 4e bataillon pour remplacer les deux compagnies parties le 30 septembre pour l'armée de la Loire (1re, 2e compagnies *bis* du 4e bataillon).

18 octobre. — La 2e compagnie du 4e bataillon est dédoublée et forme avec le détachement du capitaine Comte la 3e compagnie du 2e bataillon du régiment de marche de tirailleurs.

25 octobre. — Un section de la 4e compagnie est envoyée à Zemmorah et la 5e compagnie du même bataillon part pour Amni-Moussa.

1er janvier 1871. — Effectif du corps en Algérie (46 officiers, 1,011 hommes, 22 chevaux).

22 janvier. — Le major Destenay est nommé lieutenant-colonel pour commander le 2e régiment de marche de tirailleurs.

26 janvier. — Le capitaine Bonnes est nommé major au corps.

27 janvier. — Le 4e bataillon est mobilisé, il doit faire partie du 2e régiment de marche de tirailleurs en formation à Perpignan.

    1re compagnie, capitaine Boluix.
    2e compagnie, capitaine d'Uzer.
    3e compagnie, capitaine Griffon.
    4e compagnie, capitaine Carmejane.
    5e compagnie, capitaine Gacon.
    6e compagnie, capitaine Font.

Effectif du bataillon. 48 1197 6

Ce bataillon part de Mostaganem le 28, arrive à Oran le 30, s'embarque à Mers-el-Kebir le 1er février, débarque à

	Offic.	Troupe.	Chev.

Alger le 2. En station du 3 au 16, en colonne du 19 au 1ᵉʳ mars.

1ᵉʳ mars 1871. — Le dépôt comprend : les 7ᵉˢ compagnies des 4 bataillons et la section hors-rang. (Effectif : 19 officiers, 465 hommes, 7 chevaux.)

Capitaines commandants les 7ᵉˢ compagnies, Gelly, Beyer, Peyron et Guérin.

3ᵉ RÉGIMENT — DÉPOT

15 juillet 1870. — Brisset, major, Constantine.

Les 20 et 28 juillet. — Le régiment quitte Philippeville et Bône pour se rendre à l'armée du Rhin. Il est réuni à Strasbourg les 26 juillet et 4 août.

1ᵉʳ août. — Effectif des 3 bataillons de guerre 93 2245 30

1ᵉʳ août. — Le dépôt comprend le 4ᵉ bataillon, les 7ᵉˢ compagnies des 1ᵉʳ, 2ᵉ et 3ᵉ bataillons et la section hors-rang. (Effectif : 47 officiers, 1,228 hommes, 30 chevaux.)

16 août. — Départ d'un détachement pour rejoindre les bataillons de guerre, il arrive à Reims le 22. Lieutenant Camion. . . . . 1 300 »

31 août. — Départ d'un détachement pour France, lieutenant Esparron. Ce détachement arrive à Paris le 4 septembre . . . . 1 300 »

1ᵉʳ septembre. — La 7ᵉ compagnie du 3ᵉ bataillon part pour occuper La Calle (3 officiers, 96 hommes, 1 cheval).

2 septembre. — Les 1ʳᵉ et 6ᵉ compagnies du 4ᵉ bataillon partent pour Bougie et Djidjelli où elles doivent tenir garnison. (8 officiers, 188 hommes, 1 cheval).

4 septembre. — La 7ᵉ compagnie du 4ᵉ bataillon part pour Biskra (1 section) et Tougourth (1 section) (3 officiers, 188 hommes, 1 cheval).

30 septembre. — Les 7ᵉˢ compagnies des 1ᵉʳ et 2ᵉ bataillons quittent Philippeville pour rejoindre en France le régiment de marche. Ces 2 compagnies arrivent à Nevers le 3 octobre. Capitaines Lelorrain et Fargue 6 400 1

16 octobre. — Formation à Constantine des 7ᵉˢ compagnies *bis* des 1ᵉʳ et 2ᵉ bataillons. Capitaines Oriot et Darras.

18 octobre. — Formation des 1ʳᵉ, 2ᵉ, 3ᵉ et 4ᵉ compagnies de marche (2ᵉ, 3ᵉ, 4ᵉ, 5ᵉ compagnies du 4ᵉ bataillon).

5 novembre. — Départ de Constantine des 1ʳᵉ, 2ᵉ, 3ᵉ et 4ᵉ compagnies de marche pour rejoindre en France le régiment de marche.

15 novembre. — Les 4 compagnies de marche arrivent à Gien. Capitaines Roussel, Teulières, Sibille et Egrot.

	Offic.	Troupe.	Chev.

16 novembre. — Les 1re, 2e, 3e et 4e compagnies de marche servent à former les 3e, 4e, 5e et 6e compagnies du 3e bataillon du régiment de marche 19   800   »

24 novembre. — Formation à Constantine des 2e, 3e, 4e et 5e compagnies *bis* du 4e bataillon. Capitaines Richalley, Leyris, Besson et Rinn.

1er janvier 1871. — Effectif du dépôt en Algérie (39 officiers, 1,278 hommes, 9 chevaux).

15 janvier. — Création à Constantine d'un bataillon de marche à 6 compagnies. Commandant Crouzet.

22 janvier. — Départ du bataillon de marche pour se rendre à Perpignan où doit se former le 2e régiment de marche de tirailleurs.

    2e compagnie *bis* du 4e bataillon, capitaine Richalley.
    3e compagnie *bis* du 4e bataillon, capitaine Legris.
    7e compagnie *bis* du 1er bataillon, capitaine Larrivet.
    7e compagnie *bis* du 2e bataillon, capitaine Legris.
Effectif de ces 4 compagnies 19   469   5

23 janvier. — Formation de 2 compagnies de marche, capitaines Darras et Sergent (6 officiers, 300 hommes). Ces 2 compagnies font partie d'une colonne dirigée sur Soukarras.

1er février. — Formation de 2 compagnies de marche (3e et 4e), capitaines Maisonneuve-Lacoste et Besson. Ces 2 compagnies sont attachées à la colonne chargée de débloquer El-Milia (6 officiers, 300 hommes).

20 février. — Formation à Constantine des 7es compagnies *ter* des 1er et 2e bataillons. Capitaines Pont et Oriot.

1er mars 1871. — Le dépôt comprend les 1re, 4e *bis*, 5e *bis*, 6e et 7e compagnies du 4e bataillon, les 7es compagnies *ter* des 1er et 2e bataillons, la 7e compagnie du 3e bataillon et les 1re, 2e, 3e et 4e compagnies de marche et la section hors-rang. Capitaines Duchesne, Besson, Rinn, Maisonneuve, Delahogue, Pont, Oriot et Darras. (Effectif: 43 officiers, 1,232 hommes, 4 chevaux.)

III. — RÉGIMENT DE SAPEURS-POMPIERS DE PARIS

15 juillet 1870. — Pernot, major, Paris.

1er août. — Effectif du régiment : 50 officiers, 1,579 hommes, 11 chevaux.

1er septembre. — Même effectif.

	Offic.	Troupe.	Chev.
1ᵉʳ *octobre*. — Effectif : 47 officiers, 1,434 hommes, 10 chevaux............	47	1434	10

1ᵉʳ *janvier 1871*. — Effectif du régiment : 49 officiers, 1,413 hommes, 8 chevaux.

1ᵉʳ *mars*. — Effectif : 12 compagnies, 49 officiers, 1,357 hommes, 9 chevaux. Major Pernot.

IV. — COMPAGNIE DE VÉTÉRANS DE L'INFANTERIE

15 juillet 1870. — Lagriffoul, capitaine, Clairvaux.

1ᵉʳ *août*. — Effectif de la compagnie : 4 officiers, 107 hommes.

1ᵉʳ *août*. — Le capitaine Lagriffoul passe au 26ᵉ régiment d'infanterie. Il est remplacé le même jour par le capitaine Pays.

Août. — La compagnie quitte Clairvaux (Aube) pour se rendre à Melun.

1ᵉʳ *septembre*. — Effectif de la compagnie à Melun : 4 officiers, 78 hommes. Capitaine Pays.

Septembre. — La compagnie quitte Melun pour se rendre à Fontevrault (Maine-et-Loire).

1ᵉʳ *octobre*. — Effectif de la compagnie : 4 officiers, 106 hommes.

1ᵉʳ *janvier 1871*. — La compagnie occupe le même emplacement.

1ᵉʳ *mars*. — Compagnie à Fontevrault. (Effectif : 3 officiers, 86 hommes.) Capitaine Pays.

TROISIÈME PARTIE
Cavalerie

CHAPITRE PREMIER
1. — CUIRASSIERS
1ᵉʳ RÉGIMENT — DÉPOT

	Offic.	Troupe.	Chev.
15 juillet 1870. — Boulangé, major, Nancy.			
1ᵉʳ août. — Effectif des 1ᵉʳ, 2ᵉ, 3ᵉ et 4ᵉ escadrons de guerre.	41	526	510
2 août. — Le régiment quitte Lunéville pour rejoindre la 2ᵉ division de réserve de cavalerie à Reichshoffen où il arrive le 5.			
8 août. — Départ du dépôt de Nancy pour se rendre à Toul. (Effectif : 15 officiers, 318 hommes, 192 chevaux.)			
11 août. — Départ du dépôt de Toul pour le camp de Châlons.			
16 août. — Le dépôt quitte le camp de Châlons pour se rendre à Vendôme où il arrive le 19.			
26 août. — Formation du 6ᵉ escadron de guerre.			
11 septembre. — Départ du 5ᵉ escadron pour rejoindre à Paris le 2ᵉ régiment de marche de cuirassiers. Capitaine de Launay..................	6	125	117
21 septembre. — Formation au dépôt d'un cadre d'escadron provisoire.			
21 septembre. — Le dépôt quitte Vendôme pour se rendre à Ancenis où il arrive le 28 (11 officiers, 652 hommes, 257 chevaux).			
1ᵉʳ octobre. — Formation du 7ᵉ escadron (1ᵉʳ de marche).			
30 octobre. — Le 7ᵉ escadron est versé au 4ᵉ régiment de marche de cuirassiers en formation à Ancenis. Capitaine Guillermin...............	5	120	115
1ᵉʳ novembre. — Formation du 8ᵉ escadron (2ᵉ de marche).			
26 novembre. — Départ du 8ᵉ escadron pour se rendre à Limoges où il est versé le 7 janvier 1871 au 8ᵉ régiment de marche de cuirassiers. Capitaine Guyon (1).......	3	118	115

---

(1) Le 8ᵉ escadron fit partie de la colonne mobile de Tours, du 26 novembre 1870 au 1ᵉʳ janvier 1871.

	Offic.	Troupe.	Chev.

7 janvier 1871. — Formation du 9ᵉ escadron (3ᵉ de marche). Le même jour cet escadron quitte Ancenis pour se rendre à Fougères où il est versé au 9ᵉ régiment de marche de cuirassiers. Capitaine de Campou   5   120   116

1ᵉʳ mars 1871. — Le dépôt comprend le 6ᵉ escadron, l'escadron provisoire et le peloton hors-rang. (Effectif : 12 officiers, 328 hommes, 176 chevaux.)

2ᵉ RÉGIMENT — DÉPOT

15 juillet 1870. — Chevals, major, Epinal.
1ᵉʳ août. — Effectif des 1ᵉʳ, 2ᵉ, 4ᵉ et 5ᵉ escadrons de guerre.   42   537   506
2 août. — Le régiment quitte Lunéville pour rejoindre la 2ᵉ division de réserve de cavalerie à Reischshoffen, où il arrive le 5.
10 août. — Le dépôt quitte Epinal pour se rendre à Toul où il arrive le même jour (13 officiers, 289 hommes, 119 chevaux).
11 août. — Départ du dépôt pour Châlons où il séjourne les 12 et 13, part le 14 pour le camp de Châlons.
16 août. — Le dépôt quitte le camp de Châlons pour se rendre au Mans où il arrive le 18.
26 août. — Formation du 6ᵉ escadron de guerre.
21 septembre. — Formation de l'escadron provisoire de dépôt.
23 septembre. — Départ du dépôt pour se rendre à Lyon où il arrive le 25.
24 septembre. — Le 3ᵉ escadron est mis sur le pied de guerre et part le même jour pour rejoindre à Limoges le 3ᵉ régiment de marche de cuirassiers. Capitaine Roux . .   8   115   119
1ᵉʳ octobre. — Formation du 7ᵉ escadron (1ᵉʳ de marche).
30 octobre. — Le dépôt quitte Lyon pour se rendre à Orange où il arrive le même jour.
15 novembre. — Le major Chevals est nommé lieutenant-colonel pour commander un régiment de marche.
23 novembre. — Départ du 6ᵉ escadron de guerre pour rejoindre à Nevers le 6ᵉ régiment de marche de cuirassiers. Capitaine de Briey   5   139   130
26 novembre. — Le capitaine Mottet est nommé major au corps.
27 novembre. — Départ du 7ᵉ escadron (1ᵉʳ de marche) pour rejoindre à Château-Renault le 7ᵉ régiment de marche de cuirassiers où il est versé. Capitaine Eroux   7   142   131
11 décembre. — Formation du 8ᵉ escadron (2ᵉ de marche).

	Offic.	Troupe.	Chev.

1er mars 1871. — Le dépôt comprend le 8e escadron (2e de marche), l'escadron provisoire et le peloton hors-rang. (Effectif : 11 officiers, 238 hommes, 147 chevaux.)

3e RÉGIMENT — DÉPOT

15 juillet 1870. — Oudan, major, Toul.

1er août. — Effectif des 1er, 3e, 4e et 5e escadrons de guerre. — 42 — 585 — 518

2 août. — Le régiment quitte Lunéville pour se rendre à Reischshoffen où se forme la 2e division de réserve de cavalerie.

11 août. — Le dépôt quitte Toul pour se rendre à Sedan où il arrive le 13 (13 officiers, 322 hommes, 187 chevaux).

29 août. — Le dépôt quitte Sedan pour se rendre à Maubeuge où il arrive le même jour.

8 septembre. — Formation du 6e escadron de guerre.

8 septembre. — Le dépôt composé du peloton hors-rang et de deux escadrons (2e et 6e) quitte Maubeuge pour se rendre à Vendôme où il arrive le 10.

16 septembre. — Le 2e escadron mobilisé est détaché à Montoire où il achève de s'organiser et le 25 part pour Limoges où se forme le 3e régiment de marche de cuirassiers. Capitaine Morin. . . . . — 6 — 121 — 119

25 septembre. — Le dépôt quitte Vendôme pour se rendre à Pontivy où il arrive le 28 (16 officiers, 344 hommes, 293 chevaux).

1er octobre. — Formation de l'escadron provisoire.

1er octobre. — Formation du 7e escadron (1er de marche).

20 octobre. — Création du 8e escadron (2e de marche).

1er novembre. — Départ du 8e escadron (2e de marche) pour rejoindre à Ancenis le 4e régiment de marche de cuirassiers. Capitaine Lamotte. . . . . — 6 — 127 — 115

15 novembre. — Formation du 9e escadron (3e de marche).

20 novembre. — Le major Oudan passe chef d'escadrons au 2e régiment de spahis.

22 novembre. — Le capitaine Demange est nommé major au corps.

25 novembre. — Départ du 9e escadron (3e de marche) pour rejoindre à Nevers le 6e régiment de marche de cuirassiers. Capitaine Garnier (1). . . . . — 6 — 130 — 125

---

(1) Le 3e escadron de marche (9e) ayant opéré isolément n'a jamais rejoint le 6e régiment de marche.

	Offic.	Troupe.	Chev.

9 janvier 1871. — Le dépôt quitte Pontivy pour se rendre à Fougères où il arrive le 13.

29 janvier. — Le 9ᵉ escadron (3ᵉ de marche) qui n'avait pas rejoint le 6· régiment de marche de cuirassiers et qui avait opéré isolément à l'armée de la Loire rentre au dépôt.

2 février. — Formation du 10ᵉ escadron (4ᵉ de marche).

5 février. — Départ du 10ᵉ escadron (4ᵉ de marche) pour Angoulême où il est versé au 10ᵉ régiment de marche de cuirassiers. Capitaine Jeanniot. 4   130   100

1ᵉʳ mars 1871. — Le dépôt comprend les 6ᵉ, 7ᵉ et 9ᵉ escadrons, l'escadron provisoire et le peloton hors-rang. (Effectif : 20 officiers, 458 hommes, 461 chevaux.)

4ᵉ RÉGIMENT — DÉPOT

15 juillet. 1870. — Normand, major, Toul.

1ᵉʳ août. — Effectif des 1ᵉʳ, 2ᵉ, 4ᵉ et 5ᵉ escadrons de guerre.   41   537   518

2 août. — Le régiment quitte Lunéville pour rejoindre la 2ᵉ division de réserve de cavalerie à Reichshoffen où il arrive le 5.

14 août. — Le dépôt comprend le 3ᵉ escadron et le peloton hors-rang (14 officiers, 256 hommes, 186 chevaux).

14 août au 23 septembre. — Défense de Toul.

23 septembre. — Capitulation de la place de Toul. Le 3ᵉ escadron et le peloton hors-rang sont prisonniers de guerre. Major Normand 13   250   180

8 novembre. — Réorganisation du dépôt à Limoges. Morel, major.

8 novembre. — Formation de l'état-major, du peloton hors-rang et des 1ᵉʳ, 2ᵉ et 3· escadrons (14 officiers, 199 hommes, 180 chevaux).

26 novembre. — Départ du 1ᵉʳ escadron (1ᵉʳ de marche) pour rejoindre à Nevers le 6ᵉ régiment de marche de cuirassiers. Capitaine Chatelain.   6   125   130

7 janvier 1871. — Le 2ᵉ escadron reconstitué (2ᵉ de marche), passe le même jour à Limoges au 8ᵉ régiment de marche de cuirassiers. Capitaine Philippe.   6   125   126

8 janvier. — Le 4ᵉ escadron est reconstitué.

3 février. — Départ du 3ᵉ escadron (3ᵉ de marche) pour rejoindre à Angoulême le 10ᵉ régiment de marche de cuirassiers. Capitaine Sarragot.   6   120   105

1ᵉʳ mars 1871. — Le dépôt comprend le 4ᵉ escadron et le péloton hors-rang. (Effectif : 14 officiers, 200 hommes, 177 chevaux.)

5ᵉ RÉGIMENT — DÉPOT

	Offic.	Troupe.	Chev.

15 juillet 1870. — Clémencet, major, Vendôme.

20 juillet. — Le régiment quitte Vendôme pour se rendre à Paris où il arrive le 23.

1ᵉʳ août. — Effectif des 1ᵉʳ, 2ᵉ, 3ᵉ et 5ᵉ escadrons de guerre. ... 38 — 519 — 494

1ᵉʳ août. — Effectif du dépôt, 4ᵉ escadron, peloton hors-rang (17 officiers, 319 hommes, 150 chevaux).

1ᵉʳ septembre. — Le 4ᵉ escadron est versé à Vendôme au 1ᵉʳ régiment de marche de cuirassiers. Capitaine Laurent. ... 5 — 136 — 132

1ᵉʳ septembre. — Formation du 6ᵉ escadron.

25 septembre. — Le dépôt quitte Vendôme pour se rendre à Clermont-Ferrand où il arrive le 26.

1ᵉʳ octobre. — Formation de l'escadron provisoire de dépôt.

26 octobre. — Formation du 7ᵉ escadron (1ᵉʳ de marche).

1ᵉʳ novembre. — Départ du 7ᵉ escadron (1ᵉʳ de marche) pour rejoindre à Ancenis le 4ᵉ régiment de marche de cuirassiers. Capitaine Jourdeuil. ... 6 — 130 — 125

1ᵉʳ décembre. — Formation du 8ᵉ escadron (2ᵉ de marche).

19 décembre. — Le 8ᵉ escadron (2ᵉ de marche) quitte Clermont-Ferrand pour se rendre à Limoges. Capitaine Denaclara.. ... 5 — 125 — 120

1ᵉʳ janvier 1871. — Le major Clémencet passe à l'Ecole de cavalerie. Il est remplacé par le major de Surmont.

7 janvier. — Le 8ᵉ escadron (2ᵉ de marche) est versé au 8ᵉ régiment de marche de cuirassiers à Limoges. Capitaine Denaclara. ... 5 — 125 — 120

2 février. — Le 9ᵉ escadron (3ᵉ de marche) est formé au dépôt.

11 février. — Le major de Surmont est nommé commandant en second du 11ᵉ régiment de marche de cuirassiers. Il est remplacé le même jour par le major Tailhades.

11 février. — Départ du 9ᵉ escadron (3ᵉ de marche) pour rejoindre à Angoulême le 11ᵉ régiment de marche de cuirassiers. Capitaine Ducuing. ... 4 — 115 — 100

1ᵉʳ mars 1871. — Le dépôt comprend le 6ᵉ escadron, l'escadron provisoire et le peloton hors-rang. (Effectif : 14 officiers, 347 hommes, 316 chevaux).

6ᵉ RÉGIMENT — DÉPOT

15 juillet 1870. — Humblot, major, Le Mans.

22 juillet. — Le régiment quitte Le Mans, pour se rendre à Paris où il arrive le 24.

	Offic.	Troupe.	Chev.

1er août. — Effectif des 1er, 3e, 4e et 5e escadrons de guerre . 39 516 520

1er août. — Le dépôt comprend le 2e escadron et le peloton hors-rang. (Effectif : 15 officiers, 288 hommes, 203 chevaux.)

1er septembre. — Le 2e escadron est mobilisé et part le même jour pour concourir à la formation du 1er régiment de marche de cuirassiers, à Vendôme. Capitaine Cimetière 7 121 121

1er septembre. — Formation du 6e escadron.

24 septembre. — Le dépôt quitte Le Mans pour se rendre à Lyon où il arrive le 26 (16 officiers, 797 hommes, 395 chevaux).

1er octobre. — Formation de l'escadron provisoire.

29 octobre. — Départ du 6e escadron pour se rendre à Tours où il est versé au 5e régiment de marche de cuirassiers. Capitaine Poulleau 6 125 120

31 octobre. — Le dépôt quitte Lyon pour se rendre à Béziers où il arrive le 1er novembre.

1er novembre. — Formation du 7e escadron (1er de marche).

26 novembre. — Le 7e escadron (1er de marche) quitte Béziers pour se rendre à l'Armée de la Loire, opère près de Vendôme. Capitaine Gillain 6 120 112

23 décembre. — Le major Humblot est nommé lieutenant-colonel pour commander le 8e régiment de marche de cuirassiers. Il est remplacé le même jour par le capitaine Audrand, nommé major au corps.

1er janvier 1871. — Formation du 8e escadron (2e de marche).

4 février. — Le 7e escadron (1er de marche) rejoint à Châtillon-sur-Colmont (Mayenne) le 8e régiment de marche de cuirassiers où il est versé.

5 février. — Le 8e escadron (2e de marche) part pour rejoindre à Angoulême le 10e régiment de marche de cuirassiers. Capitaine Aubry 4 120 100

1er mars 1871. — Le dépôt comprend l'escadron provisoire et le peloton hors-rang. (Effectif : 15 officiers, 463 hommes, 464 chevaux.)

7e RÉGIMENT — DÉPOT

15 juillet 1870. — Fiéron, major, Chartres.

23 juillet. — Le régiment quitte Chartres pour se rendre à la 3e division de réserve de cavalerie, à Pont-à-Mousson, où il arrive le 24.

1er août. — Effectif des 2e, 3e, 4e et 5e escadrons de guerre. 40 517 526

1er août. — Le dépôt comprend le 1er escadron et le peloton

	Offic.	Troupe.	Chev.

hors-rang. (Effectif : 13 officiers, 299 hommes, 198 chevaux.)

26 août. — Formation du 6ᵉ escadron.

1ᵉʳ septembre. — Départ du 1ᵉʳ escadron pour rejoindre à Vendôme le 1ᵉʳ régiment de marche de cuirassiers. Capitaine de Ville 6 120 117

12 septembre. — Le dépôt quitte Chartres pour se rendre à Niort où il arrive le 13 (8 officiers, 704 hommes, 253 chevaux).

11 octobre. — Formation du 7ᵉ escadron (1ᵉʳ de marche).

1ᵉʳ novembre. — Le major Fiéron est nommé commandant en second le 5ᵉ régiment de marche de cuirassiers. Il est remplacé le même jour par le capitaine Rousselot, nommé major au corps.

1ᵉʳ novembre. — Départ du 7ᵉ escadron (1ᵉʳ de marche) pour rejoindre à Tours le 5ᵉ régiment de marche de cuirassiers. Capitaine de Ponchalon 7 141 136

15 novembre. — Formation du 8ᵉ escadron (2ᵉ de marche).

28 novembre. — Départ du 8ᵉ escadron (2ᵉ de marche) pour rejoindre à Château-Renault le 7ᵉ régiment de marche de cuirassiers. Capitaine Amos 5 141 131

1ᵉʳ février 1871. — Formation du 9ᵉ escadron (3ᵉ de marche).

11 février. — Départ du 9ᵉ escadron (3ᵉ de marche) pour rejoindre à Angoulême le 11ᵉ régiment de marche de cuirassiers où il est versé. Lieutenant Clément 4 120 100

1ᵉʳ mars 1871. — Le dépôt comprend le 6ᵉ escadron, l'escadron provisoire et le peloton hors-rang (Effectif : 6 officiers, 653 hommes, 275 chevaux.)

8ᵉ RÉGIMENT — DÉPOT

15 juillet 1870. — Tondon, major, Vesoul.

21 juillet. — Le régiment quitte Vesoul pour se rendre à Brumath (Bas-Rhin) où il arrive le 29.

1ᵉʳ août. — Effectif des 1ᵉʳ, 3ᵉ, 4ᵉ et 5ᵉ escadrons de guerre. 41 529 526

1ᵉʳ août. — Le dépôt comprend le 2ᵉ escadron et le peloton hors-rang (14 officiers, 306 hommes, 166 chevaux).

12 août. — Le dépôt quitte Vesoul pour se rendre à Moulins où il arrive le 15.

29 août. — Le major Tondon passe au 10ᵉ régiment de cuirassiers. Il est remplacé le même jour par le capitaine Lardeur, nommé major au corps.

1ᵉʳ septembre. — Formation à Moulins du 6ᵉ escadron.

29 septembre. — Le 2ᵉ escadron part pour rejoindre à Limoges

	Offic.	Troupe.	Chev.

le 3ᵉ régiment de marche de cuirassiers où il est versé. Capitaine Antoine 5   114   103

1ᵉʳ octobre. — Formation de l'escadron provisoire.

15 octobre. — Formation du 7ᵉ escadron (1ᵉʳ de marche).

23 octobre. — Le major Lardeur passe à l'Ecole de cavalerie. Il est remplacé le même jour par le major Boningue nommé au corps.

26 octobre. — Formation du 8ᵉ escadron (2ᵉ de marche).

1ᵉʳ novembre. — Départ du 7ᵉ escadron (1ᵉʳ de marche) pour rejoindre à Ancenis le 4ᵉ régiment de marche de cuirassiers où il est versé. Capitaine Lebrun. 6   142   134

24 novembre. — Départ du 8ᵉ escadron (2ᵉ de marche), pour Château-Renault où il est versé au 7ᵉ régiment de marche de cuirassiers. Capitaine Wachter. 1   114   110

20 décembre. — Formation du 9ᵉ escadron (3ᵉ de marche).

9 janvier 1871. — Départ du 9ᵉ escadron (3ᵉ de marche) pour rejoindre à Fougères le 9ᵉ régiment de marche de cuirassiers où il est versé. Capitaine Ginot. 6   130   130

1ᵉʳ mars 1871. — Le dépôt comprend le 6ᵉ escadron, l'escadron provisoire et le peloton hors-rang. (Effectif : 17 officiers, 443 hommes, 230 chevaux.)

9ᵉ RÉGIMENT — DÉPOT

15 juillet 1870. — De Cointet, major, Belfort.

19 juillet. — Le régiment quitte Belfort pour se rendre à Brumath où il arrive le 26.

1ᵉʳ août. — Effectif des 1ᵉʳ, 2ᵉ, 3ᵉ et 4ᵉ escadrons de guerre. 40   539   523

1ᵉʳ août. — Le dépôt comprend 14 officiers, 286 hommes, 158 chevaux.

20 août. — Les débris du régiment quittent le camp de Châlons pour se rendre à Paris où il doit se reconstituer.

20 août. — Départ du dépôt de Belfort pour se rendre à Paris où il arrive le 22.

26 août. — Le 5ᵉ escadron remplace le 4ᵉ escadron au régiment mobilisé à Paris.

1ᵉʳ septembre. — Formation du 6ᵉ escadron.

8 septembre. — Le régiment reconstitué à 4 escadrons est désigné pour faire partie de l'armée de la Loire.

    1ᵉʳ escadron, capitaine Massiet.
    2ᵉ escadron, capitaine Jouve.
    3ᵉ escadron, capitaine Philippe.
    5ᵉ escadron, capitaine Baillard.

Effectif du régiment 37   489   491

	Offic.	Troupe.	Chev.

10 septembre. — Le dépôt quitte Paris pour se rendre à Limoges où il arrive le 12 (17 officiers, 709 hommes, 505 chevaux).

15 septembre. — Le régiment quitte Paris pour se rendre sur la Loire (15e corps).

1er octobre. — Formation de l'escadron provisoire.

6 octobre. — Le 4e escadron est versé au 3e régiment de marche de cuirassiers à Limoges. Capitaine de Lisle 6 179 182

29 octobre. — Le major de Cointet passe chef d'escadrons pour commander en second le 4e régiment de marche de cuirassiers. Il est remplacé par le capitaine Morel nommé major au corps.

3 décembre. — Le major Morel passe au 4e cuirassiers par permutation avec le major Fontanille.

3 février 1871. — Départ du 6e escadron pour rejoindre à Angoulême le 10e régiment de marche de cuirassiers où il est versé. Capitaine Olivier. 7 184 177

1er mars. — Le dépôt comprend l'escadron provisoire et le peloton hors-rang. (Effectif : 12 officiers, 316 hommes, 234 chevaux).

10e RÉGIMENT — DÉPOT

15 juillet 1870. — De Saint-Roman, major, Châlons-sur-Marne.

22 juillet. — Le major de Saint-Roman prend le commandement d'un escadron. Il est remplacé le même jour par le chef d'escadrons Gatte, nommé major.

23 juillet. — Le régiment quitte Châlons-sur-Marne pour se rendre à Pont-à-Mousson où il arrive le 29.

1er août. — Effectif des 1er, 3e, 4e et 5e escadrons de guerre. 41 499 508

19 août. — Le dépôt quitte Châlons-sur-Marne pour se rendre à Chartres où il arrive le 22 (9 officiers, 451 hommes, 287 chevaux).

31 août. — Formation du 6e escadron.

1er septembre. — Le 2e escadron quitte Chartres pour se rendre à Vendôme où il est versé au 1er régiment de marche de cuirassiers. Capitaine Bonamy 7 120 119

12 septembre. — Le dépôt quitte Chartres pour se rendre à Niort où il arrive le 13.

6 octobre. — Formation de l'escadron provisoire.

15 novembre. — Formation du 7e escadron (1er de marche).

19 novembre. — Mort du major Gatte. Il est remplacé par le capitaine Kirkner, nommé major auxiliaire.

25 novembre. — Le 7e escadron (1er de marche) part pour

	Offic.	Troupe.	Chev.

rejoindre à Nevers le 6e régiment de marche de cuirassiers. Capitaine Lefèvre 6 125 115

20 décembre. — Formation du 8e escadron (2e de marche).

6 janvier 1871. — Départ du 8e escadron (2e de marche) pour rejoindre à Fougères le 9e régiment de marche de cuirassiers. Capitaine Bégnicourt. 6 125 119

2 février. — Formation du 9e escadron (3e de marche).

10 février. — Départ du 9e escadron (3e de marche) pour rejoindre à Angoulême le 11e régiment de marche de cuirassiers où il est versé. Capitaine Pabst, lieutenant. . 4 120 110

1er mars 1871. — Le dépôt comprend le 6e escadron, l'escadron provisoire et le peloton hors-rang. (Effectif : 3 officiers, 267 hommes, 165 chevaux.)

II. — DRAGONS

1er RÉGIMENT — DÉPOT

15 juillet 1870. — De Vathaire, major, Tours.

23 juillet. — Le régiment quitte Tours pour se rendre à Pont-à-Mousson où il arrive le 24.

1er août. — Effectif des 1re, 2e, 3e et 5e escadrons de guerre. 41 532 528

1er août. — Le dépôt comprend le 4e escadron et le peloton hors-rang. (Effectif : 14 officiers, 263 hommes, 161 chevaux).

1er septembre. — Formation à Tours du 6e escadron.

7 septembre. — Le 4e escadron part de Tours pour se rendre à Paris où il est versé au 1er régiment de marche de dragons. Capitaine Fabre 6 115 117

1er octobre. — Formation de l'escadron provisoire.

15 octobre. — Une division du 6e escadron passe au 4e régiment de marche de dragons à Tours. Capitaine Fabre. . 4 61 55

16 octobre. — Le major de Vathaire est nommé chef d'escadrons au 8e chasseurs.

22 octobre. — Le capitaine Gourmaux est nommé major au corps.

21 novembre. — La 2e division du 6e escadron est versée à Tours au 6e régiment de marche de dragons. Capitaine Varroquier 4 65 60

22 novembre. — Le 6e escadron est reconstitué au dépôt.

10 décembre. — Départ du dépôt de Tours pour se rendre à Saintes où il arrive le 12.

15 décembre. — Formation du 7e escadron (1er de marche).

27 décembre. — Départ du 7e escadron pour se rendre à

	Offic.	Troupe.	Chev.

Lyon où il est versé au 7ᵉ régiment de marche de dragons. Capitaine Decobert 6 125 110

1ᵉʳ janvier 1871. — Formation du 8ᵉ escadron (2ᵉ de marche).

4 janvier. — Une division du 8ᵉ escadron part pour Angers où elle versée au 8ᵉ régiment de marche de dragons. Lieutenant Duthil 2 62 53

15 janvier. — Formation du 9ᵉ escadron (3ᵉ de marche).

18 janvier. — Départ du 9ᵉ escadron pour rejoindre à Bourges le 9ᵉ régiment de marche de dragons. Lieutenant Sirvin 4 125 115

1ᵉʳ mars 1871. — Le dépôt comprend le 6ᵉ escadron, une division du 8ᵉ escadron, l'escadron provisoire, capitaine Tippel et le peloton hors-rang. (Effectif : 10 officiers, 228 hommes, 104 chevaux.)

2ᵉ RÉGIMENT — DÉPOT

15 juillet 1870. — Roze, major, Cambrai.

21 juillet. — Le régiment quitte Cambrai pour se rendre à Metz où il arrive le 22.

1ᵉʳ août. — Effectif des 2ᵉ, 3ᵉ, 4ᵉ et 5ᵉ escadrons de guerre. 39 510 528

1ᵉʳ août. — Le dépôt comprend le 1ᵉʳ escadron et le peloton hors-rang. (Effectif : 13 officiers, 303 hommes, 179 chevaux).

1ᵉʳ septembre. — Mobilisation du 1ᵉʳ escadron qui passe le même jour au 2ᵉ régiment de marche de dragons à Cambrai. Capitaine Bonafous 4 119 118

1ᵉʳ septembre. — Formation du 6ᵉ escadron. Capitaine de Roquefeuille.

8 septembre. — Le dépôt et le 6ᵉ escadron quittent Cambrai pour se rendre à Tours (9 officiers, 427 hommes, 147 chevaux). Un détachement de 2 officiers, 52 hommes et 54 chevaux est laissé à Cambrai au départ du dépôt. Capitaine Barthel.

4 octobre. — Le major Roze est nommé lieutenant-colonel pour commander le 4ᵉ régiment de marche de dragons. Il est remplacé le même jour par le capitaine Boué, nommé major au corps.

15 octobre. — Une division du 6ᵉ escadron est versée au 4ᵉ régiment de marche de dragons à Tours. Capitaine Bischoff 3 81 76

16 octobre. — Formation du 7ᵉ escadron (escadron provisoire).

16 octobre. — Réorganisation du 6ᵉ escadron.

	Offic.	Troupe.	Chev.

19 novembre. — Une division du 7e escadron (escadron provisoire) est versée au 6e régiment de marche de dragons à Tours. Capitaine Chatillon 3   77   71

11 décembre. — Le dépôt part de Tours pour se rendre à Nantes où il arrive le 12.

11 décembre. — Formation du 8e escadron (1er de marche).

12 décembre. — Le 7e escadron (2e de marche) est reconstitué à Nantes. Capitaine Lherminier.

13 décembre. — Le 8e escadron (1er de marche) part de Nantes pour rejoindre à Poitiers le 8e régiment mixte de cavalerie. Cet escadron ne rejoint pas le 8e régiment mixte. Il opère isolément et devient escadron d'escorte du général commandant en chef le 25e corps d'armée. Capitaine Vassoigne. 6   121   119

22 décembre. — Le dépôt comprenant le peloton hors-rang, les 6e et 7e escadrons, part de Nantes pour se rendre à Saintes où il arrive le 24.

26 janvier 1871. — Formation de l'escadron provisoire.

26 janvier. — Départ du 7e escadron (2e de marche) pour rejoindre à Chalons sur-Saône le 11e régiment mixte de cavalerie. Capitaine Conte 4   120   118

1er mars 1871. — Le dépôt comprend le 6e escadron, l'escadron provisoire et le peloton hors-rang. (Effectif : 14 officiers, 286 hommes, 206 chevaux.)

3e RÉGIMENT — DÉPOT

15 juillet 1870. — Durdilly, major, Pont-à-Mousson.

18 juillet. — Le régiment quitte Pont-à-Mousson pour se rendre à Thionville où il arrive le 19.

1er août. — Effectif des 1er, 2e, 4e et 5e escadrons de guerre.   40   490   811

8 août. — Le dépôt quitte Pont-à-Mousson pour se rendre à Toul où il arrive le même jour (13 officiers, 228 hommes, 184 chevaux).

14 août. — Départ du dépôt pour le camp de Châlons.

16 août. — Le dépôt quitte le camp de Châlons pour se rendre à Tours où il arrive le 20.

5 septembre. — Le 3e escadron part de Tours pour se rendre à Paris où il est versé au 1er régiment de marche de dragons. Capitaine Bourtequoy. 6   122   120

5 septembre. — Formation du 6e escadron.

9 septembre. — Le major Durdilly est nommé lieutenant-colonel pour commander le 3e régiment de marche de dragons. Il est remplacé le même jour par le capitaine Clause, nommé major au corps.

	Offic.	Troupe.	Chev.

1er octobre. — Formation de l'escadron provisoire. Capitaine en retraite Rayez.

14 octobre. — La 1re division du 6e escadron passe au 4e régiment de marche de dragons. Capitaine Mesples. . .   4   66   70

21 novembre. — La 2e division du 6e escadron passe à Tours au 6e régiment de marche de dragons. Capitaine de Coniac.   3   70   69

12 décembre. — Le dépôt quitte Tours pour se rendre à Nantes.

23 décembre. — Départ du dépôt de Nantes pour se rendre à Savenay où il arrive le même jour.

23 décembre. — Formation à Savenay du 7e escadron (1er de marche).

26 décembre. — Départ du 7e escadron (1er de marche) pour Lyon où il est versé au 7e régiment de marche de dragons. Capitaine Pasquier.   7   130   116

2 janvier 1871. — Reconstitution du 6e escadron.

1er février. — Formation des 8e et 9e escadrons (2e et 3e de marche).

7 février. — Départ des 8e et 9e escadrons (2e et 3e de marche) pour rejoindre à Libourne le 10e régiment de marche de dragons. Capitaine Dumont et Folie.   7   211   140

1er mars 1871. — Le dépôt comprend le 6e escadron, l'escadron provisoire et le peloton hors-rang. (Effectif : 5 officiers, 360 hommes, 181 chevaux.)

4e RÉGIMENT — DÉPOT

15 juillet 1870. — Pottier, major, Lille.

22 juillet. — Le régiment quitte Lille pour se rendre à Metz où il arrive le 23.

1er août. — Effectif des 1er, 3, 4e et 5e escadrons de guerre.   38   531   526

1er août. — Le dépôt comprend le 2e escadron et le peloton hors-rang. (Effectif : 16 officiers, 203 hommes, 144 chevaux).

5 août. — Départ d'un détachement pour rejoindre à Metz les escadrons de guerre.   6   40   30

4 septembre. — Le 2e escadron part de Lille pour rejoindre à Cambrai le 2e régiment de marche de dragons où il est versé. Capitaine Girard.   6   120   117

4 septembre. — Formation du 6e escadron.

8 septembre. — Le dépôt quitte Lille pour se rendre à Bordeaux où il arrive le 12.

9 septembre. — Le 6e escadron part de Lille pour Bordeaux

	Offic.	Troupe.	Chev.

où il arrive le 12. Cet escadron avait laissé à Lille un détachement de 1 officier, 50 hommes, 50 chevaux.

1er octobre. — Formation de l'escadron provisoire.

8 octobre. — La 1re division du 6e escadron part de Bordeaux pour se rendre à Tours où elle est versée au 4e régiment de marche de dragons. Capitaine Mangin 3 66 65

8 novembre. — Le détachement resté à Lille est versé aux escadrons des dragons du Nord.

13 novembre. — La 2e division du 6e escadron quitte Bordeaux pour se rendre à Tours où se forme le 6e régiment de marche de dragons. Lieutenant Vincent 3 64 65

1er janvier 1871. — Formation du 7e escadron (1er de marche).

20 janvier. — Formation du 8e escadron (2e de marche).

1er février. — Le 7e escadron (1er de marche) part pour rejoindre à Asnières, près de Bourges, le 9e régiment de marche de dragons. Capitaine Finck. 6 120 115

1er février. — Le dépôt quitte Bordeaux pour se rendre à Libourne. Il laisse à Bordeaux un détachement de 1 officier, 48 hommes, 43 chevaux.

2 février. — Reconstitution du 6e escadron.

1er mars 1871. — Le dépôt comprend le 6e escadron, l'escadron provisoire, le 2e escadron de marche (8e) et le peloton hors-rang. (Effectif : 19 officiers, 378 hommes, 335 chevaux.)

5e RÉGIMENT — DÉPOT

15 juillet 1870. — Buisset, major, Maubeuge.

22 juillet. — Le régiment quitte Maubeuge pour se rendre à Metz où il arrive le 23.

1er août. — Effectif des 1er, 2e, 3e et 4e escadrons de guerre. 40 486 518

1er août — Le dépôt comprend le 5e escadron et le peloton hors-rang. (Effectif : 15 officiers, 320 hommes, 145 chevaux.)

1er septembre. — Formation du 6e escadron.

6 septembre. — Départ du 5e escadron pour Cambrai où il est versé au 2e régiment de marche de dragons. Capitaine Hubert 6 118 117

7 septembre. — Le dépôt quitte Maubeuge pour se rendre à Nevers où il arrive le 8. Le dépôt laisse à Maubeuge un détachement de 1 officier, 35 hommes, 111 chevaux. Sous-lieutenant de Dalmas.

1er octobre. — Formation de l'escadron provisoire.

14 octobre. — La 1re division du 6e escadron part pour Tours

	Offic.	Troupe.	Chev.

où elle doit concourir à la formation du 4ᵉ régiment de marche de dragons. Capitaine Fleury 3 76 71

4 novembre. — Le major Buisset est nommé lieutenant-colonel pour commander en second le 6ᵉ régiment de dragons. Il est remplacé le même jour par le capitaine Eymard, nommé major au corps.

15 novembre. — La 2ᵉ division du 6ᵉ escadron part pour Tours où elle est versée au 6ᵉ régiment de marche de dragons. Capitaine Gilbert 3 57 62

19 novembre. — Le dépôt quitte Nevers pour se rendre à Auch où il arrive le 2 décembre. Le dépôt laisse à son départ de Nevers un détachement dans cette ville de 2 officiers, 118 hommes, 140 chevaux.

4 décembre. — Reconstitution du 6ᵉ escadron.

29 décembre. — Formation du 7ᵉ escadron (1ᵉʳ de marche).

2 janvier 1871. — Départ du 7ᵉ escadron pour rejoindre à Angers le 8ᵉ régiment de marche de dragons. Capitaine Ozenne 5 136 130

3 janvier. — Le dépôt envoie un détachement à Clamecy. Lieutenant N. . . . 2 48 53

4 janvier. — Formation du 8ᵉ escadron (2ᵉ de marche).

7 février. — Départ du 8ᵉ escadron pour rejoindre à Libourne le 10ᵉ régiment de marche de dragons. Capitaine de Senneville 5 135 120

1ᵉʳ mars 1871. — Le dépôt comprend le 6ᵉ escadron, l'escadron provisoire et le peloton hors-rang. (Effectif : 14 officiers, 275 hommes, 184 chevaux.)

6ᵉ RÉGIMENT. — DÉPOT

15 juillet 1870. — Delafolie, major, Libourne.

22 juillet. — Le régiment quitte Libourne pour se rendre à Lyon où il arrive le 23.

1ᵉʳ août. — Effectif des 1ᵉʳ, 2ᵉ, 4ᵉ et 5ᵉ escadrons de guerre 40 523 515

1ᵉʳ août. — Le dépôt comprend le 3ᵉ escadron et le peloton hors-rang. (Effectif : 15 officiers, 263 hommes, 178 chevaux.)

5 août. — Un détachement part de Libourne pour rejoindre à Lyon les escadrons de guerre. . . . . » 40 30

23 août. — Le régiment quitte Lyon pour se rendre à Versailles où il arrive le 24.

1ᵉʳ septembre. — Formation du 6ᵉ escadron.

13 septembre. — Départ du 3ᵉ escadron pour rejoindre à Limoges le 3ᵉ régiment de marche de dragons. Capitaine Prud'homme 8 125 120

		Offic.	Troupe.	Chev.

1er octobre. — Formation de l'escadron provisoire (7e escadron). Capitaine Louis.

11 octobre. — Un petit dépôt est formé à Amboise. A séjourné à Orléans, Cléry et Clermont-Ferrand, le petit dépôt après être rentré à Libourne le 10 décembre a été reconstitué le 21 à Mehung, d'où il est parti le 25 pour Clermont-Ferrand où il est arrivé le 29.

1er décembre. — Formation du 8e escadron (1er de marche).

26 décembre. — Le 6e escadron est dirigé sur Besançon où il rejoint le 7e régiment de marche de dragons. Capitaine Santerre 6 130 125

7 janvier 1871. — Le 8e escadron part de Libourne pour rejoindre le 8e régiment de marche de dragons, à Angers. Capitaine Gaucher. 6 125 126

27 janvier. — Départ du petit dépôt de Clermont-Ferrand, pour rejoindre le dépôt du corps à Libourne où il arrive le 28.

2 février. — Formation du 9e escadron (2e de marche).

1er mars 1871. — Le dépôt comprend les 7e et 9e escadrons et le peloton hors-rang. (Effectif : 20 officiers, 510 hommes, 284 chevaux.)

7e RÉGIMENT — DÉPOT

15 juillet 1870. — Loizillon, major, Rouen,

16 juillet. — Le régiment quitte le camp de Châlons pour se rendre à Saint-Avold où il arrive le même jour.

1er août. — Effectif des 1er, 2e, 3e et 5e escadrons de guerre 40 496 480

1er août. — Le dépôt comprend le 4e escadron et le peloton hors-rang. (Effectif : 14 officiers, 356 hommes, 130 chevaux.)

3 septembre. — Formation du 6e escadron.

12 septembre. — Départ du 4e escadron pour rejoindre à Limoges le 3e régiment de marche de dragons. Capitaine de Montullé. 7 126 119

13 septembre. — Le dépôt quitte Rouen pour se rendre à Fougères où il arrive le 15.

1er octobre. — Formation de l'escadron provisoire.

11 octobre. — Une division du 6e escadron part de Fougères pour se rendre à Tours où elle est versée au 4e régiment de marche de dragons. Capitaine Bazangour. 3 65 62

25 octobre. — Le major Loizillon passe chef d'escadrons au 5e régiment mixte. Il est remplacé le même jour par le capitaine Robineau, nommé major au corps.

6 novembre. — Le 6e escadron est reconstitué et part le

	Offic.	Troupe.	Chev.

même jour pour rejoindre à Angers le 5ᵉ régiment de marche de dragons. Capitaine de Jessé. 6 140 135

13 novembre. — Une division prise dans l'escadron provisoire quitte Fougères pour se rendre à Tours où elle est versée au 6ᵉ régiment de marche de dragons. Capitaine Eveillard 3 66 61

3 janvier 1871. — Le dépôt et l'escadron provisoire partent de Fougères, sous le cpmmandement du major Robineau arrivent à Cherbourg le 5, y sont embarqués le 8, débarquent à Dunkerque le 11 et arrivent à Valenciennes le 13.

1ᵉʳ février. — Le régiment est reconstitué, les 1ᵉʳ et 2ᵉ escadrons à Valenciennes et les 3ᵉ et 4ᵉ escadrons à Cambrai.

    1ᵉʳ escadron, capitaine Barthel.
    2ᵉ escadron, capitaine Meyran.
    3ᵉ escadron, capitaine Rives.
    4ᵉ escadron capitaine Cuny.
    5ᵉ escadron (escadron provisoire), capitaine de Montullé.

Effectif du corps. 47 831 620

1ᵉʳ mars 1871. — L'état-major, les 1ᵉʳ et 2ᵉ escadrons et le dépôt sont à Valenciennes à l'effectif de 33 officiers, 591 hommes, 385 chevaux. Les 3ᵉ et 4ᵉ escadrons à Cambrai à l'effectif de 14 officiers, 230 hommes, 235 chevaux.

8ᵉ RÉGIMENT — DÉPOT

15 juillet 1870. — De Simard de Pitray, major, Abbeville.

18 juillet. — Le 1ᵉʳ escadron quitte Abbeville pour se rendre à Amiens.

21 juillet. — Départ du régiment d'Abbeville pour se rendre à Metz où il arrive le 22.

1ᵉʳ août. — Effectif des 2ᵉ, 3ᵉ. 4ᵉ et 5ᵉ escadrons de guerre. 42 530 533

1ᵉʳ août. — Le dépôt comprend le 1ᵉʳ escadron et le peloton hors-rang. (Effectif : 14 officiers, 301 hommes, 148 chevaux.)

1ᵉʳ septembre. — Formation du 6ᵉ escadron.

2 septembre. — Le 1ᵉʳ escadron quitte Amiens pour se rendre à Cambrai où il est versé au 2ᵉ régiment de marche de dragons. Capitaine Klein. 6 122 116

7 septembre. — Le dépôt quitte Abbeville pour se rendre à Angers où il arrive le 9.

7 septembre. — Un détachement sous le commandement du sous-lieutenant Marietti reste à Abbeville pour faire le

	Offic.	Troupe.	Chev.

service d'éclaireurs de la Somme. Ce détachement a été versé au 11ᵉ régiment de marche de dragons le 1ᵉʳ janvier 1871. (Armée du Nord) 2   50   54

3 octobre. — Formation de l'escadron provisoire.

4 octobre. — Le major de Simard de Pitray passe chef d'escadrons au 6ᵉ régiment de cuirassiers. Il est remplacé le même jour par le capitaine Bresson, nommé major au corps.

8 octobre. — Une division du 6ᵉ escadron part pour Tours où elle est versée au 4ᵉ régiment de marche de dragons. Capitaine de Roquefeuil 3   66   60

17 octobre. — Le 6ᵉ escadron reconstitué part pour concourir à la formation du 5ᵉ régiment de marche de dragons. Capitaine Kœchlin. 6   142   130

14 novembre. — Une division de l'escadron provisoire part pour Tours où elle est versée au 6ᵉ régiment de marche de dragons 3   62   57

16 novembre. — L'escadron provisoire est reconstitué. Capitaine de la Fontaine de Fontenay.

30 décembre. — Formation du 7ᵉ escadron (1ᵉʳ de marche).

10 janvier 1871. — Le 7ᵉ escadron (1ᵉʳ de marche) est versé au 8ᵉ régiment de marche à Angers. Capitaine de Lafontaine de Fontenay 6   143   130

15 janvier. — Deux détachements sont partis d'Angers pour faire le service d'éclaireurs à Durtal et Château-Gontier, sous-lieutenants de Fitz-James et Derbiet. Ces deux détachements sont rentrés à Angers les 4 et 8 février 2   90   68

24 janvier. — Le dépôt quitte Angers pour se rendre à Marmande (Lot-et-Garonne) où il arrive le 25. Part de Marmande le 8 février pour Angers où il arrive le 9.

1ᵉʳ mars 1871. — Le dépôt comprend l'escadron provisoire, capitaine Alart et le peloton hors-rang. (Effectif : 13 officiers, 472 hommes, 218 chevaux.)

9ᵉ RÉGIMENT — DÉPOT

15 juillet 1870. — d'Ussel, major, Poitiers.

23 juillet. — Le régiment quitte Poitiers pour se rendre à Pont-à-Mousson où il arrive le 25.

1ᵉʳ août. — Effectif des 1ᵉʳ, 2ᵉ, 3ᵉ et 4ᵉ escadrons de guerre. 40   532   523

1ᵉʳ août. — Le dépôt comprend le 5ᵉ escadron et le peloton hors-rang. (Effectif : 14 officiers, 216 hommes, 167 chevaux.)

8 août. — Départ d'un détachement pour rejoindre à Pont-à-Mousson les escadrons de guerre . . . . »   40   30

	Offic.	Troupe.	Chev.

31 août. — Le 5ᵉ escadron part pour rejoindre le 1ᵉʳ régiment de marche de dragons à Paris. Capitaine Largemain 5   119   123

31 août. — Formation du 6ᵉ escadron.

1ᵉʳ octobre. — Création de l'escadron provisoire. Capitaine Pillant.

16 octobre. — Formation du 7ᵉ escadron (1ᵉʳ de marche).

26 octobre. — Le 6ᵉ escadron quitte Poitiers pour rejoindre à Moulins le 5ᵉ régiment mixte de cavalerie. Capitaine Goupil. 4   126   120

30 octobre. — Le major d'Ussel est nommé lieutenant-colonel pour commander le 5ᵉ régiment de marche de dragons.

1ᵉʳ novembre. — Le capitaine Mesples est nommé major au corps.

6 novembre. — Formation du 8ᵉ escadron (2ᵉ de marche).

6 novembre. — Départ du 7ᵉ escadron (1ᵉʳ de marche) pour concourir à la formation du 5ᵉ régiment de marche de dragons à Angers. Capitaine Péreuilh 3   127   126

9 décembre. — Départ du dépôt de Poitiers pour se rendre à Mont-de-Marsan où il arrive le 10.

4 février 1871. — Formation du 9ᵉ escadron (3ᵉ de marche).

4 février. — Départ du 9ᵉ escadron pour rejoindre à Libourne le 10ᵉ régiment de marche de dragons. Capitaine Bauer 5   120   116

1ᵉʳ mars 1871. — Le dépôt comprend le 8ᵉ escadron, capitaine Pillant, l'escadron provisoire et le peloton hors-rang. (Effectif : 17 officiers, 379 hommes, 204 chevaux.)

10ᵉ RÉGIMENT — DÉPOT

15 juillet 1870. — Robert, major, Limoges.

20 juillet. — Le régiment quitte Limoges pour se rendre à Strasbourg. A rejoint à Neufchâteau le 1ᵉʳ corps d'armée se dirigeant sur le camp de Châlons. Cette jonction a eu lieu le 14 août.

1ᵉʳ août. — Effectif des 1ᵉʳ, 2ᵉ, 3ᵉ et 4ᵉ escadrons de guerre. 36   500   502

1ᵉʳ août. — Le dépôt comprend le 5ᵉ escadron et le peloton hors-rang. (Effectif : 19 officiers, 320 hommes, 179 chevaux.)

2 août. — Un détachement part de Limoges pour rejoindre à Strasbourg les escadrons de guerre où il arrive le 5. Lieutenant Berthier 3   40   36

Ce détachement n'ayant pu rejoindre le régiment est versé au 3ᵉ escadron du régiment de marche de Strasbourg.

	Offic.	Troupe	Chev.

31 août. — Formation du 6ᵉ escadron.

31 août. — Le 5ᵉ escadron part pour rejoindre à Paris le 1ᵉʳ régiment de marche de dragons. Capitaine Ferrand 6 117 116

1ᵉʳ septembre. — Les 1ᵉʳ et 3ᵉ escadrons quittent Sedan pour rejoindre le dépôt à Limoges.

19 septembre. — Le 1ᵉʳ escadron reconstitué est versé au 3ᵉ régiment de marche de dragons à Limoges. Capitaine Vaulon 7 128 118

27 septembre. — Formation du 7ᵉ escadron (escadron provisoire).

12 octobre. — La 1ʳᵉ division du 3ᵉ escadron part pour rejoindre à Tours le 4ᵉ régiment de marche de dragons. Capitaine Ramond 3 61 6

19 novembre. — La 2ᵉ division du 3ᵉ escadron quitte Limoges pour se rendre à Tours où elle est versée au 6ᵉ régiment de marche de dragons. Capitaine de Rouzaud. 3 70 70

23 décembre. — Le major Robert est nommé lieutenant-colonel pour commander le 7ᵉ régiment de marche de dragons.

26 décembre. — Le 4ᵉ escadron reconstitué part pour rejoindre à Lyon le 7ᵉ régiment de marche de dragons. Capitaine Merzaud. 6 118 115

26 décembre. — Le capitaine Vrain est nommé major au corps.

14 janvier. — Le capitaine Piaud est nommé major au corps en remplacement du major Vrain, décédé.

21 janvier. — Le major Piaud permute avec le major Braun.

25 janvier. — Le dépôt quitte Limoges pour se rendre à Lectoure où il arrive le 26.

1ᵉʳ mars 1871. — Le dépôt comprend le 6ᵉ escadron (1), le 7ᵉ escadron (escadron provisoire, capitaine Bonamour du Tartre) et le peloton hors-rang. (Effectif : 17 officiers, 445 hommes, 119 chevaux.)

11ᵉ RÉGIMENT — DÉPOT

15 juillet 1870. — Lallemend, major, Thionville.

16 juillet. — Le régiment est mobilisé à Thionville. Il fait partie de la division de cavalerie du 4ᵉ corps.

1ᵉʳ août. — Effectif des 1ᵉʳ, 2ᵉ, 3ᵉ et 5ᵉ escadrons de guerre. 39 539 527

15 août. — Le dépôt à Thionville comprend le 4ᵉ escadron et le peloton hors rang (15 officiers, 289 hommes, 137 chevaux.)

---

(1) 6ᵉ escadron. — Capitaine-commandant Delbret.

		Offic.	Troupe.	Chev.

16 août. — Le 4ᵉ escadron repousse une colonne ennemie. Capitaine Chireix, commandant le 4ᵉ escadron.

25 août. — Un détachement prend part à une sortie de la place.

5 septembre. — Destruction d'un pont établi par l'ennemi sur la Moselle par le capitaine Parent à la tête d'un détachement.

25 septembre. — Formation d'un escadron à pied.

17 octobre. — Le capitaine de Latting à la tête de l'escadron à pied enlève le poste de Crève-Cœur.

Le dépôt prend part à la défense de la place du 15 août au 24 novembre.

24 novembre. — Capitulation de la place de Thionville. Le 4ᵉ escadron, l'escadron à pied et le peloton hors-rang sont prisonniers de guerre 13   251   118

1ᵉʳ janvier 1871. — Le dépôt est reconstitué à Lille où il est chargé d'alimenter et de constituer de nouveaux escadrons pour l'armée du Nord.

1ᵉʳ janvier. — Organisation des 1ᵉʳ et 2ᵉ escadrons et du peloton hors-rang. (Ces éléments proviennent des escadrons du Nord.)

17 janvier. — Le 1ᵉʳ escadron quitte Lille pour se rendre à l'armée du Nord. Capitaine Accary   4   127   112

27 janvier. — Formation du 3ᵉ escadron.

28 janvier. — Formation des 4ᵉ et 5ᵉ escadrons.

5 février. — Le 3ᵉ escadron part pour rejoindre à Aire le 11ᵉ régiment de marche de dragons. Capitaine Rougnon.   6   112   109

7 février. — Le 1ᵉʳ escadron vient se reconstituer à Aire.

9 février. — Le 2ᵉ escadron quitte Lille pour se rendre à Aire. Capitaine Calot.   4   110   105

1ᵉʳ mars 1871. — Le dépôt comprend les 4ᵉ et 5ᵉ escadrons et le peloton hors-rang. (Effectif : 21 officiers, 351 hommes, 232 chevaux.)

12ᵉ RÉGIMENT — DÉPOT

15 juillet 1870. — Effantin, major, Valenciennes.

16 juillet. — Le régiment quitte le camp de Châlons pour se rendre à Saint-Avold où il arrive le 17.

1ᵉʳ août. — Effectif des 1ᵉʳ, 2ᵉ, 4ᵉ et 5ᵉ escadrons de guerre.   38   508   486

1ᵉʳ août. — Le dépôt comprend le 3ᵉ escadron et le peloton hors-rang. (Effectif : 16 officiers, 289 hommes, 164 chevaux.)

4 septembre. — Organisation du 6ᵉ escadron.

	Offic.	Troupe.	Chev.

10 septembre. — Le dépôt quitte Valenciennes pour se rendre à Nantes où il arrive le 12 (1).

13 septembre. — Le 3ᵉ escadron part de Nantes pour se rendre à Limoges concourir à la formation du 3ᵉ régiment de marche de dragons. Capitaine de Pélacot. . . .   6   126   117

5 novembre. — Formation de l'escadron provisoire.

5 novembre. — Le 6ᵉ escadron quitte Nantes pour se rendre à Angers rejoindre le 5ᵉ régiment de marche de dragons. Capitaine Rieu   6   127   116

14 novembre. — Le major Effantin passe chef d'escadrons. Il est remplacé le même jour par le capitaine Pognon, nommé major au corps.

1ᵉʳ décembre. — Formation du 7ᵉ escadron (1ᵉʳ de marche).

31 décembre. — Une division du 7ᵉ escadron part de Nantes pour se rendre à Lyon. Capitaine Juhel.   3   69   72

23 janvier. — Réorganisation du 7ᵉ escadron (1ᵉʳ de marche).

1ᵉʳ février. — La division du 7ᵉ escadron quitte Lyon pour se rendre à Chalon-sur-Saône où se forme le 11ᵉ régiment mixte de cavalerie.

1ᵉʳ mars 1871. — Le dépôt comprend le 7ᵉ escadron, l'escadron provisoire et le peloton hors-rang. (Effectif : 4 officiers, 446 hommes, 106 chevaux.)

III. — LANCIERS

1ᵉʳ RÉGIMENT — DÉPOT

15 juillet 1870 — Renaudot, major, Pontivy.

24 juillet. — Le régiment quitte Pontivy pour se rendre au camp de Châlons où il arrive le 28.

1ᵉʳ août. — Effectif des 1ᵉʳ, 2ᵉ, 4ᵉ et 5ᵉ escadrons de guerre   41   525   521

1ᵉʳ août. — Départ d'un détachement de Pontivy pour rejoindre au camp de Châlons les escadrons mobilisés. .   »   40   30

1ᵉʳ août. — Le dépôt comprend le 3ᵉ escadron et le peloton hors-rang. (Effectif : 17 officiers, 311 hommes, 173 chevaux.)

1ᵉʳ septembre. — Le 3ᵉ escadron part pour rejoindre à Lyon le 1ᵉʳ régiment de marche de lanciers où il est versé. Capitaine Cazier.   5   118   115

2 septembre. — Formation du 6ᵉ escadron.

4 octobre. — Création de l'escadron provisoire (7ᵉ).

---

(1) Le dépôt laisse à Valenciennes un détachement comprenant 2 officiers 45 hommes et 44 chevaux.

	Offic.	Troupe.	Chev.

12 octobre. — Le 6ᵉ escadron part de Pontivy pour rejoindre à Poitiers le 2ᵉ régiment de marche de lanciers. Capitaine Pérot. 6 137 129

1ᵉʳ novembre. — Formation du 8ᵉ escadron (1ᵉʳ de marche). Capitaine Rey (5 officiers, 153 hommes, 148 chevaux).

1ᵉʳ novembre. — Le major Renaudot passe au commandement d'un escadron. Il est remplacé le même jour par le capitaine Dariot, nommé major au corps.

1ᵉʳ janvier 1871. — Formation du 9ᵉ escadron (2ᵉ de marche).

1ᵉʳ janvier. — Le major Dariot passe au 5ᵉ régiment de marche de lanciers. Il est remplacé le même jour par le capitaine Vassort, nommé major au corps.

14 février. — Départ du 9ᵉ escadron (2ᵉ de marche) pour rejoindre à Libourne le 6ᵉ régiment de marche de lanciers. Capitaine Deschamps. 4 129 118

1ᵉʳ mars 1871. — Le dépôt comprend les 7ᵉ et 8ᵉ escadrons. Capitaines Delorme et Rey et le peloton hors-rang. (Effectif : 18 officiers, 426 hommes, 318 chevaux.)

2ᵉ RÉGIMENT — DÉPOT

15 juillet 1870. — Legrand-Dusaulle, major, Haguenau.

28 juillet. — Le régiment quitte Haguenau pour occuper Soultz où il est désigné pour faire partie de la 2ᵉ brigade de la division de cavalerie du 1ᵉʳ corps d'armée.

31 juillet. — Le dépôt quitte Haguenau pour se rendre à Schelestadt.

1ᵉʳ août. — Effectif des 1ᵉʳ, 2ᵉ, 3ᵉ et 5ᵉ escadrons de guerre. 41 534 508

1ᵉʳ août. — Le dépôt à Schelestadt. 4ᵉ escadron. Capitaine Flambart, peloton hors-rang (13 officiers, 227 hommes, 160 chevaux).

30 septembre. — Un détachement composé (1 officier, 44 hommes, 134 chevaux) est parti de Schelestadt conduisant les chevaux du régiment à Belfort. 1 44 134

10 au 24 octobre. — Défense de Schelestadt.

24 octobre. — Capitulation de la place. Le dépôt et le 4ᵉ escadron sont prisonniers de guerre. 10 255 149

1ᵉʳ septembre. — Le régiment quitte le champ de bataille de Sedan et se retire sur Avesnes où il arrive le 2.

11 septembre. — Le régiment est à Versailles où il reçoit l'ordre d'aller se réorganiser à Pontivy au dépôt du 1ᵉʳ régiment de lanciers.

20 septembre. — Création d'un 6ᵉ escadron.

— 257 —

| | Offic. | Troupe. | Chev. |

20 septembre. — Le capitaine Destable prend le commandement du dépôt provisoire.

24 septembre. — Le régiment complètement réorganisé à 4 escadrons (1er, 2e, 3e, 5e,) quitte Pontivy pour se rendre à l'armée de la Loire (15e corps).
    1er escadron, capitaine Dequen.
    2e escadron, capitaine Guignebert.
    3e escadron, capitaine Renno.
    5e escadron, capitaine Méjasson.
    Effectif 40   489   508

1er octobre. — Le 6e escadron formé le 20 septembre devient escadron provisoire.

1er octobre. — Le dépôt complètement constitué comprend 14 officiers, 252 hommes, 436 chevaux.

23 octobre. — Formation du 6e escadron.

8 novembre. — Départ du 6e escadron pour rejoindre à Saumur le 3e régiment de marche de lanciers. Capitaine Destable. 8   117   118

8 novembre. — Le capitaine Blockwelle prend le commandement du dépôt.

23 novembre. — Formation du 7e escadron (1er de marche).

24 novembre. — Départ du 7e escadron qui est envoyé au camp de Conlie armé de fusils et qui sert d'éclaireurs à la division Gougeard. Capitaine Rapatel. 4   107   118

1er janvier 1871. — Le dépôt à Pontivy, escadron provisoire et peloton hors-rang (8 officiers, 311 hommes, 262 chevaux).

1er janvier. — Le capitaine Husson est nommé major au corps.

30 janvier. — Formation du 8e escadron (2e de marche).

3 février. — Départ du 8e escadron pour rejoindre à Libourne le 6e régiment de marche de lanciers. Capitaine Brockwelle 4   118   118

6 février. — Formation du 9e escadron (3e de marche).

1er mars 1871. — Le dépôt comprend le 9e escadron, l'escadron provisoire et le peloton hors-rang. (Effectif : 12 officiers, 199 hommes, 266 chevaux.)

3e RÉGIMENT — DÉPOT

15 juillet 1870. — Larguillon, major, Saint-Mihiel.

19 juillet. — Le régiment quitte Lunéville pour se rendre à Bitche où il arrive le 22.

1er août. — Effectif des 1er, 2e, 3e et 5e escadrons de guerre. 36   493   469

	Offic.	Troupe.	Chev.

3 août. — Départ d'un détachement pour rejoindre les escadrons de guerre à Sarreguemines. Lieutenant Barutel. .   1   40   30

8 août. — Le dépôt et le 4e escadron quittent Saint-Mihiel pour se rendre à Verdun (17 officiers, 297 hommes, 235 chevaux).

12 août. — Le dépôt part de Verdun pour Givet où il arrive le 19.

19 septembre. — Formation à Givet du 6e escadron.

20 septembre — Le 6e escadron part pour Rouen où il arrive le 21. Capitaine Bourseul (6 officiers, 130 hommes, 115 chevaux).

21 septembre. — Le dépôt quitte Givet pour se rendre à Ancenis où il arrive le 24.

27 septembre. — Le dépôt quitte Ancenis pour se rendre à Bagnères-de-Bigorre, où il arrive le 29.

4 octobre. — Le 6e escadron quitte Rouen pour se rendre à Saumur où il arrive le 5.

8 octobre. — Le 6e escadron est versé à Saumur au 6e régiment de lanciers.   6   130   125

26 octobre. — Reconstitution du 6e escadron à Bagnères-de-Bigorre.

27 octobre. — Départ du 6e escadron pour rejoindre à Moulins le 5e régiment mixte de cavalerie. Capitaine Souviron   6   130   119

15 novembre. — Le dépôt comprenant le 4e escadron et le peloton hors-rang part de Bagnères-de-Bigorre pour se rendre à Dax où il arrive le même jour.

26 novembre. — Le major Larguillon est nommé commandant en second le 7e régiment de marche de cuirassiers. Il est remplacé le même jour par le capitaine Echillet, nommé major.

12 décembre. — Formation de l'escadron provisoire.

1er janvier 1871. — Formation du 7e escadron (1er de marche).

2 janvier. — Départ du 7e escadron pour rejoindre à Lyon le 5e régiment de marche de lanciers. Capitaine Bruley.   6   125   118

1er mars 1871. — Le dépôt comprend le 4e escadron, l'escadron provisoire et le peloton hors-rang. (Effectif : 17 officiers, 428 hommes, 382 chevaux.)

4e RÉGIMENT — DÉPOT

15 juillet 1870. — Desroys, major. Vienne.

23 juillet. — Le régiment quitte Lyon pour se rendre à Belfort où il arrive le même jour.

— 259 —

	Offic.	Troupe.	Chev.
1er août. — Effectif des 2e, 3e, 4e et 5e escadrons de guerre	42	517	524

1er août. — Le dépôt comprend le 1er escadron et le peloton hors-rang. (Effectif : 13 officiers, 278 hommes, 146 chevaux.)

1er septembre. — Formation du 6e escadron.

3 septembre. — Le 1er escadron quitte Vienne pour se rendre à Lyon où il concourt à la formation du 1er régiment de marche de lanciers. Capitaine Buisson 6 121 116

22 septembre. — Formation de l'escadron provisoire.

30 septembre. — Un détachement quitte Vienne pour se rendre à Saumur concourir à la formation du 6e régiment de lanciers . . . . » 30 30

30 octobre. — Le major Desroys passe au commandement en second du 6e régiment mixte de cavalerie. Il est remplacé le même jour par le capitaine Bourseul, nommé major au corps.

8 novembre. — Le 6e escadron part pour rejoindre à Saumur le 3e régiment de marche de lanciers. Capitaine Porteret 6 118 116

15 novembre. — Formation du 7e escadron (1er de marche).

23 novembre. — Le 7e escadron quitte Vienne pour se rendre au Mans où il est versé au 4e régiment de marche de lanciers. Capitaine Piscatory de Vaufreland 6 120 119

1er janvier 1871. — Formation du 8e escadron (2e de marche).

4 janvier. — Départ du 8e escadron pour Lyon où il entre dans la formation du 5e régiment de marche de lanciers. Capitaine Pfeiffer 4 126 119

1er février. — Formation du 9e escadron (3e de marche).

3 février. — Le 9e escadron part de Vienne pour se rendre à Libourne où se forme le 6e régiment de marche de lanciers. Capitaine de Narbonne-Lara 6 120 111

1er mars 1871. — Le dépôt comprend l'escadron provisoire et le peloton hors-rang. (Effectif : 16 officiers, 262 hommes, 57 chevaux.)

5e RÉGIMENT — DÉPOT

15 juillet 1870. — Gamet de Saint-Germain, major, Provins.

20 juillet. — Le régiment quitte Lunéville pour se rendre à Bitche où il arrive le 23.

1er août. — Effectif des 1er, 2e, 3e et 5e escadrons de guerre 34 502 467

17 août. — Un détachement part de Provins pour rejoindre les escadrons de guerre au camp de Châlons . . . . . » 30 40

	Offic.	Troupe.	Chev.

27 août. — Le dépôt quitte Provins pour se rendre à Poitiers où il arrive le 30 (13 officiers, 351 hommes, 179 chevaux).

1er septembre. — Le 4e escadron arrive à Poitiers, venant de Provins.

4 septembre. — Création du 6e escadron.

9 septembre. — Le régiment évadé de Sedan rejoint le dépôt où il doit se réorganiser.

24 septembre. — Le régiment complètement formé quitte Poitiers pour rejoindre l'armée de la Loire (15e corps).
    1er escadron, capitaine Pourrat.
    2e escadron, capitaine Boyancé.
    3e escadron, capitaine Cardin.
    5e escadron, capitaine Maurin.
    Effectif 32   516   489

13 octobre. — Formation de l'escadron provisoire (7e escadron).

16 octobre. — Le 4e escadron est versé à Poitiers au 2e régiment de marche de lanciers. Capitaine Puyo 6   126   119

17 octobre. — Le major Gamet de Saint-Germain passe au 1er régiment de lanciers. Il est remplacé le même jour par le capitaine Bataille, nommé major au corps.

16 novembre. — Départ du 6e escadron pour rejoindre à Saumur le 3e régiment de marche de lanciers. Capitaine Blanc 6   120   117

16 novembre. — Formation du 8e escadron (1er de marche).

26 novembre. — Le 7e escadron qui devait concourir à la formation du 4e régiment de marche de lanciers n'a pas quitté le dépôt.

13 décembre. — Le dépôt quitte Poitiers pour se rendre à La Réole (Gironde).

1er janvier 1871. — Formation du 9e escadron (2e de marche).

17 janvier. — Départ du 9e escadron pour Asnières près de Bourges où il entre dans la formation du 9e régiment de marche de dragons. Capitaine Gracomoni 3   131   116

1er février. — Formation du 10e escadron (3e de marche).

3 février. — Départ du 10e escadron pour se rendre à Libourne concourir à la formation d'un régiment de marche, parti de Libourne le 7 février pour rejoindre le dépôt à La Réole où il arrive le 8. Capitaine Brouet.

1er mars 1871. — Le dépôt comprend les 8e et 10e escadrons, le 7e escadron (escadron provisoire) et le peloton hors-rang. Capitaines commandant les escadrons : Bresson, Brouet et de Brem. (Effectif : 19 officiers, 514 hommes, 214 chevaux).

6ᵉ RÉGIMENT — DÉPOT

	Offic.	Troupe.	Chev.
15 juillet 1870. — Gosse de Serlay, major, Schlestadt.			
24 juillet. — Le régiment quitte Schlestadt pour rejoindre à Haguenau la division de cavalerie du 1ᵉʳ corps.			
1ᵉʳ août. — Effectif des 1ᵉʳ, 3ᵉ, 4ᵉ et 5ᵉ escadrons de guerre.	42	544	529
1ᵉʳ août. — Le dépôt comprend le 2ᵉ escadron et le peloton hors-rang (12 officiers, 285 hommes, 170 chevaux).			
5 août. — Un détachement part de Schlestadt pour se rendre à Strasbourg où il arrive le 6. Lieutenant de Moismont.	1	40	35
8 août. — Tous les hommes du dépôt sont armés de fusils.			
8 août. — Le major de Serlay passe au commandement de deux escadrons. Il est remplacé le même jour par le chef d'escadrons Jouve, nommé major.			
10 août. — Le capitaine Chalot prend le commandement du dépôt en remplacement du major Jouve qui n'a pas rejoint.			
24 septembre. — Le capitaine Chalot est nommé chef d'escadrons.			
30 septembre. — Départ de Schlestadt de tous les chevaux au nombre de 167, portant leur harnachement sous la conduite de 47 cavaliers commandés par le sous-lieutenant Sémont.	1	47	167
19 octobre. — Défense de Schlestadt.			
24 octobre. — Capitulation de la place de Schlestadt. Le 2ᵉ escadron et le peloton hors-rang sont prisonniers de guerre. (Effectif : 11 officiers, 360 hommes, 20 chevaux.)	11	360	20
1ᵉʳ septembre 1870. — Le régiment (état-major et 5ᵉ escadron) assiste à la bataille de Sedan, traverse les lignes et se retire sur Charleville où il arrive le soir.			
2 septembre. — Le régiment est à Avesnes.			
5 septembre. — Le régiment quitte Landrecies pour se rendre à Paris où il arrive dans la nuit.			
6 septembre. — Le régiment se rend à Versailles.			
8 septembre. — Le régiment reçoit l'ordre d'aller se reformer à Saumur.			
10 septembre. — Le régiment arrive à Saumur. La réorganisation commencée le 10 se poursuit jusqu'au 15 octobre inclus.			
15 octobre. — Le régiment est complètement reconstitué à 6 escadrons (y compris le 2ᵉ ancien dépôt enfermé dans Schlestadt), sous le commandement du colonel Pollard.			

	Offic.	Troupe.	Chev.

16 octobre. — Le régiment reçoit l'ordre de rejoindre à Blois la division de cavalerie du 16ᵉ corps.
    3ᵉ escadron, capitaine...
    4ᵉ escadron, capitaine Combal.
    5ᵉ escadron, capitaine Laroche.
    6ᵉ escadron, capitaine Hénaut.
    Effectif du régiment au départ. 39   496   500

18 octobre. — Le dépôt, major Jouve, comprend le 1ᵉʳ escadron, l'escadron provisoire et le peloton hors-rang (10 officiers, 295 hommes, 26 chevaux).

15 novembre. — Le 1ᵉʳ escadron passe au 3ᵉ régiment de marche de lanciers à Saumur. Capitaine de Fristch. . .   6   120   119

24 décembre. — Le dépôt quitte Saumur pour se rendre à Lorient où il arrive le 2 janvier 1871.

10 février 1871. — Le dépôt quitte Lorient pour se rendre à Pontivy où il arrive le même jour.

14 février. — Formation du 2ᵉ escadron en remplacement du premier 2ᵉ escadron prisonnier à Schlestatd. Cet escadron devait concourir à la formation d'un régiment de marche à Libourne, mais les préliminaires de paix étant en bonne voie, ce nouveau régiment ne fut pas formé et l'escadron resta au dépôt.

1ᵉʳ mars 1871. — Le dépôt comprend le 2ᵉ escadron, l'escadron provisoire et le peloton hors-rang. (Effectif : 18 officiers, 363 hommes, 268 chevaux.)

7ᵉ RÉGIMENT — DÉPOT

15 juillet 1870. — Démaris, major, Moulins.

23 juillet. — Le régiment quitte Moulins pour se rendre au camp de Châlons où il arrive le 29.

1ᵉʳ août. — Effectif des 1ᵉʳ, 2ᵉ, 4ᵉ et 5ᵉ escadrons de guerre. 41   531   514

1ᵉʳ août. — Le dépôt comprend le 3ᵉ escadron et le peloton hors-rang. (Effectif : 13 officiers, 246 hommes, 201 chevaux.)

5 août. — Un détachement quitte Moulins pour rejoindre au camp de Châlons les escadrons de guerre. Ce détachement arrive au camp le 7. . . . . »   40   30

1ᵉʳ septembre. — Le 3ᵉ escadron quitte Moulins pour se rendre à Lyon où il est versé au 1ᵉʳ régiment de marche de lanciers. Capitaine Pelet. 9   121   118

2 septembre. — Formation du 6ᵉ escadron.

1ᵉʳ octobre. — Création de l'escadron provisoire (7ᵉ escadron).

	Offic.	Troupe.	Chev.
12 octobre. — Formation du 8e escadron (1er de marche).			
15 octobre. — Départ du 8e escadron (1er de marche) pour rejoindre à Poitiers le 2e régiment de marche de lanciers. Capitaine Hubert.	6	118	116
20 novembre. — Formation du 9e escadron (2e de marche).			
25 novembre. — Départ du 9e escadron pour rejoindre au Mans le 4e régiment de marche de lanciers. Capitaine Lesnès.	6	122	119
8 décembre. — Le major Demaris est nommé lieutenant-colonel au 8e régiment de hussards. Il est remplacé le même jour par le major Oudet, nommé au corps.			
25 décembre. — Formation du 10e escadron (3e de marche).			
27 décembre. — Une division du 10e escadron part pour Lyon concourir à la formation du 5e régiment de marche de lanciers. Lieutenant Turlais.	3	65	64
1er janvier 1871. — Le 10e escadron (3e de marche) est reconstitué.			
3 février. — Le 10e escadron reçoit l'ordre de rejoindre à Libourne le 6e régiment de marche de lanciers où il est versé. Capitaine Cavayé.	6	117	116
1er mars 1871. — Le dépôt comprend les 6e et 7e escadrons et le peloton hors-rang. (Effectif : 17 officiers, 386 hommes, 72 chevaux.)			

8e RÉGIMENT — DÉPOT

	Offic.	Troupe.	Chev.
15 juillet 1870. — De Rouot, major, Vienne.			
24 juillet. — Le régiment quitte Lyon pour se rendre à Belfort où il arrive le même jour.			
1er août. — Effectif des 1er, 2e, 4e et 5e escadrons de guerre.	42	525	515
2 août. — Le dépôt comprend le 3e escadron et le peloton hors-rang (11 officiers, 351 hommes, 129 chevaux).			
30 août. — Le 3e escadron part pour Lyon où il est versé au 1er régiment de marche de lanciers. Capitaine Cuny.	4	119	114
30 août. — Formation du 6e escadron.			
7 septembre. — Un petit dépôt parti pour Versailles venant de Meaux. Il part le même jour pour rejoindre le dépôt à Vienne où il arrive le 12. Sous-lieutenant de Bouard.			
30 septembre. — Départ d'un détachement de Vienne pour rejoindre à Saumur le 6e régiment de lanciers.	»	30	30
10 octobre. — Formation de l'escadron provisoire (7e escadron).			
10 octobre. — Départ du 6e escadron pour rejoindre à Poitiers le 2e régiment de marche de lanciers. Capitaine Berthier de la Salle.	6	121	120

	Offic.	Troupe.	Chev.

15 novembre. — Formation du 8e escadron (1er de marche).

24 novembre. — Le major de Rouot est nommé lieutenant-colonel pour commander le 4e régiment de marche de lanciers. Il est remplacé le même jour par le capitaine Sory nommé major au corps.

25 novembre. — Le 8e escadron part pour rejoindre au Mans le 4e régiment de marche de lanciers. Capitaine Rocherie 6   119   116

24 décembre. — Formation du 9e escadron (2e de marche).

29 décembre. — Départ d'une division du 9e escadron pour rejoindre à Lyon le 5e régiment de marche de lanciers. Capitaine de Lacombe. 3   70   61

1er janvier 1871. — Le 9e escadron est reconstitué.

28 janvier. — Un détachement de l'escadron provisoire composé de 1 officier, 36 hommes et 29 chevaux part de Vienne pour faire le service d'escorte à Lyon. Ce détachement rentre à Vienne le 1er février.

1er mars 1871. — Le dépôt comprend le 9e escadron, l'escadron provisoire et le peloton hors-rang. (Effectif : 19 officiers, 312 hommes, 166 chevaux.)

CHAPITRE II

III. — CHASSEURS A CHEVAL

1er RÉGIMENT — DÉPOT

15 juillet 1870. — Dufaud, major, Sidi-bel-Abbès.

1er août. — Effectif du régiment en Algérie 62   899   766

20 août. — Ordre est donné de mobiliser 4 escadrons forts de 140 hommes et 120 chevaux (1er, 4e, 5e, 6e escadrons).

    1er escadron, capitaine Rouyer.
    4e escadron, capitaine d'Ivoley.
    5e escadron, capitaine d'Anselme.
    6e escadron, capitaine Grenier de Lasausay.
    Effectif 38   507   537

1er septembre. — Le régiment s'embarque à Oran. Le 6 débarque à Toulon d'où il est dirigé le même jour sur Versailles puis Paris.

2 septembre. — Le dépôt comprend en Algérie les 2e, 3e escadrons et le peloton hors-rang à Sidi-bel-Abbès.

    2e escadron, capitaine Mercier.
    3e escadron, capitaine de Vente de Francmesnil.
(Effectif : 18 officiers, 707 hommes, 361 chevaux.)

	Offic.	Troupe.	Chev.

15 octobre. — Un détachement pris dans les 2e et 3e escadrons s'embarque à Oran pour Toulon où il débarque le 18.

20 octobre. — Le détachement est dirigé sur Saumur où il est versé au 6e régiment mixte de cavalerie légère dont il devient le 3e escadron. Capitaine Loth 2   75   70

9 décembre. — Le 3e escadron, capitaine de Vente de Francmesnil, quitte Sidi-bel-Abbès pour se rendre à Magenta (4 officiers, 117 hommes, 107 chevaux).

1er janvier 1871. — 2e, 3e escadrons à Sidi-bel-Abbès et Magenta, capitaines Mercier et de Vente de Francmesnil. Peloton hors-rang, major Dufaud.

1er février. — Formation d'un escadron de marche.

1er mars 1871. — Le dépôt comprend l'escadron de marche, les 2e, 3e escadrons et le peloton hors-rang. (Effectif : 18 officiers, 798 hommes, 527 chevaux.)

2e RÉGIMENT — DÉPOT

15 juillet 1870. — Barbaud, major, Auch.

22 juillet. — Le régiment quitte Auch pour se rendre à Metz où il arrive le 24.

1er août. — Effectif des 1er, 2e, 3e, 4e et 5e escadrons de guerre. 48   687   623

1er août. — Le dépôt comprend le 6e escadron et le peloton hors-rang. (Effectif : 21 officiers, 283 hommes, 255 chevaux.)

5 août. — Un détachement part d'Auch pour rejoindre à Metz les escadrons de guerre 1   51   52

20 septembre. — Départ du 6e escadron pour rejoindre à Tarascon le 1er régiment de marche de chasseurs. Capitaine Henkel. 5   120   118

1er octobre. — Formation de l'escadron provisoire.

23 octobre. — Formation du 7e escadron (1er de marche).

12 novembre. — Le 7e escadron quitte Auch pour se rendre à Angers où il entre dans la formation du 3e régiment de marche de hussards. Capitaine Remo 5   141   152

2 décembre. — Le major Barbaud passe chef d'escadrons.

2 décembre. — Formation du 8e escadron (2e de marche).

4 décembre. — Formation du 9e escadron (3e de marche). Cet escadron part le même jour pour Tarbes où il est versé au 7e régiment mixte de cavalerie. Capitaine Sénémaud. 5   136   142

17 décembre. — Le capitaine Moris est nommé major au corps.

	Off.c.	Troupe.	Chev.
9 janvier 1871. — Départ du 8e escadron (2e de marche) pour rejoindre à Châteauroux le 9e régiment de cavalerie mixte. Capitaine Dubois	7	135	136

1er mars 1871. — Le dépôt comprend l'escadron provisoire et le peloton hors-rang. (Effectif : 23 officiers, 513 hommes, 374 chevaux.)

3e RÉGIMENT — DÉPOT

	Off.c.	Troupe.	Chev.
15 juillet 1870. — Beauchat, major, Rambouillet.			
16 juillet. — Le régiment quitte Versailles pour se rendre à Metz où il arrive le 17.			
1er août. — Effectif des 1er, 2e, 3e, 5e et 6e escadrons de guerre.	48	687	622
5 septembre. — Le dépôt quitte Rambouillet pour se rendre à Niort où il arrive le 6 (15 officiers, 311 hommes, 151 chevaux).			
10 septembre. — Départ du dépôt de Niort pour se rendre à Tarbes où il arrive le 12.			
20 septembre. — Le 4e escadron passe à Tarbes au 2e régiment mixte de cavalerie. Capitaine Seignan.	6	125	120
25 septembre. — Formation de l'escadron provisoire. Capitaine Gébaur.			
1er octobre. — Formation du 7e escadron (1er de marche).			
19 octobre. — Le 7e escadron entre à Tarbes dans la formation du 4e régiment mixte de cavalerie. Capitaine de Vérac.	5	140	125
21 novembre. — Le dépôt reçoit une division du 8e régiment de chasseurs (2 officiers, 75 hommes, 64 chevaux) pour compléter le 8e escadron (2e de marche). Cet escadron part le même jour pour rejoindre à Poitiers le 2e régiment de marche de chasseurs. Capitaine de Benoist. . .	5	150	135
21 novembre. — Formation du 9e escadron (3e de marche).			
5 décembre. — Le 9e escadron passe au 7e régiment mixte de cavalerie en formation à Tarbes. Capitaine Gagnot. .	5	110	130
18 décembre. — Formation du 10e escadron (4e de marche).			
8 janvier 1871. — Départ du 10e escadron pour rejoindre à Châteauroux le 9e régiment mixte de cavalerie. Capitaine Lallement.	5	140	130
28 janvier. — Formation du 11e escadron (5e de marche).			

1er mars 1871. — Le dépôt comprend le 5e escadron de marche, l'escadron provisoire et le peloton hors-rang. (Effectif : 19 officiers, 523 hommes, 330 chevaux.)

4e RÉGIMENT — DÉPOT

	Offic.	Troupe.	Chev.

15 juillet 1870. — Caffaro, major, Colmar.
16 juillet. — Départ du régiment du camp de Châlons pour se rendre à Saint-Avold où il arrive le 17. . . . .
1er août. — Effectif des 1er, 2e, 3e, 4e et 6e escadrons de guerre. 49 664 652
7 août. — Le dépôt quitte Colmar pour se rendre à Neufbrisach. (Effectif : 16 officiers, 395 hommes, 130 chevaux.)
3 septembre. — Le dépôt quitte Neufbrisach pour se rendre à Tarascon où il arrive le 5.
4 septembre. — Un détachement reste dans la place de Neufbrisach pour prendre part à sa défense. Sous-lieutenant Delacou. . . . . 1 60 »
26 septembre. — Le 5e escadron est versé à Tarascon au 1er régiment de marche de chasseurs. Capitaine Lacoste de l'Isle 6 124 125
1er octobre. — Formation de l'escadron provisoire.
25 octobre. — Formation du 7e escadron (1er escadron de marche ou 1er *bis*).
20 novembre. — Le 7e escadron quitte Tarascon pour se rendre à Poitiers où il entre dans la formation du 2e régiment de marche de chasseurs. Capitaine Martin de la Bastide. 7 136 130
8 janvier 1871. — Formation du 8e escadron (2e de marche ou 2e *bis*).
9 janvier. — Formation du 9e escadron (3e de marche ou *bis*).
24 janvier. — Organisation au Havre d'un état-major, d'un peloton hors-rang et de 2 escadrons du 4e régiment de chasseurs. Capitaines Cabasse et Bocq. 8 260 245
Ce corps formé le 24 janvier 1871 au Havre a été licencié le 31 mars de la même année.
1er mars 1871. — Le dépôt comprend les 8e et 9e escadrons, l'escadron provisoire et le peloton hors-rang. (Effectif : 23 officiers, 376 hommes, 268 chevaux.)

5e RÉGIMENT — DÉPOT

15 juillet 1870. — Thibaut de Ménonville, major, Verdun.
16 juillet. — Le régiment quitte le camp de Châlons pour se rendre à Saint-Avold où il arrive le 17.
1er août. — Effectif des 1er, 2e, 4e, 5e et 6e escadrons de guerre. 50 688 639

	Offic.	Troupe.	Chev.
3 août. — Le dépôt comprend le 3ᵉ escadron et le peloton hors-rang (11 officiers, 241 hommes, 257 chevaux).			
20 août. — Défense de Verdun.			
8 novembre. — Capitulation de la place. Le dépôt comprenant le 3ᵉ escadron (1) et le peloton hors-rang est prisonnier de guerre. (Effectif : 11 officiers, 241 hommes, 250 chevaux.)	11	241	250

6ᵉ RÉGIMENT — DÉPOT

	Offic.	Troupe.	Chev.
15 juillet 1870. — Baillod, major, Tarascon.			
29 juillet. — Le régiment quitte Tarascon pour se rendre au camp de Châlons où il arrive le 2 août.			
1ᵉʳ août — Effectif des 1ᵉʳ, 2ᵉ, 3ᵉ, 4ᵉ et 6ᵉ escadrons de guerre	41	661	631
1ᵉʳ août. — Le dépôt comprend le 5ᵉ escadron et le peloton hors-rang. (Effectif : 25 officiers, 301 hommes, 155 chevaux.)			
21 septembre. — Formation du 1ᵉʳ escadron de marche formé du dédoublement du 5ᵉ escadron. Le même jour cet escadron de marche entre dans la formation du 1ᵉʳ régiment de marche de chasseurs. Capitaine Lambert. .	9	128	136
1ᵉʳ octobre. — Formation de l'escadron provisoire.			
4 novembre. — Formation du 2ᵉ escadron de marche formé du dédoublement de l'escadron provisoire.			
1ᵉʳ décembre. — Départ du 2ᵉ escadron de marche pour Poitiers où il est versé au 2ᵉ régiment de marche de chasseurs. Capitaine de Courtilloles d'Angleville.	6	125	130
13 décembre. — Départ d'un détachement de 400 hommes pour Montélimart où il est incorporé au dépôt du 74ᵉ régiment d'infanterie de ligne	»	400	»
1ᵉʳ février. — Formation du 7ᵉ escadron par le dédoublement de l'escadron provisoire.			
2 février. — Le major Baillod est nommé lieutenant-colonel pour commander le 10ᵉ régiment de marche de cuirassiers. Il est remplacé le même jour par le capitaine Cimetière, nommé major au corps.			
1ᵉʳ mars 1871. — Le dépôt comprend les 5ᵉ et 7ᵉ escadrons, l'escadron provisoire et le peloton hors-rang. (Effectif : 23 officiers, 361 hommes, 21 chevaux.)			

---

(1) 3ᵉ escadron. — Capitaine de Montesson.

7ᵉ RÉGIMENT — DÉPOT

Offic. Troupe. Chev.

15 juillet 1870. — Castanier, major, Carcassonne.

1ᵉʳ août. — Effectif de l'état-major des 1ᵉʳ, 2ᵉ, 3ᵉ, 4ᵉ escadrons et du peloton hors-rang. (Effectif : 44 officiers, 820 hommes, 467 chevaux.) Effectif des 5ᵉ et 6ᵉ escadrons en Italie (17 officiers, 305 hommes, 257 chevaux).

8 août. — Départ des 1ᵉʳ, 3ᵉ et 4ᵉ escadrons de Carcassonne pour Paris où ils arrivent le 10.

11 août. — Les escadrons quittent Paris pour se rendre à Versailles. Les escadrons mobilisés sont rejoints le 12 par le 6ᵉ escadron et le 13 par le 5ᵉ. Ces deux derniers escadrons se sont embarqués à Civita-Vecchia le 7, leur débarquement a eu lieu à Toulon le 9.

18 août. — Le régiment complet (1ᵉʳ, 3ᵉ, 4ᵉ, 5ᵉ, 6ᵉ escadrons) part de Versailles pour se rendre au camp de Châlons où il arrive le 19.

1ᵉʳ septembre. — Les 3ᵉ, 4ᵉ et 6ᵉ escadrons quittent le champ de bataille de Sedan et se retirent sur Rocroy.

2 septembre. — Le régiment se dirige par Vervins sur Saint-Quentin d'où il est expédié sur Versailles et ensuite sur Carcassonne où il arrive le 13.

13 septembre. — Le régiment réorganise à Carcassonne quatre escadrons de guerre (2ᵉ, 3ᵉ, 4ᵉ, 5ᵉ escadrons).

26 septembre. — Le régiment quitte le dépôt pour se rendre à Belfort où il arrive le 28.

    2ᵉ escadron, capitaine Bondet.
    3ᵉ escadron, capitaine Fischer.
    4ᵉ escadron, capitaine Gandon.
    5ᵉ escadron, capitaine Poulot.

Effectif du régiment au départ 33   539   520

1ᵉʳ octobre. — Le dépôt comprend les 1ᵉʳ et 6ᵉ escadrons et le peloton hors-rang. (Effectif : 24 officiers, 630 hommes, 303 chevaux.)

1ᵉʳ octobre. — Départ du 6ᵉ escadron pour rejoindre à Clermont-Ferrand le 3ᵉ régiment mixte de cavalerie. Capitaine du Hamel de Canchy.   5   121   119

2 octobre. — Formation du 7ᵉ escadron (escadron provisoire).

27 octobre. — Départ du 1ᵉʳ escadron pour rejoindre à Saumur le 6ᵉ régiment mixte de cavalerie. Capitaine de la Rochetulon   6   120   117

1ᵉʳ janvier 1871. — Formation du 8ᵉ escadron (1ᵉʳ de marche).

	Offic.	Troupe.	Chev.

7 janvier. — Départ du 8ᵉ escadron pour **rejoindre à Moulins le 10ᵉ régiment mixte de cavalerie. Capitaine Vergne**   5   121   119

19 janvier. — Le major Castanier est **nommé lieutenant-colonel pour commander le 9ᵉ régiment de marche de dragons.** Il est remplacé le même jour par le capitaine Klotz, nommé major au corps.

25 janvier. — Formation du 9ᵉ escadron (2ᵉ de marche).

28 janvier. — Départ du 9ᵉ escadron pour **rejoindre à Chalon-sur-Saône le 11ᵉ régiment mixte de cavalerie. Capitaine Bondet**   4   132   120

11 février. — L'état-major, les 3ᵉ, 4ᵉ et 5ᵉ escadrons rejoignent le dépôt.

20 février. — Le 9ᵉ escadron rejoint le dépôt venant du 11ᵉ régiment mixte de cavalerie licencié à l'armée des Vosges.

1ᵉʳ mars 1871. — Le dépôt comprend les 3ᵉ, 4ᵉ, 5ᵉ, 7ᵉ et 9ᵉ escadrons et le peloton hors-rang. (**Effectif ; 46 officiers, 612 hommes, 609 chevaux.**)

8ᵉ RÉGIMENT — DÉPOT

15 juillet 1870. — Henquel, major, **Tarbes**.

1ᵉʳ août. — Effectif du régiment et du dépôt (65 officiers, 936 hommes, 827 chevaux.)

8 août. — Le régiment (1ᵉʳ, 2ᵉ, 4ᵉ, 5ᵉ et 6ᵉ escadrons) quitte Tarbes pour se rendre à Paris où il arrive le 10.

11 août. — Le régiment part de Paris pour Versailles.

18 août. — Le régiment quitte Versailles pour se rendre au camp de Châlons où il arrive le 19   48   650   615

20 septembre. — Formation du 7ᵉ escadron (1ᵉʳ de marche).

20 septembre. — Le 7ᵉ escadron passe au **2ᵉ régiment mixte de cavalerie. Capitaine Digeon**   10   122   117

20 octobre. — Formation du 8ᵉ escadron (2ᵉ de marche). Cet escadron passe le même jour au **4ᵉ régiment mixte de cavalerie à Tarbes. Capitaine Brandeis**.   6   130   112

21 novembre. — Une division tirée du 3ᵉ escadron passe au 3ᵉ régiment de chasseurs pour compléter un escadron de marche dudit régiment   2   75   64

26 novembre. — Formation du 9ᵉ escadron (3ᵉ de marche).

5 décembre. — Le 9ᵉ escadron passe à **Tarbes au 7ᵉ régiment mixte de cavalerie. Capitaine Martrès**.   8   134   124

8 janvier 1871. — Formation du 10ᵉ escadron (4ᵉ de marche),

9 janvier. — Le 10ᵉ escadron part pour **Châteauroux** où il est versé au 9ᵉ régiment mixte de cavalerie. **Capitaine Hautcœur**.   5   129   124

1er mars 1871. — Le dépôt comprend le 3e escadron dit escadron provisoire et le peloton hors-rang. (Effectif : 18 officiers, 435 hommes, 340 chevaux.)

9e RÉGIMENT — DÉPÔT

	Offic.	Troupe.	Chev.
15 juillet 1870. — de Batz, major, Milianah.			
1er août. — Effectif du régiment en Algérie (6 escadrons)	62	905	820
20 août. — Ordre de mobiliser 4 escadrons sur le pied de guerre de 145 chasseurs et 120 chevaux chaque pour se rendre en France. Ce sont les 3e, 4e, 5e et 6e escadrons.			
3e escadron, capitaine Domas.			
4e escadron, capitaine de Huitmuidt.			
5e escadron, capitaine Guérin d'Agon.			
6e escadron, capitaine Choinet de Saint-James.			
Effectif	38	592	460
28 et 29 août. — Le régiment s'embarque à Alger pour Toulon où il débarque les 30 et 31.			
1er septembre. — Le régiment quitte Toulon pour se rendre à Versailles où il arrive le 2.			
15 septembre. — Le dépôt comprend les 1er et 2e escadron, capitaines Jacquemin et Hyenne, le peloton hors-rang. (Effectif : 26 officiers, 485 hommes, 285 chevaux.)			
15 octobre. — Formation d'une division de marche prise dans les 1er et 2e escadrons. Lieutenant Bonnet	1	90	90
18 octobre. — Le détachement s'embarque à Alger pour Toulon où il débarque le 19. Dirigé sur Saumur il forme avec un détachement du 1er régiment de chasseurs le 3e escadron du 6e régiment mixte de cavalerie.			
1er décembre. — Formation d'un escadron de marche qui prend le n° 4 *bis*.			
10 décembre. — Formation d'un escadron de marche qui part le même jour de Milianah pour se rendre au camp de Boghar. Capitaine Jacquemin (5 officiers, 133 hommes, 111 chevaux).			
1er janvier 1871. — Formation d'un escadron de marche qui reçoit le même jour l'ordre de se rendre à Teniet-el-had. Capitaine Guillier (5 officiers, 153 hommes, 122 chevaux).			
10 février. — Le 4e escadron *bis* se tient prêt à partir pour la France à l'effectif de 4 officiers, 141 hommes, 118 chevaux. Capitaine Maulot.			
1er mars 1871. — Le dépôt comprend le 4e escadron *bis*, les 1er et 2e escadrons de marche et le peloton hors-rang. (Effectif : 24 officiers, 657 hommes, 350 chevaux.)			

10ᵉ RÉGIMENT — DÉPOT

	Offic.	Troupe.	Chev.

15 juillet 1870. — Guillon, major, Rambouillet.
16 juillet. — Le régiment quitte Versailles pour se rendre à Metz où il arrive le 17.
1ᵉʳ août. — Effectif des 1ᵉʳ, 2ᵉ, 3ᵉ, 5ᵉ et 6ᵉ escadrons de guerre 48 667 633
1ᵉʳ août. — Le dépôt comprend le 4ᵉ escadron et le peloton hors-rang. (Effectif : 18 officiers, 307 hommes, 200 chevaux.)
5 septembre. — Le dépôt quitte Rambouillet pour se rendre à Libourne où il arrive le 8.
18 septembre. — Formation du 7ᵉ escadron (1ᵉʳ de marche).
20 septembre. — Le 7ᵉ escadron quitte Libourne pour rejoindre à Tarascon le 1ᵉʳ régiment de marche de chasseurs. Capitaine Haubt. 6 136 125
25 octobre. — Formation du 8ᵉ escadron (2ᵉ de marche).
23 novembre. — Départ du 2ᵉ escadron pour se rendre à Poitiers où se forme le 2ᵉ régiment de marche de chasseurs. Capitaine de Sainte-Hermine. 6 125 119
10 janvier 1871. — Formation du 9ᵉ escadron (3ᵉ de marche).
25 janvier. — Départ du 9ᵉ escadron pour Chalon-sur-Saône où il est versé au 11ᵉ régiment mixte de cavalerie. Capitaine Prunier. 7 121 113
29 janvier. — Le dépôt quitte Libourne pour se rendre à Vic-de-Bigorre où il arrive le 31.
1ᵉʳ mars 1871. — Le dépôt comprend le 4ᵉ escadron dit escadron provisoire et le peloton hors-rang. (Effectif : 17 officiers, 419 hommes, 230 chevaux.)

11ᵉ RÉGIMENT — DÉPOT

15 juillet 1870. — Fleuriot de Langle, major, Avignon.
20 juillet. — Le régiment quitte Lyon pour se rendre à Strasbourg où il arrive le 23.
1ᵉʳ août. — Effectif des 1ᵉʳ, 2ᵉ, 4ᵉ, 5ᵉ et 6ᵉ escadrons de guerre 48 690 649
1ᵉʳ août. — Le dépôt comprend le 3ᵉ escadron et le peloton hors-rang. (Effectif : 16 officiers, 365 hommes, 126 chevaux.)
17 août. — Départ d'un détachement du dépôt pour rejoindre les escadrons de guerre au camp de Châlons .... » 50 40
12 septembre. — Le régiment venant de Sedan rejoint le dépôt à Avignon.

	Offic.	Troupe.	Chev.

12 septembre. — Le régiment se réorganise au dépôt.

25 septembre. — Le major Fleuriot de Langle passe chef d'escadrons au régiment, il est remplacé le même jour par le chef d'escadrons Uffler, nommé major au corps.

26 septembre. — Le régiment reconstitué à 4 escadrons de guerre (2e, 3e, 4e, 5e escadrons), quitte Avignon pour se rendre à Bourges à l'armée de la Loire.

28 septembre. — Le régiment arrive à Bourges.

    2e escadron, capitaine Naturel.
    3e escadron, capitaine Larnac.
    4e escadron, capitaine Marque.
    5e escadron, capitaine Durget.

Effectif du régiment à son départ 43   520   595

8 octobre. — Départ du 6e escadron pour rejoindre le 3e régiment de cavalerie mixte à Clermont-Ferrand. Capitaine Lévesque 4   129   133

12 octobre. — Formation de l'escadron provisoire.

28 octobre. — Départ du 1er escadron pour rejoindre le 6e régiment mixte de cavalerie à Saumur. Capitaine Rozier 6   141   117

21 novembre. — Formation du 7e escadron (1er de marche).

22 novembre. — Départ du 7e escadron pour rejoindre le 8e régiment mixte de cavalerie à Poitiers. Capitaine de Christen. 6   138   142

1er janvier 1871. — Formation du 8e escadron (2e de marche).

11 janvier. — Départ du 8e escadron pour rejoindre à Moulins le 10e régiment mixte de cavalerie. Capitaine Michaut. 6   146   139

1er février. — Formation du 9e escadron (3e de marche).

1er mars 1871. — Le dépôt comprend le 9e escadron, l'escadron provisoire et le peloton hors-rang. (Effectif : 19 officiers, 334 hommes, 362 chevaux.)

12e RÉGIMENT — DÉPOT

15 juillet 1870. — De Beaumont, major, Joigny.

19 juillet. — Le régiment quitte Paris (4 escadrons) pour se rendre à Niederbronn où il arrive le 20.

25 juillet. — Le 1er escadron quitte Joigny pour se rendre à Sarreguemines où il arrive le 28.

1er août. — Effectif des 1er, 3e, 4e, 5e et 6e escadrons de guerre 47   704   641

1er août. — Le dépôt comprend le 2e escadron et le peloton hors-rang. (Effectif : 18 officiers, 183 hommes, 165 chevaux.)

	Offic.	Troupe.	Chev.

17 août. — Départ d'un détachement pour rejoindre les escadrons de guerre au camp de Châlons . . . . » 50 40

28 août. — Le dépôt part de Joigny pour se rendre à Moulins où il arrive le 30.

2 septembre. — Le dépôt part de Moulins pour se rendre à Clermont-Ferrand où il arrive le 3.

11 septembre. — Le régiment venant de Sedan rejoint le dépôt pour se réorganiser.

28 septembre. — Le régiment réorganisé à Clermont-Ferrand part pour se rendre à Rouen où il arrive le 30.

    3e escadron, capitaine Chatelain.
    4e escadron, capitaine Poupon.
    5e escadron, capitaine Colbert.
    6e escadron, capitaine Schœnberg.

Effectif du régiment à son départ 41 501 434

1er octobre. — Formation de l'escadron provisoire.

2 octobre. — Réorganisation du 1er escadron.

6 octobre. — Formation du 7e escadron (1er de marche).

15 octobre. — Le 7e escadron passe à Clermont-Ferrand au 3e régiment mixte de cavalerie. Capitaine Didier 6 120 119

15 octobre. — Le major de Beaumont passe chef d'escadrons au 3e régiment mixte. Il est remplacé le même jour par le chef d'escadrons Hellebois, nommé major.

11 décembre. — Formation du 8e escadron (2e de marche).

17 décembre. — Départ du 8e escadron pour rejoindre à Poitiers le 8e régiment mixte de cavalerie. Capitaine de Sartre 6 121 125

1er mars 1871. — Le dépôt comprend les 1er, 2e escadrons, l'escadron provisoire et le peloton hors-rang. (Effectif : 16 officiers, 392 hommes, 355 chevaux.)

RÉGIMENTS DE HUSSARDS
1er RÉGIMENT — DÉPOT

15 juillet 1870. — Gibert, major, Niort.

23 juillet. — Le régiment quitte Niort (1er, 2e, 3e, 5e escadrons) pour se rendre au camp de Châlons où il arrive le 25.

26 juillet. — Le 6e escadron quitte Niort pour rejoindre le camp de Châlons où il arrive le 28.

1er août. — Effectif des 1er, 2e, 3e, 5e et 6e escadrons de guerre 49 662 641

1er août. — Le dépôt comprend le 4e escadron et le peloton hors-rang. (Effectif : 15 officiers, 524 hommes, 106 chevaux.)

	Offic.	Troupe.	Chev.

14 septembre. — Le dépôt quitte Niort pour se rendre à Maubourguet où il arrive le 16.

20 septembre. — Formation du 7e escadron (1er de marche).

21 septembre. — Le 7e escadron part pour Tarbes où il est versé au 2e régiment mixte de cavalerie. Capitaine Friand.   6   120   119

1er octobre. — Formation de l'escadron provisoire.

15 octobre. — Formation du 8e escadron (2e de marche).

19 octobre. — Départ du 8e escadron pour rejoindre à Tarbes le 4e régiment mixte de cavalerie. Capitaine Vienne...   4   131   125

29 octobre. — Le major Gibert passe chef d'escadrons.

17 novembre. — Le major Robert est nommé major au corps.

21 novembre. — Formation du 9e escadron (3e de marche).

22 novembre. — Départ du 9e escadron pour rejoindre à Poitiers le 8e régiment mixte de cavalerie. Capitaine Buton.   6   120   115

3 janvier 1871. — Formation du 10e escadron (4e de marche).

7 janvier. — Départ du 10e escadron pour rejoindre le 10e régiment mixte de cavalerie à Moulins. Capitaine Hénault...   5   117   116

1er mars 1871. — Le dépôt comprend le 4e escadron, l'escadron provisoire et le peloton hors-rang. (Effectif : 25 officiers, 443 hommes, 339 chevaux.)

2e RÉGIMENT — DÉPOT

15 juillet 1870. — Bohin, major, Beauvais.

20 juillet. — Le régiment quitte Versailles pour se rendre à Thionville où il arrive le 21.

1er août. — Effectif des 1er, 3e, 4e, 5e et 6e escadrons de guerre...   50   640   654

1er août. — Le dépôt comprend le 2e escadron et le peloton hors-rang. (Effectif : 17 officiers, 292 hommes, 194 chevaux.)

6 septembre. — Le dépôt quitte Beauvais pour se rendre à Auch où il arrive le 9.

20 septembre. — Le 2e escadron part de Auch pour rejoindre à Castres le 1er régiment de marche de hussards. Capitaine Lombard...   6   126   124

2 octobre. — Formation de l'escadron provisoire.

15 octobre. — Formation du 7e escadron (1er de marche).

16 octobre. — Départ du 7e escadron pour rejoindre à Tarbes le 4e régiment mixte de cavalerie. Capitaine de Chaumont...   5   136   126

15 novembre. — Le major Bohin est nommé lieutenant-colonel pour commander le 3e régiment de marche de

	Offic.	Troupe.	Chev.

hussards. Il est remplacé le même jour par le capitaine Maitrejean nommé major au corps.

29 novembre. — Formation du 8e escadron (2e de marche).

4 décembre. — Départ du 8e escadron pour rejoindre à Tarbes le 7e régiment mixte de cavalerie. Capitaine Aubenas............................ 6 125 119

2 janvier 1871. — Formation du 9e escadron (3e de marche).

9 janvier. — Départ du 9e escadron pour rejoindre à Châteauroux le 9e régiment mixte de cavalerie. Capitaine Gallet de Santerre.................... 6 136 133

1er mars 1871. — Le dépôt comprend l'escadron provisoire et le peloton hors-rang. (Effectif : 22 officiers, 438 hommes, 389 chevaux.)

3e RÉGIMENT — DÉPOT

15 juillet 1870. — Dijols, major, Chambéry.

23 juillet. — Le régiment quitte Lyon pour se rendre à Strasbourg où il arrive le 24.

1er août. — Effectif des 1er, 2e, 3e, 5e et 6e escadrons de guerre............................ 47 649 631

1er août. — Le dépôt comprend le 4e escadron et le peloton hors-rang. (Effectif : 17 officiers, 222 hommes, 116 chevaux.)

17 août. — Départ d'un détachement pour rejoindre au camp de Châlons les escadrons de guerre....... » 50 25

12 septembre. — Le régiment évadé de Sedan arrive à Chambéry pour se réorganiser.

20 septembre. — Le régiment complètement organisé quitte Chambéry pour se rendre à Rouen où il arrive le 22.

    1er escadron, capitaine Speckel.

    2e escadron, capitaine Renault-Morlière.

    5e escadron, capitaine Lenormand de Kergré.

    6e escadron, capitaine de Lesparda.

Effectif du régiment au départ du dépôt....... 38 514 531

23 septembre — Le dépôt comprend le 3e escadron réorganisé, le 4e escadron et le peloton hors-rang.

1er octobre. — Formation de l'escadron provisoire.

9 octobre. — Départ du 4e escadron pour concourir à la formation du 3e régiment mixte de cavalerie, capitaine de Perrinelle. Cet escadron doit rejoindre à Clermont-Ferrand............................ 4 131 125

26 octobre. — Départ du 3e escadron pour rejoindre à Saumur le 6e régiment mixte de cavalerie, Capitaine de Courcival........................... 6 140 125

	Offic.	Troupe.	Chev.

25 novembre.—Le major Dijols passe chef d'escadrons pour commander en second le 4e régiment de marche de lanciers.

30 novembre. — Le capitaine Saurat est nommé major au corps.

3 décembre. — Formation du 7e escadron (1er de marche).

16 décembre. — Le 7e escadron quitte Chambéry pour se rendre à Chalon-sur-Saône où il doit faire partie de l'armée des Vosges. Capitaine de Batsalle.   6   121   122

29 décembre. — Le dépôt quitte Chambéry pour se rendre à Béziers où il arrive le 31.

9 janvier 1871. — Formation du 8e escadron (2e de marche).

9 janvier. — Départ du 8e escadron pour rejoindre à Moulins le 10e régiment mixte de cavalerie. Capitaine de Salles d'Hys.   6   120   122

26 janvier 1871. -- Le 7e escadron passe au 11e régiment mixte de cavalerie. Lieutenant Fenouil.

1er mars 1871. — Le dépôt comprend l'escadron provisoire et le peloton hors-rang. (Effectif : 8 officiers, 312 hommes, 326 chevaux.)

4e RÉGIMENT — DÉPOT

15 juillet 1870. — Zeude, major, Clermont-Ferrand.

21 juillet. — Le régiment quitte Clermont-Ferrand pour se rendre à Belfort où il arrive le 22.

1er août. — Effectif des 1er, 3e, 4e, 5e et 6e escadrons de guerre.   47   612   634

1er août. — Départ d'un détachement pour rejoindre les escadrons de guerre à Belfort où il arrive le 2 . . . .   »   45   35

1er août. — Le dépôt comprend le 2e escadron et le peloton hors-rang. (Effectif : 16 officiers, 327 hommes, 242 chevaux.)

20 septembre. — Départ du 2e escadron pour rejoindre à Castres le 1er régiment de marche de hussards. Capitaine du Authier   7   123   117

26 septembre. — Le dépôt quitte Clermont-Ferrand pour se rendre à Montauban où il arrive le 27.

1er octobre. — Formation de l'escadron provisoire.

27 octobre. — Formation du 7e escadron (1er de marche).

28 octobre. — Départ du 7e escadron pour rejoindre à Poitiers le 2e régiment de marche de hussards. Capitaine Lerche.   8   140   136

1er novembre. — Le major Zeude passe chef d'escadrons au 5e régiment de marche de dragons. Il est remplacé le même jour par le capitaine Michau, nommé major au corps.

	Offic.	Troupe.	Chev.

10 novembre. — Formation du 8ᵉ escadron (2ᵉ de marche).

13 novembre. — Départ du 8ᵉ escadron pour rejoindre à Angers le 3ᵉ régiment de marche de hussards. Capitaine Moreau.. 4 144 130

1ᵉʳ janvier 1871. — Formation du 9ᵉ escadron (3ᵉ de marche).

3 janvier. — Départ du 9ᵉ escadron pour rejoindre à Libourne le 4ᵉ régiment de marche de hussards. Capitaine Navarre.. 7 140 130

15 février. — Formation du 10ᵉ escadron (4ᵉ de marche).

1ᵉʳ mars 1871. — Le dépôt comprend le 10ᵉ escadron, l'escadron provisoire et le peloton hors-rang. (Effectif : 17 officiers, 453 hommes, 304 chevaux.)

5ᵉ RÉGIMENT — DÉPOT

15 juillet 1870. — Chatelot, major, Joigny.

19 juillet. — Le régiment (1ᵉʳ, 2ᵉ, 3ᵉ et 4ᵉ escadrons) quitte Paris pour se rendre à Niederbronn où il arrive le 20.

23 juillet. — Le régiment part de Niederbronn pour se rendre à Bitche où il arrive le même jour.

25 juillet. — Départ du 5ᵉ escadron de Joigny pour se rendre à Metz où il arrive le 27. Escorte du grand quartier général.

1ᵉʳ août. — Effectif des 1ᵉʳ, 2ᵉ, 3ᵉ, 4ᵉ et 5ᵉ escadrons de guerre....................................... 48 675 645

1ᵉʳ août. — Le dépôt comprend le 6ᵉ escadron et le peloton hors-rang. (Effectif : 15 officiers, 232 hommes, 126 chevaux.)

17 août. — Départ d'un détachement pour rejoindre au camp de Châlons les escadrons de guerre....... » 50 40

28 août. — Le dépôt quitte Joigny pour se rendre à Limoges où il arrive le 1ᵉʳ septembre.

11 septembre. — Départ du dépôt pour se rendre à Carcassonne où il arrive le 12.

14 septembre. — Le 2ᵉ escadron évadé de Sedan rejoint le dépôt.

15 septembre. — Le 2ᵉ escadron réorganisé part pour rejoindre à Tarbes le 2ᵉ régiment mixte de cavalerie. Capitaine Rival... 5 124 113

1ᵉʳ octobre. — Formation du 7ᵉ escadron (1ᵉʳ de marche).

27 octobre. — Départ du 7ᵉ escadron pour rejoindre à Poitiers le 2ᵉ régiment de hussards. Capitaine d'Esclaibes d'Hust... 6 130 115

	Offic.	Troupe.	Chev.

29 octobre. — Le major Chatelot passe chef d'escadrons au 2ᵉ régiment de marche de hussards. Il est remplacé le même jour par le capitaine Verlinde, nommé major au corps.

2 novembre. — Formation du 8ᵉ escadron (2ᵉ de marche).

11 décembre. — Départ du 8ᵉ escadron pour rejoindre à Poitiers le 8ᵉ régiment mixte de cavalerie. Capitaine de Montholon   5   130   110

25 décembre. — Formation du 9ᵉ escadron (3ᵉ de marche).

3 janvier 1871. — Départ du 9ᵉ escadron pour rejoindre à Libourne le 4ᵉ régiment de marche de hussards. Capitaine Allheily   5   120   112

1ᵉʳ mars. 1871. — Le dépôt comprend le 6ᵉ escadron, l'escadron provisoire et le peloton hors-rang. (Effectif : 15 officiers, 290 hommes, 234 chevaux.)

6ᵉ RÉGIMENT — DÉPOT

15 juillet 1870. — de Tinseau, major, Castres.

19 juillet. — Le régiment quitte Castres pour se rendre à Lyon où il arrive le 24.

1ᵉʳ août. — Effectif des 1ᵉʳ, 3ᵉ, 4ᵉ, 5ᵉ et 6ᵉ escadrons de guerre   48   642   605

1ᵉʳ août. — Le dépôt comprend le 2ᵉ escadron et le peloton hors-rang. (Effectif : 15 officiers, 336 hommes, 322 chevaux.)

23 août. — Le régiment quitte Lyon pour se rendre à Paris où il arrive le 24 (3ᵉ, 4ᵉ, 5ᵉ, 6ᵉ escadrons). Le 1ᵉʳ escadron reste à Lyon.

1ᵉʳ septembre. — Le 1ᵉʳ peloton du 3ᵉ escadron fait le service près du général de Wimpfen où il est fait prisonnier. .   2   35   37

2 septembre. — Le régiment (3ᵉ, 4ᵉ, 5ᵉ, 6ᵉ escadrons) appartient au 13ᵉ corps d'armée   35   567   564

21 septembre. — Le 2ᵉ escadron passe au 1ᵉʳ régiment de marche de hussards à Castres. Capitaine Delamain . . .   5   125   115

1ᵉʳ octobre. — Formation de l'escadron provisoire.

15 octobre. — Le 1ᵉʳ escadron part de Lyon pour rejoindre le dépôt à Castres.

30 octobre. — Départ du 1ᵉʳ escadron pour rejoindre à Poitiers le 2ᵉ régiment de marche de hussards. Capitaine Madot   6   145   143

4 novembre. — Le major de Tinseau est nommé lieutenant-colonel pour commander un régiment de marche de cavalerie. Il est remplacé le même jour par le capitaine Le Noble, nommé major au corps.

1ᵉʳ décembre. — Formation du 7ᵉ escadron (1ᵉʳ de marche).

	Offic.	Troupe.	Chev.

6 décembre. — Départ d'un détachement pour rejoindre à l'armée le 1er régiment de marche de hussards . . . . . » 154 »
9 décembre. — Départ de deux détachements pour rejoindre les 1er et 2e régiments du train d'artillerie. . . . . . » 400 »
9 décembre. — Un détachement part pour rejoindre le 13e régiment d'artillerie. . . . . » 50 »
29 décembre. — Départ d'un détachement pour le 2e régiment du train d'artillerie . . . . » 100 »
29 décembre. — Départ d'un détachement pour rejoindre le dépôt du 39e de ligne. . . . . » 120 »
2 janvier 1871. — Le 7e escadron part pour rejoindre à Libourne le 4e régiment de marche de hussards. Capitaine Chevallot 6 120 115
6 janvier. — Formation du 8e escadron (2e de marche). Capitaine Audouard.
20 février. — Départ d'un détachement pour rejoindre le régiment . . . . » 35 35
1er mars 1871. — Le dépôt comprend le 8e escadron, l'escadron provisoire et le peloton hors-rang. (Effectif : 20 officiers, 486 hommes, 363 chevaux.)

7e RÉGIMENT — DÉPOT

15 juillet 1870. — Périgord de Villechenon, major, Senlis.
20 juillet. — Le régiment quitte Versailles pour se rendre à Thionville où il arrive le 21.
1er août. — Effectif des 1er, 2e, 3e, 5e et 6e escadrons de guerre 48 669 657
1er août. — Le dépôt comprend le 4e escadron et le peloton hors-rang. (Effectif : 15 officiers, 278 hommes, 113 chevaux.)
6 septembre. — Le dépôt quitte Senlis pour se rendre à Castres où il arrive le 8.
21 septembre. — Le 4e escadron passe au 1er régiment de marche de hussards à Castres. Capitaine Duchatel. . . . 6 123 115
4 octobre. — Formation du 7e escadron (escadron provisoire).
31 octobre. — Formation des 8e et 9e escadrons (1er et 2e de marche).
1er novembre. — Départ du 8e escadron pour rejoindre à Poitiers, le 2e régiment de marche de hussards. Capitaine Galiment 1 142 136
15 décembre. — Le major Périgord de Villechenon, passé chef d'escadron au 8e régiment mixte de cavalerie, est remplacé le même jour par le capitaine Chapuy, nommé major au corps.

	Offic.	Troupe.	Chev.

4 janvier 1871. — Le 9ᵉ escadron part pour rejoindre à Libourne le 4ᵉ régiment de marche de hussards. Capitaine de Briey.   5   120   115

5 janvier. — Formation du 10ᵉ escadron (3ᵉ de marche). Capitaine Pradel et Lamaze.

1ᵉʳ mars 1871. — Le dépôt comprend le 7ᵉ escadron (escadron provisoire), le 10ᵉ escadron (3ᵉ de marche) et le peloton hors-rang. (Effectif : 14 officiers, 524 hommes, 305 chevaux.)

8ᵉ RÉGIMENT — DÉPOT

15 juillet 1870. — De Chomereau de Saint-André, major, Sétif.

1ᵉʳ août. — Effectif des 6 escadrons en Algérie   60   952   848

25 septembre. — Emplacement du régiment 1ᵉʳ, 2ᵉ, 5ᵉ escadrons à Sétif. 3ᵉ et 4ᵉ escadrons à Sidi-bel-Abbès. 6ᵉ escadron, 2 pelotons à Batna, 2 pelotons à Biskra. Dépôt et peloton hors-rang à Sétif.

24 novembre. — Les 1ᵉʳ et 2ᵉ escadrons partent de Sétif pour se rendre à Bône où ils s'embarquent le 5 décembre. Ces deux escadrons débarquent à Toulon le 12 décembre.

29 novembre. — Les 3ᵉ et 4ᵉ escadrons s'embarquent à Oran et débarquent à Port-Vendres le 5 décembre. Capitaines commandant les 4 escadrons : Minot, Tuefferd, Du Fay et Frémion. Effectif   33   608   552

1ᵉʳ décembre. — Formation de l'escadron provisoire.

15 décembre. — Le dépôt et l'escadron provisoire à Sétif. 5ᵉ escadron Sétif. 6ᵉ escadron, Batna (28 officiers, 982 hommes, 278 chevaux). 5ᵉ et 6ᵉ escadrons, capitaines Descoins et de Saint-Germain.

1ᵉʳ mars 1871. — Le dépôt comprend les 5ᵉ, 6ᵉ escadrons, escadron provisoire et peloton hors-rang. (Effectif : 27 officiers, 933 hommes, 277 chevaux.)

IV. — RÉGIMENTS DE CHASSEURS D'AFRIQUE

1ᵉʳ RÉGIMENT — DÉPOT

15 juillet 1870. — Cabanes, major, Blidah.

23 juillet. — Le régiment quitte Blidah (3ᵉ, 4ᵉ, 5ᵉ, 6ᵉ escadrons) pour aller s'embarquer à Alger.

29 juillet. — Le régiment est débarqué à Toulon et rejoint Lunéville point de concentration de la 1ʳᵉ division de réserve de cavalerie.

1ᵉʳ août. — Effectif des 3ᵉ, 4ᵉ, 5ᵉ et 6ᵉ escadrons de guerre .   44   626   584

	Offic.	Troupe.	Chev.

1er août. — Le dépôt à Blidah comprend les 1er et 2e escadrons et le peloton hors-rang (24 officiers, 395 hommes, 252 chevaux).

24 septembre. — Les 3e, 4e, 5e et 6e escadrons ayant été faits prisonniers de guerre à Sedan sont reconstitués au dépôt.

17 octobre. — Les 1er et 2e escadrons quittent Blidah pour se rendre à Alger où se forme le 1er régiment de marche de chasseurs d'Afrique. Capitaines de Rastignac et Carbillet … 19 … 289 … 264

5 et 6 décembre. — Ces deux escadrons s'embarquent à Alger et débarquent à Toulon le 11.

15 décembre. — Le dépôt comprend les 3e, 4e, 5e et 6e escadrons à Blidah et le peloton hors-rang (35 officiers, 1,317 hommes, 566 chevaux).

14 janvier 1871. — Le 3e escadron quitte Blidah pour se rendre à Alger où il doit concourir à la formation du 3e régiment de marche de chasseurs d'Afrique, capitaine Ulrich. Cet escadron est encore à Alger au 1er mars. . . 6 … 150 … 130

1er mars 1871. — Le dépôt comprend les 3e, 4e, 5e et 6e escadrons et le peloton hors-rang à Alger et Blidah. (Effectif : 42 officiers, 851 hommes, 577 chevaux.) Capitaines commandants les 4e, 5e et 6e escadrons : Danse, de Fritsch et Aymard.

2e RÉGIMENT — DÉPOT

15 juillet 1870. — O'Brien, major, Tlemcen.

19 juillet. — Le régiment quitte Tlemcen pour se rendre à Oran où il arrive le 22. Il s'embarque à Mers-el-Kébir pour la France.

31 juillet. — Le régiment débarque à Toulon et part le 1er août pour Lunéville où il arrive le 4 août.

1er août. — Effectif des 1er, 2e, 5e et 6e escadrons de guerre. 40 … 609 … 568

1er août. — Le dépôt comprend les 3e, 4e escadrons et peloton hors-rang (28 officiers, 368 hommes, 254 chevaux).

24 septembre. — Réorganisation des 1er, 2e, 5e et 6e escadrons.

4 novembre. — Le major O'Brien est nommé lieutenant-colonel. Il est remplacé le même jour par le capitaine de Pignorelle, nommé major au corps.

1er décembre. — Les 3e et 4e escadrons quittent Tlemcen pour se rendre à Oran où ces 2 escadrons entrent dans la formation du 2e régiment de marche de chasseurs d'Afrique.

21 et 22 décembre. — Les 3e et 4e escadrons s'embarquent pour Toulon où ils débarquent le 31 décembre et le

	Offic.	Troupe.	Chev.

3 janvier 1871. Capitaines commandant ces escadrons, Brisson et Traullé. 12 300 260

1er janvier 1871. — Le 1er escadron à Sebdou.

20 janvier. — Le 1er escadron quitte Sebdou pour se rendre à Oran où il doit concourir à la formation du 3e régiment de marche de chasseurs d'Afrique. Capitaine Béheut (5 officiers, 149 hommes, 138 chevaux).

24 janvier. — Le 1er escadron en rassemblement à Oran jusqu'au 2 mars 1871.

1er mars 1871. — Emplacement du dépôt, 2e, 5e et 6e escadrons à Tlemcen, capitaines commandant les 2e, 5e et 6e escadrons : Gaillard, Faget et Fuchey. Peloton hors-rang, Tlemcen (25 officiers, 722 hommes, 596 chevaux).

3e RÉGIMENT — DÉPOT

17 juillet 1870. — Simonot, major, Constantine.

18 juillet. — Le régiment quitte Constantine pour se rendre à Philippeville où il arrive le 19. Il s'embarque le 28 juillet et le 3 août pour Toulon.

1er août. — Effectif des 1er, 2e, 3e et 6e escadrons de guerre . 39 618 509

1er août. — Le dépôt comprend les 4e et 5e escadrons et le peloton hors-rang (30 officiers, 408 hommes, 298 chevaux).

24 septembre. — Réorganisation des 1er, 2e, 3e et 6e escadrons.

22 novembre. — Les 4e et 5e escadrons quittent Constantine pour se rendre à Bône où ils s'embarquent pour la France.

27 novembre. — Les 4e et 5e escadrons débarquent à Marseille d'où ils sont dirigés sur l'armée de la Loire, 1er régiment de marche de chasseurs d'Afrique. Capitaines Cibot et Picory 15 304 273

1er décembre. — Le dépôt comprend les 1er, 2e, 3e, 6e escadrons et le peloton hors-rang à Constantine (25 officiers, 1,239 hommes, 338 chevaux).

20 janvier. — Le 6e escadron est désigné pour faire partie du 3e régiment de marche de chasseurs d'Afrique qui doit se former à Clermont-Ferrand. Il quitte le même jour Constantine pour se rendre à Bône où il doit s'embarquer.

22 janvier. — Le 6e escadron à Bône. Capitaine Torel (6 officiers, 158 hommes, 132 chevaux).

1er mars 1871. — Emplacement du dépôt, 1er escadron à Soukaras, capitaine Jeantet (6 officiers, 151 hommes,

	Offic.	Troupe.	Chev.

113 chevaux). 2e, 3e escadrons et peloton hors-rang à Constantine, capitaines commandant les 2e et 3e escadrons, Péan et Delorme (9 officiers, 666 hommes, 206 chevaux), 6e escadron, capitaine Torel en rassemblement à Bône (6 officiers, 158 hommes, 132 chevaux).

4e RÉGIMENT — DÉPOT

15 juillet 1870. — Rivet, major, Mascara.

20 juillet. — Le régiment quitte Mascara pour se rendre à Oran où il doit s'embarquer pour la France.

5, 6, et 7 août. — Le régiment s'embarque en trois fractions à Mers-el-Kébir et débarque à Toulon les 8, 10 et 11 août.

1er août. — Effectif des 1er, 2, 3e et 4e escadrons de guerre .	40	618	569

1er août. — Le dépôt comprend les 5e et 6e escadrons et le peloton hors-rang (28 officiers, 356 hommes, 253 chevaux).

24 septembre. — Réorganisation au dépôt des escadrons faits prisonniers de guerre à Sedan (1er, 2e, 3e et 4e escadrons).

14 octobre. — Le major Rivet est nommé lieutenant-colonel au 1er régiment de chasseurs d'Afrique. Il est remplacé le même jour par le capitaine Lafont nommé major au corps.

1er novembre. — Le 6e escadron est à Saïda.

2 décembre. — Les 5e et 6e escadrons partent de Mascara et de Saïda pour rejoindre Oran où ils doivent entrer dans la formation du 2e régiment de marche de chasseurs d'Afrique.

21 décembre. — Le 5e escadron s'embarque à Oran. Le 6e escadron s'embarque à Mers-el-Kébir le 24. Les 2 escadrons débarquent à Toulon le 31. Capitaines commandant Derigny et Rodde	12	299	26

22 janvier 1871. — Le 1er escadron quitte Mascara pour se rendre à Oran où il doit entrer dans la formation du 3e régiment de marche de chasseurs d'Afrique.

26 janvier. — L'escadron en rassemblement à Oran jusqu'au 3 mars 1871, capitaine de Vivès (6 officiers, 157 hommes, 130 chevaux).

1er mars 1871. — Emplacement du dépôt, 2e, 3e, 4e escadrons, capitaines Hecquet, Rambaud et Astruc, peloton hors-rang. (Effectif : 28 officiers, 791 hommes, 607 chevaux.)

V. — RÉGIMENTS DE SPAHIS

1ᵉʳ RÉGIMENT — DÉPOT

	Offic.	Troupe.	Chev.
15 juillet 1870. — Bruneau, major, à Médéah.			
1ᵉʳ août. — Effectif du régiment (57 officiers, 904 hommes, 875 chevaux).			
1ᵉʳ août. — Le régiment occupe les emplacements suivants : état-major et peloton hors-rang, Médéah. 1ᵉʳ escadron, Laghouat. 2ᵉ escadron, Teniet-el-Haad. 3ᵉ escadron, Berrouaghuia. 4ᵉ escadron, Moudjbeur. 5ᵉ escadron, Aumule. 6ᵉ escadron, au Sénégal.			
27 août. — Départ d'une division du 5ᵉ escadron pour Alger. Capitaine de Balincourt	4	60	61
28 août. — La division s'embarque pour Toulon où elle débarque le 31. Cette division entre dans la formation d'un escadron de marche de spahis qui est dirigé sur Paris.			
6 septembre. — Formation à Paris de l'escadron de marche avec des détachements des 3 régiments. Capitaine de Balincourt.			
17 novembre. — Formation à Médéah d'un escadron de marche pour concourir à la formation du régiment des éclaireurs algériens en formation à Alger. Capitaine Leroux	6	124	130
17 novembre. — L'escadron de marche quitte Médéah pour se rendre à Alger où il s'embarque pour la France, débarque à Toulon le 24.			
27 janvier 1871. — Le 5ᵉ escadron part pour Alger où il doit s'embarquer pour se rendre à Agen concourir à la formation du 1ᵉʳ régiment de marche de spahis.			
1ᵉʳ février. — Le 5ᵉ escadron reçoit l'ordre de rentrer à Médéah (8 officiers, 150 hommes, 173 chevaux).			
1ᵉʳ mars 1871. — Emplacement du régiment, Médéah, Laghouat, Teniet-el-Haad, Berrouaghuia, Moudjbeur, Médéah (40 officiers, 870 hommes, 700 chevaux).			

2ᵉ RÉGIMENT — DÉPOT

15 juillet. — Gaume, major, Oran.

1ᵉʳ août. — Effectif du régiment : 66 officiers, 1,070 hommes, 1,089 chevaux.

1ᵉʳ août. — Le régiment occupe les emplacements suivants : état-major et peloton hors-rang, Oran ; 1ᵉʳ escadron, Bled-Chabâa ; 2ᵉ escadron, Sidi-Medjahed ; 3ᵉ escadron,

	Offic.	Troupe.	Chev.

Tlemcen ; 4ᵉ escadron, Oued-Telagh ; 5ᵉ escadron, Ouizert ; 6ᵉ escadron, Aïn-Kerma.

26 août. — Un peloton du régiment part d'Oran pour Alger sous les ordres du lieutenant Bailly. Ce détachement quitte Alger le 28 et débarque à Toulon le 31. 1   34   35

6 septembre. — Formation à Paris d'un escadron de marche de spahis avec les détachements des 3 régiments.

17 novembre. — Formation d'un escadron de marche.

18 novembre. — L'escadron de marche s'embarque à Mers-el-Kebir et débarque à Toulon le 21. Cet escadron passe au régiment d'éclaireurs algériens. Capitaine de la Roque   6   132   141

20 novembre. — Le major Gaume est nommé lieutenant-colonel au 2ᵉ régiment de chasseurs d'Afrique. Il est remplacé le même jour par le capitaine Heurtaux, nommé major au corps.

20 janvier 1871. — Le 3ᵉ escadron est à Oran où il doit se tenir prêt à s'embarquer pour la France étant désigné pour concourir à la formation d'un régiment de marche de spahis à Agen.

1ᵉʳ mars 1871. — Le régiment occupe les emplacements suivants : Oran, Bled-Chabâa, Sidi-Medjahed, l'Oued-Telagh, Ouizert, Aïn-Kerma (54 officiers, 1,055 hommes, 1,040 chevaux).

3ᵉ RÉGIMENT — DÉPOT

15 juillet 1870. — Calendini, major, Constantine.

1ᵉʳ août. — Effectif du régiment (66 officiers, 1,078 hommes, 1,081 chevaux).

1ᵉʳ août. — Emplacement du régiment : état-major et peloton hors-rang, Constantine ; 1ᵉʳ escadron, Aïn-Abessa ; 2ᵉ escadron, Aïn-Touta ; 3ᵉ escadron, Tébessa ; 4ᵉ escadron, El-Méridj ; 5ᵉ escadron, Aïn-Guettar ; 6ᵉ escadron, Bou-Hadjar.

24 août. — Départ de Constantine d'un détachement (1ʳᵉ division) pour se rendre à Alger. Capitaine Teillard. . .   3   51   57

28 août. — Ce détachement s'embarque à Alger et débarque à Toulon le 31.

6 septembre. — Formation à Paris de l'escadron de marche de spahis.

25 novembre. — Formation à Constantine d'un escadron de marche. Capitaine Strohl.   9   135   141

29 novembre. — L'escadron de marche quitte Constantine pour se rendre à Bône.

1ᵉʳ décembre. — Départ de l'escadron de marche et débarquement à Toulon le 11. Cet escadron passe au régiment des éclaireurs algériens.

20 janvier 1871. — Le 3ᵉ escadron quitte Constantine pour se rendre à Bône où il doit s'embarquer pour la France, devant concourir à la formation du 1ᵉʳ régiment de marche de spahis à Agen. Capitaine Fleury (5 officiers, 138 hommes, 140 chevaux).

28 janvier. — Le 3ᵉ escadron entre dans la formation d'une colonne qui doit opérer en Kabylie.

1ᵉʳ mars 1871. — Le régiment occupe les emplacements suivants : Constantine, Aïn-Abessa, Aïn-Touta, El-Méridj, Aïn-Guettar, Boua-Hdjar (54 officiers, 1,424 hommes, 1,388 chevaux).

CHAPITRE III

I. — Compagnies de cavaliers de remonte.

COMPAGNIES DE CAVALIERS DE REMONTE DE L'INTÉRIEUR
1ʳᵉ COMPAGNIE — CAEN

15 juillet 1870. — Morin, capitaine.

1ᵉʳ août. — Effectifs : Caen, 3 officiers, 166 hommes, 3 chevaux ; Saint-Lô, 1 officier, 58 hommes, 1 cheval ; Alençon, 1 officier, 44 hommes, 1 cheval ; Bec-Hellouin, 1 officier, 46 hommes ; soldats ordonnances, 76 hommes. Total, 6 officiers, 390 hommes, 5 chevaux.

	Offic.	Troupe.	Chev.
1ᵉʳ août. — Effectif à l'armée du Rhin.	»	51	»

1ᵉʳ septembre. — La compagnie à Caen : 2 officiers, 173 hommes, 3 chevaux ; Saint-Lô, 1 officier, 58 hommes, 2 chevaux ; Alençon, 1 officier, 44 hommes, 1 cheval.

1ᵉʳ septembre. — La compagnie quitte Caen pour se rendre à Saint-Malo.

1ᵉʳ octobre. — Effectif de la compagnie et des détachements : Saint-Malo, 2 officiers, 173 hommes, 3 chevaux ; Dol, 1 officier, 52 hommes ; Saint-Servan, 1 officier, 45 hommes, 1 cheval ; Saint-Lô, 2 officiers, 60 hommes, 1 cheval ; soldats ordonnances, 75 hommes.

14 novembre. — Le capitaine Morin est nommé chef d'escadrons au 12ᵉ régiment de dragons.

22 novembre. — Le lieutenant Ravat est nommé capitaine pour commander la compagnie.

1ᵉʳ décembre. — Effectif de la compagnie : Saint-Malo, 1 officier, 59 hommes, 1 cheval ; Caen, 2 officiers, 174 hommes, 2 chevaux ; Saint-Lô, 1 officier, 50 hommes, 1 cheval ; Alençon, 1 officier, 39 hommes, 1 cheval ; soldats ordonnances, 73 hommes.

1er janvier 1871. — La compagnie occupe le même emplacement.

1er mars. — Capitaine Ravat. Effectif : 7 officiers, 358 hommes, 4 chevaux.

2e COMPAGNIE — FONTENAY-LE-COMTE

15 juillet 1870. — Roussel, capitaine.

1er août. — Effectif : Fontenay, 3 officiers, 122 hommes, 2 chevaux ; Angers, 1 officiers, 57 hommes, 1 cheval ; Saumur, 91 hommes ; Saint-Maixent, 1 officier, 54 hommes, 1 cheval ; Guingamp, 1 officier, 61 hommes, 1 cheval ; Saint-Jean-d'Angely, 63 hommes ; soldats ordonnances, 110 hommes. Total, 6 officiers, 558 hommes, 5 chevaux.

1er août. — Effectif à l'armée du Rhin. . . . . » 49 »

1er octobre. — Effectif de la compagnie et des détachements : 5 officiers, 605 hommes, 2 chevaux.

1er décembre. — **Effectif de la compagnie et des détachements** : Fontenay, 4 officiers, 110 hommes, 2 chevaux ; Tours, 1 officier, 11 hommes, 1 cheval ; Angers, 79 hommes ; Saint-Maixent, 55 hommes ; Guingamp, 1 officier, 57 hommes, 1 cheval ; Saint-Jean-d'Angély, 82 hommes ; Saumur, 77 hommes ; soldats ordonnances, 151 hommes.

1er janvier 1871. — Effectif de la compagnie : 6 officiers, 444 hommes, 3 chevaux ; soldats ordonnances, 177 hommes.

1er mars. — Capitaine Roussel. Effectif : 4 officiers, 178 hommes, 4 chevaux ; soldats ordonnances, 165 hommes.

3e COMPAGNIE — TARBES

15 juillet 1870. — Bestagne, capitaine.

1er août. — Effectif : Tarbes, 3 officiers, 90 hommes, 3 chevaux ; Auch, 1 officier, 45 hommes, 1 cheval ; Agen, 1 officier, 50 hommes, 1 cheval ; Mérignac, 1 officier, 59 hommes, 1 cheval ; soldats ordonnances, 197 hommes. Total, 6 officiers, 437 hommes, 6 chevaux.

1er septembre. — La compagnie occupe les mêmes emplacements.

1er octobre. — Effectif de la compagnie et des détachements : 6 officiers, 513 hommes, 5 chevaux.

	Offic.	Troupe.	Chev.

1er décembre. — Effectif : Tarbes, 5 officiers, 114 hommes, 3 chevaux ; Agen, 1 officier, 78 hommes, 1 cheval ; Mérignac, 1 officier, 110 hommes ; soldats ordonnances, 210 hommes.

1er janvier 1871. — Effectif de la compagnie : 6 officiers, 243 hommes, 4 chevaux ; soldats ordonnances, 214 hommes.

1er mars. — Capitaine Bestagne. Effectif : 6 officiers, 274 hommes, 4 chevaux ; soldats ordonnances, 207 hommes.

4e COMPAGNIE — GUÉRET

15 juillet 1870. — Sarrazin, capitaine.

1er août. — Effectif : Guéret, 3 officiers, 59 hommes, 3 chevaux ; Mâcon, 1 officier, 65 hommes, 1 cheval ; Aurillac, 1 officier, 42 hommes, 1 cheval ; soldats ordonnances, 162 hommes. Total, 5 officiers, 328 hommes, 5 chevaux.

1er août. — Effectif à l'armée du Rhin . . . . » 43 »

1er septembre. — La compagnie occupe les mêmes emplacements.

1er octobre. — Effectif de la compagnie et des détachements, 3 officiers, 363 hommes, 3 chevaux.

1er décembre. — Effectif : Guéret, 3 officiers, 93 hommes, 3 chevaux ; Chambéry, 1 officier, 85 hommes ; Aurillac, 1 officier, 52 hommes, 1 cheval ; soldats ordonnances, 178 hommes.

1er janvier 1871. — Effectif de la compagnie : 6 officiers, 161 hommes, 5 chevaux ; soldats ordonnaces, 184 hommes.

1er mars. — Capitaine Sarrazin. Effectif : 7 officiers, 240 hommes, 7 chevaux ; soldats ordonnances, 181 hommes.

5e COMPAGNIE — SAMPIGNY

15 juillet 1870. — Badé, capitaine.

1er août. — Effectif : Sampigny, 3 officiers, 101 hommes, 3 chevaux ; Faverny, 1 officier, 44 hommes, 1 cheval ; Villers, 1 officier, 40 hommes ; soldats ordonnances, 181 hommes ; Metz, 1 officier, 39 hommes, 1 cheval. Total, 6 officiers, 417 hommes, 5 chevaux.

1er août. — Effectif à l'armée du Rhin . . . . » 75 »

1er août. — La compagnie quitte Sampigny pour se rendre à Verdun et de là à Vitry-le-François où elle arrive le 14.

17 août. — Départ de la compagnie pour Amiens.

	Offic.	Troupe.	Chev.

1er septembre. — La compagnie quitte Amiens pour se rendre à Orange où elle arrive le 3.
1er octobre. — Effectif de la compagnie et de ses détachements : 6 officiers, 436 hommes, 5 chevaux.
1er décembre. — Effectif : Orange, 3 officiers, 110 hommes, 3 chevaux ; Marseille, 51 hommes ; Chambéry, 1 officier, 30 hommes, 1 cheval ; soldats ordonnances, 191 hommes.
1er janvier 1871. — Effectif de la compagnie : 6 officiers, 176 hommes, 6 chevaux ; soldats ordonnances, 188 hommes.
1er mars. — Capitaine Badé. Effectif : 6 officiers, 220 hommes, 6 chevaux ; soldats ordonnances, 193 hommes.

6e COMPAGNIE — PARIS

15 juillet 1870. — Chapuy, capitaine.
1er août. — Effectif : Paris, 5 officiers, 282 hommes, 5 chevaux ; soldats ordonnances, 177 hommes. Total, 5 officiers, 459 hommes, 5 chevaux.

	Offic.	Troupe.	Chev.
1er août. — Effectif à l'armée du Rhin	1	50	»
1 cheval ; soldats ordonnances, 316 hommes. Total, 1 officier, 316 hommes, 1 cheval.	1	316	1

1er septembre. — La compagnie à Paris.
septembre. — La compagnie quitte Paris pour se rendre à Saint-Malo où elle arrive le

1er octobre. — Effectif de la compagnie : Saint-Malo, 5 officiers, 198 hommes, 3 chevaux ; Paris 753 hommes . . .	»	753	»

1er décembre. — Effectif : Saint-Malo, 3 officiers, 74 hommes, 8 chevaux ; Caen, 2 officiers, 24 hommes, 2 chevaux ; Saumur, 1 officier, 3 hommes, 1 cheval ; Paris, 118 hommes ; soldats ordonnances, 620 hommes.
1er janvier 1871. — Effectif de la compagnie : 3 officiers, 200 hommes, 3 chevaux ; soldats ordonnances, 614 hommes.
1er mars. — Capitaine Chapuy. Effectif : 4 officiers, 186 hommes, 3 chevaux ; soldats ordonnances, 606 hommes.

COMPAGNIES DE CAVALIERS DE REMONTE DE L'ALGÉRIE

1re COMPAGNIE — BLIDAH

15 juillet 1870. — Teston, capitaine.
1er août. — Effectifs : Blidah, 3 officiers, 126 hommes, 6 chevaux ; Alger, 1 officier, 41 hommes, 2 chevaux ; Milianiah, 1 officier, 12 hommes, 2 chevaux ; Aumale, 1 offi-

cier, 18 hommes, 2 chevaux; Orléansville, 7 hommes;
Médéah, 8 hommes; soldats ordonnances, 214 hommes.
Total, 6 officiers, 426 hommes, 12 chevaux.

	Offic.	Troupe.	Chev.
1er *août* — Effectif à l'armée du Rhin	»	27	»

1er octobre. — La compagnie occupe les mêmes emplacements : 6 officiers, 450 hommes, 7 chevaux.

1er décembre. — Effectif de la compagnie : 6 officiers, 430 hommes, 12 chevaux.

1er janvier 1871. — Effectif de la compagnie : 6 officiers, 425 hommes, 12 chevaux.

1er mars. — Capitaine Teston. Effectif : 5 officiers, 416 hommes, 11 chevaux.

2e COMPAGNIE — MOSTAGANEM

15 juillet 1870. — Boué, capitaine.

1er août. — Effectifs : Mostaganem, 5 officiers, 158 hommes, 9 chevaux; Oran, 1 officier, 49 hommes, 2 chevaux; Mascara, 11 hommes; Tlemcen, 11 hommes; Bel-Abbès, 11 hommes; Tiaret, 14 hommes; Zemmorah, 10 hommes; soldats ordonnances, 111 hommes. Total, 6 officiers, 337 hommes, 13 chevaux.

	Offic.	Troupe.	Chev.
1er *août.* — Effectif à l'armée du Rhin	»	26	»

1er octobre. — La compagnie occupe les mêmes emplacements : 6 officiers, 454 hommes, 9 chevaux.

4 octobre. — Le capitaine Boué est nommé major au 2e régiment de dragons.

22 novembre. — Le lieutenant Martin de la 3e compagnie d'Afrique est nommé capitaine commandant la compagnie.

1er décembre. — Effectif de la compagnie : 5 officiers, 307 hommes, 10 chevaux; soldats ordonnances, 114 hommes.

1er janvier 1871. — Effectif de la compagnie : 6 officiers, 319 hommes, 9 chevaux.

1er mars. — Capitaine Martin. Effectif : 6 officiers, 315 hommes, 9 chevaux.

3e COMPAGNIE — CONSTANTINE

15 juillet 1870. — Bourdin, capitaine.

1er août. — Effectifs : Constantine, 5 officiers, 152 hommes, 8 chevaux; Bône, 78 hommes; Sétif, 1 officier, 20 hommes,

	Offic.	Troupe.	Chev.

2 chevaux ; Guelma, 14 hommes ; soldats ordonnances, 150 hommes. Total, 6 officiers, 414 hommes, 10 chevaux.

1er août. — Effectif à l'armée du Rhin. . . . . » 21 »

1er octobre. — La compagnie occupe les mêmes emplacements : 6 officiers, 454 hommes, 11 chevaux.

1er décembre. — Pouzet, lieutenant commandant la compagnie. Effectif : 6 officiers, 433 hommes, 12 chevaux.

1er janvier 1871. — Effectif de la compagnie : 6 officiers, 292 hommes, 10 chevaux ; soldats ordonnances, 126 hommes.

1er mars. — Capitaine Bourdin. Effectif : 6 officiers, 288 hommes, 11 chevaux ; soldats ordonnances, 125 hommes.

QUATRIÈME PARTIE
Artillerie

CHAPITRE PREMIER
(1) 1ᵉʳ RÉGIMENT MONTÉ — DÉPÔT

	Offic.	Troupe.	Chev.
15 juillet 1870. — Dubois, major, Metz.			
16 juillet. — Création d'un cadre de dépôt. Capitaine Stiltz.			
16 juillet. — Ordre de mobiliser les 8 batteries montées.			
18 juillet. — Décret qui prescrit de dédoubler les 1ʳᵉ et 2ᵉ batteries à pied et d'organiser les 3ᵉ et 4ᵉ batteries en batteries montées sur le pied de guerre.			
19 juillet. — Départ des 5ᵉ, 6ᵉ, 7ᵉ, 8ᵉ, 9ᵉ, 10ᵉ batteries montées pour se rendre à Thionville au 4ᵉ corps d'armée. Capitaines de Saint-Germain, Erb, Prunot, Guérin, Baritot, Desvaux.			
29 juillet. — Départ du camp de Châlons pour se rendre à Thionville des 11ᵉ et 12ᵉ batteries montées, capitaines Florentin et Gastine. Ces deux batteries sont versées à la réserve d'artillerie du 4ᵉ corps.			
31 juillet. — Départ d'un détachement de 50 hommes pour rejoindre à Saint-Omer le 1ᵉʳ régiment du train d'artillerie	»	50	»
1ᵉʳ août. — Effectif des 8 batteries montées à l'armée du Rhin.	37	1435	1115
1ᵉʳ août. — Le dépôt comprend les 1ʳᵉ batterie principale, 1ʳᵉ *bis*, 2ᵉ principale, 2ᵉ *bis*, 3ᵉ et 4ᵉ batteries, cadre de dépôt et peloton hors-rang. (Effectif : 26 officiers, 987 hommes, 312 chevaux).	26	987	312

---

(1) La 3ᵉ batterie qui devait atteler des mitrailleuses fut transformée en batterie à pied, le 18 août.

La 4ᵉ batterie qui devait atteler du 12 rayée de campagne, fut transformée en batterie à pied le 18 août.

Le détachement qui prit part à la défense de Thionville comprenait des hommes des 1ʳᵉ batterie principale, 2ᵉ batterie principale et 2ᵉ batterie *bis*.

Un détachement de la 3ᵉ batterie quitte Metz le 6 août pour se rendre à Meudon. Sous-lieutenant Lezan.

	Offic.	Troupe.	Chev.
2 août. — Départ d'un détachement de 50 hommes pour rejoindre à Saint-Omer le 1er régiment du train d'artillerie où il est versé	»	50	»
9 août. — Départ d'un détachement de 100 hommes pour le 1er régiment du train d'artillerie à Saint-Omer. . . .	»	100	»
15 août. — Emplacement des batteries au dépôt : 1re batterie principale, capitaine Giraud, fort Queuleu ; 1re batterie *bis*, sous-lieutenant Bauzemont, forts Saint-Julien, des Carrières, Queuleu et corps de place : 2e batterie principale, capitaine Bidegain, à Thionville (détachement).	3	58	»

2e batterie principale portion de Metz, lieutenant Thibon, forts Bellecroix et de Gisors ; 2e batterie *bis*, capitaine Peigné, au fort Bellecroix ; 3e batterie, capitaine Serraz, fort Saint-Julien et corps de place ; 4e batterie, capitaine Bonnet, forts des Carrières, Saint-Quentin et corps de place ; cadre de dépôt, capitaine Stiltz, forts de Carrières, Saint-Quentin, Queuleu et corps de place. Peloton hors-rang, Metz.

	Offic.	Troupe.	Chev.
15 septembre. — Le dépôt comprend les 1re, 1re *bis*, 2e, 2e *bis* et batterie de dépôt, la section hors-rang. (Effectif : 22 officiers, 855 hommes, 246 chevaux.)			
29 octobre. — Le dépôt est prisonnier de guerre à la capitulation de la place (15 officiers, 870 hommes)	15	870	»
25 novembre. — Le détachement de Thionville est prisonnier de guerre par suite de la capitulation de la place (4 officiers, 60 hommes)	4	60	»

2e RÉGIMENT MONTÉ — DÉPOT

15 juillet 1870. — Cuvillier, major, Grenoble.

16 juillet. — Création d'un cadre de dépôt. Capitaine Patureau.

16 juillet. — Ordre de mobiliser les 8 batteries montées.

18 juillet. — Dédoublement des 1re et 2e batteries à pied et organisation des 3e et 4e batteries à pied en batteries montées.

18 juillet. — Formation des 1re et 2e batteries *bis*.

18 juillet. — Départ de Lyon des 7e et 8e batteries montées pour se rendre à Bitche où elles arrivent le 19. Capitaines Dulon et Kramer.

19 juillet. — Départ de Grenoble des 6e, 10e, 11e et 12e batteries pour Bitche où elles arrivent le 20. Capitaines de Tessières, Chardon, Caré et Vallantin.

	Offic.	Troupe.	Chev.

23 juillet. — Départ d'un détachement pour rejoindre à Lyon le parc du 5e corps d'armée, sous-lieutenant Ragiot. Ce détachement a été tiré de la 1re batterie principale. . 1   50   1

23 juillet. — Départ des 5e et 9e batteries pour Bitche où elles arrivent le 24. Capitaines Arnould et Bès-de-Berc.

30 juillet. — Départ d'un détachement pour Auxonne où il est versé au 2e régiment du train d'artillerie . . . . . .   »   199   »

31 juillet. — Départ d'un détachement pour Auxonne où il est versé au 2e régiment du train d'artillerie . . . . . .   »   100   »

1er août. — Effectif des batteries et détachements à l'armée du Rhin   40   1184   958

1er août. — Le dépôt comprend les 1re, 1re *bis*, 2e, 2e *bis*, 3e, 4e batteries, cadre de dépôt et peloton hors-rang (27 officiers, 862 hommes, 137 chevaux).

5 août. — Départ des 2e, 2e *bis* pour Lyon où elles arrivent le même jour. Capitaines Marion et Frésouls   4   150   8

5 août. — La 3e batterie rentre au dépôt à Grenoble venant de Lyon. Capitaine Roux.

7 août. — Transformation des 3e et 4e batteries à pied en batteries montées.

11 août. — Départ de la 3e batterie montée pour Lyon. Elle quitte Lyon le 14 pour Vincennes où elle arrive le 15. .   4   148   122

15 août. — Départ de la 4e batterie montée pour Vincennes où elle arrive le 16. Capitaine Foncin.   4   148   122

29 août. — Formation de la batterie de marche à pied n° 1.

29 août. — Formation de la batterie de marche montée n° 1.

29 août. — La batterie à pied de marche prend le n° 13 et la batterie montée de marche prend le n° 17.

29 août. — Départ de la 13e batterie à pied, pour se rendre à Vincennes où elle arrive le 30. Sous-lieutenant Noyon.   1   200   1

31 août. — Départ de la 17e batterie montée pour se rendre à Paris où elle arrive le 4 septembre. Capitaine Buloz. .   4   148   122

7 septembre. — Départ de la 1re batterie principale pour se rendre à Paris où elle arrive le 8. Capitaine Malfroy. .   1   200   2

27 septembre. — Les 2e batteries principale et *bis* quittent Lyon pour se rendre à Grenoble où elles arrivent le même jour.

28 septembre. — Formation de la 18e batterie montée, elle part le même jour pour se rendre à Nevers. Capitaine Zicquel   3   120   92

28 septembre. — Formation et départ de la 19e batterie montée pour se rendre à Bourges. Capitaine Wartelle. .   3   195   164

9 octobre. — Formation de la 20e batterie montée.

10 octobre. — Départ de la 20e batterie pour se rendre à Bourges. Capitaine Cerbon   3   195   164

	Offic.	Troupe	Chev.

19, 23 et 27 octobre. — Départ par fraction de la 21ᵉ batterie montée formée le 19. Cette batterie est dirigée sur Nantes où elle doit recevoir son matériel. Capitaine Raymond . | 3 | 121 | 95

27 octobre. — Un détachement de la 1ʳᵉ batterie *bis* au fort Barreaux. Sous-lieutenant Rey . . . . | 1 | 105 | 1

3 novembre. — La 1ʳᵉ batterie *bis* à pied est transformée en batterie mixte, elle part pour Tours où elle arrive le 4. Capitaine Torchon. . . . . | 2 | 89 | 7

3 novembre. — La 2ᵉ batterie principale à pied est transformée en batterie mixte et part le même jour pour Tours où elle arrive le 4. Capitaine Marion . . . . . . | 2 | 89 | 7

13 novembre. — Formation de la 22ᵉ batterie montée.

14 novembre. — Départ de la 22ᵉ batterie pour se rendre à Nevers. Capitaine Brienne . . . . | 3 | 120 | 94

18 novembre. — Formation de la batterie de montagne nº 1.

19 novembre. — Départ de la batterie de montagne nº 1 pour se rendre à Bourges. Sous lieutenant Dupont . . . | 1 | 54 | 2

Cette batterie a été licenciée à Nevers le 24 décembre.

23 novembre. — Départ d'un détachement pour rejoindre la 21ᵉ batterie . . . . | » | 32 | »

23 novembre. — Formation de la 2ᵉ batterie de montagne.

24 novembre. — Départ de la batterie de montagne nº 2 pour se rendre à Orléans. Sous-lieutenant Avignon . . . | 1 | 95 | 46

Cette batterie est licenciée le 24 décembre à Nevers.

25 novembre. — Formation des 23ᵉ et 24ᵉ batteries montées.

26 novembre. — Formation de la 25ᵉ batterie montée.

1ᵉʳ décembre. — Départ de la 23ᵉ batterie pour Orléans. Capitaine Herment. . . . . | 3 | 120 | 94

4 décembre. — Formation de la 26ᵉ batterie montée.

14 décembre. — Départ de la 24ᵉ batterie pour la Charité où elle arrive le 18. Capitaine de Condé. . . . . | 3 | 120 | 94

19 décembre. — Départ de la 25ᵉ batterie pour se rendre à Bourg. Capitaine Malenfer . . . . | 3 | 195 | 166

21 décembre — Départ d'un détachement pour rejoindre les batteries du régiment à l'armée de l'Est. . . . . . . | » | 50 | »

23 décembre. — Formation de la 27ᵉ batterie montée.

29 décembre. — Départ d'un détachement pour rejoindre au Mans les batteries du corps. . . . . | » | 50 | »

3 janvier 1871 — Départ d'un détachement pour Dôle . . | » | 38 | »

6 janvier. — Formation de la 28ᵉ batterie montée.

8 janvier. — Départ d'un détachement pour le Mans. . . . | » | 22 | »

12 janvier. — Départ d'un détachement pour rejoindre à Besançon les batteries du régiment à l'armée de l'Est. . | » | 100 | »

15 janvier. — Départ de la 26ᵉ batterie pour Issoudun. Capitaine Pion. . . . . | 3 | 120 | 94

	Offic.	Troupe.	Chev.

26 janvier. — Formation de la 29ᵉ batterie montée.

26 janvier. — La 27ᵉ batterie quitte Grenoble pour se rendre à Dijon où elle arrive le 27. Capitaine Carré 3 125 103

30 janvier. — Formation de la 30ᵉ batterie montée.

4 février. — La 28ᵉ batterie part pour Coutras. Lieutenant Douradou. 3 125 103

21 février. — La 29ᵉ batterie quitte Grenoble pour se rendre à Bourg. Capitaine Mirey. 1 124 97

27 février. — La 30ᵉ batterie quitte Grenoble pour se rendre à Chambéry. Capitaine Vallantin 3 125 102

1ᵉʳ mars 1871. — Le dépôt comprend la batterie de dépôt et le peloton hors-rang. (Effectif : 18 officiers, 877 hommes, 407 chevaux.) Un détachement au fort Barreaux (1 officier, 27 hommes).

3ᵉ RÉGIMENT MONTÉ — DÉPOT

15 juillet 1870. — Fraissignes, major, Alger.

18 juillet. — Par décision, la 1ʳᵉ et la 2ᵉ batteries furent dédoublées et formèrent la 1ʳᵉ batterie *bis* et la 2ᵉ *bis* à pied.

18 juillet. — Les 3ᵉ et la 4ᵉ batteries à pied sont transformées en batteries montées.

27 juillet. — La 6ᵉ batterie (montagne) s'embarque à Alger pour l'armée du Rhin, capitaine Baud. Elle débarque à Toulon le 1ᵉʳ août.

1ᵉʳ août. — Effectif de la 6ᵉ batterie à l'armée du Rhin. . . 5 232 113

1ᵉʳ août. — L'effectif du corps était de 62 officiers, 2,020 hommes, 906 chevaux. Régiment et dépôt en Algérie.

4 août. — La 8ᵉ batterie (montagne) s'embarque à Stora pour faire partie de l'armée du Rhin, débarque à Toulon le 9. Capitaine Déthorey 4 179 121

4 août. - La 12ᵉ batterie (montagne) s'embarque à Mers-el-Kébir, débarque à Toulon le 10. Capitaine Larquet. . . 4 238 130

26 août. — Dédoublement à Bourges des 8ᵉ et 12ᵉ batteries et leur formation en 4 batteries mixtes. La 8ᵉ batterie forme la 17ᵉ et la 12ᵉ batterie la 18ᵉ.

29 août. — Formation à Alger des 13ᵉ, 14ᵉ, 15ᵉ et 16ᵉ batteries.

1ᵉʳ septembre. — Formation des 17ᵉ et 18ᵉ batteries à Bourges.

17ᵉ batterie, capitaine Blandin de Chalain 2 88 4

18ᵉ batterie, capitaine Lesage. 2 119 16

3 septembre. — Les 13ᵉ, 14ᵉ batteries sont formées en batteries mixtes.

	Offic.	Troupe.	Chev.
13ᵉ batterie, formée à Alger, capitaine Paris. . .	2	77	4
14ᵉ batterie, formée à Oran, capitaine Le Bourg . . .	2	79	4

4 septembre. — Les 15ᵉ et 16ᵉ batteries sont formées en batteries mixtes.

15ᵉ batterie, formée à Alger, capitaine Faivre.. . .	2	98	14
16ᵉ batterie, formée à Alger, capitaine Boutolle. . .	2	91	14

6 septembre. — Les 13ᵉ, 15ᵉ et 16ᵉ batteries s'embarquent à Alger et débarquent à Marseille le 9.

7 septembre. — La 14ᵉ batterie formée à Oran s'embarque à Mers-el-Kebir et débarque à Marseille le 10.

14 septembre. — Formation à Alger d'une batterie de dépôt. Sous-lieutenant Demangeon.

10 novembre. — La 4ᵉ batterie (montée) s'embarque à Alger pour rejoindre l'armée de la Loire. Elle débarque à Toulon le 14.

12 novembre. — La 3ᵉ batterie (montée) s'embarque à Stora pour l'armée de la Loire. Elle débarque à Toulon le 15.

3ᵉ batterie, capitaine Crespy	3	121	86
4ᵉ batterie, capitaine Croux.	3	124	94

12 novembre. — Création de 4 nouvelles batteries de montagne numérotées d'abord 19ᵉ, 20ᵉ, 21ᵉ, 22ᵉ. Les 19ᵉ et 20ᵉ batteries furent formées le 19 à Alger par le dédoublement de la 1ʳᵉ batterie principale, la 1ʳᵉ batterie *bis* prit alors le nom de 1ʳᵉ batterie, la 21ᵉ fut formée le même jour à Alger, la 22ᵉ fut formée à Constantine le 22 novembre à l'aide de la 9ᵉ et de la 2ᵉ *bis*.

14 novembre. — Les 4 batteries (19, 20, 21, 22) deviennent 1ʳᵉ, 2ᵉ, 3ᵉ et 4ᵉ batteries de montagne.

14 novembre. — Le major Fraissigne rentre en France comme chef d'escadron pour commander un groupe de batteries.

1ᵉʳ décembre. — La 10ᵉ batterie (montée) s'embarque à Mers-el-Kebir.

1ᵉʳ décembre. — Les 1ʳᵉ, 2ᵉ, 3ᵉ batteries de montagne s'embarquent pour se rendre à Lyon, l'embarquement a lieu à Alger.

1ᵉʳ décembre. — La 4ᵉ batterie de montagne s'embarque à Bône.

3 décembre. — La 7ᵉ batterie (montée) s'embarque à Alger.

7ᵉ batterie montée, capitaine Bouvier	3	126	93
10ᵉ batterie montée, capitaine Crépin	4	125	95
1ʳᵉ batterie de montagne, capitaine Carrère	1	95	35
2ᵉ batterie de montagne, lieutenant Baudelin. . . .	1	95	35
3ᵉ batterie de montagne, sous-lieutenant Demangeon.	1	95	35
4ᵉ batterie de montagne, sous-lieutenant Bastien . .	1	94	35

	Offic.	Troupe.	Chev.

6 décembre. — Le dépôt reçoit un détachement de 600 hommes venant des dépôts de cavalerie. Ce qui permet de reconstituer la 1re batterie principale et la 1re batterie reprend son ancienne désignation de 1re batterie *bis*.
1re batterie principale, capitaine Joly.
1re batterie *bis*, capitaine Anceaux.
23 décembre. — Le capitaine Leroy est nommé major au corps.
1er mars 1871. — Le régiment comprend en Algérie : 1re batterie principale, 1re batterie *bis*, à Alger ; 2e batterie principale, à Oran ; 2e batterie *bis*, à Constantine ; 5e batterie à Blidah ; 9e batterie, à Sétif ; 11e batterie à Mascara ; la batterie de dépôt et le peloton hors-rang, à Alger.
(Effectif : 22 officiers, 1829 hommes, 662 chevaux.)

4e RÉGIMENT MONTÉ — DÉPOT

15 juillet 1870. — Burelle, major, Vincennes.
16 juillet. — Création d'un cadre de dépôt. Capitaine Hachard.
16 juillet. — Mobilisation des 8 batteries montées.
16 juillet. — Départ des 5e, 6e, 8e, 9e, 11e et 12e batteries montées pour Metz où elles arrivent le 17.
18 juillet. — Dédoublement des 1re et 2e batteries à pied et formation des 1re et 2e batteries *bis*. Commandant les 4 batteries, Bergère, Claudel, capitaines, de Matteï, Espach, lieutenants.
18 juillet. — Transformation des 3e et 4e batteries à pied en batteries montées. Capitaines Vacher et Parigot.

	Offic.	Troupe.	Chev.
24 juillet. — Départ d'un détachement de la 1re batterie *bis* pour Metz où il est attaché au parc du 3e corps. Lieutenant Canton.	1	50	1
26 juillet. — Départ des 7e et 10e batteries montées pour Metz où elles arrivent le 27. Capitaines Lecrivain et Margot.			
27 juillet. — Départ d'un détachement pour Versailles où il est versé aux régiments d'artillerie et au train de la garde.	»	45	»
29 juillet. — Départ d'un détachement pour Saint-Omer où il est versé au 1er régiment du train d'artillerie.	»	150	»
(1) *1er août*. — Effectif des batteries et détachements à l'armée du Rhin.	42	1250	948

(1) Effectif du dépôt au 1er août 1870 (24 officiers, 1015 hommes, 323 chevaux).

	Offic.	Troupe.	Chev.

Capitaines commandant les batteries montées (5e, 6e, 8e, 9e, 11e, 12e), de Piccioto, Crassous, Barbe, Bernadac, d'Henin, Huet.

3 et 5 août. — Départ de 2 détachements de Vincennes pour rejoindre à Versailles les 2 dépôts de la garde . . . . . » 55 »

12 août. — Départ d'un détachement pour rejoindre à Saint-Omer le 1er régiment du train d'artillerie . . . . » 100 »

13 août. — Départ de la 1re batterie principale pour se rendre à Verdun où elle arrive le même jour. Capitaine Bergère. 2 80 2

17 août. — Départ des 3e et 4e batteries pour le camp de Châlons où elles arrivent le même jour. Capitaines Fau et Parigot. 8 301 237

21 août. — Formation de la batterie montée n° 1 dite batterie de marche.

30 août. — Formation de la batterie de marche à pied n° 1.

1er septembre. — La batterie montée n° 1 devient 17e batterie. Capitaine Perrault. 3 120 88

4 septembre. — Formation de la 13e batterie à pied avec la 1re batterie de marche. Capitaine de Metz . . . . . . 1 210 »

1er octobre. — Formation de la 18e batterie montée, capitaine d'Espinay. Cette batterie passe à la réserve générale de la 2e armée. 4 151 90

28 octobre. — Formation de la 15e batterie (ex 2e batterie *bis*), capitaine Barbier. Cette batterie à pied occupe le fort de Nogent. 3 151 4

13 novembre. — La 1re batterie *bis* cesse d'exister par la formation des 14e batterie à pied et 16e batterie montée.

    14e batterie à pied, capitaine de Girardin. 3 151 4
    16e batterie montée, capitaine Paul. 3 135 90

23 novembre. — Formation de la 19e batterie montée, capitaine Boucly. Cette batterie passe à la 3e armée de Paris. 5 134 90

23 novembre. — Formation de la 20e batterie montée, capitaine Lefèvre. Cette batterie est versée à la division Corréard. 5 135 90

23 novembre. — Formation de la 21e batterie montée, capitaine Hermary. Cette batterie passe à la réserve générale. 4 155 90

26 novembre. — Formation de la 22e batterie montée, capitaine Gandolphe. Cette batterie est versée à la réserve de la 3e armée. 4 135 90

1er décembre. — Formation de la 23e batterie montée, capitaine Rohaut. Cette batterie est affectée à la réserve générale. 3 153 90

1er décembre. — Formation de la 24e batterie montée, capitaine Gautier. Cette batterie n'a pas quitté la portion centrale.

1er mars 1871. — Le dépôt comprend la 24e batterie montée, la batterie de dépôt et le peloton hors-rang (1). (Effectif : 40 officiers, 1,767 hommes, 695 chevaux.)

5e RÉGIMENT MONTÉ — DÉPOT

	Offic.	Troupe.	Chev.
15 juillet 1870. — D'Haranguier de Quincerot, major, Strasbourg.			
16 juillet. — Les 5e et 12e batteries montées quittent le camp de Châlons pour se rendre à Saint-Avold où elles arrivent le même jour. Capitaines Maréchal et Martimor.			
16 juillet. — Les 7e et 8e batteries montées partent de Strasbourg pour Sarreguemines où elles arrivent le même jour. Capitaines Lasserre et Benoit.			
16 juillet. — Création d'un cadre de dépôt.			
18 juillet. — Dédoublement des 1re et 2e batteries à pied et formation des 1re et 2e batteries *bis*. Capitaines Jacobi, Gigandet, Lasserre, lieutenant d'Espezel.			
18 juillet. — Transformation des 3e et 4e batteries à pied en batteries montées. Capitaines Touche et Bury.			
19 juillet. — Départ des 10e et 11e batteries montées de Strasbourg pour se rendre à Sarreguemines où elles arrivent le même jour. Capitaines Carbonnel et Humann.			
21 juillet. — Un détachement de la 1re batterie *bis* passe au parc du 2e corps à Strasbourg. Lieutenant Genreau	1	50	1
29 juillet. — La 6e batterie montée quitte Belfort pour se rendre à Saint-Avold où elle arrive le même jour. Capitaine Besançon.			
29 juillet. — Départ de Strasbourg de la 9e batterie montée pour Saint-Avold où elle arrive le 30. Capitaine Dupré.			
30 juillet. — Départ d'un détachement pour rejoindre à Auxonne le 2e régiment du train d'artillerie où il arrive le 31	»	112	»
30 juillet. — Départ d'un détachement pour Versailles où il est versé à l'escadron du train d'artillerie de la garde.	»	60	»
1er août. — Effectif des batteries montées à l'armée du Rhin.	43	1340	1071
1er août. — Le dépôt comprend les 1re, 1re *bis*, 2e, 2e *bis*, 3e et 4e batteries, cadre de dépôt et peloton hors-rang (25 officiers, 1,058 hommes, 355 chevaux).			

---

(1) Effectif des batteries et du dépôt à Paris,

	Offic.	Troupe.	Chev.

8 août. — Défense de Strasbourg.
28 septembre. — Capitulation de Strasbourg.
28 septembre. — Le dépôt comprend les 1re, 1re *bis*, 2e, 2e *bis*, 3e, 4e batteries, cadre de dépôt et peloton hors-rang. (Effectif : 23 officiers, 809 hommes, 394 chevaux). . . . **23 809 394**

6e RÉGIMENT MONTÉ — DÉPOT

15 juillet 1870. — Pellé, major, Grenoble.
16 juillet. — Création d'un cadre de dépôt.
18 juillet. — Dédoublement des 1re et 2e batteries à pied et formation des 1re et 2e batteries *bis* à pied. Capitaines Deschamps, Morio, Des Essarts et lieutenant Boulzaguet.
18 juillet. — Transformation des 3e et 4e batteries à pied en batteries montées.
18 juillet. — Départ de la 8e batterie montée pour se rendre à Belfort. Capitaine Capitain.
20 juillet. — Départ des 5e et 6e batteries montées du camp de Châlons pour se rendre à Phalsbourg où elles arrivent le 21. Capitaines Lanaud et Desmazières.
25 juillet. — Départ de la 11e et de la 12e batteries montées pour Strasbourg où elles arrivent le 29. Capitaines Rivals et Dupuy.
27 juillet. — La 10e batterie montée quitte Grenoble pour se rendre à Lyon. Capitaine Collet-Meygret.
28 juillet. — La 9e batterie quitte Marseille pour se rendre à Lyon. Capitaine Philiparie.
29 juillet. — La 7e batterie montée part de Grenoble pour se rendre à Bitche où elle arrive le 30. Capitaine Lebas.
(1) *1er août.* — Effectif des 8 batteries de campagne à l'armée du Rhin. 37 1365 1091
1er août. — Départ d'un détachement de Grenoble pour rejoindre à Auxonne le 2e régiment du train d'artillerie. » 150 »
3 août. — Départ de la 2e batterie principale à pied pour se rendre à Schelestadt où elle arrive le 5. Capitaine Morio. 2 83 1
4 août. — La 1re batterie principale à pied s'embarque à Civita-Vecchia, débarque à Marseille le 6. La batterie est dédoublée, la 1re batterie *bis* reste à Marseille et la 1re batterie principale est envoyée à Toulon.
6 août. — La 2e batterie *bis* à pied quitte Grenoble pour se rendre à Neufbrisach où elle arrive le 6. Lieutenant Boulzaguet 2 75 1

---

(1) Effectif du dépôt au 1er août 1870 (24 officiers, 909 hommes, 75 chevaux).

	Offic.	Troupe.	Chev.

6 août. — Le dépôt comprend : la 1re batterie *bis*, Marseille ; la 1re batterie principale, Toulon ; le cadre de dépôt, les 3e et 4e batteries et le peloton hors-rang (28 officiers, 1.024 hommes, 75 chevaux).

8 août. — La 4e batterie part de Toulon et arrive à Grenoble le même jour.

9 août. — Un détachement quitte le dépôt pour se rendre à Auxonne où il est versé au 2e régiment du train d'artillerie. » 100 »

16 août. — Les 3e et 4e batteries montées quittent Grenoble pour se rendre à Vincennes où elles arrivent le 17. Capitaines Paret et Salle 6 380 326

26 août. — La 1re batterie principale à pied quitte Toulon pour rejoindre le dépôt à Grenoble.

28 août. — Formation d'une batterie montée de marche n° 1, cette batterie prend le n° 17 le 31.

3 septembre. — Départ de la 17e batterie montée pour Paris où elle arrive le 4. Capitaine Deschamps. 3 123 98

7 septembre. — Départ de la 1re batterie principale pour Paris où elle arrive le 8. Lieutenant Pény 1 150 1

27 septembre. — La 1re batterie *bis* à pied arrive à Grenoble venant de Marseille. Capitaine Des Essarts.

27 septembre. — Formation de la 18e batterie montée.

28 septembre. — Départ de la 18e batterie pour se rendre à Nevers. Capitaine Pluque. 3 109 91

29 septembre. — Les débris des 11e et 12e batteries montées qui avaient rallié le dépôt après la bataille de Sedan furent réorganisées et la 11e batterie partie le même jour pour se rendre à Bourges. Capitaine Rivals. 3 170 80

1er octobre. — Formation de la 19e batterie montée.

10 octobre. — Départ de la 12e batterie montée pour se rendre à Bourges où elle est versée au 15e corps. Capitaine Des Essarts 3 170 180

17 octobre. — La 19e batterie montée quitte Grenoble pour se rendre à Tours. Capitaine Fichaux 3 120 94

30 octobre. — Départ d'un détachement pour Alger où il est versé au 3e régiment d'artillerie. . . . . » 150 »

1er novembre. — Formation de la 20e batterie montée.

9 novembre. — Dédoublement à Paris de la 1re batterie principale à pied et formation d'une 16e batterie montée Capitaine Pény 3 120 94

12 novembre. — Départ de la 20e batterie pour Nantes. Capitaine Béque. 3 120 94

23 novembre. — Formation de la batterie de montagne n° 1, et départ de cette batterie pour Orléans. Sous-lieutenant Houvenaghel. 1 62 47

	Offic.	Troupe.	Chev.

26 novembre. — Formation de la 21ᵉ batterie montée.

28 novembre. — Départ de la 21ᵉ batterie pour se rendre à Tours. Capitaine André. . . . . 3 — 116 — 96

1ᵉʳ décembre. — Formation de la 2ᵉ batterie de montagne n° 2.

5 décembre. — Départ de la batterie de montagne n° 2. Sous-lieutenant Chollet. . . . . 1 — 61 — 47

12 décembre. — Formation et départ de la 22ᵉ batterie montée. Capitaine Dax. . . . . 3 — 121 — 95

21 décembre. — Départ d'un détachement pour rejoindre l'armée de la Loire à Gien. . . . . » — 50 — »

26 décembre. — Formation de la 23ᵉ batterie montée.

27 décembre. — Départ de la 23ᵉ batterie pour se rendre à Chalon-sur-Saône. Capitaine Blanchard. . . . . . . 3 — 194 — 166

29 décembre. — Départ d'un détachement pour le Mans où il est versé aux 16ᵉ et 17ᵉ corps. . . . . » — 50 — »

1ᵉʳ janvier 1871. — Formation des 24ᵉ et 25ᵉ batteries montées.

10 janvier. — Départ de la 24ᵉ batterie pour Issoudun. Capitaine Garilland. . . . . 4 — 135 — 100

13 janvier. — Départ d'un détachement pour Besançon . . 1 — 25 — 100

18 janvier. — Formation de la 26ᵉ batterie montée.

28 janvier. — Départ de la 25ᵉ batterie pour se rendre à Lyon. Capitaine Glandu.

1ᵉʳ février. — Formation des 27ᵉ et 28ᵉ batteries montées.

13 février. — Départ de la 26ᵉ batterie pour Nice. Capitaine Caillet. . . . . 3 — 129 — 112

18 février. — Formation de la 29ᵉ batterie montée. Capitaine Rousseau.

26 février. — Départ de la 27ᵉ batterie montée pour Chambéry. Capitaine Ledoux. . . . . 3 — 79 — 59

1ᵉʳ mars 1871. — Le dépôt comprend les 1ʳᵉ bis, 28ᵉ (1), 29ᵉ batteries, batterie de dépôt et peloton hors-rang. (Effectif : 17 officiers, 790 hommes, 325 chevaux.)

7ᵉ RÉGIMENT MONTÉ — DÉPOT

15 juillet 1870. — Rabatel, major, Rennes.

16 juillet. — Création d'un cadre de dépôt.

18 juillet. — Dédoublement des 1ʳᵉ et 2ᵉ batteries à pied.

18 juillet. — Transformation des 3ᵉ et 4ᵉ batteries à pied en batteries montées.

---

(1) Capitaine-commandant la 28ᵉ batterie Maurais.

— 305 —

	Offic.	Troupe.	Chev.

22 juillet. — Formation des 1re et 2e batteries *bis* à pied. Capitaines André et Perraud.

22 juillet. — Formation de la 4e batterie à pied en batterie montée.

28 juillet. — Départ des 5e, 6e, 8e, 9e, 11e batteries montées pour se rendre à Belfort où elles arrivent le 29. Capitaines Léon, de Franchessin, de Mangou, Verdin et Gailhouste.

28 juillet. — Départ d'un détachement de la 1re batterie *bis* pour Vesoul où il est attaché au parc du 7e corps. Lieutenant Harang. 1   49   5

29 juillet. — Départ des 7e, 10e et 12e batteries montées pour Belfort où elles arrivent le 30. Capitaines Lefebvre-Nailly, Huon et Navlet.

29 juillet. — Départ d'un détachement pour Versailles où il est versé au train d'artillerie de la garde (45 hommes).   »   45   »

29 juillet. — Départ de la 2e batterie principale à pied pour se rendre à Toul, au grand parc. Capitaine Vaucheret.

1er août. — Effectif des batteries à l'armée du Rhin 37 1435 1091

1er août. — Le dépôt comprend la 1re batterie principale, 1re et 2e batteries *bis* à pied, 3e, 4e batteries montées, cadre de dépôt et peloton hors-rang (28 officiers, 916 hommes, 202 chevaux).

5 août. — La 3e batterie à pied quitte Brest pour se rendre à Rennes. Le même jour elle est organisée en batterie montée.

5 août. — Départ de la 1re batterie principale pour se rendre à Belfort où elle arrive le 6. Capitaine de la Laurencie 1   62   2

6 août. — Départ d'un détachement pour rejoindre à Saint-Omer le 1er régiment du train d'artillerie . . . .   »   250   »

7 août. — Réorganisation du cadre de dépôt. Capitaine Decq.

9 août. — Départ d'un détachement pour Saint-Omer où il est versé au 1er régiment du train d'artillerie. . . . . .   »   75   »

11 août. — Les 3e et 4e batteries montées quittent Rennes pour se rendre à Paris où elles arrivent le même jour. Capitaines Movet et Réallon. 8   285   244

18 août. — Formation de la batterie de marche à pied n° 1. Cette batterie devient 13e batterie à pied le 29 août.

27 août. — Formation de la batterie de marche montée n° 1. Cette batterie prend le n° 17.

28 août. — Formation de la 18e batterie montée.

29 août. — Départ de la 13e batterie à pied pour Paris. Capitaine Brasilier. 2   188   »

3 septembre. — La 17e batterie montée quitte Rennes pour se rendre à Paris. Capitaine Jenni. 3   119   94

20

	Offic.	Troupe.	Chev.

7 septembre. — Départ de la 1re batterie *bis* à pied pour Paris. Capitaine André 2 248 3

9 septembre. — La 2e batterie principale à pied rentre à Paris venant de l'armée du Rhin. Capitaine Dumont.

18 septembre. — Formation de la 19e batterie montée.

24 septembre. — Départ de la 18e batterie montée pour Vierzon où elle arrive le 28. Capitaine Duplessis de Grenedan 3 119 92

25 septembre. — Départ de la 2e batterie *bis* à pied pour Angers. Capitaine Perraud 2 164 2

25 septembre. — Formation de la 20e batterie montée.

1er octobre. — Le major Rabatel est nommé au commandement d'un groupe de batteries. Il est remplacé par le chef d'escadron Habert, nommé major.

8 octobre. — Départ de la 19e batterie montée pour le Mans. Capitaine Rouvillois 3 126 96

10 octobre. — Dédoublement à Angers de la 2e batterie *bis* à pied et formation de 2 batteries mixtes (2e *bis* et 14e batteries) 14e batterie mixte. Capitaine Gauthier 2 88 4

14 octobre. — Formation de la 21e batterie montée.

24 octobre. — Départ de la 20e batterie montée pour Nantes. Capitaine Ruhlmann 3 122 96

30 octobre. — Formation de la 22e batterie montée.

3 novembre. — Départ de la 21e batterie montée pour Nantes. Capitaine de Tristan 3 121 96

7 novembre. — Formation de la 23e batterie montée.

10 novembre. — Formation de la 24e batterie montée.

12 novembre. — Création à Paris d'une 15e batterie montée. Cette batterie a été formée du dédoublement de la 13e batterie à pied. Capitaine Brasilier 4 141 114

13 novembre. — Création à Paris d'une 14e batterie à pied. Capitaine Bonneau du Martray 4 120 4

13 novembre. — Création de la 16e batterie montée à Paris, capitaine André. Batterie formée du dédoublement de la 1re batterie *bis* 3 120 90

22 novembre. — Départ de la 22e batterie montée pour le Mans. Capitaine Mugnier 3 120 94

22 novembre. — Formation de la 25e batterie montée.

22 novembre. — Formation de la batterie de montagne n° 1.

2 décembre. — Départ de la 23e batterie montée pour Tours, capitaine Perret. Cette batterie est presque détruite à Beaugency le 8 décembre 3 120 94

12 décembre. — Départ de la 24e batterie montée pour Nantes. Capitaine Gibault 3 193 166

15 décembre. — Les débris de la 23e batterie rejoint le

— 307 —

	Offic.	Troupe.	Chev.

dépôt où elle est reconstituée le 16. Capitaine Bernardin.

26 décembre. — Départ de la 23ᵉ batterie reconstituée pour l'armée de la Loire 3   122   94

3 janvier 1871. — Formation de la 26ᵉ batterie montée.

4 janvier. — Départ de la 25ᵉ batterie montée pour se rendre aux lignes de Carentan. Capitaine Karlskind . . 3   120   94

14 janvier. — Formation de la 27ᵉ batterie montée.

3 février. — Départ de la 26ᵉ batterie montée pour La Guerche, 26ᵉ corps. Capitaine Carles. 3   125   103

19 février. — Départ de la 27ᵉ batterie montée pour Laval. Capitaine Verdin. 3   123   102

23 février. — Formation de la 28ᵉ batterie montée. Capitaine Duplessis de Grenedan (3 officiers, 125 hommes, 103 chevaux).

23 février. — Départ de la batterie de montagne nº 1, lieutenant Lignières. Cette batterie rejoint à Laval. 1   94   40

1ᵉʳ mars. — Le dépôt comprend la 28ᵉ batterie, la batterie de dépôt et le peloton hors-rang. (Effectif : 15 officiers, 727 hommes, 242 chevaux.)

8ᵉ RÉGIMENT MONTÉ — DÉPOT

15 juillet 1870. — Lyon, major, La Fère.

16 juillet. — Création d'un cadre de dépôt.

18 juillet. — Dédoublement des 1ʳᵉ et 2ᵉ batteries à pied et formation des 1ʳᵉ et 2ᵉ batteries *bis* à pied.

18 juillet. — Transformation des 3ᵉ et 4ᵉ batteries à pied en batteries montées.

20 juillet. — Départ des 6ᵉ et 9ᵉ batteries montées pour Thionville. Capitaines Maringer et Masson.

28 juillet. — La 1ʳᵉ batterie principale rentre à La Fère, venant du camp de Châlons.

28 juillet. — Départ d'un détachement pour Versailles où il est versé à l'escadron du train d'artillerie de la Garde impériale. . . . . »   35   »

29 juillet. — Départ des 5ᵉ, 7ᵉ, 8ᵉ, 10ᵉ, 11ᵉ et 12ᵉ batteries montées pour le camp de Châlons. Capitaines Abord, Oster, Flottes, Bornèque, Mourin et Blondel.

30 juillet. — Départ d'un détachement pour rejoindre à Saint-Omer le 1ᵉʳ régiment du train d'artillerie. . . . . »   200   »

1ᵉʳ août. — Effectif des batteries à l'armée du Rhin. . . . 37   1182   961

1ᵉʳ août. — Le dépôt comprend les 1ʳᵉ, 1ʳᵉ *bis*, 2ᵉ, 2ᵉ *bis*, 3ᵉ, 4ᵉ batteries, cadre de dépôt et peloton hors-rang (28 officiers, 989 hommes, 209 chevaux).

	Offic.	Troupe.	Chev.
5 août. — Départ de la 2ᵉ batterie principale à pied pour Longwy. Capitaine Rives.	2	69	4
8 août. — Départ du détachement de la 2ᵉ batterie *bis* de La Fère pour être attaché au parc du 6ᵉ corps. Lieutenant Lomel.	1	50	2
9 août. — Départ d'un détachement pour rejoindre à Saint-Omer le 1ᵉʳ régiment du train d'artillerie.	»	100	»
10 août. — Départ d'un détachement pour rejoindre le 1ᵉʳ régiment du train d'artillerie à Saint-Omer.	»	50	»
14 août. — La 1ʳᵉ batterie *bis* à pied quitte La Fère pour se rendre à Soissons. Capitaine de Monery de Caylus.	2	77	4
15 août. — Les 3ᵉ et 4ᵉ batteries montées quittent La Fère pour se rendre au camp de Châlons. Capitaines Messin et Lévy.	8	391	337
21 août. — Formation de la batterie montée de marche nº 1.			
21 août. — Départ d'un détachement pour rejoindre à Saint-Omer le 1ᵉʳ régiment du train d'artillerie	»	80	»
24 août. — Formation de la batterie à pied de marche nº 1.			
28 août. — Départ de la batterie à pied de marche nº 1 pour Paris. Sous-lieutenant Petit d'Ossaris.	1	200	2
30 août. — Départ de la batterie montée de marche nº 1 pour Paris. Capitaine Dassonville.	3	120	94
30 août. — Un détachement part pour Soissons où il doit compléter la 1ʳᵉ batterie *bis*	»	124	»
30 août. — La batterie à pied de marche devient 13ᵉ batterie à pied et la batterie de marche montée devient 17ᵉ batterie.			
6 septembre. — Le dépôt quitte La Fère pour se rendre à Vincennes où il arrive le 9 dudit.			
10 septembre. — La 1ʳᵉ batterie principale et la 2ᵉ batterie *bis* partent de La Fère pour se rendre à Rennes où elles arrivent le 12.			
11 septembre. — Le dépôt quitte Vincennes pour se rendre à Rennes où il arrive le 12.			
20 septembre. — Organisation de la 18ᵉ batterie montée.			
28 septembre. — Formation de la 19ᵉ batterie montée.			
2 octobre. — Départ de la 18ᵉ batterie montée pour Tours où elle doit faire partie du 15ᵉ corps. Capitaine Piogt	4	206	112
3 octobre. — Formation de la 14ᵉ batterie mixte.			
12 octobre. — Départ de la 19ᵉ batterie montée pour se rendre à Blois. Capitaine Thiou	3	133	95
15 octobre. — Départ de la 14ᵉ batterie mixte pour Besançon. Capitaine Colson.	2	89	5
29 octobre. — Formation de la 20ᵉ batterie montée.			
1ᵉʳ novembre. — Départ de la 20ᵉ batterie montée pour Tours. Capitaine Duverdier.	3	119	94

	Offic.	Troupe.	Chev.

8 novembre. — Formation de la 21ᵉ batterie montée.

10 novembre. — Formation de la 16ᵉ batterie montée. Cette batterie a été constituée à Paris du dédoublement de la 13ᵉ batterie à pied. Capitaine Jacob 3   215   206

15 novembre. — Départ de la 21ᵉ batterie montée pour Nevers. Capitaine Salvain 3   119   94

15 novembre. — Organisation de la 1ʳᵉ batterie de montagne.

16 novembre. — Organisation de la 2ᵉ batterie de montagne.

19 novembre. — Départ des 1ʳᵉ et 2ᵉ batteries de montagne pour rejoindre à Orléans l'armée de la Loire. Sous-lieutenants Waroquier et Rollet 2   188   86

29 novembre. — Formation de la 22ᵉ batterie montée.

1ᵉʳ décembre. — Départ de 22ᵉ batterie montée pour se rendre à Tours. Capitaine Clairac 3   118   91

11 décembre. — Formation de la 23ᵉ batterie montée.

13 décembre. — Départ de la 23ᵉ batterie montée pour Bourges. Capitaine Sée 3   119   92

13 décembre. — Formation de la 24ᵉ batterie montée.

15 décembre. — Départ de la 24ᵉ batterie montée pour se rendre à Saint-Sauveur-le-Vicomte (19ᵉ corps). Capitaine Denisart 3   119   94

17 décembre. — La 22ᵉ batterie rentre au dépôt se reconstituer.

22 décembre. — La 22ᵉ batterie quitte Rennes pour rejoindre la 3ᵉ division du 16ᵉ corps au Mans. Capitaine Clairac . 3   119   94

22 décembre. — Départ d'un détachement pour l'armée de la Loire . . . . »   45   »

28 décembre. — Un détachement part de Rennes pour rejoindre les batteries des 16ᵉ et 17ᵉ corps. Sous-lieutenant Jangey 1   101   »

29 décembre. — Formation de la 25ᵉ batterie montée.

5 janvier 1871. — Départ de la 25ᵉ batterie pour se rendre à Carentan au 19ᵉ corps d'armée. Capitaine Sireau 3   195   164

17 janvier. — Un détachement part à destination du Parc du 19ᵉ corps. Sous-lieutenant Pasquier 1   65   1

23 janvier. — Formation de la 26ᵉ batterie montée.

24 janvier. — Départ de la 26ᵉ batterie pour se rendre à Brest où elle s'embarque pour le Havre. Capitaine Naquet 3   119   94

13 février. — Un détachement part de Rennes à destination de la 2ᵉ armée de la Loire 1   60   »

19 février. — Formation de la 27ᵉ batterie montée.

20 février. — Départ de la 27ᵉ batterie pour Laval. Capitaine Quarré de Verneuil 3   120   102

21 février. — Départ d'un détachement pour se rendre à Loudun (Parc du 26ᵉ corps). Sous-lieutenant de Leigard 1   41   1

	Offic.	Troupe.	Chev.

1ᵉʳ mars 1871. — Le dépôt comprend la 1ʳᵉ batterie principale, la 2ᵉ batterie *bis*, la batterie de dépôt. Capitaine Guespereau et le peloton hors-rang. (Effectif : 10 officiers, 738 hommes, 213 chevaux.)

9ᵉ RÉGIMENT MONTÉ — DÉPOT

15 juillet 1870. — Couty, major; Besançon.
16 juillet. — Création d'un cadre de dépôt.
18 juillet. — Dédoublement des 1ʳᵉ et 2ᵉ batteries à pied et formation des 1ʳᵉ et 2ᵉ batteries *bis* à pied (1).
18 juillet. — Transformation des 3ᵉ et 4ᵉ batteries à pied en batteries montées.

21 juillet. — Un détachement de la 1ʳᵉ batterie *bis* est désigné pour être attaché au parc du 1ᵉʳ corps d'armée. Lieutenant Beunat.	1	50	2
26 juillet. — Départ des 5ᵉ, 7ᵉ, 8ᵉ et 11ᵉ batteries montées de Besançon pour se rendre à Strasbourg. Capitaines Bavelaer, Vernay, de Boscal de Réals de Mornac et Berthiot.			
27 juillet. — Les 6ᵉ, 9ᵉ, 10ᵉ et 12ᵉ batteries montées quittent Dôle pour se rendre à Strasbourg. Capitaines Biffe, Didier, Ruyneau de Saint-George et Foissac.			
29 juillet. — Départ d'un détachement pour Auxonne où il est versé au 2ᵉ régiment du train d'artillerie.	»	250	»
1ᵉʳ août. — Effectif des batteries montées à l'armée du Rhin.	37	1200	975
4 août. — Le dépôt comprend les 1ʳᵉ, 1ʳᵉ *bis*, 2ᵉ, 2ᵉ *bis*, 3ᵉ, 4ᵉ batteries, cadre de dépôt et peloton hors-rang (30 officiers, 872 hommes, 344 chevaux).			
4 août. — Départ de la 1ʳᵉ batterie principale à pied pour se rendre à Phalsbourg où elle doit arriver le 5. Capitaine Dejean.	2	52	4
4 août. — Départ de la 2ᵉ batterie principale à pied pour Bitche. Cette batterie n'ayant pu rejoindre reste à Strasbourg. Capitaine Lacombe.	2	76	4
9 août. — Départ d'un détachement pour Auxonne où il est versé au 2ᵉ régiment du train d'artillerie.	»	100	»
14 août. — Les 3ᵉ et 4ᵉ batteries montées quittent Besançon pour se rendre à Paris. Capitaines Boissonade et Dufour.	8	300	224
19 août. — Départ d'un détachement pour le camp de Châlons où il arrive le 20.	»	50	»

(1) Capitaine Oster, commandant la 2ᵉ batterie *bis* à pied.

	Offic.	Troupe.	Chev.

21 août. — Formation de la batterie de marche n° 1 (montée).

24 août. — Formation de la batterie de marche à pied, n° 1.

30 août. — La batterie de marche à pied devient 13e batterie à pied et la batterie de marche montée devient 17e batterie montée.

30 août. — Départ de la 17e batterie montée pour Paris. Capitaine Schaller. 3   120   94

31 août. — Départ pour Paris de la 13e batterie à pied. Sous-lieutenant Driant 1   21   1

6 septembre. — Le dépôt comprenant la batterie de dépôt et le peloton hors-rang quitte Besançon pour se rendre à Lyon où il arrive le 7.

7 septembre. — Les 1re et 2e batteries *bis* restent à Besançon.

26 septembre. — Formation à Lyon de la 18e batterie montée. Capitaine Parriaud. 3   119   94

28 septembre. — Départ de la 18e batterie montée pour se rendre à Bourges. Capitaine Parriaud. 3   119   94

1er octobre. — Formation de la 19e batterie montée.

14 octobre. — Départ de la 19e batterie pour se rendre à Tours. Capitaine Fournier 3   121   94

20 octobre. — Formation de la 20e batterie montée.

2 novembre. — La 20e batterie quitte Lyon pour se rendre à Chagny (Saône-et-Loire). Capitaine Gérardin. 3   119   85

5 novembre. — Création de la 21e batterie montée.

6 novembre. — Formation à Lyon de la 22e batterie montée.

8 novembre. — La 20e batterie montée est dédoublée et forme une batterie de montagne sous les ordres du lieutenant Bardin, du 13e régiment à Chagny.

10 novembre. — Départ de la 21e batterie montée pour Nevers. Capitaine Gondre 3   121   94

13 novembre. — Formation à Paris d'une 16e batterie montée par le dédoublement de la 13e batterie à pied. Capitaine Michel. 4   143   100

16 novembre. — Formation de la batterie de montagne n° 1.

19 novembre. — La batterie de montagne n° 1 quitte Lyon pour se rendre à Orléans. Sous-lieutenant Debné . . . 1   95   42

19 novembre. — Formation à Lyon de la 14e batterie à pied. Sous-lieutenant Gayet 2   162   4

19 novembre. — Le dépôt quitte Lyon pour se rendre à Toulouse.

1er décembre. — Formation de la 23e batterie montée.

1er décembre. — Formation de la 24e batterie montée.

6 décembre. — Départ de la 22e batterie de Toulouse pour se rendre à Beaune, division Crémer. Capitaine Aubrion. 3   120   94

	Offic.	Troupe.	Chev.

13 décembre. — Transformation à Besançon de la 1re batterie bis à pied en batterie montée.

17 décembre. — La 23e batterie montée quitte Toulouse pour se rendre à Tours. Capitaine Commaille 3 120 93

29 décembre. — Départ de la 24e batterie montée pour se rendre à Besançon. Capitaine Peyrat 3 183 179

1er janvier 1871. — Formation de la 25e batterie montée.

1er janvier. — Formation de la 2e batterie *ter* à pied à Besançon. Capitaine Bruley 4 114 4

6 janvier — Formation de la 26e batterie montée.

6 janvier. — La 1re batterie *bis* montée passe à la 1re division du 24e corps. Capitaine Siméon 4 127 90

8 janvier. — Départ de la 25e batterie montée pour Vierzon. Capitaine Coilland 3 130 95

16 janvier. — Formation de la 27e batterie montée.

20 janvier. — Départ de la 26e batterie pour rejoindre le 25e corps d'armée à Vierzon. Capitaine Giroux 3 123 94

28 janvier. — Formation de la 28e batterie montée.

2 février. — Départ de la 27e batterie de Toulouse pour se rendre à Chaillac (Indre), 26e corps d'armée. Capitaine Faugière 3 195 188

9 février. — Formation de la 29e batterie montée.

14 février. — Départ de la 28e batterie pour se rendre à Poitiers, au 26e corps d'armée. Capitaine Percin 3 126 94

28 février. — Départ de la 29e batterie pour Chambéry, capitaine N. La batterie était commandée par le sous-lieutenant Legrand 3 126 103

1er mars 1871. — Le dépôt comprend la batterie de dépôt (1) et le peloton hors-rang. (Effectif : 10 officiers, 855 hommes, 144 chevaux.)

10e RÉGIMENT MONTÉ — DÉPOT

15 juillet 1870. — Martin, major, Rennes.

16 juillet. — Création d'un cadre de dépôt.

18 juillet. — Dédoublement des 1re et 2e batteries à pied et formation des 1re et 2e batteries *bis* à pied.

18 juillet. — Transformation des 3e et 4e batteries à pied en batteries montées.

20 juillet. — Départ de la 11e batterie montée pour Bitche où elle arrive le 21. Capitaine Girardin.

25 juillet. — Les 5e, 7e, 8e et 9e batteries montées quittent Rennes pour se rendre au camp de Châlons où elles

---

(1) Capitaine Fourcy, commandant la batterie de dépôt.

	Offic.	Troupe.	Chev

arrivent le 26. Capitaines Pellissier, Buisson, de Malézieux-Duhamel, Mowat.

27 juillet. — Départ d'un détachement pour Versailles où il est versé à l'escadron du train d'artillerie de la garde. . » 45 »

29 juillet. — Départ de la 1re batterie principale à pied pour rejoindre à Toul le grand parc. Capitaine Jouquey.

29 juillet. — Départ des 6e, 10e et 12e batteries montées pour le camp de Châlons où elles arrivent le 30. Capitaines Legout, Boyer et Grenot.

1er août. — Effectif des batteries à l'armée du Rhin. . . . 33 1344 1042

1er août. — Effectif du dépôt 1re bis, 2e, 2e bis, 3e, 4e batteries. Cadre de dépôt et peloton hors-rang (27 officiers, 917 hommes, 192 chevaux).

2 août. — Départ d'un détachement pour Saint-Omer où il est versé au 1er régiment du train d'artillerie. . . . . . » 103 »

5 août. — La 3e batterie rentre à Rennes venant de Cherbourg.

5 août. — Départ de la 2e batterie principale à pied pour se rendre à Brest. Capitaine Chauliaguet (2 officiers, 100 hommes, 3 chevaux).

5 août. — Départ de la 2e batterie *bis* à pied pour se rendre à Cherbourg. Capitaine Lenhart (2 officiers, 42 hommes, 4 chevaux).

9 août. — Départ d'un détachement pour Saint-Omer où il est versé au 1er régiment du train d'artillerie. . . . . » 75 »

16 août. — Les 3e et 4e batteries montées quittent Rennes pour se rendre à Paris où elles arrivent le même jour. Capitaines Eon du Val et Guize 8 315 242

21 août. — Formation de 2 batteries de marche, 1 batterie à pied et 1 batterie montée.

25 août. — La 2e batterie principale à Brest et la 2e batterie *bis* à Cherbourg arrivent au dépôt à Rennes.

29 août. — Départ pour Paris de la batterie à pied de marche, n° 1. Sous-lieutenant Gire 2 183 2

29 août. — La batterie de marche à pied prend le n° 3, la batterie de marche montée devient 17e batterie montée.

30 août. — Départ de la 17e batterie montée pour Paris. Capitaine Godinot.

6 septembre. — Départ de la 1re batterie *bis* à pied pour Paris. Capitaine Cazeneuve. 1 198 1

20 septembre. — Formation de la 18e batterie montée.

24 septembre. — Départ de la 18e batterie montée pour se rendre à Vierzon. Capitaine Chauliaguet. 3 120 90

24 septembre. — La 2e batterie principale à pied quitte Rennes pour se rendre au Havre. Capitaine Lenhart . . 3 100 4

	Offic.	Troupe.	Chev.

30 septembre. — Formation de la 19ᵉ batterie montée.

9 octobre. — Départ de la 19ᵉ batterie pour Tours. Capitaine Reverdy 3   123   90

12 octobre. — Formation à Rennes de la 14ᵉ batterie mixte.

15 octobre. — Départ de la 14ᵉ batterie mixte pour rejoindre Besançon où elle arrive le 17. Capitaine Mannessier . . . 2   89   4

22 octobre. — Formation à Paris d'une 15ᵉ batterie montée du dédoublement de la 13ᵉ batterie à pied. Capitaine Flye de Sainte-Marie 4   130   90

25 octobre. — Formation de la 20ᵉ batterie montée.

2 novembre. — Départ de la 20ᵉ batterie pour Tours. Capitaine Boullet 3   136   91

8 novembre. — Formation de la 21ᵉ batterie montée.

9 novembre. — Formation à Paris d'une 14ᵉ batterie à pied et d'une 16ᵉ batterie montée par le dédoublement de la 1ʳᵉ batterie *bis* à pied qui est supprimée.

    14ᵉ batterie à pied, capitaine Terrassin 2   150   2

    16ᵉ batterie montée, capitaine Dardenne 4   130   90

15 novembre. — Départ de la 21ᵉ batterie montée pour se rendre à Lyon. Capitaine Barbé 3   122   94

22 novembre. — Formation de la 22ᵉ batterie montée.

23 novembre. — Départ de la 22ᵉ batterie pour se rendre au Mans. Capitaine Canton 3   128   94

1ᵉʳ décembre. — Formation de la 23ᵉ batterie montée (1).

7 décembre. — Formation au Havre de la 2ᵉ batterie montée *ter*. Cette batterie est formée du dédoublement de la 2ᵉ batterie principale. Capitaine Lequen 3   130   103

10 décembre. — Départ de la 23ᵉ batterie montée pour se rendre à Vendôme. Capitaine Thiébault 3   125   94

20 décembre. — Formation de la 24ᵉ batterie montée.

28 décembre. — Départ de la 24ᵉ batterie montée pour se rendre à Bourges. Capitaine Modéré 3   130   94

3 janvier 1871. — Formation de la 25ᵉ batterie montée.

6 janvier. — Départ de la 25ᵉ batterie pour les lignes de Carentan. Capitaine Lair de la Motte 3   126   91

15 janvier. — Formation de la 26ᵉ batterie montée.

20 janvier. — Formation de la 27ᵉ batterie montée.

24 janvier. — Départ de la 26ᵉ batterie pour se rendre à Brest. Capitaine Henry 3   120   94

1ᵉʳ février. — La 18ᵉ batterie en partie détruite au combat d'Azay le 16 janvier est reconstituée au dépôt à Rennes.

---

(1) Formation d'une batterie de montagne. — Sous-lieutenant Nicou, 1 officier, 97 hommes, 50 chevaux ou mulets. — Cette batterie formée en décembre 1870 fut licenciée quelques jours après.

	Offic.	Troupe.	Chev.

5 février. — La 18e batterie quitte Rennes pour se rendre à Nantes, capitaine Landrevie. Elle est désignée pour faire partie du 26e corps à Guéret............ 3 120 94

14 février. — Formation de la 28e batterie montée.

1er mars. — Départ de la 27e batterie montée pour se rendre à Périgueux. Capitaine Doulas............. 3 125 101

1er mars 1871. — Le dépôt comprend la 28e batterie montée, capitaine du Halgouet ; la 2e batterie *bis* à pied, capitaine Sollier ; la batterie de dépôt, capitaine Foucaud et le peloton hors-rang. (Effectif : 18 officiers, 634 hommes, 190 chevaux.)

11e RÉGIMENT MONTÉ — DÉPOT

15 juillet 1870. — Boucher de Morlaincourt, major, Vincennes.

16 juillet. — Création du cadre de dépôt. Capitaine Froment.

16 juillet. — Départ des 5e, 6e, 7e, 8e, 9e et 10e batteries montées pour Metz où elles arrivent le 17. Capitaines Mignot, Perruchot, Bubbe, Vivenot, de Guibert et Bonnefond.

18 juillet. — Dédoublement des 1re et 2e batteries à pied et formation des 1re et 2e batteries *bis* à pied.

18 juillet. — Transformation des 3e et 4e batteries à pied en batteries montées.

27 juillet. — Un détachement de la 1re batterie *bis* part pour Versailles où il est attaché au parc de la Garde Impériale. Lieutenant Desprez 1 50 1

27 juillet. — Départ d'un détachement pour Versailles où il est versé au train d'artillerie de la Garde. .... » 45 »

29 juillet. — Départ des 11e et 12e batteries montées pour Metz où elles arrivent le 30. Capitaines Ducher et Brocard.

1er août. — Effectif du régiment à l'armée du Rhin.... 41 1300 1113

1er août. — Le dépôt comprend les 1re, 1re *bis*, 2e, 2e *bis*, 3e, 4e batteries, batterie de dépôt et peloton hors-rang. (Effectif : 26 officiers, 970 hommes, 219 chevaux.)

3 août. — Départ d'un détachement pour Versailles où il est versé au régiment à cheval de la garde .... » 25 »

4 août. — Départ de la 2e batterie principale et de la 2e batterie *bis* pour Thionville. Capitaines Pion et Garillaud. 4 164 9

8 août. — Départ d'un détachement pour Versailles où il est versé aux régiments d'artillerie de la garde. ... » 80 »

17 août. — Départ de la 4e batterie montée pour se rendre au camp de Châlons. Capitaine Rossignon 3 149 121

	Offic.	Troupe.	Chev.

21 août. — Formation de deux batteries au dépôt, une batterie à pied de marche et une batterie montée de marche.

25 août. — La 3ᵉ batterie montée quitte le Mont-Valérien pour faire partie du 13ᵉ corps d'armée. Capitaine Lefrançois. 4   150   121

29 août. — La batterie à pied de marche devient 13ᵉ batterie à pied et la batterie montée de marche devient 17ᵉ batterie montée.

30 août. — La 1ʳᵉ batterie *bis* quitte Vincennes pour occuper le Mont-Valérien. Capitaine Millescamps. 2   251   2

3 septembre. — La 17ᵉ batterie montée est attachée au 14ᵉ corps. Capitaine Ladvocat.

5 septembre. — La 1ʳᵉ batterie principale quitte Vincennes pour faire le service des remparts à Paris. Capitaine Simon 2   220   3

21 septembre. — La 13ᵉ batterie à pied quitte Vincennes pour se rendre à Paris où elle occupe le Point-du-Jour. Sous-lieutenant Bayles. 1   200   1

25 septembre. — Organisation de la 18ᵉ batterie montée. Cette batterie est classée parmi les batteries de la défense de Paris. Capitaine Guérin. 3   112   113

1ᵉʳ novembre. — Le dépôt quitte Vincennes pour venir occuper l'Ecole militaire.

3 novembre. — Le major Boucher de Morlaincourt est nommé lieutenant-colonel. Il est remplacé le même jour par le capitaine Chaulet d'Outremont, nommé major au corps.

11 novembre. — Dédoublement de la 1ʳᵉ batterie principale qui forme la 1ʳᵉ batterie à pied et la 15ᵉ batterie montée.

La 1ʳᵉ batterie *bis* forme une batterie à pied qui prend le nº 14 et une batterie montée qui prend le nº 16.

La 13ᵉ batterie forme une batterie à pied qui conserve le nº 13 et une batterie montée qui prend le nº 19.

  1ʳᵉ batterie à pied, capitaine Lusson. 3   117   4
  13ᵉ batterie à pied, capitaine Grandjean (A.). . . . 3   180   4
  14ᵉ batterie à pied, capitaine Laugaudin. 3   120   2
  15ᵉ batterie montée, capitaine Malaval. 4   99   87
  16ᵉ batterie montée, capitaine Balaman. 4   142   139
  19ᵉ batterie montée, capitaine Berthon. 4   115   90

18 novembre. — Formation de la 20ᵉ batterie montée.

24 novembre. — Formation de la 21ᵉ batterie montée.

9 décembre. — La 20ᵉ batterie quitte le dépôt pour faire partie du 2ᵉ corps de la 2ᵉ armée de Paris. Capitaine Millescamps. 4   115   90

	Offic.	Troupe.	Chev.

20 décembre. — La 21ᵉ batterie quitte l'Ecole militaire pour aller camper à Montrouge. Capitaine Second. 4 136 96

20 décembre. — Formation de la 22ᵉ batterie montée.

18 janvier 1871. — La 22ᵉ batterie montée passe à la réserve générale d'artillerie de la 2ᵉ armée. Capitaine de Cintré. 3 115 90

19 janvier. — Formation de la 23ᵉ batterie montée. Cette batterie devait faire partie de la 3ᵉ armée. Elle reste au dépôt. Lieutenant Gaudin. 2 115 90

1ᵉʳ mars 1871. — Le régiment comprend à Paris l'état-major, la batterie de dépôt (capitaine Cazeneuve) et le peloton hors-rang. (Effectif : 79 officiers, 2,323 hommes, 746 chevaux.)

12ᵉ RÉGIMENT MONTÉ — DÉPOT

15 juillet 1870. — Geille, major, Besançon.

16 juillet. — Création d'un cadre de dépôt. Capitaine Perroud.

18 juillet. — Dédoublement des 1ʳᵉ et 2ᵉ batteries à pied et formation des 1ʳᵉ et 2ᵉ batteries *bis* à pied.

18 juillet. — Transformation des 3ᵉ et 4ᵉ batteries à pied en batteries montées.

26 juillet. — Départ des 7ᵉ et 11ᵉ batteries montées de Lyon pour se rendre à Strasbourg où elles arrivent le 27. Capitaines Soubrat et Ducasse.

27 juillet. — Départ des 8ᵉ, 10ᵉ et 12ᵉ batteries montées pour Belfort où elles arrivent le 28. Capitaines Matheu, Zimmer et Denef.

27 juillet. — Départ des 5ᵉ, 6ᵉ et 9ᵉ batteries montées pour Strasbourg, où elles arrivent le 28. Capitaines Ferreux, Desruols et Wohlfrom.

30 juillet. — Un détachement quitte Besançon pour se rendre à Auxonne où il est versé au 2ᵉ régiment du train d'artillerie. . . . . » 55 »

1ᵉʳ août. — Effectif des batteries à l'armée du Rhin. . . . 32 1174 953

1ᵉʳ août. — Le dépôt comprend la 1ʳᵉ batterie principale, la 1ʳᵉ batterie *bis*, la 2ᵉ batterie principale, la 2ᵉ batterie *bis*, la 3ᵉ, la 4ᵉ batteries montées, la batterie de dépôt et le peloton hors-rang (33 officiers, 987 hommes, 302 chevaux).

3 août. — Un détachement part pour Auxonne où il est versé au 2ᵉ régiment du train d'artillerie. . . . . » 100 »

9 août. — Un détachement part pour rejoindre le 2ᵉ régiment du train d'artillerie à Auxonne . . . . » 75 »

12 août. — Départ d'un détachement pour Versailles où il est versé au train d'artillerie de la garde impériale. . . » 20 »

— 318 —

	Offic.	Troupe.	Chev.
12 août. — Départ des 1re batterie principale, 1re batterie *bis*, 2e batterie principale, 2e batterie *bis*, pour se rendre à Belfort. Capitaines Labori, Genet, Sailly et Jourdanet. .	8	344	8
14 août. — Départ des 3e et 4e batteries montées pour Paris où elles arrivent le 15. Capitaines Rieffel et Salin. . . .	8	391	341
21 août. — Un détachement quitte Besançon pour se rendre à Saint-Omer où il est versé au 1er régiment du train d'artillerie	»	80	»

21 août. — Création au dépôt de deux nouvelles batteries : une batterie à pied de marche n° 1 et une batterie montée de marche n° 1.

29 août. — La batterie à pied de marche prend le n° 13 et la batterie montée de marche prend le n° 17.

3 septembre. — Départ de la 17e batterie montée pour Paris. Capitaine Courtois.	4	115	88

6 septembre. — Le dépôt quitte Besançon pour se rendre à Lyon où il arrive le 7.

12 septembre. — Les 5e, 6e et 9e batteries montées évadées de Sedan viennent se reformer à Lyon.

15 septembre. — Départ d'un détachement pour Langres, lieutenant Lamiche. Ce détachement devient la 14e batterie à pied, le 1er janvier 1871	1	191	31

26 septembre. — Formation de la 18e batterie montée.

1er octobre. — Départ de la 18e batterie pour se rendre à Bourges où elle passe au 15e corps d'armée. Capitaine Grosclerc.	3	120	94

7 octobre. — Formation de la 19e batterie montée.

9 octobre. — Les 5e, 6e et 9e batteries montées reconstituées partent pour rejoindre l'armée de la Loire. Les 5e et 6e batteries au 16e corps et la 9e batterie au 15e corps, capitaines Ferreux, Desruols et André. Point de rassemblement de ces trois batteries Tours	9	360	282
17 octobre. — Départ de la 19e batterie montée pour se rendre à Besançon. Capitaine Boussard	2	120	94

20 octobre — Formation de la 20e batterie montée.

2 novembre. — Départ de la 20e batterie pour se rendre à Nantes où elle doit faire partie du 17e corps. Capitaine Debatisse	3	120	97
14 novembre. — Formation à Douai d'une 3e batterie *bis* montée par le dédoublement de la 3e batterie restée à l'armée du Nord. Capitaine Lannes de Montebello. . . .	5	138	111

15 novembre. — Formation de la 1re batterie de montagne.

16 novembre. — Formation de la 21e batterie montée.

19 novembre. — Départ de la 1re batterie de montagne pour se rendre à Orléans. Lieutenant Morel.	1	61	46

	Offic.	Troupe.	Chev.

20 novembre. — Départ de la 21ᵉ batterie pour se rendre à Bourges où elle doit faire partie du 21ᵉ corps d'armée. Capitaine Faure-Durif 3 121 94

24 novembre. — Le dépôt quitte Lyon pour se rendre à Toulouse où il arrive le 25 (12 officiers, 930 hommes, 209 chevaux).

24 novembre. — La 13ᵉ batterie à pied reste à Lyon. Sous-lieutenant Kirstetter (1 officier, 152 hommes, 42 chevaux).

24 novembre. — Formation de la 22ᵉ batterie montée. Cette batterie reste à Lyon et passe à la division Crémer. Capitaine Viala 3 120 94

2 décembre. — Formation de la 23ᵉ batterie montée.

14 décembre. — La 23ᵉ batterie quitte Toulouse pour se rendre à Bourges où elle passe à la division de la Nièvre. Capitaine Martin. 3 120 93

20 décembre. — Formation de la 24ᵉ batterie montée.

23 décembre. — Départ de la 24ᵉ batterie pour Lyon où elle doit faire partie du 24ᵉ corps. Capitaine Laguilhonie . . 4 196 168

29 décembre. — Formation de la 2ᵉ batterie de montagne, sous-lieutenant Devaureix. La batterie n'a pas quitté Toulouse (1 officier, 101 hommes, 45 chevaux).

29 décembre. — Le capitaine Rivals est nommé major au corps en remplacement du major Geille qui avait été nommé lieutenant-colonel le 18 novembre.

1ᵉʳ janvier 1871. — Formation de la 25ᵉ batterie montée.

5 janvier. — La batterie quitte Toulouse pour se rendre aux lignes de Carentan. Capitaine Peffan. 3 120 93

18 janvier. — Formation de la 26ᵉ batterie montée.

20 janvier. — Départ de la 26ᵉ batterie pour se rendre à Vierzon où elle passe au 25ᵉ corps. Capitaine Lienard. . 3 120 94

27 janvier. — Formation de la 27ᵉ batterie montée.

1ᵉʳ février. — Formation de la 28ᵉ batterie montée.

2 février. — Départ de la 27ᵉ batterie pour se rendre à Poitiers. Capitaine Prieur 3 197 191

18 février. — Formation de la 29ᵉ batterie montée.

20 février. — Formation de la 30ᵉ batterie montée.

25 février. — Départ de la 29ᵉ batterie pour se rendre à Poitiers où elle doit faire partie de la réserve générale de la 2ᵉ armée de la Loire. 3 197 191

26 février. — Départ de la 30ᵉ batterie montée pour se rendre à Guéret. 3 120 94

1ᵉʳ mars 1871. — Le dépôt comprend la 28ᵉ batterie montée, la 2ᵉ batterie de montagne, la batterie de dépôt et le peloton hors-rang. (Effectif : 19 officiers, 659 hommes, 287 chevaux.)

13e RÉGIMENT MONTÉ — DÉPOT

	Offic.	Troupe.	Chev.

15 juillet 1870. — Vidal, major, Bourges.
16 juillet. — Création d'un cadre de dépôt. Capitaine Schuhler.
18 juillet. — Les 1re et 2e batteries à pied sont dédoublées et forment la 1re et 2e batteries *bis* à pied.
18 juillet. — Transformation des 3e et 4e batteries à pied en batteries montées.
28 juillet. — Départ des 5e, 6e, 7e, 8e, 9e, 10e, 11e et 12e batteries montées pour se rendre à Nancy où elles arrivent le 29. Capitaines Leclerc, de Reynaud de Villeverd, Bellorger, Blavier, Lequeux, Lippmann, Audoy et Zoegger.

1er août. — Effectif des batteries à l'armée du Rhin	41	1568	1355

1er août. — Le dépôt comprend les 1re, 1re *bis*, 2e, 2e *bis*, 3e, 4e batteries, cadre de dépôt et peloton hors-rang (26 officiers, 829 hommes, 290 chevaux).

5 août. — La 1re batterie principale à pied quitte Bourges pour se rendre à Givet et à Rocroy. Capitaine Hubert. .	1	56	2
5 août. — La 1re batterie *bis* à pied part pour se rendre à Mézières et à Sedan. Capitaine Bodereau.	3	49	1
9 août. — Départ d'un détachement pour Saint-Omer où il est versé au 1er régiment du train d'artillerie.	»	150	»
15 août. — Départ des 3e et 4e batteries montées pour Paris où elles arrivent le 16. Capitaines Torteruc de Sazilly et Vernoy	7	284	223

21 août. — Création à Bourges de deux nouvelles batteries : une batterie montée n° 1 et une batterie à pied n° 1.
29 août. — La batterie à pied de marche n° 1 devient 13e batterie à pied et la batterie montée prend le n° 17.

30 août. — Départ de la 17e batterie montée pour Paris où elle arrive le même jour. Capitaine Lapaque.	5	120	91
7 septembre. — Départ de la 2e batterie principale à pied pour Paris. Capitaine Foucault	2	199	3

21 septembre. — Formation de la 18e batterie montée.

23 septembre. — Départ de la 18e batterie pour rejoindre à Orléans le 15e corps. Capitaine de Canteloube de Marmiès	3	120	89

7 octobre. — Formation de la 19e batterie montée.
13 octobre. — La 13e batterie à pied est transformée en batterie mixte.

16 octobre. — Départ de la 19e batterie montée pour se rendre à Vendôme au 16e corps. Capitaine Berquin . . .	3	120	92

16 octobre. — Formation d'une 14e batterie mixte par le dédoublement de la 13e batterie à pied.

	Offic.	Troupe.	Chev.
13e batterie mixte, capitaine Louchouarn	4	61	6
14e batterie mixte, lieutenant Jourdan	3	61	6

16 octobre. — Le dépôt quitte Bourges en deux colonnes pour se rendre à Toulouse où il arrive le 17.

20 octobre. — Formation de la 20e batterie montée.

28 octobre. — La 2e batterie principale à pied à Paris forme une batterie à pied qui conserve le n° 2 et une batterie montée qui prend le n° 16.

    2e batterie à pied, capitaine Sauret.
    16e batterie montée, capitaine Foucault.

4 novembre. — Départ des 13e et 14e batteries mixtes pour Chagny où elles sont versées au 18e corps.

6 novembre. — Formation de la 21e batterie montée.

| *12 novembre.* — Départ de la 20e batterie pour Blois où elle passe au 17e corps. Capitaine Chabaury | 3 | 120 | 92 |

15 novembre. — Formation de la batterie de montagne n° 1.

| *18 novembre.* — Départ de la 21e batterie montée pour Nevers. Capitaine Théry | 3 | 120 | 92 |

18 novembre. — Formation de la 22e batterie montée.

| *26 novembre.* — Départ de la 22e batterie pour Nantes. Capitaine Schuhler | 3 | 120 | 92 |

26 novembre. — Formation de la 23e batterie montée.

| *29 novembre.* — Départ de la batterie de montagne n° 1 pour Orléans. Sous-lieutenant Lolliot | 1 | 98 | 47 |

2 décembre. — Formation de la 24e batterie montée.

| *6 décembre.* — Départ de la 23e batterie pour se rendre à Vendôme où elle passe au 21e corps. Capitaine Nié | 3 | 120 | 92 |
| *16 décembre.* — Départ de la 24e batterie pour Lyon où elle est versée au 24e corps. Capitaine Landwehrlen | 3 | 195 | 164 |

16 décembre. — Formation de la 25e batterie montée.

17 décembre. — Un détachement part pour rejoindre le 16e corps à l'armée de la Loire	»	25	»
27 décembre. — Départ d'un détachement pour rejoindre le 20e corps à Chalon-sur-Saône. Capitaine Delahaye	1	64	1
29 décembre. — Départ d'un détachement pour rejoindre les 16e et 17e corps d'armée au Mans	»	64	1
1er janvier 1871. — Formation et départ de la batterie de montagne n° 2 qui est dirigée sur Besançon. Sous-lieutenant Lenthéric	1	95	47
3 janvier. — Départ de la 25e batterie pour se rendre aux lignes de Carentan. Capitaine Vachier	3	120	92

3 janvier. — Formation de la 26e batterie montée.

5 janvier. — Le capitaine Delettre est nommé major au corps en remplacement du major Vidal passé au com-

	Offic.	Troupe.	Chev.

mandement d'un groupe de batteries à la réserve du 25ᵉ corps.

12 janvier. — Départ de la 26ᵉ batterie montée pour Issoudun où elle est versée au 25ᵉ corps. Capitaine Gobillard . . 3 120 92

20 janvier. — Formation de la 27ᵉ batterie montée.

26 janvier. — Départ de la 27ᵉ batterie pour Poitiers où elle est versée au 26ᵉ corps. Capitaine Cassignol 3 124 101

29 janvier. — Formation de la 28ᵉ batterie montée.

3 février. — Départ de la 28ᵉ batterie pour Coutras (Gironde). Capitaine Cirbeau 3 125 101

6 février. — Formation de la 29ᵉ batterie montée.

22 février. — Départ de la 29ᵉ batterie pour Saint-Nazaire Capitaine de Canteloube de Marmiès. 3 202 180

1ᵉʳ mars 1871. — Le dépôt comprend la 2ᵉ batterie *bis*, sous-lieutenant Ruolt; la batterie de dépôt, Leclère, capitaine et le peloton hors-rang. (Effectif : 12 officiers, 505 hommes, 185 chevaux.)

14ᵉ RÉGIMENT MONTÉ — DÉPOT

15 juillet 1870. — Lebas, major, Toulouse.

16 juillet. — Création d'un cadre de dépôt. Capitaine Keim.

18 juillet. — Les 1ʳᵉ et 2ᵉ batteries à pied sont dédoublées et forment les 1ʳᵉ et 2ᵉ batteries *bis* à pied.

18 juillet. — Transformation des 3ᵉ et 4ᵉ batteries à pied en batteries montées.

20 juillet. — Départ de la 11ᵉ batterie montée pour se rendre à Bitche où elle arrive le 22. Capitaine Deshautschamps.

22 juillet. — Un détachement de la 2ᵉ batterie *bis* à pied est attaché au parc de la réserve générale d'artillerie à Toulouse. Lieutenant Houchard 1 50 2

25 juillet. — Départ de la 1ʳᵉ batterie principale à pied pour se rendre à Bayonne où elle arrive le 6 août.

25 juillet. — Départ de la 1ʳᵉ batterie *bis* à pied pour se rendre à Perpignan où elle arrive le 1ᵉʳ août.

26 juillet. — Départ des 5ᵉ, 6ᵉ et 7ᵉ batteries montées pour se rendre au camp de Châlons où elles arrivent le 28. Capitaines Grimard, Heintz et Delabrousse.

27 juillet. — Les 8ᵉ et 9ᵉ batteries quittent Toulouse pour se rendre au camp de Châlons où elles arrivent le 29. Capitaines Gastine et Gabé.

1ᵉʳ août. — Effectif des batteries à l'armée du Rhin 28 1134 758

1ᵉʳ août. — Le dépôt comprend les 1ʳᵉ, 1ʳᵉ *bis*, 2ᵉ, 2ᵉ *bis*, 3ᵉ, 4ᵉ batteries, cadre de dépôt et peloton hors-rang (27 offi-

	Offic.	Troupe.	Chev.

ciers, 1,198 hommes, 81 chevaux). A cette date les 10e et 12e batteries montées étaient en Italie à l'effectif de 8 officiers, 297 hommes, 229 chevaux.

6 août. — La 10e batterie montée s'embarque à Civita-Vecchia pour Toulon où elle débarque le 8. Part pour Lyon le 9 où elle arrive le 10.

7 août. — La 12e batterie montée s'embarque à Civita-Vecchia pour Toulon, débarque le 9 et part pour Lyon le 10 où elle arrive le 11.

9 août. — Un détachement part de Toulouse pour se rendre à Auxonne où il est versé au 2e régiment du train d'artillerie . . . . » 100 »

13 août. — Un détachement quitte Toulouse pour rejoindre à Auxonne le 2e régiment du train d'artillerie . . . . . » 200 »

15 août. — Les 10e et 12e batteries montées quittent Lyon pour se rendre au camp de Châlons. Capitaines David et Delaitre. 8 296 220

16 août. — La 2e batterie principale et la 2e batterie *bis* quittent Toulouse pour se rendre à Lyon. Capitaines Dauvet et Dessus.

16 août. — Départ des 3e et 4e batteries montées pour se rendre à Paris. Capitaines Gros et Malherbe 8 296 220

21 août. — Création à Toulouse de deux nouvelles batteries: une batterie à pied de marche n° 1 et une batterie montée de marche n° 1. Ces deux batteries deviennent le 29 août 13e batterie à pied et 17e batterie montée.

29 août. — La 1re batterie principale quitte Bayonne pour rejoindre son dépôt à Toulouse.

29 août. — La 1re batterie *bis* part de Perpignan pour se rendre à Toulouse.

29 août. — La 2e batterie principale et la 2e batterie *bis* quittent Lyon pour rejoindre le dépôt à Toulouse.

30 août. — Départ de la 17e batterie montée pour Paris où elle arrive le 1er septembre. Capitaine Bajau 4 148 110

8 septembre. — Départ de la 1re batterie principale et de la 13e batterie à pied pour Paris où elles arrivent le 9. Capitaines de Carsalade du Pont et Solier 4 400 6

21 septembre. — Formation de la 18e batterie montée.

22 septembre. — Formation de la 19e batterie montée.

28 septembre. — Départ de la 18e batterie montée pour se rendre à Vierzon. Capitaine Lahaye. 4 195 160

6 octobre. — Formation de la 20e batterie montée.

15 octobre. — Départ de la 19e batterie montée pour Bourges où elle entre dans la formation du 16e corps. Capitaine Saguet 3 120 94

	Offic.	Troupe.	Chev.

19 octobre. — Départ de la 20ᵉ batterie montée pour Bourges où elle passe au 16ᵉ corps. Capitaine Rémy... 3 120 94

21 octobre. — Formation de la 21ᵉ batterie montée.

28 octobre. — Formation à Paris de 2 batteries par le dédoublement de la 1ʳᵉ batterie principale et de la 13ᵉ batterie à pied.

  15ᵉ batterie montée, capitaine Solier.
  16ᵉ batterie à pied, capitaine de Carsalade du Pont.

1ᵉʳ novembre. — Formation de la 22ᵉ batterie montée.

2 novembre. — Départ de la 21ᵉ batterie pour Tours où elle est versée au 17ᵉ corps. Capitaine Lefèvre....... 3 120 94

14 novembre. — Formation de la batterie de montagne n° 1.

17 novembre. — Départ de la 22ᵉ batterie montée pour Nevers où elle est attachée au 18ᵉ corps. Capitaine Dessus.............................. 3 120 94

21 novembre. — Formation de la 23ᵉ batterie montée.

26 novembre. — Départ de la 23ᵉ batterie pour se rendre à Château-Renault où elle est attachée à la colonne mobile de Tours. Capitaine Keim............... 3 120 94

29 novembre. — Départ de la batterie de montagne n° 1 pour se rendre à Orléans où elle est attachée au 15ᵉ corps. Sous-lieutenant Larriu................ 1 102 47

29 novembre. — Formation de la 24ᵉ batterie montée.

5 décembre. — Départ de la 24ᵉ batterie pour Tours où elle est attachée au 21ᵉ corps. Capitaine Marquet..... 3 120 94

3 décembre — Formation de la batterie de montagne n° 2.

6 décembre. — Formation de la 25ᵉ batterie montée.

17 décembre. — Départ de la 25ᵉ batterie pour Besançon où elle fait partie de la réserve du 24ᵉ corps. Capitaine Guiot................................. 3 195 166

18 décembre. — Formation de la 26ᵉ batterie montée.

20 décembre. — Départ de la batterie de montagne n° 2 pour se rendre à Autun, armée des Vosges. Sous-lieutenant Sébillot........................ 1 102 47

26 décembre. — Formation de la batterie de montagne n° 3.

6 janvier 1871. — Formation de la 27ᵉ batterie montée.

8 janvier. — Départ de la 26ᵉ batterie montée pour Issoudun où elle passe au 25ᵉ corps. Capitaine Talayrac... 3 196 166

10 janvier. — Départ de la 27ᵉ batterie montée pour Issoudun où elle passe à la réserve du 25ᵉ corps. Capitaine Guillaume............................. 3 120 94

16 janvier. — Formation de la 28ᵉ batterie montée.

23 janvier. — Départ de la 28ᵉ batterie pour se rendre à Poitiers où elle est versée au 26ᵉ corps. Capitaine Labat. 3 120 94

23 janvier. — Formation de la 29ᵉ batterie montée.

	Offic.	Troupe.	Chev.

3 février. — Départ de la 29ᵉ batterie pour se rendre à Coutras. Capitaine Thibaudet 5 123 103
11 février. — Formation de la 30ᵉ batterie montée.
26 février. — Départ de la 30ᵉ batterie pour se rendre à Moulins. Capitaine Guiot 3 115 100
26 février. — Formation de la 31ᵉ batterie montée.
1ᵉʳ mars. — Le dépôt comprend la 1ʳᵉ batterie *bis*, la 2ᵉ batterie principale, la 2ᵉ batterie *bis*, la 31ᵉ batterie montée, la batterie de montagne n° 3, la batterie de dépôt et le peloton hors-rang. (Effectif : 19 officiers, 699 hommes, 237 chevaux.)

15ᵉ RÉGIMENT MONTÉ — DÉPOT

15 juillet 1870. — Demay, major, Douai.
16 juillet. — Création du cadre de dépôt. Capitaine Reynaud.
17 juillet. — Départ des 6ᵉ et 10ᵉ batteries montées de Douai pour Sarreguemines où elles arrivent les 17 et 18. Capitaines Calemard de Genestoux et Petelle.
18 juillet. — Départ de la 7ᵉ batterie montée du camp de Châlons pour se rendre à Saint-Avold où elle arrive le 19. Capitaine Stoffel.
18 juillet. — Les 1ʳᵉ et 2ᵉ batteries à pied sont dédoublées et forment les 1ʳᵉ et 2ᵉ batteries *bis* à pied. Capitaines Béguin, Commaux, de Donato et Baudot.
18 juillet. — Les 3ᵉ et 4ᵉ batteries à pied sont transformées en batteries montées.
19 juillet. — Départ de la 8ᵉ batterie montée du camp de Châlons pour se rendre à Saint-Avold où elle arrive le 20. Capitaine Béguin.
19 juillet. — Les 1ʳᵉ et 2ᵉ batteries à pied rentrent à Douai venant du camp de Châlons.
20 juillet. — Départ des 5ᵉ et 9ᵉ batteries montées pour se rendre à Thionville où elles arrivent le 27. Capitaines Boniface et Gibouin.
23 juillet. — La 11ᵉ batterie montée quitte Douai pour se rendre à Saint-Avold où elle arrive le 24. Capitaine Lauret.
24 juillet. — La 12ᵉ batterie montée part de Douai pour se rendre à Thionville où elle arrive le 25. Capitaine Bottard.
25 juillet. — Un détachement de la 1ʳᵉ batterie *bis* à pied est attaché au parc du 4ᵉ corps en formation à Douai. Sous-lieutenant Koch 1 50 2

	Offic.	Troupe.	Chev.
1er août. — Effectif des batteries à l'armée du Rhin. . . .	40	1220	986

1er août. — Le dépôt comprend les 1re, 1re *bis*, 2e, 2e *bis*, 3e, 4e batteries, batterie de dépôt et le peloton hors-rang (27 officiers, 1138 hommes, 330 chevaux).

3 août. — Départ d'un détachement pour Saint-Omer où il est versé au 1er régiment du train d'artillerie.	»	50	»
5 août. — La 2e batterie principale à pied quitte Douai pour se rendre à Lille. Capitaine Pigouche.	2	78	5
5 août. — Départ de la 2e batterie *bis* à pied pour se rendre à Valenciennes. Capitaine Baudot	2	78	3
10 août. — Départ d'un détachement pour Saint-Omer où il est versé au 1er régiment du train d'artillerie.	»	250	»
10 août. — Les 3e et 4e batteries montées partent pour se rendre à Vincennes où elles sont attachées au 12e corps. Capitaines Chambellant et Escudié	8	296	240
12 août. — Départ d'un détachement pour Saint-Omer où il est versé au 1er régiment du train d'artillerie.	»	50	»

24 août. — Création à Douai de deux nouvelles batteries : une batterie à pied de marche et une batterie montée de marche.

29 août. — Départ de la batterie à pied de marche pour Paris où elle arrive le 30. Capitaine de Donato	1	200	2

30 août. — Les deux batteries de marche prennent : la batterie à pied le n° 13 et la batterie montée le n° 17.

5 septembre. — La 17e batterie montée part pour se rendre à Paris où elle arrive le 8. Capitaine Froment	3	120	95

7 septembre. — Le dépôt quitte Douai pour se rendre à Paris où il arrive le 8.

7 septembre. — La 1re batterie principale et la 1re batterie *bis* restent à Douai au départ du dépôt. Lieutenant Bocquillon et capitaine Ravaut.

14 septembre. — Le dépôt quitte Paris pour se rendre à Rennes où il arrive le 15.

28 septembre. — Formation à Rennes de la 18e batterie montée.

1er octobre. — Formation de la 19e batterie montée.

6 octobre. — Départ de la 18e batterie montée pour se rendre à Vierzon où elle passe au 15e corps. Capitaine Legras	3	120	94
10 octobre. — La 2e batterie principale à pied est transformée en batterie montée à Lille. Capitaine Pigouche. . . .	3	129	92

24 octobre. — Formation à Rennes de la 20e batterie montée.

26 octobre. — Départ de la 19e batterie montée pour se rendre à Tours où elle passe au 17e corps. Capitaine Daudier.	3	121	94
24 octobre. — La 13e batterie à pied à Paris est transformée en batterie montée. Capitaine de Donato.	3	149	120

	Offic.	Troupe.	Chev.

31 octobre. — Formation à Rennes de la 21e batterie montée.

1er novembre. — Formation à Lille de la 2e batterie montée *ter*. Capitaine Grandmottet. 4 124 92

2 novembre. — Formation à Paris d'une nouvelle 13e batterie à pied. Capitaine Billaudel 3 120 4

9 novembre. — La 13e batterie montée formée à Paris prend le n° 16. Capitaine de Donato.

13 novembre. — Départ de la 20e batterie montée de Rennes pour se rendre à Nevers où elle passe au 18e corps. Capitaine Bougue 3 120 94

13 novembre. — Un détachement part de Rennes pour rejoindre l'armée de la Loire . . . . » 54 24

16 novembre. — Formation à Rennes de la 22e batterie montée.

18 novembre. — Formation à Rennes de la batterie de montagne n° 1, sous-lieutenant Louin. Le 9 décembre cette batterie est transformée en batterie montée.

19 novembre. — Formation à Lille de la 1re batterie à pied *ter*. Capitaine Durand . . . .

21 novembre. — Départ de la 21e batterie montée de Rennes pour se rendre au Mans où elle passe au 16e corps. Capitaine Vivier des Vallons 3 135 115

28 novembre. — Formation à Rennes d'une 14e batterie à pied qui forme batterie mixte de 12. Capitaine Boué.

28 novembre. — Création à Lille de la 3e batterie *bis*, montée. Capitaine Cornet. 4 124 92

2 décembre. — Formation à Rennes de la 23e batterie montée.

3 décembre. — Formation à Lille de la 3e batterie montée *ter*. Capitaine Halphen. 3 128 98

8 décembre. — Départ de la 23e batterie montée pour se rendre à Nantes d'où elle passe au 18e corps. Capitaine de Malet. 3 120 94

9 décembre. — Formation à Rennes de la 24e batterie montée.

11 décembre. — Formation à Douai de la 4e batterie montée *bis*. Lieutenant Monier 3 121 92

12 décembre. — Départ de la 22e batterie montée pour Nantes. Capitaine Rostaing. 3 195 166

12 décembre. — Un détachement part de Rennes pour se rendre au parc du 21e corps. Sous-lieutenant Louin. . . 1 40 2

28 décembre. — Un détachement part de Rennes pour se rendre au Mans destiné à compléter les batteries des 16e et 17e corps. . . . . » 56 »

3 janvier 1871. — Départ de Rennes de la 14e batterie mixte

	Offic.	Troupe.	Chev.

pour se rendre à Nantes où elle est versée au 21ᵉ corps. Capitaine Boné............ 2 89 2

4 janvier. — Départ de la 24ᵉ batterie montée pour se rendre au Mans où elle passe au 16ᵉ corps. Capitaine Dedouvres. 3 119 90

5 janvier. — Le capitaine Mallet est nommé major au corps en remplacement du major Demay appelé à d'autres fonctions.

8 janvier. — Formation à Rennes de la 25ᵉ batterie montée.

8 janvier. — Formation à Rennes de la 26ᵉ batterie montée.

10 janvier. — Départ de la 25ᵉ batterie montée pour se rendre à Issoudun où elle est versée au 25ᵉ corps. Capitaine Laude.......... 3 119 94

19 janvier. — Formation à Rennes de la 27ᵉ batterie montée.

28 janvier. — Formation à Douai de la 5ᵉ batterie montée *bis*. Sous-lieutenant de Cambis.

28 janvier. — Un détachement part de Rennes pour rejoindre l'armée de la Loire............ » 18 75

3 février. — Départ de la 26ᵉ batterie montée pour se rendre à Poitiers où elle est attachée au 26ᵉ corps. Capitaine Colas............ 3 124 106

5 février. — Départ de la 27ᵉ batterie montée pour se rendre à Nantes où elle passe au 26ᵉ corps. Capitaine Le Prévost.......... 3 200 196

13 février. — Départ d'un détachement de Rennes pour compléter à la 2ᵉ armée de la Loire les différentes batteries du régiment........... » 107 »

26 février. — Formation à Rennes de la 28ᵉ batterie montée. Capitaine Legras.

1ᵉʳ mars 1871. — Le dépôt comprend à Rennes la 28ᵉ batterie, la batterie de dépôt et le peloton hors-rang. (Effectif : 13 officiers, 709 hommes, 126 chevaux.) Petits dépôts à Douai (9 officiers, 835 hommes, 102 chevaux) ; à Lille (6 officiers, 497 hommes, 142 chevaux).

II

16ᵉ RÉGIMENT PONTONNIERS — DÉPOT

15 juillet 1870. — Courné de Boblaye, major, Strasbourg.
16 juillet. — Création du cadre de dépôt. Capitaine Allard.
21 juillet. — Départ de la 3ᵉ compagnie de Lyon pour se

	Offic.	Troupe.	Chev.

rendre à Auxonne où elle doit faire partie de l'équipage de ponts du 1er corps. Capitaine Kessler.

21 juillet. — Départ de la 4e compagnie pour Metz où elle forme l'équipage de ponts du 3e corps. Capitaine Pépin.

21 juillet. — Départ de la 5e compagnie pour se rendre à Arras où elle arrive le 22. Cette compagnie fait partie de l'équipage de ponts du 5e corps. Capitaine Grisey.

21 juillet. — La 7e compagnie quitte Lyon pour se rendre à Auxonne où elle forme l'équipage de ponts du 7e corps. Capitaine Ploton dit Berton.

21 juillet. — Départ de la 8e compagnie pour se rendre à Douai où elle arrive le 22, forme l'équipage de ponts du 4e corps. Capitaine Deschamps.

21 juillet. — La 12e compagnie quitte Strasbourg pour se rendre à Toul où elle doit former un équipage de ponts de réserve. Capitaine Brouet.

25 juillet. — La 10e compagnie quitte Strasbourg pour se rendre à Toul où elle arrive le même jour. Cette compagnie forme un équipage de ponts de réserve. Capitaine Chaulet d'Outremont.

1er août. — Effectif des compagnies à l'armée du Rhin . . 33 1080 57

Effectif de la 11e compagnie en Algérie, capitaine Martin, 4 officiers, 150 hommes, 7 chevaux.

Effectif du dépôt, 37 officiers, 1170 hommes, 49 chevaux.

3 août. — Départ de la 2e compagnie de Strasbourg pour se rendre à Saint-Avold, où elle arrive le 4. Cette compagnie forme l'équipage de ponts du 2e corps. Capitaine Nussbaum.

3 août. — La 3e compagnie part de Besançon pour se rendre à Strasbourg où elle arrive le 4.

1er septembre. — Le régiment prend part à la défense de Strasbourg avec les 1re, 3e, 6e, 9e, 13e, 14e compagnies et le dépôt. Capitaines Epp, Kessler, Mortet, Denis dit Laroque, Desnos, Serraz et Allard. (Effectif : 40 officiers, 1265 hommes, 50 chevaux.) (1) 40 1265 50

5 septembre. — 5e et 10e compagnies à Paris.

15 septembre. — Les 7e et 12e compagnies arrivent à Angers.

28 septembre. — Capitulation de Strasbourg.

10 octobre. — La 12e compagnie à Angers est dédoublée et forme une 17e compagnie. Capitaine Devrez.

15 octobre. — Les 12e et 17e compagnies sont transformées en batteries mixtes. Capitaines Brouet et Devrez.

16 octobre. — Les 12e et 17e compagnies quittent Angers

---

(1) Le 28 septembre 1870, capitulation de Strasbourg.

	Offic.	Troupe	Chev.

pour se rendre à Tours où elles sont versées à la réserve du 16ᵉ corps. 4   178   8

2 décembre. — La 12ᵉ compagnie est détruite le soir de la bataille de Loigny.

7 janvier 1871. — La 17ᵉ compagnie est licenciée au Mans.

8 janvier. — Formation à Lyon d'un dépôt provisoire du régiment de pontonniers.

12 janvier. — Création d'une 18ᵉ compagnie. Capitaine Plarr.

17 février. — Formation à Lyon d'un équipage de ponts comprenant la 7ᵉ compagnie de pontonniers et la 11ᵉ compagnie principale du 2ᵉ régiment du train d'artillerie. Capitaine commandant la 7ᵉ compagnie Decker.

1ᵉʳ mars 1871. — Le dépôt provisoire comprend les 7ᵉ et 18ᵉ compagnies de pontonniers. (Effectif : 4 officiers, 266 hommes, 6 chevaux.)

III
17ᵉ RÉGIMENT A CHEVAL — DÉPOT

15 juillet 1870. — Bézard, major, Metz.

16 juillet. — Création d'un cadre de dépôt. Capitaine Langlois.

19 juillet. — Les 7ᵉ et 8ᵉ batteries quittent le camp de Châlons pour se rendre à Saint-Avold où elles arrivent le 20. Capitaines Saget, d'Esclaibes d'Hust.

24 juillet. — La 1ʳᵉ batterie quitte Lunéville pour rejoindre le dépôt à Metz où elle arrive le 26.

25 juillet. — Départ des 5ᵉ et 6ᵉ batteries pour se rendre à Thionville où elles arrivent le même jour. Capitaines Cahous et Albenque.

25 juillet. — Départ des 2ᵉ, 3ᵉ et 4ᵉ batteries pour se rendre à Pange (Moselle) où elles doivent faire partie de la réserve du 3ᵉ corps d'armée. Capitaines Gebhart, Limbourg et Loire.

27 juillet. — La 1ʳᵉ batterie quitte Metz pour rejoindre à Volmerange la réserve du 3ᵉ corps. Capitaine de Maillier.

31 juillet. — Départ d'un détachement pour Saint-Omer où il est versé au 1ᵉʳ régiment du train d'artillerie. . . . .   »   125   »

1ᵉʳ août. — Effectif des batteries à cheval à l'armée du Rhin.   43   1349   1437

1ᵉʳ août. — Le dépôt comprend le cadre de dépôt et le peloton hors-rang (9 officiers, 659 hommes, 174 chevaux).

2 août. — Un détachement part de Metz pour se rendre à Saint-Omer où il arrive le 3. Ce détachement est versé au 1ᵉʳ régiment du train d'artillerie . . . .   »   75   »

	Offic.	Troupe.	Chev.

18 août. — Le dépôt est renfermé dans la place de Metz.
29 octobre. — Capitulation de l'armée et de la place de Metz. Le dépôt comprend à cette date le cadre de dépôt et le peloton hors-rang. (Effectif : 8 officiers, 384 hommes, 124 chevaux.)

18e RÉGIMENT A CHEVAL — DÉPOT

	Offic.	Troupe.	Chev.
15 juillet 1870. — Jay, major, Toulouse.			
16 juillet. — Création du cadre de dépôt. Capitaine Béra.			
25 juillet. — Départ de Toulouse des 1re et 2e batteries pour se rendre à Nancy où elles arrivent le 27. Capitaines Gouzy et Mengaud.			
28 juillet. — Départ des 3e, 4e, 5e, 6e, 7e et 8e batteries pour Nancy où elles arrivent le 30. Capitaines Arveuf, Briot, de Cambolas, Mondon, Charpeaux et Boyet.			
1er août. — Effectif des batteries à cheval à l'armée du Rhin	44	1180	1358
1er août. — Le dépôt comprend le cadre de dépôt et le peloton hors-rang (8 officiers, 648 hommes, 190 chevaux).			
9 août. — Départ d'un détachement pour Auxonne où il est versé au 2e régiment du train d'artillerie	»	250	»
13 août. — Départ d'un détachement pour rejoindre à Saint-Omer le 1er régiment du train d'artillerie où il est versé.	»	100	»
21 août. — Création au dépôt de deux nouvelles batteries : une batterie à pied de marche et une batterie à cheval de marche.			
29 août. — La batterie à pied de marche devient 9e batterie à pied et la batterie à cheval de marche prend le n° 13.			
3 septembre. — La 13e batterie à cheval quitte Toulouse pour se rendre à Vincennes où elle arrive le 4. Capitaine Bocquenet	3	159	180
6 septembre. — La 9e batterie à pied quitte Toulouse pour se rendre à Paris où elle arrive le 7. Capitaine Delagrèverie	2	204	3
26 septembre. — Formation de la 14e batterie à cheval.			
27 septembre. — Départ de la 14e batterie pour se rendre à Bourges où elle arrive le 28, capitaine Bléhaut. Cette batterie est versée à la réserve du 15e corps.	3	100	105
15 octobre. — Formation de la 15e batterie à cheval.			
15 octobre. — Formation de la 16e batterie à cheval.			
16 octobre. — Départ de la 15e batterie pour se rendre à Tours où elle est versée au 16e corps. Capitaine Béra . .	3	100	105
2 novembre. — Départ de la 16e batterie à cheval pour Tours où elle est versée au 17e corps. Capitaine Chorrin. . . .	3	100	114

	Offic.	Troupe.	Chev.

6 novembre. — Formation de la 17ᵉ batterie à cheval.

18 novembre. — Le capitaine Estrade est nommé major au corps en remplacement du major Jay appelé à d'autres fonctions.

26 novembre. — Départ de la 17ᵉ batterie à cheval pour se rendre à Tours où elle doit faire partie de la colonne mobile de Tours. Capitaine Arguel 3   155   176

2 décembre. — Formation de la 18ᵉ batterie à cheval.

5 décembre. — Départ de la 18ᵉ batterie pour rejoindre l'armée de la Loire. Capitaine Aimez 3   161   176

20 décembre. — Formation de la 19ᵉ batterie à cheval.

20 décembre. — Départ d'un détachement pour rejoindre les batteries du 18ᵉ corps. . . . . »   100   »

28 décembre. — Un détachement quitte Toulouse pour se rendre au Mans où il est versé dans les batteries du 17ᵉ corps. . . . . »   55   »

30 décembre. — Formation de la 20ᵉ batterie à cheval.

4 janvier 1871. — Départ de la 19ᵉ batterie à cheval pour rejoindre le 19ᵉ corps. Capitaine Picquot. 3   160   176

12 janvier. — Départ de la 20ᵉ batterie à cheval pour rejoindre à Issoudun le 25ᵉ corps. Capitaine Ardilouze . 3   162   176

14 janvier. — Formation de la 21ᵉ batterie à cheval.

20 janvier. — Formation de la 22ᵉ batterie à cheval.

25 janvier. — Départ de la 21ᵉ batterie à cheval pour rejoindre le 26ᵉ corps à Poitiers. Capitaine Venier . . . 3   155   176

4 février. — Départ de la 22ᵉ batterie pour se rendre à Poitiers où elle est versée au 26ᵉ corps. Capitaine Froment. 3   155   176

4 février. — Formation de la 23ᵉ batterie à cheval. Capitaine Villien (3 officiers, 161 hommes, 169 chevaux).

1ᵉʳ mars 1871. — Le dépôt comprend la 23ᵉ batterie, la batterie de dépôt et le peloton hors-rang. (Effectif : 19 officiers, 640 hommes, 375 chevaux.)

19ᵉ RÉGIMENT A CHEVAL — DÉPOT

15 juillet 1870. — Tiffy, major, Valence.

16 juillet. — Création d'un cadre de dépôt. Capitaine Mirande.

20 juillet. — La 1ʳᵉ batterie à cheval quitte Chambéry pour se rendre à Valence où elle arrive le même jour.

27 juillet. — Départ des 3ᵉ et 4ᵉ batteries à cheval pour se rendre à Belfort où elles arrivent le 31. Capitaines Berquin et de Lustrac. Ces batteries sont versées à la réserve du 7ᵉ corps.

	Offic.	Troupe.	Chev.

28 juillet. — Départ des 7e et 8e batteries à cheval pour se rendre à Lunéville où elles passent à la 2e division de réserve de cavalerie. Capitaines Raffron de Val et Gonnaud.

29 juillet. — Les 5e et 6e batteries quittent Valence pour rejoindre à Lunéville la 1re division de réserve de cavalerie. Capitaines Jaubert et Bédarrides.

29 juillet. — Départ de la 1re batterie à cheval pour le camp de Châlons où elle arrive le 30. Cette batterie est versée à la réserve du 6e corps. Capitaine Decreuse.

30 juillet. — La 2e batterie à cheval quitte Valence pour rejoindre au camp de Châlons la 1re batterie et faire partie de la réserve du 6e corps. Capitaine Hartung.

1er août. — Effectif des 8 batteries à cheval à l'armée du Rhin 40 1242 1440

1er août. — Le dépôt comprend la batterie de dépôt et le peloton hors-rang (9 officiers, 491 hommes, 197 chevaux).

6 août. — Départ pour Auxonne d'un détachement qui est versé au 2e régiment du train d'artillerie . . . . » 50 »

12 août. — Départ d'un détachement pour rejoindre à Auxonne le 2e régiment du train d'artillerie . . . . . » 100 »

26 août. — Création d'une batterie de marche à cheval n° 1.

29 août. — La batterie de marche à cheval devient 13e batterie à cheval.

30 août. — Départ de la 13e batterie à cheval pour se rendre à Paris où elle arrive le 1er septembre. Capitaine Bécler. 2 100 105

6 septembre. — Création de la 9e batterie à pied.

7 septembre. — Départ de la 9e batterie à pied pour se rendre à Paris où elle arrive le 8. Capitaine Vabre. . . . 1 200 2

7 septembre. — Formation de la 14e batterie à cheval.

27 septembre. — Départ de la 14e batterie pour se rendre à Bourges où elle entre dans la formation du 15e corps d'armée. Capitaine Granier. 3 100 109

1er octobre. — Création de la 15e batterie à cheval.

1er octobre. — Création de la 16e batterie à cheval.

6 octobre. — Formation de la 17e batterie à cheval.

10 octobre. — Départ de Valence de la 15e batterie pour se rendre à Bourges où elle est attachée à la réserve du 15e corps. Capitaine Decreuse. 3 100 110

18 octobre. — Formation de la 18e batterie à cheval.

18 octobre. — Formation de la 19e batterie à cheval.

20 octobre. — Formation de la 20e batterie à cheval.

8 novembre. — Départ de la 16e batterie à cheval pour se rendre à Angers où elle passe à la réserve du 18e corps. Capitaine Rayne. 3 100 10

	Offic.	Troupe.	Chev.

10 novembre. — Départ de la 17ᵉ batterie à cheval pour rejoindre à Angers la 16ᵉ batterie et faire partie de la réserve du 18ᵉ corps. Capitaine Perrodon. 3 100 109

19 novembre. — Formation de la 21ᵉ batterie à cheval.

22 novembre. — Départ de Valence d'un détachement pour rejoindre à Saint-Péravy les batteries du 20ᵉ régiment . » 45 »

1ᵉʳ décembre. — Départ de la 18ᵉ batterie à cheval pour Orléans où elle doit faire partie de la réserve du 16ᵉ corps. Capitaine Artus 3 155 180

1ᵉʳ décembre. — Formation de la 22ᵉ batterie à cheval.

6 décembre. — Formation de la 23ᵉ batterie à cheval.

21 décembre. — Formation de la 24ᵉ batterie à cheval.

26 décembre. — Départ de la 19ᵉ batterie à cheval qui a été transformée en batterie montée pour rejoindre à Lyon le 24ᵉ corps. Capitaine Coulange. 3 155 120

27 décembre. — Départ d'un détachement pour Chalon-sur-Saône. . . . . » 50 »

28 décembre. — Départ d'un détachement pour le Mans où il est versé dans les batteries du régiment à la 2ᵉ armée. » 100 »

18 janvier 1871. — Formation de la 25ᵉ batterie à cheval.

22 janvier. — Départ d'un détachement pour Lyon où il doit concourir à la formation de la 18ᵉ compagnie de pontonniers. . . . . » 21 »

24 janvier. — Départ de la 20ᵉ batterie à cheval pour Vierzon où elle doit faire partie du 25ᵉ corps d'armée. Capitaine de Pontich. 3 195 164

26 janvier. — Départ de la 21ᵉ batterie à cheval pour Bourges où elle forme division avec la 20ᵉ batterie à la réserve du 25ᵉ corps. Capitaine Berquin 3 195 162

6 février. — Départ de la 22ᵉ batterie à cheval pour se rendre à Bourges. Capitaine Paturcau. 3 163 191

7 février. — Formation de la 26ᵉ batterie à cheval.

16 février. — Formation de la 27ᵉ batterie à cheval.

20 février. — Départ de la 23ᵉ batterie à cheval pour se rendre à Bourg. Capitaine Feldmann 3 158 182

1ᵉʳ mars 1871. — Le dépôt comprend les 24ᵉ, 25ᵉ, 26ᵉ, 27ᵉ batteries, capitaine Artus, sous-lieutenants Reiset, Arnaud et Martin, la batterie de dépôt et le peloton hors-rang. (Effectif : 21 officiers, 781 hommes, 424 chevaux.)

20ᵉ RÉGIMENT A CHEVAL — DÉPOT

15 juillet 1870. — Perrot, major, Strasbourg.

16 juillet. — Création du cadre de dépôt. Capitaine Doré.

19 juillet. — Les 5ᵉ et 6ᵉ batteries à cheval quittent Stras-

	Offic.	Troupe.	Chev.

bourg pour se rendre à Bitche où elles passent à la réserve du 5e corps d'armée. Capitaines Nicolas et Macé.

1er août. — Effectif des 8 batteries à l'armée du Rhin . . .   38   1321   1449

1er août. — Le dépôt comprend le cadre de dépôt et le peloton hors-rang (13 officiers, 528 hommes, 95 chevaux).

4 août. — Départ des 1re, 2e, 3e et 4e batteries à cheval pour rejoindre à Haguenau la réserve d'artillerie du 1er corps. Capitaines Mourin, Perrin, Bonnet et Debourgues.

6 août. — Départ des 7e et 8e batteries pour se rendre à Metz où elles sont versées à la 3e division de réserve de cavalerie. Capitaines Coillot et Chardin.

11 août. — Un détachement de conducteurs part pour se rendre à Auxonne où il est versé au 2e régiment du train d'artillerie. . . . .   »   200   »

14 août. — Siège de Strasbourg. Le dépôt prend part à la défense de la place.

28 septembre. — Capitulation de Strasbourg. Le dépôt est prisonnier de guerre (8 officiers, 745 hommes, 129 chevaux).   8   745   129

15 septembre. — Les débris des 1re et 6e batteries à cheval venant de Paris arrivent à Valence.

20 septembre. — Création à Valence d'un dépôt provisoire (6 officiers, 284 hommes, 185 chevaux).

1er octobre. — Réorganisation des 1re et 6e batteries à cheval et formation des 13e et 14e batteries à cheval.

10 octobre. — Départ des 1re et 6e batteries à cheval pour se rendre à Orléans, capitaines Mourin et Macé. Ces batteries sont affectées aux divisions de cavalerie Reyau et Ressayre   6   200   206

29 octobre. — Les 13e et 14e batteries à cheval partent de Valence pour se rendre à Mer où elles arrivent le 1er novembre, capitaines Gaulet et Marchand. Ces deux batteries à cheval sont attachées à la réserve du 16e corps   6   200   206

4 décembre. — La 1re batterie à cheval est prise à Saint-Péravy.

31 décembre. — La 14e batterie à cheval est dissoute.

1er janvier 1871. — Les débris des 1re et 14e batteries sont versés dans les 6e et 13e batteries au Mans.

1er mars 1871. — Le dépôt provisoire à Valence. (Effectif : 13 officiers, 289 hommes, 287 chevaux) (1).

---

(1) 10 décembre 1870. — Formation à Bitche avec les réserves des 5e et 6e batteries du régiment d'une 5e batterie *bis*. Capitaine Lesur.

21ᵉ RÉGIMENT MONTÉ — DÉPOT

Offic. Troupe. Chev.

1ᵉʳ novembre 1870. — Décret créant un 21ᵉ régiment d'artillerie.
16 novembre. — Bey, major, Paris.
16 novembre. — Formation des 1ʳᵉ, 2ᵉ, 12ᵉ, 13ᵉ batteries à pied et montées, cadre de dépôt et peloton hors-rang. Le dépôt constitué à l'Ecole militaire.

    1ʳᵉ batterie à pied, capitaine Grelley.
    2ᵉ   —   capitaine Vignolet.
    12ᵉ batterie montée, capitaine Boulanger.
    13ᵉ   —   capitaine Camentron.
    Cadre de dépôt, capitaine Bataillé.

Batteries constituées qui ont concouru à la formation du régiment :

    3ᵉ batterie (ex-11ᵉ batterie montée du régiment monté ex-garde), capitaine Sionnet.
    4ᵉ   — (ex-17ᵉ batterie montée du 2ᵉ régiment), capitaine Buloz.
    5ᵉ   — (ex-17ᵉ batterie montée du 3ᵉ régiment), capitaine Blandin de Chalain.
    6ᵉ   — (ex-18ᵉ batterie montée du 3ᵉ régiment), capitaine Lesage.
    7ᵉ   — (ex-17ᵉ batterie montée du 6ᵉ régiment), capitaine Deschamps.
    8ᵉ   — (ex-17ᵉ batterie montée du 7ᵉ régiment), capitaine Jenni.
    9ᵉ   — (ex-17ᵉ batterie montée du 8ᵉ régiment), capitaine Dassonville.
    10ᵉ — (ex-17ᵉ batterie montée du 9ᵉ régiment), capitaine Nismes.
    11ᵉ — (ex-17ᵉ batterie montée du 10ᵉ régiment), capitaine Godinot.

1ᵉʳ décembre. — Effectif du régiment et du dépôt 56   2616   1107
1ᵉʳ mars 1871. — Le dépôt et les batteries comprenaient à Paris l'effectif suivant. 67   2489   817

22ᵉ RÉGIMENT MONTÉ — DÉPOT

1ᵉʳ novembre 1870. — Décret créant un 22ᵉ régiment d'artillerie.
16 novembre. — Got, major, Paris.
16 novembre. — Formation à l'Ecole militaire des 1ʳᵉ, 2ᵉ

batteries à pied, 12ᵉ, 13ᵉ batteries montées, du cadre de dépôt et du peloton hors-rang.

    1ʳᵉ batterie à pied, capitaine Wilbert.
    2ᵉ   —   capitaine Piron.
    12ᵉ batterie montée, capitaine Bécler.
    13ᵉ   —   capitaine Cans.
    Cadre de dépôt, capitaine Macquaire.

Batteries constituées qui ont concouru à la formation du régiment :

    3ᵉ batterie (ex-11ᵉ batterie à cheval du régiment à cheval ex-garde), capitaine Mignon.
    4ᵉ — (ex-17ᵉ batterie montée du 12ᵉ régiment), capitaine Courtois.
    5ᵉ — (ex-17ᵉ batterie montée du 13ᵉ régiment), capitaine Lapaque.
    6ᵉ — (ex-17ᵉ batterie montée du 14ᵉ régiment), capitaine Bajau.
    7ᵉ — (ex-17ᵉ batterie montée du 15ᵉ régiment), capitaine Froment.
    8ᵉ — (ex-9ᵉ batterie montée du 18ᵉ régiment), capitaine Delagréverie.
    9ᵉ — (ex-13ᵉ batterie à cheval du 18ᵉ régiment), capitaine Bocquenet.
    10ᵉ — (ex-9ᵉ batterie montée du 19ᵉ régiment), capitaine Vabre.
    11ᵉ — (ex-13ᵉ batterie à cheval du 19ᵉ régiment), capitaine Penet.

	Offic.	Troupe.	Chev.
1ᵉʳ *décembre*. — Effectif du régiment et du dépôt.	65	2695	1599
1ᵉʳ *mars 1871*. — Le dépôt et les batteries comprenaient l'effectif suivant	69	2387	923

CHAPITRE II

IV. — COMPAGNIES D'OUVRIERS D'ARTILLERIE

PREMIÈRE COMPAGNIE

15 juillet 1870. — Remy, capitaine commandant, Lyon.
18 juillet. — Un détachement passe au parc du 5ᵉ corps (14 hommes).
1ᵉʳ août. — Détachement de la compagnie à l'armée du Rhin . . . . » 14 »

                                                            Offic. Troupe. Chev.

1er août. — La compagnie à Lyon, capitaine Remy, comprend
(4 officiers, 215 hommes).

5 août. — Un détachement part de Lyon pour se rendre à
Epinal. Ce détachement marche avec le parc du 5e corps,
se trouve à Châlons le 19, à Rethel le 25, à la Besace le 29,
à Sedan le 31. Se retire sur Mézières le 1er septembre, à
Hirson le 4, à Valenciennes le 5 et à Vincennes le 6.

1er octobre. — La compagnie à Lyon (3 officiers, 199
hommes).

18 octobre. — Un détachement part pour Grenoble (16
hommes).

26 novembre. — Départ de la compagnie de Lyon pour se
rendre à Toulon où elle arrive le même jour, capitaine
Remy (1 officier, 47 hommes), reste à Lyon une partie
de la compagnie, capitaine Piot (1 officier, 128 hommes).

5 janvier 1871. — Départ d'un détachement de Lyon pour
être attaché au parc du 24e corps à Besançon. . . . . .   »   19   »

1er mars 1871. — La compagnie à Toulon, capitaine Rémy
(1 officier, 47 hommes). Un détachement à Lyon, capitaine Piot (1 officier, 128 hommes). Un détachement à
Grenoble (16 hommes).

2e COMPAGNIE

15 juillet 1870. — Olive, capitaine commandant, Toulouse.

18 juillet. — Un détachement est attaché à la réserve générale (14 hommes) à Toulouse.

29 juillet. — Départ d'un détachement pour Toul où il arrive
le 31. Ce détachement doit être affecté au grand parc,
capitaine Cabanes (2 officiers, 67 hommes).

1er août. — La compagnie est à Toulouse, capitaine Olive
(2 officiers, 231 hommes).

1er août. — Détachements à l'armée du Rhin.   2   81   2

31 août. — Un détachement part de Toulouse pour se rendre
à Paris où il est attaché au 14e corps. . . . .   »   14   »

1er septembre. — Un détachement part pour Toulon où il
arrive le 4, lieutenant Ardilouze (1 officier, 28 hommes).

12 octobre. — Départ d'un détachement pour se rendre à
Belfort . . . .   »   3   »

3 décembre. — Départ d'un détachement pour Chalon-sur-Saône. . . . .   »   2   »

1er janvier. — Départ d'un détachement pour Bordeaux . .   »   3   »

6 janvier 1871. — Un détachement part de Toulouse pour
se rendre au Mans où il est attaché au 16e corps . . . .   »   10   »

1er février. — Départ d'un détachement pour se rendre à Marseille (3 hommes).

1er mars 1871. — La compagnie à Toulouse, capitaine Olive, comprend 1 officier, 217 hommes. Détachement de Toulon (1 officier, 23 hommes).

3e COMPAGNIE

15 juillet 1870. — Quillet, capitaine commandant, Strasbourg.

18 juillet. — Départ d'un détachement pour rejoindre le parc du 2e corps (14 hommes).

1er août. — La compagnie à Strasbourg, capitaine Quillet (4 officiers, 212 hommes).

1er août. — Détachement de la compagnie à l'armée du Rhin . . . . » 14 »

14 août. — La compagnie prend part à la défense de Strasbourg.

28 septembre. — La compagnie est prisonnière par suite de la capitulation de Strasbourg. Capitaine Quillet. 4 205 1

4e COMPAGNIE

15 juillet 1870. — Dussausse, capitaine commandant, Besançon.

18 juillet. — Un détachement est attaché au parc du 1er corps (14 hommes).

1er août. — La compagnie à Besançon, capitaine Dussausse (4 officiers, 199 hommes).

5 août. — Départ du détachement pour rejoindre le 1er corps. . . . . » 14 »

28 septembre. — Départ d'un détachement pour Paris, capitaine Brameret. . . . . 1 120 »

1er mars 1871. — La compagnie à Besançon, capitaine Dussausse, comprend 3 officiers, 148 hommes. Le détachement de Paris, capitaine Brameret (1 officier, 120 hommes).

5e COMPAGNIE

15 juillet 1870. — Ganier, capitaine commandant, Douai.

18 juillet. — Un détachement part de Douai pour rejoindre à Thionville le parc du 4e corps d'armée. . . . . » 14 »

	Offic.	Troupe.	Chev.

1er août. — La compagnie à Douai, capitaine Ganier (4 officiers, 205 hommes).

7 septembre. — La compagnie quitte Douai pour se rendre à Rennes où elle arrive le 15. Elle laisse à Douai un détachement sous les ordres du capitaine Chaton (56 hommes).

1er janvier 1871. — La compagnie à Rennes.

1er janvier. — Le détachement resté à Douai au départ de la compagnie pour Rennes entre dans la formation de la 5e compagnie *bis*. Capitaine Rieffel.

17 janvier. — Un détachement part de Rennes pour rejoindre le parc du 19e corps d'armée . . . . » 11 »

1er mars 1871. — La compagnie à Rennes, capitaine Ganier. (Effectif : 2 officiers, 172 hommes.)

5e COMPAGNIE *bis*

1er janvier 1871. — La compagnie est formée à Douai avec le détachement de la 5e compagnie qui avait été laissée dans cette place à son départ pour Paris, capitaine Rieffel (2 officiers, 130 hommes).

10 janvier. — Un détachement passe au parc de l'armée du Nord . . . . » 12 »

1er mars 1871. — La compagnie à Douai, capitaine Rieffel (2 officiers, 135 hommes).

6e COMPAGNIE

15 juillet 1870. — Panon, capitaine commandant, La Fère.

18 juillet. — Un détachement est versé au parc du 6e corps (14 hommes).

1er août. — La compagnie à La Fère, capitaine Panon (4 officiers, 226 hommes).

1er août. — Détachement de la compagnie à l'armée du Rhin . . . . » 14 »

13 août. — Un détachement part pour Paris où il est versé au parc du 13e corps . . . . » 14 »

6 septembre. — La compagnie quitte La Fère pour se rendre à Vincennes. Elle laisse un détachement à La Fère sous les ordres du lieutenant Weisse. . . . . 1 50 »

19 septembre. — La compagnie prend part à la défense de Paris . . . . 3 200 »

27 novembre. — Le détachement resté à La Fère est prisonnier de guerre par suite de la capitulation de la Place. . 1 50 »

1er mars 1871. — La compagnie à Paris, capitaine Panon, comprend 5 officiers, 122 hommes.

7ᵉ COMPAGNIE

	Offic.	Troupe.	Chev.

15 juillet 1870. — Vieu, capitaine commandant, Metz.
18 juillet. — Un détachement passe au parc du 3ᵉ corps (14 hommes).
25 juillet. — Un détachement part pour le camp de Châlons (15 hommes).
1ᵉʳ août. — La compagnie à Metz, capitaine Vieu, comprend 4 officiers, 199 hommes.
1ᵉʳ août. — Détachements de la compagnie à l'armée du Rhin . . . . » 29 »
15 août. — La compagnie prend part à la défense de Metz.
1ᵉʳ septembre. — Effectif de la compagnie (4 officiers, 172 hommes) . . . . 4 172 »
29 octobre. — Capitulation de Metz. Le même jour la compagnie est prisonnière de guerre. (Effectif : 4 officiers, 182 hommes.)

8ᵉ COMPAGNIE

15 juillet 1870. — Olivier, capitaine commandant, Rennes.
18 juillet. — Un détachement passe au parc du 7ᵉ corps (14 hommes).
26 juillet. — Un détachement part de Rennes pour se rendre à Toul où il entre dans la formation du grand parc (2 officiers, 67 hommes). Capitaine Olivier.
1ᵉʳ août. — Détachement de la compagnie à l'armée du Rhin 2 81 1
1ᵉʳ août. — La compagnie à Rennes, capitaine Sonntag (2 officiers, 212 hommes).
9 décembre. — Un détachement part pour rejoindre le 21ᵉ corps . . . . » 11 »
17 janvier 1871. — Un détachement part pour rejoindre le 19ᵉ corps . . . . » 11 »
29 janvier. — Un détachement quitte Rennes pour se rendre à Nantes . . . . » 5 »
29 janvier. — Départ d'un détachement pour rejoindre le 16ᵉ corps à Laval. . . . . » 10 »
1ᵉʳ mars 1871. — La compagnie à Rennes, capitaine Sonntag, comprend 2 officiers, 153 hommes.

9ᵉ COMPAGNIE

15 juillet 1870. — Genin, capitaine commandant, Vincennes.
18 juillet. — Un détachement est attaché au parc de la garde impériale (14 hommes).

	Offic.	Troupe.	Chev.

21 juillet. — Départ d'un détachement pour Bourges où il arrive le même jour.

1ᵉʳ août. — La compagnie à Vincennes, capitaine Génin (4 officiers, 228 hommes).

1ᵉʳ août. — Détachement de la compagnie à l'armée du Rhin. » 14 »

15 août. — Un détachement est attaché au 12ᵉ corps. Il part pour le camp de Châlons le même jour . . . . » 14 »

24 août. — Départ d'un détachement de Vincennes pour se rendre à Reims où il arrive le même jour. Capitaine Génin . . . . 1 53 »

Ce détachement quitte Reims pour se rendre à Mézières où il arrive le 30 août.

19 septembre. — La compagnie prend part à la défense de Paris.

2 janvier 1871. — Le détachement de Mézières est prisonnier de guerre par suite de la capitulation de la place. . 1 53 »

1ᵉʳ mars. — La compagnie à Paris, capitaine Génin (3 officiers, 178 hommes). . . . . 3 178 »

10ᵉ COMPAGNIE

15 juillet 1870. — Derode, capitaine commandant, Alger.

1ᵉʳ août. — La compagnie capitaine Derode occupe les emplacements suivants : Alger, 2 officiers, 321 hommes, 4 chevaux ; Oran, 44 hommes; Constantine, 30 hommes.

1ᵉʳ mars 1871. — La compagnie en Algérie, capitaine Derode (2 officiers, 393 hommes). Alger, Oran, Constantine.

V. — COMPAGNIES DE CANONNIERS ARTIFICIERS

1ʳᵉ COMPAGNIE

15 juillet 1870. — Rossigneux, capitaine commandant, Bourges.

25 juillet. — Départ d'un détachement qui est attaché au parc de la garde impériale (12 hommes).

25 juillet. — Départ d'un détachement pour rejoindre le parc du 1ᵉʳ corps à Besançon (12 hommes).

1ᵉʳ août. — La compagnie à Bourges, capitaine Rossigneux (3 officiers, 161 hommes).

1ᵉʳ août. — Détachement de la compagnie à l'armée du Rhin. . . . . » 24 »

15 août. — Départ d'un détachement pour Vincennes où il arrive le 16. Ce détachement est attaché au parc du 12ᵉ corps. . . . . » 12 »

— 343 —

| | Offic. | Troupe. | Chev. |

1ᵉʳ septembre. — Départ d'un détachement pour Paris où il arrive le 2. Sous-lieutenant Pertus. . . . . 1 34 »

2 septembre. — Départ d'un détachement pour Lyon (10 hommes).

26 novembre. — Le capitaine Rossigneux est nommé chef d'escadron. Il est remplacé par le capitaine Beauboucher.

28 décembre. — Départ d'un détachement pour Lyon (10 hommes).

23 février 1871. — Un détachement quitte Bourges pour se rendre à Lyon (40 hommes).

1ᵉʳ mars. — La compagnie à Bourges, capitaine Beauboucher (2 officiers, 76 hommes).

2ᵉ COMPAGNIE

15 juillet 1870. — Brusson, capitaine commandant, le Bouchet.

25 juillet. — Départ d'un détachement pour Douai où il arrive le 26 (12 hommes). Parc du 4ᵉ corps de l'armée du Rhin.

25 juillet. — Départ d'un détachement pour La Fère (12 hommes). Parc du 6ᵉ corps.

1ᵉʳ août. — La compagnie au Bouchet, capitaine Brusson (4 officiers, 123 hommes).

1ᵉʳ août. — Détachement de la compagnie à l'armée du Rhin . . . . » 24 »

5 août. — Départ d'un détachement pour Douai où il arrive le 6.

18 août. — Départ d'un détachement pour Paris (13 hommes).

31 août. — Départ d'un détachement pour Paris (34 hommes).

6 septembre. — La compagnie quitte le Bouchet pour rentrer à Paris, capitaine Brusson (1 officier, 118 hommes). 2 118 »

19 septembre. — La compagnie prend part à la défense de Paris.

8 décembre. — Le capitaine Brusson est nommé chef d'escadron. Il est remplacé par le capitaine Lenhardt.

1ᵉʳ mars 1871. — La compagnie est à Paris, capitaine Lenhardt (1 officier, 120 hommes).

3ᵉ COMPAGNIE

15 juillet 1870. — Maire, capitaine commandant, Metz.

25 juillet. — Départ d'un détachement pour rejoindre le parc du 2ᵉ corps (12 hommes).

	Offic.	Troupe.	Chev.
25 juillet. — Un détachement est attaché à Metz au parc du 3ᵉ corps (12 hommes).			
1ᵉʳ août. — La compagnie à Metz, capitaine Maire (4 officiers, 114 hommes).			
1ᵉʳ août. — Détachements à l'armée du Rhin.	»	24	»
19 septembre. — La compagnie prend part à la défense de Metz	4	168	2
(1) *29 octobre.* — La compagnie est prisonnière par suite de la capitulation de la place. (Effectif : 4 officiers, 77 hommes.)			

4ᵉ COMPAGNIE

	Offic.	Troupe.	Chev.
15 juillet 1870. — Douhin, capitaine commandant, Saint-Chamas.			
25 juillet. — Un détachement part pour rejoindre le parc de la réserve générale (12 hommes).			
31 juillet. — Départ d'un détachement pour Toul où il est affecté au grand parc, lieutenant Jaillard (1 officier, 34 hommes).			
1ᵉʳ août. — La compagnie, capitaine Douhin, à Saint-Chamas (3 officiers, 151 hommes).			
1ᵉʳ août. — Détachements à l'armée du Rhin.	1	46	»
6 août. — Un détachement part pour Besançon où il arrive le 7.	»	6	»
18 août. — Départ d'un détachement pour Paris	»	11	»
1ᵉʳ septembre. — Le détachement du lieutenant Jaillard est fait prisonnier à Sedan.			
16 octobre. — Départ d'un détachement pour Brest	»	23	»
29 décembre. — Départ d'un détachement pour Chalon-sur-Saône, parc de l'armée de l'Est.	»	3	»
1ᵉʳ mars 1871. — La compagnie à Saint-Chamas, capitaine Douhin (2 officiers, 97 hommes).			

5ᵉ COMPAGNIE

15 juillet 1870. — Golliet, capitaine commandant, le Ripault.

25 juillet. — Un détachement part pour rejoindre le parc du 5ᵉ corps à Lyon (12 hommes) (2).

---

(1) Le 6 mars 1871. — La compagnie se reforme au Ripault.

(2) Le détachement du 5ᵉ corps a été fait prisonnier de guerre à l'affaire de Passavant le 25 août 1870.

	Offic.	Troupe.	Chev.

25 juillet. — Un détachement part pour rejoindre le parc du 7ᵉ corps à Rennes (12 hommes).

1ᵉʳ août. — La compagnie au Ripault, capitaine Golliet (5 officiers, 126 hommes).

1ᵉʳ août. — Détachements à l'armée du Rhin. . . . . . . » 24 »

31 août. — Départ d'un détachement pour Paris . . . . . » 39 »

27 septembre. — Départ d'un détachement pour Belfort . . » 14 »

18 octobre. — Un détachement part pour Nantes (20 hommes).

11 décembre. — La compagnie quitte le Ripault pour se rendre à Toulouse où elle arrive le 14.

1ᵉʳ janvier 1871. — Départ d'un détachement pour Cherbourg et le Havre . . . . » 20 »

16 janvier. — Départ d'un détachement pour rejoindre le parc du 25ᵉ corps à Vierzon . . . . » 10 »

20 janvier. — Départ d'un détachement pour faire partie de l'armée de l'Est. . . . . » 10 »

1ᵉʳ mars 1871. — La compagnie à Toulouse, capitaine Henry (2 officiers, 30 hommes).

VI. — TRAIN D'ARTILLERIE

1ᵉʳ RÉGIMENT — DÉPOT

15 juillet 1870. — Penotet, major, Saint-Omer.

16 juillet. — Formation d'un cadre de dépôt, capitaine Chanfrau. Le même jour les compagnies sont dédoublées et prennent le titre de compagnie principale et de compagnie *bis*.

22 juillet. — Départ pour Metz de détachements des 1ʳᵉ, 7ᵉ compagnies principales, 1ʳᵉ. 7ᵉ compagnies *bis* destinés à entrer dans la composition des réserves divisionnaires du 3ᵉ corps d'armée.

23 juillet. — Départ pour Verdun de détachements de la 2ᵉ compagnie principale et de la 2ᵉ compagnie *bis* faisant partie des réserves divisionnaires du 4ᵉ corps.

26 juillet. — Départ pour La Fère de détachements des 3ᵉ, 4ᵉ compagnies principales, 4ᵉ. 10ᵉ compagnies *bis* pour former les réserves divisionnaires du 6ᵉ corps.

26 juillet. — Départ d'un détachement pour Verdun où il doit former la réserve divisionnaire du 4ᵉ corps (11ᵉ compagnie principale).

28 juillet. — La 9ᵉ compagnie principale rejoint le dépôt venant du camp de Châlons.

29 juillet. — Le dépôt reçoit 2 détachements venant de

	Offic.	Troupe.	Chev.

Paris et de La Fère des 4ᵉ et 8ᵉ régiments d'artillerie (350 hommes).

31 juillet. — Le dépôt reçoit 2 détachements venant de Metz des 1ᵉʳ et 17ᵉ régiments d'artillerie (175 hommes).

31 juillet. — Départ de Saint-Omer pour Metz des 1ʳᵉ, 7ᵉ compagnies principales, 1ʳᵉ et 7ᵉ compagnies *bis* pour faire partie du parc du 3ᵉ corps. Capitaines Humez, Sirugue, Cordier et Bouvard.

1ᵉʳ août. — Effectif des compagnies et détachements à l'armée du Rhin. 9   747   1179

1ᵉʳ août. — La 3ᵉ compagnie principale à Alger, capitaine Lestienne (4 officiers, 93 hommes, 101 chevaux).

1ᵉʳ août. — Au dépôt (71 officiers, 2,917 hommes, 2,929 chevaux).

2 août. — Départ pour Verdun de la 2ᵉ compagnie principale et de la 2ᵉ compagnie *bis* pour faire partie du parc du 4ᵉ corps. Capitaines Beaujard et Charles-Guichon . . 3   253   401

3 août. — Le dépôt reçoit des détachements venant des 1ᵉʳ, 10ᵉ, 15ᵉ et 17ᵉ régiments d'artillerie (275 hommes).

3 août. — Départ de la 4ᵉ compagnie principale et de la 4ᵉ compagnie *bis* pour se rendre à La Fère où elles sont attachées au parc du 6ᵉ corps. Capitaines Normand et Poncelet. 2   254   400

4 août. — Départ de la 11ᵉ compagnie principale pour Verdun où elle est attachée au parc du 4ᵉ corps. Capitaine Champeaux 2   127   200

4 août. — Départ de la 13ᵉ compagnie *bis* pour se rendre à Strasbourg où elle est attachée aux ponts du 1ᵉʳ corps. Cette compagnie a fait le siège de Strasbourg. Capitaine Lévy 2   130   204

6 août. — Départ des 3ᵉ compagnie principale et 10ᵉ compagnie *bis* pour rejoindre à La Fère le parc du 6ᵉ corps. Capitaines Birlé et Bertrand. 3   254   401

8 août. — Départ de la 3ᵉ compagnie *bis* pour se rendre au parc du 6ᵉ corps à La Fère. Capitaine Manier 2   126   201

9 août. — Départ de la 6ᵉ compagnie principale pour Verdun où elle est affectée à l'équipage de ponts du 3ᵉ corps. Capitaine Dulieu. 2   126   204

Départ de la 6ᵉ compagnie *bis* qui est attachée à l'équipage de ponts du 4ᵉ corps à Verdun. Capitaine Durand . . . 2   126   204

Départ d'un détachement de la 13ᵉ compagnie *bis* qui attèle la réserve de la 1ʳᵉ division de cavalerie à Verdun . . . .   »   43   71

9 août. — Départ d'un détachement de la 16ᵉ compagnie principale pour Verdun où il passe à la réserve de la 3ᵉ division de cavalerie. . . . .   »   43   71

	Offic.	Troupe.	Chev.
10 août. — Départ de la 13e compagnie principale pour rejoindre le parc du 3e corps à Metz. Capitaine Vaganay.	3	175	278
Départ de la 15e compagnie principale pour Epinal où elle doit atteler l'équipage de ponts du 5e corps. Capitaine Chauvaud..............	2	130	204
11 août. — Départ de la 11e compagnie *bis* pour Verdun où elle est attachée au parc du 4e corps, capitaine Boulade. Cette compagnie prend part à la défense de Verdun . .	3	175	278
13 août. — Départ des 15e compagnie *bis* et 16e compagnie principale pour se rendre à Vincennes. Capitaines Dupont et Richard................	4	348	552
14 août. — Départ de la 16e compagnie *bis* pour se rendre à Vincennes. Capitaine Arsac............	2	174	276
15 août. — Départ de la 14e compagnie principale pour Vincennes. Capitaine Remillieux..........	2	174	276
16 août. — Départ des 10e compagnie principale, 12e compagnie principale et 12e compagnie *bis* pour Vincennes. Capitaines Petitain, Perrot et Berger.........	6	522	828
19 août. — Départ de la 8e compagnie principale pour se rendre à Vincennes. Capitaine Pradelle........	2	174	276
22 août. — Un détachement venant du 2e régiment arrive au corps à Saint-Omer (400 hommes).			
22 août. — Départ de la 8e compagnie *bis* pour se rendre à La Fère. Capitaine Carrère............	2	176	274
23 août. — Départ de la 9e compagnie principale pour La Fère. Capitaine Bourgeois............	2	176	276
26 août. — Départ de la 9e compagnie *bis* pour se rendre à Mézières. Capitaine Genest...........	2	172	324
28 août. — Ordre de former au dépôt de nouvelles compagnies qui prendront les nos 17 principale, 17 *bis*, etc.			
1er septembre. — Départ de Saint-Omer pour se rendre à Paris des 5e et 14e compagnies *bis* où elles sont attachées au parc du 14e corps. Capitaines Guibert et Pescharry. .	5	359	538
2 septembre. — Formation de la 17e compagnie principale.			
6 septembre. — Départ de la 17e compagnie principale pour se rendre à Paris, capitaine Bataillé (parc du 13e corps).	2	174	273
9 septembre. — L'état-major et le dépôt sont partis de Saint-Omer en 5 détachements pour se rendre à Bourges où ils sont arrivés les 11, 12 et 13 septembre.			
13 septembre. — Des détachements de 5 compagnies échappées de Sedan sont partis de Vincennes pour rejoindre Bourges où ils sont arrivés le 14 (4e, 8e, 12e compagnies principales 3e et 10e compagnies *bis*).			
20 septembre. — L'état-major, le peloton hors-rang, les 3e et 4e compagnies principales et *bis* et le dépôt sont partis			

	Offic.	Troupe.	Chev.

de Bourges pour se rendre à Niort où ils sont arrivés le 21.

28 septembre. — Départ d'un détachement pour Belfort . . » 56 40

30 septembre. — Formation de la 17e **compagnie** *bis*. Sous-lieutenant Fournès.

1er octobre. — Réorganisation des 4e, 8e, 12e compagnies principales, 3e et 10e compagnies *bis*. **Capitaines Manier, Pradelle, Perrot, Birlé et Bertrand.**

6 octobre. — Formation de la 18e compagnie principale.

6 octobre. — Départ des 8e et 12e compagnies principales pour se rendre à Angers où elles doivent atteler des batteries mixtes. Capitaines Pradelle et Perrot. 2 216 302

10 octobre. — Dédoublement à Angers des 8e et 12e compagnies principales et formation des 8e et 12e compagnies *ter* pour atteler des batteries mixtes. **Lieutenants Laurent et Perrin** 2 216 302

16 octobre. — Départ des 3e et 17e compagnies *bis* pour se rendre à Bourges pour atteler deux batteries mixtes. Capitaine Manier et sous-lieutenant Fourniès 2 216 302

18 octobre. — Formation à Besançon de la 4e compagnie *ter*, sous-lieutenant Schneider. Cette **compagnie** forme le 14 novembre la 1re batterie de montagne de l'armée des Vosges 1 95 90

20 octobre. — Départ des 4e et 18e compagnies principales pour Besançon où elles forment deux batteries mixtes. Capitaine Normand, sous-lieutenant Michaud. 2 215 301

26 octobre. — Formation de la 18e compagnie *bis*.

27 octobre. — Formation de la 19e compagnie principale.

28 octobre. — Formation de la 19e compagnie *bis*.

29 octobre. — Départ de la 10e compagnie *bis* pour Tours où elle forme batterie mixte. Capitaine Bertrand. 1 108 151

30 octobre. — Départ de la 18e compagnie *bis* pour Tours où elle forme batterie mixte. Sous-lieutenant Péronny. . . 1 108 151

4 novembre. — Départ de la 19e compagnie principale pour Tours où elle passe au 17e corps. Sous-lieutenant Fœssel. 1 108 155

6 novembre. — Départ de la 19e compagnie *bis* pour Tours où elle est versée au 17e corps. Sous-lieutenant Robert . 1 108 155

15 novembre. — Départ d'un détachement pour Nevers . . . » 48 76

15 novembre. — Départ d'un détachement pour Nevers . . . » 48 76

18 novembre. — Réorganisation à Lille de la 3e compagnie principale, capitaine Birlé. Cette **compagnie** forme dépôt à Douai.

18 novembre. — Formation à Lille de la 3e compagnie *ter*, lieutenant Charles-Guichon. Parc du **22e corps** 2 100 150

— 349 —

	Offic.	Troupe.	Chev.

21 novembre.—Formation des 20ᵉ compagnies principale et *bis*.

21 novembre. — Départ de la 20ᵉ compagnie principale pour se rendre à Tours où elle est attachée au parc du 17ᵉ corps. Sous-lieutenant Bresson 1 130 222

23 novembre. — Formation de la 21ᵉ compagnie principale.

26 novembre. — Départ de la 20ᵉ compagnie *bis* pour Nevers où elle est attachée au parc du 18ᵉ corps. Sous-lieutenant Arnould. 1 81 116

29 novembre. — Formation de la 21ᵉ compagnie *bis*.

29 novembre. — Départ d'un détachement de la 21ᵉ compagnie principale pour se rendre à Orléans. Sous-lieutenant Martinet 1 49 70

1ᵉʳ décembre. — Un détachement de la 21ᵉ compagnie *bis* part pour Orléans. Sous lieutenant Louppe. 1 49 70

3 décembre. — Un détachement de la 22ᵉ compagnie principale part pour Orléans. Sous-lieutenant Ott. 1 49 70

6 décembre. — Formation de deux nouvelles compagnies (22ᵉ principale et 22ᵉ *bis*).

7 décembre. — Un détachement de la 21ᵉ compagnie principale part pour Angers. Sous-lieutenant Costedoat . . . 1 49 70

8 décembre. — Formation à Douai de la 3ᵉ compagnie *quater*. Capitaine Dufour. 2 90 105

11 décembre. — Un détachement de la 21ᵉ compagnie *bis* part pour Angers. Sous-lieutenant Vaincourt 1 49 70

18 décembre. — Un détachement de la 22ᵉ compagnie *bis* part pour Angers. Sous-lieutenant Danga. 1 50 68

18 décembre. — Formation de la 21ᵉ compagnie *ter*.

26 décembre. — Départ de la 21ᵉ compagnie *ter* pour Nantes où elle forme batterie mixte au 19ᵉ corps. Sous-lieutenant Laussel. 1 108 155

31 décembre. — Formation de la 22ᵉ compagnie *ter*.

3 janvier 1871. — Départ de la 22ᵉ compagnie *ter* pour Nantes où elle doit former une batterie mixte au 21ᵉ corps. Sous-lieutenant Chomer. 1 108 155

10 janvier. — Formation de la 23ᵉ compagnie principale.

10 janvier. — Départ de la 21ᵉ compagnie *bis* pour Carentan. Sous-lieutenant Deguilhem. 1 108 155

16 janvier. — Départ de la 21ᵉ compagnie principale pour Fougères où elle est attachée au parc du 19ᵉ corps. Capitaine Jacquemin. 3 205 328

19 janvier. — Départ de la 22ᵉ compagnie principale pour se rendre à Vierzon où elle est versée au parc du 25ᵉ corps. capitaine Sagansan. 2 140 221

19 janvier. — Formation de la 23ᵉ compagnie *bis*.

19 janvier. — Formation de la 23ᵉ compagnie *ter*.

	Offic.	Troupe.	Chev.

23 janvier. — Départ de la 23ᵉ compagnie *ter* pour Vierzon où elle est versée au parc du 25ᵉ corps d'armée. Sous-lieutenant Chagniaud 1   140   219

29 janvier. — Formation de la 21ᵉ compagnie *quater*.

31 janvier. — Départ de la 21ᵉ compagnie *quater* pour se rendre à Saint-Lô où elle passe au parc du 19ᵉ corps. Sous-lieutenant Sevrez. 1   51   145

1ᵉʳ février. — La 22ᵉ compagnie *bis* est en station à Magné jusqu'au 27 février. Lieutenant Ferré.

13 février. — Formation de deux nouvelles compagnies (24ᵉ principale et 24ᵉ compagnie *bis*).

23 février. — Le dépôt comprenant l'état-major, les 24ᵉ compagnies principale et *bis*, la compagnie de dépôt et le peloton hors-rang part de Niort pour se rendre à Perpignan où il arrive le 1ᵉʳ mars.

25 février. — Un détachement de la 23ᵉ compagnie principale quitte Niort pour se rendre à Poitiers au 26ᵉ corps. Sous-lieutenant Mallet 1   49   70

27 février. — Départ de la 23ᵉ compagnie *bis* pour se rendre à Eguson au parc du 26ᵉ corps. Sous-lieutenant Sallerin. 1   91   110

28 février. — La 22ᵉ compagnie *bis* rentre à Niort où se trouve la 23ᵉ compagnie principale. Lieutenant Ferré, capitaine Dubarry (2 officiers, 417 hommes, 762 chevaux).

1ᵉʳ mars 1871. — Le dépôt à Perpignan comprend la 24ᵉ compagnie principale, capitaine Perrot, la 24ᵉ compagnie *bis*, lieutenant Perrin, compagnie de dépôt, capitaine Cordier et le peloton hors-rang. (Effectif : 22 officiers, 1,369 hommes, 1,846 chevaux.)

1ᵉʳ mars. — La 5ᵉ compagnie à Alger comprend 1 officier, 197 hommes, 85 chevaux. Capitaine Lestienne.

2ᵉ RÉGIMENT — DÉPOT

15 juillet 1870. — Henry, major, Auxonne.

16 juillet. — Formation d'un cadre de dépôt, capitaine Clère. Le même jour dédoublement des compagnies, elles prennent le titre de compagnie principale et de compagnie *bis*.

18 juillet. — La 4ᵉ compagnie principale quitte le camp de Châlons pour se rendre à Saint-Avold où elle est attachée au 2ᵉ corps. Capitaine Legros.

22 juillet. — Départ de détachements des 1ʳᵉ, 12ᵉ compagnies principales et des 1ʳᵉ et 12ᵉ compagnies *bis* pour Besançon où ils doivent constituer des réserves divisionnaires.

23 juillet. — Départ de détachements des 4ᵉ compagnie *bis* et 9ᵉ compagnie principale pour Lunéville où ils doivent former deux réserves divisionnaires.

	Offic.	Troupe.	Chev.

24 juillet. — Départ de détachements pour Vesoul devant former des réserves divisionnaires (7e compagnie principale, 8e et 10e compagnies *bis*).

25 juillet. — Départ de détachements des 2e compagnie principale, 2e, 3e compagnies *bis* pour Epinal où ils doivent former des réserves divisionnaire.

26 juillet. — Départ de la 12e compagnie principale pour Besançon où elle doit faire partie du parc du 1er corps. Capitaine Brouillard.

28 juillet. — Départ de la 3e compagnie *bis* pour Epinal où elle est versée au parc du 5e corps. Capitaine Grillet.

28 juillet. — Départ de la 10e compagnie *bis* pour Vesoul où elle passe au parc du 7e corps. Capitaine Wasmer.

30 juillet. — Départ de la 12e compagnie *bis* pour Besançon où elle est versée au parc du 1er corps. Capitaine Periès.

30 juillet. — Le dépôt reçoit un détachement de 250 hommes du 9e régiment d'artillerie.

31 juillet. — Départ de la 4e compagnie *bis* pour Lunéville où elle est versée au parc du 2e corps. Capitaine Roland.

1er août. — Effectif des détachements à l'armée du Rhin.	22	1516	2396

1er août. — L'effectif du dépôt est de 52 officiers, 2,212 hommes, 3,920 chevaux. La 15e compagnie principale en Algérie (Constantine) (4 officiers, 114 hommes, 120 chevaux). Capitaine Richard.

1er août. — Départ de la 11e compagnie principale pour se rendre au parc du 7e corps à Vesoul. Capitaine Petit-Gérard.	2	130	210

1er août. — Le dépôt reçoit deux détachements venant des 2e et 6e régiments d'artillerie (250 hommes).

2 août. — Départ de la 2e compagnie principale pour rejoindre le parc du 5e corps à Epinal. Capitaine Barrez.	1	312	210
3 août. — Un détachement de la 11e compagnie *bis* part pour Metz	»	35	67
3 août. — La 3e compagnie principale quitte Strasbourg pour rejoindre le parc du 2e corps à Saint-Avold où elle arrive le 4. Capitaine Chauderlot	2	136	203
4 août. — Départ de la 8e compagnie *bis* pour rejoindre à Vesoul le parc du 7e corps. Capitaine Thalinger.	1	132	210
5 août. — Départ de la 1re compagnie principale pour Strasbourg où elle doit faire partie du parc du 1er corps. Capitaine Menetrier (1).	1	132	210

5 août. — Départ de la 9e compagnie principale pour Luné-

---

(1) La 1re compagnie principale est restée à Strasbourg. — Prisonnière le 28 septembre 1870.

	Offic.	Troupe.	Chev.
ville où elle doit faire partie du parc du 2ᵉ corps. Capitaine Bayard.	1	132	210
5 août. — Départ de la 2ᵉ compagnie *bis* pour Epinal où elle est versée au parc du 5ᵉ corps. Capitaine Maquaire	1	132	210
6 août. — Le dépôt reçoit un détachement venant du 19ᵉ régiment d'artillerie (250 hommes).			
7 août. — Départ de la 8ᵉ compagnie principale pour Vesoul où elle est versée au parc du 7ᵉ corps. Capitaine Mongin.	1	132	210
8 août. — Un détachement de la 8ᵉ compagnie principale quitte Auxonne pour se rendre à Blamont.	1	126	231
9 août. — Le dépôt reçoit un détachement venant des 6ᵉ, 9ᵉ et 12ᵉ régiments d'artillerie (250 hommes).			
9 août. — Départ de la 1ʳᵉ compagnie *bis* pour Paris où elle doit faire partie du parc du 1ᵉʳ corps. Capitaine Dieudonné.	1	132	210
9 août. — Départ de la 9ᵉ compagnie *bis* pour se rendre à Vincennes. Capitaine Neuveux.	2	174	276
11 août. — Le dépôt reçoit un détachement venant des 14ᵉ et 18ᵉ régiments d'artillerie (250 hommes).			
11 août. — Départ de la 7ᵉ compagnie *bis* pour se rendre à Langres. Cette compagnie est affectée au parc du 7ᵉ corps, Capitaine Hugon.	2	174	276
11 août. — Départ de la 8ᵉ compagnie principale pour Nancy, parc du 7ᵉ corps. Capitaine Mochel.			
12 août. — Arrive au dépôt un détachement de 300 hommes venant des 14ᵉ et 19ᵉ régiments d'artillerie.			
13 août. — Départ de la 10ᵉ compagnie principale et de la 11ᵉ compagnie *bis* pour Paris. Capitaines Soudon et Pelloux.	4	348	552
14 août. — Départ de la 13ᵉ compagnie principale pour Paris. Capitaine Thibaux.	2	174	276
15 août. — Départ pour Paris des 13ᵉ compagnies *bis* et 14ᵉ compagnies principale. Capitaines Vansteenberghe et Parisot.	3	348	550
17 août. — Départ de la 6ᵉ compagnie principale et de la 14ᵉ compagnie *bis* pour Paris. Capitaines Dufour et Rolland.	4	348	552
18 août. — Départ de la 6ᵉ compagnie *bis* pour Paris. Capitaine de Coescon.	2	174	276
19 août. — Départ de la 16ᵉ compagnie principale pour Paris. Capitaine Gilbert.	1	174	276
21 août. — Départ de la 16ᵉ compagnie *bis* pour Lyon. Capitaine Martin.	2	114	276
21 août. — Départ d'un détachement de 400 hommes pour			

	Offic.	Troupe.	Chev.

rejoindre à Saint-Omer le dépôt du 1er régiment du train d'artillerie.

22 août. — Départ de la 5e compagnie principale pour Lyon. Capitaine de Moltzheim 1 174 276

24 août. — Départ de la 5e compagnie *bis* pour Bourges. Capitaine Gatard. 2 174 276

25 août. — Départ de la 13e compagnie *bis* pour Bourges. Capitaine Parès. 2 174 276

28 août. — Ordre de former au dépôt de nouvelles compagnies qui prendront les nos 17e principale et 17e *bis*, etc.

29 août. — Départ du dépôt d'Auxonne pour se rendre à Bourges où il arrive le 30 (13 officiers, 812 hommes, 169 chevaux).

1er septembre. — Formation à Paris de la 13e compagnie *ter* par le dédoublement de la 13e compagnie principale. Lieutenant Affre. 1 106 151

1er septembre. — Formation à Paris de la 13e compagnie *quater* par le dédoublement de la 13e compagnie *bis*. Sous-lieutenant Bressin 1 107 147

12 septembre. — Arrive à Bourges 3 détachements des 2e principale et 2e et 3e *bis* (3 officiers, 239 hommes, 247 chevaux) venant de l'armée du Rhin.

14 septembre. — Formation à Lyon de la 5e compagnie *ter* par le dédoublement de la 5e compagnie principale. Sous-lieutenant Vauchey 2 69 102

14 septembre. — Formation à Lyon de la 16e compagnie *ter* du dédoublement de la 16e compagnie *bis*. Sous-lieutenant Kistler 1 129 162

19 septembre. — Départ de la 5e compagnie principale pour Belfort où elle arrive le 20. Lieutenant Noé 2 70 104

23 septembre. — Formation à Bourges de la 17e compagnie principale et de la 17e compagnie *bis*. Capitaine Gallois, sous-lieutenant Falque.

25 septembre. — Le dépôt part de Bourges en trois détachements les 25, 27 et 29 septembre pour se rendre à Poitiers où il arrive les 26, 28 et 30 dudit (16 officiers, 968 hommes, 587 chevaux).

29 septembre. — Départ des 17e compagnies principale et *bis* pour se rendre à Bourges. Capitaine Gallois, sous-lieutenant Falque 2 142 204

29 septembre. — Départ de Lyon de la 5e compagnie *ter* pour se rendre à Belfort. Sous-lieutenant Vauchey.

29 septembre. — Départ de trois détachements divisionnaires de 53 hommes et 80 chevaux chacun pour se rendre à Bourges. » 159 240

	Offic.	Troupe.	Chev.

1er octobre. — Départ de la 16e compagnie *bis* et de la 16e compagnie *ter* pour Orléans. Capitaine Martin et sous-lieutenant Kistler.

18 octobre. — Départ de trois détachements divisionnaires pour Tours, chaque détachement de 51 hommes et 79 chevaux . . . . » 153 237

26 octobre. — Formation à Poitiers de la 18e compagnie principale et de la 18e compagnie *bis*.

1er novembre. — Formation de la 19e compagnie principale et de la 19e compagnie *bis*.

5 novembre. — Départ d'un détachement divisionnaire pour se rendre à Bourges 1 45 73

11 novembre. — Départ de la 18e compagnie principale et de la 18e compagnie *bis* pour Nevers où elles forment deux batteries mixtes à la réserve du 18e corps. Sous-lieutenants Brion et Isaac 2 216 302

13 novembre. — Départ de la 19e compagnie principale pour Nevers où elle entre dans la formation d'une batterie mixte au 18e corps. Sous-lieutenant Chatillon. 1 108 151

14 novembre. — Départ de la 19e compagnie *bis* pour Nevers où elle forme une batterie mixte au 18e corps. Sous-lieutenant Meyer 1 108 151

15 novembre. — Formation de la 20e compagnie principale et de la 20e compagnie *bis*.

18 novembre. — Formation de la 21e compagnie principale.

20 novembre. — Formation de la 21e compagnie *bis*.

27 novembre. — Formation de la 22e compagnie principale.

28 novembre. — Formation de la 22e compagnie *bis*.

29 novembre. — Départ de la 20e compagnie principale pour Orléans, sous-lieutenant Maréchal. Cette compagnie est attachée au parc du 20e corps. 1 108 167

30 novembre. — Départ de la 20e compagnie *bis* pour Orléans où elle est attachée au parc du 20e corps. Sous-lieutenant Dupuis. 1 108 167

2 décembre. — Départ d'un détachement pour Bellegarde . » 75 150

9 décembre. — Formation de la 23e compagnie principale.

10 décembre. — Formation de la 23e compagnie *bis*.

13 décembre. — Formation de la 24e compagnie principale.

15 décembre. — Départ de la 24e compagnie principale pour Rennes où elle forme batterie mixte au 21e corps. Sous-lieutenant Landriau 1 110 151

20 décembre. — Envoi de 130 chevaux à Nevers. . . . . » » 130

24 décembre. — Départ de la 23e compagnie *bis* pour Rennes

	Offic.	Troupe.	Chev.

où elle forme batterie mixte au 21ᵉ corps. Sous-lieutenant Pourchel. ... 1 110 151

25 *décembre*. — Départ d'un détachement divisionnaire pour Lyon. ... » 58 93

25 *décembre*. — Départ d'un détachement pour Lyon ... » 58 93

28 *décembre*. — Départ d'un détachement pour Bourges ... » 112 144

28 *décembre*. — Départ de la 23ᵉ compagnie principale pour Angoulême. Sous-lieutenant Cousin. ... 2 119 326

1ᵉʳ janvier 1871. — Formation de la 24ᵉ compagnie *bis*.

1ᵉʳ janvier. — Formation de la 25ᵉ compagnie principale et de la 25ᵉ compagnie *bis*.

6 janvier. — Envoi de 210 chevaux au Mans ... » » 210

7 janvier. — Départ d'un détachement pour Carentan. ... » 51 79

8 janvier. — Départ de la 21ᵉ compagnie principale pour Carentan où elle forme batterie mixte au 19ᵉ corps. Sous-lieutenant Verdale. ... 1 108 151

9 janvier. — Départ de deux détachements pour Carentan. » 102 158

10 janvier. — Départ de deux détachements pour Issoudun. » 102 158

15 janvier. — Départ de deux détachements pour Issoudun et Bordeaux. ... » 68 105

17 janvier. — Départ de la 21ᵉ compagnie *bis* pour se rendre à Besançon, sous-lieutenant Rebours. Cette compagnie est attachée au parc du 24ᵉ corps. ... 1 175 275

17 janvier. — Formation de la 26ᵉ compagnie principale.

19 janvier. — Formation de la 26ᵉ compagnie *bis*.

30 janvier. — Formation de la 27ᵉ compagnie principale.

17 février. — Départ de la 24ᵉ compagnie *bis* pour se rendre à Angoulême où elle est attachée à la réserve générale de la 2ᵉ armée. Sous-lieutenant Petit-Fils. ... 2 174 276

18 février. — Départ de la 22ᵉ compagnie principale et de la 22ᵉ compagnie *bis* pour Guéret où elles sont attachées au parc du 26ᵉ corps. Sous-lieutenant Brunié et Jayvaud. 4 288 452

20 février. — Le dépôt comprenant les 25ᵉ compagnies principale et *bis*, les 26ᵉ compagnies principale et *bis*, la 27ᵉ compagnie principale, la compagnie de dépôt et le peloton hors-rang quitte Poitiers pour se rendre à Bayonne où il arrive le 21.

1ᵉʳ mars 1871. — Le dépôt à Bayonne : 25ᵉ, 26ᵉ compagnies principale et *bis*, 27ᵉ compagnie principale, compagnie de dépôt. Officiers commandants ces unités : sous-lieutenants Astier, Dourdou, Desprez, Passicos, capitaine Mongin. Etat-major et peloton hors-rang. (Effectif : 17 officiers, 742 hommes, 710 chevaux). 15ᵉ compagnie principale, capitaine Hugon, à Constantine (1 officier, 109 hommes, 104 chevaux).

CINQUIÈME PARTIE

Génie

CHAPITRE PREMIER

I

1ᵉʳ RÉGIMENT — DÉPOT

	Offic.	Troupe.	Chev.

15 juillet 1870. — Péret, major Metz.
16 juillet. — La 4ᵉ compagnie de sapeurs quitte le camp de Châlons pour rejoindre le dépôt à Metz, capitaine Demougeot. Cette compagnie fait partie de la réserve du génie du 3ᵉ corps.
21 juillet. — Formation de la 15ᵉ compagnie de sapeurs et de la 1ʳᵉ compagnie de dépôt.
22 juillet. — Départ des 3ᵉ, 8ᵉ, 9ᵉ, 13ᵉ compagnies de sapeurs, 1ʳᵉ section de la 1ʳᵉ compagnie de sapeurs et de la 2ᵉ ompagnie de mineurs. Ces compagnies sont affectées au 1ᵉʳ corps d'armée à Strasbourg. Capitaines Delaporte, Schwaab, Gallois, Leblanc, Muntz et Michelet.
24 juillet. — Départ de la 2ᵉ compagnie de sapeurs du camp de Châlons pour se rendre à Metz. Capitaine Philippe.
24 juillet. — Départ des 4ᵉ, 6ᵉ, 10ᵉ, 11ᵉ, 12ᵉ compagnies de sapeurs et 2ᵉ section de la 1ʳᵉ compagnie de sapeurs pour Boulay. Ces compagnies sont affectées au 3ᵉ corps à Metz. Capitaines Demougeot, Peltier, Marsal, Brouillard, Maire et Richard.
25 juillet. — Départ d'un détachement de sapeurs conducteurs pour le camp de Châlons (50 hommes) . . . . . . » 50 »
25 juillet. — Départ d'un détachement de sapeurs-conducteurs pour Saint-Avold (39 hommes, 61 chevaux) . . . . » 39 61
1ᵉʳ août. — Effectif du corps à l'armée du Rhin (42 officiers, 1,313 hommes, 277 chevaux) ; à Rome, 7ᵉ compagnie de sapeurs, capitaine Bienaimé (4 officiers, 150 hommes, 15 chevaux) ; en Algérie-Constantine, 5ᵉ compagnie de sapeurs, capitaine de Rive (7 officiers, 295 hommes, 138 chevaux) 42 1313 277

	Offic.	Troupe.	Chev.
1er août. — Le dépôt comprend la 1re compagnie de mineurs, capitaine Flambard ; 2e compagnie de sapeurs, capitaine Philippe ; 14e compagnie de sapeurs, capitaine Lussan ; 15e compagnie de sapeurs, capitaine Deneux, compagnie de dépôt, capitaine Keller, et la compagnie de sapeurs-conducteurs, capitaine Bourras (31 officiers, 1,663 hommes, 162 chevaux).			
3 août. — Formation de la 16e compagnie de sapeurs et de la 2e compagnie de dépôt. Capitaines Picavet et Jouaux.			
6 août. — La 2e compagnie de sapeurs passe à la réserve générale du génie.			
10 août. — La 7e compagnie de sapeurs s'embarque à Civita-Vecchia et débarque à Marseille le 11. Elle quitte Marseille le 12 pour se rendre à Lyon.			
13 août. — Une demi-section de la 1re compagnie de mineurs quitte Metz pour Verdun. Lieutenant Delort	1	30	»
14 août. — La 7e compagnie de sapeurs part de Lyon pour rejoindre le camp de Châlons où elle arrive le 15, capitaine Bienaimé. Cette compagnie est affectée au 12e corps.	4	150	15
21 août. — Décret qui prescrit la création de compagnies de sapeurs au titre du 1er régiment au dépôt du 3e régiment.			
23 septembre. — Formation à Lyon de la 17e compagnie de sapeurs.			
30 septembre. — Formation à Lyon de la 18e compagnie de sapeurs et de la 3e compagnie de dépôt.			
1er octobre. — Départ de la 17e compagnie de sapeurs pour Langres. Capitaine Berthier puis lieutenant Lhuillier	3	148	1
17 octobre. — Départ de la 18e compagnie de sapeurs pour rejoindre le 16e corps. Capitaine Haxo	3	211	3
26 octobre. — Formation des 3e, 7e et 8e compagnies *bis* de sapeurs.			
27 octobre. — Le dépôt comprend la 1re compagnie de mineurs, capitaine Flambard ; 14e, 15e, 16e compagnies de sapeurs, capitaines Lussan, Deneux, Picavet ; 1re, 2e compagnies de dépôt, capitaines Keller et Jouaux ; compagnie hors-rang et compagnie de sapeurs conducteurs. (Effectif : 42 officiers, 1,886 hommes, 63 chevaux)	42	1886	63
29 octobre. — Capitulation de Metz, le dépôt est prisonnier de guerre.			
1er novembre. — Départ de la 7e compagnie *bis* pour rejoindre le 18e corps. Capitaine Devé	3	200	1
5 novembre. — Départ du dépôt de Lyon pour se rendre à Bordeaux où il arrive le 7.			
11 novembre. — Départ de la 3e compagnie *bis* pour rejoindre le 17e corps. Capitaine Joly	2	200	1

	Offic.	Troupe.	Chev.

25 novembre. — Départ de la 8ᵉ compagnie *bis* pour être attachée au 21ᵉ corps. Capitaine Bernard 3 200 1

1ᵉʳ décembre. — Formation de la 1ʳᵉ compagnie *bis*.

25 décembre. — Départ de la 1ʳᵉ compagnie *bis* pour faire partie de l'armée des Vosges. Capitaine Arvengas. . . . 3 200 12

1ᵉʳ janvier 1871. — Formation à Bordeaux de la 2ᵉ compagnie *bis*.

4 février. — Départ de la 2ᵉ compagnie *bis* désignée pour faire partie du 26ᵉ corps. Capitaine Thomas 4 188 12

1ᵉʳ mars 1871. — Le dépôt comprend la 3ᵉ compagnie de dépôt (15 officiers, 320 hommes, 50 chevaux).

1ᵉʳ mars. — 5ᵉ compagnie à Alger, capitaine Lestienne (2 officiers, 98 hommes, 85 chevaux) ; 17ᵉ compagnie à Langres, capitaine Berthier (3 officiers, 149 hommes, 1 cheval) ; 1ʳᵉ compagnie *bis* à Lyon, capitaine Arvengas (3 officiers, 179 hommes, 14 chevaux).

2ᵉ RÉGIMENT — DÉPOT

15 juillet 1870. — De La Ruelle, major, Montpellier.

21 juillet. — Création de la 15ᵉ compagnie de sapeurs et de la 1ʳᵉ compagnie de dépôt. Capitaines Pignat et Mahon.

22 juillet. — Départ de la 2ᵉ compagnie de mineurs et de la 9ᵉ compagnie de sapeurs pour Thionville où elles arrivent le 24. Ces deux compagnies sont attachées au 4ᵉ corps. Capitaines Lambert et Breton.

23 juillet. — Départ des 10ᵉ et 13ᵉ compagnies de sapeurs pour Thionville où elles sont attachées au 4ᵉ corps. Capitaines Garnier et Gauthier.

23 juillet. — Les 5ᵉ, 6ᵉ, 8ᵉ et 14ᵉ compagnies de sapeurs partent pour Phalsbourg où elles sont attachées au 5ᵉ corps. Capitaines Guntz, Béral, Tannier et Bizard.

23 juillet. — Les 2ᵉ et 4ᵉ compagnies de sapeurs quittent Montpellier pour se rendre à Lyon où elles sont attachées au 7ᵉ corps. Capitaines Charret et Monchablon.

25 juillet. — Départ de la 3ᵉ et de la 12ᵉ compagnies de sapeurs pour se rendre à Belfort, elles sont attachées au 7ᵉ corps. Capitaines Lenoir et Bevière.

25 juillet. — Départ de deux détachements de sapeurs conducteurs pour Thionville et Bitche.

26 juillet. — Départ de la 11ᵉ compagnie de sapeurs pour le camp de Châlons. Capitaine Haxo.

31 juillet. — Les 2ᵉ et 4ᵉ compagnies de sapeurs quittent Lyon pour se rendre à Belfort où elles arrivent le 1ᵉʳ août.

	Offic.	Troupe.	Chev.

1er août. — Effectif des compagnies du corps à l'armée du Rhin 55   1461   140

1er août. — La 7e compagnie de sapeurs à Alger, capitaine Stein (7 officiers, 295 hommes, 138 chevaux).

1er août. — Le dépôt comprend la 1re compagnie de mineurs, les 1re, 11e, 15e compagnies de sapeurs, 1re compagnie de dépôt, compagnie de sapeurs-conducteurs et compagnie hors-rang. Capitaines Quinivet, Glises, Haxo, Pignat, Mahon et Daveluy (21 officiers, 1590 hommes, 68 chevaux).

3 août. — Formation de la 16e compagnie de sapeurs et de la 2e compagnie de dépôt. Capitaines Rothmann et Rispal.

7 août. — Départ de la 1re compagnie de mineurs pour Lyon où elle arrive le 8. Capitaine Quinivet 4   211   12

7 août. — Départ de la 1re compagnie de sapeurs pour Paris où elle arrive le 8, capitaine Glises. Cette compagnie au 13e corps 4   139   47

8 août. — Départ de la 11e compagnie de sapeurs pour le camp de Châlons. Cette compagnie est attachée au 12e corps. Capitaine Haxo 4   211   8

9 août. — Départ de détachements pour rejoindre à Metz les compagnies du régiment . . . . »   264   »

10 août. — Départ des 15e et 16e compagnies de sapeurs pour Paris où elles arrivent le 11, capitaines Pignat et Rothmann. Ces deux compagnies sont attachées aux 13e et 14e corps 8   280   25

13 août. — Un détachement part pour le camp de Châlons où il arrive le 14 . . . . »   80   »

25 août. — Formation des 17e et 18e compagnies de sapeurs.

26 août. — Départ pour Paris d'un détachement . . . . »   385   »

27 août. — Départ d'un détachement pour Paris . . . . »   143   90

29 août. — Départ des 17e et 18e compagnies de sapeurs pour Paris où elles arrivent le 30. Capitaines Lenclos et Laurent. 8   390   24

10 septembre. — Départ de Lyon d'un détachement de la 1re compagnie de mineurs pour se rendre à Belfort . . . 2   60   »

10 septembre. — Un détachement de la 1re compagnie de mineurs quitte Lyon pour se rendre à Besançon. Sous-lieutenant Blaché. 1   40   »

11 septembre. — Formation de la 19e compagnie de sapeurs.

13 septembre. — Départ de la 1re compagnie de mineurs de Lyon pour se rendre à Belfort où elle arrive le 14. Capitaine Quinivet. 4   211   12

		Offir.	Troupe.	Chev.

23 septembre. — Formation de la 20e compagnie de sapeurs.

24 septembre. — Départ de la 19e compagnie de sapeurs pour se rendre à Orléans. Cette compagnie a été attachée au 15e corps. Capitaine Monchablon 4 201 12

25 septembre. — Formation de la 3e compagnie de dépôt.

4 octobre. — Départ de la 20e compagnie de sapeurs pour Lyon. Capitaine Lebourg 3 201 13

13 octobre. — Formation des 2e et 3e compagnies *bis* de sapeurs.

20 octobre. — Départ de la 2e compagnie *bis* de sapeurs pour se rendre à l'armée du Nord. Capitaine Allard 3 192 2

21 octobre. — Formation de la 4e compagnie *bis* de sapeurs.

25 octobre. — Formation à Paris d'une 18e compagnie *bis* de sapeurs. Capitaine Kienné 5 208 17

25 octobre. — Départ de la 3e compagnie *bis* de sapeurs pour se rendre à Besançon. Capitaine Langlois 2 201 13

27 octobre. — Formation des 5e et 6e compagnies *bis* de sapeurs.

29 octobre. — Départ de la 4e compagnie *bis* de sapeurs pour se rendre à l'armée de la Loire (21e corps). Capitaine Lourier 2 199 12

29 octobre. — Départ d'un détachement pour Aniane (Hérault), sous-lieutenant Lavoyer (1 officier, 100 hommes).

4 novembre. — Départ de la 5e compagnie *bis* de sapeurs pour Lyon. Capitaine Nestler . . . . 3 198 »

21 novembre. — Départ de la 6e compagnie *bis* de sapeurs pour rejoindre le 20e corps. Capitaine Giselard 3 215 52

26 novembre. — Formation des 8e et 9e compagnies *bis* de sapeurs. Capitaines Renard et Moittié.

27 novembre. — Le major de La Ruelle part pour l'armée, il est remplacé par le capitaine Michelet, nommé major.

12 décembre. — Départ de la 8e compagnie *bis* de sapeurs pour se rendre à Bordeaux (25e corps). Capitaine Renard. 2 198 16

13 décembre. — Formation à Lille de la 12e compagnie *bis* de sapeurs, capitaine Grimaud, armée du Nord.

18 décembre. — Formation de la 10e et de la 11e compagnies *bis* de sapeurs.

19 décembre. — Départ de la 9e compagnie *bis* de sapeurs pour le Mans où elle est attachée à la réserve du génie de la 2e armée de la Loire. Capitaine Moittié 3 201 12

29 décembre. — Départ de la 10e compagnie *bis* de sapeurs pour se rendre à Bourg (division Pélissier). Capitaine Thomas 3 203 2

10 janvier 1871. — Départ de la 11e compagnie *bis* de sapeurs pour rejoindre le 25e corps. Capitaine Choisy. . 3 210 12

	Offic.	Troupe.	Chev.

12 janvier. — Départ de Lille de la 12ᵉ compagnie *bis* de sapeurs pour rejoindre la 2ᵉ division du 22ᵉ corps. Capitaine Grimaud............. 2   139   2

13 janvier. — Formation à Montpellier des 13ᵉ et 14ᵉ compagnies *bis* de sapeurs.

29 janvier. — Départ de la 13ᵉ compagnie *bis* de sapeurs pour Lyon. Capitaine Imbert............. 3   200   1

1ᵉʳ février. — Envoi d'un détachement au camp de Montpellier, lieutenant Mégret (1 officier, 84 hommes).

1ᵉʳ février. — La 6ᵉ compagnie *bis* de sapeurs occupe le fort de Joux.

26 février. — Départ de la 14ᵉ compagnie *bis* de sapeurs pour Chambéry où elle doit faire partie du 24ᵉ corps de 2ᵉ formation. Capitaine Lebourg............. 2   229   12

1ᵉʳ mars 1871. — Le dépôt comprend l'état-major, une section de la 19ᵉ compagnie de sapeurs, les 1ʳᵉ, 2ᵉ, 3ᵉ compagnies de dépôt, la compagnie de sapeurs-conducteurs et la compagnie hors-rang. Capitaines-commandants les unités d'Allonnes, Baud, Mahon, Charret, Daveluy (30 officiers, 1,586 hommes, 85 chevaux).

    La 7ᵉ compagnie de sapeurs à Alger, capitaine Stein (3 officiers, 189 hommes, 5 chevaux).

    Les 10ᵉ et 13ᵉ compagnies *bis* de sapeurs à Lyon, capitaines Thomas et Imbert (6 officiers, 401 hommes, 10 chevaux).

    La 1ʳᵉ compagnie de mineurs venant de Belfort, capitaine Quinivet (4 officiers, 211 hommes, 12 chevaux).

    Sapeurs-conducteurs à Alger, capitaine Auger (3 officiers, 155 hommes, 120 chevaux).

3ᵉ RÉGIMENT — DÉPOT

15 juillet 1870. — Sanglier, major, Arras.

16 juillet. — Départ des 9ᵉ et 13ᵉ compagnies de sapeurs du camp de Châlons pour Saint-Avold. Capitaines Bonnal et Viez.

18 juillet. — Un détachement part du camp de Châlons pour se rendre à Arras où il arrive le 19 (115 hommes).

20 juillet. — La compagnie de sapeurs-conducteurs est dirigée d'Arras sur Versailles où se forme le grand parc du génie, capitaine Guérin (2 officiers, 235 hommes, 3 chevaux).

21 juillet. — Formation à Arras de la 15ᵉ compagnie de sapeurs et de la 1ʳᵉ compagnie de dépôt. Capitaines de la Taille et Schpeck.

	Offic.	Troupe.	Chev.

23 juillet. — Départ de la 2ᵉ compagnie de sapeurs pour Saint-Avold où elle arrive le 24. Capitaine Bodin.

23 juillet. — Départ des 8ᵉ et 10ᵉ compagnies de sapeurs pour Nancy où elles sont attachées à la garde impériale. Capitaines Richard et Olier.

24 juillet. — Départ du camp de Châlons de la 12ᵉ compagnie de sapeurs pour Saint-Avold où elle fait partie du 2ᵉ corps. Capitaine Mourot.

24 juillet. — Départ du camp de Châlons de la 1ʳᵉ compagnie de mineurs pour se rendre à Nancy à la réserve générale du génie. Capitaine Duboys.

24 juillet. — La 1ʳᵉ compagnie de sapeurs quitte Arras pour se rendre à Nancy au parc de la réserve générale du génie. Capitaine Fontaine.

25 juillet. — Départ d'Arras pour le camp de Châlons des 3ᵉ, 4ᵉ, 7ᵉ et 11ᵉ compagnies de sapeurs où elles sont attachées au 6ᵉ corps. Capitaines Audier, Dardaine, Belfort et Bossy.

28 juillet. — Départ de Nancy pour Metz de la 1ʳᵉ compagnie de mineurs. Capitaine Duboys.

1ᵉʳ août. — Effectif des compagnies à l'armée du Rhin. . .   54   1639   234

1ᵉʳ août. — Le dépôt comprend : l'état-major, les 5ᵉ et 15ᵉ compagnies de sapeurs, capitaines Calohar et de la Taille ; la 2ᵉ compagnie de mineurs, capitaine Capperon ; la compagnie de sapeurs-conducteurs, capitaine Guérin ; la 1ʳᵉ compagnie de dépôt, capitaine Schpeck et la compagnie hors-rang (23 officiers, 1672 hommes, 30 chevaux) ; en Algérie les 6ᵉ et 14ᵉ compagnies de sapeurs et le détachement de sapeurs-conducteurs, capitaines Roux, Prochasson et Baylac (10 officiers, 327 hommes, 140 chevaux) ; un détachement à Civita-Vecchia (sapeurs-conducteurs), capitaine Maillard (1 officier, 45 hommes, 65 chevaux).

2 août. — La 14ᵉ compagnie quitte l'Algérie pour rentrer en France et arrive au camp de Châlons le 10. La compagnie est attachée à la réserve du génie du 6ᵉ corps. Capitaine Fritsch dit Lang   4   106   18

3 août. — Formation de la 16ᵉ compagnie de sapeurs et de la 2ᵉ compagnie de dépôt. Capitaines Dorp et Mangin.

3 août. — Les détachements de sapeurs-conducteurs d'Oran et de Civita-Vecchia sont rappelés et réunis à Paris. Capitaine Baylac.   2   229   271

5 août. — Un détachement part d'Arras pour Metz . . . .   »   100   »

6 août. — Un détachement part d'Arras pour Metz . . . .   »   100   »

7 août. — Départ de la 2ᵉ compagnie de mineurs, capitaine Capperon, et de la 5ᵉ compagnie de sapeurs, capitaine Calohar, pour se rendre à Vincennes et à Saint-Denis . .   8   316   17

	Offic.	Troupe.	Chev.

8 août. — Un détachement part d'Arras pour rejoindre Metz . . . . » 100 »

10 août. — Départ des 15e et 16e compagnies de sapeurs pour Paris, capitaines de la Taille et Dorp. Ces deux compagnies sont attachées aux 13e et 14e corps. 8 304 4

16 août. — Départ d'un détachement destiné à porter à 150 hommes l'effectif des compagnies à Metz. Ce détachement n'ayant pû rejoindre fut versé au 1er régiment de l'arme pour y compléter les compagnies du camp de Châlons . » 200 »

26 août. — Par décret du 21 août, il est créé 2 nouvelles compagnies de sapeurs : les 17e et 18e compagnies. Capitaines Bozard-Falgas et Rothé. 4 300 4

28 août. — Un détachement part d'Arras pour rejoindre à Meudon la 15e compagnie de sapeurs . . . . » 75 »

28 août. — Un détachement part pour Paris compléter à 150 hommes la 16e compagnie de sapeurs . . . . » 40 »

28 août. — Départ des 17e et 18e compagnies de sapeurs pour Paris.

5 septembre. — Départ d'un détachement . . . . » 200 »

7 septembre. — L'état-major, la 1re compagnie de dépôt, la compagnie de sapeurs-conducteurs et la compagnie hors-rang à l'effectif de 15 officiers, 1,064 hommes, 30 chevaux, partent d'Arras pour se rendre à Lyon.

18 septembre — Formation à Lyon d'une 19e compagnie de sapeurs.

18 septembre. — La 2e compagnie de dépôt, capitaine Mangin, reste à Arras, comme petit dépôt (2 officiers, 150 hommes, 35 chevaux).

25 septembre. — Formation de la 3e compagnie de dépôt. Capitaine Bunel.

25 septembre. — Départ de la 19e compagnie de sapeurs pour se rendre à Bourges où elle est attachée au 15e corps. Capitaine Marcille 4 218 13

28 septembre. — Formation de la 20e compagnie de sapeurs.

7 octobre. — Départ de la 20e compagnie de sapeurs pour Bourges où elle est versée au 16e corps. Capitaine Reins. 4 260 16

14 octobre. — Le major Sanglier est nommé lieutenant-colonel.

26 octobre. — Création à Lyon des 4e, 5e, 11e et 14e compagnies *bis* de sapeurs.

30 octobre. — Départ de la 4e compagnie *bis* de sapeurs pour Tours, capitaine Marion. Cette compagnie est versée au 17e corps . . . . 3 200 »

1er novembre. — Départ de la 5e compagnie *bis* de sapeurs pour rejoindre le 18e corps à Nevers. Capitaine Porez. . 2 200 »

	Offic.	Troupe.	Chev.

5 novembre. — Départ du dépôt de Lyon pour se rendre à Bordeaux où il arrive le 7.

Fractions réunies à Bordeaux, état-major, compagnie hors-rang, 1re et 3e compagnies de dépôt, 11e et 14e compagnies *bis* de sapeurs et détachement de sapeurs conducteurs. La compagnie de sapeurs conducteurs a été laissée à Lyon. Capitaine Baud.

15 novembre. — Départ de la 11e compagnie *bis* de sapeurs pour Bourges où elle est attachée au parc du 20e corps. Capitaine Maillard. 3 192 4

27 novembre. — Le capitaine Ribès est nommé major au corps.

1er décembre. — Formation 1re et 2e compagnies *bis* de sapeurs.

3 décembre. — Départ de la 14e compagnie *bis* de sapeurs pour rejoindre le 19e corps. Capitaine Roux 3 200 4

13 décembre. — Départ de Bordeaux d'un détachement pour le Mans où il doit compléter les compagnies du régiment à l'armée de la Loire. . . . . » 120 »

21 décembre — Départ de la 1re compagnie *bis* de sapeurs de Bordeaux pour se rendre à l'armée du Nord, 23e corps, capitaine Cantagrel. Cette compagnie s'embarque à Brest. 3 200 1

23 décembre. — La compagnie de sapeurs conducteurs part de Lyon pour rejoindre le dépôt du régiment à Bordeaux.

1er janvier 1871. — Formation des 3e et 7e compagnies *bis* de sapeurs.

1er janvier. — Départ d'un détachement pour Vierzon où il doit compléter la 19e compagnie de sapeurs . . . . . » 70 »

3 janvier. — Départ de la 2e compagnie *bis* de sapeurs pour rejoindre le 19e corps aux lignes de Carentan. Capitaine de Bissy. 3 216 26

26 janvier. — Départ d'un détachement pour Laval destiné à compléter les compagnies de sapeurs de la 2e armée . » 320 »

14 février. — Départ de la 3e compagnie *bis* de sapeurs pour rejoindre le 26e corps à Guéret. Capitaine Peter. . . . 4 188 14

20 février. — Réorganisation à Lille de la 1re compagnie *bis* qui avait été détruite le 19 janvier 1871 à Saint-Quentin. Capitaine Cantagrel (2 officiers, 100 hommes). . . . . 2 100 »

1er mars 1871. — Le dépôt comprend l'état-major, la 7e compagnie *bis* de sapeurs, capitaine Belfort, la compagnie de sapeurs conducteurs, capitaine Guérin, la 1re et la 3e compagnies de dépôt et la compagnie hors-rang (33 officiers, 1174 hommes, 74 chevaux) capitaines Peter et Bunel, la 6e compagnie de sapeurs à Oran, capitaine Versailleux (3 officiers, 179 hommes, 2 chevaux).

La 2e compagnie de dépôt à Arras (2 officiers, 150 hommes). Capitaine Mangin.

II. — COMPAGNIE D'OUVRIERS DU GÉNIE

	Offic.	Troupe.	Chev.
15 juillet 1870. — Ribes, capitaine, Metz.			
20 juillet. — Formation d'un détachement pour le grand parc de l'armée du Rhin.			
25 juillet. — Départ d'un détachement pour Versailles où se forme le grand parc du génie de l'armée, lieutenant Bailly (35 hommes)	1	35	1
1er août (1). — Effectif de la compagnie à Metz (3 officiers, 247 hommes, 2 chevaux).			
12 août. — Le grand parc formé à Versailles arrive à Metz.			
1er septembre. — Le détachement du lieutenant Bailly est réuni à la compagnie.			
29 octobre 1870. — Capitulation de Metz, la compagnie est prisonnière de guerre, capitaine Ribes. (Effectif de la compagnie (4 officiers, 287 hommes).	4	287	»

---

(1) Un détachement de 22 hommes à Paris pendant le siège.

SIXIÈME PARTIE

Troupes de l'Administration

CHAPITRE PREMIER

I. — SECTION DE COMMIS AUX ÉCRITURES DES BUREAUX DE L'INTENDANCE MILITAIRE

SECTION — DÉPOT, VINCENNES

	Offic.	Troupe.	Chev.

15 juillet 1870. — Coudeyras, officier d'administration.

1er août. — Dépôt, Vincennes, 1 officier, 185 hommes; Paris, 55 hommes; 1re division militaire, 41 hommes; hors de la division, 366 hommes; Algérie, 89 hommes; à Civita-Vecchia, 7 hommes. Total, 641 hommes.

1er août. — Effectif de la section à l'armée du Rhin . . . .   »   25   »

1er décembre. — Effectif de la section à Paris, 160 hommes; en Algérie, 77 hommes; hors de la division, 622 hommes; à l'armée du Rhin, 178 hommes . . . .   »   178   »

1er janvier 1871. — Effectif à Vincennes, 1 officier, 31 hommes.

1er mars 1871. — La section à Vincennes; officier d'administration, Coudeyras. Effectif : Paris, 147 hommes; Algérie, 77 hommes; aux armées, 177 hommes; hors la division, 624 hommes. Total de la section, 1 officier, 1,029 hommes.

II. — SECTIONS D'INFIRMIERS MILITAIRES

1re SECTION — DÉPOT, PARIS

15 juillet 1870. — Petitmengin, officier d'administration.

16 juillet. — Un détachement part de Vincennes pour rejoindre à Versailles la 2e section où il est versé (28 hommes).

19 juillet. — Départ d'un détachement pour rejoindre au camp de Châlons la 2e section (107 hommes).

	Offic.	Troupe	Chev.

1er août. — Effectif de la 1re section à Paris (775 hommes).

1er août. — Départ d'un détachement pour le camp de Châlons. . . . . »   20   »

12 août. — Départ d'un détachement pour le camp de Châlons où il est versé à la 2e section . . . . »   63   »

25 août. — Un détachement est versé au 13e corps, il compte à la 2e section. . . . . »   60   »

30 août. — Un détachement est versé à la 2e section à Paris. »   60   »

1er septembre. — La section à Paris est à l'effectif de 1,996 hommes. . . . . »   1996   »

15 septembre. — Un détachement part pour Orléans où il est versé au 15e corps. . . . . »   10   »

1er octobre. — La section compte aux armées de Paris et au dépôt 2,670 hommes.

1er décembre. — L'effectif est de 2,621 hommes.

1er janvier 1871. — Un détachement de 108 hommes à Saint-Denis et un autre détachement de 32 hommes au Mont-Valérien.

1er mars 1871. — La section à Paris, officier d'administration Petitmengin, comprend les détachements et le dépôt. Effectif : 3,038 hommes.

2e SECTION — VERSAILLES

15 juillet 1870. — Frey, officier comptable.

16 juillet. — Départ d'un détachement pour Saint-Avold (35 hommess).

16 juillet. — Départ d'un détachement pour Phalsbourg où il arrive le 17 (34 hommes).

16 juillet. — Un détachement part de Sedan pour se rendre à Thionville (17 hommes).

17 juillet. — L'officier comptable Frey étant nommé à d'autres fonctions est remplacé par l'officier comptable Hugo venant de la 5e section.

17 juillet. — La section quitte Versailles pour se rendre au camp de Châlons où elle arrive le même jour (section mobilisée).

18 juillet. — Départ d'un détachement pour Thionville (21 hommes).

18 juillet. — Départ d'un détachement pour Bitche, 5e corps (90 hommes).

19 juillet. — Départ d'un détachement pour Metz 4e corps (151 hommes).

19 juillet. — Arrive au camp de Châlons un détachement venant de la 1re section (107 hommes).

	Offic.	Troupe.	Chev.

20 juillet. — Départ du camp de Châlons d'un détachement pour Metz où il est attaché aux ambulances de la garde (91 hommes).

23 juillet. — Départ d'un détachement de Vincennes pour Metz où il est versé à la 2e section (108 hommes).

25 juillet. — Un détachement part de Rennes pour Metz où il compte à la 2e section (50 hommes).

25 juillet. — Départ d'un détachement du camp de Châlons pour se rendre à Metz (107 hommes).

25 juillet. — La section reçoit un détachement venant de la 8e section (Toulouse, 50 hommes).

26 juillet. — Départ d'un détachement pour Saint-Avold où il passe au 2e corps (20 hommes).

28 juillet. — Départ du camp de Châlons pour Metz d'un détachement de 150 hommes

31 juillet. — Un détachement part de Saumur pour le camp de Châlons (22 hommes).

1er août. — Effectif de la section à l'armée du Rhin	»	896	»

1er août. — Le dépôt au camp de Châlons compte 780 hommes.

3 août. — Arrivée au camp de Châlons d'un détachement venant d'Algérie (4e, 7e, 9e sections). Ce détachement est versé le même jour à la section (299 hommes).

11 août — Arrivée au camp de Châlons d'un détachement venant de Belfort (41 hommes).

11 août. — La section verse un détachement au 7e corps. .	»	41	»
11 août. — Un détachement part pour rejoindre le 6e corps à Metz (60 hommes)	»	60	»
13 août. — Départ d'un détachement pour Metz où il est versé au 3e corps.	»	79	»
20 août. — La section verse un détachement au 6e corps .	»	16	»
21 août. — Un détachement est versé au 12e corps au camp de Châlons	»	49	»
22 août. — Un détachement est versé aux ambulances du grand quartier général.	»	124	»
23 août. — Départ d'un détachement pour rejoindre à Paris le 23e corps.	»	120	»

23 août. — La section quitte le camp de Châlons pour se rendre à Reims.

24 août. — La section se retire sur Montmédy, officier-comptable Hugo (800 hommes). Elle prend part à la défense de cette place jusqu'au 18 octobre	»	240	»

6 septembre. — L'ambulance du quartier général du 6e corps est rapatriée et arrive à Lille le 7.

11 septembre. — Un détachement de la section quitte Sedan pour se rendre à Mézières (77 hommes).

— 369 —

	Offic.	Troupe.	Chev.

18 octobre. — L'officier-comptable Hugo réussit à faire sortir 560 hommes de Montmédy et à les rallier à Maubeuge en passant par la Belgique.

20 octobre. — Jour de la rentrée en France ; 400 infirmiers furent versés dans les régiments de l'armée du nord, les autres dirigés sur Rennes servirent pour les ambulances de l'armée de la Loire. . . . . » 560 »

La 2ᵉ section se trouvant alors réduite à son cadre l'officier-comptable Hugo reçoit l'ordre de rejoindre l'ambulance du quartier général du 18ᵉ corps.

21 octobre. — La 2ᵉ section n'existe plus.

3ᵉ SECTION — DÉPOT, LILLE

15 juillet 1870. — Durfort de la Broye, officier d'administration.

16 juillet. — Départ de 2 détachements pour Givet et Sedan (32 hommes).

23 juillet. — L'officier d'administration Durfort de la Broye passe dans la garde. Il est remplacé le même jour par l'adjudant d'administration Dromard.

26 juillet. — Départ de Lille d'un détachement pour le camp de Châlons où il est versé à la 6ᵉ section (125 hommes).

28 juillet. — Départ d'un détachement pour Metz où il est versé au 4ᵉ corps (75 hommes).

1ᵉʳ août. — Effectif de la section à l'armée du Rhin . . . . » 232 »

1ᵉʳ août. — Effectif du dépôt (322 hommes).

24 août. — Départ d'un détachement de Lille pour se rendre à Mézières . . . . » 100 »

1ᵉʳ septembre. — La section compte 747 hommes à la portion centrale.

1ᵉʳ octobre. — Effectif de la section à Lille (745 hommes).

1ᵉʳ novembre. — L'officier d'administration Durfort de la Broye reprend le commandement de la section.

22 novembre. — Départ pour Rennes d'un détachement de 200 hommes.

23 novembre. — Départ d'un détachement pour l'armée du Nord, 22ᵉ corps . . . . » 100 »

12 décembre. — Départ d'un détachement pour l'armée du Nord, 23ᵉ corps . . . . » 49 »

1ᵉʳ janvier 1871. — Effectif du dépôt et des détachements (615 hommes) ; armée du Nord (149 hommes).

25 février. — Départ d'un détachement pour Rennes (200 hommes) . . . . » 200 »

	Offic.	Troupe.	Chev.

27 février. — Départ d'un détachement pour Cherbourg . . » 125 »

1er mars 1871. — Le dépôt à Lille, officier d'administration Durfort de la Broye. Effectif : Lille, 263 hommes ; Cambrai, 98 hommes ; Dunkerque, 57 hommes ; Maubeuge, 86 hommes ; Calais, 85 hommes ; Valenciennes, 88 hommes ; Saint-Omer, 104 hommes ; Avesnes, Loos, Douai, 13 hommes ; Givet, 51 hommes ; Montmédy et Sedan, 19 hommes ; armée du Nord, 114 hommes ; armée de la Loire, 5 hommes. Total 983 hommes.

4e SECTION — ORAN

15 juillet 1870. — Ferreri, officier d'administration.

1er août. — Le dépôt à Oran et des détachements à Mascara, Sidi-bel-Abbès, Tlemcen, Mostaganem, Nemours (694 hommes).

3 août. — Départ d'un détachement d'Oran pour rejoindre la 2e section au camp de Châlons . . . . » 100 »

7 août. — Départ d'un détachement pour Mers-el-Kebir où il s'embarque pour la France. . . . . » 22 »

9 août. — Départ d'un détachement pour Marseille. Il est dirigé sur la 6e section. . . . . » 150 »

15 août. — Un détachement s'embarque pour Marseille où il rejoint la 6e section à Lyon. Il est dirigé ensuite sur le camp de Châlons . . . . » 150 »

1er septembre. — Effectif de la section (630 hommes).

1er novembre. — La section à Oran. (Effectif du dépôt et des détachements : 966 hommes.)

1er janvier 1871. — Dépôt, Oran (706 hommes).

1er mars. — La section à Oran : officier d'administration Ferreri. Effectif : Oran, 277 hommes ; Arzew, 14 hommes ; Sidi-bel-Abbès, 57 hommes ; Daya, 10 hommes ; Mostaganem, 54 hommes ; Mascara, 52 hommes ; Saïda, 18 hommes ; Tiaret, 19 hommes ; Géryville, 26 hommes ; Tlemcen, 60 hommes ; Sebdou, 12 hommes ; Nemours, 18 hommes ; Lalla-Maghnia, 13 hommes ; Magenta, 19 hommes. Total dans la province 649 hommes.

5e SECTION — STRASBOURG

15 juillet 1870. — Rieux, officier d'administration.

19 juillet. — La section dirige un détachement sur Metz.

21 juillet. — Un détachement part pour Phalsbourg (13 hommes).

	Offic.	Troupe.	Chev.

1er août. — La portion centrale de la section à Strasbourg (781 hommes).

1er août. — Le détachement de Metz, officier d'administration Barthelémy (101 hommes) . . . . » 101 »

Du 10 août au 28 septembre. — La section prend part à la défense de Strasbourg (174 hommes) . . . . » 174 »

28 septembre. — Capitulation de la place. La section est neutralisée.

1er octobre. — La section a des détachements dans les places de Metz, 139 hommes ; Thionville, 19 hommes ; Belfort, 32 hommes; Bitche, 34 hommes; Longwy, 14 hommes ; Phalsbourg, 13 hommes ; aux ambulances, 100 hommes. » 351 »

11 novembre. — La section quitte Strasbourg pour se rendre à Lyon où elle arrive le 13 (1 officier 134 hommes).

15 novembre. — La section quitte Lyon pour se rendre à Rennes où elle arrive le 18.

1er décembre. — La section est reconstituée à Rennes, officier d'administration Béelitz (297 hommes).

1er janvier 1871. — Effectif de la section à Rennes, 131 hommes ; ambulances de l'armée, 513 hommes.

2 janvier. — Un détachement à Bourbonne (88 hommes).

1er mars 1871. — La section à Rennes, officier d'administration, Béelitz. Effectif : Rennes, 112 hommes ; Bourbonne, 88 hommes ; armée du Rhin, 281 hommes ; armée de la Loire, 462 hommes. Total, 943 hommes. . . » 462 »

6e SECTION — LYON

15 juillet 1870. — Olive, officier d'administration.

20 juillet. — Départ d'un détachement pour Strasbourg (92 hommes).

21 juillet. — L'officier d'administration Olive passe à la 10e section d'infirmiers, en formation à Lyon.

21 juillet. — L'adjudant d'administration Masson prend le commandement de la section.

21 juillet. — Départ pour Thionville d'un détachement de 180 hommes. Ce détachement est versé au 4e corps.

22 juillet. — La section fournie des détachements aux 2e, 3e, 4e, 7e corps de l'armée du Rhin.

27 juillet. — L'officier d'administration Brelitz prend le commandement de la section.

29 juillet. — Un détachement de la 3e section quitte Lille pour rejoindre Metz où il est versé à la 6e section (125 hommes).

	Offic.	Troupe.	Chev.

29 juillet. — Un détachement part de Lyon pour rejoindre Metz où il arrive le 30 (118 hommes).

29 juillet. — Départ de deux détachements pour Metz (132 hommes). Ces deux détachements sont versés aux 2e et 3e corps de l'armée du Rhin.

30 juillet. — Départ d'un détachement pour Strasbourg (83 hommes).

31 juillet. — Un détachement part de Lyon pour Metz (72 hommes).

1er août. — L'effectif de la section à l'armée du Rhin est de 802 hommes (1) . . . . » 802 »

1er août. — Le dépôt à Lyon compte 319 hommes.

4 août. — Le détachement de la section détaché à Civita-Vecchia reçoit l'ordre de rentrer et de rejoindre Strasbourg (50 hommes) . . . . » 50 »

4 août. — Un détachement venant de la 9e section part de Marseille pour rejoindre la 6e section à Lyon où il est versé (175 hommes).

10 août. — Un détachement venant des 4e et 7e sections s'embarque à Mers-el-Kébir, débarque à Marseille le 13. Ce détachement rejoint Lyon où il est versé à la 6e section (165 hommes).

13 août. — Un détachement part pour l'armée du Rhin . . » 165 »

15 août. — Un détachement de la 9e section part de Marseille pour se rendre au camp de Châlons.

16 août. — Départ d'un détachement pour rejoindre le 13e corps à Paris (60 hommes) . . . . » 60 »

17 août. — Départ d'un détachement pour le 14e corps (128 hommes) . . . . » 128 »

1er septembre. — La section compte à l'effectif (928 hommes).

1er octobre. — Le dépôt comprend avec ses détachements 895 hommes.

2 octobre. — Départ d'un détachement pour rejoindre le 15e corps (38 hommes) . . . . » 38 »

16 octobre. — Départ d'un détachement pour Bourges (176 hommes) . . . . » 176 »

22 octobre. — Le dépôt quitte Lyon pour se rendre à Chambéry où il arrive le même jour (659 hommes).

1er décembre. — L'effectif à Chambéry du dépôt est de 322 hommes.

10 décembre. — Départ d'un détachement pour rejoindre l'armée de la Loire à Nevers (150 hommes) . . . . . . » 150 »

---

(1) 2 officiers, 82 infirmiers à Strasbourg du 1er août au 28 septembre.

— 373 —

1er janvier 1871. — 453 hommes au dépôt, 394 hommes dans les places et 1,543 hommes aux armées.
25 janvier. — Départ d'un détachement pour rejoindre le 25e corps à Bourges (120 hommes).
1er mars 1871. — Le dépôt compte 81 hommes à Chambéry 28 hommes à Briançon, 40 hommes à Grenoble et 1,375 hommes aux armées. Corne, officier d'administration, commandant le dépôt.

7e SECTION — DÉPOT, CONSTANTINE

	Offic.	Troupe.	Chev.

15 juillet 1870. — Duponchel, officier d'administration.
1er août. — Effectif de la section (619 hommes).
3 août. — Départ d'un détachement de Constantine pour rejoindre la 2e section au camp de Châlons où il est incorporé . . . . » 100 »
8 août. — Départ d'un détachement pour rejoindre à Belfort la 6e section. En route il reçoit l'ordre de rallier le camp de Châlons où il arrive le 15 . . . . » 42 »
10 août. — Départ de Constantine d'un détachement pour Paris où il arrive le 28 . . . . » 116 »
1er septembre. — Effectif de la section. Dépôt et détachements 833 hommes, dont 188 hommes au camp de Châlons.
25 septembre. — Départ d'un détachement pour Orléans . . » 100 »
1er novembre. — Le dépôt quitte Constantine pour s'installer à Philippeville.
9 novembre. — Départ d'un détachement pour rejoindre l'armée de la Loire, à Tours . . . . » 120 »
1er décembre. — Effectif de la section en Algérie (701 hommes).
14 décembre. — Départ d'un détachement pour l'armée de la Loire. . . . . » 87 »
1er janvier 1871. — Effectif : 593 hommes en Algérie et 307 hommes à l'armée de la Loire.
1er mars. — La section à Philippeville, officier d'administration, Coudert. (Effectif : 392 hommes en Algérie et 303 hommes à l'armée de la Loire.)

8e SECTION — DÉPOT, TOULOUSE

15 juillet 1870. — Buffeteau, officier d'administration.
22 juillet. — Départ d'un détachement pour Rennes (38 hommes).
24 juillet. — L'officier d'administration Buffeteau quitte la

	Offic.	Troupe.	Chev.

section. Il est remplacé par l'adjudant d'administration Virmontois.

1er août. — Effectif de la section à Toulouse (673 hommes).

3 août. — Départ d'un détachement pour Saumur (19 hommes)

7 août. — Départ d'un détachement pour Strasbourg (65 hommes) . . . . » 65 »

7 août. — Un détachement part de Barèges pour se rendre à Strasbourg (6e section) . . . . » 30 »

8 août. — Départ d'un détachement de Bayonne pour se rendre à Strasbourg (16 hommes). . . . . » 16 »

11 août. — Départ de Toulouse d'un détachement pour Bayonne (16 hommes).

13 août. — Départ de Toulouse d'un détachement pour Barèges (20 hommes).

16 août. — Départ d'un détachement pour le camp de Châlons (100 hommes) . . . . » 100 »

26 août. — Départ d'un détachement d'Amélie-les-Bains pour se rendre au camp de Châlons (57 hommes). . . . » 57 »

28 août. — Départ d'un détachement de Perpignan pour se rendre à Paris où il est versé à la 2e section (101 hommes) . . . . » 101 »

4 septembre. — Un détachement part pour Bordeaux (30 hommes) . . . . » 30 »

4 septembre. — Un détachement part pour La Rochelle (10 hommes).

5 septembre. — Départ d'un détachement pour Rennes (21 hommes).

8 septembre. — Un détachement part de Barèges pour se rendre à Bayonne (29 hommes).

15 octobre. — Départ d'un détachement pour Bordeaux (19 hommes).

15 octobre. — Départ d'un détachement pour Bayonne (22 hommes).

23 octobre. — Départ d'un détachement pour Blois (181 hommes) . . . . » 181 »

25 octobre. — Départ d'un détachement pour rejoindre le 16e corps (36 hommes). . . . . » 36 »

18 novembre. — Départ d'un détachement pour rejoindre le 18e corps à Nevers (179 hommes). . . . . » 179 »

23 novembre. — Départ d'un détachement pour rejoindre au Mans le 21e corps (85 hommes) . . . . » 85 ».

28 novembre. — Départ d'un détachement pour se rendre à Tours. . . . . » 20 »

28 novembre. — Arrive à Toulouse un détachement de la 4e section venant d'Oran (150 hommes).

	Offic.	Troupe.	Chev.

29 novembre. — Arrive à Toulouse un détachement de la 9ᵉ section venant d'Alger (151 hommes).

1ᵉʳ décembre. — Dépôt Toulouse (482 hommes), Perpignan (134 hommes), Amélie-les-Bains (79 hommes), Bayonne (87 hommes), Bordeaux (83 hommes), La Rochelle (53 hommes), Rennes (57 hommes), Saumur (35 hommes).

12 décembre. — Arrive à Toulouse un détachement de la 7ᵉ section venant de Constantine (54 hommes).

12 décembre. — Arrive à Toulouse un détachement de la 4ᵉ section venant d'Oran (100 hommes).

14 décembre. — Départ d'un détachement pour Fréteval (60 hommes) . . . . » 60 »

15 décembre. — Départ d'un détachement pour l'armée de la Loire (60 hommes). . . . . » 60 »

17 décembre. — Arrive à Toulouse un détachement venant de la 7ᵉ section à Philippeville (47 hommes).

29 décembre. — Départ d'un détachement pour l'armée de la Loire (197 hommes) . . . . » 197 »

1ᵉʳ janvier 1871. — Effectif à Toulouse (297 hommes).

9 janvier. — Départ d'un détachement pour Rennes (50 hommes).

1ᵉʳ février. — Départ d'un détachement pour Bourges (21 hommes).

27 février. — Départ d'un détachement pour se rendre à Guéret au 26ᵉ corps (58 hommes).

1ᵉʳ mars 1871. — La section à Toulouse, officier d'administration Virmontois. Effectif : 355 hommes à Toulouse ; à Perpignan, 205 hommes ; Amélie-les-Bains, 63 hommes ; Bayonne, 125 hommes ; Bordeaux, 89 hommes ; La Rochelle, 104 hommes ; Saumur, 49 hommes ; armée de la Loire, 655 hommes).

9ᵉ SECTION — DÉPOT, ALGER

15 juillet 1870. — Sézary, officier d'administration.

29 juillet. — Départ d'Alger d'un détachement pour se rendre à Belfort où il arrive le 6 août. Ce détachement compte à la 6ᵉ section (175 hommes). . . . . » 175 »

1ᵉʳ août. — Effectif de la section (810 hommes).

3 août. — Départ d'un détachement pour le camp de Châlons où il est versé à la 2ᵉ section (99 hommes). . . . » 99 »

5 août. — Départ d'un détachement pour Belfort où il est versé au 7ᵉ corps (175 hommes). . . . . » 175 »

8 août. — Départ d'un détachement pour le camp de Châlons (96 hommes) . . . . » 96 »

| | Offic. | Troupe. | Chev. |

11 août. — Départ d'Alger pour le camp de Châlons d'un détachement de 30 hommes. . . . . » 30 »
1er septembre. — La section compte à l'effectif 873 hommes.
1er octobre. — Départ d'un détachement pour l'armée de la Loire (50 hommes). . . . . » 50 »
1er octobre. — Effectif du dépôt et des détachements dans la province d'Alger (804 hommes).
1er novembre. — Effectif en Algérie (1,078 hommes); à l'armée de la Loire (205 hommes).
20 novembre. — Départ d'Alger d'un détachement pour l'armée de la Loire. Ce détachement est d'abord dirigé sur Toulouse (151 hommes). . . . . » 151 »
1er décembre. — Effectif dans la province d'Alger (998 hommes).
1er janvier 1871. — Départ d'un détachement pour rejoindre l'armée de la Loire (60 hommes) . . . . » 60 »
1er février. — Effectif de la section (1,059 hommes).
1er mars 1871. — Le dépôt à Alger, officier d'administration Sézary. (Effectif : 1,069 hommes au dépôt et dans les détachements.)

10e SECTION — DÉPOT, LYON

21 juillet 1870. — Création à Lyon de la 10e section, Olive, officier d'administration.
1er août. — Effectif (321 hommes).
1er septembre. — Effectif du dépôt et des détachements de Marseille, Nice, Bastia, Ajaccio, Corté, Briançon, Vichy (908 hommes).
11 septembre. — Un détachement part de Marseille (148 hommes).
25 octobre. — Départ d'un détachement pour l'armée de la Loire (60 hommes) . . . . » 60 »
1er novembre. — Effectif de la section (1,178 hommes).
19 novembre. — Départ d'un détachement pour le Havre (50 hommes). . . . . » 50 »
12 décembre. — Un détachement passe au 24e corps . . . . » 25 »
19 décembre. — Départ d'un détachement pour rejoindre la division d'infanterie Cremer (24 hommes). . . . . . » 24 »
27 décembre. — Départ d'un détachement pour Besançon (23 hommes) . . . . » 23 »
1er janvier 1871. — Effectif de la section (Lyon, 508 hommes ; détachements, 395 hommes ; à l'armée, 241 hommes).

	Offic.	Troupe.	Chev.

3 janvier. — Départ d'un détachement pour se rendre à Besançon (23 hommes) . . . . » 23 »

11 janvier. — Départ d'un détachement pour rejoindre le 24e corps (23 hommes). . . . . » 23 »

29 janvier. — Départ d'un détachement pour rejoindre la division Pélissier (20 hommes) . . . . » 20 »

6 février. — Départ d'un détachement pour Poitiers (67 hommes). . . . . » 67 »

8 février. — Départ d'un détachement pour rejoindre le 26e corps à Guéret (64 hommes) . . . . » 64 »

13 février. — Départ d'un détachement pour Laval . . . . » 15 »

17 février. — Départ d'un détachement pour Neufchâtel. . » 56 »

22 février. — Départ d'un détachement pour Chambéry (224 hommes).

1er mars 1871. — Dépôt, Lyon, Olive, officier d'administration. Effectif : (1 officier, 491 hommes ; en détachements, 344 hommes ; à l'armée, 306 hommes.)

III. — SECTIONS D'OUVRIERS MILITAIRES D'ADMINISTRATION

1re SECTION — DÉPOT, VINCENNES

15 juillet 1870. — Bonnin, officier d'administration.

16 juillet. — L'officier d'administration Bonnin part pour l'armée du Rhin. Il est remplacé le même jour par l'officier d'administration Gaytte.

24 juillet. — Départ d'un détachement de 201 hommes pour Metz où il arrive le 26.

1er août. — Le dépôt à Vincennes, officier d'administration Gaytte. (Effectif : 1 officier, 494 hommes.)

1er août. — Effectif de la section à l'armée du Rhin. Détachements au grand quartier général et aux 1er, 2e, 3e, 4e et 5e corps d'armée . . . . » 201 »

16 septembre. — Départ de Vincennes d'un détachement de 450 hommes pour se rendre à Toulouse où il arrive le 27.

18 septembre. — La section laisse à Vincennes un détachement de 85 hommes plus 170 subsistants.

19 septembre. — La portion centrale de la section part de Vincennes pour se rendre à Toulouse où elle arrive le même jour.

19 septembre. — L'adjudant d'administration Laussu prend le commandement de la section en remplacement de l'officier d'administration Gaytte appelé à d'autres fonctions.

	Offic.	Troupe.	Chev.

1er octobre. — La section compte les détachements suivants: Lyon, 26 hommes; Marseille, 70 hommes; Alger, 32 hommes; Oran, 14 hommes; Constantine, 20 hommes.

Armée de Paris, 196 hommes.	»	196	»
Armée de la Loire, 68 hommes.	»	68	»
Corps des Vosges, 14 hommes.	»	14	»

12 octobre. — Départ d'un détachement pour l'armée de la Loire (18 hommes). . . . . » 18 »

30 octobre. — Départ d'un détachement de Toulouse pour rejoindre l'armée de la Loire (28 hommes) . . . . . . » 28 »

9 novembre. — Départ pour l'armée de la Loire d'un détachement. . . . . » 12 »

9 décembre. — Départ pour l'armée d'un détachement de 13 hommes . . . . » 13 »

1er janvier 1871. — Effectif du dépôt (215 hommes).

8 janvier. — Départ d'un détachement pour Carentan. . . » 14 »

9 janvier. — Départ d'un détachement pour Bourges . . . » 14 »

31 janvier. — Départ d'un détachement pour Poitiers . . . » 14 »

1er mars 1871. — Le dépôt à Toulouse. (Effectif : 1 officier, 238 hommes.)

2e SECTION — DÉPOT, PARIS

15 juillet 1870. — Gley, officier d'administration.

28 juillet. — Départ d'un détachement pour rejoindre à Metz l'armée du Rhin (120 hommes).

1er août. — Effectif de la section à l'armée du Rhin . . . . » 120 »

1er août. — Effectif du dépôt à Paris (705 hommes).

2 août. — Départ d'un détachement pour le camp de Châlons. » 70 »

2 août. — Un détachement à Versailles (40 hommes).

6 août. — Départ d'un détachement pour Metz. . . . . . » 80 »

22 août. — Départ d'un détachement pour le camp de Châlons . . . . » 99 »

23 août. — La section reçoit un détachement de la 5e section venant de Marseille (29 hommes).

26 août. — Un détachement venant de Toulouse (9e section) arrive à Paris (116 hommes).

4 septembre. — Le dépôt reçoit un détachement venant de la 9e section (60 hommes).

4 septembre. — La section est à l'effectif de 2,774 hommes. » 2774 »

5 septembre. — Un détachement venant de Toulouse est versé à la section (50 hommes).

15 septembre. — Le détachement de Versailles rentre à Paris (82 hommes).

	Offic.	Troupe.	Chev.

18 septembre. — Un détachement part pour Tours où il est versé à la 4e section (105 hommes).
18 septembre. — Départ d'un détachement de subsistants de la 1re section pour rejoindre la section à Toulouse (375 hommes).
19 septembre. — Départ d'un détachement de subsistants pour rejoindre la 1re section à Toulouse (103 hommes).
1er octobre. — La section à Paris (2,079 hommes).
1er décembre. — Effectif : 2,446 hommes.
1er janvier 1871. — Effectif de la section à Paris : 1,752 hommes.
1er mars. — Le dépôt à Paris, officier d'administration Gley. (Effectif : 2,092 hommes) . . . . » 2092 »

3e SECTION — DÉPOT, LILLE

15 juillet. — Moindron, officier d'administration.
29 juillet. — Départ d'un détachement pour Metz (16 hommes).
30 juillet. — Départ d'un détachement pour Metz (100 hommes).
1er août. — Effectif de la section à l'armée du Rhin . . . . » 116 »
1er août. — Effectif du dépôt à Lille (169 hommes).
1er octobre. — Le dépôt est à l'effectif de 582 hommes.
1er novembre. — Effectif : 602 hommes.
19 novembre. — Départ d'un détachement pour Amiens . . » 60 »
1er décembre. — L'officier d'administration Cayrol prend le commandement de la section en remplacement de l'officier d'administration Moindron, appelé à d'autres fonctions.
9 décembre. — Départ d'un détachement pour Arras. . . . » 13 »
12 décembre. — Départ d'un détachement pour l'armée du Nord . . . . » 24 »
22 décembre. — Départ d'un détachement pour se rendre à Corbie, armée du Nord. . . . . » 21 »
1er janvier 1871. — Lille, 332 hommes; dans les places, 80 hommes; armée du Nord, 119 hommes.
10 janvier. — Départ d'un détachement pour Boileux où il est versé à l'armée du Nord (30 hommes) . . . . . . » 30 »
10 février. — Départ d'un détachement pour Saint-Omer. . » 15 »
1er mars 1871. — La section à Lille, officier d'administration Cayrol. Effectif, Lille 372 hommes ; Dunkerque, 53 hommes; Arras, 18 hommes; Saint-Omer, 10 hommes; Valenciennes, Douai, Cambrai, Calais, Maubeuge, Landrecies, 27 hommes ; armée du Nord, 182 hommes. Total, 662 hommes. . . . . » 182 »

4e SECTION — DÉPOT, VERSAILLES

	Offic.	Troupe.	Chev.

15 juillet 1870. — Bourdin, officier d'administration.

18 juillet. — Départ d'un détachement pour Metz (149 hommes).

19 juillet. — Départ d'un détachement de Versailles pour Metz où il arrive le même jour (160 hommes).

19 juillet. — La portion centrale quitte Versailles pour se rendre au camp de Châlons où elle arrive le même jour.

1er août. — Effectif de la section à l'armée du Rhin. . . . » 309 »

1er août. — La section au camp de Châlons, officier d'administration Heffner, nommé en remplacement de l'officier d'administration Bourdin appelé à d'autres fonctions. (Effectif : 1 officier, 280 hommes).

23 août. — La section quitte le camp de Châlons et se retire sur Paris (1 officier, 340 hommes).

1er septembre. — Effectif de la section à Paris (1 officier, 344 hommes); aux différents corps d'armées (655 hommes. » 655 »

15 septembre. — La section quitte Paris pour se rendre à Tours où elle arrive le 16.

1er octobre. — Effectif à Tours (156 hommes); aux différents corps (964 hommes).

1er novembre. — La section quitte Tours pour se rendre à Mauzé (Deux-Sèvres). Effectif du dépôt (226 hommes); dans les corps d'armées de provinces (299 hommes) . . » 299 »

22 novembre. — Le dépôt reçoit un détachement venant de la 9e section (182 hommes).

28 novembre. — Le dépôt reçoit un détachement de la 9e section venant de Toulouse (40 hommes).

1er décembre. — Le dépôt à Mauzé (124 hommes); aux différents corps depuis le commencement de la campagne (1,343 hommes).

1er décembre. — Départ pour l'armée de la Loire d'un détachement de 80 hommes. . . . . » 80 »

1er janvier 1871. — Le dépôt à Mauzé. Adjudant d'administration Prêtre commandant la section. (Effectif : 1 officier, 233 hommes.)

6 janvier. — Départ d'un détachement pour l'armée. . . . » 172 »

1er février. — Départ d'un détachement pour rejoindre le 25e corps d'armée (100 hommes). . . . . » 100 »

10 février. — Départ d'un détachement pour l'armée . . . . » 100 »

24 février. — Départ d'un détachement pour se rendre à Guéret (26e corps). . . . . » 100 »

1er mars 1871. — Le dépôt à Mauzé (Deux-Sèvres), adjudant

	Offic.	Troupe.	Chev.

d'administration Prêtre. (Effectif : 1 officier, 154 hommes); aux armées du Rhin, de Paris et de province (2,385 hommes). . . . . » » »

5ᵉ SECTION — DÉPOT, MARSEILLE

15 juillet 1870. — Teriggi, officier d'administration.

1ᵉʳ août. — Effectif de la section à Marseille (182 hommes); au camp de Châlons (20 hommes).

5 août. — Départ d'un détachement pour Metz . . . . . . » 87 »

23 août. — Un détachement part pour Paris . . . . » 29 »

1ᵉʳ septembre. — Le dépôt à Marseille comprend 1 officier, 290 hommes.

1ᵉʳ octobre. — Effectif de la portion centrale (1 officier, 485 hommes).

1ᵉʳ novembre. — Effectif du dépôt (1 officier, 473 hommes).

16 novembre. — L'officier d'administration Teriggi est appelé à d'autres fonctions, il est remplacé par l'officier d'administration de Saint-Victor.

24 novembre. — Départ d'un détachement pour Mer (Loir-et-Cher), où il est versé à la 4ᵉ section. . . . . » 46 »

28 novembre. — Départ d'un détachement de Marseille pour être versé à la 7ᵉ section à Lyon (150 hommes) . . » 150 »

1ᵉʳ décembre. — Effectif du dépôt (194 hommes).

1ᵉʳ janvier 1871. — Dépôt (1 officier, 390 hommes).

6 janvier. — Départ d'un détachement pour rejoindre l'armée de la Loire. . . . . » 75 »

1ᵉʳ mars 1871. — Le dépôt à Marseille, officier d'administration de Saint-Victor. (Effectif : 361 hommes.)

6ᵉ SECTION — DÉPOT, METZ

15 juillet 1870. — Williame, officier d'administration.

19 juillet. — Un détachement de la section quitte le camp de Châlons pour se rendre à Saint-Avold (50 hommes).

20 juillet. — Un détachement quitte le camp de Châlons pour Metz (36 hommes).

1ᵉʳ août. — La section à Metz, officier d'administration Williame. Effectif (110 hommes) . . . . » 110 »

11 août. — Le détachement de Lunéville rejoint le quartier général du 1ᵉʳ corps (9 hommes). . . . . » 9 »

1ᵉʳ septembre. — Effectif de la section (493 hommes).

28 octobre. — Effectif de la section (1 officier, 758 hommes). 1 758 »

29 octobre. — Capitulation de Metz. La section est prisonnière de guerre.

7ᵉ SECTION — DÉPOT, LYON

	Offic.	Troupe.	Chev.
15 juillet 1870. — Sénelar, officier d'administration.			
16 juillet. — Un détachement au camp de Sathonay (42 hommes).			
28 juillet. — Départ d'un détachement pour le camp de Châlons (32 hommes). (Versé à la 9ᵉ section).			
29 juillet. — Départ d'un détachement pour Metz (138 hommes). (Versé à la 9ᵉ section).			
1ᵉʳ août. — Effectif de la section à l'armée du Rhin.	»	170	»
1ᵉʳ août. — Le dépôt à Lyon. (Effectif : 1 officier, 162 hommes).			
23 août. — Arrive au dépôt un détachement venant de Civita-Vecchia (65 hommes).			
1ᵉʳ septembre. — Effectif du dépôt (1 officier, 709 hommes).			
30 septembre. — Départ d'un détachement pour Besançon (12 hommes)	»	12	»
1ᵉʳ octobre. — Lyon, 934 hommes ; camp de Sathonay, 42 hommes ; Paris, 46 hommes ; Auxonne, 30 hommes.	»	76	»
9 octobre. — Départ d'un détachement pour Besançon (10 hommes)	»	10	»
25 octobre. — Départ de deux détachements pour Besançon (40 hommes) et Auxonne (24 hommes).	»	64	»
30 octobre. — Départ pour l'armée des Vosges à Autun d'un détachement de 28 hommes	»	28	»
2 novembre. — Départ d'un détachement pour Besançon (28 hommes)	»	28	»
22 novembre. — Départ d'un détachement pour Gien, armée de la Loire (50 hommes)	»	50	»
9 décembre. — Départ d'un détachement pour Autun, armée des Vosges (30 hommes)	»	30	»
20 décembre. — Départ d'un détachement pour l'armée de l'Est à Chagny (94 hommes)	»	94	»
27 décembre. — Départ d'un détachement pour Besançon (20 hommes).	»	20	»
28 décembre. — Départ d'un détachement pour Beaune (Côte-d'Or). Division Cremer (30 hommes).	»	30	»
1ᵉʳ janvier 1871. — Le dépôt à Lyon, 878 hommes ; Besançon, 57 hommes ; Auxonne, 24 hommes ; Autun, 28 hommes ; Chambéry, 32 hommes ; Annecy, 29 hommes. Armée de l'Est (220 hommes)	»	220	»
3 janvier. — Départ d'un détachement pour Besançon (20 hommes)	»	20	»
13 janvier. — Départ de deux détachements : pour Besançon (15 hommes) et pour Dijon (6 hommes)	»	21	»

	Offic.	Troupe.	Chev.

29 janvier. — Départ d'un détachement pour Lons-le-Saunier (25 hommes).

1er février. — Le dépôt compte 1 officier, 1,090 hommes.

22 février. — Départ d'un détachement pour Chambéry (163 hommes). . . . . » 163 »

24 février. — Départ d'un détachement pour Chambéry (17 hommes). . . . . » 17 »

1er mars 1871. — Le dépôt à Lyon, officier d'administration Sénelar. (Effectif : 1 officier, 1,010 hommes). Dans les différents détachements (618 hommes).

8e SECTION — DÉPOT, STRASBOURG

15 juillet 1870. — De Saint-Victor, officier d'administration.

19 juillet. — Le détachement au camp de Châlons part pour rejoindre son dépôt à Strasbourg (19 hommes).

1er août. — La section à Strasbourg, officier d'administration de Saint-Victor. (Effectif : 180 hommes). . . . . . 1 180 »

1er septembre. — Effectif de la section (124 hommes).

28 septembre. — Capitulation de Strasbourg. La section est prisonnière de guerre.

9e SECTION — DÉPOT, TOULOUSE

15 juillet 1870. — Lodes, officier d'administration.

25 juillet. — Départ de Toulouse de la portion active de la section pour Metz où elle arrive le 27 (121 hommes).

28 juillet. — Départ d'un détachement pour Metz (27 hommes). . . . . » 27 »

1er août. — Effectif de la section à l'armée du Rhin. . . . » 148 »

1er août. — Effectif de la portion centrale (1 officier, 238 hommes).

17 août. — Départ d'un détachement pour le camp de Châlons (12 hommes). . . . . » 12 »

30 août. — Départ d'un détachement pour Paris (54 hommes). . . . . » 54 »

1er septembre. — Départ d'un détachement pour Paris (54 hommes). . . . . » 54 »

3 septembre. — Départ d'un détachement pour Paris (59 hommes). . . . . » 59 »

4 septembre. — Départ d'un détachement pour Paris (62 hommes). . . . . » 62 »

5 septembre. — Départ d'un détachement pour Paris (59 hommes). . . . . » 59 »

	Offic.	Troupe.	Chev.

8 octobre. — Le détachement du camp de Lannemezan rejoint la portion centrale à Toulouse.

9 octobre. — Départ d'un détachement pour La Rochelle (10 hommes)........................... » 10 »

9 octobre. — Départ d'un détachement pour Bordeaux (23 hommes)........................... » 23 »

23 octobre. — Le dépôt verse un détachement à la 4ᵉ section à Tours (182 hommes)................ » 182 »

29 octobre. — La portion active de la section est faite prisonnière de guerre à la capitulation de Metz.

8 novembre. — Un détachement part pour Perpignan (150 hommes).

22 novembre. — Le dépôt verse à la 4ᵉ section à Tours un détachement de (30 hommes)............. » 30 »

22 novembre. — Le dépôt compte 599 hommes; détachés 86 hommes.

28 novembre. — Un détachement quitte Toulouse pour être versé à Tours à la 4ᵉ section (40 hommes) ...... » 40 »

23 décembre. — Départ d'un détachement pour le Havre .. » 40 »

1ᵉʳ janvier 1871. — Effectif du dépôt à Toulouse (200 hommes).

7 janvier. — Départ d'un détachement pour Carentan... » 50 »

7 janvier. — Départ d'un détachement pour Bourges ... » 50 »

23 janvier. — Un détachement est versé à la 7ᵉ section à Lyon (38 hommes)......................... » 38 »

24 janvier. — Un détachement part pour Cherbourg (50 hommes).............................. » 50 »

28 janvier. — Un détachement part pour Poitiers (39 hommes).............................. » 39 »

1ᵉʳ mars 1871. — Le dépôt à Toulouse, officier d'administration Lodes. (Effectif : 228 hommes.)

10ᵉ SECTION — DÉPOT, ORAN

15 juillet 1870. — Mondielli, officier d'administration.

1ᵉʳ août. — La section à Oran. (Effectif : 1 officier, 344 hommes.)

6 août. — Départ d'un détachement pour la France (47 hommes).............................. » 47 »

10 août. — Départ d'un détachement pour l'armée du Rhin; arrive au camp de Châlons le 15 (80 hommes)...... » 80 »

1ᵉʳ septembre. — Un détachement est versé à la garde impériale (53 hommes)....................... » 53 »

1ᵉʳ octobre. — La section à Oran (424 hommes).

12 octobre. — L'officier d'administration Arnaud prend le

commandement de la section en remplacement de l'officier d'administration Mondielli appelé à d'autres fonctions.

1er novembre. — Effectif de la section : 1 officier, 483 hommes.

1er janvier 1871. — La section à Oran. (Effectif : 1 officier, 502 hommes.)

1er mars 1871. — Le dépôt à Oran, officier d'administration Arnaud. (Effectif : 500 hommes ; à l'armée 47 hommes.) . . . . » 47 »

11e SECTION — DÉPOT CONSTANTINE

15 juillet 1870. — Lebeau-Codron, officier d'administration.

1er août. — L'officier d'administration Calendiné remplace l'officier d'administration Lebeau-Codron, appelé à d'autres fonctions.

1er août. — Le dépôt à Constantine avec des détachements dans les différentes places de la province. (Effectif : 239 hommes.)

22 août. — Départ d'un détachement pour la France où il est versé à la 9e section à Toulouse (32 hommes). . . . . » 32 »

23 août. — Un détachement s'embarque à Philippeville pour se rendre à Toulouse où il est versé à la 9e section (46 hommes). . . . . » 46 »

31 août. — Départ d'un détachement de Philippeville pour se rendre à Paris (32 hommes) . . . . » 32 »

1er septembre. — Départ d'un détachement de Philippeville pour Paris (40 hommes). . . . . » 40 »

1er septembre. — Dépôt Constantine. (Effectif : 247 hommes).

1er octobre. — Le dépôt quitte Constantine pour se rendre à Philippeville (1 officier, 355 hommes).

1er novembre. — L'officier d'administration Lebeau-Codron reprend le commandement de la section.

1er décembre. — Effectif de la section à Philippeville (401 hommes).

14 décembre. — Départ d'un détachement de Philippeville pour se rendre à l'armée de la Loire (113 hommes) . . . » 113 »

24 décembre. — Départ d'un détachement de Philippeville pour rejoindre la 4e section à l'armée de la Loire (33 hommes) . . . . » 33 »

1er janvier 1871. — Effectif de la section (249 hommes).

1er février. — L'officier d'administration Magnin prend le commandement de la section.

1er mars 1871. — Le dépôt de la section à Philippeville,

officier d'administration Polin. Effectif: Constantine, 91 hommes ; Philippeville, 20 hommes ; Bône, 22 hommes ; Guelma, 6 hommes; Batna, 20 hommes; Biskra, 8 hommes; Sétif, 27 hommes ; Bougie, 13 hommes ; Bousaada, 13 hommes ; colonne de Kabylie, 11 hommes. Total, 232 hommes.

12e SECTION — DÉPOT ALGER

	Offic.	Troupe.	Chev.
15 juillet 1870. — Belgingue, officier d'administration.			
1er août. — La section à Alger. (Effectif : 1 officier, 387 hommes.)			
2 août. — Départ d'un détachement d'Alger pour rejoindre l'armée du Rhin (120 hommes)	»	120	»
6 août. — Départ d'Alger d'un détachement pour l'armée du Rhin (7e corps) (30 hommes).	»	30	»
9 août. — Départ d'Alger d'un détachement pour Toulon d'où il doit rejoindre à Belfort le 7e corps (32 hommes).	»	32	»
1er septembre. — La section à Alger. (Effectif : 461 hommes.)			
1er octobre. — Effectif de la section (748 hommes) à Alger et dans les places de la province.			
1er octobre. — L'officier d'administration Dumain prend le commandement de la section en remplacement de l'officier d'administration Belgingue.			
1er novembre. — Dépôt à Alger (903 hommes).			
29 novembre. — Embarquement à Alger d'un détachement pour rejoindre à Tours la 4e section (40 hommes).	»	40	»
3 décembre. — Départ d'un détachement pour rejoindre la 5e section à Marseille (80 hommes)	»	80	»
1er janvier 1871. — Effectif de la section (494 hommes).			
1er février. — Départ d'Alger d'un détachement pour l'armée de la Loire (60 hommes).	»	60	»
1er mars 1871. — Effectif : 1 officier, 450 hommes.			

13e SECTION — DÉPOT PARIS

	Offic.	Troupe.	Chev.
15 juillet 1870. — Arrigas, officier d'administration.			
18 juillet. — Départ d'un détachement pour l'armée du Rhin à Metz (35 hommes).	»	35	»
18 juillet. — Départ de Lyon d'un détachement pour Metz (25 hommes).	»	25	»
23 juillet. — Départ de Paris et du camp de Châlons d'un détachement pour Metz (60 hommes).	»	60	»
1er août. — La section à Paris, 187 hommes; des détachements à Alger, 51 hommes à Philippeville, 13 hommes;			

	Offic.	Troupe.	Chev.

à Oran, 15 hommes ; à Lyon, 37 hommes ; au camp de Châlons, 101 hommes.

1er août. — Effectif de la section à l'armée du Rhin. . . . » 120 »

20 août. — Le détachement d'Italie s'embarque à Civita-Vecchia pour rentrer en France (11 hommes).

1er septembre. — Le dépôt à Paris (553 hommes).

21 octobre. — Effectif du dépôt (561 hommes). . . . . . » 561 »

22 octobre. — La section prend part au siège de Paris.

1er janvier 1871. — Effectif de la section (574 hommes).

1er mars. — La section à Paris, officier d'administration Arrigas. (Effectif : 1 officier, 593 hommes.)

Corps des équipages militaires

CHAPITRE II

I. — TRAIN DES ÉQUIPAGES

1er RÉGIMENT — DÉPOT

15 juillet 1870. — Giblat, major, Vernon.

19 juillet. — Le cadre de la 16e compagnie quitte Paris pour se rendre à Vernon où il arrive le 21.

21 juillet. — La 2e compagnie s'embarque à Philippeville, débarque à Toulon, part pour Metz où elle arrive le 1er août. Capitaine Dumail (3 officiers, 360 hommes, 300 mulets), 4e corps.

28 juillet. — La 6e compagnie s'embarque à Philippeville, débarque à Toulon le 1er août et arrive à Metz le 4. Capitaine Verchier (4 officiers, 356 hommes, 300 mulets). Grand quartier général.

28 juillet. — Les 13e et 14e compagnies quittent Paris pour se rendre à Strasbourg où elles arrivent le 29, capitaines Marsaint et Jennat (6 officiers, 438 hommes, 332 chevaux), 1er corps.

1er août. — Départ de Paris des 1re et 10e compagnies pour Metz où elles arrivent le 2, capitaines Béjot et Patureau (6 officiers, 358 hommes, 378 chevaux), 3e corps.

1er août. — Effectif des unités à l'armée du Rhin 18 940 1064

1er août. — La portion du corps en Algérie comprend 28 officiers, 901 hommes, 637 chevaux. Le dépôt à Vernon

	Offic.	Troupe.	Chev.

est à l'effectif de 39 officiers, 3,462 hommes, 1,807 chevaux.

4 août. — Départ de la 11e compagnie de Vernon pour rejoindre à Belfort le 7e corps. Capitaine Tranchier...   4   201   268

5 août. — Départ de la 12e compagnie de Vernon pour Strasbourg où elle arrive le 6. Capitaine Lavergne, 1er corps   4   201   268

9 août. — Départ de la 15e compagnie de Vernon pour se rendre à Metz où elle arrive le 10. Capitaine Girard. Grand quartier général, armée du Rhin.......   4   154   246

15 août. — Départ de la 16e compagnie de Vernon pour se rendre à Paris. Lieutenant Pellegrin........   2   205   268

23 août. — Décision impériale créant dans chaque régiment du train 8 compagnies provisoires.

1er septembre. — Formation des 17e et 18e compagnies à Vernon.

7 septembre. — Départ pour Paris des 17e et 18e compagnies. Capitaine Dulcy et lieutenant Pagot..........   6   382   319

7 septembre. — Création d'un cadre de dépôt. Capitaine Chevillot.

8 septembre. — Les 11e, 12e, 13e et 14e compagnies qui étaient à Sedan sont neutralisées ; elles quittent Sedan le 15 et sont dirigées sur Mézières, puis elles partent pour Lyon où elles arrivent le 22.

10 et 11 septembre. — Le dépôt quitte Vernon en deux colonnes pour se rendre à Lyon où il arrive les 3 et 4 octobre (18 officiers, 2,410 hommes, 1,715 chevaux).

14 septembre. — Formation à Vernon de la 19e compagnie.

15 septembre. — Départ de la 19e compagnies pour se rendre à Tours à l'armée de la Loire. Lieutenant Donnadieu, 15e corps................................   3   160   224

24 septembre. — Formation à Tours de la 20e compagnie.

25 septembre. — La 3e compagnie s'embarque à Bône, débarque à Toulon et part pour Lyon où elle arrive le 27, capitaine Imbert (3 officiers, 302 hommes, 263 chevaux).

27 septembre. — La 4e compagnie s'embarque à Bône, débarque à Marseille le 1er octobre et arrive à Lyon le 4 (4 officiers, 197 hommes, 7 chevaux). Capitaine Galabert.

9 octobre. — Reconstitution des 11e, 12e, 13e et 14e compagnies à Lyon, capitaines Joanabat, Margantin, Pescz et Jenat (11 officiers, 708 hommes, 765 chevaux).

15 octobre. — Formation des 21e, 22e, 23e compagnies à Lyon. Lieutenants Goupil, Calvignac et Jacob.

19 octobre. — Les 8e et 9e compagnies s'embarquent à

	Offic.	Troupe.	Chev.

Stora pour rentrer en France, elles arrivent à Lyon le 22. Capitaines Bardes et d'Aubenas.

26 octobre — La 5ᵉ compagnie s'embarque à Philippeville pour se rendre à Lyon. Capitaine Sapet.

28 octobre. — La 20ᵉ compagnie part de Tours pour rejoindre le 16ᵉ corps. Lieutenant Achbascher 3   175   236

29 octobre. — La 7ᵉ compagnie s'embarque à Stora pour se rendre à Lyon où elle arrive le 2 novembre. Capitaine Tranchier.

2 novembre. — Formation à Lyon de la 24ᵉ compagnie. Lieutenant Souvay.

2 novembre. — Réorganisation à Lyon des 3ᵉ et 4ᵉ compagnies.

7 novembre. — Réorganisation des 5ᵉ et 11ᶜ compagnies.

22 novembre. — Départ de la 8ᵉ compagnie pour rejoindre l'armée de la Loire. Capitaine Bardes. 4   336   256

28 novembre. — La 5ᵉ compagnie quitte Lyon pour se rendre au 18ᵉ corps. Capitaine Sapet 4   229   200

29 novembre. — Départ de la 4ᵉ compagnie pour rejoindre le 17ᵉ corps. Capitaine Galabert 3   242   232

29 novembre. — Le major Giblat est nommé lieutenant-colonel. Il est remplacé le même jour par le capitaine Castaing, nommé major au corps.

29 novembre. — Création de groupes de surveillance dans les corps d'armée.

16 décembre. — Formation des 1ᵉʳ et 10ᵉ groupes.

16 décembre. — Les 1ᵉʳ et 10ᵉ groupes partent de Lyon, le 1ᵉʳ pour rejoindre à Besançon le 24ᵉ corps. Lieutenant Pochon, le 10ᵉ pour rejoindre la 2ᵉ division du 15ᵉ corps   3   52   52

17 décembre. — Départ de la 7ᵉ compagnie pour rejoindre le 21ᵉ corps. Capitaine Tranchier 3   286   208

20 décembre. — Réorganisation de la 13ᶜ compagnie, elle est versée au 24ᵉ corps à Lyon. Lieutenant Jouanès. 1   97   154

21 décembre. — Les 21ᵉ, 22ᵉ, 23ᵉ et 24ᵉ compagnies sont dissoutes par suite de la nécessité d'employer les officiers faisant partie desdites compagnies à former douze groupes de surveillance pour les 15ᵉ et 16ᵉ corps.

26 décembre. — Formation du 2ᵉ groupe de surveillance. Lieutenant Strauch, 24ᵉ corps, 3ᵉ division 1   41   50

29 décembre. — Formation des 3ᵉ, 4ᵉ, 5ᵉ, 6ᵉ, 7ᵉ, 8ᵉ, 9ᵉ, 11ᵉ, 12ᵉ, 13ᵉ et 14ᵉ groupes de surveillance. Lieutenants Calvignac, Poulain, Bruguière du Cayla, Stéfani, Souvay, Goupil, Dupont, Pringet, Delatte, Ricard et sous-lieutenant Bécot. Ces 11 groupes partent le même jour pour rejoindre les 15ᵉ et 16ᵉ corps. Effectif. 13   276   278

	Offic.	Troupe.	Chev.

1er janvier 1871. — La 20e compagnie passe au 21e corps.

15 janvier. — Formation du 15e groupe de surveillance. Il part le même jour pour rejoindre le 25e corps. Lieutenant Duclaux. 2   25   25

20 janvier. — Formation et départ des 16e et 17e groupes pour rejoindre le 25e corps. Sous-lieutenants Scharff et Cassagne 2   48   48

23 janvier. — Formation et départ du 18e groupe pour rejoindre la 3e division du 25e corps. Sous-lieutenant Picard 1   22   23

24 janvier. — Départ de la 9e compagnie pour rejoindre le 25e corps. Capitaine Barbé 3   328   240

24 janvier. — Le 7e groupe est reconstitué à Vitré, il est attaché au grand parc de la 2e armée de la Loire.

21 février. — Reconstitution de la 19e compagnie à Lyon, elle est désignée pour faire partie du 24e corps de 2e formation à Chambéry.

1er mars 1871. — Le dépôt comprend la 8e compagnie, capitaine Imbert; la compagnie de dépôt, Jacob capitaine, et le peloton hors-rang. (Effectif : 23 officiers, 754 hommes, 603 chevaux.)

2e RÉGIMENT — DÉPOT

15 juillet 1870. — Fuinel, major, Alger.

18 juillet. — Ordre de faire rentrer 3 compagnies légères.

20 juillet. — La 2e compagnie s'embarque à Alger pour rejoindre l'armée du Rhin, débarque à Toulon le 23 et part pour Metz le 24. Capitaine Noyon.

21 juillet. — La 4e compagnie s'embarque à Alger pour faire partie de l'armée du Rhin. Elle débarque à Toulon le 24, part pour Metz le 28 et arrive dans cette place le 3 août. Capitaine Bonnet.

28 juillet. — La 14e compagnie s'embarque à Mers-el-Kebir pour l'armée du Rhin. Elle débarque à Toulon le 1er août et part pour rejoindre Metz. Capitaine Bugros de la Chaltière.

28 juillet. — La 6e compagnie part d'Alger pour se rendre à Paris. En débarquant à Marseille elle reçoit l'ordre de se rendre à Valence. Capitaine Huet.

30 juillet. — La 5e compagnie quitte Alger pour se rendre en France. En débarquant à Marseille elle reçoit l'ordre de se rendre à Valence. Capitaine Briois.

1er août. — Effectif du corps à l'armée du Rhin. 12   970   1017

1er août. — Le dépôt comprend l'état-major, les 1er, 3e, 7e, 8e

	Offic.	Troupe.	Chev.

compagnies et peloton hors-rang à Alger, capitaines des compagnies Lacombe, Artopœus, Rasigade et Marié. Les 9ᵉ, 10ᵉ, 11ᵉ, 12ᵉ, 13ᵉ, 15ᵉ et 16ᵉ compagnies (9ᵉ à Sidi-Bel-Abbès ; 10ᵉ, 11ᵉ, 12ᵉ, Oran ; 13ᵉ, 15ᵉ, Mascara ; 16ᵉ Tlemcen). Capitaines des compagnies, Delval, Combalot, Mestre, Oury, Guémard, Vallée et Grandjean. (Effectif : 73 officiers, 2,521 hommes, 1,768 chevaux et mulets.)

6 août. — La 13ᵉ compagnie s'embarque à Mers-el-Kebir pour se rendre au camp de Châlons. Capitaine Guémard. — 4 | 222 | 339

23 août. — Décision impériale créant dans les régiments du train 8 compagnies provisoires.

24 août. — Création à Metz d'une compagnie auxiliaire au titre du 2ᵉ régiment. Sous-lieutenant Laurent.

1ᵉʳ septembre. — Formation à Alger des 17ᵉ et 18ᵉ compagnies.

3 septembre. — Départ de la 12ᵉ compagnie pour la France. Elle s'embarque à Mers-el-Kebir et débarque à Marseille le 5 d'où elle est dirigée sur Bourges. Capitaine Rigollot. — 4 | 222 | 339

7 septembre. — Création d'un cadre de dépôt. Capitaine Dru.

10 septembre. — Les 5ᵉ et 6ᵉ compagnies quittent Valence pour se rendre à Paris où elles arrivent le 11. Capitaines Briois et Huet . . . . 8 | 685 | 408

10 septembre. — La 13ᵉ compagnie qui était à Sedan est neutralisée. Elle est dirigée sur Aix où elle arrive le 26.

15 septembre. — Départ de la 13ᵉ compagnie d'Aix pour se rendre à Valence.

16 septembre. — Formation à Alger des 19ᵉ, 20ᵉ et 21ᵉ compagnies.

21 septembre. — La 12ᵉ compagnie quitte Bourges pour rejoindre le 15ᵉ corps. Capitaine Rigollot . . . . 4 | 367 | 339

1ᵉʳ octobre. — Les 17ᵉ, 18ᵉ, 19ᵉ, 20ᵉ et 21ᵉ compagnies sont dirigées d'Alger sur la province de Constantine pour remplacer les compagnies du 1ᵉʳ régiment rappelées en France (17ᵉ, Philippeville ; 18ᵉ, Bône ; 19ᵉ, Batna ; 20ᵉ, Constantine ; 21ᵉ, Sétif). Lieutenants des compagnies Clapier, Semidei, Guefferi, Lombardi et Flament. (Effectif : 12 officiers, 748 hommes, 932 chevaux et mulets.)

26 octobre. — La 13ᵉ compagnie est reformée à Valence. Elle part pour Châteauroux où elle arrive le 3 novembre, elle est attachée au 16ᵉ corps. Capitaine Guémard . . . . 4 | 270 | 339

27 octobre. — Formation à Alger des 22ᵉ, 23ᵉ et 24ᵉ compagnies. Lieutenants Cambillet, Lecointe et Dupinet.

29 novembre. — Le major Fuinel est nommé lieutenant-colonel. Il est remplacé par le chef d'escadron Michel. Le capitaine Imbert nommé major n'ayant pas rejoint.

			Offic.	Troupe.	Chev.

1er décembre. — Le dépôt comprend l'état-major, 1re, 3e, 7e, 8e, 9e, 10e, 11e, 15e, 16e, 17e, 18e, 19e, 20e, 21e, 22e, 23e, 24e compagnies, compagnie de dépôt et peloton hors-rang. (Province d'Alger, 1re, 3e, 7e, 8e, 9e, 16e, 22e, 23e, 24e et dépôt; province d'Oran, 10e, 11e, 15e compagnies; province de Constantine, 17e, 18e, 19e, 20e, 21e compagnies). Capitaines commandants les compagnies Lacombe, Artopœus, Rasigade, Marié, sous-lieutenant Ratrier, capitaines Combalot, Mestre, Vallée, Grandjean, lieutenants Clapier, Semidei, Giafferi, Pelletier, Flament, Cambillet, Lecointe, Dupinet et capitaine Dru. (Effectif : 70 officiers, 3,757 hommes, 2,557 chevaux et mulets.)

21 décembre. — Création à Alger, Oran et Constantine de 12 groupes de surveillance.

1er janvier 1871. — Les 1er, 4e, 5e, 6e, 7e, 8e, 9e, 10e, 11e, 12e groupes s'embarquent pour la France où ils sont dirigés sur les 20e et 18e corps. Capitaines commandants, Dupinet, Lemoussu, Diani, Rocheray, Semidei, Flament, Giafferi, Pelletier, Clapier et Plisson. (Effectif : 28 officiers, 230 hommes, 235 chevaux.) 28 230 235

2 janvier. — Départ d'Alger des 2e et 3e groupes pour rejoindre le 20e et le 24e corps. Capitaines Michard et Philippe. (Effectif : 4 officiers, 46 hommes, 48 chevaux) . . 4 46 48

30 janvier. — La 8e compagnie s'embarque à Alger, débarque à Marseille le 2 février et reçoit l'ordre de se rendre à Toulouse où elle doit faire partie du 26e corps. Capitaine Marié 2 228 215

12 février. — La 12e compagnie qui était entrée en Suisse est neutralisée et arrive à Lyon. Elle est réorganisée et part le 28 pour Chambéry où elle est attachée au 24e corps de deuxième formation. Capitaine Rigollot 5 367 39

1er mars 1871. — Le dépôt comprend l'état-major, les 1re, 3e, 7e, 9e, 10e, 11e, 15e, 16e, 17e, 18e, 19e, 20e, 21e, 22e, 23e, 24e compagnies, dépôt et peloton hors-rang (1re, 3e, Alger, 7e fort Napoléon, 9e Alger, 10, 11e Oran, 15e Mascara, 16e Alger, 17e Philippeville, 18e Bône, 19e Batna, 20e Constantine, 21e Sétif, 22e, 23e, 24e et dépôt Alger). (Effectif : 59 officiers, 3,293 hommes, 1,695 chevaux.)

3e RÉGIMENT — DÉPOT

15 juillet 1870. — Biérent, major, Châteauroux.

17 juillet. — Départ de la 1re compagnie de Lunel pour se rendre à Lyon où elle arrive le 28. Capitaine Maury.

	Offic.	Troupe.	Chev.

17 juillet. — Départ de la 14ᵉ compagnie de Versailles pour se rendre au camp de Châlons. Capitaine Leroy.

18 juillet. — Départ d'un détachement de Châteauroux pour Metz où il arrive le 19 (85 hommes, 164 chevaux).

18 juillet. — La 3ᵉ compagnie quitte Metz pour se rendre à Thionville. Capitaine Chapuis.

18 juillet. — Les 4ᵉ, 5ᵉ et 6ᵉ compagnies quittent le camp de Châlons pour se rendre à Saint-Avold. Elles font partie du 2ᵉ corps. Capitaines Lespinois, Tiercelin et Castaing.

21 juillet. — Départ de la 13ᵉ compagnie pour se rendre à Pont-à-Mousson. Capitaine Duclos.

30 juillet. — Départ de la 10ᵉ compagnie de Châteauroux pour se rendre à Thionville où elle arrive le 31. Capitaine Halloin.

1ᵉʳ août. — Effectif du corps à l'armée du Rhin 44   1822   1873

1ᵉʳ août. — Le dépôt comprend l'état-major, 2ᵉ, 7ᵉ, 8ᵉ, 9ᵉ, 11ᵉ, 12ᵉ, 15ᵉ compagnies et peloton hors-rang (34 officiers, 3,109 hommes, 3,138 chevaux). Un détachement de la 2ᵉ compagnie à Rome (3 officiers, 159 hommes, 147 chevaux) et la 16ᵉ compagnie à Metz. Capitaine Dory.

2 août. — Départ de la 11ᵉ compagnie pour se rendre à Sarreguemines où elle est attachée au 5ᵉ corps. Capitaine Grospierre   4   200   259

2 août. — Départ de la 15ᵉ compagnie pour Thionville où elle est attachée au 4ᵉ corps. Capitaine Oudin   4   215   275

3 août. — Les 7ᵉ et 8ᵉ compagnies quittent Lyon pour se rendre à Sarreguemines où elles sont versées au 5ᵉ corps. Capitaines Maytié et Chantereau.

5 août. — La 1ʳᵉ compagnie quitte Lyon pour se rendre à Belfort où elle arrive le 6, elle est versée au 7ᵉ corps. Capitaine Maury   4   231   275

10 août. — Le détachement de la 2ᵉ compagnie quitte Civita-Vecchia pour se rendre à Marseille où il débarque le 11, lieutenant Comoy (2 officiers, 110 hommes, 120 chevaux). Ce détachement rejoint le dépôt à Châteauroux.

17 août. — Un détachement part de Châteauroux pour Paris (100 hommes, 372 chevaux). Ce détachement est versé à l'escadron du train de la garde.

17 août. — Départ de la 9ᵉ compagnie pour rejoindre le camp de Châlons. Capitaine Lallemand   5   200   258

18 août. — Départ de la 12ᵉ compagnie pour le camp de Châlons. Capitaine Caillot   4   212   268

23 août. — Décision impériale créant au régiment 8 compagnies provisoires.

30 août. — Formation de la 17ᵉ compagnie.

	Offic.	Troupe.	Chev.

1er septembre. — Formation de la 18e compagnie.

6 septembre. — Départ de la 2e compagnie pour Paris où elle arrive le 7. Capitaine Landais 4   224   260

9 septembre. — Départ des 17e et 18e compagnies pour Paris où elles arrivent le 10. Lieutenants Etievent et Bernot. . 6   324   418

10 septembre. — Formation de la compagnie de dépôt. Capitaine Moreigne.

11 septembre. — Formation des 19e et 20e compagnies.

15 septembre. — Les 1re, 9e, 11e, 12e, 14e et 15e compagnies prisonnières à Sedan sont neutralisées et rejoignent Châteauroux le 20.

22 septembre. — Réorganisation de la 11e compagnie.

26 septembre. — Réorganisation des 12e, 14e et 15e compagnies.

26 septembre. — La 12e compagnie quitte Châteauroux pour se rendre à La Châtre.

26 septembre. — La 14e compagnie part de Châteauroux pour se rendre à La Châtre.

1er octobre. — Réorganisation de la 1re compagnie.

5 octobre. — Départ de la 19e compagnie pour Bourges. Lieutenant Destrée 3   162   209

5 octobre. — Départ de la 11e compagnie pour Vierzon où elle est attachée au 15e corps. Capitaine Grospierre . . . 4   202   265

9 octobre. — Départ de la 20e compagnie pour Blois. Lieutenant Pearon 3   161   195

9 octobre. — La 14e compagnie quitte La Châtre pour rentrer à Châteauroux.

22 octobre. — Départ de la 14e compagnie pour Besançon où elle est attachée au 20e corps. Capitaine Leroy 4   212   342

26 octobre. — Réorganisation de la 9e compagnie.

1er novembre. — Départ de la 9e compagnie pour Bourges où elle est attachée au 16e corps. Capitaine Lallemand. . 5   210   258

7 novembre. — Départ de la 15e compagnie pour Tours. Capitaine Oudin. Cette compagnie est versée au 16e corps. . 4   214   275

10 novembre. — La 12e compagnie quitte La Châtre pour se rendre à Châteauroux.

19 novembre. — La 1re compagnie quitte Châteauroux pour se rendre à Tours. Lieutenant Casaurang, elle est attachée au parc du 17e corps. 3   161   237

25 novembre. — Départ de la 12e compagnie pour Nevers où elle est attachée au parc du 18e corps. Capitaine Caillot . 4   212   268

26 novembre. — Formation des 21e et 22e compagnies.

29 novembre. — Le major Biérent est nommé lieutenant colonel. Il est remplacé le même jour par le capitaine Parizot, nommé major au corps.

	Offic.	Troupe.	Chev.

7 décembre. — Départ de la 21ᵉ compagnie pour l'armée de la Loire 21ᵉ corps. Capitaine Darvaud 3   162   205

8 décembre. — Formation de la 23ᵉ compagnie.

12 décembre. — Départ du dépôt de Châteauroux pour Grisolle, Grenade et Toulouse.

15 décembre. — La 23ᵉ compagnie quitte Châteauroux pour se rendre à Cahors. Capitaine Bovier-Lapierre.

19 décembre. — Départ de la 22ᵉ compagnie pour le Mans où elle est attachée au parc du 16ᵉ corps. Lieutenant Langrand. 3   156   108

29 décembre. — Formation des 1ᵉʳ et 2ᵉ groupes de surveillance, lieutenants Vallée et Dupré. Ces deux groupes partent le même jour pour rejoindre l'armée de la Loire   4   50   58

23 janvier 1871. — Formation à Lille de la 15ᵉ compagnie *bis*, capitaine Chantereau. Cette compagnie était compagnie du train des équipages de l'armée du Nord 4   169   77

18 février. — Formation de la 24ᵉ compagnie.

19 février. — Départ de la 23ᵉ compagnie pour Poitiers, capitaine Bovier-Lapierre. Cette compagnie est attachée au grand quartier général de la 2ᵉ armée de la Loire. . . 7   259   114

1ᵉʳ mars 1871. — Le dépôt comprend la 24ᵉ compagnie, la compagnie de dépôt et le peloton hors-rang à Toulouse (28 officiers, 669 hommes, 334 chevaux).

    Un détachement du dépôt à Châteauroux (2 officiers, 89 hommes, 80 chevaux). Lieutenant Vallée.

II. — COMPAGNIES D'OUVRIERS CONSTRUCTEURS

1ʳᵉ COMPAGNIE — VERNON

15 juillet 1870. — Delabare, capitaine commandant.

1ᵉʳ août. — La compagnie à Vernon, capitaine Delabare (6 officiers, 243 hommes).

6 août. — Départ d'un détachement pour Belfort où il arrive le 7. Sous-lieutenant Hennequin. 1   28   4

6 août. — Départ d'un détachement pour Toul . . . . . »   12   »

6 août. — Départ d'un détachement pour Strasbourg. . . . 1   28   4

14 septembre. — La compagnie capitaine Delabare quitte Vernon pour se rendre à Châteauroux où elle arrive le 16 (4 officiers, 229 hommes).

Janvier 1871. — La compagnie quitte Châteauroux pour se rendre à Toulouse.

1ᵉʳ mars. — La compagnie à Toulouse. (Effectif : 2 officiers, 154 hommes ; un détachement à Châteauroux, 2 officiers, 14 hommes.)

2ᵉ COMPAGNIE — CHATEAUROUX

	Offic.	Troupe.	Chev.

15 juillet 1870. — Alexandre, capitaine **commandant**.

1ᵉʳ août. — La compagnie à Châteauroux, **capitaine** Alexandre (6 officiers, 133 hommes).

6 août. — Départ d'un détachement **pour Toul** où il arrive le 7. Lieutenant Lemonnier 1 28 4

6 août. — Départ d'un détachement **pour rejoindre le 4ᵉ corps** à Thionville, sous-lieutenant **Lemoine** 1 28 4

12 août. — Départ d'un détachement **de Lyon** pour se rendre à Châteauroux où il arrive le **18**. . . . . 1 6 »

1ᵉʳ novembre. — La compagnie à **Châteauroux**, capitaine Alexandre (3 officiers, 169 **hommes**).

janvier 1871. — La compagnie quitte **Châteauroux** pour se rendre à Toulouse.

1ᵉʳ mars. — La compagnie à Toulouse. (Effectif : 4 officiers 173 hommes.) Un détachement à l'armée de l'Est.

3ᵉ COMPAGNIE — VERNON

15 juillet 1870. — Cuvillier, capitaine **commandant**.

16 juillet. — Départ d'un détach**ement du camp** de Châlons pour Saint-Avold où il arrive le **17.** Sous-lieutenant Boucher. 1 14 1

1ᵉʳ août. — La compagnie à Vernon, **capitaine** Cuvillier (7 officiers, 186 hommes).

1ᵉʳ août. — Détachement de la **compagnie à** l'armée du Rhin 1 14 1

6 août. — Départ de Vernon de **quatre détachements** qui sont dirigés sur Toul où ils arrivent le **7**. Capitaine Moineau, sous-lieutenant Mosser et Person.

10 août. — Le détachement du capitaine Moineau rejoint Metz où il est attaché au grand **quartier général**. 2 55 7

14 août. — Le détachement du **sous-lieutenant** Mosser rejoint le camp de Châlons 1 39 1

16 août. — Le détachement du **sous-lieutenant** Person quitte Toul pour se rendre à Paris 1 23 1

14 septembre. — La compagnie capitaine Cuvillier quitte Vernon pour se rendre à Lyon où **elle arrive le** 29 (3 officiers, 120 hommes).

1ᵉʳ mars 1871. — La compagnie à **Lyon**. (Effectif : 5 officiers, 121 hommes).

4e COMPAGNIE — ALGER

	Offic.	Troupe.	Chev.

15 juillet 1870. — Paumier, capitaine commandant.

1er août. — La compagnie, capitaine Paumier, Alger, 2 officiers, 142 hommes ; Oran, lieutenant Delineau, 1 officier, 25 hommes ; Constantine, **Bataille**, capitaine, 1 officier, 24 hommes.

4 août. — Un détachement s'**embarque** à Alger et débarque à Marseille d'où il rejoint le **camp de Châlons**   1   40   4

1er mars 1871. — La compagnie à Alger, Oran et Constantine (3 officiers, 167 hommes).

SEPTIÈME PARTIE
Situation. — Effectifs

CHAPITRE PREMIER
I. — EFFECTIF DE L'ARMÉE AU 15 JUILLET 1870

DÉSIGNATION DES CORPS		Officiers	Troupe	Chevaux
Garde impériale		1.171	23.623	7.307
Infanterie	Infanterie de ligne	8.817	181.779	1.249
	Chasseurs à pied	623	13.691	46
	Zouaves	289	9.432	119
	Infanterie légère d'Afrique	64	3.074	22
	Disciplinaires	21	1.716	»
	Régiment étranger	117	2.457	39
	Tirailleurs algériens	431	10.098	180
	Sapeurs-pompiers	50	1.463	11
	Vétérans	4	108	»
	Total de l'infanterie	10.416	223.815	1.666
Cavalerie	Cuirassiers	519	6.720	6.319
	Dragons	611	8.206	7.480
	Lanciers	408	5.491	4.979
	Chasseurs	731	10.121	9.054
	Hussards	492	6.777	6.043
	Chasseurs d'Afrique	273	4.043	3.455
	Spahis	190	3.042	3.011
	Remonte	53	3.850	67
	Total de la cavalerie	3.277	48.250	40.405
Artillerie	Régiments	1.263	26.724	15.419
	Ouvriers	40	1.545	4
	Artificiers	21	605	»
	Train	152	2.391	1.618
	Total de l'artillerie	1.476	31.265	17.041
Génie	Régiments et Cie d'ouvriers	252	6.376	858
Administration	Commis aux écritures	»	624	»
	Infirmiers	»	5.495	»
	Ouvriers	»	3.650	»
	Total de l'administration	»	9.766	»
Train des équipages	Régiments et ouvriers	277	7.886	6.833
	TOTAUX	16.869 (1)	350.981 (2)	74.110

(1) Ce total ne comprend que les officiers de troupe.
(2) Non compris la gendarmerie.

EFFECTIF DE L'ARMÉE AU 1ᵉʳ AOUT 1870 (1)

DÉSIGNATION DES CORPS		Officiers	Troupe	Chevaux
Garde impériale	Infanterie	648	17.043	237
	Cavalerie	395	5.960	5.124
	Artillerie	98	2.277	2.091
	Train des équipages	34	577	711
	Total de la garde	1.175	25.857	8.133
Infanterie	Infanterie de ligne	8.980	282.056	2.254
	Chasseurs à pied	630	22.162	132
	Zouaves	289	9.999	119
	Infanterie légère d'Afrique	64	3.078	20
	Disciplinaires	20	1.754	»
	Régiment étranger	116	2.857	41
	Tirailleurs algériens	422	9.897	178
	Total de l'infanterie	10.521	331.803	2.744
Cavalerie	Cuirassiers	543	8.465	7.273
	Dragons	657	10.258	8.684
	Lanciers	434	6.891	5.894
	Chasseurs	776	12.319	10.358
	Hussards	508	8.577	7.044
	Chasseurs d'Afrique	279	4.306	3.417
	Spahis	191	3.211	3.079
	Remonte	53	3.850	67
	Total de la cavalerie	3.441	57.877	45.816
Artillerie	Régiments	1.269	44.363	25.260
	Ouvriers	41	2.136	4
	Artificiers	20	675	»
	Train	160	7.108	8.649
	Total de l'artillerie	1.490	54.282	33.913
Génie	Régiments et ouvriers	262	10.615	1.364
Administration	Section de commis aux écritures	»	670	»
	Infirmiers	»	6.162	»
	Ouvriers	»	5.091	»
	Total de l'administration	»	11.923	»
Train des équipages	Régiments et ouvriers	280	14.601	11.428
	TOTAUX	17.169	506.958	103.398

(1) Non compris les états-majors, l'intendance, les officiers hors cadres et la gendarmerie.

EFFECTIF DE L'ARMÉE ACTIVE AU 1ᵉʳ SEPTEMBRE 1870

DÉSIGNATION DES CORPS		Officiers	Troupe	Chevaux
Etats-Majors	Etat-Major Général	1.069	»	»
	— des Places	341	306	»
	— Particulier de l'Artillerie	327	1.000	»
	— Particulier du Génie	470	573	»
	— des Equipages militaires	19	50	»
	— de l'Intendance	312	»	»
	Interprète des Armées	90	»	»
	Total des Etats-Majors	2.628	1.929	»
Garde Impériale	Infanterie	663	19.103	244
	Cavalerie	398	7.015	5.687
	Artillerie	102	2.779	2.220
	Train des Equipages	38	1.732	2.065
	Total de la Garde Impériale	1.201	30.629	10.216
Infanterie	Infanterie de ligne	9.489	405.829	2.616
	Chasseurs à pied	525	32.095	136
	Zouaves	303	18.549	120
	Infanterie légère d'Afrique	66	3.420	20
	Disciplinaires	21	1.814	»
	Régiment étranger	125	3.414	41
	Tirailleurs Algériens	441	11.222	179
	Total de l'Infanterie	10.970	476.343	3.112
Cavalerie	Cuirassiers	505	10.681	7.917
	Dragons	618	12.311	9.168
	Lanciers	443	8.612	6.472
	Chasseurs	729	14.163	10.533
	Hussards	521	11.660	7.384
	Chasseurs d'Afrique	286	5.487	3.632
	Spahis	193	3.349	3.216
	Remonte	53	4.493	68
	Ecole de Cavalerie	25	301	»
	Cavaliers de manège	»	200	»
	Vétérinaires principaux et des remontes	32	»	»
	Total de la Cavalerie	3.405	71.257	48.390
	Totaux à reporter	18.204	580.158	61.718

EFFECTIF DE L'ARMÉE ACTIVE AU 1ᵉʳ SEPTEMBRE 1870 (Suite)

DÉSIGNATION DES CORPS		Officiers	Troupe	Chevaux
	Report	18.204	580.158	61.718
Artillerie	Régiments.	1.409	53.652	24.220
	Ouvriers	41	2.973	6
	Artificiers.	21	848	»
	Train	181	13.525	8.916
	Total de l'Artillerie . . .	1.652	70.998	33.142
Génie	Régiments et Ouvriers. . . .	298	12.878	1.432
Administration . . .	Bureaux de l'Intendance . . .	454	»	»
	Section des Commis aux écritures	»	1.011	»
	Officiers de Santé et Officiers d'Administration.	986	»	»
	Sections d'Infirmiers militaires	»	9.364	»
	Officiers d'Administration . .	412	»	»
	Sections d'Ouvriers d'Administration	»	7.610	»
	Justice Militaire.	68	215	»
	Total de l'Administration .	1.920	18.200	»
Train des Equipages.	Régiments et Ouvriers. . . .	299	16.885	6.317
	Officiers hors-cadres. . . .	127	47	»
Gendarmerie	Légions	739	21.492	»
	TOTAUX	23.239	720.658	102.609 (1)
MÉMOIRE				
	Régiment de Sapeurs-Pompiers	46	1.492	»

(1) Non compris les chevaux des Etats-Majors, des Ecoles et de la Gendarmerie.

II. — EFFECTIF DANS LES DÉPOTS
AU 1ᵉʳ OCTOBRE 1870

DÉSIGNATION DES CORPS		Officiers.	Troupe.	Chevaux.
Infanterie	Infanterie de ligne.	829	96.005	108
	Chasseurs à pied.	143	16.454	»
	Zouaves.	40	5.037	13
	Infanterie légère d'Afrique.	61	2.394	17
	Disciplinaires.	18	1.271	»
	Régiment étranger.	111	3.221	35
	Tirailleurs algériens.	51	2.054	23
	Total de l'infanterie.	1.253	126.436	196
Cavalerie	Cuirassiers.	131	5.856	3.261
	Dragons.	131	5.088	2.549
	Lanciers.	18	3.611	2.298
	Chasseurs.	65	8.085	3.044
	Hussards.	164	7.657	2.862
	Chasseurs d'Afrique.	101	4.322	1.619
	Spahis.	173	3.495	3.258
	Remonte.	54	4.660	68
	Ex-Garde.	40	1.743	1.158
	Total de la cavalerie.	1.077	44.517	20.117
Artillerie	Régiments.	261	16.050	6.960
	Ouvriers.	34	2.065	7
	Artificiers.	17	724	1
	Train.	51	2.602	2.203
	Ex-Garde.	5	591	12
	Total de l'artillerie.	368	22.032	9.183
Génie	Régiments.	82	6.842	229
Administration	Section de commis aux écritures.	1	160	»
	Sections d'Infirmiers.	9	8.307	»
	Sections d'Ouvriers.	12	8.381	»
	Total de l'administration.	22	16.848	»
Train des équipages.	Régiments et ouvriers.	186	11.128	5.131
	TOTAUX.	2.988 (1)	227.803 (2)	34.856

(1) Ce total ne comprend que les officiers de troupe.
(2) Non compris la gendarmerie et les vétérans.

EFFECTIF DANS LES DÉPOTS AU 1er NOVEMBRE 1870

DÉSIGNATION DES CORPS		Officiers.	Troupe.	Chevaux.
Infanterie	Infanterie de ligne.	1.367	136.748	97
	Chasseurs à pied.	166	21.615	»
	Zouaves.	40	4.728	15
	Infanterie légère d'Afrique.	55	1.924	18
	Disciplinaires.	18	1.271	»
	Régiment étranger.	57	2.333	14
	Tirailleurs algériens.	130	3.985	48
	Total de l'infanterie.	1.833	172.604	192
Cavalerie	Cuirassiers.	150	6.926	3.125
	Dragons.	143	7.686	2.706
	Lanciers.	110	5.469	2.032
	Chasseurs.	167	10.393	3.126
	Hussards.	131	9.478	2.307
	Chasseurs d'Afrique.	119	4.670	2.101
	Spahis.	172	3.619	3.379
	Remonte.	54	4.660	68
	Total de la cavalerie.	1.046	52.901	18.904
Artillerie.	Régiments.	221	18.770	5.670
	Ouvriers.	20	1.387	3
	Artificiers.	8	481	»
	Train.	59	3.091	2.143
	Total de l'artillerie.	308	23.729	7.816
Génie	Régiments.	44	4.954	306
Administration.	Section de commis aux écritures.	1	150	»
	Sections d'infirmiers.	11	6.267	»
	Sections d'ouvriers.	8	7.623	»
	Total de l'administration.	20	14.040	»
Train des équipages.	Régiments et ouvriers.	168	7.458	4.217
	TOTAUX.	3.419 (1)	275.686	21.435

(1) Non compris la gendarmerie et les vétérans.

EFFECTIF DANS LES DÉPOTS AU 1ᵉʳ DÉCEMBRE 1870

DÉSIGNATION DES CORPS		Officiers.	Troupe.	Chevaux.
Infanterie	Infanterie de ligne	1.373	90.629	88
	Chasseurs à pied	143	14.756	»
	Zouaves	34	2.895	9
	Infanterie légère d'Afrique	40	780	10
	Disciplinaires	14	762	»
	Régiment étranger	48	2.209	18
	Tirailleurs Algériens	131	3.658	56
	Total de l'Infanterie	1.783	115.689	181
Cavalerie	Cuirassiers	126	5.053	2.249
	Dragons	139	6.001	4.602
	Lanciers	89	4.156	1.445
	Chasseurs	167	9.055	3.212
	Hussards	111	7.241	1.433
	Chasseurs d'Afrique	116	4.930	1.879
	Spahis	158	3.420	3.211
	Remonte	60	4.261	58
	Total de la Cavalerie	966	44.117	18.089
Artillerie	Régiments	384	18.018	6.219
	Ouvriers	18	1.890	5
	Artificiers	9	643	»
	Train	52	2.568	1.979
	Total de l'Artillerie	463	23.119	8.203
Génie	Régiments	44	4.181	67
Administration	Section de Commis aux écritures	1	160	»
	Section d'Infirmiers	9	8.215	»
	Sections d'Ouvriers	11	6.499	»
	Total de l'Administration	21	14.874	»
Train des Equipages	Régiments et Ouvriers	171	7.973	4.662
	Totaux (1)	3.448	209.953	31.202

(1) Non compris la gendarmerie et les vétérans.

EFFECTIF DANS LES DÉPOTS AU 1er JANVIER 1871

DÉSIGNATION DES CORPS		Officiers.	Troupe.	Chevaux.
Infanterie	Infanterie de ligne	1.380	59.688	101
	Chasseurs à pied	166	10.200	»
	Zouaves	30	3.153	14
	Infanterie légère d'Afrique	39	850	9
	Disciplinaires	9	325	»
	Régiment étranger	49	2.554	14
	Tirailleurs Algériens	131	4.229	39
	Total de l'Infanterie	1.804	79.999	185
Cavalerie	Cuirassiers	162	4.701	2.867
	Dragons	168	5.807	2.956
	Lanciers	92	3.592	2.217
	Chasseurs	187	6.611	3.495
	Hussards	131	4.702	2.346
	Chasseurs d'Afrique	127	4.139	1.502
	Spahis	153	3.328	3.094
	Remonte	50	2.582	57
	Total de la Cavalerie	1.070	35.462	18.524
Artillerie	Régiments	417	18.780	7.379
	Ouvriers	20	1.493	»
	Artificiers	8	387	»
	Train	49	3.014	5.016
	Total de l'Artillerie	494	23.674	12.385
Génie	Régiments	41	2.438	122
Administration	Sections d'Infirmiers	9	7.289	»
	Sections d'Ouvriers	11	5.637	»
	Total de l'Administration	20	12.926	»
Train des Equipages	Régiments et Ouvriers	133	5.649	4.158
	Totaux (1)	1.804	160.148	35.374

(1) Non compris la gendarmerie et les vétérans.

EFFECTIF DANS LES DÉPOTS AU 1ᵉʳ FÉVRIER 1871

DÉSIGNATION DES CORPS		Officiers.	Troupe.	Chevaux.
Infanterie	Infanterie de ligne.	1.257	48.497	82
	Chasseurs à pied.	198	9.515	1
	Zouaves.	44	4.195	14
	Infanterie légère d'Afrique.	40	984	13
	Disciplinaires.	10	381	»
	Régiment étranger.	59	2.735	13
	Tirailleurs Algériens.	75	2.716	7
	Total de l'Infanterie.	1.683	69.023	130
Cavalerie.	Cuirassiers.	145	4.516	3.338
	Dragons.	157	4.567	2.368
	Lanciers.	100	3.177	2.084
	Chasseurs.	196	5.525	4.185
	Hussards.	113	4.212	2.511
	Chasseurs d'Afrique.	110	3.072	1.652
	Spahis.	141	3.198	2.955
	Remonte.	52	2.370	895
	Total de la Cavalerie.	1.014	30.637	19.988
Artillerie.	Régiments.	331	16.200	5.986
	Ouvriers.	22	1.324	»
	Artificiers.	7	395	»
	Train.	66	3.077	4.051
	Total de l'Artillerie.	426	24.895	10.037
Génie.	Régiments.	53	2.603	201
Administration.	Section de Commis aux écritures.	1	198	»
	Sections d'Infirmiers.	9	6.921	»
	Sections d'Ouvriers.	11	6.459	»
	Total de l'Administration.	21	13.078	»
Train des équipages.	Régiments et Ouvriers.	117	5.451	3.918
	Totaux (1).	3.314	145.687	34.274

(1) Non compris la gendarmerie et les vétérans.

EFFECTIF DANS LES DÉPOTS AU 1ᵉʳ MARS 1871

DÉSIGNATION DES CORPS		Officiers	Troupe	Chevaux
Infanterie.	Infanterie de ligne.	1.409	49.085	80
	Chasseurs à pied.	196	7.238	»
	Zouaves.	39	4.740	13
	Infanterie légère d'Afrique.	36	1.059	11
	Disciplinaires.	10	373	»
	Régiment étranger.	71	2.845	14
	Tirailleurs algériens.	98	3.359	24
	Total de l'Infanterie.	1.859	68.699	142
Cavalerie.	Cuirassiers.	141	4.547	3.252
	Dragons.	211	4.650	2.662
	Lanciers.	138	3.032	1.903
	Chasseurs.	270	5.406	3.851
	Hussards.	149	4.496	3.009
	Chasseurs d'Afrique.	145	2.848	2.698
	Spahis.	147	3.446	3.147
	Remonte.	52	2.475	57
	Total de la Cavalerie.	1.253	30.800	20.579
Artillerie.	Régiments.	337	13.648	4.707
	Ouvriers.	24	1.735	»
	Artificiers.	7	323	»
	Train.	60	2.673	3.400
	Total de l'Artillerie.	428	21.379	8.107
Génie.	Régiments.	63	2.760	159
Administration.	Sections d'Infirmiers.	9	8.203	»
	Sections d'Ouvriers.	11	6.230	»
	Total de l'Administration.	20	14.433	»
Train des Equipages.	Régiments et Ouvriers.	141	5.492	3.658
	Totaux (1).	3.764	143.563	32.645

(1) Non compris la gendarmerie et les vétérans.

III. — OFFICIERS ET HOMMES DE TROUPE REÇUS DANS LES DÉPOTS DU 15 AU 31 JUILLET 1870

DÉSIGNATION des CORPS	Officiers nouvellement admis	Engagés Volontaires	Appelés	Remplaçants d'appelés	Remplaçants admis par le corps	Venus d'autres corps	Venus de la réserve de la 2ᵉ portion
GARDE IMPÉRIALE							
Cent-Gardes	1	»	»	»	»	4	»
Gendarmerie d'élite	1	»	»	»	»	»	»
Infanterie	6	24	2	»	3	39	1.331
Cavalerie	2	15	»	1	2	20	450
Artillerie	3	1	»	»	»	4	162
Train des équipages	»	1	»	»	»	1	55
Total de la Garde	13	41	2	1	5	65	1.998
INFANTERIE							
Infanterie de ligne	213	848	42.843	1.685	129	410	53.259
Chasseurs à pied	13	139	4.350	200	39	26	3.566
Zouaves	2	29	220	10	2	8	490
Infanterie légère d'Afrique	»	»	»	»	»	»	75
Disciplinaires	»	»	»	»	»	»	57
Régiment étranger	2	23	»	»	»	»	»
Tirailleurs algériens	»	47	»	»	»	»	1
Total de l'Infanterie	230	1.086	47.413	1.895	170	493	57.749
CAVALERIE							
Cuirassiers	25	18	444	7	»	9	1.144
Dragons	33	5	228	99	»	18	1.111
Lanciers	26	26	453	3	»	7	519
Chasseurs	33	63	527	7	3	30	1.008
Hussards	19	117	80	6	2	16	812
Chasseurs d'Afrique	1	5	»	2	»	8	24
Spahis	2	23	»	1	»	7	»
Remonte	1	»	»	»	»	256	225
Total de la Cavalerie	140	247	1.732	125	5	351	4.843

OFFICIERS ET HOMMES DE TROUPE REÇUS DANS LES DÉPOTS DU 15 AU 31 JUILLET 1870 *(Suite)*

DÉSIGNATION des CORPS	Officiers nouvellement admis	Engagés volontaires	Appelés	Remplaçants d'appelés	Remplaçants admis par le corps	Venus d'autres corps	Venus de la réserve de la 2ᵉ portion
ARTILLERIE							
Régiment d'artillerie....	21	39	5.533	233	5	27	9.241
Ouvriers...........	1	2	200	3	»	27	375
Artificiers.........	»	2	1	»	»	1	70
Train............	»	»	»	»	»	»	2.640
Total de l'Artillerie...	22	43	5.734	236	5	55	12.326
GÉNIE							
Génie...........	7	10	1.024	2	»	6	3.213
ADMINISTRATION							
Section de commis aux écritures....	»	17	»	1	»	»	40
Sections d'infirmiers.....	»	28	402	4	3	217	872
Sections d'ouvriers......	»	18	105	9	1	3	711
Total de l'Administration.	»	63	507	14	4	220	1.623
TRAIN DES ÉQUIPAGES							
Train des équipages...	3	57	3.123	224	1	5	3.331

RÉCAPITULATION

415 officiers nouvellement admis, provenant d'autres corps et de la non-activité ;
1.547 engagés volontaires ;
59.535 appelés ;
2.497 remplaçants d'appelés ;
190 remplaçants admis par les corps ;
85.083 hommes venus de la réserve et de la 2ᵉ portion.

149.267 officiers et hommes de troupe.

Pour mémoire : 1.195 hommes venus d'autres corps ; 27.116 chevaux achetés par les officiers et par les corps de troupe.

OFFICIERS ET HOMMES DE TROUPE REÇUS DANS LES DÉPOTS
DU 1er AU 31 AOUT 1870

DÉSIGNATION des CORPS	Officiers nouvellement admis	Engagés volontaires à temps et pendant la durée de la guerre	Appelés classe 1869	Remplaçants d'appelés et remplaçants au corps	Anciens soldats rappelés (Loi du 10 août)
GARDE IMPÉRIALE					
Cent-Gardes..........	»	»	»	»	»
Gendarmerie d'élite....	»	»	1	»	»
Infanterie..........	15	197	111	6	1.735
Cavalerie..........	3	74	88	»	852
Artillerie..........	4	95	137	»	270
Train des équipages....	4	55	1.000	»	100
Total de la Garde.....	26	421	1.337	6	2.957
INFANTERIE					
Infanterie de ligne.....	707	13.272	55.584	4.305	50.445
Chasseurs à pied......	28	5.073	2.695	642	2.723
Zouaves..........	14	5.051	2.276	934	289
Infanterie légère d'Afrique.	2	»	»	»	342
Disciplinaires........	1	»	»	»	60
Régiment étranger.....	9	557	»	»	»
Tirailleurs algériens....	19	1.281	»	»	44
Total de l'Infanterie...	780	25.234	60.555	5.881	53.903
CAVALERIE					
Cuirassiers..........	15	255	415	56	2.174
Dragons..........	16	353	381	22	2.124
Lanciers..........	9	423	45	15	1.238
Chasseurs..........	18	1.040	196	46	1.439
Hussards..........	13	1.546	66	12	1.458
Chasseurs d'Afrique....	7	324	488	84	285
Spahis............	2	131	»	»	7
Remonte..........	1	»	»	»	200
Total de la Cavalerie...	81	4.072	1.591	235	8.925

OFFICIERS ET HOMMES DE TROUPE REÇUS DANS LES DÉPOTS
DU 1ᵉʳ AU 31 AOUT 1870 *(Suite)*.

DÉSIGNATION des CORPS	Officiers nouvellement admis	Engagés volontaires à temps et pendant la durée de la guerre	Appelés classe 1869	Remplaçants d'appelés et remplaçants au corps	Anciens soldats rappelés (loi du 10 août)
ARTILLERIE					
Régiments d'Artillerie....	145	1.100	2.347	284	5.092
Ouvriers.............	1	391	81	2	382
Artificiers...........	1	78	»	1	30
Train...............	13	»	»	»	3.042
Total de l'artillerie....	150	1.569	2.428	287	8.546
GÉNIE					
Régiments et ouvriers...	39	673	710	88	799
ADMINISTRATION					
Section de commis aux écritures....	»	322	24	»	»
Sections d'infirmiers....	»	1.734	883	37	480
Sections d'ouvriers.....	»	1.587	901	60	1.099
Total de l'Administration.	»	3.643	1.808	97	1.579
TRAIN DES ÉQUIPAGES					
Régiments et ouvriers...	10	689	720	10	182

RÉCAPITULATION

1.086 officiers nouvellement admis ;
35.902 engagés volontaires à temps et pendant la durée de la guerre ;
69.149 hommes de la classe 1869 ;
6.598 remplaçants ;
76.891 anciens soldats rappelés (loi du 10 août).

189.626 officiers et hommes de troupe.

OFFICIERS ET HOMMES DE TROUPE REÇUS DANS LES DÉPOTS DU 1er AU 30 SEPTEMBRE 1870

DÉSIGNATION des CORPS	Officiers nouvellement admis et venus d'autres corps	Engagés volontaires	Appelés	Remplaçants	Venus d'autres corps	Rappelés	Venus de la réserve	Chevaux achetés par les officiers et par les corps
INFANTERIE								
Infanterie de ligne	255	12.435	13.046	627	4.251	10.349	169	19
Chasseurs à pied	20	1.604	1.318	9	24	447	»	»
Zouaves	2	6.389	522	146	478	403	»	»
Infanterie légère d'Afrique	2	2	18	»	116	6	33	2
Disciplinaires	»	»	»	»	23	»	»	»
Régiment étranger	»	»	»	»	9	»	»	»
Tirailleurs Algériens	17	2.309	»	»	11	15	»	10
Total de l'Infanterie	298	22.739	14.904	782	4.912	11.220	202	31
CAVALERIE								
Cuirassiers	84	241	585	45	15	274	128	759
Dragons	42	145	65	25	10	200	6	517
Lanciers	37	259	150	7	5	124	18	353
Chasseurs	46	789	649	18	94	313	5	753
Hussards	14	1.639	506	2	20	125	6	545
Chasseurs d'Afrique	4	807	13	3	7	44	2	739
Spahis	»	218	»	»	2	9	»	139
Remonte	11	11	1	1	77	83	»	4
Total de la Cavalerie	237	4.109	1.969	101	230	1.172	165	3.809
ARTILLERIE								
Régiments	15	361	207	5	203	465	98	792
Ouvriers	8	98	3	1	6	18	»	»
Artificiers	»	55	1	1	2	1	»	»
Train	21	257	143	6	2	131	29	2.196
Total de l'Artillerie	44	771	354	13	213	615	127	2.988

OFFICIERS ET HOMMES DE TROUPE REÇUS DANS LES DÉPOTS
DU 1er AU 30 SEPTEMBRE 1870 *(Suite)*

DÉSIGNATION des CORPS	Officiers nouvellement admis et venus d'autres corps	Engagés volontaires	Appelés	Remplaçants	Venus d'autres corps	Rappelés	Venus de la réserve	Chevaux achetés par les officiers et par les corps
GÉNIE								
Régiments	6	191	339	61	5	25	»	18
ADMINISTRATION								
Section de Commis aux écritures . . .	»	»	»	»	»	»	»	»
Sections d'Infirmiers . . .	»	634	101	5	338	43	13	»
Sections d'Ouvriers	»	687	248	7	162	141	41	»
Total de l'Administration	»	1.321	349	12	500	184	54	»
TRAIN DES ÉQUIPAGES								
Régiments et Ouvriers . . .	34	942	1.400	4	1	54	»	721

RÉCAPITULATION

619 officiers nouvellement admis ou **venus** d'autres corps.

30.473 engagés volontaires.

19.325 hommes appelés.

973 remplaçants.

13.270 rappelés.

548 hommes venus de la réserve.

65.208 officiers et hommes de troupe.

Pour mémoire : 5.861 hommes venus **d'autres corps** ; 7.577 chevaux achetés par les officiers et les corps de troupe.

OFFICIERS ET HOMMES DE TROUPE REÇUS DANS LES DÉPOTS
DU 1er AU 31 OCTOBRE 1870

DÉSIGNATION des CORPS	Officiers nouvellement admis ou venus d'autres corps	Engagés volontaires	Appelés	Remplaçants	Venus d'autres corps	Rappelés	Venus de la réserve	Chevaux achetés par les officiers et par les corps
INFANTERIE								
Infanterie de ligne	921	10.867	67.989	674	7.487	1.209	1.504	26
Chasseurs à pied	53	2.641	8.169	36	322	70	6	»
Zouaves	1	118	»	»	208	105	»	»
Infanterie légère d'Afrique	18	»	»	»	6	»	»	8
Disciplinaires	»	»	»	»	»	»	»	»
Régiment étranger	20	838	»	»	161	1	»	»
Tirailleurs algériens	26	292	»	»	26	124	»	9
Total de l'Infanterie	1.039	14.756	76.158	710	8.210	1.509	1.510	43
CAVALERIE								
Cuirassiers	7	30	28	1	48	9	»	10
Dragons	»	»	»	»	»	»	»	»
Lanciers	»	»	»	»	»	»	»	»
Chasseurs	»	»	»	»	»	»	»	»
Hussards	2	123	401	1	1	»	»	»
Chasseurs d'Afrique	»	»	»	»	»	»	»	»
Spahis	8	83	»	1	5	»	»	109
Remonte	»	»	»	»	»	»	»	»
Total de la Cavalerie	12	236	429	3	54	9	»	119
ARTILLERIE								
Régiment	44	260	1.745	37	233	82	79	1.008
Ouvriers	»	»	»	»	»	»	»	»
Artificiers	»	»	»	»	»	»	»	»
Train	7	52	559	5	35	6	79	717
Total de l'Artillerie	51	312	2.304	42	268	88	158	1.725

OFFICIERS ET HOMMES DE TROUPE REÇUS DANS LES DÉPOTS
DU 1er AU 31 OCTOBRE 1870 *(Suite)*

DÉSIGNAITON des CORPS	Officiers nouvellement admis ou venus d'autres corps	Engagés volontaires	Appelés	Remplaçants	Venus d'autres corps	Rappelés	Venus de la réserve	Chevaux achetés par les officiers et par les corps
GÉNIE								
Régiments	36	133	2.049	16	9	403	»	241
ADMINISTRATION								
Section de Commis aux écritures . . .	»	»	»	»	»	»	»	»
Sections d'Infirmiers . . .	»	634	248	5	338	43	13	»
Sections d'Ouvriers	»	687	101	7	162	141	41	»
Total de l'Administration	»	1.321	349	12	500	184	54	»
TRAIN DES ÉQUIPAGES								
Régiments et Ouvriers. . .	5	397	311	2	1.004	»	»	1.317

RÉCAPITULATION

1.143 officiers nouvellement admis ou venus d'autres corps.

17.155 engagés volontaires.

81.600 appelés.

   785 remplaçants.

  2.193 rappelés.

  1.722 hommes venus de la réserve.

104.598 officiers et hommes de troupe.

Pour mémoire : 10.045 hommes venus d'autres corps ; 3.445 chevaux.

OFFICIERS ET HOMMES DE TROUPE REÇUS DANS LES DÉPOTS
DU 1er AU 30 NOVEMBRE 1870

DÉSIGNATION des CORPS	Officiers nouvellement admis ou venus d'autres corps	Engagés volontaires	Appelés	Remplaçants	Venus d'autres corps	Rappelés	Venus de la réserve	Chevaux achetés par les officiers et par les corps
INFANTERIE								
Infanterie de ligne	621	6.347	2.398	226	4.798	743	1.892	20
Chasseurs à pied	94	1.247	278	4	277	69	1	1
Zouaves	20	154	16	»	121	»	»	»
Infanterie légère d'Afrique	2	»	»	»	59	»	»	2
Disciplinaires	»	»	»	»	18	»	»	»
Régiment étranger	29	376	»	»	1	»	»	1
Tirailleurs algériens	6	1.455	»	»	13	15	»	»
Total de l'Infanterie	772	9.579	2.692	230	5.287	827	1.893	24
CAVALERIE								
Cuirassiers	14	17	3	4	6	5	3	101
Dragons	»	»	»	»	»	»	»	»
Lanciers	9	1	2	»	1	11	1	99
Chasseurs	»	»	»	»	»	»	»	»
Hussards	3	5	»	»	1	7	»	193
Chasseurs d'Afrique	1	6	1	»	5	»	»	37
Spahis	»	32	»	»	9	2	»	83
Remonte	4	1	»	»	67	1	»	8
Total de la Cavalerie	31	62	6	4	89	26	4	521
ARTILLERIE								
Régiments	44	153	8	1	168	73	40	911
Ouvriers	»	13	»	3	5	1	»	1
Artificiers	»	»	»	»	»	»	»	»
Train	8	»	»		896	1	»	2.193
Total de l'Artillerie	52	166	8	4	1.069	75	40	3.105

OFFICIERS ET HOMMES DE TROUPE REÇUS DANS LES DÉPOTS
DU 1er AU 30 NOVEMBRE 1870 *(Suite)*

DÉSIGNATION des CORPS	Officiers nouvellement admis ou venus d'autres corps	Engagés volontaires	Appelés	Remplaçants	Venus d'autres corps	Rappelés	Venus de la réserve	Chevaux achetés par les officiers et par les corps
GÉNIE								
Régiments	19	35	8	3	7	2	»	97
ADMINISTRATION								
Sections d'Infirmiers . . .	»	11	14	»	686	»	»	»
Sections d'Ouvriers	»	4	»	»	188	1	1	»
Total de l'Administration	»	15	14	»	874	1	1	»
TRAIN DES ÉQUIPAGES								
Régiments et Ouvriers . .	23	23	»	1	14	4	»	889

RÉCAPITULATION

897 officiers nouvellement admis ou venus d'autres corps.

9.880 engagés volontaires.

2.728 appelés.

242 remplaçants.

935 rappelés.

1.938 hommes venus de la réserve.

16.220 officiers et hommes de troupe.

Pour mémoire : 5.295 hommes venus d'autres corps ; 4.636 chevaux.

OFFICIERS ET HOMMES DE TROUPE REÇUS DANS LES DÉPOTS DU 1er AU 31 DÉCEMBRE 1870

DÉSIGNATION des CORPS	Officiers nouvellement admis ou venus d'autres corps	Engagés volontaires	Appelés	Remplaçants	Venus d'autres corps	Rappelés	Venus de la réserve	Chevaux
INFANTERIE								
Infanterie de ligne	407	2.605	1.669	38	5.317	1.543	587	12
Chasseurs à pied	60	1.389	35	3	276	5	6	1
Zouaves	4	210	18	»	907	12	»	3
Infanterie légère d'Afrique	6	2	»	2	12	»	»	»
Disciplinaires	1	»	»	»	30	»	»	»
Régiment étranger	14	148	»	»	5	»	»	2
Tirailleurs algériens	6	859	»	»	11	»	»	»
Total de l'Infanterie	498	5.213	1.722	43	6.558	1.560	593	18
CAVALERIE								
Cuirassiers	6	15	6	2	3	4	»	54
Dragons	»	»	»	»	»	»	»	»
Lanciers	6	7	»	»	24	5	»	174
Chasseurs	»	»	»	»	»	»	»	»
Hussards	11	16	1	»	3	»	»	285
Chasseurs d'Afrique	27	4	»	»	4	»	»	269
Spahis	»	6	»	1	9	»	»	47
Remonte	»	»	»	»	»	»	»	»
Total de la Cavalerie	40	48	7	3	43	9	»	823
ARTILLERIE								
Régiments	70	230	374	1	1.681	297	»	1.674
Ouvriers	2	5	2	»	10	1	»	»
Artificiers	»	»	»	»	»	»	»	»
Train	5	20	»	1	617	101	41	2.776
Total de l'Artillerie	77	255	376	2	2.308	399	41	4.450

OFFICIERS ET HOMMES DE TROUPE REÇUS DANS LES DÉPOTS DU 1ᵉʳ AU 31 DÉCEMBRE 1870 *(Suite)*

DÉSIGNATION des CORPS	Officiers nouvellement admis ou venus d'autres corps	Engagés volontaires	Appelés	Remplaçants	Venus d'autres corps	Rappelés	Venus de la réserve	Chevaux
GÉNIE								
Régiments	6	175	6	»	175	7	2	57
ADMINISTRATION								
Sections d'Infirmiers . . .	»	11	14	»	686	»	»	»
Sections d'Administration.	»	4	»	»	188	1	1	»
Total de l'Administration	»	15	14	»	874	1	1	»
TRAIN DES ÉQUIPAGES								
Régiments et Ouvriers . .	23	7	»	»	»	»	»	446

RÉCAPITULATION

664 officiers nouvellement admis ou venus d'autres corps.

5.698 engagés volontaires.

2.110 appelés.

48 remplaçants.

1.975 rappelés.

636 hommes venus de la réserve.

11.431 officiers et hommes de troupe.

Pour mémoire : 9.084 hommes venus d'autres corps ; 5.794 chevaux.

OFFICIERS ET HOMMES DE TROUPE REÇUS DANS LES DÉPOTS DU 1er AU 31 JANVIER 1871

DÉSIGNATION des CORPS	Officiers nouvellement admis ou venu d'autres corps	Engagés volontaires	Appelés	Remplaçants	Venus d'autres corps	Rappelés	Venus de la réserve	Chevaux
INFANTERIE								
Infanterie de ligne	286	2.290	3.310	22	4.099	3.748	635	8
Chasseurs à pied	48	665	145	»	684	7	4	»
Zouaves	12	12	10	3	867	»	»	»
Infanterie légère d'Afrique	3	»	»	»	120	»	1	3
Disciplinaires	»	»	»	»	»	»	»	»
Régiment étranger	34	364	»	»	2.168	»	»	1
Tirailleurs algériens	3	233	»	»	30	»	»	1
Total de l'Infanterie	386	3.564	3.465	25	7.968	3.755	640	13
CAVALERIE								
Cuirassiers	1	11	»	»	»	»	»	»
Dragons	»	»	»	»	»	»	»	»
Lanciers	2	»	»	»	6	»	»	129
Chasseurs	»	»	»	»	»	»	»	»
Hussards	»	»	»	»	»	»	»	»
Chasseurs d'Afrique	2	15	»	»	»	»	»	269
Spahis	2	23	»	»	5	»	»	41
Remonte	»	»	»	»	»	»	»	»
Total de la Cavalerie	7	49	»	»	11	»	»	439
ARTILLERIE								
Régiments	29	82	49	1	975	243	»	1.048
Ouvriers	»	»	»	»	»	»	»	»
Artificiers	»	»	»	»	»	»	»	»
Train	41	40	2	»	1.893	323	20	2.079
Total de l'Artillerie	70	122	51	1	2.868	566	20	3.127

OFFICIERS ET HOMMES DE TROUPE REÇUS DANS LES DÉPOTS
DU 1er AU 31 JANVIER 1871 *(Suite)*.

DÉSIGNATION des CORPS	Officiers nouvellement admis ou venus d'autres corps	Engagés volontaires	Appelés	Remplaçants	Venus d'autres corps	Rappelés	Venus de la réserve	Chevaux
GÉNIE								
Régiments	23	204	7	2	288	10	»	73
ADMINISTRATION								
Sections d'Infirmiers . . .	»	11	14	»	686	»	»	»
Sections d'Ouvriers	»	4	»	»	188	1	1	»
Total de l'Administration	»	15	14	»	874	1	1	»
TRAIN DES ÉQUIPAGES								
Régiments et Ouvriers . .	32	33	48	»	241	»	31	1.326

RÉCAPITULATION

518 officiers nouvellement admis ou venus d'autres corps.

3.972 engagés volontaires.

3.571 appelés.

28 remplaçants.

4.331 rappelés.

691 hommes venus de la réserve.

13.111 officiers et hommes de troupe.

Pour mémoire : 11.376 hommes venus d'autres corps ; 5.978 chevaux.

OFFICIERS ET HOMMES DE TROUPE REÇUS DANS LES DÉPOTS DU 1ᵉʳ AU 28 FÉVRIER 1871

DÉSIGNATION des CORPS	Officiers nouvellement admis ou venus d'autres corps	Engagés volontaires	Appelés	Remplaçants	Venus d'autres corps	Rappelés	Venus de la réserve	Chevaux
INFANTERIE								
Infanterie de ligne	293	1.398	422	10	2.000	974	1.620	12
Chasseurs à pied	42	247	29	»	197	7	»	»
Zouaves	4	19	4	»	37	»	40	1
Infanterie légère d'Afrique	1	»	»	»	64	»	»	»
Disciplinaires	»	»	»	»	»	»	»	»
Régiment étranger	11	115	»	»	8	»	»	5
Tirailleurs algériens	20	147	»	»	507	»	»	10
Total de l'Infanterie	371	1.926	455	10	2.813	981	1.660	28
CAVALERIE								
Cuirassiers	2	3	»	»	18	»	»	32
Dragons	2	»	»	»	55	»	»	1
Lanciers	14	8	2	»	4	1	32	29
Chasseurs	»	»	»	»	»	»	»	»
Hussards	4	26	2	»	7	»	»	75
Chasseurs d'Afrique	7	6	»	»	»	3	»	146
Spahis	»	8	»	1	2	»	»	»
Remonte	»	»	»	»	»	»	»	»
Total de la Cavalerie	29	51	4	1	86	4	32	283
ARTILLERIE								
Régiments	30	25	1	»	782	1	»	372
Ouvriers	»	»	»	»	»	»	»	»
Artificiers	»	»	»	»	»	»	»	»
Train	4	10	»	»	46	7	»	65
Total de l'Artillerie	34	35	1	»	828	8	»	437

OFFICIERS ET HOMMES DE TROUPE REÇUS DANS LES DÉPOTS DU 1er AU 28 FÉVRIER 1871 *(Suite)*

DÉSIGNATION des CORPS	Officiers nouvellement admis ou venus d'autres corps	Engagés volontaires	Appelés	Remplaçants	Venus d'autres corps	Rappelés	Venus de la réserve	Chevaux
GÉNIE								
Régiments	12	175	»	»	»	»	»	»
ADMINISTRATION								
Sections d'Infirmiers . . .	»	»	»	»	»	»	»	»
Sections d'Ouvriers	»	»	»	»	»	»	»	»
Total de l'Administration	»	»	»	»	»	»	»	»
TRAIN DES ÉQUIPAGES								
Régiments et Ouvriers . .	16	19	9	»	11	»	»	382

RÉCAPITULATION

462 officiers nouvellement admis ou venus d'autres corps.
2.206 engagés volontaires.
469 appelés.
11 remplaçants.
993 rappelés.
1.692 hommes venus de la réserve.

5.833 officiers et hommes de troupe.

Pour mémoire : 3.738 hommes venus d'autres corps ; 1.133 chevaux.

RÉCAPITULATION GÉNÉRALE
du 15 Juillet 1870 au 1er Mars 1871

5.804 officiers admis ou venus d'autres corps.
106.833 engagés volontaires.
238.487 appelés.
11.372 remplaçants.
192.898 hommes venus de la réserve et rappelés.

555.394 officiers et hommes de troupe.

Pour mémoire : 47.147 hommes venus d'autres corps ; 55.679 chevaux.

IV. — OFFICIERS, HOMMES DE TROUPE ET CHEVAUX DANS LES DÉPOTS
AU 1ᵉʳ MARS 1871

DÉSIGNATION des CORPS	Officiers	Troupe	Chevaux	DÉSIGNATION des CORPS	Officiers	Troupe	Chevaux
INFANTERIE DE LIGNE							
				Report....	476	16.507	23
1ᵉʳ Régiment..	16	739	1	34ᵉ Régiment..	18	470	»
2ᵉ —	11	359	1	35ᵉ —	11	330	»
3ᵉ —	11	395	2	36ᵉ —	16	485	4
4ᵉ —	23	701	»	37ᵉ —	24	522	2
5ᵉ —	13	693	1	38ᵉ —	20	469	»
6ᵉ —	17	116	»	39ᵉ —	10	573	»
7ᵉ —	13	507	1	40ᵉ —	6	284	»
8ᵉ —	9	592	1	41ᵉ —	13	362	»
9ᵉ —	9	333	2	42ᵉ —	6	363	»
10ᵉ —	11	458	1	43ᵉ —	19	297	2
11ᵉ —	18	390	1	44ᵉ —	9	148	1
12ᵉ —	10	332	1	45ᵉ —	7	650	2
13ᵉ —	8	518	»	46ᵉ —	14	654	3
14ᵉ —	10	365	2	47ᵉ —	17	459	4
15ᵉ —	12	299	»	48ᵉ —	7	386	1
16ᵉ —	7	363	1	49ᵉ —	13	417	2
17ᵉ —	20	613	»	50ᵉ —	7	163	»
18ᵉ —	15	421	»	51ᵉ —	15	505	»
19ᵉ —	9	439	»	52ᵉ —	16	745	»
20ᵉ —	16	538	2	53ᵉ —	16	511	»
21ᵉ —	26	433	3	54ᵉ —	11	370	»
22ᵉ —	12	524	»	55ᵉ —	13	397	»
23ᵉ —	11	549	»	56ᵉ —	15	442	»
24ᵉ —	14	846	»	57ᵉ —	10	819	»
25ᵉ —	12	588	»	58ᵉ —	14	384	»
26ᵉ —	15	722	»	59ᵉ —	7	832	1
27ᵉ —	20	426	1	60ᵉ —	10	240	1
28ᵉ —	17	733	»	61ᵉ —	14	311	»
29ᵉ —	13	727	1	62ᵉ —	18	504	»
30ᵉ —	30	414	»	63ᵉ —	7	219	»
31ᵉ —	19	571	»	64ᵉ —	10	420	1
32ᵉ —	12	376	1	65ᵉ —	13	864	2
33ᵉ —	17	427	»	66ᵉ —	12	288	»
A reporter.	476	16.507	23	A reporter..	893	31.210	49

IV. — OFFICIERS, HOMMES DE TROUPE ET CHEVAUX DANS LES DÉPOTS AU 1ᵉʳ MARS 1871 (Suite)

DÉSIGNATION des CORPS	Officiers	Troupe	Chevaux	DÉSIGNATION des CORPS	Officiers	Troupe	Chevaux
INFANTERIE DE LIGNE (Suite)							
Report. . . .	893	31.210	49	*Report*. . . .	1.102	38.459	55
67ᵉ Régiment. .	16	598	»	84ᵉ Régiment. .	20	869	»
68ᵉ — . .	16	271	»	85ᵉ — . .	22	933	2
69ᵉ — . .	14	340	»	86ᵉ — . .	12	337	»
70ᵉ — . .	12	405	»	87ᵉ — . .	8	552	2
71ᵉ — . .	13	471	1	88ᵉ — . .	12	404	»
72ᵉ — . .	15	384	1	89ᵉ — . .	15	629	1
73ᵉ — . .	16	506	»	90ᵉ — . .	10	422	»
74ᵉ — . .	15	646	»	91ᵉ — . .	18	1.352	2
75ᵉ — . .	10	545	»	92ᵉ — . .	10	612	1
76ᵉ — . .	16	310	»	93ᵉ — . .	11	443	»
77ᵉ — . .	16	430	»	94ᵉ — . .	14	475	1
78ᵉ — . .	15	426	1	95ᵉ — . .	14	497	»
79ᵉ — . .	19	368	»	96ᵉ — . .	16	310	»
80ᵉ — . .	16	172	1	97ᵉ — . .	6	363	»
81ᵉ — . .	15	385	1	98ᵉ — . .	9	309	»
82ᵉ — . .	10	521	»	99ᵉ — . .	13	642	»
83ᵉ — . .	15	471	1	100ᵉ — . .	20	704	1
A reporter .	1.102	38.459	55	Total . . .	1.332	48.312	65
CHASSEURS A PIED							
				Report. . . .	109	3.807	»
1ᵉʳ Bataillon . .	10	387	»	11ᵉ Bataillon . .	6	32	»
2ᵉ — . .	16	461	»	12ᵉ — . .	6	166	»
3ᵉ — . .	13	484	»	13ᵉ — . .	8	246	»
4ᵉ — . .	14	225	»	14ᵉ — . .	5	178	»
5ᵉ — . .	11	281	»	15ᵉ — . .	7	196	»
6ᵉ — . .	6	326	»	16ᵉ — . .	7	246	»
7ᵉ — . .	6	320	»	17ᵉ — . .	8	380	»
8ᵉ — . .	20	691	»	18ᵉ — . .	6	223	»
9ᵉ — . .	8	567	»	19ᵉ — . .	16	623	»
10ᵉ — . .	5	65	»	20ᵉ — . .	13	628	»
A reporter. .	109	3.807	»	Totaux . . .	191	6.725	»

IV. — OFFICIERS, HOMMES DE TROUPE ET CHEVAUX DANS LES DÉPOTS AU 1ᵉʳ MARS 1871 (*Suite*)

DÉSIGNATION DES CORPS		Officiers	Troupe	Chevaux
Zouaves . . . . 1ᵉʳ Régiment		14	1.499	5
2ᵉ —		21	1.569	4
3ᵉ —		7	1.211	3
Totaux		42	4.279	12
Infanterie légère d'Afrique . . 1ᵉʳ Bataillon		12	253	5
2ᵉ —		12	506	»
3ᵉ —		16	258	4
Totaux		40	1.017	9
Disciplinaires et Pionniers . . 1ʳᵉ Compagnie de Fusiliers . .		3	65	»
2ᵉ — . .		1	97	»
3ᵉ — . .		1	60	»
4ᵉ — . .		1	50	»
5ᵉ — . .		1	30	»
1ʳᵉ Compagnie de Pionniers . .		1	38	»
2ᵉ — . .		2	33	»
Totaux		10	373	»
Régiment étranger		56	2.552	13
Tirailleurs Algériens . 1ᵉʳ Régiment		67	2.552	11
2ᵉ —		19	465	7
3ᵉ —		43	1.252	4
Totaux		129	4.269	22

RÉCAPITULATION (Infanterie)

	Officiers	Troupe	Chevaux
Infanterie de ligne	1.332	48.312	65
Chasseurs à pied	191	6.725	»
Zouaves	42	4.279	12
Infanterie légère d'Afrique	40	1.017	9
Disciplinaires	10	373	»
Régiment étranger	56	2.552	13
Tirailleurs Algériens	129	4.269	22
Totaux	1.800	67.537	121

IV. — OFFICIERS, HOMMES DE TROUPE ET CHEVAUX DANS LES DÉPOTS
AU 1ᵉʳ MARS 1871 (*Suite*)

DÉSIGNATION DES CORPS		Officiers	Troupe	Chevaux
CAVALERIE				
Cuirassiers	1ᵉʳ Régiment.	12	328	176
	2ᵉ —	11	238	147
	3ᵉ —	20	458	461
	4ᵉ —	14	200	177
	5ᵉ —	14	347	316
	6ᵉ —	15	463	464
	7ᵉ —	6	653	275
	8ᵉ —	17	445	230
	9ᵉ —	12	316	234
	10ᵉ —	3	267	165
	11ᵉ —	9	272	309
	12ᵉ —	5	143	131
	Totaux.	138	4.130	3.085
Dragons	1ᵉʳ Régiment.	10	228	104
	2ᵉ —	14	286	206
	3ᵉ —	5	360	181
	4ᵉ —	19	378	335
	5ᵉ —	14	275	184
	6ᵉ —	20	510	284
	7ᵉ —	14	230	235
	8ᵉ —	13	472	210
	9ᵉ —	17	379	204
	10ᵉ —	17	445	119
	11ᵉ —	21	351	232
	12ᵉ —	4	446	106
	13ᵉ —	14	275	212
	Totaux.	182	4.635	2.632
Lanciers	1ᵉʳ Régiment.	18	426	318
	2ᵉ —	12	199	266
	3ᵉ —	17	428	382
	4ᵉ —	16	262	57
	5ᵉ —	19	514	214
	6ᵉ —	18	363	268
	7ᵉ —	17	386	72
	8ᵉ —	19	312	166
	9ᵉ —	8	313	194
	Totaux.	144	3.202	1.937

IV. — OFFICIERS, HOMMES DE TROUPE ET CHEVAUX DANS LES DÉPOTS
AU 1er MARS 1871 (Suite)

DÉSIGNATION DES CORPS		Officiers	Troupe	Chevaux
CAVALERIE (Suite)				
Chasseurs	1er Régiment	18	798	528
	2e —	23	513	374
	3e —	19	523	330
	4e —	23	376	268
	5e —	»	»	»
	6e —	23	361	21
	7e —	46	612	609
	8e —	18	435	340
	9e —	24	657	350
	10e —	17	419	230
	11e —	19	334	362
	12e —	16	392	355
	13e —	11	449	294
	Totaux	257	5.869	4.064
Hussards	1er Régiment	25	443	339
	2e —	22	438	389
	3e —	8	312	326
	4e —	17	458	304
	5e —	15	290	234
	6e —	20	486	363
	7e —	14	524	305
	8e —	27	933	277
	9e —	5	430	306
	Totaux	153	4.309	2.843
Chasseurs d'Afrique.	1er Régiment	42	851	577
	2e —	25	722	596
	3e —	21	975	451
	4e —	28	791	607
	Totaux	116	3.339	2.231

IV. — OFFICIERS, HOMMES DE TROUPE ET CHEVAUX DANS LES DÉPOTS
AU 1ᵉʳ MARS 1871 (Suite)

DÉSIGNATION DES CORPS	Officiers	Troupe	Chevaux
CAVALERIE (Suite)			
Spahis . . . . . . 1ᵉʳ Régiment	40	870	700
2ᵉ —	54	1.055	1.040
3ᵉ —	54	1.424	1.388
Totaux	148	3.349	3.128
Remonte	51	4.032	59
RÉCAPITULATION (Cavalerie)			
Cuirassiers	138	4.130	3.085
Dragons	182	4.635	2.632
Lanciers	144	3.202	1.937
Chasseurs	257	5.869	4.061
Hussards	153	4.309	2.843
Chasseurs d'Afrique	116	3.339	2.231
Spahis	148	3.349	3.128
Remonte	51	4.032	59
Totaux	1.189	32.865	19.976

IV. — OFFICIERS, HOMMES DE TROUPE ET CHEVAUX DANS LES DÉPOTS AU 1er MARS 1871 (Suite)

DÉSIGNATION DES CORPS		Officiers	Troupe	Chevaux
Artillerie 1er Régiment.		»	»	»
2e —		18	877	407
3e —		22	1.829	662
4e —		40	1.767	695
5e —		»	»	»
6e —		17	790	325
7e —		15	727	242
8e —		10	738	213
9e —		10	855	144
10e —		18	634	190
11e —		79	2.523	746
12e —		19	659	287
13e —		12	505	185
14e —		19	699	237
15e —		28	2.041	370
16e —		4	266	6
17e —		»	»	»
18e —		19	640	375
19e —		21	781	424
20e —		13	289	287
Totaux		364	16.630	5.795
Ouvriers		20	1.644	»
Artificiers		7	367	»
1er Régiment du train		23	1.566	1 931
2e —		18	851	814
Totaux		41	2.417	2.745

RÉCAPITULATION (Artillerie)

	Officiers	Troupe	Chevaux
Régiments d'Artillerie	364	16.630	5.795
Compagnies d'Ouvriers	20	1.644	»
Compagnies d'Artificiers	7	367	»
Régiments du Train	41	2.417	2.745
Totaux	432	21.058	8.540

IV. — OFFICIERS, HOMMES DE TROUPE ET CHEVAUX DANS LES DÉPOTS
AU 1ᵉʳ MARS 1871 (*Suite*)

DÉSIGNATION DES CORPS		Officiers	Troupe	Chevaux
Génie	1ᵉʳ Régiment.	8	426	100
	2ᵉ —	46	1.542	232
	3ᵉ —	38	1.503	76
	Compagnie d'ouvriers	»	»	»
	Totaux	92	3.471	408
Administration	Section de commis aux écritures	»	624	»
	Sections d'infirmiers	»	5.379	»
	Sections d'ouvriers	»	3.652	»
	Totaux	»	9.655	»
Train des Equipages	1ᵉʳ Régiment.	23	754	603
	2ᵉ —	59	3.293	1.695
	3ᵉ —	30	758	414
	Ouvriers constructeurs	16	629	»
	Totaux	128	5.434	2.712

RÉCAPITULATION GÉNÉRALE

	Officiers	Troupe	Chevaux
Infanterie	1.841	67.507	122
Cavalerie	1.189	32.865	19.976
Artillerie	432	21.058	8.540
Génie	92	3.471	408
Administration	»	9.655	»
Train des Equipages	128	5.434	2.712
Totaux	3.682	139.990	31.758

V. — OFFICIERS, HOMMES DE TROUPE ET CHEVAUX AYANT QUITTÉ LES DÉPOTS DU 15 JUILLET 1870 AU 1er MARS 1871

DÉSIGNATION DES CORPS		Officiers	Troupe	Chevaux
Maison Militaire de l'Empereur	Cent-gardes	9	186	217
	Gendarmerie d'élite	5	157	114
	Totaux	14	343	331
Garde Impériale	Infanterie.			
	1er Régiment de Grenadiers .	75	2.233	33
	2e — — .	76	1.979	31
	3e — — .	75	2.319	33
	1er Régiment de Voltigeurs .	70	2.120	26
	2e — — .	74	2.155	28
	3e — — .	73	2.232	32
	4e — — .	71	2.107	29
	Bataillon de Chasseurs	32	1.045	9
	Régiment de Zouaves	49	1.632	13
	Totaux	595	17.822	244
Cavalerie	Régiment de Carabiniers . . .	67	1.060	1.043
	— de Cuirassiers . . .	68	1.104	1.058
	— de Dragons	75	1.171	1.118
	— de Lanciers	68	987	963
	— de Chasseurs . . .	58	858	853
	— de Guides	61	954	881
	Totaux	397	6.134	5.916
Artillerie	Régiment monté	49	1.406	992
	— à cheval	48	1.169	1.221
	Escadron du Train	10	483	772
	Totaux	107	3.058	2.985
Train des Equipages		37	1.218	1.519

RÉCAPITULATION

	Officiers	Troupe	Chevaux
Maison Militaire de l'Empereur	14	343	331
Infanterie	595	17.822	244
Cavalerie	397	6.134	5.916
Artillerie	107	3.058	2.985
Train des Equipages	37	1.218	1.519
Totaux	1.150	28.575	10.997

— 434 —

OFFICIERS, HOMMES DE TROUPE ET CHEVAUX
AYANT QUITTÉ LES DÉPOTS DU 15 JUILLET 1870 AU 1ᵉʳ MARS 1871 (Suite)

INFANTERIE DE LIGNE

DÉSIGNATION des CORPS	Officiers	Troupe	Chevaux	DÉSIGNATION des CORPS	Officiers	Troupe	Chevaux
				Report...	3.699	196.918	968
1ᵉʳ Régiment..	98	4.952	29	34ᵉ Régiment..	110	5.641	35
2ᵉ — ..	101	4.839	35	35ᵉ — ..	111	5.635	29
3ᵉ — ..	117	6.695	26	36ᵉ — ..	119	6.373	13
4ᵉ — ..	104	6.075	29	37ᵉ — ..	122	5.371	46
5ᵉ — ..	115	6.664	29	38ᵉ — ..	119	5.196	17
6ᵉ — ..	104	4.553	27	39ᵉ — ..	104	6.200	13
7ᵉ — ..	122	6.069	14	40ᵉ — ..	112	5.042	34
8ᵉ — ..	101	5.089	31	41ᵉ — ..	120	6.167	20
9ᵉ — ..	113	5.856	29	42ᵉ — ..	119	5.670	37
10ᵉ — ..	109	4.801	34	43ᵉ — ..	119	5.237	17
11ᵉ — ..	114	6.075	28	44ᵉ — ..	92	3.744	31
12ᵉ — ..	111	6.044	28	45ᵉ — ..	100	4.427	40
13ᵉ — ..	110	5.704	13	46ᵉ — ..	118	6.136	12
14ᵉ — ..	111	6.319	42	47ᵉ — ..	110	5.871	43
15ᵉ — ..	96	5.697	35	48ᵉ — ..	114	5.902	11
16ᵉ — ..	122	6.001	21	49ᵉ — ..	123	5.703	11
17ᵉ — ..	118	6.728	33	50ᵉ — ..	125	6.364	29
18ᵉ — ..	96	3.992	31	51ᵉ — ..	93	6.212	13
19ᵉ — ..	122	6.773	13	52ᵉ — ..	108	5.681	12
20ᵉ — ..	121	6.462	28	53ᵉ — ..	118	5.292	13
21ᵉ — ..	108	6.050	47	54ᵉ — ..	109	6.007	12
22ᵉ — ..	118	6.070	27	55ᵉ — ..	116	6.671	29
23ᵉ — ..	124	6.016	39	56ᵉ — ..	126	6.503	28
24ᵉ — ..	144	7.889	21	57ᵉ — ..	88	2.988	33
25ᵉ — ..	118	5.232	30	58ᵉ — ..	109	5.940	29
26ᵉ — ..	109	6.253	28	59ᵉ — ..	100	3.308	15
27ᵉ — ..	113	6.148	31	60ᵉ — ..	93	3.308	29
28ᵉ — ..	101	5.954	37	61ᵉ — ..	117	5.464	14
29ᵉ — ..	99	8.008	19	62ᵉ — ..	106	6.009	13
30ᵉ — ..	131	6.820	30	63ᵉ — ..	97	4.078	29
31ᵉ — ..	111	5.473	43	64ᵉ — ..	120	5.640	36
32ᵉ — ..	100	5.390	13	65ᵉ — ..	121	5.891	45
33ᵉ — ..	118	6.227	48	66ᵉ — ..	134	6.836	16
A reporter.	3.699	196.918	968	A reporter.	7.391	377.425	1.772

OFFICIERS, HOMMES DE TROUPE ET CHEVAUX
AYANT QUITTÉ LES DÉPOTS DU 15 JUILLET 1870 AU 1ᵉʳ MARS 1871 *(Suite)*

INFANTERIE DE LIGNE *(Suite)*

DÉSIGNATION des CORPS	Officiers	Troupe	Chevaux	DÉSIGNATION des CORPS	Officiers	Troupe	Chevaux
Report. . .	7.391	377.425	1.772	*Report*. . .	9.363	473.599	2.194
67ᵉ Régiment. .	115	6.897	29	84ᵉ Régiment. .	110	4.727	46
68ᵉ — . .	115	5.423	29	85ᵉ — . .	156	7.324	23
69ᵉ — . .	101	6.236	3	86ᵉ — . .	118	5.558	28
70ᵉ — . .	106	6.327	26	87ᵉ — . .	104	4.670	14
71ᵉ — . .	118	6.195	23	88ᵉ — . .	125	7.430	13
72ᵉ — . .	115	5.789	23	89ᵉ — . .	113	6.314	34
73ᵉ — . .	115	5.194	11	90ᵉ — . .	112	6.462	13
74ᵉ — . .	106	3.883	29	91ᵉ — . .	123	6.172	42
75ᵉ — . .	151	6.739	31	92ᵉ — . .	98	5.628	18
76ᵉ — . .	111	5.398	24	93ᵉ — . .	109	6.426	40
77ᵉ — . .	108	6.196	34	94ᵉ — . .	106	5.132	12
78ᵉ — . .	112	5.733	31	95ᵉ — . .	100	6.495	12
79ᵉ — . .	98	4.968	39	96ᵉ — . .	96	4.234	17
80ᵉ — . .	108	4.065	16	97ᵉ — . .	107	5.672	29
81ᵉ — . .	108	5.015	14	98ᵉ — . .	117	6.170	34
82ᵉ — . .	109	6.129	32	99ᵉ — . .	100	4.908	12
83ᵉ — . .	110	5.987	28	100ᵉ — . .	103	5.253	34
A reporter.	9.363	473.599	2.194	Totaux . .	11.260	572.174	2.615

CHASSEURS A PIED

DÉSIGNATION des CORPS	Officiers	Troupe	Chevaux	DÉSIGNATION des CORPS	Officiers	Troupe	Chevaux
				Report. . .	512	33.955	81
1ᵉʳ Bataillon .	48	2.736	14	11ᵉ Bataillon . .	32	1.256	10
2ᵉ — .	53	3.958	11	12ᵉ — . .	42	3.699	10
3ᵉ — .	47	3.317	2	13ᵉ — . .	30	1.380	10
4ᵉ — .	41	3.095	10	14ᵉ — . .	48	3.336	10
5ᵉ — .	79	5.131	15	15ᵉ — . .	43	2.336	9
6ᵉ — .	50	3.128	6	16ᵉ — . .	58	3.797	9
7ᵉ — .	51	3.146	9	17ᵉ — . .	49	2.368	3
8ᵉ — .	60	4.419	6	18ᵉ — . .	45	2.993	9
9ᵉ — .	50	3.835	6	19ᵉ — . .	47	3.516	10
10ᵉ — .	33	1.190	2	20ᵉ — . .	54	3.840	8
A reporter.	512	33.955	81	Totaux . .	960	62.476	169

OFFICIERS, HOMMES DE TROUPE ET CHEVAUX
AYANT QUITTÉ LES DÉPOTS DU 15 JUILLET 1870 AU 1ᵉʳ MARS 1871 (*Suite*)

DÉSIGNATION DES CORPS		Officiers	Troupe	Chevaux
Zouaves	1ᵉʳ Régiment	153	8.826	51
	2ᵉ —	158	9.302	51
	3ᵉ —	152	5.629	62
	Totaux	463	23.757	164
Infanterie légère d'Afrique	1ᵉʳ Bataillon	7	488	2
	2ᵉ —	6	500	2
	3ᵉ —	6	524	2
	Totaux	19	1.512	6
Disciplinaires et Pionniers	1ʳᵉ Compagnie de Fusiliers	2	113	»
	2ᵉ —	2	150	»
	3ᵉ —	3	150	»
	4ᵉ —	3	150	»
	5ᵉ —	2	115	»
	1ʳᵉ Compagnie de Pionniers	»	78	»
	2ᵉ —	»	20	»
	Totaux	12	776	»
	Régiment étranger	81	2.610	28
Tirailleurs Algériens	1ᵉʳ Régiment	118	3.894	29
	2ᵉ —	117	3.127	31
	3ᵉ —	120	4.045	31
	Totaux	355	11.066	91

RÉCAPITULATION (Infanterie)

	Officiers	Troupe	Chevaux
Infanterie de ligne	11.260	572.174	2.615
Chasseurs à pied	960	62.476	169
Zouaves	463	23.757	164
Infanterie légère d'Afrique	19	1.512	6
Disciplinaires	12	776	»
Régiment étranger	81	2.610	28
Tirailleurs Algériens	355	11.066	91
Totaux	13.150	674.371	3.073

OFFICIERS, HOMMES DE TROUPE ET CHEVAUX
AYANT QUITTÉ LES DÉPOTS DU 15 JUILLET 1870 AU 1er MARS 1871 (*Suite*)

DÉSIGNATION DES CORPS		Officiers	Troupe	Chevaux
CAVALERIE				
Cuirassiers	1er Régiment	60	1.009	973
	2e —	62	933	886
	3e —	64	1.093	977
	4e —	72	1.157	1.059
	5e —	63	1 150	1.091
	6e —	62	1.001	973
	7e —	62	1.039	1.010
	8e —	64	1.029	1.003
	9e —	61	1.087	1.062
	10e —	64	989	971
	Totaux	634	10.487	10.005
Dragons	1er Régiment	67	1.085	1.038
	2e —	59	1.028	1.030
	3e —	67	1.089	1.026
	4e —	62	941	918
	5e —	64	1 056	1.071
	6e —	60	943	916
	7e —	92	1.484	1.242
	8e —	70	1.205	1.148
	9e —	57	1.064	1.038
	10e —	64	1.034	1.019
	11e —	66	1.139	971
	12e —	53	830	791
	Totaux	781	12.898	12.202
Lanciers	1er Régiment	56	909	913
	2e —	108	1.660	1.653
	3e —	55	878	861
	4e —	70	1.152	1.135
	5e —	81	1.435	1.338
	6e —	100	1.607	1.250
	7e —	71	1.114	1.077
	8e —	61	984	956
	Totaux	622	9.739	9.183

OFFICIERS, HOMMES DE TROUPE ET CHEVAUX
AYANT QUITTÉ LES DÉPOTS DU 15 JUILLET 1870 AU 1ᵉʳ MARS 1871 (*Suite*).

DÉSIGNATION DES CORPS		Officiers	Troupe	Chevaux
CAVALERIE (*Suite*)				
Chasseurs	1ᵉʳ Régiment	40	582	607
	2ᵉ —	71	1.270	1.223
	3ᵉ —	74	1.382	1.262
	4ᵉ —	71	1.244	11.52
	5ᵉ —	61	929	889
	6ᵉ —	56	914	897
	7ᵉ —	97	1.713	1.508
	8ᵉ —	79	1.240	1.156
	9ᵉ —	39	682	550
	10ᵉ —	67	1.049	990
	11ᵉ —	113	1.814	1.815
	12ᵉ —	100	1.496	1.359
	Totaux	868	14.315	13.408
Hussards	1ᵉʳ Régiment	70	1.150	1.116
	2ᵉ —	73	1.163	1.156
	3ᵉ —	107	1.725	1.681
	4ᵉ —	71	1.204	1.182
	5ᵉ —	69	1.229	1.135
	6ᵉ —	65	1.891	1.013
	7ᵉ —	63	1.054	1.023
	8ᵉ —	33	952	848
	Totaux	551	10.368	9.144
Chasseurs d'Afrique	1ᵉʳ Régiment	63	915	848
	2ᵉ —	52	909	828
	3ᵉ —	54	922	842
	4ᵉ —	52	917	917
	Totaux	221	3.663	3.347

OFFICIERS, HOMMES DE TROUPE ET CHEVAUX
AYANT QUITTÉ LES DÉPOTS DU 15 JUILLET 1870 AU 1ᵉʳ MARS 1871 *(Suite)*

DÉSIGNATION DES CORPS	Officiers	Troupe	Chevaux
CAVALERIE *(Suite)*			
Spahis . . . . 1ᵉʳ Régiment	10	184	191
2ᵉ —	7	166	176
3ᵉ —	12	186	198
Totaux	29	536	565
Remonte	1	1.361	»
RÉCAPITULATION (Cavalerie)			
Cuirassiers	634	10.487	10.005
Dragons	781	12.898	12.202
Lanciers	622	9.739	9.183
Chasseurs	868	14.315	13.408
Hussards	551	10.368	9.144
Chasseurs d'Afrique	221	3.663	3.347
Spahis	29	536	565
Remonte	1	1.361	»
Totaux	3.707	63.367	57.854

OFFICIERS, HOMMES DE TROUPE ET CHEVAUX AYANT QUITTÉ LES DÉPOTS DU 15 JUILLET 1870 AU 1ᵉʳ MARS 1871 (Suite)

DÉSIGNATION DES CORPS		Officiers.	Troupe.	Chevaux.
Artillerie.	1ᵉʳ Régiment monté	86	3.639	1.427
	2ᵉ —	103	5.067	3.660
	3ᵉ —	42	2.076	928
	4ᵉ —	91	3.661	1.952
	5ᵉ —	67	2.371	1.466
	6ᵉ —	91	3.413	2.563
	7ᵉ —	103	4.894	2.817
	8ᵉ —	99	4.968	2.229
	9ᵉ —	107	4.772	2.950
	10ᵉ —	95	3.957	2.425
	11ᵉ —	96	4.000	2.176
	12ᵉ —	98	4.458	2.972
	13ᵉ —	101	4.510	3.050
	14ᵉ —	97	4.510	2.857
	15ᵉ —	113	5.024	3.169
	16ᵉ Régiment Pontonniers.	77	2.523	115
	17ᵉ Régiment à cheval	43	1.549	1.437
	18ᵉ —	76	3.293	2.921
	19ᵉ —	73	3.329	2.983
	20ᵉ —	58	2.666	1.990
Totaux.		1.916	74.683	46.087
Ouvriers.		23	1.495	3
Artificiers.		8	636	2
	1ᵉʳ Régiment du Train.	101	8.928	12.859
	2ᵉ —	89	8.846	14.175
Totaux.		190	17.774	27.034

RÉCAPITULATION (Artillerie)

	Officiers.	Troupe.	Chevaux.
Régiment d'artillerie	1.916	74.683	46.087
Ouvriers.	23	1.495	3
Artificiers	8	636	2
Train d'artillerie	190	17.774	27.034
Totaux.	2.137	94.588	73.126

OFFICIERS, HOMMES DE TROUPE ET CHEVAUX
AYANT QUITTÉ LES DÉPOTS DU 15 JUILLET 1870 AU 1ᵉʳ MARS 1871 *(Suite)*

DÉSIGNATION DES CORPS		Officiers.	Troupe.	Chevaux.
Génie 1ᵉʳ Régiment.		70	4.726	386
2ᵉ —		133	6.680	536
3ᵉ —		109	6.103	625
Ouvriers.		5	322	1
Totaux		317	17.831	1.549
Administration. Section de commis aux écritures.		»	350	»
Sections d'Infirmiers.		»	11.844	»
Sections d'Ouvriers		»	10.526	»
Totaux.		»	22.720	»
Train des Equipages. 1ᵉʳ Régiment.		74	4.400	4.689
2ᵉ —		67	3.607	2.718
3ᵉ —		126	5.758	6.497
Ouvriers constructeurs.		12	315	15
Totaux.		279	14.080	13.919

RÉCAPITULATION GÉNÉRALE

	Officiers	Troupe	Chevaux
Garde Impériale	1.150	28.575	10.997
Infanterie	13.150	674.371	3.073
Cavalerie.	3.707	63.367	57.854
Artillerie.	2.137	94.588	73.126
Génie.	317	17.831	1.549
Administration	»	22.720	»
Train des Equipages	279	14.080	13.919
Totaux.	20.740	915.532	160.518

HUITIÈME PARTIE

Mobilisation

CHAPITRE PREMIER

I. — RÉGIMENTS, BATAILLONS ET COMPAGNIES D'INFANTERIE
EXISTANTS AU 15 JUILLET 1870

	Régiments	Bataillons	Compagnies actives	Compagnies hors-rang
Garde Impériale	8	24	171	8 (1)
Infanterie de ligne	100	300	2.400	100
Chasseurs à pied	»	20	160	... (2)
Zouaves	3	9	81	3
Tirailleurs Algériens	3	12	84	3
Infanterie légère d'Afrique	»	3	15	... (3)
Légion étrangère	1	4	32	1
Fusiliers de discipline	»	»	5	»
Pionniers	»	»	2	»
Pompiers de Paris	1	2	12	»
Vétérans	»	»	1	»
Totaux	116	374	2.963	115

(1) Une section hors-rang.
(2) Vingt sections hors-rang.
(3) Trois sections hors-rang.

II. — RÉGIMENTS ET BATAILLONS DE MARCHE D'INFANTERIE
CRÉÉS DU 15 JUILLET 1870 AU 1ᵉʳ MARS 1871
INFANTERIE DE LIGNE

DÉSIGNATION des CORPS	Régiments de marche	Bataillons de marche	Compagnies mobilisées	DÉSIGNATION des CORPS	Régiments de marche	Bataillons de marche	Compagnies mobilisées
1ᵉʳ Régiment	1	3	48	Report	42	125	742
2ᵉ —	1	3	12	38ᵉ Régiment formé à Paris	1	3	18
3ᵉ —	1	3	16	38ᵉ — formé en Province	1	3	20
4ᵉ —	1	3	12	39ᵉ — formé à Paris	1	3	18
5ᵉ —	1	3	18	39ᵉ — formé en Province	1	3	18
6ᵉ —	1	3	18	40ᵉ Régiment	1	3	18
7ᵉ —	1	3	18	41ᵉ —	1	3	18
8ᵉ —	1	3	18	42ᵉ —	1	3	19
9ᵉ —	1	3	18	43ᵉ —	1	3	18
10ᵉ —	1	3	18	44ᵉ —	1	3	18
11ᵉ —	1	3	18	45ᵉ —	1	3	18
12ᵉ —	1	3	18	46ᵉ —	1	3	18
13ᵉ —	1	3	18	47ᵉ —	1	3	18
14ᵉ —	1	3	18	48ᵉ —	1	3	18
15ᵉ —	1	3	18	49ᵉ —	1	2	7
16ᵉ —	1	3	18	50ᵉ —	1	2	10
17ᵉ —	1	3	18	51ᵉ —	1	3	18
18ᵉ —	1	3	18	52ᵉ —	1	3	12
19ᵉ —	1	3	18	53ᵉ —	1	3	18
20ᵉ —	1	3	18	54ᵉ —	1	2	10
21ᵉ —	1	3	18	55ᵉ —	1	3	14
22ᵉ —	1	3	18	56ᵉ —	1	3	18
23ᵉ —	1	3	18	57ᵉ —	1	3	18
24ᵉ —	1	3	18	58ᵉ —	1	3	17
25ᵉ —	1	3	18	59ᵉ —	1	3	18
26ᵉ —	1	3	18	60ᵉ —	1	3	18
27ᵉ —	1	3	18	61ᵉ —	1	3	18
28ᵉ —	1	3	21	62ᵉ —	1	3	18
29ᵉ —	1	3	21	63ᵉ —	1	3	18
30ᵉ —	1	3	18	64ᵉ —	1	3	18
31ᵉ —	1	3	18	65ᵉ —	1	3	18
32ᵉ —	1	3	18	65ᵉ Régiment bis	1	2	10
33ᵉ —	1	3	18	66ᵉ —	1	3	18
34ᵉ Régiment formé à Paris	1	3	18	67ᵉ —	1	3	15
34ᵉ — formé en Province	1	3	18	68ᵉ —	1	3	15
34ᵉ —	1	3	18	69ᵉ Régiment (1)	1	2	10
35ᵉ — formé à Paris	1	3	18	70ᵉ —	1	3	18
35ᵉ — formé en Province	1	2	12	71ᵉ —	1	3	18
36ᵉ — formé à Paris	1	3	18	72ᵉ —	1	3	15
36ᵉ — formé en Province	1	3	18	73ᵉ —	1	3	15
37ᵉ — formé à Paris	1	3	18	74ᵉ —	1	3	18
37ᵉ — formé en Province	1	3	18	75ᵉ —	1	3	18
A reporter	42	125	742	A reporter	83	243	1.417

(1) Le 3ᵉ bataillon du 69ᵉ régiment de marche était formé par le 8ᵉ bataillon d'infanterie de marine.

RÉGIMENTS ET BATAILLONS DE MARCHE D'INFANTERIE
CRÉÉS DU 15 JUILLET 1870 AU 1er MARS 1871
INFANTERIE DE LIGNE (Suite)

DÉSIGNATION des CORPS	Régiments de marche	Bataillons de marche	Compagnies mobilisées	DÉSIGNATION des CORPS	Régiments de marche	Bataillons de marche	Compagnies mobilisées
Report	83	243	1.417	Report	91	266	1.555
76e Régiment	1	2	12	86e Régiment	1	3	18
77e —	1	3	18	87e —	1	3	18
78e —	1	3	18	88e —	1	3	18
79e —	1	3	18	89e —	1	3	18
80e —	1	3	18	90e —	1	3	18
81e —	1	3	18	91e —	1	3	18
82e —	1	3	18	92e —	1	3	18
83e et 84e (régiments non formés).	»	»	»	Régiment formé à Strasbourg . .	1	5	30
85e Régiment	1	3	18				
A reporter	91	266	1.555	Totaux	99	292	1.711

4es BATAILLONS D'INFANTERIE DE LIGNE NON ENRÉGIMENTÉS ET DANS LES PLACES

				Report	»	5	26
18e de ligne (Strasbourg) .	»	1	4	63e de ligne (Phalsbourg) .	»	1	4
44e — (Thionville et Longwy) .	»	1	4	74e — (Neuf-Brisach) . . .	»	1	6
50e — (Langres . . .	»	1	6	80e — (Verdun) . . .	»	1	6
57e — (Verdun) . . .	»	1	6	96e — (Strasbourg) . .	»	1	4
60e — (Metz) . . .	»	1	6	Totaux	»	9	46
A reporter	»	5	26				

BATAILLONS DE MARCHE D'INFANTERIE NON ENRÉGIMENTÉS

				Report	»	12	65
3e Bataillon (45e de ligne).	»	1	7	5e Bataillon (24e de ligne).	»	1	2
4e — (15e de ligne).	»	1	3	Bataillon Mixte (25e et 86e de ligne).	»	1	3
9e — (de Longwy).	»	1	4	Bataillon (26e de ligne).	»	1	3
10e — (de Longwy).	»	1	4	— (41e de ligne).	»	1	3
1er — (de Metz) . .	»	1	6	— (62e de ligne).	»	1	3
2e — (de Metz) . .	»	1	6	— (94e de ligne).	»	1	3
3e — (de Metz) . .	»	1	6	— (97e de ligne).	»	1	4
4e — (de Metz) . .	»	1	6	— (50e de ligne).	»	1	6
Bataillon (de Montmédy).	»	1	7	2e Bataillon (33e de ligne).	»	1	5
Bataillon (19e de ligne).	»	1	6	3e — (75e de ligne).	»	1	5
3e Bataillon (24e de ligne).	»	1	5	4e — (75e de ligne).	»	1	4
4e — (24e de ligne).	»	1	5	Totaux.	»	23	106
A reporter	»	12	65				

RÉGIMENTS ET BATAILLONS DE MARCHE D'INFANTERIE
CRÉÉS DU 15 JUILLET 1870 AU 1ᵉʳ MARS 1871

(*Suite*)

CHASSEURS A PIED

DÉSIGNATION des CORPS	Régiments de marche	Bataillons de marche	Compagnies mobilisées	DÉSIGNATION des CORPS	Régiments de marche	Bataillons de marche	Compagnies mobilisées
				Report	»	19	103
1ᵉʳ Bataillon	»	1	6	16ᵉ Bataillon	»	1	4
2ᵉ —	»	1	6	17ᵉ —	»	1	5
3ᵉ —	»	1	7	18ᵉ —	»	1	6
4ᵉ —	»	1	4	19ᵉ —	»	1	6
4ᵉ Bataillon *bis*	»	1	6	20ᵉ —	»	1	5
5ᵉ —	»	1	5	21ᵉ Bataillon (formé à Paris)	»	1	8
6ᵉ —	»	1	4	21ᵉ —	»	1	8
6ᵉ Bataillon *bis*	»	1	6	22ᵉ — (formé à Paris)	»	1	8
7ᵉ —	»	1	8	22ᵉ —	»	1	6
7ᵉ Bataillon *bis*	»	1	7	23ᵉ — (formé à Paris)	»	1	8
8ᵉ —	»	1	4	23ᵉ —	»	1	6
9ᵉ —	»	1	4	24ᵉ —	»	1	5
10ᵉ —	»	1	4	25ᵉ —	»	1	4
11ᵉ —	»	1	4	26ᵉ —	»	1	5
12ᵉ —	»	1	4	27ᵉ —	»	1	6
12ᵉ Bataillon *bis*	»	1	6	28ᵉ —	»	1	6
13ᵉ —	»	1	6	29ᵉ —	»	1	6
14ᵉ —	»	1	4	30ᵉ —	»	1	5
15ᵉ —	»	1	8				
A reporter	»	19	103	Totaux	»	37	209

CORPS DE ZOUAVES

DÉSIGNATION des CORPS	Régiments de marche	Bataillons de marche	Compagnies mobilisées	DÉSIGNATION des CORPS	Régiments de marche	Bataillons de marche	Compagnies mobilisées
				Report	3	9	54
1ᵉʳ Régiment	1	3	18	4ᵉ Régiment (formé à Paris)	1	3	18
2ᵉ —	1	3	18	4ᵉ — (formé en Province)	1	3	18
3ᵉ —	1	3	18	Bataillon de marche	»	1	4
A reporter	3	9	54	Totaux	5	16	94

INFANTERIE LÉGÈRE D'AFRIQUE

DÉSIGNATION des CORPS	Régiments de marche	Bataillons de marche	Compagnies mobilisées	DÉSIGNATION des CORPS	Régiments de marche	Bataillons de marche	Compagnies mobilisées
Régiment	1	2	6	Totaux	1	2	6

RÉGIMENTS ET BATAILLONS DE MARCHE D'INFANTERIE
CRÉÉS DU 15 JUILLET 1870 AU 1er MARS 1871
(Suite)

DÉSIGNATION des CORPS	Régiments de marche	Bataillons de marche	Compagnies mobilisées	DÉSIGNATION des CORPS	Régiments de marche	Bataillons de marche	Compagnies mobilisées
FUSILIERS ET PIONNIERS DE DISCIPLINE							
Bataillon	»	1	4	Totaux	»	1	4
TIRAILLEURS ALGÉRIENS							
1er Régiment	1	3	18				
2e —	1	3	18	Totaux	2	6	36
LÉGION ÉTRANGÈRE							
Régiment de marche	1	3	24				
6e Bataillon	»	1	3	Totaux	1	4	28
Compagnie auxiliaire hanovrienne	»	»	1				

RÉCAPITULATION

109 Régiments d'infanterie de marche.
(1) 393 Bataillons de marche.
(2) 2.260 Compagnies mobilisables.

---

(1) 4 anciens bataillons. — (2e bataillon du 21e de ligne, 2e bataillon du 86e de ligne et 1er et 2e bataillons du régiment étranger). — Reste 386 bataillons de nouvelle création.
(2) Dont 671 compagnies d'ancienne formation et 1.589 compagnies de nouvelle formation.

III. — COMPAGNIES D'INFANTERIE CRÉÉES DANS LES DÉPOTS
DU 15 JUILLET 1870 AU 1er MARS 1871
RÉGIMENTS D'INFANTERIE DE LIGNE

RÉGIMENTS	COMPAGNIES			TOTAL	RÉGIMENTS	COMPAGNIES			TOTAL
	du 4e bataillon	Provisoires	Mobilisables			du 4e bataillon	Provisoires	Mobilisables	
					Report...	86	88	441	615
1er de ligne..	2	2	8	12	45e de ligne..	2	2	9	13
2e — ..	2	2	7	11	46e — ..	2	2	11	15
3e — ..	2	2	16	20	47e — ..	2	2	11	15
4e — ..	2	2	10	14	48e — ..	2	2	11	15
5e — ..	2	2	11	15	49e — ..	2	2	9	13
6e — ..	2	2	7	11	50e — ..	2	2	13	17
7e — ..	2	2	11	15	51e — ..	2	2	10	14
8e — ..	2	2	8	12	52e — ..	2	2	11	15
9e — ..	2	2	10	14	53e — ..	2	2	13	17
10e — ..	2	2	9	13	54e — ..	2	2	8	12
11e — ..	2	2	10	14	55e — ..	2	2	11	15
12e — ..	2	2	8	12	56e — ..	2	2	9	13
13e — ..	2	2	10	14	57e — ..	2	2	4	8
14e — ..	2	2	12	16	58e — ..	2	2	10	14
15e — ..	2	2	7	11	59e — ..	2	2	»	4
16e — ..	2	2	8	12	60e — ..	2	2	2	6
17e — ..	2	2	12	16	61e — ..	2	2	11	15
18e — ..	»	2	3	8	62e — ..	2	2	8	12
19e — ..	2	2	9	13	63e — ..	»	2	3	5
20e — ..	2	2	14	18	64e — ..	2	2	13	17
21e — ..	2	2	11	15	65e — ..	2	2	10	14
22e — ..	2	2	11	15	66e — ..	2	2	11	15
23e — ..	2	2	13	17	67e — ..	2	2	15	19
24e — ..	2	2	23	27	68e — ..	2	2	8	12
25e — ..	2	2	9	13	69e — ..	2	2	11	15
26e — ..	2	2	12	16	70e — ..	2	2	12	16
27e — ..	2	2	15	19	71e — ..	2	2	8	12
28e — ..	2	2	12	16	72e — ..	2	2	9	13
29e — ..	2	2	»	4	73e — ..	2	2	9	13
30e — ..	2	2	11	15	74e — ..	2	2	3	7
31e — ..	2	2	9	13	75e — ..	2	2	20	24
32e — ..	2	2	9	13	76e — ..	2	2	9	13
33e — ..	2	2	12	16	77e — ..	2	2	11	15
34e — ..	2	2	10	14	78e — ..	2	2	10	14
35e — ..	2	2	12	16	79e — ..	2	2	4	8
36e — ..	2	2	9	13	80e — ..	2	2	2	6
37e — ..	2	2	12	16	81e — ..	2	2	6	10
38e — ..	2	2	7	11	82e — ..	2	2	12	16
39e — ..	2	2	11	15	83e — ..	2	2	10	14
40e — ..	2	2	7	11	84e — ..	2	2	8	12
41e — ..	2	2	11	15	85e — ..	2	4	12	18
42e — ..	2	2	12	16	86e — ..	2	2	10	14
43e — ..	2	2	13	17	87e — ..	2	2	6	10
44e — ..	2	2	»	4	88e — ..	2	2	13	17
A reporter..	86	88	441	615	A reporter..	172	178	847	1.197

COMPAGNIES D'INFANTERIE CRÉÉES DANS LES DÉPOTS
DU 15 JUILLET 1870 AU 1er MARS 1871
RÉGIMENTS D'INFANTERIE DE LIGNE (Suite)

RÉGIMENTS	COMPAGNIES du 4e bataillon	Provisoires	Mobilisables	TOTAL	RÉGIMENTS	COMPAGNIES du 4e bataillon	Provisoires	Mobilisables	TOTAL
Report...	172	178	847	1.197	Report...	184	190	908	1.282
89e —	2	2	8	12	95e —	2	2	9	13
90e —	2	2	10	14	96e —	»	2	5	7
91e —	2	2	15	19	97e —	2	2	8	12
92e —	2	2	8	12	98e —	2	2	11	15
93e —	2	2	12	16	99e —	2	2	9	13
94e —	2	2	8	12	100e —	2	2	8	12
A reporter..	184	190	908	1 282	Totaux ..	194	202	958	1.355

BATAILLONS DE CHASSEURS A PIED

1er Chasseurs.	»	1	8	9	Report...	»	11	104	115
2e —	»	1	10	11					
3e —	»	1	12	13					
4e —	»	1	9	10	13e —	»	1	1	2
5e —	»	1	17	18	14e —	»	1	11	12
6e —	»	1	7	8	15e —	»	1	5	6
7e —	»	1	5	6	16e —	»	1	10	11
8e —	»	1	11	12	17e —	»	1	9	10
9e —	»	1	14	15	18e —	»	1	5	6
10e —	»	1	»	1	19e —	»	1	9	10
11e —	»	1	»	»	20e —	»	1	7	8
12e —	»	1	11	12					
A reporter..	»	11	104	115	Totaux ..	»	19	161	180

RÉGIMENTS DE ZOUAVES | RÉGIMENTS DE TIRAILLEURS

1er Zouaves..	»	1	23	24	1er Tirailleurs.	»	»	10	10
2e —	»	1	26	27	2e —	»	»	3	3
3e —	»	1	26	27	3e —	»	»	12	12
Totaux ..	»	3	75	78	Totaux ..	»	»	25	25

RÉGIMENT ÉTRANGER

Régiment......			12	12	Totaux......			12	12

RÉCAPITULATION

194 Compagnies (5e et 6e Compagnies des 4mes Bataillons).
225 Compagnies provisoires.
1.231 Compagnies mobilisables.
1.650 Compagnies d'Infanterie de nouvelle formation.

IV. — UNITÉS D'ANCIENNE FORMATION (¹)

ENTRÉES DANS LA COMPOSITION DES RÉGIMENTS ET BATAILLONS DE MARCHE

RÉGIMENTS DE MARCHE	Bataillons	Compagnies	RÉGIMENTS DE MARCHE	Bataillons	Compagnies
			Report.	»	475
1ᵉʳ Régiment	»	12	35ᵉ Régiment (formé en Province).	»	8
2ᵉ —	»	12	36ᵉ — (formé à Paris). .	»	16
3ᵉ —	»	12	37ᵉ (²) Régiment formé à Paris).	»	8
4ᵉ —	»	12	38ᵉ Régiment (formé à Paris). . .	»	17
5ᵉ —	»	12	39ᵉ — —	»	17
6ᵉ —	»	12	47ᵉ — —	»	6
7ᵉ —	»	12	50ᵉ Régiment.	»	7
8ᵉ —	»	12	53ᵉ —	»	12
9ᵉ —	»	12	54ᵉ (³) —	1	6
10ᵉ —	»	12	63ᵉ —	»	2
11ᵉ —	»	12	Régiment de Strasbourg (⁴).	1	6
12ᵉ —	»	12	3ᵉ Bataillon de marche . . .	»	1
13ᵉ —	»	12	4ᵉ — —	»	2
14ᵉ —	»	12	9ᵉ — —	»	1
15ᵉ —	»	13	10ᵉ — —	»	1
16ᵉ —	»	12	2ᵉ Bataillon de Metz . . .	»	1
17ᵉ —	»	12	4ᵉ — —	»	2
18ᵉ —	»	12	Bataillon de Montmédy . . .	»	1
19ᵉ —	»	12	1ᵉʳ Bataillon de marche de chasseurs . .	»	1
20ᵉ —	»	12	2ᵉ — —	»	1
21ᵉ —	»	12	3ᵉ — —	»	2
22ᵉ —	»	12	4ᵉ — —	»	4
23ᵉ —	»	12	5ᵉ — —	»	2
24ᵉ —	»	12	6ᵉ — —	»	3
25ᵉ —	»	12	7ᵉ — —	»	1
26ᵉ —	»	12	21ᵉ Bataillon de Chasseurs . . .	»	7
27ᵉ —	»	12	22ᵉ — —	»	7
28ᵉ —	»	21	1ᵉʳ Régiment de marche de Zouaves.	»	4
29ᵉ —	»	21	2ᵉ — —	»	4
30ᵉ —	»	18	3ᵉ — —	»	4
31ᵉ —	»	18	4ᵉ — —	»	6
32ᵉ —	»	18	4ᵉ Régiment de Zouaves (Paris) . . .	»	2
33ᵉ —	»	18	Régiment de marche d'Infanterie légère . .	»	6
34ᵉ Régiment (formé à Paris). . .	»	12	1ᵉʳ Régiment de marche de Tirailleurs . .	»	8
34ᵉ — (formé en Province).	»	12	2ᵉ — —	»	4
35ᵉ — (formé à Paris). . .	»	13	Régiment de marche étranger (⁵) . . .	2	16
A reporter.	»	475	Totaux.	4	671

(1) *Par unité d'anciennes formation*, nous entendons les bataillons et compagnies d'infanterie existant à la date du 15 juillet 1870.
(2) 8 compagnies anciennes dont 3 de chasseurs à pied. — 7ᵉ compagnie, 15ᵉ bataillon et 8ᵉ compagnies des 7ᵉ et 18ᵉ bataillons.
(3) Régiment formé à Bitche du 2ᵉ bataillon du 86ᵉ régiment de ligne.
(4) Le 2ᵉ bataillon du 21ᵉ de ligne entre dans la formation du régiment de marche de Strasbourg.
(5) 1ᵉʳ et 2ᵉ bataillons.

UNITÉS D'ANCIENNE FORMATION
ENTRÉES DANS LA COMPOSITION DES RÉGIMENTS
ET BATAILLONS DE MARCHE

RÉCAPITULATION

Infanterie de ligne	2	589
Chasseurs à pied	»	28
Zouaves	»	20
Infanterie légère d'Afrique	»	6
Tirailleurs Algériens	»	12
Légion étrangère	2	16
Totaux	4	671

RÉCAPITULATION DE L'INFANTERIE

116 Régiments anciens
108 Régiments nouveaux } 214 Régiments.

374 Bataillons anciens
386 Bataillons nouveaux } 760 Bataillons.

(¹) 2.963 Compagnies anciennes
1.650 Compagnies nouvelles } 4.613 Compagnies.

(1) 115 compagnies hors rang. — En plus 24 sections.

CHAPITRE II

I. — RÉGIMENTS ET ESCADRONS DE CAVALERIE

EXISTANTS AU 15 JUILLET 1870

DÉSIGNATION DES CORPS	Régiments	Escadrons
Garde Impériale (1)	6	36
Cuirassiers	10	50
Dragons	12	60
Lanciers	8	40
Chasseurs	12	72
Hussards	8	48
Chasseurs d'Afrique	4	16
Spahis	3	18
Cavaliers de remonte	»	» (2)
Totaux	63	340

(1) Pour mémoire : 63 pelotons hors-rang.
(2) 9 compagnies dont : 6 compagnies de l'Intérieur et 3 compagnies de l'Algérie.

II. — ESCADRONS DE CAVALERIE CRÉÉS DANS LES DÉPOTS DU 15 JUILLET 1870 AU 1er MARS 1871

DÉSIGNATION des CORPS	ESCADRONS Provisoires	6e Escadrons	de marche	DÉSIGNATION des CORPS	ESCADRONS Provisoires	6e Escadrons	de marche
				Report.	29	32	85
1er Cuirassiers	1	1	3	8e Lanciers.	1	1	3
2e —	1	1	2	9e Lanciers, ex-Lanc. de la Garde	1	»	2
3e —	1	1	4	1er Chasseurs.	1	»	1
4e —	»	»	4	2e —	1	»	3
5e —	1	1	3	3e —	1	»	5
6e —	1	1	2	4e —	1	»	5
7e —	1	1	3	5e —	»	»	»
8e —	1	1	3	6e —	1	»	3
9e —	1	1	»	7e —	1	»	2
10e —	1	1	3	8e —	1	»	4
11e Cuirass., ex-Carab. de la Garde	»	»	3	9e —	1	»	3
12e Cuirass., ex-Carab. de la Garde	»	»	3	10e —	»	»	3
1er Dragons	1	1	3	11e —	1	»	3
2e —	1	1	2	12e —	1	»	2
3e —	1	2	3	13e Chass., ex-Chass. de la Garde	1	»	»
4e —	1	2	1	1er Hussards.	1	»	4
5e —	1	2	2	2e —	1	»	3
6e —	1	1	2	3e —	1	»	2
7e —	1	2	4	4e —	1	»	4
8e —	2	1	1	5e —	1	»	3
9e —	1	1	3	6e —	1	»	2
10e —	1	1	2	7e —	1	»	3
11e —	»	»	5	8e —	1	»	»
12e —	1	1	2	9e Hussards, ex-Guides de la Garde	1	»	1
13e Dragons, ex-Drag. de la Garde	1	»	2	1er Chass. d'Afrique .	»	»	4
1er Lanciers	1	1	2	2e —	»	»	4
2e —	1	1	3	3e —	»	»	4
3e —	1	2	1	4e —	»	»	4
4e —	1	1	3	1er Spahis	»	»	1
5e —	1	1	3	2e —	»	»	1
6e —	1	1	5	3e —	»	»	1
7e —	1	1	3				
A reporter	29	32	85	Totaux.	29	33	165

51 Escadrons provisoires.
33 Escadrons (6es Escadrons).
165 Escadrons de marche.
249 Escadrons.

RÉCAPITULATION

(¹) 112 Régiments.
589 Escadrons.
9 Compagnies de Cavaliers de remonte.

(1) Pour mémoire 63 Pelotons hors-rang.

III. — RÉGIMENTS DE MARCHE DE CAVALERIE
CRÉÉS DU 15 JUILLET 1870 AU 1er MARS 1871

DÉSIGNATION DES CORPS	Régiments	Escadrons	DÉSIGNATION DES CORPS	Régiments	Escadrons
			Report	28	112
1er Régiment de Cuirassiers.	1	4	1er Régiment de Chasseurs. .	1	4
2e — —	1	4	2e — —	1	4
3e — —	1	4			
4e — —	1	4			
5e — —	1	4	1er Régiment de Hussards. .	1	4
6e — —	1	4	2e — —	1	4
7e — —	1	4	3e — —	1	4
8e — —	1	4	4e — —	1	4
9e — —	1	4			
10e — —	1	4			
11e — —	1	4	1e Régiment mixte	1	4
1er Régiment de Dragons . .	1	4	2e — —	1	4
2e — —	1	4	3e — —	1	4
3e — —	1	4	4e — —	1	4
4e — —	1	4	5e — —	1	4
5e — —	1	4	6e — —	1	4
6e — —	1	4	7e — —	1	4
7e — —	1	4	8e — —	1	4
8e — —	1	4	9e — —	1	4
9e — —	1	4	10e — —	1	4
10e — —	1	4	11e — —	1	4
11e — —	1	4			
1er Régiment de Lanciers . .	1	4	1er Régiment de Chasseurs d'Afrique . .	1	4
2e — —	1	4	2e — —	1	4
3e — —	1	4	3e — —	1	4
4e — —	1	4			
5e — —	1	4			
6e — —	1	4	1er Régiment des Éclaireurs Algériens (1).	1	3
A reporter	28	112	*Totaux*	49	195

(1) Formé d'un escadron de marche des 3 régiments de Spahis.

IV. — UNITÉS D'ANCIENNE FORMATION

ENTRÉES DANS LA COMPOSITION DES RÉGIMENTS DE MARCHE DE CAVALERIE

RÉGIMENTS DE MARCHE	Escadrons
1er Régiment de Cuirassiers.	4
2e — —	4
3e — —	4
1er Régiment de Dragons.	4
2e — —	4
3e — —	4
1er Régiment de Lanciers.	4
2e — —	1
3e — —	1
1er Régiment de Chasseurs.	2
1er Régiment de Hussards.	4
2e — —	1
1er Régiment mixte.	4
3e — —	3
6e — —	2
1er Régiment de Chasseurs d'Afrique	4
2e — — —	4
Totaux	57

RÉCAPITULATION DE LA CAVALERIE

63 Régiments anciens
49 Régiments nouveaux } 112 Régiments.

340 Escadrons anciens
138 Escadrons nouveaux } 478 Escadrons.

CHAPITRE III

I. — ARTILLERIE. — RÉGIMENTS, BATTERIES ET COMPAGNIES EXISTANTS AU 15 JUILLET 1870

	DÉSIGNATION DES CORPS	Batteries à pied.	Batteries montées.	Batteries à cheval.	Compagnies Train et Ouvriers
Garde Impériale	Régiment monté............	»	6	»	»
	Régiment à cheval.........	»	»	6	»
	Escadron du Train.........	»	»	»	2
Troupes de ligne	1er Régiment monté........	4	8	»	»
	2e —	4	8	»	»
	3e —	4	8 (3)	»	»
	4e —	4	8	»	»
	5e —	4	8	»	»
	6e —	4	8	»	»
	7e —	4	8	»	»
	8e —	4	8	»	»
	9e —	4	8	»	»
	10e —	4	8	»	»
	11e —	4	8	»	»
	12e —	4	8	»	»
	13e —	4	8	»	»
	14e —	4	8	»	»
	15e —	4	8	»	»
	16e Régiment Pontonniers ..	»	»	»	14
	17e Régiment à cheval	»	»	8	»
	18e —	»	»	8	»
	19e —	»	»	8	»
	20e —	»	»	8	»
	1er Régiment du Train....	»	»	»	16
	2e —	»	»	»	16
	Ouvriers.............	»	»	»	10
	Artificiers...........	»	»	»	5
	Totaux........	60	126	38	63

(1) Pour mémoire 2 sections hors-rang.
(2) Pour mémoire 24 sections hors-rang.
(3) Le régiment détaché en Algérie comptait 4 batteries de montagne.

II. — ARTILLERIE. — RÉGIMENTS, BATTERIES ET COMPAGNIES CRÉÉS DU 15 JUILLET 1870 AU 1ᵉʳ MARS 1871

DÉSIGNATION des CORPS	Régiments	Batteries à pied	Batteries montées	Batteries mixtes	Batteries à cheval	Batteries de montagne	Compagnies du train	Cadres de Dépôt
GARDE IMPÉRIALE								
Régiment monté.	»	»	2	»	»	»	»	1
Régiment à cheval.	»	»	»	»	1	»	»	1
Escadron du Train.	»	»	»	»	»	»	2	»
TROUPES DE LIGNE								
1ᵉʳ Régiment monté.	»	2	»	»	»	»	»	1
2ᵉ —	»	3	16	»	»	»	»	1
3ᵉ —	»	2	»	6	»	4	»	1
4ᵉ —	»	5	9	»	»	»	»	1
5ᵉ —	»	2	»	»	»	»	»	1
6ᵉ —	»	3	12	»	»	»	»	1
7ᵉ —	»	4	14	2	»	1	»	1
8ᵉ —	»	3	12	1	»	2	»	1
9ᵉ —	»	4	14	»	»	1	»	1
10ᵉ —	»	4	14	1	»	1	»	1
11ᵉ —	»	4	9	»	»	»	»	1
12ᵉ —	»	4	15	»	»	1	»	1
13ᵉ —	»	2	14	2	»	2	»	1
14ᵉ —	»	4	17	»	»	1	»	1
15ᵉ —	»	3	19	1	»	»	»	1
16ᵉ Régiment Pontonniers . .	»	»	»	»	»	»	4	1
17ᵉ Régiment à cheval monté	»	»	»	»	»	»	»	1
18ᵉ —	»	1	1	»	10	»	»	1
19ᵉ —	»	1	1	»	14	»	»	1
20ᵉ Régiment monté.	»	»	»	»	3	»	»	1
21ᵉ —	1	2	2	»	»	»	»	1
22ᵉ —	1	2	2	»	»	»	»	1
1ᵉʳ Régiment du Train . . .	»	»	»	»	»	»	41	1
2ᵉ — . . .	»	»	»	»	»	»	41	1
Ouvriers	»	»	»	»	»	»	1	»
Artificiers.	»	»	»	»	»	»	»	»
Totaux.	2	55	173	13	28	13	89	26

RÉCAPITULATION

- 26 Régiments. . . . . (1)
- 115 Batteries à pied . . . . . .
- 299 Batteries montées . . . . .
- 13 Batteries mixtes. . . . . . .
- 66 Batteries à cheval . . . . .
- 13 Batteries de montagne. . .

506 Batteries

- 119 Compagnies du Train . . .
- 18 Compagnies de Pontonniers.
- 11 Compagnies d'Ouvriers . . .
- 5 Compagnies d'Artificiers . .

153 Compagnies

(1) Pour mémoire. — 26 cadres de dépôt.

III. — GÉNIE

RÉGIMENTS ET COMPAGNIES EXISTANTS AU 15 JUILLET 1870

DÉSIGNATION DES CORPS	Compagnies		
	Mineurs	Sapeurs	Sap.-Cond.
1ᵉʳ Régiment (1)	2	14	1
2ᵉ Régiment	2	14	1
3ᵉ Régiment	2	14	1
Ouvriers	»	1	»
Totaux	6	43	3

(1) Pour mémoire 3 compagnies hors rang.

IV. — COMPAGNIES CRÉÉES DU 15 JUILLET 1870 AU 1ᵉʳ MARS 1871.

DÉSIGNATION DES CORPS	Compagnies		
	de Sapeurs	de Dépôt	Conduct.
1ᵉʳ Régiment	9	3	»
2ᵉ Régiment	19	3	»
3ᵉ Régiment	15	3	»
Totaux	43	9	»

RÉCAPITULATION

6 Compagnies de Mineurs.

85 Compagnies de Sapeurs.

3 Compagnies de Sapeurs-Conducteurs.

9 Compagnies de dépôt.

1 Compagnie d'Ouvriers.

104 Compagnies du Génie, plus 3 compagnies hors-rang.

V. — CORPS DES ÉQUIPAGES MILITAIRES
EXISTANTS AU 15 JUILLET 1870

DÉSIGNATION DES CORPS	Compagnies du Train	Compagnies d'Ouvriers
1er Régiment (1).	16	»
2e Régiment	16	»
3e Régiment	16	»
Ouvriers constructeurs		4
Totaux.	48	4

(1) Pour mémoire 3 pelotons hors-rang.

VI. — COMPAGNIES ET GROUPES CRÉÉS ET RECONSTITUÉS
DU 15 JUILLET 1870 AU 1er MARS 1871

DÉSIGNATION DES CORPS	Compagnies	Groupes	Dépôts
1er Régiment	16	19	1
2e Régiment	6	12	1
3e Régiment	14	2	1
Totaux.	36	33	3

RÉCAPITULATION

84 Compagnies du Train.
33 Groupes du Train.
 3 Compagnies de Dépôt.
 4 Compagnies d'Ouvriers.

124 Compagnies et Groupes.

VII. — SITUATION GÉNÉRALE DE L'ARMÉE AU 20 FÉVRIER 1871

	OFFICIERS et TROUPES
Armée du Nord (23ᵉ Corps)	28.920
Corps d'Armée du Havre	31.000
Presqu'île du Cotentin { Lignes de Carentan (22ᵉ Corps)	23.832
{ Camp de Cherbourg	8.287
2ᵉ Armée (16ᵉ, 19ᵉ, 21ᵉ Corps)	
Armée de Bretagne (17ᵉ Corps et Divisions indépendantes)	222.851
26ᵉ Corps d'Armée	33.325
Corps de Nevers	21.670
Armée des Vosges	48.669
25ᵉ Corps d'Armée	30.295
Armée de Lyon	37.253
Division du Jura (général Oschenbein)	13.067
Division de Cavalerie (général de Longuerue), à Bourg	2.856
Débris de l'Armée de l'Est	6.080
Rassemblement de mobilisés à Angoulême	8.357
Rassemblement de mobilisés à Saint-Sulpice-Laurière	25.512
Troupes des Armées actives	541.974
Troupes dans les Divisions militaires	354.533
Mobilisés dans les Camps d'instruction	55.000
Totaux	951.507
RESSOURCES POUR L'AVENIR	
Mobilisés à remettre par les Préfets à l'Administration de la Guerre	54.168
Classe de 1871	132.000
Hommes mariés de 21 à 30 ans pouvant être appelés	250.000
Total des ressources	436.168
Total général	1.387.675 hommes (1)

(1) Officiers compris.

TABLE DES MATIÈRES

PREMIÈRE PARTIE

Garde Impériale

CHAPITRE I.   Pages

    I. Corps des Cent-Gardes. 9
    II. Gendarmerie d'élite. 9

CHAPITRE II.

    I. Infanterie. 10
    II. Cavalerie 16
    III. Artillerie 22
    IV. Train des équipages 24

DEUXIÈME PARTIE

Infanterie

CHAPITRE I.

    I. Infanterie de ligne. 26
    II. Chasseurs à pied. 191
    III. Zouaves. 215
    IV. Infanterie légère d'Afrique 222
    V. Disciplinaires 224

CHAPITRE II.

    I. Régiment étranger. 226
    II. Tirailleurs Algériens. 227
    III. Sapeurs-Pompiers. 232
    IV. Vétérans de l'infanterie. 233

TROISIÈME PARTIE

Cavalerie

CHAPITRE I.

    I. Cuirassiers. 234
    II. Dragons. 243
    III. Lanciers. 255
    IV. Chasseurs 264

CHAPITRE II.
  I. Hussards 274
  II. Chasseurs d'Afrique 281
  III. Spahis 285
  IV. Cavaliers de remonte 287

QUATRIÈME PARTIE

Artillerie

CHAPITRE I.
  I. Régiments montés 293
  II. Régiment de pontonniers 328
  III. Régiments à cheval 330

CHAPITRE II.
  IV. Compagnies d'ouvriers 337
  V. Compagnies d'artificiers 342
  VI. Régiment du Train 345

CINQUIÈME PARTIE

Génie

CHAPITRE I.
  I. Régiments 356
  II. Ouvriers 365

SIXIÈME PARTIE

Administration

CHAPITRE I.
  I. Section de Commis aux écritures 366
  II. Sections d'infirmiers 366
  III. Sections d'ouvriers 377

Corps des Equipages

CHAPITRE II.
  I. Régiments du Train 387
  II. Compagnies d'ouvriers-constructeurs 395

SEPTIÈME PARTIE

Situations — Effectifs

CHAPITRE I.
  I. Effectifs de l'armée du 15 juillet au 1er septembre 1870 399
  II. Effectifs dans les dépôts du 1er octobre 1870 au 1er mars 1871 . . . 403
  III. Officiers et hommes de troupe reçus dans les dépôts du 15 juillet 1870 au 1er mars 1871 409

CHAPITRE II.
    IV. Officiers, hommes de troupe et chevaux dans les dépôts au 1er mars 1871. 425
    V. Officiers, hommes de troupe et chevaux ayant quitté les dépôts du 15 juillet 1870 au 1er mars 1871 433

HUITIÈME PARTIE
Mobilisation

CHAPITRE I.
    I. Infanterie, régiments, bataillons et compagnies existants au 15 juillet 1870. 443
    II. Régiments et bataillons de marche, créés du 15 juillet 1870 au 1er mars 1871. 444
    III. Compagnies d'infanterie créées dans les dépôts du 15 juillet 1870 au 1er mars 1871. 448
    IV. Unités d'ancienne formation entrées dans la composition des régiments et bataillon de marche 450

CHAPITRE II.
    I. Cavalerie. — Régiments et escadrons existants au 15 juillet 1870. . 452
    II. Escadrons de cavalerie créés dans les dépôts du 15 juillet 1870 au 1er mars 1871 453
    III. Régiments de marche créés du 15 juillet 1870 au 1er mars 1871. . . 454
    IV. Unités d'ancienne formation entrées dans la composition des régiments de marche 455

CHAPITRE III.
    I. Artillerie. — Régiments, batteries et compagnies existants au 15 juillet 1870. 456
    II. Régiments, batteries et compagnies créés du 15 juillet 1870 au 1er mars 1871. 457
    III. Génie. — Régiments existants au 15 juillet 1870. 458
    IV. Compagnies créées du 15 juillet 1870 au 1er mars 1871. 458
    V. Corps des équipages militaires existants au 15 juillet 1870. . . . 459
    VI. Compagnies et groupes créés et reconstitués du 15 juillet 1870 au 1er mars 1871 459
    VII. Situation générale de l'armée au 20 février 1871. 460

Paris. — Imp. et Lib. Militaires L. Fournier.

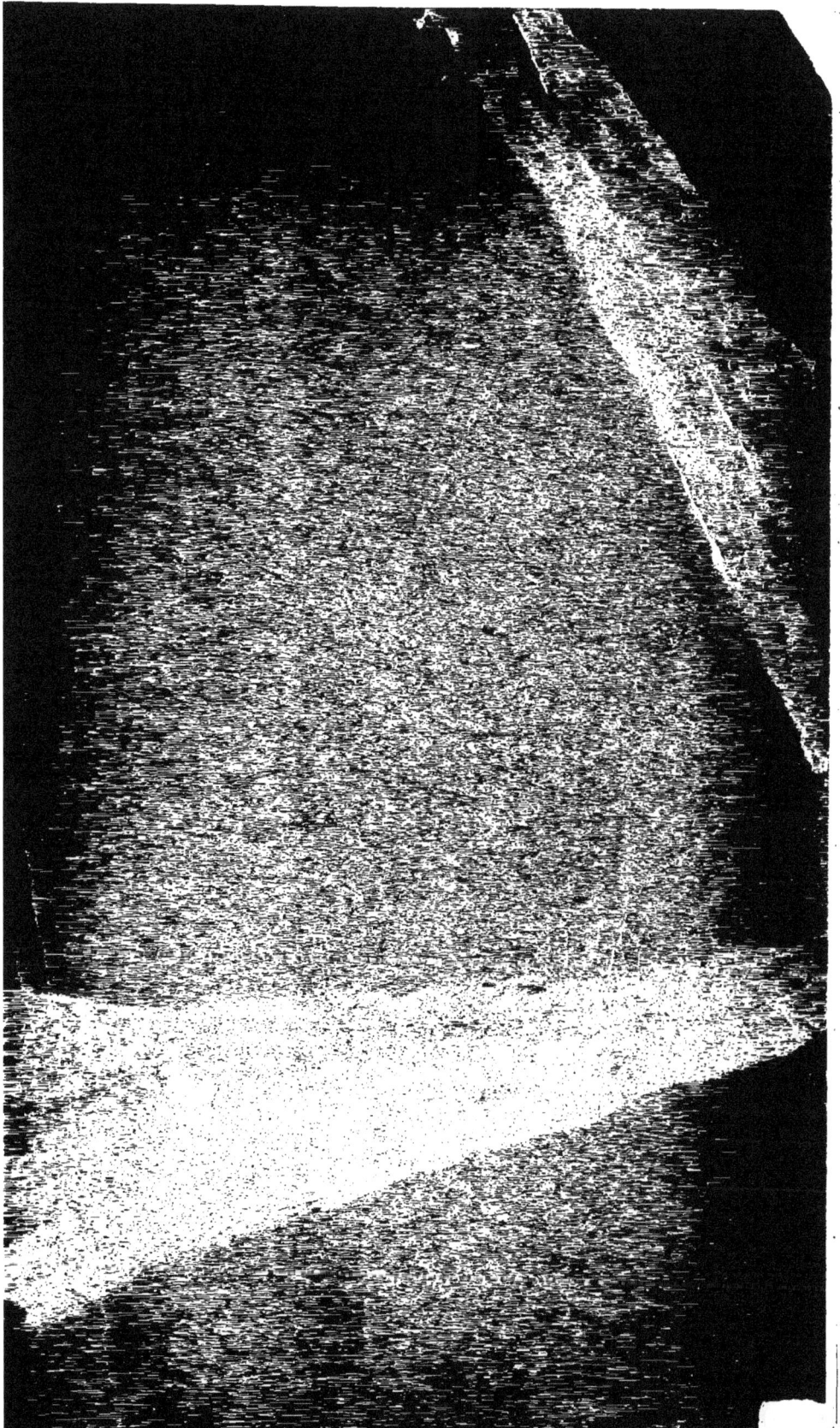

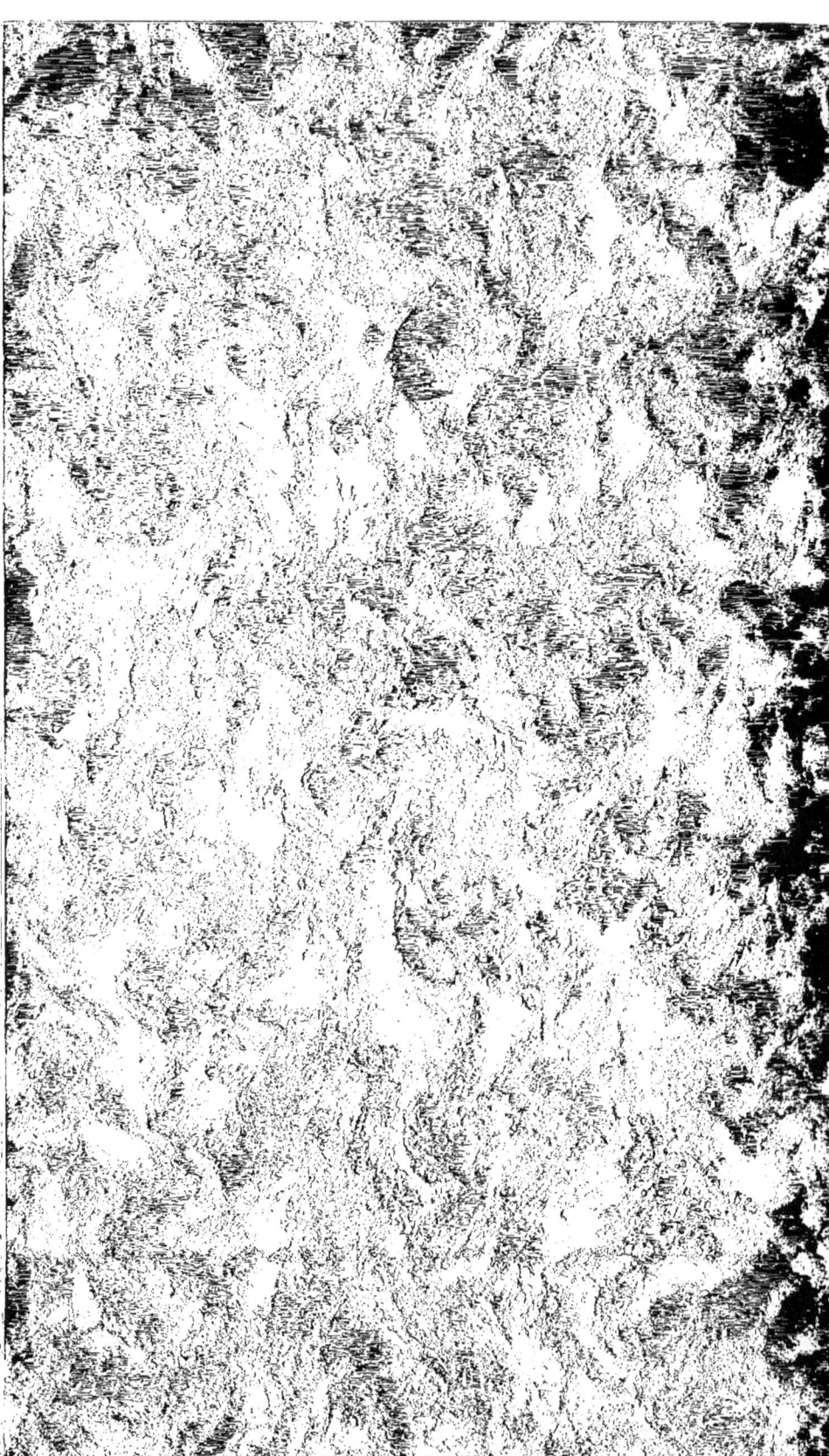

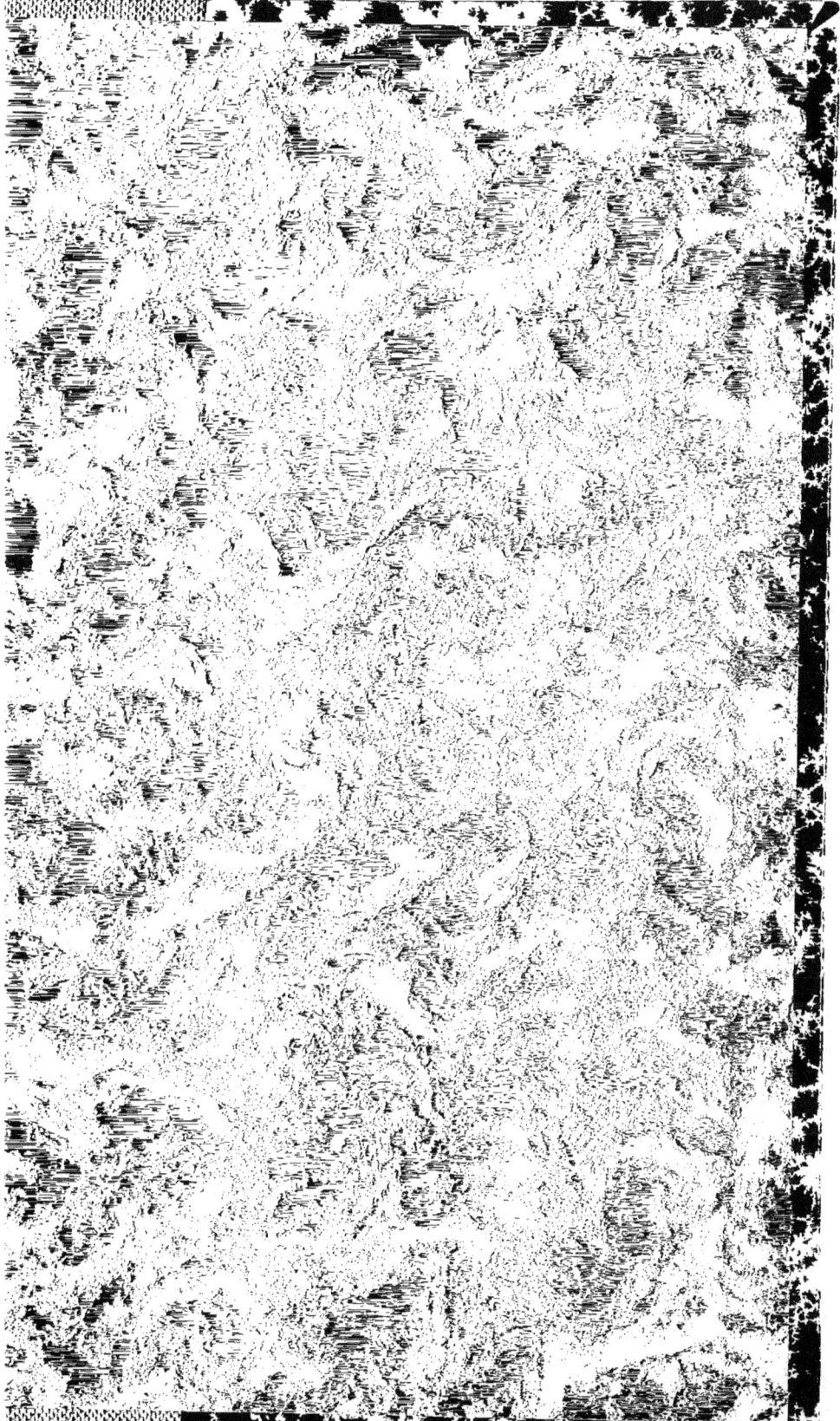

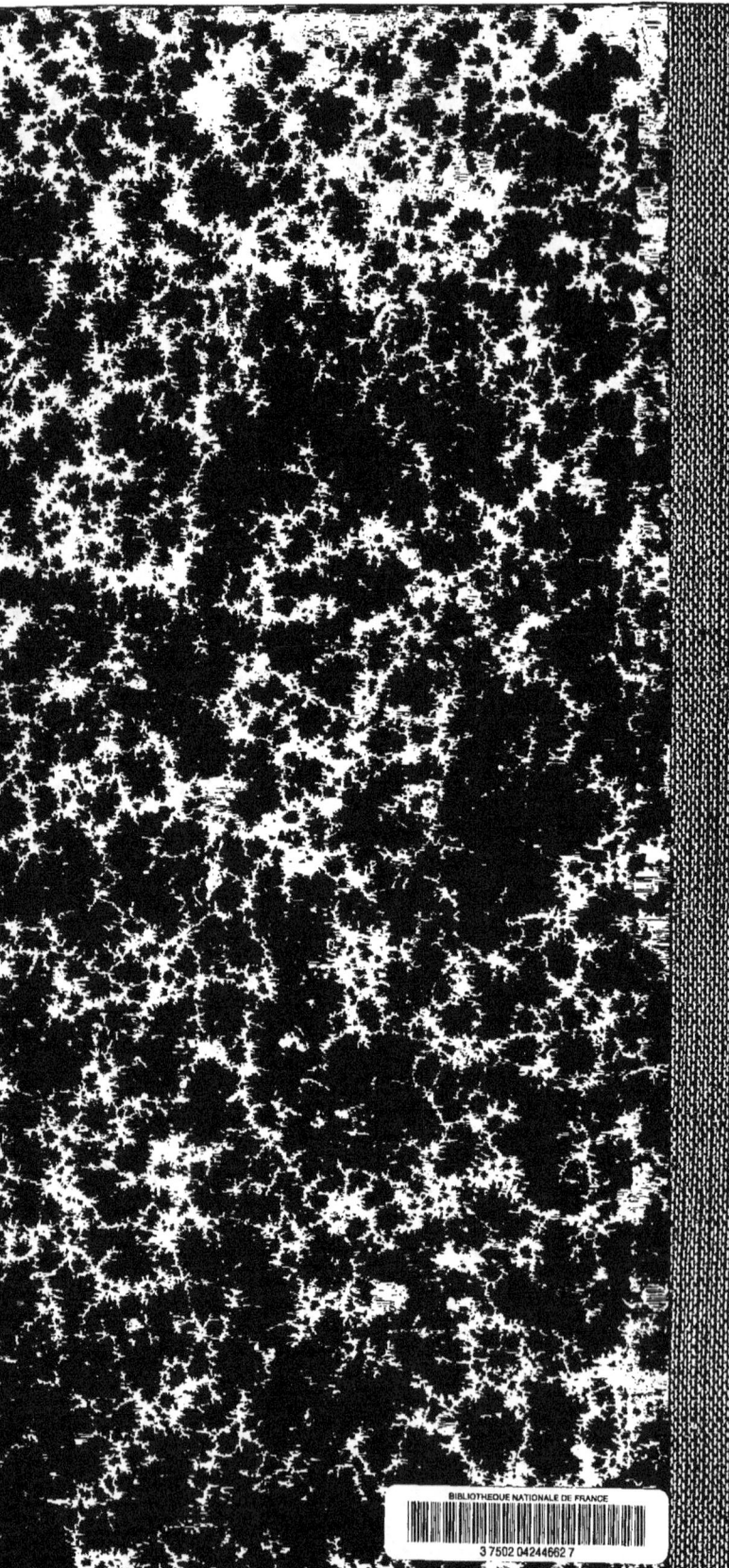

www.ingramcontent.com/pod-product-compliance
Lightning Source LLC
Chambersburg PA
CBHW050238230426
43664CB00012B/1746